Paraninfo

FORMACIÓN Y ORIENTACIÓN LABORAL

José Carlos González Acedo
Rosario Pérez Aroca

Paraninfo

Formación y orientación laboral

© José Carlos González Acedo y Rosario Pérez Aroca

Gerente Editorial
María José López Raso

Equipo Técnico Editorial
Paola Paz Otero
Sofía Durán Tamayo

Editora de Adquisiciones
Carmen Lara Carmona

Producción
Nacho Cabal Ramos

Diseño de Cubierta
Ediciones Nobel, SA

Preimpresión
Alejandra García Blázquez
Ediciones Nobel, SA

7.ª edición, 2020

C/ Velázquez 31, 3.° Dcha. / 28001 Madrid, ESPAÑA
Teléfono: 902 995 240 / Fax: 914 456 218
clientes@paraninfo.es / www.paraninfo.es

ISBN: 978-84-283-4473-9
Depósito legal: M-11941-2020

(20.755)

Impreso en España / *Printed in Spain*

Lavel Industria Gráfica
(Humanes de Madrid, Madrid)

A ti,
que me enseñaste
que hay vida antes de la muerte.

Este libro es tuyo,
sin ti no hubiera sido posible,
sin tu comprensión inquebrantable,
sin tu ayuda y sin tu ánimo constante.

A Fátima.

Paraninfo

Nuestro libro...

Desarrolla los contenidos del módulo profesional de **Formación y orientación laboral** presente en todos los Ciclos Formativos de Formación Profesional.

- Incluye las **últimas actualizaciones en materia laboral** entre las que destacan el **Real Decreto Ley 4/2020**, de 18 de febrero, que ha derogado el despido por falta de asistencia al trabajo justificado, el **Real Decreto 231/2020**, de 4 de febrero, por el que se fija el SMI para 2020, el **Real Decreto Ley 8/2019**, de 8 de marzo, que establece el registro obligatorio de la jornada de trabajo, el **Real Decreto Ley 18/2019**, de 27 de diciembre, que mantiene las bases de cotización del año 2019 para 2020, y el **Real Decreto Ley 6/2019**, de 1 de marzo, que supone importantísimas **novedades en materia de prestaciones de viudedad, contratos y descansos y prestaciones por nacimiento y cuidado de menor para los años 2020 y 2021.**
- Incorpora las últimas sentencias vinculantes en materia laboral.
- Sus contenidos se apoyan de manera constante en un gran número de **casos resueltos totalmente contextualizados en el entorno laboral.** Se logra así una visión real de los contenidos desarrollados.
- A través del **supuesto práctico inicial** que se plantea al comienzo de cada unidad, el profesor podrá realizar una pequeña **evaluación preliminar** para determinar los conocimientos previos del alumnado. Al mismo tiempo, funciona como hilo conductor de los contenidos a lo largo de la unidad.
- El **supuesto práctico «REPASANDO…»** del final de cada unidad sirve de eje vertebrador de los contenidos estudiados en esta. Ello permite al alumno, a través de la narración de una situación en un entorno laboral, relacionar entre sí e **interconectar los contenidos** de la unidad para visualizarlos de manera conjunta y ser consciente de la relación que existe entre ellos, además de repasarlos y sintetizarlos.
- Cada unidad se completa con un **caso relatado «EN SALA DE PRENSA…»**, que permite conectar y relacionar los contenidos estudiados con hechos acontecidos en la actualidad mediante la lectura de noticias o sentencias. Dicho supuesto no solo se centra en la lectura de este tipo de textos, sino que **fomenta el análisis, la reflexión y el debate** a través de una serie de preguntas establecidas para ello.
- La **Unidad extra Emplé@te**, a la que es posible acceder a través de la página web **www.paraninfo.es**, consiste en el relato de la historia de un personaje principal que funciona como elemento de unión, a través de las diferentes situaciones a las que se enfrenta, de todos los contenidos del módulo de FOL.

Recursos adicionales para el profesorado

Este libro dispone de los siguientes **materiales y recursos** disponibles en línea para el **profesorado** que **confirme su adopción** como libro de texto para impartir la materia

- **Programación didáctica** completa y exhaustiva con todos los apartados que exige la legislación vigente.
- **Solucionario** con alto nivel de detalle en las explicaciones y el desarrollo de los casos prácticos resueltos.
- **Presentaciones de aula** en PowerPoint, elaboradas con un gran nivel de detalle y con efectos para un seguimiento más atractivo por parte del alumnado; **enlaces a vídeos** de interés para acompañar las explicaciones; **ejemplos** sobre los contenidos que se van presentando, etcétera.
- **Simuladores de nómina y de cálculo de indemnización por finalización de contrato temporal y despido**, que permiten obtener de forma automática todos los cálculos necesarios.
- **Ex@mina**, una herramienta que permite elaborar exámenes con preguntas de distinto tipo (cortas y de desarrollo, de test con diferentes niveles de dificultad, de relación, etcétera).
- **LDP (libro digital proyectable)**, un utilísimo recurso que sirve de apoyo para lograr clases más interesantes y dinámicas.
- **Mapas conceptuales mudos.**
- **Glosario**, completo diccionario de los principales términos relacionados con la materia.
- **Supuesto global Emplé@te.**

CONTENIDO

CONTENIDO

10 Actuación frente a emergencias: el plan de autoprotección y los primeros auxilios

11 Los equipos de trabajo

12 La gestión del conflicto

13 La carrera profesional

14 La búsqueda de empleo

La relación laboral

1

Contenidos

Objetivos

- Comprender el concepto del Derecho del Trabajo.
- Reconocer y distinguir los tipos y las características de las relaciones laborales.
- Identificar y relacionar las fuentes del Derecho Laboral.
- Distinguir los principales organismos que intervienen en las relaciones entre trabajadores y empresarios.
- Conocer los derechos y deberes de los trabajadores, así como los deberes y las potestades del empresario.

Cuestiones

a) ¿Sabes en qué consiste una relación laboral? ¿Podrías poner algún ejemplo?

b) ¿Crees que trabajar de manera gratuita se considera relación laboral?

c) ¿Conoces algún tipo de norma laboral?

d) ¿Podrías nombrar algún derecho de los trabajadores? ¿Y alguna de sus obligaciones?

e) ¿Conoces algún tipo de discriminación que pueda darse en el trabajo?

f) ¿Podrías indicar alguno de los deberes del empresario en materia laboral?

Concepto clave

Movimiento obrero: se entiende como la lucha de los trabajadores contra los empresarios para obtener mejores condiciones sociales, laborales y económicas en el trabajo.

Caso práctico inicial

Claudia trabaja desde hace ocho años en la empresa LAW, SA. En estos ocho años la relación con sus compañeros ha sido excelente y la dirección general siempre se ha mostrado muy satisfecha con su trabajo.

Claudia está feliz. El médico le ha confirmado que está embarazada de cinco semanas. Muy contenta, lo ha comentado en el trabajo. A los pocos días, su jefe le comunica que la cambian a otro despacho, más pequeño y sin ordenador. Poco a poco su carga de trabajo empieza a disminuir, hasta ser prácticamente inexistente. Por si fuese poco, han concedido un aumento de sueldo a Luis y a Miguel, dos compañeros de su mismo departamento que realizan el mismo trabajo que ella, pero a Claudia no le han subido el sueldo.

Ahora está muy preocupada, pues se acerca el momento del parto y la empresa solo está dispuesta a concederle 16 semanas de permiso por nacimiento, en lugar de las 20 que señala el convenio colectivo. Claudia, para evitarse problemas, ha accedido a renunciar a las 4 semanas de diferencia, pero ella está pensando en dejar este trabajo y cumplir uno de sus sueños: montar su propia empresa.

1.1. El Derecho del Trabajo

El individuo aislado no puede existir. El ser humano siempre se ha relacionado con otros seres humanos y ha vivido en sociedad. Para el correcto y adecuado funcionamiento de una sociedad deben existir unas normas de obligado cumplimiento que regulen las relaciones entre las personas y posibiliten la convivencia. Para ello nace el Derecho, entendido como el conjunto de normas de carácter general, que se dictan para regir sobre toda la sociedad y se imponen de forma obligatoria a los destinatarios, y cuyo incumplimiento debe acarrear una sanción o la respuesta del Estado a tales acciones. Así pues, el Derecho del Trabajo se define como aquella parte del Derecho que se encarga de regular las relaciones laborales entre el trabajador y el empresario.

A finales del siglo XVIII comienza en Inglaterra la Revolución industrial, que con posterioridad se extenderá al resto de Europa. Dicha revolución se basó en la utilización de nuevas máquinas y la creación de grandes fábricas, que poco a poco hicieron desaparecer a los pequeños negocios artesanales, naciendo así un proceso de industrialización sin precedentes en la historia.

Con la Revolución industrial también se incrementaron los conflictos sociales, debido a las condiciones penosas que los empresarios establecían para sus trabajadores. A veces, niños de siete u ocho años trabajaban 12 o 14 horas al día, con graves riesgos para su salud, y sin apenas descanso. La principal preocupación de los empresarios era aumentar la producción al menor coste posible, es decir, pagando el salario más bajo que pudieran, aprovechándose del enorme desempleo que existía. Esta situación de injusticia favoreció la aparición de los primeros sindicatos de trabajadores y provocó conflictos en demanda de aumentos de sueldo y mejoras en las condiciones de trabajo. La unión de los trabajadores permitió la publicación de las primeras leyes protectoras de sus derechos y, consecuentemente, la mejora progresiva de su calidad de vida.

En realidad, es a partir de la segunda mitad del siglo XIX cuando la regulación de las relaciones laborales comienza a tener una verdadera consideración jurídica.

En España, es entre los años 1919 y 1931 cuando se promulga una importante legislación obrera y se publican los primeros códigos de Derecho del Trabajo, considerándose el Derecho Laboral, a partir de entonces, como una disciplina independiente.

En 1980 se publica la Ley del Estatuto de los Trabajadores, que incluye la regulación básica de las relaciones laborales en España. Actualmente, en 2015 se aprobó un nuevo texto refundido de la Ley del Estatuto de los Trabajadores (ET), que integra las modificaciones realizadas en dicha ley, así como las efectuadas por otras disposiciones legales.

1.2. La relación laboral

Todo trabajo genera una relación entre la persona que lo realiza (trabajador) y aquella para la que lo realiza (empresario). Pero no toda relación de trabajo puede considerarse como relación laboral. En concreto, todo trabajo genera alguna de las siguientes relaciones: **relación laboral, relación laboral especial** y **relación no laboral** o **excluida.**

Las relaciones laborales se regulan por el Derecho Laboral. Para que una relación sea laboral, debe cumplir una serie de requisitos. En concreto, el trabajo deberá realizarse de manera:

▶ PERSONAL
El trabajo debe realizarse por el trabajador personalmente, y no puede ser realizado por otra persona en su nombre.
▶ VOLUNTARIA
El trabajo debe ser desarrollado de manera voluntaria. El trabajador no puede ser coaccionado ni obligado a efectuar el trabajo contra su voluntad.
▶ POR CUENTA AJENA
Los resultados del trabajo no son propiedad del trabajador, sino del empresario, es decir, pertenecen a una persona ajena a la que realiza el trabajo. El trabajo por cuenta ajena también implica que el coste del trabajo lo asume totalmente el empresario, que también recibe el resultado económico de las operaciones en las cuales participa el trabajador, independientemente de que este resultado económico sea positivo o negativo, es decir, de que se obtengan ganancias o pérdidas.
▶ RETRIBUIDA
El trabajador recibe una compensación económica, el salario, a cambio de sus servicios laborales.
▶ DEPENDIENTE
El trabajador se somete al poder de organización y dirección del empresario, es decir, trabajará con los medios y materiales facilitados por la empresa y será el empresario quien dirija y organice la actividad laboral, estableciendo cómo, cuándo y dónde realizar el trabajo.

1.2.1. Las relaciones laborales especiales

Las relaciones laborales especiales reúnen todos los requisitos de las relaciones laborales, aunque debido a determinadas características, se consideran como especiales. Se consideran relaciones laborales especiales aquellas que por sus especiales características necesitan una regulación específica, y se aplicará la normativa laboral general solo en aquellos casos que no están regulados en su normativa específica.

▶ RELACIONES LABORALES ESPECIALES
Personal de alta dirección (directivos).
Servicio del hogar familiar, es decir, trabajadores que se ocupan de la limpieza, la cocina, el cuidado de niños, etcétera.
Penados o presos de instituciones penitenciarias.
Deportistas profesionales.
Artistas en espectáculos públicos.
Personas que intervengan en operaciones mercantiles por cuenta de uno o varios empresarios sin asumir el riesgo de la operación.
Trabajadores con discapacidad que trabajen en centros especiales de empleo.
Menores sometidos a la ejecución de medidas de internamiento para el cumplimiento de su responsabilidad penal.
Residencia para la formación de especialistas en Ciencias de la Salud.
Abogados que prestan servicios en despachos de abogados, individuales o colectivos.
Cualquier otro trabajo expresamente declarado como relación laboral de carácter especial por una ley.

1.2.2. Las relaciones no laborales o excluidas

Existen trabajos que quedan excluidos de la aplicación del Derecho Laboral, bien porque no cumplen alguno de los requisitos para considerarse como relación laboral o bien porque, aun cumpliendo dichos requisitos, se regulan por su propia normativa (el caso, por ejemplo, de los funcionarios). Según el artículo 1.3 del Estatuto de los Trabajadores, las relaciones no laborales o excluidas son:

▶ RELACIONES NO LABORALES O EXCLUIDAS	
Prestaciones personales obligatorias.	**Falta la voluntariedad**
Consejeros de sociedades (por ejemplo: SA, SL, etc.), siempre que no realicen otra actividad en la empresa y sean solo socios.	**Falta la dependencia**
Trabajos realizados a título de amistad, benevolencia o buena vecindad.	**Falta la remuneración**
Trabajos familiares, por entenderse que no se trabaja por cuenta ajena, sino para el bien común familiar y, por tanto, para uno mismo. Se considerarán trabajos familiares los desarrollados por el cónyuge, ascendientes y descendientes hasta el segundo grado de consanguinidad, afinidad o adopción, que convivan con el empresario, salvo que demuestren su condición de asalariados.	**Falta de ajenidad**
Representantes de comercio que intervienen en operaciones mercantiles por cuenta de uno o más empresarios, asumiendo el riesgo de estas.	**Falta la ajenidad**
Transportistas con autorización administrativa propia y vehículos de servicio público de los que sean propietarios.	**Faltan la dependencia y la ajenidad**
Trabajos realizados por cuenta propia (trabajadores autónomos).	**Faltan la dependencia y la ajenidad**
Funcionarios públicos. Aunque esta relación de trabajo reúne todos los requisitos para ser considerada como tal, se considera excluida al tener su propia normativa reguladora: principalmente el Estatuto Básico del Empleado Público y otras normas del Derecho Público.	

Conceptos clave

Parentesco: es el vínculo que liga unas personas con otras.

Parentesco por consanguinidad: es el vínculo de sangre que une a las personas (madre, padre, hermano, etcétera).

Parentesco por afinidad: también denominado político, sería el que liga a un cónyuge con los parientes de sangre del otro (suegros, cuñados, yerno, etcétera).

LOS GRADOS DE PARENTESCO

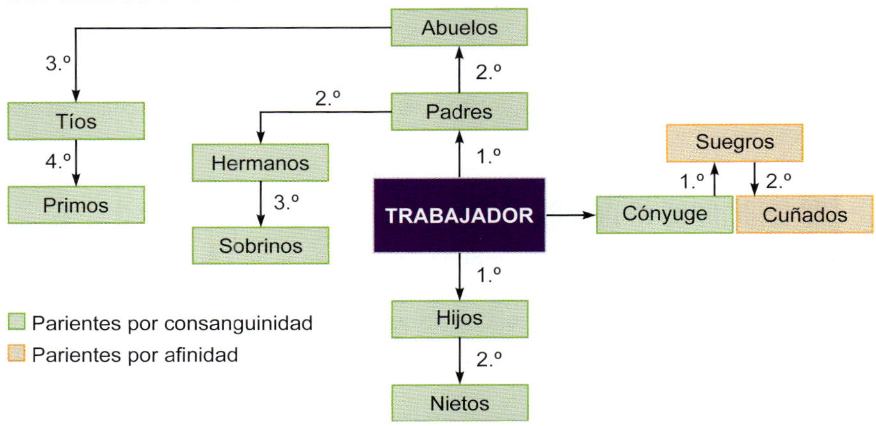

LAS RELACIONES DE TRABAJO

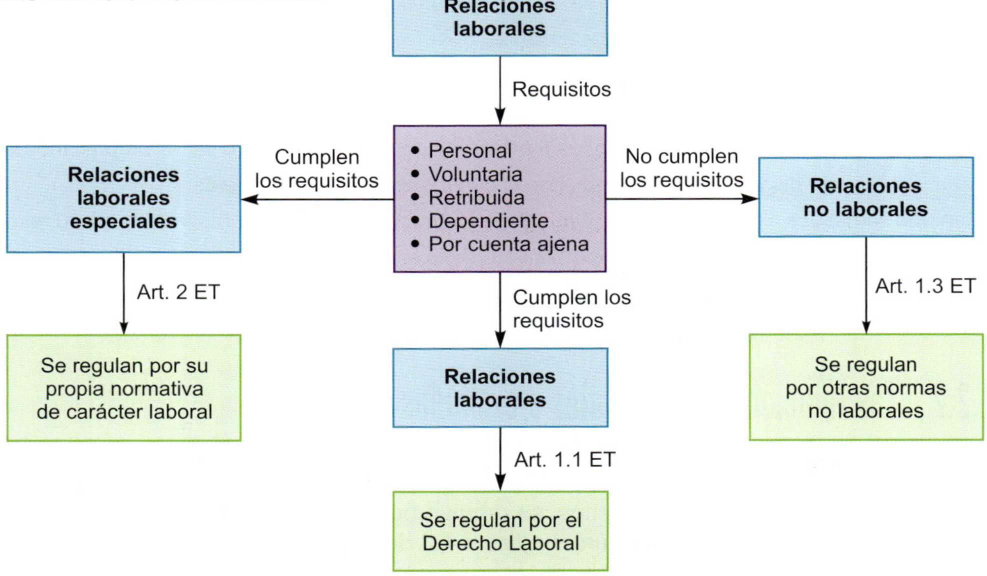

Actividades resueltas

1.1. Antonio Castro, electricista que ejerce como autónomo, recibe un aviso para reparar una avería en la casa de Verónica Toledo. Terminada la reparación, cobra la factura oportuna por el servicio prestado.

Determina si se trata de una relación laboral y razona la respuesta.

Solución:

Para que se trate de una relación laboral, debería cumplir los requisitos de ser personal, voluntaria, remunerada, dependiente y por cuenta ajena. En este caso, la relación carece del requisito de dependencia, pues el electricista no está sometido al poder de organización y dirección de ningún empresario, ya que es él quien organiza su trabajo y pone los medios necesarios (útiles y herramientas). Además, no se trata de una relación por cuenta ajena, sino por cuenta propia, ya que el resultado del trabajo, beneficio o pérdida, lo asume Antonio, por lo que también carece del requisito de ajenidad.

Por lo tanto, no estamos ante una relación laboral. Estamos ante una relación excluida o no laboral (trabajadores por cuenta propia).

1.2. Inés y Marcos trabajan en la agencia de viajes de su padre, Pedro, que es el titular de la empresa. Inés, de 17 años, aún convive con su padre y no recibe nómina, mientras que Marcos vive fuera del domicilio familiar desde hace ya varios años. Además, durante los meses de temporada alta trabaja en la empresa Clara, sobrina de Pedro. Temporalmente, para apoyar la campaña de Navidad, han contratado a Miriam, que trabaja a comisión según las ventas conseguidas.

¿Qué tipo de relaciones de trabajo tienen Pedro y cada uno de sus parientes y trabajadores?

Solución:

Relación laboral	Relación laboral especial	Relación no laboral o excluida
Marcos (parentesco de primer grado pero no convive con Pedro)	Miriam (representante comercial que no asume el riesgo de sus operaciones)	Inés (parentesco de primer grado que convive con Pedro y no tiene nómina)
Clara (parentesco de tercer grado)		

1.3. Javier es voluntario de la ONG Médicos Sin Fronteras, con la que colabora eventualmente cuando le es posible. ¿De qué tipo de relación de trabajo se trata?

Solución:

Se trata de un trabajo de benevolencia y, por lo tanto, no estaría retribuido, por lo que se trataría de una relación no laboral.

Actividades propuestas

1.1. Indica para cada uno de los siguientes casos de qué tipo de relación de trabajo se trata:

a) Policía municipal de la ciudad de Sevilla, funcionario público desde hace 6 años.

b) Presidente de una mesa electoral.

c) Profesora de FOL de un IES público, funcionaria pública desde hace 5 años.

d) Manuel Carrasco, cantante profesional.

e) Profesora de FOL de un IES privado.

f) Contable de la empresa Telefónica, SA.

g) Rafael Nadal, tenista profesional.

1.2. Juan ha estado trabajando durante 10 años con la empresa PANRICO, SA como jefe de producción. Actualmente, ha decidido crear su propia empresa de distribución alimentaria como autónomo, terminando así su relación con la empresa PANRICO, SA. ¿Cuántas relaciones de trabajo ha desarrollado Juan? ¿De qué tipo? Razona la respuesta.

En el caso práctico inicial

El trabajo desarrollado por Claudia para la empresa LAW, SA es considerado como relación laboral, ya que la presta de manera personal (Claudia), voluntaria, por cuenta ajena, retribuida (recibe un salario por ello) y dependiente (el empresario organiza la actividad laboral).

Por otro lado, una vez que Claudia abra su negocio propio pasará a ser trabajadora autónoma, estableciendo una relación no laboral o excluida (falta de dependencia y ajenidad).

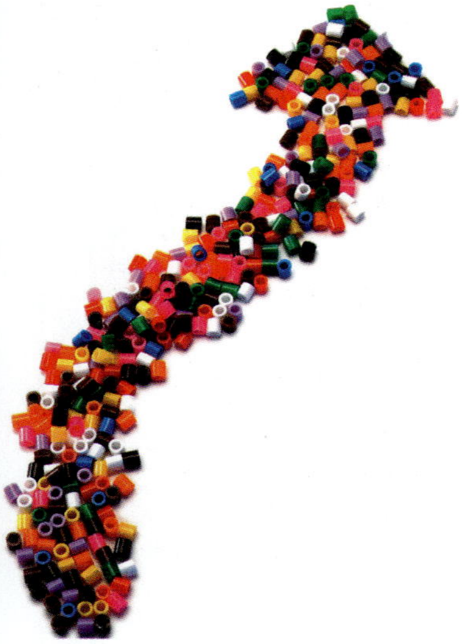

1.3. Las fuentes del Derecho del Trabajo

Se denominan fuentes del Derecho Laboral tanto a las instituciones u organismos que tienen poder o capacidad para crear normas (fuentes materiales) como a los tipos de normas que crean dichos organismos (fuentes formales).

Para el estudio de las fuentes del Derecho Laboral clasificaremos estas según la procedencia del organismo que las elabora, y distinguimos así entre fuentes internas (creadas por organismos o colectivos nacionales) y fuentes externas (creadas por un organismo internacional), que desarrollaremos en los siguientes apartados.

1.3.1. Fuentes internas

Las fuentes internas son aquellas normas del Derecho Laboral que son creadas dentro del territorio nacional por organismos o colectivos con capacidad para ello. Dentro de las fuentes internas distinguiremos entre fuentes materiales (organismo que crea las normas) y fuentes formales (tipo de norma que se crea).

Fuentes materiales

Cuando hablamos de fuentes materiales nos estamos refiriendo a los poderes públicos o colectivos que tienen la capacidad para desarrollar normas jurídicas. De entre las fuentes materiales del Derecho del Trabajo podemos distinguir:

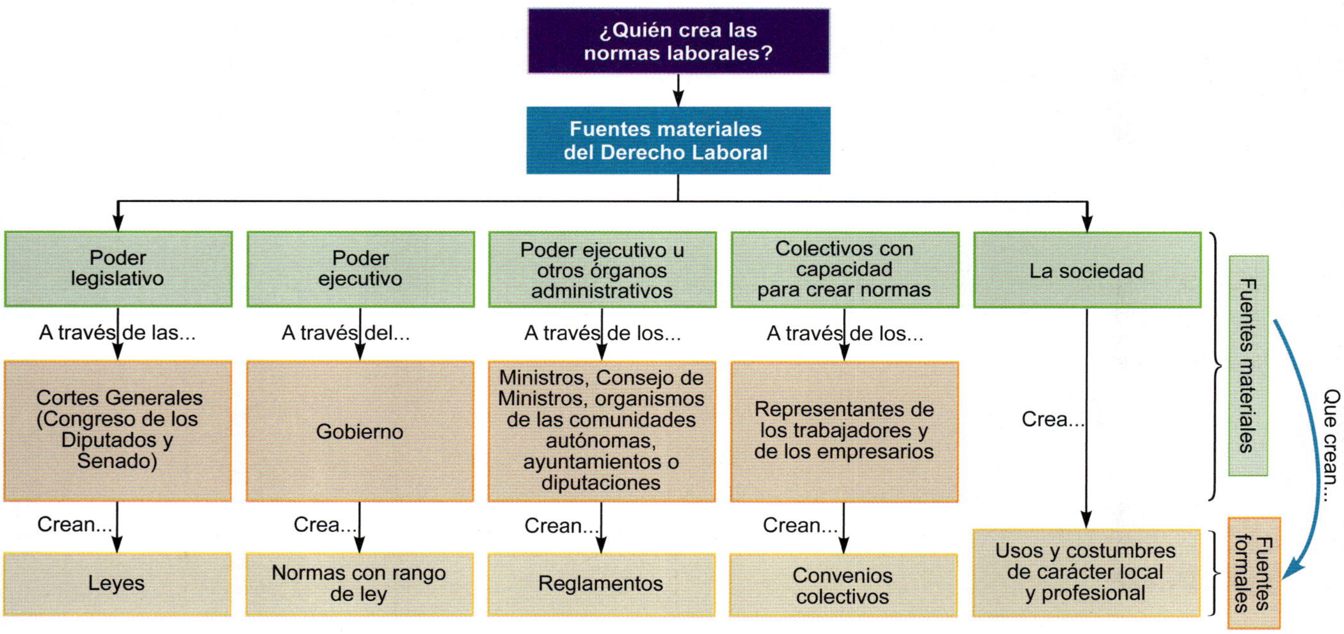

Fuentes formales

Habitualmente se utiliza la palabra *ley* para hablar de toda norma jurídica; sin embargo, existen diversos tipos de normas jurídicas que son creadas por las fuentes materiales y forman lo que se denominan «fuentes formales». Las distintas fuentes formales o normas jurídicas laborales que podemos encontrarnos en nuestro ordenamiento son las siguientes:

▶ **FUENTES INTERNAS FORMALES DE DERECHO LABORAL**

	Norma	Descripción	Ejemplo
Leyes en sentido estricto	Constitución Española (CE)	Norma suprema que establece los derechos y las libertades fundamentales de las personas. El resto de normas deben respetar lo establecido en ella.	Artículos referentes a los derechos laborales: 14, 21.1, 28.1, 35.1, 37.1, 37.2, 40.2, 41 y 129.2.
Leyes en sentido estricto	Leyes orgánicas	Regulan los derechos fundamentales y las libertades públicas (arts. del 14 al 29 de la CE), entre otras materias.	Ley Orgánica 11/1985 de Libertad Sindical, que regula el derecho a la libertad sindical. Ley Orgánica 3/2007 para la Igualdad Efectiva de Mujeres y Hombres.
Leyes en sentido estricto	Leyes ordinarias	Regulan las materias no reservadas a las leyes orgánicas.	Ley 31/1995, de 8 de noviembre, de Prevención de Riesgos Laborales.
Normas con rango de ley	Reales decretos legislativos	Son normas que las Cortes Generales delegan en el Gobierno para su elaboración. Permiten al Gobierno desarrollar dos tipos de normas: • Textos refundidos. Reúnen en un solo texto un conjunto de distintas leyes que regulan una misma materia. • Textos articulados. Desarrollan unas bases establecidas por las Cortes Generales.	Real Decreto Legislativo 2/2015, de 23 de octubre, por el que se aprueba el texto refundido de la Ley del Estatuto de los Trabajadores. Es la norma principal en materia laboral que regula los derechos y deberes de los trabajadores.
Normas con rango de ley	Reales decretos leyes	Se crean, por el Ejecutivo, solo en casos de extraordinaria y urgente necesidad.	Real Decreto Ley 6/2019, de 1 de marzo, de medidas urgentes para garantía de la igualdad de trato y oportunidades entre mujeres y hombres en el empleo y la ocupación.
Reglamentos (pueden tomar la forma de reales decretos, órdenes ministeriales, decretos, ordenanzas, reglamentos, etc.)		Son normas de rango inferior a las leyes que desarrollan o complementan una ley que ya existe. Los reglamentos son elaborados por el Gobierno, los ministros u otros órganos administrativos con potestad reglamentaria (por ejemplo: organismos de las comunidades autónomas o corporaciones locales, como los ayuntamientos). Por su especial relevancia en el ámbito laboral, nombraremos los reglamentos desarrollados por el Gobierno y los ministros, que pueden ser de dos tipos: • Reales decretos: reglamentos aprobados por el Consejo de Ministros. • Órdenes ministeriales: reglamentos aprobados por un ministro.	Real Decreto 231/2020, de 4 de febrero, por el que se fija el salario mínimo interprofesional para 2020. Orden TMS/83/2019, de 31 de enero, por el que se desarrollan las normas legales de cotización a la Seguridad Social, desempleo, protección por cese de actividad, Fondo de Garantía salarial y formación profesional para el ejercicio 2019.
Convenios colectivos		Acuerdos escritos y negociados entre los representantes de los trabajadores y los empresarios en los que se regulan las condiciones de trabajo de los trabajadores incluidos en su ámbito de aplicación.	
Contrato de trabajo		Acuerdo establecido de forma voluntaria entre empresario y trabajador, mediante el cual el trabajador se compromete a realizar un determinado trabajo, bajo la dirección y el ámbito de organización del empresario, a cambio de una remuneración o salario.	
Costumbres laborales		Se trata de acciones o actuaciones que se repiten a lo largo del tiempo (costumbre) por parte de empresarios y trabajadores de una localidad (carácter local) pertenecientes a un determinado sector, profesión u oficio (carácter profesional).	

1.3.2. Fuentes de ámbito internacional

Además de las fuentes internas (nacionales) que hemos estudiado anteriormente, también existen fuentes del Derecho del Trabajo en el ámbito internacional, que tienen como principal finalidad crear una legislación laboral común a todos los estados y definir unas condiciones laborales generales para todos los trabajadores, independientemente del país donde desarrollen su actividad laboral. España es miembro de dos organismos internacionales que desarrollan una gran cantidad de normas laborales como son la Organización Internacional del Trabajo (OIT) y la Unión Europea (UE).

Son fuentes internacionales del Derecho Laboral los reglamentos y las directivas de la Unión Europea, los tratados internacionales y los convenios de la OIT.

▶ REGLAMENTOS COMUNITARIOS
Normas jurídicas de Derecho Comunitario con alcance y eficacia directa en cualquier Estado miembro de la UE, es decir, es obligatorio cumplir todos sus elementos y cualquier autoridad o particular puede reclamar su cumplimiento ante los tribunales nacionales.
▶ **DIRECTIVAS COMUNITARIAS**
Normas jurídicas de Derecho Comunitario que establecen los objetivos o resultados que se deben alcanzar por los Estados en un plazo de tiempo determinado, dejando escoger a cada país la forma y los medios, es decir, que cada Estado miembro tiene que cumplir sus fines pero tiene libertad para elaborar su legislación interna para conseguirlos.
▶ **CONVENIOS DE LA OIT**
Convenios que pasan a formar parte del ordenamiento jurídico de un país miembro de la OIT cuando son ratificados por estos (en el caso de España deberán ser ratificados por el Parlamento).
▶ **TRATADOS INTERNACIONALES**
Acuerdo entre dos o más Estados en virtud del cual los países firmantes se comprometen a cumplir con determinadas obligaciones. Los tratados internacionales formarán parte del ordenamiento jurídico español si son aprobados por las Cortes.

1.4. Principios de aplicación del Derecho del Trabajo

Como has podido comprobar, son muchas las normas jurídicas que regulan las relaciones laborales. Para aplicarlas correctamente se adopta como regla general el principio de jerarquía normativa, que permite establecer el orden en el que se deben aplicar las normas jurídicas y el criterio para solucionar las posibles contradicciones entre normas del mismo o distinto rango. El principio de jerarquía normativa está expresamente garantizado en la Constitución española y establece que «las normas de rango inferior no pueden contradecir lo regulado por otras normas de rango superior».

En nuestro Derecho del Trabajo se establece el siguiente orden jerárquico de las normas laborales de mayor a menor rango:

Además del principio de jerarquía normativa, a la hora de aplicar e interpretar correctamente las normas de carácter laboral, también se han de tener en cuenta los siguientes principios específicos propios del Derecho del Trabajo: **principio de norma mínima, principio de norma más favorable, principio de irrenunciabilidad de derechos, principio de condición más beneficiosa** y **principio *in dubio pro operario.***

En el caso práctico inicial

La empresa donde trabaja Claudia solo está dispuesta a concederle 16 semanas de permiso por nacimiento en lugar de las 20 que señala el convenio colectivo. Claudia, para evitarse problemas, ha accedido a renunciar a las 4 semanas de diferencia.

El artículo 48.4 del Estatuto de los Trabajadores, que es una norma de rango superior al convenio, establece solo 16 semanas de permiso por nacimiento y en eso se basa la empresa. Pero la actuación de la empresa no es correcta, porque el principio de norma más favorable establece que se debe aplicar una norma de rango inferior siempre que sea más favorable para el trabajador. Por lo tanto, el convenio, aun siendo de menor rango, puede mejorar las condiciones del Estatuto de los Trabajadores por lo que Claudia debería disfrutar de 20 semanas de permiso por nacimiento.

Por otro lado, Claudia podría renunciar a su permiso por nacimiento, salvo las 6 semanas siguientes al parto que son de descanso obligatorio de la madre. En base al principio de irrenunciabilidad de derechos esas 6 semanas debe disfrutarlas, no pudiendo renunciar a ellas.

Claudia, por lo tanto, tiene derecho a disfrutar de las 20 semanas completas de permiso por nacimiento establecidas en el convenio colectivo.

▶ PRINCIPIO DE NORMA MÍNIMA

Complementa el principio de jerarquía normativa y establece que las normas laborales de jerarquía superior fijan las condiciones mínimas que deben tener los trabajadores y que deben ser respetadas. Por tanto, las normas laborales de inferior rango nunca pueden establecer peores condiciones de trabajo que las normas de rango superior.

▶ PRINCIPIO DE NORMA MÁS FAVORABLE

Cuando existan dos o más normas, cualquiera que sea su rango, aplicables a un caso concreto, se aplicará la que, apreciada en su conjunto, sea más favorable para el trabajador. La norma en cuestión se aplicará en su totalidad, es decir, no se puede elegir lo favorable de la norma y rechazar lo desfavorable.

▶ PRINCIPIO DE IRRENUNCIABILIDAD DE DERECHOS

Los trabajadores no pueden renunciar a los derechos que las normas les reconocen.

▶ PRINCIPIO DE CONDICIÓN MÁS BENEFICIOSA

Ante la aparición de una nueva norma laboral que establezca condiciones peores que las contenidas en los contratos de trabajo, se mantendrán las mejores condiciones establecidas anteriormente, por ser las más beneficiosas.

▶ PRINCIPIO *IN DUBIO PRO OPERARIO*

En los casos en los que la norma no sea clara y admita, por tanto, diferentes interpretaciones, se deberá aplicar la más positiva para el trabajador.

El principio de jerarquía se concreta en el Derecho del Trabajo a través del principio de norma mínima y el principio de norma más favorable, es decir, el principio de jerarquía no se vulnera si se aplica una norma de rango inferior siempre que establezca condiciones más favorables para el trabajador que la norma de rango superior.

Actividades resueltas

1.4. Gonzalo va a comenzar a trabajar en una empresa. Quiere saber cuánto va a cobrar y descubre que el Real Decreto 231/2020 por el que se establece el salario mínimo interprofesional (SMI) para 2020 lo fija en 950 € mensuales, mientras que el convenio colectivo aplicable a su sector establece para su grupo profesional la cantidad de 975 € mensuales.

¿Qué salario debería cobrar Gonzalo?

Solución:

El principio de norma más favorable establece que cuando existan dos o más normas, cualquiera que sea su rango, aplicables a un caso concreto, se aplicará la que, apreciada en su conjunto, sea más favorable para el trabajador. En este caso, el convenio colectivo, aun siendo de rango inferior al real decreto (norma con rango de ley), establece un salario más favorable, por lo que Gonzalo deberá cobrar los 975 € que establece el convenio colectivo.

1.5. La Ley del Estatuto de los Trabajadores establece que los trabajadores deberán disfrutar de al menos 30 días naturales de vacaciones al año. Un convenio colectivo establece que los trabajadores incluidos dentro de su ámbito de aplicación disfrutarán de 25 días naturales de vacaciones al año. ¿Sería posible?

Solución:

No sería posible, puesto que el principio de norma mínima establece que las normas de rango superior determinan los mínimos que deben respetarse siempre por las normas de menor rango. Por tanto, las normas laborales de inferior rango nunca pueden establecer peores condiciones de trabajo que la normas de rango superior. Así pues, los trabajadores tendrán derecho a disfrutar de los 30 días naturales de vacaciones que establece la Ley del Estatuto de los Trabajadores.

1.6. Cuando Alberto empezó a trabajar en su empresa hace 8 años, negoció el disfrute de 36 días naturales de vacaciones al año de manera directa con el empresario, que aceptó dicha condición en el contrato de trabajo. Sin embargo, el 1 de enero del presente año se aprobó un nuevo convenio colectivo que regula las condiciones de trabajo en la empresa y, a pesar de ser bastante favorable para los trabajadores en muchos aspectos, solo reconoce 30 días naturales de vacaciones al año. ¿Cómo le afectará a Alberto el nuevo convenio? ¿Si el convenio estableciese una mejora en las condiciones salariales, se le aplicará?

Solución:

Aplicando el principio de condición más beneficiosa, Alberto tendría derecho a mantener los 36 días de vacaciones que negoció en su contrato y que fueron aceptados por el empresario de manera expresa, al ser más beneficiosos que los establecidos en el nuevo convenio. Además, Alberto podrá tener todas las mejoras laborales que establezca el nuevo convenio, ya sean salariales o de cualquier otro tipo.

Actividades resueltas

1.7. ¿Puede un trabajador firmar un contrato en el que se incluya una cláusula por la que renuncie a su derecho a huelga? ¿Qué principio del Derecho Laboral deberá aplicarse?

Solución:

No, de ninguna manera. Aplicando el principio de irrenunciabilidad de derechos, un trabajador no puede renunciar a un derecho reconocido en las normas laborales, en este caso, el derecho a huelga.

1.8. Un convenio colectivo establece para aquellos trabajadores que cumplan 12 años en la empresa una gratificación extraordinaria, que consiste en una única paga del 100 % del salario mensual que percibe el trabajador. Si en el convenio no se indica nada más, ¿sobre qué salario se deberá aplicar esa gratificación, el salario base o el salario base más complementos? Explica el principio del Derecho Laboral aplicado para dar tu respuesta.

Solución:

Se aplicaría el principio *in dubio pro operario* que establece que, en caso de duda, las normas laborales deberán interpretarse de la manera más favorable para el trabajador. Por lo tanto, en este caso, la gratificación extraordinaria para el trabajador debería estar formada por la cantidad mayor, es decir, por el salario base más complementos.

Actividades propuestas

1.3. Pedro trabaja desde hace un año como programador en una empresa de informática. La empresa le ha ofrecido renunciar a las vacaciones durante los próximos 4 años a cambio de un ascenso. Pedro ha aceptado la oferta. ¿Es legal la propuesta realizada por la empresa? Razona la respuesta e indica el principio de aplicación del Derecho Laboral en el que te has basado.

1.4. El convenio colectivo de una trabajadora establece una jornada laboral máxima de 35 horas semanales de media al año. Por otro lado, el Real Decreto Legislativo que aprueba el Estatuto de los Trabajadores establece que la jornada laboral máxima es de 40 horas semanales de media al año.

a) Teniendo en cuenta únicamente el principio de jerarquía normativa, ¿cuál debería ser la jornada laboral de la trabajadora?

b) Teniendo en cuenta los principios de aplicación del Derecho del Trabajo, ¿cuál sería la jornada laboral de la trabajadora? ¿Qué principio se aplicaría?

1.5. Los tribunales laborales

Para resolver los conflictos que puedan surgir en materia laboral entre empresas y trabajadores, existen tribunales con competencias específicas en el ámbito sociolaboral. En materia laboral los tribunales competentes son las Salas de lo Social. Los tribunales laborales están ordenados jerárquicamente de menor a mayor rango, de la siguiente forma:

- **Juzgados de lo Social:** tienen jurisdicción en una provincia y la sede está en la capital. Son competentes para juzgar los conflictos de trabajo individuales y colectivos, siempre que el ámbito de estos no supere la provincia.
- **Salas de lo Social de los Tribunales Superiores de Justicia de las comunidades autónomas:** tienen competencias en el ámbito territorial de sus respectivas comunidades autónomas. Resuelven los recursos interpuestos contra las sentencias de los Juzgados de lo Social (recursos de suplicación), así como los conflictos colectivos y sindicales de ámbito superior al de la provincia, pero no superior al de la comunidad autónoma.
- **Sala de lo Social de la Audiencia Nacional:** tiene su sede en Madrid y jurisdicción en toda España. Tiene competencia en todo el territorio nacional en los procesos sobre libertad sindical y conflictos y convenios colectivos de ámbito territorial superior al de una comunidad autónoma.
- **Sala IV de lo Social del Tribunal Supremo:** es el órgano judicial de mayor rango, con jurisdicción en toda España y sede en Madrid. Resuelve los recursos de casación contra las sentencias dictadas por las Salas de lo Social de la Audiencia Nacional y los Tribunales Superiores de Justicia. Su labor es de especial importancia, ya que resuelve sobre las interpretaciones de otros tribunales, corrigiendo sentencias o unificando criterios de interpretación.

Conceptos clave

Recurso de suplicación: se presenta, según establece el artículo 190 de la Ley reguladora de la jurisdicción social, ante la Sala de lo Social de los Tribunales Superiores de Justicia contra las sentencias dictadas por los Juzgados de lo Social de su circunscripción. Se podrá presentar dicho recurso contra las resoluciones que se determinan en la ley.

Recurso de casación: recurso extraordinario que tiene por objeto anular una sentencia judicial que pudiese contener una incorrecta interpretación o aplicación de la ley o que ha sido dictada en un procedimiento que no ha cumplido las solemnidades legales.

Actividades propuestas

1.5. Un trabajador es despedido. No está conforme con dicho despido y, tras realizar los trámites oportunos, presenta una demanda en el Juzgado de lo Social, que dicta una sentencia desfavorable al trabajador. Como no está de acuerdo con esta sentencia, decide recurrirla. ¿Existe algún tipo de recurso contra las resoluciones de los Juzgados de lo Social? ¿Ante qué juzgado o tribunal deberá presentarlo?

1.6. Amalia acaba de ser despedida por la empresa LUFOS, SL, donde lleva más de 10 años trabajando, sin explicarle la causa o justificación del despido. Cuando la empresa le entrega el finiquito, no aparece ni el importe de 4 días de vacaciones no disfrutadas, ni la parte proporcional de la paga extra de diciembre, por lo que la trabajadora se niega a firmarlo y recogerlo, comunicándoselo a la empresa. La empresa se niega a rectificarlo, por lo que Amalia decide presentar una demanda contra esta. ¿En qué juzgado debe Amalia presentar su reclamación?

1.6. La Administración laboral

La Administración laboral tiene dos funciones básicas:

- **Desarrollar la política laboral** mediante los órganos del Ministerio de Trabajo, Migraciones y Seguridad Social y las consejerías de las comunidades autónomas.
- **Velar por el cumplimiento** de la normativa laboral mediante la Inspección de Trabajo.

La Constitución española establece que es competencia del Estado legislar en materia laboral y de Seguridad Social, con objeto de evitar la discriminación en razón de la pertenencia a una comunidad autónoma u otra. Presentamos a continuación una relación de los principales organismos que forman parte de la Administración laboral.

1.6.1. Ministerio de Trabajo y Economía Social

El Gobierno interviene en el ámbito de las relaciones laborales a través del Ministerio de Trabajo y Economía Social, con competencias en empleo, economía social y responsabilidad social de las empresas y cuyo máximo responsable político y administrativo es la ministra. La intervención normativa de la ministra se realiza, principalmente, mediante la elaboración de reales decretos y órdenes ministeriales.

Las comunidades autónomas pueden dictar disposiciones legales y reglamentarias para el desarrollo, dentro de su ámbito territorial, de la materia regulada, pero siempre respetando las bases fijadas para todo el territorio nacional.

1.6.2. Ministerio de Inclusión, Seguridad Social y Migraciones

Es el departamento ministerial con competencias de Seguridad Social y clases pasivas, así como la elaboración y el desarrollo de políticas en materia de extranjería, inmigración y emigración y de políticas de inclusión.

1.6.3. La Inspección de Trabajo y Seguridad Social (ITSS)

La ITSS es un órgano de la Administración del Estado cuya finalidad es garantizar el cumplimiento de la legislación laboral y de seguridad social. Las principales funciones que desempeña la ITSS son las siguientes:

- Vigilancia y exigencia del cumplimiento de las normas legales, reglamentarias y contenido normativo de los convenios colectivos.
- Asistencia técnica y orientación general a empresas, trabajadores, entidades y organismos de la Seguridad Social y otros órganos de las Administraciones Públicas respecto a la aplicación de las normas de orden social.
- Realización de informes técnico-laborales solicitados por los órganos judiciales laborales.
- Servicios de arbitraje, conciliación y mediación en conflictos laborales.
- Investigación de las infracciones en materia laboral y de seguridad e higiene, y propuesta, en su caso, a la autoridad laboral, de las sanciones correspondientes.

En el caso práctico inicial

Tras finalizar su periodo por nacimiento, Claudia ha reflexionado sobre la situación laboral límite a la que ha llegado con la empresa y la insoportable situación con su jefe. Por ello, ha decidido marcharse de la empresa y poner en marcha su propio negocio.

Claudia también tiene otra opción, solicitar la extinción del contrato de trabajo por incumplimiento contractual del empresario; este incumplimiento puede venir generado no solo de las obligaciones pactadas en el contrato de trabajo, sino también de las reguladas en convenio colectivo (arts. 49 y 50 ET). En este caso, el empresario no quiere cumplir con lo estipulado en el convenio colectivo al negarle a Claudia el permiso por nacimiento de 20 semanas.

Claudia deberá solicitar dicha extinción mediante la presentación de la correspondiente demanda ante el Juzgado de lo Social.

Actividades propuestas

1.7. Un representante sindical tiene conocimiento de que en su empresa se contrata a inmigrantes que carecen de los correspondientes permisos para trabajar en nuestro país. ¿A qué órgano de la Administración laboral deberá acudir para denunciar esta situación?

1.8. Enumera las principales funciones de la Inspección de Trabajo y Seguridad Social.

La intervención de la ITSS puede realizarse por iniciativa propia, por orden superior, a solicitud del empresario, del trabajador, de la entidad gestora de la Seguridad Social o de cualquier otra persona que desee denunciar alguna infracción en materia laboral o de Seguridad Social.

Los inspectores pueden entrar libremente en los centros de trabajo, investigar, revisar la documentación relativa a la Seguridad Social, suspender los trabajos que se realicen sin cumplir las normas de seguridad e higiene en el trabajo y, si procede, levantar actas de infracción, liquidación y obstrucción.

1.7. Derechos y deberes laborales

Cuando se firma un contrato de trabajo surgen una serie de derechos y obligaciones para las partes contratantes: empresario y trabajador. Como vamos a ver a continuación, gran parte de los derechos de los trabajadores son obligaciones del empresario e igualmente se puede decir que parte de los derechos del empresario se convierten en una obligación del trabajador.

1.7.1. Derechos y deberes básicos del trabajador

En toda relación laboral es importante que el trabajador conozca cuáles son los derechos y obligaciones que se derivan de esta.

Estos derechos y deberes laborales básicos están previstos en el Estatuto de los Trabajadores y son los siguientes:

▶ DERECHOS DE LOS TRABAJADORES	
Derechos básicos de los trabajadores	• Derecho al trabajo y a la libre elección de profesión u oficio. • Derecho a la libre sindicación. El trabajador es libre de afiliarse o no al sindicato que desee. • Derecho a la negociación colectiva, estableciendo las condiciones de trabajo mediante la negociación entre los representantes de los trabajadores y el empresario o sus representantes. • Derecho a huelga. • Derecho de reunión. • Derecho de información, consulta y participación en la empresa.
Derechos derivados de la relación de trabajo	• Derecho a la ocupación efectiva. El trabajador no solo tiene la obligación de trabajar; tiene también «el derecho al trabajo», lo que se traduce en la correspondiente obligación del empresario de proporcionarle la actividad laboral pactada. • Derecho a la promoción y formación profesional en el trabajo. • Derecho a no ser discriminado directa o indirectamente para el empleo, o una vez empleado, por razones de sexo, estado civil, edad, origen racial o étnico, condición social, religión o convicciones, ideas políticas, orientación sexual, afiliación o no a un sindicato, así como por razón de lengua o discapacidad. • Derecho a su integridad física y a una adecuada política de seguridad e higiene. • Derecho al respeto de su intimidad y a la consideración debida a su dignidad, comprendida la protección frente al acoso por razón de origen racial o étnico, religión o convicciones, discapacidad, edad u orientación sexual, y frente al acoso sexual y al acoso por razón de sexo. • Derecho a la percepción puntual de la remuneración pactada o legalmente establecida que deberá abonarse en la fecha y el lugar convenidos. • Derecho del trabajador al ejercicio individual de las acciones derivadas de su contrato de trabajo.

▶ DEBERES BÁSICOS DE LOS TRABAJADORES

- Cumplir con las obligaciones concretas de su puesto de trabajo, de buena fe y con la diligencia exigida.
- Observar las medidas de seguridad e higiene que se adopten.
- Cumplir las órdenes e instrucciones del empresario en el ejercicio regular de sus facultades directivas. El trabajador puede negarse a cumplir las órdenes del empresario justificadamente cuando se trate de:
  - Órdenes ilegales.
  - Órdenes que afecten a su vida privada o intimidad.
  - Órdenes que atenten contra su dignidad.
  - Órdenes que supongan un riesgo para su seguridad y salud.

  Así pues, salvo que se trate de una de las circunstancias anteriores, el trabajador no puede negarse a aceptar las órdenes del empresario, sino que debe cumplirlas y posteriormente reclamar ante los tribunales laborales si se está en desacuerdo.
- No competir con la actividad de la empresa. Aunque tratado en la ley de manera específica no es más que una concreción del deber general de buena fe, su finalidad es evitar que el trabajador compita con el empresario para el que trabaja.
- Contribuir a la mejora de la productividad.
- Cuantos se deriven de los respectivos contratos de trabajo.

1.7.2. Potestades del empresario

El empresario no solo tiene deberes u obligaciones; como contrapartida, también goza de una serie de poderes cuyas finalidades van desde organizar el trabajo (poder de dirección) de una determinada manera (horarios, jornadas, funciones, medios a utilizar, etc.), comprobar que los trabajadores cumplen con sus obligaciones laborales (poder de vigilancia y control) hasta sancionar a estos en caso de incumplimiento (poder disciplinario).

Así pues, los poderes del empresario podríamos resumirlos como sigue:

- **Poder de dirección:** es la facultad que tiene el empresario, o las personas en las que este delegue, para dar órdenes sobre el modo, tiempo y lugar de ejecución del trabajo, así como sobre la cantidad y calidad de este. El poder de dirección incluye el derecho a realizar modificaciones del contrato de trabajo no sustanciales, para adaptarlo a las necesidades de la empresa. Por ejemplo: el empresario podrá establecer dentro del poder de dirección el horario, la jornada, el lugar de trabajo o las funciones de cada trabajador. Igualmente, podría modificar de manera unilateral algunas condiciones del contrato, como desplazar a otro lugar de trabajo al trabajador o modificar las funciones que realiza.
- **Poder de vigilancia y control:** el empresario puede llevar a cabo las medidas que considere oportunas para vigilar y controlar el cumplimiento de las obligaciones laborales por parte del trabajador, siempre con respeto a su dignidad e intimidad y la legalidad vigente. A continuación resumimos las más importantes:

  — **Registros.** El art. 18 del ET establece que solo podrán realizarse registros sobre la persona del trabajador, en sus taquillas y efectos personales, cuando se cumplan los siguientes requisitos:

  » Cuando sean necesarios para la protección del patrimonio empresarial y del de los demás trabajadores de la empresa, **dentro del centro de trabajo y en horas de trabajo.**

  » Los registros **deberán respetar al máximo la dignidad e intimidad del trabajador.**

  » Se contará con **la asistencia de un representante legal de los trabajadores** o, en su ausencia del centro de trabajo, de otro trabajador de la empresa, siempre que ello fuera posible.

  Es importantísimo destacar que estos requisitos se deben respetar solo en el caso de taquillas y efectos personales; entendiendo por efectos personales aquellos que son propios o particulares del trabajador como vehículos, mochilas, móviles, o bolsos propiedad del trabajador. No pueden ser considerados como tales, por ejemplo: los despachos (salvo elementos personales como fotos o cualquier otro), ordenadores de la empresa, etc., y que no tendrán este plus de privacidad que aparece en el art. 18 del ET.

  — **Instalación de cámaras y micrófonos.** La sentencia del Tribunal Constitucional de 3 de marzo de 2016, ratificada por la sentencia del Tribunal Supremo 77/2017 de 31 de enero de 2017, modificó y aclaró cuáles deben ser los requisitos para la instalación de cámaras de vigilancia en la empresa. Dicha sentencia establece que:

  » **La instalación de cámaras debe tener como finalidad exclusiva el control de la relación laboral, es decir, el cumplimiento por parte de los trabajadores de sus obligaciones y deberes laborales, debiéndose respetar en todo momento la dignidad de los trabajadores** (que incluye, sin duda, su intimidad). Por ello, no podrán instalarse cámaras en lugares de descanso, vestuarios, servicios o comedores, ya que no tendrían una finalidad de control laboral o seguridad y violarían la dignidad del trabajador.

  » **La instalación de cámaras de videovigilancia deberá estar justificada, ser necesaria y equilibrada.** Por ejemplo, imaginemos que una empresa tiene unas razonables sospechas de que un trabajador se está apropiando de dinero de una de las cajas y decide instalar cámaras de videovigilancia en la zona de dicha caja.

Sabías que...

El derecho a la libre sindicación y el derecho de huelga son derechos fundamentales recogidos en la Constitución española de 1978; por ello, gozan de una protección privilegiada y deben ser desarrollados por ley orgánica.

Concepto clave

Productividad: relación entre los resultados y el tiempo utilizado para obtenerlos por el trabajador, es decir, cuanto menor sea el tiempo que lleve obtener el resultado deseado, mayor productividad generará el trabajador.

Actividades propuestas

1.9. Marina y Juan, que han sido compañeros en el ciclo de técnico superior en Administración y Finanzas, han comenzado a trabajar a jornada completa como contables en la empresa CRYSTAL, SL con un contrato indefinido realizando ambos las mismas funciones. La empresa ha informado a Marina de que su salario mensual será de 1.300 € mensuales, mientras que Juan cobrará 1.500 € al mes. ¿Se ha vulnerado algún derecho laboral de Marina?

1.10. Un trabajador de una empresa de transporte de mercancías peligrosas se ha negado a realizar un trayecto con uno de los vehículos de la empresa que no ha pasado la inspección técnica para poder circular y ha tenido varios incidentes en el último mes con el sistema de frenos.

a) ¿Cuándo puede un trabajador negarse a cumplir las órdenes del empresario?

b) ¿Crees que podría negarse en este caso?

La decisión de la empresa estaría justificada (ya que existen razonables sospechas de que algún trabajador se está apropiando de dinero de una caja), es necesaria (la grabación servirá de prueba de las irregularidades detectadas de dinero en la caja) y equilibrada (la grabación de imágenes se limita a la zona de caja).

» **El empresario no necesita informar de la instalación de cámaras a los trabajadores y sus representantes, ni el consentimiento expreso del trabajador para el tratamiento de las imágenes obtenidas** a través de las cámaras instaladas en la empresa con la finalidad de seguridad o control laboral. Será suficiente con establecer un distintivo informativo genérico en un lugar visible sobre el tratamiento de imágenes o datos personales con fines de vigilancia a través de cámaras o videocámaras.

» **Las cámaras se deberán instalar,** en todo caso, **sin audio,** ya que el sonido no es necesario para el control de las obligaciones derivadas de la relación laboral.

— **Control sobre el uso de ordenadores y el correo electrónico.** La empresa puede vigilar el uso que los trabajadores hacen de los equipos informáticos y del correo electrónico de la empresa, dado que se trata de herramientas de trabajo propiedad de la empresa. Sin embargo, dicho control por parte de la empresa (según lo establecido en el art. 20.3 ET) debe respetar la dignidad del trabajador (protección en la que se incluye, sin duda, su intimidad). Por ello, el empresario debe informar y notificar a los trabajadores previamente cuáles deben ser las normas de uso de los equipos y programas informáticos, así como cuáles serán los métodos de control. De esta forma, si el ordenador y demás recursos informáticos se utilizan para usos privados en contra de las normas de uso establecidas por la empresa y con conocimiento de los controles y medidas aplicables, no podrá entenderse que, al realizarse el control, se ha vulnerado la dignidad e intimidad del trabajador.

Por último, es importante destacar que la empresa no podría registrar el contenido del correo electrónico personal del trabajador, pero sí sancionarlo por utilizarlo durante el tiempo de trabajo y para sus fines privados.

— **Control sobre las enfermedades o accidentes.** El empresario podrá comprobar el estado de enfermedad o accidente del trabajador mediante reconocimiento médico, cuando lo alegue para justificar su falta de asistencia al trabajo. Este reconocimiento no sustituye la facultad de la Seguridad Social o la mutua correspondiente para conceder altas y bajas.

— **Servicios de detectives privados.** Las empresas pueden contratar los servicios de detectives privados para reunir las pruebas de posibles fraudes que los trabajadores están cometiendo sobre la empresa. Los informes de detectives privados contratados por empresarios son admisibles en juicio y tienen fuerza probatoria, lo cual no quiere decir que sean determinantes en un juicio, pero si son admitidos pruebas.

- **Poder disciplinario:** es la facultad del empresario para imponer sanciones a los trabajadores que incumplen con sus deberes laborales. El artículo 58 del Estatuto de los Trabajadores señala que los trabajadores podrán ser sancionados por el empresario cuando cometan alguna de las faltas o infracciones establecidas en las normas legales o el convenio colectivo que les sea aplicable. Sin embargo, el Estatuto de los Trabajadores no define las conductas sancionables de los trabajadores, sino que solo determina la gravedad de las conductas en tres tipos: muy graves, graves y leves. Así pues, cada convenio colectivo será el encargado de recoger los diferentes comportamientos de los trabajadores que conllevarán una sanción, así como la determinación de esta. Por ejemplo: el Convenio estatal de Hostelería establece que será falta grave, entre otras, faltar dos días al trabajo durante un periodo de treinta días sin autorización o causa justificada, siempre que de estas ausencias no se deriven graves perjuicios en la prestación del servicio.

Por último, debemos destacar que las faltas leves, graves y muy graves y sus correspondientes sanciones prescriben a los 10, 20 y 60 días, respectivamente, desde que la

Sabías que...

Para que la sanción tenga efecto el empresario deberá respetar unos requisitos de forma. En primer lugar ha de comunicarse el hecho al trabajador por escrito (en el caso de faltas graves y muy graves). Además, se deberá informar de las faltas muy graves a los representantes de los trabajadores. El trabajador que no esté conforme con la sanción impuesta podrá impugnarla ante la jurisdicción laboral en el plazo de 20 días desde la recepción de la comunicación escrita.

empresa tuvo conocimiento de la realización de la infracción o falta. En cualquier caso, todas las faltas prescribirán transcurridos 6 meses desde que se cometieron los hechos, aunque la empresa no hubiera tenido conocimiento de estos.

No se podrán imponer sanciones que consistan en la reducción de las vacaciones o descansos, ni tampoco en la imposición de multas económicas, pero sí que es posible establecer sanciones que consistan en la suspensión de empleo y sueldo, ya que el trabajador no cobraría salario alguno, pero tampoco trabajaría durante el tiempo que dure la suspensión.

Actividad resuelta

1.9. La empresa VOLCAR, SL ha informado a los trabajadores y a sus representantes de que se han instalado en los equipos informáticos de la empresa unos programas que permiten rastrear cómo utilizan dichos equipos los trabajadores durante su jornada laboral. María, una trabajadora de la empresa, ha hecho caso omiso y sigue utilizando habitualmente su correo personal para enviar mensajes a amigos o navegar ocasionalmente por páginas de ocio. La empresa ha revisado su ordenador y tras darse cuenta de ello, le ha sancionado, por falta grave según lo dispuesto en el convenio colectivo, con dos días sin empleo y sueldo y 200 € de multa.

a) ¿Puede revisar la empresa el ordenador de María?
b) ¿Podría la empresa revisar el correo electrónico personal de María?
c) ¿Qué plazo tiene la empresa para sancionarla?
d) ¿Son correctas todas las sanciones impuestas por la empresa a María?

Solución:

a) La empresa puede revisar el equipo informático de María, ya que, anteriormente a la instalación del programa que rastrea el uso del ordenador, los trabajadores y sus representantes han sido informados sobre el control que se iba a llevar a cabo de los ordenadores de los trabajadores y los medios que se iban a utilizar.

b) La empresa no puede acceder al contenido ni abrir el correo electrónico personal de María aunque sí puede comprobar, tal como ha hecho, si ha utilizado su correo electrónico personal durante la jornada laboral y sancionarla por ello. Sí podría revisar los mensajes del correo electrónico de la empresa que tiene María, pero nunca el de su correo personal.

c) Al tratarse de una falta grave, la empresa tendría 60 días para sancionarla desde que conoció la falta. En cualquier caso, la falta prescribiría a los 6 meses desde que se cometió.

d) No, ya que no se permiten las sanciones consistentes en multas económicas. Por tanto, la empresa no podría multarla con 200 €, pero sí podría sancionarla con la suspensión de empleo y sueldo, en cuyo caso, María no recibiría salario alguno durante los días de suspensión pero tampoco trabajaría durante dicho periodo.

Actividades propuestas

1.11. Pablo García trabaja como electricista en la empresa CABLES, SL. Hoy ha llegado dos horas tarde y el empresario pretende sancionarle quitándole un día de vacaciones. ¿Es legal la sanción adoptada por el empresario? ¿Por qué?

1.12. Pedro acaba de ser sancionado tras detectar la empresa que fumaba en una de las salas de descanso habilitada para sus trabajadores. Pedro fue grabado por una videocámara instalada por la empresa, sin que previamente se hubiera informado a los trabajadores ni a sus representantes. ¿Puede la empresa sancionar a Pedro? Justifica la respuesta.

1.13. La empresa MINAS, SL sospecha que un trabajador está robando cobre de las instalaciones de la empresa. Sospechan que puede ser el encargado, porque es el único que tiene acceso al almacén donde se encuentra el cobre y se han detectado continuas pérdidas de pequeñas cantidades de dicho metal. La empresa decide registrar la taquilla del trabajador, durante su jornada laboral, en su presencia y la de un representante de los trabajadores. ¿Es correcta la actuación de la empresa? Justifica tu respuesta.

En el caso práctico inicial

Claudia ha tenido una gran relación con todos los compañeros de la empresa y desde la dirección general siempre se habían mostrado muy satisfechos con su trabajo. Ahora, tras comunicar su situación de embarazo, ha sido trasladada a otro despacho donde ni siquiera hay ordenador. Además, su carga de trabajo es prácticamente inexistente, sin tener apenas ninguna tarea que realizar cuando antes la cantidad de trabajo que tenía era enorme. Por si fuese poco, Luis y Miguel, dos compañeros de departamento, que realizan sus mismas funciones y tienen su misma categoría profesional, acaban de recibir un aumento de sueldo, que Claudia no ha percibido.

Uno de los derechos de cualquier trabajador es la ocupación efectiva. Claudia tiene derecho a reclamar a la empresa que le proporcione la ocupación que corresponde al puesto y la categoría para los que fue contratada.

Por otro lado, la diferencia salarial sería una medida discriminatoria hacia Claudia, y supone una infracción muy grave (posible multa de entre 6.251 € y 187.515 €).

Esta situación puede ser denunciada por Claudia administrativamente ante la Inspección Provincial de Trabajo, así como judicialmente ante los Juzgados de lo Social.

ACTIVIDADES FINALES

1. La relación laboral

1.1. Roberto Martínez, de 20 años de edad, al regresar a casa tras una entrevista de trabajo, ha recibido una carta certificada donde se le indica que debe formar parte de un jurado popular el próximo mes. ¿Se trata de una relación laboral? ¿Por qué?

1.2. Nieves es representante de comercio de una famosa firma de productos cosméticos para la mujer y el hombre. Periódicamente, la empresa le envía lotes de productos bajo pedido. Nieves recibe una comisión de entre el 15 % y el 25 % por cada uno de los productos vendidos, y puede devolver aquellos que no logra vender.

a) ¿Se trata de una relación laboral? ¿Por qué?

b) ¿Qué tipo de relación de trabajo realizaría Nieves en caso de que los productos no se pudiesen devolver?

1.3. Federico ha concluido sus estudios para ser técnico en panadería, repostería y confitería. Su carácter decidido y emprendedor ha hecho que decida crear su propia empresa de pastelería para la elaboración de repostería y confitería artesanal. ¿Qué tipo de relación de trabajo tiene con su empresa?

1.4. Miguel Osca, técnico superior en educación infantil, lleva tres años trabajando como voluntario para un proyecto de la ONG Intermón OXFAM en la India. ¿Se trata de una relación laboral? ¿Por qué?

1.5. Un gran terremoto ha destruido la práctica totalidad de una ciudad. El alcalde, ante la urgencia y desesperación de la desgracia acontecida, decide hacer un llamamiento a toda la población en edad de trabajar para ayudar en las operaciones de rescate. ¿Realizarán algún tipo de relación laboral? ¿Por qué?

1.6. Luisa Garrido es contratada como empleada del hogar en casa de sus tíos. ¿Se trata de una relación laboral? ¿Por qué?

1.7. María González ayuda a sus amigos Miguel y Rosa, de manera desinteresada, cuidando a sus hijos todos los viernes por la mañana durante el mes de diciembre. ¿Se trata de una relación laboral? ¿Por qué?

1.8. Laura se encuentra muy enferma y preocupada, ya que hoy debería presentar un informe económico muy importante para la empresa y no puede acudir al trabajo. Después de darle muchas vueltas, parece haber encontrado la solución: «¡Le diré a mi marido que me sustituya en el trabajo y asunto resuelto!» —exclama alegre Laura—. ¿Es posible? ¿Por qué?

1.9. Alejandro Sanz ha programado un macroconcierto en Central Park, Nueva York. El concierto es uno de los más importantes dentro de la gira que el cantante va a realizar para promocionar su nuevo disco y su *manager* espera que sea un éxito total. ¿Se considera relación laboral la actuación que va a realizar Alejandro Sanz? ¿Por qué?

1.10. Completa la siguiente tabla atendiendo a las diferentes situaciones laborales:

- Ana, voluntaria de la Asociación Española contra el Cáncer.
- Pedro, estibador portuario del puerto de Bilbao, de 36 años de edad.
- Estrella, programadora informática de la empresa Facebook.

	Ana	Pedro	Estrella
Personal			
Voluntaria			
Por cuenta ajena			
Remunerada			
Dependiente			
Tipo de relación laboral			
Normativa reguladora			

2. Las fuentes del Derecho del Trabajo

1.11. ¡Dios mío! —grita Eduardo desesperado—. Hoy tenía que entregar un supuesto práctico sobre la jerarquía de normas laborales en clase de FOL en el que estuvo trabajando ayer noche y, al intentar imprimirlo, esta mañana el procesador de texto ha desordenado incomprensiblemente todo el archivo. El texto impreso ha quedado de la siguiente forma:

- XXV Convenio Colectivo para oficinas de farmacia 2017-2019.
- Real Decreto Legislativo 2/2015, de 23 de octubre, por el que se aprueba el texto refundido de la Ley del Estatuto de los Trabajadores.
- Ley 31/1995, de 8 de noviembre, de Prevención de Riesgos Laborales.
- Real Decreto Ley 4/2020, de 18 de febrero, por el que se deroga el despido objetivo por faltas de asistencia al trabajo establecido en el artículo 52.d) del texto refundido de la Ley del Estatuto de los Trabajadores, aprobado por Real Decreto Legislativo 2/2015, de 23 de octubre.
- Ley Orgánica 3/2007 para la Igualdad Efectiva de Mujeres y Hombres.
- Contrato de trabajo de un auxiliar administrativo con la empresa ACERINOX, SA.
- C187 de la OIT - Convenio sobre el marco promocional para la seguridad y salud en el trabajo, año 2006, ratificado por España.
- Directiva 2000/78/CE del Consejo de 27 de noviembre de 2000 relativa al establecimiento de un marco general para la igualdad de trato en el empleo y la ocupación.

Ayuda a ordenar a Eduardo la legislación conforme a la jerarquía normativa laboral.

1.12. Une mediante flechas cada una de las fuentes formales con la fuente material correspondiente:

Tipos de normas (fuentes formales)	¿Quién crea las normas? (Fuentes materiales)
Ley orgánica	El Gobierno
Ley ordinaria	Los representantes de trabajadores y empresarios
Decreto ley / decreto legislativo	El trabajador y el empresario
Reglamento	La sociedad
Convenio colectivo	Poder ejecutivo u otros órganos administrativos
Contrato de trabajo	Las Cortes Generales
Usos y costumbres laborales	

3. Principios de aplicación de la norma laboral

1.13. El Estatuto de los Trabajadores establece en su artículo 38 que la duración de las vacaciones será de al menos 30 días naturales al año. Un convenio colectivo establece que los trabajadores incluidos en su ámbito de aplicación disfrutarán de 32 días naturales de vacaciones al año. ¿Es posible? ¿Por qué?

1.14. Un trabajador tiene establecida una jornada laboral a tiempo completo de siete horas diarias, de acuerdo con lo establecido en su contrato. El convenio colectivo de aplicación en su sector fija una jornada a tiempo completo de ocho horas diarias. Indica qué jornada tendría que realizar este trabajador y cuál es el principio de aplicación en el que te has basado para dar tu respuesta.

1.15. Una empresa propone a un trabajador un aumento de sueldo a cambio de su renuncia a uno de los dos días de descanso semanal que le corresponden. El trabajador lo acepta. ¿Es correcta la actuación del trabajador? Razona tu respuesta.

1.16. Un trabajador firmó su contrato hace tres años en el que se estableció que la empresa le pagaría un plus de transporte. Actualmente se está negociando un nuevo convenio aplicable a su sector, y por las noticias que le han llegado a través del delegado de personal, se suprime el derecho a este plus. Señala si el trabajador tendría derecho a conservar el plus de transporte tras la firma del nuevo convenio y el principio de aplicación del Derecho Laboral en el que podría basarse.

1.17. El convenio de la empresa donde trabaja Carmen establece un descanso por nacimiento de 14 semanas, mientras que el Estatuto de los Trabajadores concede, en el artículo 48.4, 16 semanas de permiso por nacimiento. ¿Qué periodo de permiso por nacimiento podrá disfrutar Carmen? Razona la respuesta y especifica el principio de aplicación del Derecho Laboral en el que te basas.

4. Derechos y deberes laborales

1.18. Consolación Corrales se negó aceptar el traslado a otro centro de trabajo que le propuso su empresa hace un mes. Desde entonces, su jefe la ha trasladado a un despacho aislado y ha dejado de asignarle tarea o función alguna, por lo que Consolación se pasa el día sentada en el despacho sin poder realizar función alguna.

¿Se está vulnerando algún derecho laboral de Consolación por parte de la empresa?

1.19. Busca en la Constitución española y copia en tu cuaderno los siguientes artículos relacionados con derechos y libertades laborales: art. 14, art. 21.1, art. 28.1, art. 28.2, art. 35.1, art. 37.1, art. 37.2, art. 40.2, art. 41 y art. 129.2.

1.20. Jesús Rodríguez trabaja como técnico superior en regulación y control en una planta envasadora de refrescos. No utiliza los protectores auditivos obligatorios y su jefe le ha amonestado verbalmente por ese motivo.

a) ¿Está Jesús incumpliendo algún deber como trabajador?
b) ¿Qué plazo de tiempo tendría la empresa para sancionarle en el caso de que estuviera cometiendo una falta?

1.21. Nuria Gómez trabaja como educadora infantil en una escuela infantil en el aula de bebés. Ante una baja laboral de la encargada de la limpieza, la directora de la escuela le ha enviado un escrito para que Nuria se encargue de realizar las funciones de limpieza de la escuela. Nuria considera que estas funciones no corresponden a su grupo profesional y no está de acuerdo con este cambio de funciones.

a) ¿Debería Nuria obedecer las órdenes de la directora aunque no esté de acuerdo con ellas? Razona la respuesta.

1.22. La empresa ITONE, SA está muy preocupada por la desaparición durante la mañana de su nuevo prototipo de *smartphone,* que aún no ha sido anunciado. Rápidamente reúnen a los cuatro jefes de sección que tenían acceso a este, separándolos en distintas salas de la empresa. Les explican lo que ha sucedido y les piden que traigan sus maletines o mochilas personales para ser registrados, aceptando con total disposición. Los vigilantes de seguridad de la empresa comienzan a registrar sus efectos personales en presencia de un representante de los trabajadores en una misma sala volcando todos sus efectos sobre una mesa de dicha sala. Uno de los jefes de sección comenta que tiene su mochila en su coche que está aparcado enfrente de la empresa, por lo que los vigilantes lo acompañan y registran su mochila en el propio coche. Posteriormente, todos se dirigen a sus taquillas para su registro.

a) ¿Se han realizado todos los registros de manera adecuada? Razona la respuesta.

REPASANDO...

Las relaciones laborales

Julia ha comenzado a trabajar a tiempo parcial en horario de mañana en la empresa FULTON, SL, propiedad de su tío Pedro. Para ganar algún salario extra está trabajando como representante comercial por las tardes sin asumir riesgo alguno en las operaciones que realiza para la empresa TIME, SL. Durante sus vacaciones ha decidido viajar a Sierra Leona como voluntaria de la ONG Intermón OXFAM.

a) ¿Qué tipos de relaciones de trabajo ha realizado Julia? Justifica la respuesta e indica la normativa aplicable a cada una de ellas.

Finalmente, Julia ha dejado ambos trabajos y ha sido contratada a jornada completa por la empresa AZCARAY, SL, que le ha ofrecido un contrato de 1.100 € de salario mensual. Julia sabe que el convenio colectivo establece un salario para su grupo profesional de 1.050 € mensuales y que el real decreto que fija el salario mínimo interprofesional para 2020 es de 950 € al mes.

b) Ordena según el principio de jerarquía normativa las normas que regulan el salario de Julia.

c) ¿Qué salario debería recibir Julia desde el punto de vista de los principios de aplicación del Derecho Laboral? Indica el principio que debe aplicarse y razona la respuesta.

Julia ha conocido a Luis, que le comenta que está tremendamente preocupado, ya que la empresa acaba de sancionar a uno de sus compañeros por llegar tarde reiteradamente al trabajo sin justificar, con dos días de vacaciones, 150 € de sanción y 20 días sin empleo ni sueldo.

d) ¿Son legales las sanciones impuestas al trabajador? ¿Por qué?

e) ¿Cuál es el plazo de prescripción de las sanciones laborales?

Apenas seis meses después de comenzar a trabajar en AZCARAY, SL, Julia se entera de que su compañero, que realiza su mismo trabajo, que fue contratado el mismo día que ella y que realiza su misma jornada, cobra 200 € más al mes. Julia se lo comunica a su jefe, pero este lo justifica contestándole que la empresa puede pagar lo que considere oportuno a cada trabajador. Julia no está de acuerdo y decide demandar a la empresa.

f) ¿Qué derecho laboral básico de Julia crees que se está vulnerando?

g) ¿A qué tribunal debería acudir Julia en primer lugar para presentar su demanda?

SALA DE PRENSA

El uso de cámaras para pillar al empleado ladrón es legal

El Tribunal Supremo confirma su doctrina sobre la aceptación como medio de prueba de la grabación de imágenes por cámaras de videovigilancia sin el aviso previo al empleado.

El Pleno de la Sala de lo Social del Tribunal Supremo dictó una sentencia, de 31 de enero de 2017, en unificación de doctrina que admite como prueba en los juicios por despido las grabaciones efectuadas por las cámaras de videovigilancia en el lugar de trabajo.

La empresa demandante despidió a un dependiente por transgresión de la buena fe contractual, fraude, deslealtad y abuso de confianza por una «presunta actuación de hurto y de manipulación de tiques en diversas ocasiones».

Lo justificó aportando como prueba las grabaciones de las cámaras de seguridad del negocio. Sin embargo, el Juzgado de lo Social de Barcelona y, posteriormente, el Tribunal Superior de Justicia de Cataluña, dictaminaron que la prueba había sido obtenida vulnerando el derecho a la protección de datos del trabajador por falta de información previa sobre la finalidad y el objetivo de la instalación de dichas cámaras, por lo que no podía ser considerada una prueba válida. En consecuencia, el despido fue considerado improcedente.

La nueva sentencia del Supremo concluye que la prueba es válida ya que los empleados conocían la presencia de las cámaras de videovigilancia porque había un letrero que indicaba la existencia de estas, así como su ubicación, y que no se precisa de un consentimiento explícito de los trabajadores pues se presupone con la mera existencia de la relación laboral.

En opinión de Isaac González abogado laboralista, «si el trabajador conoce que existen cámaras de videovigilancia que están en funcionamiento y su ubicación, debe saber que a partir de ahora los tribunales tendrán en cuenta esas grabaciones como medio de prueba en el caso de que se produzca un acto ilícito por su parte sin que con ello se vulneren sus derechos fundamentales».

El Alto Tribunal sentó un precedente

El Supremo ya había avalado como prueba para el procedimiento de despido de una trabajadora de un supermercado, una grabación, en la cual podía verse a la empleada comiéndose dos paquetes de embutido en el almacén.

La Sala de lo Social declara que el uso de cámaras de videovigilancia en una empresa con conocimiento de los trabajadores no vulnera los derechos fundamentales, y por tanto ha aceptado que en el proceso por el despido de la empleada constituya una prueba.

Los hechos considerados probados ocurrieron en una tienda, cuyo propietario había instalado varias cámaras, excluyendo los aseos, vestuarios y oficinas, ante el alto nivel de pérdidas de origen desconocido, más de 32 000 euros en el año 2012, que sufría la empresa.

Fuente: *eleconomista.es,* Xavier Gil Pecharromán. 7 de marzo de 2017.

a) ¿Con qué finalidad pueden instalarse cámaras de videovigilancia en los centros de trabajo?

b) Según dicha sentencia, ¿debe la empresa informar de manera explícita a los trabajadores de la instalación de cámaras de videovigilancia?

c) ¿En qué lugares de un centro de trabajo no pueden instalarse cámaras de videovigilancia?

El contrato de trabajo

2

Contenidos

Objetivos

- Determinar y comprender los elementos esenciales del contrato de trabajo.
- Identificar el contenido y las formas del contrato de trabajo.
- Conocer, clasificar y diferenciar las diferentes modalidades contractuales.
- Conocer las relaciones contractuales realizadas por las ETT.

Cuestiones

a) **¿Conoces cómo se regula la relación entre el trabajador y la empresa?**

b) **¿Sabes a partir de qué edad se puede trabajar en España?**

c) **En un contrato de trabajo, ¿se puede establecer cualquier tipo de condiciones?**

d) **¿Conoces las diferencias entre un contrato indefinido y un contrato temporal?**

e) **Seguro que conoces a muchas personas que trabajan por cuenta ajena y no tienen el mismo contrato con sus empresas. ¿Sabes por qué?**

Caso práctico inicial

Pablo Hernández estudia un ciclo formativo de grado medio de Comercio en un instituto de su localidad. Compagina estos estudios con un trabajo de dependiente en TOY'S IMAGINE, una juguetería a la que acude de lunes a viernes de 17:00 a 21:00 horas, trabajo por el que cobra 700 € mensuales. TOY'S IMAGINE tiene un horario de apertura de 10:00 a 21:00 horas de lunes a sábado.

En el mes de noviembre, el lanzamiento de un nuevo juguete provoca un inesperado y enorme aumento de las ventas. Para atender este aumento de la demanda, la empresa solicita los servicios de TEMPORALIS, una empresa de trabajo temporal, que le proporcionará todos los trabajadores que sean necesarios.

Este año desean contratar como repartidor a Javi, un joven de 17 años que, aunque no tiene ninguna experiencia laboral, parece bastante responsable. La empresa quiere contratarlo por tres meses y se incorporará al puesto de trabajo en cuanto sus padres le den permiso para firmar el contrato.

Pablo ha terminado su jornada laboral y se marcha a casa. Cuando baja en el ascensor coincide con Gloria, la sustituta de Luisa, la auxiliar administrativa que se encuentra disfrutando de su baja por nacimiento. Durante un rato hablan de los estudios, pues Gloria también está estudiando; terminó un ciclo formativo y se matriculó en una universidad a distancia. Está muy contenta con la carrera que ha elegido y le va bastante bien. Cuando finalice quiere crear su propia empresa. Pablo, en cambio, tiene expectativas de quedarse en la empresa cuando acabe sus estudios con otro tipo de contrato.

2.1. El contrato de trabajo

El **contrato de trabajo** se define como el acuerdo entre el trabajador y el empresario, mediante el cual el trabajador se compromete, voluntariamente, a prestar determinados servicios bajo la organización y dirección de un empresario, a cambio de un salario.

Así pues, el contrato de trabajo es el instrumento mediante el cual se manifiesta una relación laboral y representa no solo un acuerdo del que se derivan derechos y obligaciones, sino también el mecanismo por el que se establecen las características de la relación laboral.

2.1.1. Capacidad para contratar

¿Puede cualquier persona firmar un contrato de trabajo? Lo cierto es que no. El Estatuto de los Trabajadores indica quiénes tienen capacidad para firmar un contrato de trabajo, y que son, por una parte, el empresario o representante legal de la empresa y por otra parte el trabajador.

A continuación podemos observar los requisitos que se exigen a ambos, trabajador y empresario, para que puedan celebrar válidamente un contrato de trabajo:

▶ PUEDEN FIRMAR VÁLIDAMENTE UN CONTRATO DE TRABAJO COMO TRABAJADOR

- Los mayores de edad (a partir de 18 años).
- Los mayores de 16 años y menores de 18 años si cumplen alguno de estos requisitos:
  - — Si están emancipados legalmente. La emancipación se puede obtener mediante el matrimonio, la concesión de los padres o la concesión judicial.
  - — Si tienen autorización de sus padres o tutores legales.
  - — Si viven de forma independiente con el consentimiento de sus padres o tutores.

  A los menores de edad se les prohíbe la realización de trabajos nocturnos, peligrosos, penosos o insalubres, así como la realización de horas extraordinarias.
- Excepcionalmente, los menores que aún no han cumplido los 16 años pueden intervenir en espectáculos públicos, previa autorización por escrito de la autoridad laboral, y siempre que no perjudique su salud ni su formación profesional y humana (art. 6.4 ET).
- Cualquier ciudadano de la Unión Europea siempre que cumpla los requisitos de edad exigidos a cualquier ciudadano español mencionados en los puntos anteriores.
- Los ciudadanos extracomunitarios, además de cumplir con los requisitos de edad exigidos a cualquier ciudadano español, deberán obtener un permiso de trabajo expedido por el Ministerio de Empleo y Seguridad Social.

Concepto clave

Emancipación: es la situación legal que capacita al menor de edad, a partir de los 16 años, a vivir de forma independiente y disponer de su persona y sus bienes como si fuera mayor de edad. Se puede obtener mediante el matrimonio, la concesión de los padres o tutores o la concesión judicial.

Como **excepción** se dispone que, hasta que el emancipado no alcance la mayoría de edad, no podrá pedir préstamos, gravar o transmitir bienes inmuebles, establecimientos mercantiles o industriales ni bienes de extraordinario valor (como joyas) sin el consentimiento de sus padres, o en caso de que falten ambos, del tutor que le haya sido nombrado.

▶ PUEDEN FIRMAR VÁLIDAMENTE UN CONTRATO DE TRABAJO COMO EMPRESARIO

- Una persona física (empresario individual), persona jurídica (sociedad mercantil, sociedad cooperativa, etc.) o comunidad de bienes.
- Los mayores de 18 años.
- Los mayores de 16 años y menores de 18 años emancipados o que tengan el consentimiento de sus padres o tutores.
- Los menores no emancipados pueden contratar representados por su padre, madre o, en su caso, tutor.

Actividad resuelta

2.1. Indica si las siguientes personas podrían celebrar un contrato de trabajo:

a) Un joven de 20 años de nacionalidad francesa.

b) Un joven de 15 años que va a ser contratado como camarero en un restaurante.

c) Una joven de 17 años emancipada que va a ser contratada como dependienta en una tienda de moda.

d) Un joven de 16 años que vive con sus padres y va a ser contratado, aunque sus padres no le han dado su consentimiento, como mozo de almacén en una gran superficie.

e) Rafael, de 16 años, que vive en un apartamento de alquiler con el consentimiento de sus padres y va a ser contratado en un centro de ocio infantil.

Solución:

a) Sí, ya que es mayor de edad y ciudadano de la UE.

b) No, ya que se trata de un menor de 16 años. Solo podría firmar un contrato para trabajar en espectáculos públicos, que no es el caso.

c) Sí, ya que al ser mayor de 16 años y estar emancipada puede firmar por sí sola un contrato de trabajo.

d) No, ya que es mayor de 16 años y menor de 18 años, pero no está emancipado, no tiene la autorización de sus padres, ni tampoco vive de forma independiente con el consentimiento de estos.

e) Sí, pues es mayor de 16 años y vive de forma independiente con el consentimiento de sus padres.

Actividades propuestas

2.1. Leo Castro, de 17 años y emancipado legalmente, ha sido contratado como auxiliar administrativo. La empresa tiene una enorme acumulación de trabajo, debido a la campaña de recaudación del impuesto sobre la renta, y le pide que realice, una vez finalizada su jornada, dos horas extraordinarias hasta que acabe la campaña.

a) ¿Tiene capacidad Leo para firmar válidamente el contrato de trabajo? ¿Por qué?

b) ¿Puede realizar Leo las horas extraordinarias que le solicita la empresa?

c) Si Leo no estuviese emancipado, ¿podría haber firmado el contrato de trabajo o hubiese necesitado algún otro requisito?

2.2. Una empresa de publicidad necesita contratar a una menor de 12 años para realizar un *spot* publicitario durante los meses de verano. En estas circunstancias, ¿podría formalizarse un contrato? ¿Qué requisitos serían necesarios?

2.1.2. Elementos esenciales del contrato de trabajo

Todo contrato, para ser válido, debe tener tres elementos esenciales, que son:

▶ ELEMENTOS ESENCIALES DEL CONTRATO DE TRABAJO

Consentimiento	Es el acuerdo, prestado libremente por las partes que intervienen en el contrato: el empresario y el trabajador. Es necesario que no haya «vicios del consentimiento», es decir, que el consentimiento no se haya prestado con engaño, intimidación, violencia o fraude.
Objeto	Es doble, ya que está formado por la prestación que cada parte se compromete a hacer a favor de la otra (trabajo por parte del trabajador y salario por parte del empresario). El objeto ha de ser posible, lícito y determinado.
Causa	Es el fin por el que se realiza el contrato, es decir, el intercambio de trabajo por salario.

Concepto clave

Lícito: todo aquello que está permitido por la ley.

Sabías que...

La legislación vigente califica como infracción muy grave «la simulación de una relación laboral» con un ciudadano de otro país cuando dicha conducta se realiza «con ánimo de lucro» o con el propósito de obtener «indebidamente derechos reconocidos en esta ley». La normativa contempla en estos casos multas de entre 10.001 € y 100.000 € para los empresarios infractores.

Actividad resuelta

2.2. Indica para los siguientes casos qué elementos esenciales del contrato no se cumplen:

a) Pedro, de 20 años, firma un contrato de trabajo bajo las amenazas y la intimidación del empresario.

b) Un empresario, a cambio de una cantidad de dinero, firma un contrato ficticio de trabajo a un inmigrante que no va a realizar trabajo alguno en la empresa con la única intención de lograr un permiso de trabajo.

c) Luis, de 17 años de edad y emancipado, acaba de firmar un contrato de trabajo como vigilante nocturno con la empresa DRACUL, SLU.

Solución:

a) En este caso el consentimiento estaría viciado, ya que existen amenazas e intimidación, por lo que no se ha prestado libremente.

b) En este caso no existe una causa real del contrato, ya que no se va a realizar un trabajo a cambio de dinero, sino para conseguir un permiso de trabajo.

c) En este caso el objeto no es lícito, ya que la normativa laboral no permite que los menores de 18 años realicen trabajos nocturnos.

2.2. Forma y condiciones del contrato de trabajo

En el caso práctico inicial

Javier no puede firmar válidamente un contrato de trabajo. Tiene 17 años, por lo que necesita el permiso de sus padres, al ser menor de edad y no estar emancipado. De hecho, la empresa espera el consentimiento de los padres para realizar el contrato a Javier.

El contrato de trabajo puede celebrarse de forma escrita o verbal. Actualmente, todos los contratos laborales deben realizarse por escrito, excepto el contrato indefinido ordinario y el contrato eventual por circunstancias de la producción a tiempo completo cuya duración sea inferior a cuatro semanas, que podrán celebrase de manera verbal. No obstante, cualquiera de las partes podrá exigir que el contrato se realice por escrito, incluso durante el transcurso de la relación laboral.

Si el contrato de trabajo es superior a cuatro semanas, el empresario deberá informar por escrito al trabajador sobre los contenidos esenciales del contrato en los plazos que se establezcan reglamentariamente. No será necesaria facilitar esta información al trabajador cuando ya se encuentre recogida en el contrato formalizado por escrito y lo tenga el trabajador en su poder.

El contenido mínimo que debe figurar en un contrato escrito será el siguiente:

1. **Tipo de contrato** (indefinido, temporal, en prácticas, etcétera).
2. **Datos de las partes** que lo firman: empresario y trabajador.
3. **Puesto de trabajo** que va a desempeñar el trabajador.
4. **Categoría o grupo profesional** del puesto de trabajo que desempeñe el trabajador o la descripción resumida de este, en términos que permitan conocer con suficiente precisión el contenido específico del trabajo.
5. **Lugar de trabajo:** el centro de trabajo donde el trabajador preste sus servicios habitualmente. Cuando el trabajador preste sus servicios de forma habitual en diferentes centros de trabajo o en centros de trabajo móviles o itinerantes se harán constar estas circunstancias.
6. **Duración y distribución de la jornada** ordinaria de trabajo.
7. **Duración del contrato,** indicándose la fecha de comienzo de la relación laboral y su duración previsible (en el caso de tratarse de contratos temporales).
8. **Periodo de prueba** si existiese. El periodo de prueba se entiende como el plazo de tiempo durante el cual tanto el empresario como el trabajador pueden comprobar si es conveniente o no la contratación.

   El Estatuto de los Trabajadores y los convenios colectivos establecen las condiciones del periodo de prueba:

   - **Forma:** el periodo de prueba siempre deberá aparecer por escrito en el contrato de trabajo antes de que el trabajador comience a prestar sus servicios. De no ser así, se supondrá que no existe periodo de prueba.

Debes conocer...

Es importante señalar que la duración del periodo de prueba está en relación con el puesto o grupo profesional que ocupa el trabajador en la empresa y no con su nivel de estudios.

Por ejemplo, si un ingeniero está contratado en una empresa como administrativo, tendrá una duración máxima del periodo de prueba de acuerdo a su puesto de administrativo y no a su condición de ingeniero.

- **Duración:** su duración se establecerá en los convenios colectivos y en su defecto la duración será la establecida por el Estatuto de los Trabajadores. El Estatuto de los Trabajadores, en su artículo 14, señala que la duración máxima del periodo de prueba será de:
  - 6 meses para los técnicos titulados (ya sea titulado universitario o de formación profesional).
  - Para el resto de trabajadores:
    - 3 meses en empresas de menos de 25 trabajadores.
    - 2 meses en empresas con 25 o más trabajadores.

  El periodo de prueba de los contratos de obra o servicio, eventual por circunstancias de la producción e interinidad cuya duración no sea superior a 6 meses, no podrá exceder de 1 mes, salvo que el convenio colectivo de aplicación prevea otra cosa.
- **Derechos y efectos:** durante el periodo de prueba, los trabajadores tendrán los mismos derechos y las mismas obligaciones que cualquier otro trabajador. Cualquiera de las partes (empresario o trabajador) puede dar por finalizado el contrato durante el periodo de prueba sin alegar causa o motivo alguno, sin necesidad de preaviso ni derecho a indemnización alguna. En el caso de tratarse de una trabajadora embarazada, la resolución del contrato no sería válida si la solicita el empresario. El periodo de prueba computará como antigüedad.
- **No renovable:** no podrá establecerse periodo de prueba a trabajadores que hayan desempeñado las mismas funciones con anterioridad en la empresa, bajo cualquier modalidad de contratación. Si trabajasen en otra empresa, sí les podrían establecer un nuevo periodo de prueba.

9. **Retribución:** salario base inicial y complementos salariales.
10. **Vacaciones:** se indicará la duración de las vacaciones anuales (mínimo 30 días naturales por año).
11. **Plazos de preaviso** que deben respetar ambas partes en caso de extinción del contrato. No es común que aparezca en el contrato, ya que suele indicarse en el convenio colectivo aplicable.
12. **Convenio colectivo** aplicable a la relación laboral.
13. **Cláusulas adicionales:** las cláusulas abusivas o en fraude de ley no serán consideradas válidas, aunque el trabajador las haya firmado.
14. **Fecha y firma de las partes,** así como el **lugar** donde se realiza.

La empresa está obligada a comunicar a los Servicios Públicos de Empleo, en un plazo de diez días hábiles siguientes a su celebración, el contenido de los contratos de trabajo que realicen o las prórrogas de los mismos. Dicha comunicación se llevará a cabo mediante la presentación de una copia del contrato o de sus prórrogas en papel o telemáticamente.

Actividad resuelta

2.3. Eva es enfermera y lleva trabajando en un hospital privado dos meses. La empresa le informa de que no ha superado el periodo de prueba. En el contrato de trabajo de Eva no aparece periodo de prueba alguno y el convenio colectivo aplicable establece un periodo de prueba máximo de 5 meses. ¿Es correcta la actuación de la empresa?

Solución:

No, la decisión de la empresa no es legal, ya que el periodo de prueba siempre debe reflejarse por escrito en el contrato de trabajo. El convenio únicamente fija una duración máxima, pero el periodo de prueba debe aparecer por escrito en el contrato respetando este límite.

Sabías que...

Las situaciones de incapacidad temporal, maternidad y adopción o acogimiento que afecten al trabajador durante el periodo de prueba interrumpen el cómputo de este siempre que se produzca acuerdo entre ambas partes.

Importante

La resolución del contrato por parte de la empresa, durante el periodo de prueba, en el caso de trabajadoras por razón de embarazo será nula.

Actividades propuestas

2.3. José Luis acaba de firmar un contrato de trabajo indefinido como contable, para el que la empresa le exige el título de técnico superior en Administración y Finanzas, que establece por escrito un periodo de prueba de seis meses. El convenio colectivo no establece periodo de prueba alguno. Al cabo de cuatro meses la empresa le comunica que han decidido que no continúe su contrato sin darle explicación alguna sobre el motivo o la causa de la decisión. José Luis recibe el finiquito pero no le entregan indemnización alguna.

a) ¿Es correcta la duración del periodo de prueba que estableció la empresa en el contrato?

b) ¿Puede la empresa dar por finalizado el contrato sin preaviso ni justificar el motivo o la causa?

c) ¿Debe entregar la empresa a José Luis alguna indemnización por extinguir el contrato antes del tiempo pactado?

2.4. Consulta el convenio colectivo de tu sector profesional y contesta a las siguientes preguntas:

a) ¿Establece el convenio un periodo de preaviso para la finalización del contrato? ¿Cuál es su duración?

b) ¿Cuál es la duración máxima del periodo de prueba establecida en el convenio?

c) ¿Cuál es la duración de las vacaciones que establece?

2.3. Modalidades contractuales

En la actualidad, existen en nuestro país 4 modelos de contratos: **contrato indefinido, contrato temporal, contrato para la formación y el aprendizaje** y **contrato en prácticas.**

Dentro de cada una de estas modalidades podemos encontrar diferentes «tipos de contratos», cada uno de ellos con sus características y cláusulas específicas, en función de las peculiaridades del empresario y/o del trabajador. Por ejemplo, en la modalidad de **contrato indefinido** encontramos entre otros: el contrato indefinido ordinario, indefinido de personas con discapacidad, etcétera.

Nos vamos a ocupar en esta unidad del estudio de los contratos más habituales e interesantes, dentro de las cuatro modalidades, para el acceso al mercado laboral de los alumnos de ciclos formativos, y que podemos observar en el siguiente esquema:

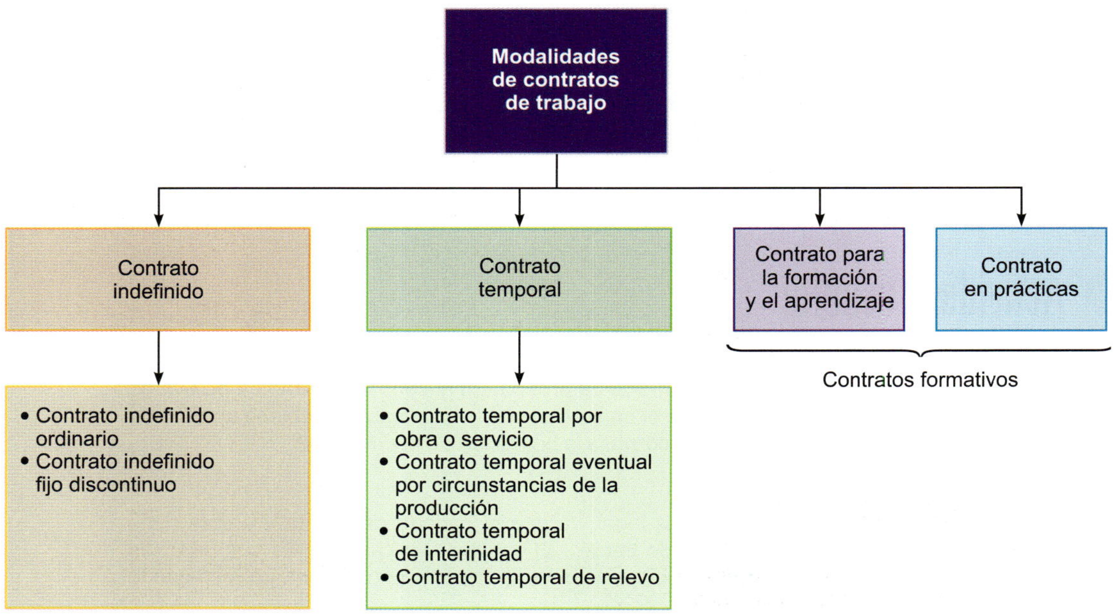

2.4. Contratos indefinidos

Se consideran indefinidos aquellos contratos que se realizan sin límite de tiempo, es decir, sin fecha de finalización y con la incorporación de los trabajadores a la empresa como «fijos».

Los contratos indefinidos pueden en algunos casos dar derecho a incentivos y/o bonificaciones a la contratación, cuando se cumplan los requisitos que en cada caso se exijan por la normativa de aplicación, dependiendo de las características de la empresa (por ejemplo, existen bonificaciones para empresas de menos de 50 trabajadores por conversión de determinados contratos en indefinidos), del trabajador (por ejemplo, existen incentivos para aquellas empresas que realicen contratos indefinidos para trabajadores discapacitados, o jóvenes desempleados, o mayores de 45 años) y, en su caso, de la jornada (por ejemplo, para los contratos a tiempo parcial).

En la actualidad existe un gran número de tipos de contratos indefinidos, aunque nosotros estudiaremos a continuación aquellos que tienen una importancia especial:

- **Contrato indefinido ordinario.** Tiene por objeto contratar a trabajadores por tiempo indefinido. No da derecho a incentivos ni bonificaciones. Se puede realizar de forma escrita o verbal, pudiéndose realizar a tiempo completo o a tiempo parcial.
- **Contrato fijo discontinuo.** Se realiza para trabajos que no se repiten en fechas ciertas (es decir, no se repiten en la mismas fechas). Se trata de un contrato que permite simultanear periodos de trabajo y no trabajo en una actividad que se repite periódicamente a lo largo de los años, pero de la que no se conoce la fecha cierta o exacta de volver al trabajo cada año. Debe realizarse por escrito, según el modelo oficial, e indicar la duración estimada, el orden y la forma de llamamiento al trabajador cada vez que tenga que reincorporarse al trabajo y la jornada laboral estimada y su distribución horaria.

Debes conocer...

La aprobación en el Boletín Oficial del Estado (BOE) del Real Decreto Ley 28/2018, de 28 de diciembre, para la revalorización de las pensiones públicas y otras medidas urgentes en materia social, laboral y de empleo, supuso la desaparición de las medidas e incentivos a la contratación vinculadas a una tasa de desempleo superior al 15 %, como son:

- Contrato indefinido de apoyo a emprendedores.
- La posibilidad de celebrar contratos de formación y aprendizaje con personas de entre 25 y 30 años.
- Los incentivos a la contratación a tiempo parcial con vinculación formativa.
- La contratación indefinida de un joven por microempresas y empresarios autónomos.
- Los incentivos a la contratación en nuevos proyectos de emprendimiento joven.
- El contrato al primer empleo joven e incentivos a los contratos en prácticas.

Actividad resuelta

2.4. Indica en cuál de los siguientes casos se podría celebrar un contrato fijo discontinuo:

a) José Luis es contratado todos los años como animador por un hotel de Mallorca para la temporada de verano desde el 15 de junio al 15 de septiembre.

b) María Luisa es contratada todos los años como auxiliar administrativa en las oficinas de una empresa agrícola cuando comienza la temporada de recogida del melocotón. Generalmente la empresa le comunica su incorporación entre los meses de mayo y junio de cada año, aunque a veces, en función de la climatología y la cosecha, se ha incorporado algunos años en abril y otros en julio.

Solución:

a) En este caso, la empresa no podría celebrar un contrato fijo discontinuo, ya que se trata de una actividad que se repite cada año en fechas ciertas, es decir, el trabajador conoce todos los años la fecha exacta en la que debe volver al trabajo. En este caso, lo lógico sería celebrar con José Luis un contrato indefinido a tiempo parcial (que estudiaremos en los apartados posteriores).

b) En este caso, la empresa sí podría celebrar un contrato fijo discontinuo, ya que se trata de una actividad que se repite cada año, pero en fechas no ciertas, es decir, María Luisa no conoce exactamente la fecha exacta en la que debe volver al trabajo cada año. Es la empresa la que debe realizar el llamamiento de la trabajadora cuando se reanuda la actividad.

Actividad propuesta

2.5. Pon un ejemplo de una actividad donde pienses que es habitual la celebración de contratos fijos discontinuos. Razona la respuesta.

2.5. Contratos temporales

Los **contratos temporales** son aquellos cuya fecha de finalización es conocida en el momento de la realización del contrato. Actualmente, existe un límite para la realización continuada de contratos temporales. El Estatuto de los Trabajadores prohíbe el encadenamiento de contratos temporales durante cierto tiempo. Para ello, su artículo 15.5 establece que los trabajadores que en un periodo de 30 meses hubieran estado contratados durante un plazo superior a 24 meses, de forma continua o discontinua, para el mismo o diferente puesto de trabajo, con la misma empresa o grupo de empresas, mediante dos o más contratos temporales, sea directamente o a través de empresas de trabajo temporal, **adquirirán la condición de trabajadores fijos.**

Esta prohibición no será de aplicación a la utilización de los contratos formativos, de interinidad, de relevo, de programas públicos de empleo-formación o los realizados por empresas de inserción.

Una vez realizados los 24 meses en el periodo de 30 meses, la empresa deberá comunicar al trabajador la condición de fijo en un plazo de 10 días. De la misma forma, el trabajador también puede solicitar al Servicio Público de Empleo que le certifique los contratos temporales realizados y probar así su condición de fijo en la empresa.

A continuación vamos a pasar a desarrollar las características específicas más destacables de los diferentes tipos de contratos temporales:

▶ CONTRATO TEMPORAL POR OBRA O SERVICIO	
Finalidad	Este contrato tiene por objeto la realización de obras o servicios con autonomía y sustantividad propias dentro de la actividad de la empresa y cuya ejecución, aunque limitada en el tiempo es, en principio, de duración incierta. La duración de los contratos por obra o servicio determinado es incierta, pues finaliza cuando acaba la obra o servicio causa del contrato.
Características de la obra o servicio	No puede consistir en la realización de una obra o servicio determinado en el ciclo productivo constante o en las tareas habituales de la empresa. A diferencia de un contrato indefinido, que se hace para que el trabajador se implique en la actividad normal de la empresa, el contrato por obra o servicio tiene por objeto una actividad concreta e independiente de lo que la empresa hace todos los días, de sus tareas habituales, que será limitada en el tiempo. Por ejemplo, si la empresa es una escuela infantil (guardería), no podrá celebrar un contrato de obra y servicio para que un trabajador cuide a los niños (pues es su actividad cotidiana), pero sí para que dicho trabajador arregle y acondicione una habitación del local que se encuentre en malas condiciones. Esta obra de albañilería es independiente del cuidado de niños, su actividad normal, y aunque de duración temporal, no se sabe cuánto tiempo se tardará en finalizarla.
Forma	El contrato deberá formalizarse siempre por escrito e identificar claramente la obra o el servicio que constituya su objeto, la duración, aunque sea orientativa, así como el trabajo que se debe desarrollar.
Duración	El tiempo necesario para la realización de la obra o servicio, no pudiendo superar los tres años de duración, ampliable en doce meses mediante convenio colectivo. Si finaliza la duración máxima y el trabajador continúa trabajando en la empresa pasará a ser considerado fijo.
Jornada	Puede realizarse a tiempo completo o a tiempo parcial.
Otras características	• El contrato se extinguirá, previa denuncia de cualquiera de las partes, cuando finalice la obra o el servicio objeto del contrato. No es necesario que esté finalizada la obra por completo para que el empresario pueda extinguir poco a poco los contratos de trabajo. • Cuando la duración del contrato sea superior a un año, la parte que formule la denuncia está obligada a notificar a la otra la terminación del contrato con una antelación mínima de 15 días. El incumplimiento por parte del empresario del plazo de preaviso le obligará al abono de una indemnización equivalente al salario correspondiente a los días en que dicho plazo se haya incumplido.
Indemnización	A la finalización del contrato, el trabajador tendrá derecho a recibir una indemnización de 12 días de salario por cada año de servicio, o la parte proporcional correspondiente por el tiempo trabajado.

▶ CONTRATO TEMPORAL EVENTUAL POR CIRCUNSTANCIAS DE LA PRODUCCIÓN	
Finalidad	Estos contratos se celebran para atender los incrementos de trabajo temporales de la empresa por circunstancias del mercado, acumulación de tareas o exceso de pedidos, aun tratándose de la actividad normal de la empresa. Es importantísimo aclarar que el incremento de trabajo debe ser ocasional y que no se debe repetir de manera continua en el tiempo. Por ejemplo: un hotel de Bilbao necesita contratar al menos a 5 trabajadores para reforzar la plantilla como consecuencia de la celebración, solo en el año 2018, de un congreso internacional médico en la ciudad.
Forma	• Podrá concertarse de forma verbal si su duración es inferior a 4 semanas. • Será obligatorio realizarlo por escrito si su duración es superior a 4 semanas o se realiza a tiempo parcial. • En el contrato deberá constar con precisión y claridad la causa o circunstancia que lo justifique.
Duración	• La duración máxima de este contrato será de 6 meses dentro de un periodo de 12 meses a partir del momento en el que se produzca la circunstancia que lo motiva. • Los convenios colectivos podrán ampliar el periodo de referencia hasta los 18 meses y la duración máxima del contrato hasta los 12 meses o hasta tres cuartas partes del periodo de referencia que se fije. • El contrato podrá prorrogarse mediante acuerdo de las partes, por una única vez, sin que la duración total del contrato pueda exceder de dicha duración máxima.
Jornada	Puede realizarse a tiempo completo o a tiempo parcial.
Indemnización	A la finalización del contrato, el trabajador tendrá derecho a recibir una indemnización de 12 días de salario por cada año de servicio, o la parte proporcional correspondiente por el tiempo trabajado.

▶ CONTRATO TEMPORAL DE INTERINIDAD	
Finalidad	Tiene por objeto sustituir a trabajadores con derecho a reserva del puesto de trabajo o cubrir temporalmente un puesto de trabajo durante el proceso de selección para su cobertura definitiva.
Forma	El contrato deberá formalizarse siempre por escrito, identificar al trabajador sustituido y la causa de la sustitución y, en su caso, el puesto de trabajo cuya cobertura definitiva se producirá tras el proceso de selección, así como especificar la duración del contrato y el trabajo a desarrollar.
Duración	• La duración del contrato de interinidad será la del tiempo que dure la ausencia del trabajador sustituido con derecho a la reserva del puesto de trabajo. • Cuando el contrato se realice para cubrir temporalmente un puesto de trabajo durante el proceso de selección, la duración será la del tiempo que dure el proceso de selección para la cobertura definitiva del puesto, sin que pueda ser superior a tres meses, salvo si la empresa es la Administración Pública, en cuyo caso no existe límite.
Jornada	Se celebrará a tiempo completo, aunque podrá celebrarse a tiempo parcial cuando: • La persona que ha sido sustituida trabajase a tiempo parcial. • Se complete la jornada de un trabajador que ha reducido la suya.
Indemnización	Los contratos de interinidad no tienen derecho a indemnización por finalización de contrato.

Sabías que...

El Tribunal Superior de Justicia de la Unión Europea (TSJUE) en la sentencia de 5 de junio de 2018, rectificando el criterio de la sentencia del mismo tribunal de 14 de septiembre de 2016, establece que los interinos no tienen que ser indemnizados por fin de contrato.

Actividad resuelta

2.5. Indica el tipo de contrato más adecuado en cada uno de los siguientes casos:

a) Una empresa de distribución ha recibido un aumento de pedidos inusual y extraordinario durante el mes de abril, por lo que ha decidido contratar a 2 conductores durante este mes.

b) Un hotel rural decide reformar el suelo de las habitaciones y necesita contratar para ello a 5 albañiles.

c) Una empresa ha comenzado un proceso de selección para cubrir 2 puestos de auxiliar administrativo. Mientras finaliza la selección de los candidatos, ha decidido contratar temporalmente a 2 trabajadoras.

d) Carmen acaba de dar a luz a su primer hijo y ha comenzado a disfrutar de su periodo de descanso por nacimiento. La empresa ha decidido que contratará a otra trabajadora para sustituirla hasta que se reincorpore.

Solución:

a) Contrato eventual por exceso de pedidos, para cubrir el exceso de pedidos imprevisto, extraordinario y temporal en la actividad normal de la empresa.

b) Contrato por obra o servicio, para realizar la obra del suelo, que tiene autonomía propia dentro de la actividad de la empresa, y que tendrá una duración incierta pero limitada en el tiempo.

c) Contrato de interinidad, para cubrir temporalmente los dos puestos de trabajo de auxiliar administrativo mientras la empresa selecciona los trabajadores que cubrirán los puestos definitivamente.

d) Contrato de interinidad, para sustituir a la trabajadora, que tiene derecho a reserva del puesto de trabajo, mientras dure el periodo de descanso por nacimiento.

Actividades propuestas

2.6. La empresa MADER, SA, dedicada a la fabricación de bolsos, decide acondicionar un local de la empresa para construir un comedor para los empleados. Para ello, contrata a 4 albañiles que realizarán la obra el tiempo necesario hasta su finalización. ¿Qué contrato sería el más adecuado? ¿Cuál sería su duración?

2.7. Los grandes almacenes CUTENGLISH, SA, ante el lanzamiento de una nueva línea de productos de moda para la mujer, de su propia marca, necesitan contratar a 2 dependientas desde el 15 de abril al 15 de junio. El salario que percibirán será de 900 € al mes (incluida la parte proporcional de pagas extras).

a) ¿Qué tipo de contrato sería el más adecuado realizarles?

b) Determina si es correcta su duración y cuál sería el máximo por el que podrían haber sido contratadas.

c) ¿Tendrán derecho a indemnización a la finalización del contrato? En caso afirmativo, calcúlala.

2.8. Paula Heinrich ha sufrido un accidente laboral y se ha fracturado un brazo, por lo que recibe una baja laboral de 2 meses. La empresa decide contratar a Lorenzo Wolf para sustituirla durante el periodo que permanecerá de baja.

a) ¿Qué contrato le realizará la empresa al trabajador que sustituirá a Paula? Razona la respuesta.

b) ¿Cuál será la duración del contrato?

c) ¿Tendrá derecho a indemnización a la finalización del contrato?

En el caso práctico inicial

A Pablo le han asegurado que, cuando termine sus estudios, le realizarán un nuevo contrato. El contrato que probablemente le hará la empresa es el contrato en prácticas, relacionado con el título obtenido.

En el caso práctico inicial

Actualmente, en TOY'S IMAGINE, Luisa, la administrativa, se encuentra disfrutando de su permiso por nacimiento y se ha decidido contratar a Gloria para sustituirla durante este periodo. La empresa deberá realizarle un contrato de interinidad. Una vez que Luisa finalice su periodo de descanso, se incorporará de nuevo a la empresa y se extinguirá el contrato de interinidad de Gloria.

▶ CONTRATO DE RELEVO	
Finalidad	El contrato de relevo se celebra con un trabajador (relevista), inscrito como desempleado en una Oficina de Empleo o que tuviese concertado con la empresa un contrato de duración determinada, para completar la jornada de un trabajador de la empresa (relevado) que se jubila parcialmente reduciendo su jornada. Con el trabajador de la empresa que accede a la jubilación parcial se celebrará simultáneamente un contrato a tiempo parcial de jubilación parcial y reducirá su jornada entre el 25 % y el 50 %, o el 75 % en los casos en que el relevista sea contratado a jornada completa mediante un contrato de duración indefinida.
Forma	Se formalizará siempre por escrito en modelo oficial, en el que constarán necesariamente el nombre, la edad y las circunstancias profesionales del trabajador sustituido.
Duración	• La duración del contrato será indefinida o igual a la del tiempo que le falte al trabajador sustituido para alcanzar la edad de jubilación. • Si, al cumplir dicha edad, el trabajador jubilado parcialmente continuase en la empresa, el contrato de relevo que se hubiera celebrado por duración determinada podrá prorrogarse mediante acuerdo de las partes por periodos anuales, extinguiéndose, en todo caso, al finalizar el periodo correspondiente al año en el que se produzca la jubilación total del trabajador relevado.
Jornada	• El contrato de relevo podrá celebrarse a jornada completa o a tiempo parcial. • La duración de la jornada deberá ser, como mínimo, igual a la reducción de jornada acordada por el trabajador sustituido. • El horario de trabajo del trabajador relevista podrá completar el del trabajador sustituido o realizarse a la vez con él. • El puesto de trabajo del trabajador relevista podrá ser el mismo del trabajador sustituido o uno similar.
Extinción	El contrato se extinguirá cuando el trabajador sustituido se jubile totalmente.
Indemnización	A la finalización del contrato, el trabajador tendrá derecho a recibir una indemnización de 12 días de salario por cada año de servicio, o la parte proporcional correspondiente por el tiempo trabajado.

Actividad propuesta

2.9. La empresa JUBILEO, SA quiere contratar a Luis, técnico informático, para completar la jornada de un trabajador que ha accedido a la jubilación parcial reduciendo su jornada en un 50 %.

a) ¿Qué contrato deberá realizar la empresa a Luis?

b) ¿Qué contrato deberá realizar la empresa al trabajador que accede a la jubilación parcial?

c) ¿Podría celebrarse el contrato de Luis a jornada completa?

d) ¿Cuándo finalizará el contrato de Luis?

e) ¿Tendrá derecho a algún tipo de indemnización al finalizar el contrato?

2.6. Contrato para la formación y el aprendizaje

Bajo este tipo de contrato se agrupan los contratos destinados a favorecer la inserción laboral y la formación de personas jóvenes. De esta forma, se combina la práctica laboral con la formación teórica del empleado. Para que un contrato pueda considerarse de formación, la actividad formativa relacionada con el contrato deberá ser la necesaria para la obtención de un título de formación profesional, de grado medio o superior, o un certificado de profesionalidad.

▶ CONTRATO PARA LA FORMACIÓN Y EL APRENDIZAJE	
Finalidad	• El contrato para la formación y el aprendizaje tiene por objeto que los trabajadores obtengan una cualificación profesional en un régimen donde se alterna una actividad laboral retribuida en una empresa con otra actividad formativa (formación teórica). El trabajador podrá recibir la formación teórica en los centros educativos públicos o concertados que oferten formación profesional, en otros centros formativos acreditados de la red de formación profesional o bien por la propia empresa si esta dispusiera de las instalaciones y el personal adecuado y autorización para hacerlo.
Forma	Deberán formalizarse por escrito el contrato y sus prórrogas.
Requisitos	• Se podrá realizar este contrato a trabajadores de 16 a 25 años, que no tengan cualificación de Formación Profesional para el empleo reconocida o del sistema educativo necesaria para realizar un contrato en prácticas. No habrá límite de edad cuando se trate de personas discapacitadas, colectivos en situación de exclusión social o alumnos participantes en proyectos de empleo y formación. • No se podrán celebrar contratos para la formación y el aprendizaje cuando el puesto de trabajo correspondiente al contrato haya sido ocupado con anterioridad por el trabajador en la misma empresa por un tiempo superior a 12 meses.
Duración	• La duración mínima del contrato será de 1 año y la máxima de 3 años. • Mediante convenio colectivo podrá establecerse otra duración del contrato, sin que la duración mínima pueda ser inferior a 6 meses ni la máxima de 3 años. • En el caso de realizarse el contrato por una duración inferior a 3 años se podrán realizar hasta dos prórrogas, sin que la duración de cada prórroga pueda ser inferior a 6 meses y sin que la duración total del contrato sea superior a 3 años. • Finalizada la duración máxima del contrato para la formación, el trabajador no podrá ser contratado bajo esta modalidad por la misma o distinta empresa, salvo que la formación relacionada con el nuevo contrato tenga como objetivo la obtención de una cualificación distinta.
Jornada	• Debe realizarse solo a tiempo completo. • En este tipo de contrato una parte de la jornada se dedica a trabajo efectivo y otra a recibir formación teórica. • El tiempo de trabajo efectivo no podrá ser superior al 75 % de la jornada durante el primer año, y al 85 % durante el segundo y tercer año, de la jornada máxima prevista en el convenio colectivo o, en su defecto, de la jornada máxima legal. • Los trabajadores no podrán realizar horas extraordinarias (salvo las horas extras por fuerza mayor), ni trabajos nocturnos, ni trabajo a turnos.
Retribución	• El salario del trabajador será proporcional al tiempo de trabajo efectivo, de acuerdo con lo establecido en el convenio colectivo. • La retribución nunca podrá ser inferior al salario mínimo interprofesional en proporción al tiempo de trabajo efectivo.

2.7. Contrato en prácticas

El **contrato de trabajo en prácticas** tiene como objetivo principal la adquisición de experiencia laboral por parte de personas que posean un título universitario, de formación profesional o un certificado de profesionalidad.

▶ CONTRATO EN PRÁCTICAS	
Finalidad	Lograr que el trabajador adquiera la formación práctica adecuada a su nivel de estudios. No se trata únicamente de adquirir experiencia en un trabajo determinado, sino también de que esa experiencia tenga relación con los estudios cursados.
Forma	Deberá formalizarse por escrito y se harán constar expresamente la titulación del trabajador, la duración del contrato y el puesto de trabajo a desempeñar durante las prácticas.
Requisitos	• Poseer un título universitario, de formación profesional o un certificado de profesionalidad. • Que no hayan transcurrido más de 5 años desde la terminación de los estudios (7 años en el caso de trabajadores discapacitados). Si el trabajador es menor de 30 años, no existe límite de tiempo para poder celebrar un contrato en prácticas desde la finalización de sus estudios.
Duración	• Debe concertarse por un mínimo de 6 meses y un máximo de 2 años. • Si el contrato en prácticas se hubiese celebrado por un tiempo inferior a 2 años, se podrán realizar un máximo de 2 prórrogas de un mínimo de 6 meses cada una, hasta alcanzar la duración máxima.
Jornada	Puede realizarse a tiempo completo o a tiempo parcial.
Retribución	• La retribución del trabajador será la fijada en convenio colectivo para los trabajadores en prácticas, sin que pueda ser inferior el primer año al 60 % o al 75 % durante el segundo año del salario fijado en convenio para un trabajador que desempeñe el mismo o equivalente puesto de trabajo. • En ningún caso el salario será inferior al salario mínimo interprofesional. En el caso de trabajadores contratados a tiempo parcial, el salario se reducirá en proporción a la jornada realizada.
Otras características	• Ningún trabajador podrá estar contratado en prácticas en la misma o distinta empresa por tiempo superior a 2 años en virtud de la misma titulación o el mismo certificado de profesionalidad. • Si a la finalización del contrato el trabajador continuase en la empresa, no podrá concertarse un nuevo periodo de prueba, computándose la duración de las prácticas a efectos de antigüedad en la empresa. • A la finalización del contrato, el empresario deberá entregar al trabajador un certificado en el que consten la duración de las prácticas, el puesto o puestos de trabajo ocupados y las principales tareas realizadas en cada uno de ellos.

Actividad resuelta

2.6. Esther, de 18 años, acaba de finalizar la ESO y ha sido contratada por tres años con un contrato para la formación y el aprendizaje por un restaurante de la zona mientras estudia el ciclo de grado medio de Cocina y Gastronomía.

a) ¿Es correcta la duración del contrato de Esther? ¿Cuál es la duración mínima de un contrato para la formación y el aprendizaje?

b) ¿Puede celebrarse el contrato a tiempo parcial?

c) ¿Podrá realizar horas extraordinarias Esther?

Solución:

a) Sí, ya que la duración máxima del contrato para la formación y el aprendizaje es de tres años. La duración mínima de este contrato es de un año.

b) No, el contrato para la formación y el aprendizaje siempre debe celebrarse a tiempo completo.

c) No, los trabajadores con un contrato para la formación y el aprendizaje no pueden realizar horas extraordinarias. Sí puede realizar horas extras de fuerza mayor para prevenir o reparar siniestros y otros daños extraordinarios y urgentes.

Actividades propuestas

2.10. Marcos González está realizando el módulo de FCT, del ciclo de Cocina y Gastronomía, en la empresa FOODS, SL, cuando desde el departamento de recursos humanos se le ha ofrecido un contrato en prácticas a jornada completa, como jefe de cocina, para los próximos dos años, debido a la excelente impresión que están causando su forma de trabajar y sus conocimientos. El salario para un trabajador que desempeña el mismo puesto a jornada completa, según el convenio colectivo, es de 1500 € al mes. Por otro lado, el salario mínimo interprofesional para 2020 es de 950 € al mes.

a) ¿Puede Marcos realizar el contrato en prácticas inmediatamente?

b) Calcula el salario que debería cobrar como mínimo Marcos durante el primer y segundo año si tuviese un contrato en prácticas.

c) ¿Es correcta la duración del contrato en prácticas que le ofrece la empresa?

2.11. Fernando Rato, de 18 años, no ha finalizado sus estudios de bachillerato, cuando la empresa TEMPO, SL le ofrece un contrato de trabajo de tres años en el que el recibirá la formación necesaria para obtener un ciclo de grado medio de formación profesional. Durante los tres años de duración del contrato recibirá formación teórica en un instituto autorizado de la zona durante el 25 % de la jornada y el resto trabajará en la empresa. El convenio colectivo establece que el salario de un trabajador a jornada completa que desarrolle dicho oficio es de 1000 € al mes.

a) ¿Qué contrato debe realizarse a Fernando? ¿Cuál debe ser su duración mínima y máxima?

b) ¿Es correcta la jornada de trabajo que realizará Fernando en la empresa? ¿Cuál debe ser el salario que debe percibir?

2.8. Otras modalidades contractuales: el contrato a tiempo parcial

Sabías que...

Se entenderá por trabajador a tiempo completo comparable a un trabajador a tiempo completo de la misma empresa y centro de trabajo, con el mismo tipo de contrato de trabajo y que realice un trabajo idéntico o similar.

En realidad no se trata de un tipo de contrato, sino de un tipo de jornada, en este caso parcial, que puede aplicarse a cualquier tipo de contrato, excepto al contrato para la formación y el aprendizaje, que deberá realizarse siempre a jornada completa.

La realización de un contrato con una jornada parcial tiene características tan importantes y específicas que creemos necesario un estudio exclusivo de las consecuencias de la jornada parcial en los contratos.

A continuación, desarrollamos los aspectos más destacables:

▶ CONTRATO A TIEMPO PARCIAL	
Finalidad	El contrato de trabajo se entenderá celebrado a tiempo parcial cuando se haya acordado la prestación de servicios durante un número de horas al día, a la semana, al mes o al año inferior a la jornada de trabajo de un **trabajador a tiempo completo comparable.**
Forma	Por escrito en el modelo oficial establecido, en el que deberán figurar el número de horas ordinarias de trabajo al día, a la semana, al mes o al año contratadas y su distribución.
Duración	• El contrato a tiempo parcial puede realizarse por tiempo indefinido o temporal, es decir, el trabajador realizará una jornada menor que la jornada completa pudiendo estar fijo en la empresa o teniendo un contrato temporal. • Todas las modalidades de contrato pueden celebrarse a tiempo parcial, excepto el contrato para la formación y el aprendizaje, que solo puede realizarse a tiempo completo.
Jornada	**Distribución de la jornada.** La jornada diaria en el trabajo a tiempo parcial podrá realizarse de forma continuada o partida. • **Horas extraordinarias.** Los trabajadores a tiempo parcial no podrán realizar horas extraordinarias, salvo para prevenir o reparar siniestros y otros daños extraordinarios y urgentes (horas extras por fuerza mayor). • **Horas complementarias.** Se podrá ampliar la jornada en el contrato de trabajo a tiempo parcial a través de las horas complementarias, distinguiéndose entre horas complementarias pactadas y voluntarias. — **Horas complementarias pactadas.** » El pacto sobre horas complementarias deberá realizarse por escrito en el momento de la celebración del contrato o con posterioridad a este, y recogerá el número de horas complementarias cuya realización podrá ser exigida por el empresario.

   - Solo se podrá formalizar un pacto de horas complementarias en contratos a tiempo parcial, sean indefinidos o temporales, con una jornada de trabajo no inferior a 10 horas semanales de media en cómputo anual. Por ejemplo, si el contrato a tiempo parcial de un trabajador establece que realizará en un año 920 horas durante 46 semanas de trabajo efectivo, realizará 20 horas semanales de media al año, por lo tanto, al ser su jornada mayor a 10 horas semanales en cómputo anual podrá pactar horas complementarias.
   - El trabajador deberá conocer el día y la hora de realización de las horas complementarias con un preaviso mínimo de tres días.
   - El número de horas complementarias pactadas no podrá ser superior al 30% de las horas de trabajo que aparecen en el contrato. Los convenios colectivos podrán establecer otro porcentaje máximo no superior al 60% de la jornada pactada con el trabajador.
   - Las horas complementarias se pagan como horas ordinarias (normales).

— **Horas complementarias voluntarias.**

   - Solo en contratos de trabajo a tiempo parcial por tiempo indefinido.
   - No existe preaviso mínimo, si bien el porcentaje no podrá superar el 15% de las horas de trabajo establecidas en el contrato, ampliable por convenio colectivo hasta un 30%.

Actividad resuelta

2.7. Elisa Dueñas acaba de ser contratada a tiempo parcial por la empresa LIMIT, SL. Elisa realizará una jornada del 50% de la jornada completa diaria de la empresa, que es de 8 horas al día, de lunes a viernes. En el momento de la celebración del contrato, el empresario pacta con la trabajadora la realización de horas complementarias de manera escrita, indicando el número de horas que se realizarán.

a) ¿Cuál será el número de horas de la jornada diaria que realice Elisa?
b) ¿Se ha realizado de forma correcta el pacto de horas complementarias?
c) ¿Cómo se pagan las horas complementarias?

Solución:

a) Elisa realizará el 50% de la jornada completa diaria de la empresa, es decir, la mitad. Así pues, si la jornada completa diaria es de 8 horas, la jornada de Elisa a tiempo parcial será justo de la mitad, 4 horas.
b) Sí, el pacto de horas complementarias debe hacerse siempre de manera escrita en el momento de celebración del contrato, o posteriormente, e indicar el número de horas, por lo que la empresa lo ha realizado correctamente.
c) Las horas complementarias se retribuyen como una hora de trabajo normal (ordinaria).

Debes conocer...

La negativa del trabajador a realizar horas complementarias voluntarias no será sancionable.

En el caso práctico inicial

Pablo está realizando una jornada a tiempo parcial de lunes a viernes de 17:00 a 21:00 horas, es decir de 4 horas, por lo que realiza un número de horas inferior a la de un trabajador a jornada completa.

2.9. ¿Qué contrato deben realizarme? ¿Contrato eventual, contrato indefinido fijo discontinuo o contrato indefinido a tiempo parcial?

Como hemos podido ver a lo largo de la unidad, existen numerosos contratos de trabajo en la actualidad en nuestro mercado laboral. En ocasiones, la utilización correcta de uno u otro contrato para una determinada actividad puede ser confusa o difícil de decidir.

Esto ocurre especialmente entre tres contratos: el **contrato eventual por circunstancias de la producción,** el **contrato fijo discontinuo** y el **contrato indefinido a tiempo parcial.** Estos tres contratos se han utilizado y se sigue haciendo de manera errónea o en ocasiones en fraude de ley, debido a que aparentemente parecen ser similares en muchos aspectos, por lo que nos parece muy oportuno desarrollar en este punto las diferencias entre ellos y cuándo deben utilizarse uno u otro adecuadamente, aun cuando ya han sido explicados de manera individual a lo largo de la unidad.

La comparación de los tres tipos de contratos a la vez arrojará una visión clara de cómo y cuándo deben celebrarse.

Actividad propuesta

2.12. Una empresa quiere contratar a una técnico superior en agencias de viajes y gestión de eventos de forma indefinida con una jornada de 4 horas al día, de lunes a viernes. La jornada normal de la empresa es de 8 horas diarias de lunes a viernes.

a) ¿Qué tipo de contrato deberá realizar la empresa?
b) ¿Podría la trabajadora realizar horas extraordinarias?

▶ CONTRATO EVENTUAL POR CIRCUNSTANCIAS DE LA PRODUCCIÓN	▶ CONTRATO INDEFINIDO FIJO DISCONTINUO	▶ CONTRATO INDEFINIDO A TIEMPO PARCIAL
Se debe realizar para **incrementos de trabajo de carácter extraordinario,** para atender exigencias circunstanciales del mercado, acumulación de tareas o exceso de pedidos, es decir, se producen por una necesidad excepcional dentro de la actividad normal de la empresa que **no se repite periódicamente a lo largo de los años.**	El contrato fijo discontinuo es un contrato fijo porque es una actividad permanente en el tiempo, es decir, se produce año tras año, pero discontinuo porque **el trabajador no desarrolla su trabajo durante todo el año, sino exclusivamente durante un periodo de este, o temporada.** Además, **la fecha de volver al trabajo cada periodo o temporada de trabajo no se conoce con exactitud,** es decir, no se vuelve al trabajo siempre en las mismas fechas.	El contrato indefinido a tiempo parcial es un contrato fijo porque es una actividad permanente en el tiempo, con esto me refiero a que se produce año tras año, pero discontinuo porque **el trabajador no desarrolla su trabajo durante todo el año, sino exclusivamente durante un periodo de este, o temporada.** En este caso, **la fecha de volver al trabajo cada periodo o temporada de trabajo se conoce siempre con exactitud,** es decir, siempre se vuelve al trabajo en las mismas fechas.
EJEMPLOS: como podrás observar en los casos que se muestran a continuación, un mismo trabajo puede dar lugar a la realización de cualquiera de estos tres contratos en función de las características de la actividad que vaya a desarrollar.		
Una estación de esquí y montaña necesita contratar tres monitores de esquí para reforzar su plantilla ante la enorme demanda de clientes, como consecuencia de la celebración de los campeonatos de España de esquí en dicha estación durante este invierno.	Una estación de esquí y montaña contrata a seis monitores todos los años para el comienzo de la temporada de esquí entre noviembre y abril. Los trabajadores no conocen la fecha exacta de volver al trabajo cada año ni la duración de la temporada, ya que dependen principalmente de las condiciones meteorológicas y de las técnicas de la estación.	Una estación de esquí y montaña contrata a un monitor de esquí todos los años del 10 al 30 de enero para impartir unos prestigiosos cursos sobre deporte extremo de montaña.

2.10. Las empresas de trabajo temporal

Seguro que alguna vez hemos pensado en enviar nuestro currículo a una empresa de trabajo temporal (ETT). Este tipo de empresas están reguladas en la mayoría de los países de la Unión Europea y su finalidad es la de contratar a trabajadores para cederlos a otras empresas (usuarias o clientes), para las que trabajarán con carácter temporal. El trabajador firma un contrato laboral con la ETT, que firma, a su vez, un contrato no laboral con la empresa usuaria, denominado contrato de puesta a disposición. El esquema de funcionamiento podemos resumirlo mediante la siguiente figura:

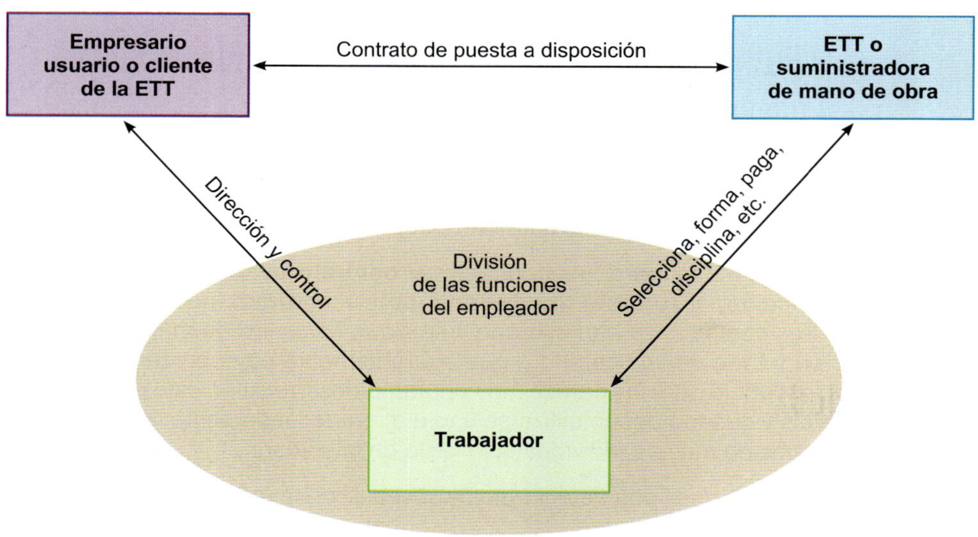

Las características de la contratación de una ETT son las siguientes:

1. **Modalidades de contratos:** solo pueden cederse trabajadores contratados temporalmente (obra o servicio, eventual por circunstancias de la producción y de interinidad) o bien para contratos en prácticas o para la formación y el aprendizaje.
2. **Forma:** escrita.
3. **Salario:** como mínimo, el trabajador recibirá en su totalidad la retribución establecida en el convenio colectivo aplicable a la empresa usuaria, para el puesto de trabajo objeto de la contratación. Por lo tanto, el trabajador recibirá el mismo salario que esté recibiendo un trabajador de la empresa usuaria que esté realizando su mismo trabajo y esté contratado bajo su misma categoría o grupo profesional.
4. **Poder de dirección y organización:** corresponde a la empresa usuaria, que además deberá informar al trabajador sobre los riesgos de su puesto de trabajo y las medidas de prevención y protección que deberán adoptarse.
5. **Poder sancionador:** corresponde a la ETT, que también deberá cumplir con las obligaciones salariales y de Seguridad Social.
6. **Convenio aplicable:** se aplicará el convenio colectivo de la empresa usuaria.
7. **Extinción del contrato:** el trabajador tiene derecho a recibir a la finalización del contrato una indemnización de 12 días de salario por año de servicio, que podrá ser prorrateada durante la vigencia del contrato.
8. **Limitaciones:** se podrán celebrar contratos de puesta a disposición para realizar trabajos considerados como peligrosos, excepto cuando existan radiaciones, agentes biológicos, agentes cancerígenos o tóxicos para la reproducción. Tampoco podrán ser contratados trabajadores para sustituir a otros trabajadores en huelga o para cederlos a otra ETT.

Debes conocer...

El beneficio de las ETT proviene del cobro a las empresas usuarias del margen comercial correspondiente por los servicios que se les presta; en este caso, de puesta a disposición, en el que se incluye todo el proceso de reclutamiento, selección, formación, contratación y puesta a disposición del trabajador.

No se cobra nada, bajo ningún concepto, a los trabajadores cedidos.

Sabías que...

Los trabajadores de entre 18 y 30 años son mayoritarios en las ETT.

En el caso práctico inicial

TOY'S IMAGINE necesita contratar trabajadores para atender el aumento de demanda que se produce entre noviembre y enero y, para ello, recurre a una ETT. El contrato que firma la juguetería con la ETT es un contrato de puesta a disposición.

Actividad resuelta

2.8. A Roberto lo van a contratar a través de una ETT como técnico superior en radiodiagnóstico en un centro de diagnóstico por imagen. Roberto se encargará de realizar las radiografías. El contrato será en prácticas y durará tres meses. La ETT ha informado a Roberto que cuando empiece a trabajar será la empresa usuaria la encargada de pagarle y de indicarle cuáles serán sus funciones, y que deberá acudir todas las tardes a la ETT para recibir un curso de prevención de riesgos laborales. Transcurridos los tres meses, el trabajador finaliza su contrato, no recibiendo por parte de la empresa ningún tipo de indemnización. ¿Ves alguna irregularidad en esta relación laboral?

Solución:

En el caso de Roberto hay varias irregularidades:

- La duración del contrato en prácticas no es legal, debe ser de seis meses como mínimo.
- No se pueden realizar contratos de puesta a disposición para actividades con riesgo de irradiación externa.
- La empresa usuaria no es la que tiene que pagar el sueldo a Roberto, sino la ETT.
- El curso de prevención de riesgos laborales debe realizarse antes de comenzar a trabajar.
- El trabajador tiene derecho a recibir una indemnización de 12 días por año trabajado.

Actividades propuestas

2.13. A partir del caso práctico inicial, explica cómo serán las características de la contratación del técnico contratado a través de la ETT.

2.14. Busca información sobre las agencias privadas de colocación. ¿En qué se diferencian de las ETT?

1. El contrato de trabajo

2.1. Una persona a la que le faltan 15 días de cotización para tener derecho a la prestación de desempleo llega a un acuerdo con un empresario amigo suyo para que le realice un contrato ficticio de 15 días. De esta forma, realmente no trabajará, aunque pagará los gastos de la Seguridad Social al empresario para poder tener derecho a recibir la prestación por desempleo. ¿Es legal el contrato? ¿Se incumple algún elemento esencial del contrato de trabajo?

2.2. La empresa FIDEON, SL contrata a Luis Marín como topógrafo con un contrato en prácticas por el que recibirá 1.000 € mensuales. Identifica y analiza los elementos esenciales del contrato de trabajo.

2.3. Una joven española, de 17 años de edad, está casada y va a firmar su primer contrato de trabajo en un restaurante de Bilbao.

a) ¿Necesitaría la autorización de sus padres?

b) Y si fuese australiana, ¿necesitaría algún requisito para poder realizar el contrato?

2.4. Luis, natural de Valencia, tiene 16 años y está emancipado. La empresa FISCAL, SL quiere contratarle de manera temporal.

a) ¿Podrá Luis formalizar el contrato?

b) Si Luis no hubiese estado emancipado, ¿qué hubiese necesitado para celebrar válidamente el contrato?

c) En el caso en que Luis finalmente pudiese ser contratado, ¿podrá realizar horas extraordinarias?

d) Si Luis fuese colombiano, ¿necesitaría algún requisito para poder realizar el contrato?

2. El periodo de prueba

2.5. Pilar González va a ser contratada como contable por una empresa de venta de muebles que le exige su titulación de técnica superior. El convenio colectivo no recoge la duración del periodo de prueba y en el contrato aparece un periodo de prueba de cinco meses. Durante dicho periodo la empresa le informa que recibirá 150 € menos de salario.

a) ¿Es correcta la duración del periodo de prueba que ha establecido la empresa?

b) ¿Puede la empresa pagar menos salario a Pilar durante el tiempo que dure el periodo de prueba?

c) Pilar decide el segundo mes no continuar trabajando en la empresa. ¿Debe preavisar a la empresa unos días antes?

2.6. Juan, técnico en cocina y gastronomía, va a comenzar a trabajar en la empresa RETURN, SA, donde ya estuvo trabajando hace ocho años en el mismo puesto de trabajo. La empresa le ha ofrecido un contrato indefinido ordinario con un periodo de prueba de tres meses, tal como establece el convenio colectivo. ¿Puede la empresa fijar un periodo de prueba en el contrato de Juan? ¿Por qué?

2.7. Antonio Fernández comienza a trabajar en una empresa el día 1 de febrero. A los 20 días, el departamento de personal le comunica que le rescinden el contrato por no haber superado el periodo de prueba. Antonio examina el contrato y comprueba que no existe ninguna referencia al citado periodo de prueba. ¿Es legal la actuación de la empresa? Razónalo.

2.8. Roberto Plaza firmó un contrato temporal como dependiente en unos grandes almacenes, con una plantilla de 120 trabajadores, trabajo para el que no le exigieron ningún tipo de titulación. Transcurridos 30 días, la empresa le rescinde el contrato sin alegar ninguna causa, puesto que en su contrato figura un periodo de prueba de dos meses. ¿Es correcta la actuación de la empresa? ¿Qué derechos tiene Roberto?

3. Modalidades contractuales

2.9. Establece las diferencias entre el contrato en prácticas y el contrato para la formación y el aprendizaje en una tabla como la que se muestra a continuación:

	Contrato en prácticas	Contrato para la formación y el aprendizaje
Finalidad		
Titulación necesaria		
Edad		
Duración		
Jornada		
Retribución		

2.10. La empresa GINOMER, SA va a contratar a Miguel Puerta para sustituir a Mercedes Lomera, que está disfrutando de su permiso por maternidad.

a) ¿Qué contrato debe realizar la empresa a Miguel Puerta?

b) ¿Cuál será la duración del contrato?

c) ¿Tiene Miguel derecho a indemnización a la finalización del contrato?

2.11. Clara Rodríguez, de 19 años, terminó sus estudios de la ESO y firma un contrato con la empresa SOCIETY, SL con la que recibirá la formación necesaria para lograr el título de técnico en cocina y gastronomía mientras realiza un trabajo retribuido en la empresa relacionado con dicha formación. Un 25 % de la jornada está destinada a formación y el resto a trabajo efectivo. El convenio establece un salario para otro trabajador que realiza sus mismas funciones a jornada completa de 1.000 € al mes. La propia empresa impartirá la formación a Clara en sus instalaciones.

a) ¿Qué contrato debe realizarse a Clara?

b) ¿Podrá realizarse el contrato a tiempo parcial?

c) ¿Qué retribución deberá recibir Clara?

d) ¿Cuál podrá ser la duración del contrato?

e) ¿Puede la empresa impartir la formación teórica a la trabajadora?

2.12. Identifica cuáles serían los contratos que deben realizarse en las siguientes situaciones:

a) Se quiere contratar a dos electricistas para renovar la instalación eléctrica de una agencia de viajes.

b) Se necesita contratar a un trabajador temporalmente mientras dure el proceso de selección para cubrir definitivamente el puesto de trabajo vacante.

c) Se quiere contratar a cinco trabajadores en un hotel de Barcelona para reforzar la plantilla por la enorme acumulación de tareas como consecuencia de la celebración del Mundial de atletismo en la ciudad.

d) Unos grandes almacenes desean contratar, durante 2 años, a un técnico en Actividades comerciales que acaba de finalizar su ciclo para realizar un trabajo relacionado con su título.

e) Se necesita contratar un técnico informático para instalar un nuevo programa informático de gestión contable en una asesoría.

2.13. La empresa AQUILES, SA, dedicada a la exportación de productos agrícolas, ha contratado, el 15 de julio de 2020, a dos albañiles para la realización de las reformas de su oficina en Madrid. La empresa les notifica el 20 de agosto que el próximo 30 de agosto de 2020 finalizará su contrato. El salario de cada uno de los albañiles es de 1.200 € al mes (incluida la parte proporcional de las pagas extras).

a) Indica cuál sería el contrato más adecuado que debe realizar la empresa.

b) ¿Se ha preavisado correctamente de la terminación del contrato?

c) ¿Tienen derecho los trabajadores a algún tipo de indemnización por la finalización del contrato?

2.14. Juan González acaba de firmar un contrato indefinido ordinario a tiempo parcial con la empresa FORNOS 23. La empresa ha pactado con Juan la realización de un número de horas complementarias cada año que se ha recogido en el contrato en el momento de la firma. Además, se ha pactado también la realización de 40 horas extraordinarias normales al año.

a) ¿Puede realizar Juan las horas complementarias pactadas en el contrato? ¿Qué requisitos deben cumplirse?

b) ¿Tendrá Juan que realizar obligatoriamente las horas complementarias pactadas?

c) ¿Podría ofrecer la empresa a Juan la realización de horas complementarias voluntarias? ¿Podría negarse a hacerlas?

d) ¿Debe Juan realizar las horas extraordinarias pactadas en el contrato?

2.15. La empresa PHILAE, SL ha formalizado un contrato en prácticas a jornada completa de un año de duración a Marisa González Casasola, de 21 años de edad, como oficiala administrativa, tras haber finalizado hace un mes sus estudios de técnica superior en Marketing y Publicidad. La empresa le comunica que recibirá un salario de 780 € al mes durante el año de contrato. El convenio colectivo establece para su grupo profesional un salario de 1.200 € mensuales.

a) ¿Cumple Marisa todos los requisitos para que pueda ser contratada en prácticas? Razona la respuesta.

b) Teniendo en cuenta que el salario mínimo interprofesional para el año 2020 es de 950 € al mes, ¿es correcto el salario que va a recibir Marisa?

c) ¿Es correcta la duración del contrato? ¿Cuál podría ser la duración máxima?

d) ¿Podría la empresa prorrogar el contrato a Marisa?

2.16. Belén y Ángel González llevan trabajando durante 10 años como recepcionistas en un hotel rural de la comarca de la Vera, en Cáceres, que solo abre sus instalaciones desde el 1 de marzo hasta el 30 de octubre de cada año. ¿Qué contratos debería haberles realizado la empresa?

2.17. Juan Manuel Pérez es contratado cada año como monitor de esquí en la estación de Sierra Nevada. Durante los últimos 10 años ha sido contratado entre los meses de octubre y mayo. En ocasiones ha comenzado en noviembre y finalizado en abril, de tal forma que los meses de comienzo y final de la relación laboral de Juan Manuel, cada año, varían en función de las condiciones meteorológicas.

a) ¿Cuál es el contrato más adecuado que debería realizar la empresa a Juan Manuel? Razona la respuesta.

b) ¿Podría Juan Manuel realizar horas extraordinarias?

c) ¿Podría Juan Manuel ampliar su jornada laboral a través de la realización de un mayor número de horas? ¿De qué tipo? Razona la respuesta.

2.18. Luis ha sufrido un accidente de trabajo, por lo que ha recibido la baja médica por incapacidad temporal el día 20 de septiembre de 2020. La duración de la baja será de dos meses, por lo que el empresario se plantea la contratación de un trabajador que lo sustituya durante dicho periodo.

a) ¿Qué modalidad de contrato será la más adecuada?

b) ¿Tendría Luis derecho a algún tipo de indemnización por la finalización del contrato?

2.19. Una empresa de la localidad sevillana de Estepa, conocida por la elaboración de mantecados navideños, necesita cada año contratar a un gran número de trabajadores para la campaña de producción de dulces de Navidad debido al enorme número de pedidos que reciben durante esta época. La incorporación de estos trabajadores cada año a la «campaña del mantecado», que comienza en agosto y termina en diciembre, no se lleva a cabo en la misma fecha, debido a la propia naturaleza de la actividad del sector, que depende de una serie de factores externos como son los pedidos existentes, las condiciones climatológicas, etc., lo que conlleva que la llamada o el cese de estos trabajadores no pueda repetirse siempre en la misma fecha. ¿Qué tipo de contrato deberá realizar la empresa a estos trabajadores?

2.20. Te proponemos a continuación una actividad que serás capaz de realizar de manera autónoma gracias a los conocimientos asimilados a lo largo de la unidad y mediante la utilización de la búsqueda a través de Internet. Recuerda que el objetivo principal de esta actividad es la de simular de una manera totalmente real la situación a la que te enfrentarás una vez finalizado tu ciclo formativo ante tu primera firma de contrato, pudiendo hacer frente de manera segura y eficaz a tan importante momento de tu vida. El supuesto que te proponemos es el siguiente:

Germán Pérez ha cursado el ciclo de técnico en Farmacia y Parafarmacia, que ha finalizado el 30 de junio de 2019, y ahora, la oficina de farmacia de Sevilla donde realizó su módulo de FCT, le ha ofrecido un contrato en prácticas ordinario. La empresa ha establecido las siguientes condiciones contractuales:

CONDICIONES DEL CONTRATO
Salario mensual
Según convenio.
Periodo de prueba
Un mes.
Vacaciones
Según convenio.
Jornada
Completa, de 40 horas semanales, de lunes a viernes.
Duración
Dos años, desde el 1 de julio de 2019 al 1 de julio de 2021.
Centro de trabajo
C/ Ramón y Cajal, 8 (Sevilla).
Convenio colectivo aplicable
XXV Convenio colectivo para oficinas de farmacia 2017-2019.
El contrato de trabajo se comunicará al Servicio Público de Empleo de Sevilla-Luis Montoto.

Los datos de la empresa y el trabajador necesarios para la cumplimentación del contrato son:

DATOS DE LA EMPRESA
Nombre: PENICILIUM, SL
NIF: B41512708
Domicilio social: C/ Ramón y Cajal, 8
Localidad: Sevilla
Código Postal: 41018
Actividad económica: Venta de productos farmacéuticos
Datos de la cuenta de cotización: • Régimen general: 0111 • Código de cuenta de cotización: 41/1207735/09
Directora de recursos humanos que realiza el contrato por parte de la empresa: Gema Ruiz Solano con NIF 28776717S

DATOS DEL TRABAJADOR
Nombre: Germán Pérez Morales
DNI: 28564377A
Número de afiliación a la Seguridad Social: 41/10883233/85
Grupo profesional: Personal técnico
Puesto de trabajo: Técnico en Farmacia
Fecha de nacimiento: 02/10/1998
Germán no está admitido en el Programa de Activación para el Empleo.

Para cumplimentar un contrato de trabajo es necesario contar con el modelo oficial de contrato que podrás descargar de la página del Servicio Público de Empleo Estatal (SEPE) (**www.sepe.es**).

Con los datos facilitados y los recursos obtenidos en Internet realiza el contrato en prácticas para Germán Pérez.

4. Las empresas de trabajo temporal

2.21. Ismael Romero, técnico superior en desarrollo y aplicaciones informáticas, ha firmado un contrato de obra o servicio con la empresa temporal GESTIÓN 4, para ser cedido como analista programador a la empresa de informática FLOWERS.COM. Una vez finalizada la obra objeto del contrato, la empresa encomienda a Ismael nuevas tareas. ¿En qué situación laboral se encuentra Ismael?

2.22. Una empresa de ambulancias ha organizado un proceso de selección para cubrir una vacante de conductor de ambulancias. Mientras realiza las pruebas selectivas, necesita cubrir temporalmente el puesto vacante y recurre a una ETT. ¿Qué tipo de contrato deberá realizar con la persona que ocupe el puesto durante la selección? Explica cómo sería esa relación laboral.

2.23. Blanca González es técnica en farmacia y parafarmacia, ha sido contratada mediante un contrato de interinidad por la empresa TEMPORING S.A. una empresa de trabajo temporal, para ser cedida a la empresa Farmacia Robles S.L.

a) Realiza un esquema donde queden identificados la trabajadora, la ETT y la empresa usuaria.

b) ¿Qué empresa deberá abonar el sueldo a Blanca?

c) ¿Quién puede sancionar a Blanca si cometiera alguna infracción?

d) ¿Qué empresa será la encargada de informar y formar a Luisa en materia de prevención de riesgos laborales?

TEMPORING, S.A. y Farmacia Robles, S.L. han firmado el siguiente contrato de puesta a disposición:

Contrato de puesta a disposición

Empresa de trabajo temporal

Don/Doña RAFAEL CALVO CHAMORRO	DNI 28610683H	En concepto de [1] DIRECTOR
Nombre o razón social TEMPORING, S.A.	NIF A41123458	CCC: 41/1234567/09
Domicilio AVENIDA DE EUROPA, N.º 44	Localidad SEVILLA (41018)	
Número de autorización 61/1234/19		

[1] Director, Gerente, etc.

Empresa usuaria

Don/Doña ROCÍO MONTES CUESTA	DNI 11723456G	En concepto de [2] GERENTE
Nombre o razón social FARMACIA ROBLES, S.L.	NIF B41765434	CCC 41/7654321/42
Domicilio CALLE FEBO, N.º 40	Localidad SEVILLA	Provincia SEVILLA
Domicilio del centro de trabajo CALLE DEL ROSAL, N.º1	Localidad SEVILLA	Provincia SEVILLA

[2] Director, Gerente, etc.

Supuesto de celebración [3] [4]

Artículo 6.2 de la ley 14/94

POR SUSTITUCIÓN DE TRABAJADORES CON DERECHO A RESERVA DEL PUESTO DE TRABAJO.

CAUSA DE LA SUSTITUCIÓN: TRABAJADORA CON DERECHO A RESERVA DEL PUESTO, MAR FERNÁNDEZ LÓPEZ, QUE SE ENCUENTRA DISFRUTANDO DEL PERMISO DE 16 SEMANAS POR NACIMIENTO DE UN HIJO.

[3] Deberá indicarse el supuesto de celebración, con expresión concreta de la causa que lo justifica según lo previsto en el art. 6.2 de la Ley 14/1994, de 1 de junio.

[4] En el supuesto de contrato para la formación y el aprendizaje deberán consignarse expresamente dentro de las cláusulas adicionales los datos de la persona de la empresa usuaria designada para tutelar el desarrollo de la actividad laboral del trabajador.

Características del puesto de trabajo

Cualificación requerida TÉCNICO EN FARMACIA Y PARAFARMACIA	
Funciones LAS PROPIAS DE UN AUXILIAR DE FARMACIA: COLABORA EN LA ATENCIÓN DEL CLIENTE-PACIENTE, DISPENSACIÓN DE MEDICAMENTOS, MANEJO DEL SOFTWARE FARMACÉUTICO Y CONTROL DE STOCKS, PEDIDOS Y CADUCIDAD DE LOS MEDICAMENTOS.	
Información sobre riesgos laborales del puesto de trabajo y medidas preventivas [5] VER HOJA DE RIESGOS ADJUNTA	
Lugar y horario de trabajo [6] CALLE DEL ROSAL, N.º1 La jornada laboral y sus descansos se ajustan a las necesidades de la empresa usuaria. El horario es de 3 turnos rotatorios de mañana, tarde y noche de 6:00 horas a 14:00, de 14:00 a 22:00 horas y de 22:00 a 6:00 de lunes a sábado.	Servicios comunes e instalaciones colectivas LOCAL EN PLANTA BAJA QUE ALBERGA LA FARMACIA ROBLES
Retribución total SEGÚN CONVENIO. 17.073 € BRUTOS ANUALES	
Convenio colectivo aplicable XXV CONVENIO COLECTIVO PARA OFICINAS DE FARMACIA 2017-2019	

[5] Informaciones previstas en el art. 2 del RD 216/1999, de 5 de febrero.

[6] Cuando el trabajador preste servicios a bordo de una embarcación, deberá reflejarse el identificador de esta.

Duración del contrato [7]

Desde	Hasta
1 DE NOVIEMBRE DE 2019	1 DE MARZO DE 2020

[7] Deberá indicarse la duración prevista del contrato de puesta a disposición.

Precio convenido

NOMBRE TRABAJADOR/A: BLANCA GONZÁLEZ TORRES

SUELDO BASE: 1.219,50 € MENSUALES EN 14 PAGAS ANUALES. PLUS DE NOCTURNIDAD 1,47 €/HORA
HORAS EXTRAORDINARIAS LABORABLE DIURNA 16,89 €. HORAS EXTRAORDINARIAS FESTIVOS DIURNA 20,98 €.

Cláusulas adicionales:

a.- Se establece un periodo de prueba de 1 mes de duración.

(Será nula la cláusula del contrato que prohíba la contratación del trabajador por la empresa usuaria a la finalización del contrato de puesta a disposición).

En ....SEVILLA.... a ..30.. de ....OCTUBRE.... de 2019

Por la empresa de trabajo temporal | Por la empresa usuaria

(firma y sello) | (firma y sello)

e) ¿Es posible contratar a Blanca para sustituir a la empleada de la farmacia?

f) ¿Es correcto el periodo de prueba establecido en el contrato?

Blanca tiene que formalizar un contrato temporal de interinidad con la empresa TEMPORING, S.A. para sustituir a Mar Fernández López, la trabajadora que se encuentra disfrutando de su permiso por nacimiento de 16 semanas. Los datos de Luisa son los siguientes:

DATOS DE LA TRABAJADORA

Nombre: Blanca González Torres

DNI: 28111000D

Número de afiliación a la Seguridad Social: 41/10222555/855

Grupo profesional: Personal técnico

Puesto de trabajo: Técnico en Farmacia y Parafarmacia

Fecha de nacimiento: 02/10/2000

Luisa no está admitida en el Programa de Activación para el Empleo.

g) El objetivo principal de esta actividad es saber cumplimentar un contrato de trabajo, para hacerlo es necesario contar con el modelo oficial del contrato que podrás descargar de la página web del Servicio Público de Empleo Estatal (SEPE) **www.sepe.es**

Con los datos facilitados, los del contrato de puesta a disposición y los recursos obtenidos en Internet, realiza el contrato temporal de interinidad de Blanca González Torres.

El contrato de trabajo

Ana, de 17 años de edad, vive con sus padres y está estudiando el ciclo de Farmacia y Parafarmacia. Mientras tanto, una amiga acaba de ofrecerle un trabajo por la tarde como dependienta de una tienda de ropa.

a) ¿Puede Ana firmar válidamente el contrato de trabajo? ¿Por qué?

Después de pensarlo bien y consultarlo a sus padres, Ana no ha aceptado el trabajo en la tienda y ha decidido centrarse totalmente en sus estudios. Finalmente, Ana ha conseguido, a los 20 años de edad, el título de Técnico en Farmacia y Parafarmacia, y la oficina de farmacia donde ha realizado el módulo de FCT le ha ofrecido un contrato en prácticas a tiempo completo de un año y medio de duración como técnico de farmacia. Según su contrato, recibirá un salario el primer año de 1.097,55 € al mes y el resto del contrato de 1.219,50 € al mes. El salario según convenio es de 1.045,41€ al mes para un trabajador que desempeña el mismo puesto y el SMI para 2020 es de 950 € al mes.

b) ¿Puede la empresa realizarle un contrato en prácticas a Ana? ¿Por qué?

c) ¿Es correcta la duración del contrato? ¿Podría prorrogar la empresa el contrato a Ana?

d) Determina si es correcto el salario que va a recibir Ana durante la duración del contrato. Razona la respuesta.

Al terminar su contrato en prácticas, Ana se inscribe como desempleada en la oficina de empleo de su localidad y decide realizar un curso de formación para mejorar sus competencias. Al cabo de 5 meses, la farmacia donde estuvo contratada en prácticas contacta con ella para ofrecerle un contrato indefinido a tiempo completo, como técnica de farmacia, con un periodo de prueba de 6 meses.

e) ¿Puede la empresa realizar a Ana este contrato? ¿Por qué?

f) ¿Es correcto el periodo de prueba que ha establecido la empresa en el contrato?

g) ¿Podría Ana realizar horas extraordinarias? ¿Es posible realizar horas extra en cualquier tipo de contrato indefinido?

SALA DE PRENSA

Tres detenidos y dos imputados por realizar contratos falsos a extranjeros para obtener permisos de residencia

Agentes de la comisaría de Soria del Cuerpo Nacional de Policía han detenido a tres personas e imputado a otras dos como presuntos autores de los delitos de falsedad documental, favorecimiento de la inmigración ilegal y contra los derechos de los trabajadores.

Los detenidos son B. G. F., de 41 años; A. A. F. M., de 60 años, ambos vecinos de Soria; y M. N. V. M., de 37 años, residente en Barcelona, y con estas detenciones e imputaciones se da por concluida una operación policial denominada «Hércules», iniciada en la ciudad de Soria.

Según ha informado la Subdelegación del Gobierno de Soria, el principal investigado, vecino de la capital, se habría dedicado en los últimos años a realizar contratos ficticios como empleados de hogar a ciudadanos extranjeros, cobrando por ello determinadas cantidades de dinero.

Esos contratos falsos permitían a esos ciudadanos extranjeros obtener permisos de residencia en España y también lograr permisos para familiares que se encontraban en su país de origen.

Los contratos de trabajo eran utilizados para poder obtener un permiso de trabajo que les permitía conseguir a su vez el permiso de residencia con el que venir y/o residir en nuestro país, a cambio de una cantidad de dinero. Para conseguir demostrar esos medios, el principal investigado contrataba de forma ficticia a los extranjeros dándoles de alta en la Seguridad Social.

En la operación ha colaborado la Unidad contra Redes de Inmigración Ilegal y Falsedades de Barcelona, ciudad en la que se ha realizado una de las detenciones.

Fuente: *www.europapress.es*, 8 de noviembre de 2013.

a) ¿Qué elemento esencial de un contrato de trabajo se está incumpliendo en este tipo de «contratos»?

b) ¿Qué requisitos debe tener un ciudadano que no pertenece a la Unión Europea para poder ser contratado en España? ¿Y un ciudadano de la Unión Europea?

c) ¿Qué opinas sobre los requisitos adicionales que se les exigen a los ciudadanos extranjeros para trabajar en España? ¿Te parecen correctos?

La jornada laboral y la retribución

3

Contenidos

Objetivos

- Conocer el concepto de jornada laboral.
- Distinguir los diferentes tipos de jornada laboral.
- Conocer los descansos y permisos laborales establecidos por la ley.
- Identificar y comprender los diferentes elementos de una nómina.
- Calcular y liquidar la nómina según la normativa vigente.

Cuestiones

a) ¿Sabes cuál es la duración máxima de una jornada laboral?

b) ¿Sabes cuántos días de vacaciones al año le pertenecen a un trabajador?

c) ¿Crees que puede un trabajador renunciar a sus vacaciones a cambio de dinero?

d) ¿Conoces algún permiso que permita al trabajador ausentarse del trabajo y seguir recibiendo el salario?

e) ¿Podrías definir qué es el salario neto?

f) ¿Por qué crees que deben pagar los trabajadores a la Seguridad Social? ¿Piensas que es justo?

Caso práctico inicial

María acaba de ser contratada por la empresa CONCILMAR, SA, dedicada a la venta de productos congelados, mediante un contrato en prácticas a jornada completa. Tendrá un salario de 1.300 € mensuales, incluidos salario base y complementos salariales, y además cobrará dos pagas extraordinarias: una en el mes de julio y otra en diciembre. Su horario es de mañana, excepto los lunes que trabajará desde las 21:00 horas hasta las 04:00 horas para realizar la reposición semanal de productos. Eso implica pasar mucho tiempo dentro de la cámara frigorífica a más de 18 grados bajo cero.

María está feliz porque acaba de cobrar su primera nómina, pero se sorprende mucho cuando ve que le han pagado unos 300 € menos de lo que esperaba. No entiende nada y su jefe le explica que le han deducido la parte correspondiente a la Seguridad Social y al IRPF. También aprovecha para comentarle que le han pagado un plus de nocturnidad por el trabajo que realiza los lunes por la noche.

Se acerca la Navidad y los pedidos se han disparado, por lo que el jefe le pide a María que haga unas horas extras y ella acepta inmediatamente. Por otro lado, le informa que le quedan unos días de vacaciones, pero como hay mucho trabajo le ofrece pagarle las vacaciones y no disfrutar de estas. María accede gustosamente, ya que le vendría fenomenal algún dinero extra, pues va a casarse y necesita hacer frente a muchos gastos. —¡Ya descansaré durante el permiso por matrimonio!—, piensa María.

3.1. La jornada laboral

El tiempo que el trabajador dedica a realizar su trabajo constituye uno de los aspectos esenciales en la relación laboral.

La **jornada ordinaria de trabajo** es el periodo de tiempo diario, semanal o anual, durante el cual se desempeñan las tareas para las que se ha sido contratado. En principio, salvo que el convenio establezca lo contrario, no se computan los tiempos de desplazamientos, cambios de ropa y descansos dentro de la jornada.

La duración de la jornada de trabajo es pactada en los convenios colectivos o contratos de trabajo.

En todo caso, la duración máxima de la jornada ordinaria de trabajo es de 40 horas semanales de media de trabajo efectivo al año. Por ejemplo: la empresa TIME, SA tiene 46 semanas de trabajo al año. Los trabajadores podrían realizar 42 semanas de 40 horas de jornada, 2 semanas de 45 horas de trabajo y 2 semanas de 35 horas de trabajo. Al final, los trabajadores habrían realizado 40 horas semanales de media al año.

La jornada ordinaria de trabajo puede ser:

- **Jornada continuada:** cuando se realiza el trabajo sin interrupción.
- **Jornada partida:** cuando el tiempo de trabajo se divide en dos fracciones, con una interrupción que se corresponde, generalmente, con la hora del almuerzo.

Por otro lado, la jornada ordinaria de trabajo se puede distribuir de manera regular o irregular:

- **Distribución regular de la jornada:** será regular aquella distribución del tiempo de trabajo en la que se trabajen siempre las mismas horas todas las semanas (como máximo 40 horas a la semana), independientemente de las horas que se trabajen cada uno de los días de esa semana. Veamos a continuación un ejemplo de dos trabajadores con una distribución regular de la jornada: un trabajador puede trabajar de lunes a viernes 8 horas al día, lo que supondría que trabaja el máximo permitido para una jornada regular de 40 horas a la semana. De igual manera, otro trabajador podría realizar una jornada de lunes a miércoles de 9 horas, los jueves de 7 horas y el viernes de 6 horas, por lo que también estaría realizando un total de 40 horas cada semana, independientemente de que un día u otro trabaje más o menos horas. Como podemos observar, ambos trabajadores tienen una jornada regular, ya que realizan 40 horas todas las semanas, independientemente de que todos los días trabaje las mismas, más o menos horas.

Sabías que...

Los trabajadores con hijos menores de 12 años pueden solicitar una adaptación de su jornada que le permita conciliar su vida laboral y familiar.

Sabías que...

La **protección de datos personales** es un derecho fundamental de todas las personas, que concede al ciudadano la posibilidad de poder controlar el uso que se hace de sus datos personales. Este control permite evitar que, a través del tratamiento de nuestros datos, se pueda llegar a disponer de información sobre nosotros que afecte a nuestra intimidad y demás derechos fundamentales y libertades públicas.

Los requisitos que debe cumplir una jornada de distribución regular son:

▶ DISTRIBUCIÓN REGULAR DE LA JORNADA

- El máximo de horas diarias de trabajo efectivo es de 9 horas.
- El descanso mínimo entre una jornada y el comienzo de la siguiente es de 12 horas, excepto en los trabajos a turnos, cuando se produce el cambio de turno, se puede reducir a 7 horas.
- El descanso mínimo semanal será de un día y medio ininterrumpido, que comprende la tarde del sábado y el domingo, o bien el domingo y la mañana del lunes. Se puede acumular por periodos de 14 días, trabajando 11 días y descansando 3.
- El descanso mínimo dentro de la jornada solo es obligatorio en las jornadas continuadas (más de 6 horas seguidas) y debe durar un mínimo de 15 minutos. Será retribuido cuando así lo indique el convenio colectivo.
- Los menores de 18 años no podrán realizar más de 8 horas diarias, incluyendo en su caso el tiempo destinado a formación. El descanso semanal es de 2 días seguidos, y el descanso dentro de la jornada debe ser de 30 minutos si la jornada continuada es superior a cuatro horas y media.

- **Distribución irregular de la jornada:** en el convenio colectivo o por acuerdo entre el empresario y los representantes de los trabajadores se podrá establecer una distribución irregular de la jornada. Será irregular aquella distribución del tiempo de trabajo en la que se trabajen distinto número de horas todas las semanas. Así pues, se podrán establecer diferentes duraciones de la jornada semanal de modo que unas semanas se trabajen más horas y otras menos. En todo caso, la jornada de trabajo de distribución irregular no podrá superar la duración máxima legal de 40 horas semanales de media al año. Por ejemplo, una semana se pueden trabajar 45 horas y otra 35 horas (se habrían trabajado 40 horas de media).

Las empresas pueden establecer una distribución irregular de la jornada de hasta un 10 % del total de horas de trabajo anuales. Con este porcentaje de horas, la empresa podrá incrementar en determinadas épocas del año la jornada laboral, compensándolo con descanso en otras épocas del año. Dicha distribución deberá respetar en todo caso los periodos mínimos de descanso diario y semanal previstos en la ley. Sin embargo, sí se puede sobrepasar el máximo diario de 9 horas al día. El trabajador deberá conocer el día y la hora de la jornada irregular con un mínimo de 5 días de antelación.

El gobierno, previa consulta a los representantes de los trabajadores, podrá modificar la duración de la jornada laboral y los descansos.

Sabías que...

Los trabajadores que cursen con regularidad estudios para la obtención de un título académico o profesional tendrán preferencia para elegir turno de trabajo.

En el caso práctico inicial

La jornada ordinaria que realiza María es continuada, puesto que realiza su trabajo sin interrupción. Además, la distribución de su jornada es regular, ya que trabaja todas las semanas las mismas horas.

3.1.1. El horario de trabajo

El **horario** son las horas concretas en las que el trabajador realiza su trabajo y que no pueden confundirse con la jornada, que es el total de horas realizadas, de tal manera que una misma jornada puede tener diferentes horarios. El empresario es quien diseña los horarios de trabajo de su negocio.

Lo más habitual suele ser la jornada de ocho horas diarias con descanso de fin de semana, pero existen otras posibilidades de organizar el horario laboral como el trabajo a turnos y el trabajo nocturno:

- **Trabajo a turnos:** es aquel en el que los trabajadores prestan servicios en los mismos puestos de trabajo, pero en horas diferentes y durante un tiempo determinado. Suele ser utilizado por las empresas que tienen un proceso de producción de 24 horas al día. Parte de los empleados de estas empresas deben trabajar durante la noche, por lo que la ley les garantiza el **derecho a rotar,** según el cual ningún trabajador está obligado a permanecer más de 2 semanas consecutivas en el turno de noche, salvo que el trabajador lo elija voluntariamente. Los trabajadores que cursen estudios oficiales con regularidad tendrán preferencia para elegir el turno de trabajo.

- **El trabajo nocturno:** el horario nocturno comprende el periodo desde las 10 de la noche hasta las 6 de la mañana. Se considera **trabajo nocturno** aquel que se realiza al menos 3 horas diarias en horario de noche o un tercio de la jornada anual. La jornada diaria de un trabajo nocturno **no excederá de 8 horas de promedio,** en un periodo de referencia de 15 días. Suele retribuirse con un incremento que se determinará en la

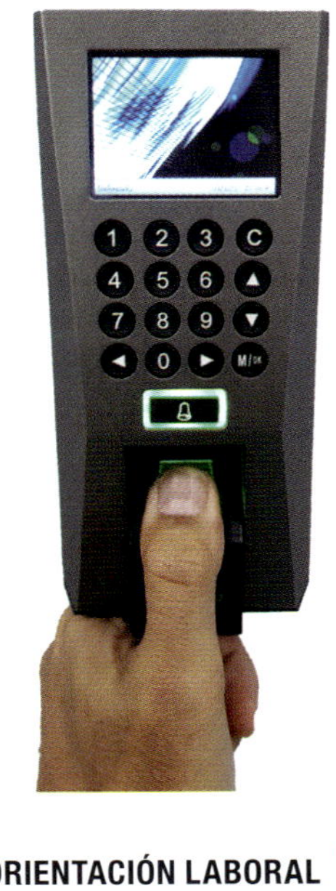

negociación colectiva y que se recoge en la nómina del trabajador con la denominación de nocturnidad, aunque, si ambas partes lo acuerdan, podrá compensarse con periodos de descanso. **No es posible realizar horas extraordinarias** en horario de noche, excepto en casos de fuerza mayor. El trabajo nocturno está **prohibido para menores de 18 años.**

Las empresas están obligadas a llevar un registro diario de jornada que incluya el horario de inicio y finalización de la misma.

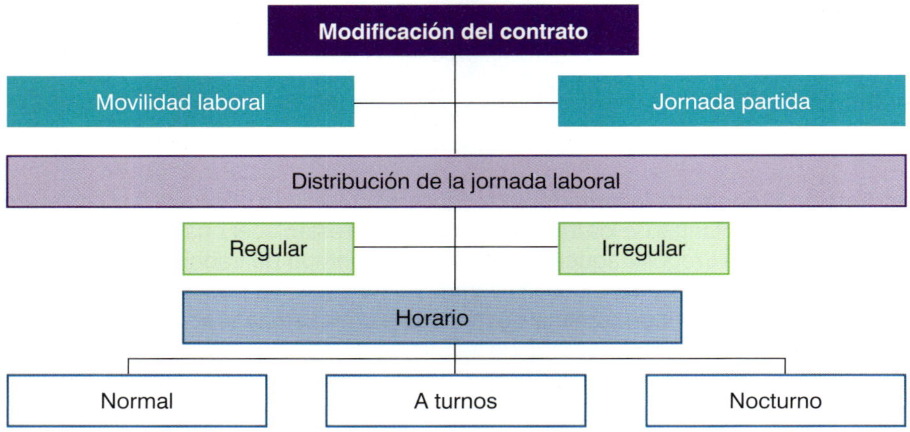

Sabías que...

Los trabajadores nocturnos con problemas de salud debidos a su horario de trabajo tendrán derecho a ser destinados a un puesto de trabajo diurno que exista en la empresa y para el que sean profesionalmente aptos (art. 36 ET).

Actividades resueltas

3.1. Salvador realiza una jornada laboral ordinaria con el siguiente horario: de lunes a viernes de 8:00 h a 14:00 h ininterrumpidamente y de 19:00 h a 21:00 h. ¿Es correcta esta jornada, su horario y los descansos?

Solución:

- Es una jornada partida, de 8 horas diarias y 40 horas semanales. La jornada es correcta.
- El horario de la mañana no supera las 6 horas consecutivas de trabajo, luego no es obligatorio hacer un descanso de 15 minutos dentro del horario matinal.
- No cumple el descanso entre jornadas, que debe ser de 12 horas. El horario no es correcto.
- Por otro lado, sí se cumple con el descanso semanal de un día y medio ininterrumpido.
- Por lo tanto, para que la jornada de Salvador fuese correcta debería de modificarse el descanso entre jornadas para que fuese al menos de 12 horas, tal como establece la normativa.

3.2. Verónica trabaja de recepcionista en un hotel de la costa y realiza una jornada laboral anual de 1.800 horas. La empresa quiere establecer una jornada irregular destinando 200 horas a incrementar la jornada en determinadas épocas del año, compensándolo después con tiempo equivalente de descanso. ¿Es correcto?

Solución:

No es correcto, la empresa puede realizar una distribución irregular de la jornada del 10% del total de horas anuales, que en este caso serían 180 horas (1.800 horas × 10%) y no 200 horas, como pretende la empresa.

En el caso práctico inicial

María tiene horario de mañana todos los días, excepto los lunes que trabaja desde las 21:00 horas hasta las 04:00 horas para realizar la reposición semanal de productos. No se puede calificar como trabajo nocturno, pues no realiza un mínimo de tres horas de su jornada diaria de trabajo en ese periodo de tiempo; incluso las seis horas que realiza todos los lunes en horario de noche no suponen un tercio de su jornada de trabajo anual.

3.1.2. Reducciones de jornada

La ley contempla diferentes situaciones en las que, debido a la situación personal del trabajador, corresponden reducciones de la jornada que contribuyen generalmente a la conciliación de la vida personal, laboral y familiar del trabajador.

▶ **REDUCCIONES DE JORNADA**

Guarda legal y cuidado de familiares (art. 37.6 ET)	• Para el cuidado de un menor de 12 años o de una persona discapacitada, hasta el segundo grado, que por razones de edad, accidente o enfermedad no pueda valerse por sí mismo y no desempeñe una actividad retribuida. • Cuidado de un menor de 18 años afectado de cáncer u otra enfermedad grave que requiera hospitalización de larga duración. • Reducción de 1/8 a 1/2 de la jornada con la reducción proporcional de salario.
Para el cuidado del lactante (art. 37.4 ET)	• Si ambos progenitores trabajan, tendrán derecho a disfrutarla hasta que el hijo cumpla 9 meses. • Ambos progenitores pueden optar por reducir su jornada diaria en media hora (comenzar la jornada media hora más tarde o finalizarla media hora antes) o bien ausentarse del trabajo durante 1 hora al día que se podrá dividir en 2 fracciones (2 medias horas durante la jornada). • Por convenio o pacto con el trabajador, se pueden acumular las horas para el cuidado del lactante en jornadas completas al finalizar el permiso por nacimiento. • La reducción de jornada por cuidado del lactante no puede transferirse al otro progenitor. • Se incrementará proporcionalmente en caso de parto o adopción múltiple. • Si ambos progenitores ejercen este derecho con la misma duración y régimen, podrá extenderse hasta que el lactante cumpla 1 año, pero con una reducción proporcional del salario a partir de 9 meses. • La persona trabajadora, salvo fuerza mayor, deberá preavisar al empresario con una antelación de 15 días o la que establezca el convenio colectivo.
Nacimientos prematuros y hospitalización tras parto de hijo/a (art. 37.5 ET)	• Cuando el recién nacido debe permanecer hospitalizado tras el parto. • Ambos progenitores pueden ausentarse del trabajo durante 1 hora diaria (permiso remunerado). • También pueden reducir su jornada hasta 2 horas con la reducción proporcional del salario.
Víctima de la violencia de género (art. 37.8 ET)	• Para hacer efectiva su protección o su derecho a la asistencia social integral, la trabajadora podrá optar entre: — Reducir su jornada reduciendo proporcionalmente su salario. — Adaptar su horario de trabajo.
Expediente de Regulación Temporal de Empleo (ERTE) de reducción de jornada (art. 47.2 ET)	• La empresa podrá reducir la jornada y el salario entre un 10% y un 70%. • Nunca podrá ser definitiva. • Estará justificada por causas económicas, tecnológicas, organizativas o de producción. • El trabajador podrá cobrar el desempleo por la parte de la jornada que se ha reducido. • La empresa debe abrir un periodo de consultas con los representantes de los trabajadores y comunicarlo a la autoridad laboral (esta no tiene que aprobar el ERTE de reducción de jornada). • No podrán realizarse horas extraordinarias, salvo por fuerza mayor.

En ciertos sectores, actividades y trabajos, debido a sus características especiales, se permiten ampliaciones y reducciones en la duración de la jornada de trabajo y de los descansos (Real Decreto 1561/1995 sobre jornadas especiales de trabajo).

Por ejemplo, se permite ampliar la duración de la jornada (por encima de 9 horas) a trabajos en la hostelería (cocineros, camareros, empleados de un hotel, etc.), del comercio (empleado de un centro comercial), trabajos en el mar, trabajadores del campo, guardas, etcétera. Por el contrario, se permite reducir la duración de la jornada en trabajos en el interior de una mina, trabajos que supongan un riesgo para la salud de los trabajadores, trabajos de la construcción o trabajos en cámaras frigoríficas.

Sabías que...

Según establece el art. 37.7 del ET, en el permiso de lactancia, de guarda legal y cuidado de familiares y partos prematuros, el trabajador será el que decida cuándo se realizará la reducción a la que tiene derecho dentro de su horario laboral.

Concepto clave

Expediente de Regulación Temporal de Empleo (ERTE): se trata de una medida de flexibilización laboral a la que pueden acogerse aquellas empresas que, cumpliendo los requisitos legales para hacerlo quieran, con carácter temporal, reducir la jornada laboral (art. 47.2 ET) o suspender contratos de trabajo de toda o parte de su plantilla de trabajadores (art. 47.1 ET) con el fin de salvaguardar la viabilidad de la empresa en periodos de crisis. Dichos ERTE han sido la opción elegida en su gran mayoría por las empresas para con sus trabajadores durante la crisis provocada por la COVID-19 (Coronavirus).

En el caso práctico inicial

Para realizar la reposición semanal de productos, María debe pasar casi todo el tiempo dentro de la cámara frigorífica a más de 18 grados bajo cero. María no puede permanecer más de 6 horas diarias dentro de la cámara y deberá descansar 15 minutos por cada 45 minutos de trabajo continuado dentro de la cámara. El resto de su jornada deberá completarla con trabajos fuera de esta (artículo 31 del Real Decreto 1561/1995, de 21 de septiembre, sobre jornadas especiales de trabajo).

Actividad resuelta

3.3. Patricia ha tenido gemelos y está a punto de terminar su permiso por nacimiento.

a) ¿Cuántas horas le corresponden de permiso para el cuidado del lactante? ¿Podría acumularlas por jornadas completas?
b) ¿Puede solicitar después una reducción de jornada? ¿Le reducirán el sueldo?

Solución:

a) Tiene derecho a ausentarse 2 horas al día durante su jornada (1 hora por cada hijo) o reducir su jornada 1 hora, media hora por cada hijo (comenzar su jornada diaria 1 hora después o terminar una hora antes), y no le reducirán el sueldo. Sí podría acumularlas por jornadas completas, pero habría que consultar el convenio colectivo para ver si lo permite.
b) Sí, puede solicitar una reducción de jornada para cuidar a un menor de 12 años, entre 1/2 y 1/8 de la jornada. El sueldo se lo reducirán en la misma proporción en que reduzca su jornada.

3.1.3. Horas extraordinarias

Las horas extraordinarias son aquellas horas de trabajo que se realizan sobre la duración máxima de la jornada ordinaria de trabajo. Se regulan en el artículo 35 del ET.

Podemos distinguir las siguientes clases de horas extraordinarias:

▶ HORAS EXTRAORDINARIAS POR FUERZA MAYOR	▶ HORAS EXTRAORDINARIAS NORMALES
• Son obligatorias. • La empresa puede exigir su realización para reparar daños producidos por siniestros u otros motivos extraordinarios y urgentes: incendio, inundación, avería, etcétera.	• Son horas de carácter voluntario para el trabajador, salvo cuando se pacten en convenio colectivo o contrato individual, en este caso son obligatorias. • Habitualmente, se suelen realizar en momentos puntuales: gran producción, ruptura de *stocks,* etcétera.

Tienen **prohibido** realizar horas extras:

a) Los trabajadores menores de 18 años.
b) Los trabajadores con horario nocturno.
c) Los trabajadores a tiempo parcial (salvo las horas extraordinarias por fuerza mayor).

El número máximo de horas extras normales que puede realizar un trabajador son **80 por año,** para una jornada laboral a tiempo completo. En este tope no se cuentan las horas extras que sean compensadas con descanso ni las realizadas para prevenir o reparar siniestros y otros daños imprevistos o urgentes (por fuerza mayor).

La **retribución de las horas extraordinarias** se fija en el convenio colectivo o en el contrato de trabajo, y se puede optar entre:

- **Retribuirlas** con una cantidad igual o superior al importe de la hora ordinaria.
- **Compensarlas** con un tiempo equivalente de descanso retribuido.

En ausencia de pacto, deberán ser compensadas mediante descanso dentro de los 4 meses siguientes a su realización.

Sabías que...

Es obligación del empresario entregar a cada trabajador un resumen de las horas extraordinarias realizadas durante el mes (art. 35.5 ET). Normalmente lo hará a través de la nómina, donde se resuman las horas extraordinarias realizadas. El incumplimiento de esta obligación por el empresario puede constituir infracción administrativa leve.

Actividad resuelta

3.4. En la empresa en la que trabajan Rebeca, Mario y José ha llegado un pedido imprevisto y la empresa, para atenderlo, le ha pedido a los 3 trabajadores que realicen 2 horas más ese día y que al día siguiente se marchen 2 horas antes del trabajo.

a) ¿Están los trabajadores obligados a realizar esas horas extras?
b) ¿Es correcto que la empresa no se las pague?

Solución:

a) Estarán obligados siempre que se hayan pactado en el convenio colectivo o en sus contratos. Si no fuese así, los trabajadores podrán negarse a realizarlas.
b) Si la forma de compensar las horas extras no está especificada en el convenio o en el contrato, lo correcto es compensarlas con descanso equivalente. En este caso es correcto, pues realizan 2 horas extras y las libran al día siguiente.

3.1.4. Control de la jornada laboral

El Real Decreto Ley 8/2019, de 8 de marzo, de medidas urgentes de protección social y de lucha contra la precariedad laboral en la jornada de trabajo, regula el control de la jornada laboral. Todas las empresas quedan obligadas a contar con un registro diario del horario que realizan sus empleados y empleadas. Este registro responde a una demanda por parte de la autoridad laboral que se encontraba con bastantes dificultades para probar los incumplimientos que cometían las empresas en materia de jornada y, sobre todo, para frenar el abuso de las horas extraordinarias que algunos trabajadores realizaban sistemáticamente sin que quedara constancia de ellas.

El decreto no especifica de qué modo debe llevarse a cabo este control, por tanto, queda en manos de las empresas y los representantes de los trabajadores, si es que los hay, determinar el modo de recoger el horario de inicio y fin de jornada.

Por otra parte, hay un elemento fundamental de este control relativo a la Ley de Protección de Datos. La empresa debe cumplir con esta ley y almacenar los datos durante 4 años, a los que tan solo podrán tener acceso el propio trabajador o trabajadora, además de aquellos representantes de los empleados autorizados.

En el caso práctico inicial

Se acerca el periodo navideño y los pedidos se han disparado. Como consecuencia, el director ha pedido a María que realice horas extraordinarias, a lo que María ha contestado afirmativamente. Se trata de horas extraordinarias voluntarias que no pueden exceder de 80 por año si son retribuidas, aunque no existe límite anual si se compensan con descanso.

3.2. Los permisos laborales

Las normas sobre descansos y permisos tienen carácter de mínimos. Esto quiere decir que la negociación colectiva puede mejorarlas o ampliarlas, tanto respecto de las condiciones de disfrute como del tiempo de duración de estos.

3.2.1. Los permisos retribuidos

El trabajador por una causa determinada puede ausentarse del trabajo de forma temporal teniendo derecho a la retribución (artículo 37.3 TRLET). Para poder disfrutar de estos permisos, **el trabajador** tiene que **avisar a la empresa** y **justificarlo** debidamente. En la remuneración quedan comprendidos el salario y los complementos salariales.

Los permisos son los siguientes:

▶ CAUSA	▶ DURACIÓN
Matrimonio	15 días naturales.
Deber inexcusable de carácter público y personal (votar, asistir a un juicio, etc.)	El tiempo indispensable.
Traslado de domicilio habitual	1 día.
Funciones sindicales	El número de horas mensuales dependerá del número de trabajadores de la empresa.
Para realizar exámenes prenatales y técnicas de preparación al parto	El tiempo indispensable.
Desplazamiento temporal	4 días por cada 3 meses de desplazamiento.
Fallecimiento, accidente o enfermedad grave, hospitalización o intervención quirúrgica sin hospitalización que precise reposo domiciliario de parientes hasta el segundo grado de consanguinidad o afinidad	2 días o 4 días si el trabajador tiene que desplazarse.
Para el cuidado del lactante	1 hora diaria de ausencia del trabajo (que podrá dividirse en 2 fracciones), o bien reducir la jornada en media hora, al comienzo o al final de la misma. Ambos progenitores, si trabajan, tendrán derecho a dicho permiso.
Extinción de contrato por causa objetiva	Durante el periodo de preaviso el trabajador tiene derecho a 6 horas semanales para buscar un nuevo empleo.

En el caso práctico inicial

María va a casarse y, al igual que cualquier otro trabajador, tendrá derecho como mínimo a un permiso por matrimonio de 15 días naturales. La única condición para disfrutar del permiso es avisar con antelación a la empresa y justificarlo debidamente. Es un permiso retribuido. Su duración puede verse mejorada por el convenio colectivo.

Cuando el trabajador tenga que asistir a exámenes oficiales, se tendrá derecho a permiso de asistencia por el tiempo necesario, el cual será retribuido si así lo establece el convenio colectivo.

Por último, es fundamental destacar la sentencia de 13 de febrero de 2018 del Tribunal Supremo que establece el derecho de los trabajadores a comenzar sus permisos remunerados a partir del primer día laboral después del hecho causante. De esta forma, por ejemplo, si el fallecimiento de un familiar se produce un viernes, el permiso de dos días empezará a contar a partir del siguiente lunes, y no el fin de semana como venía sucediendo hasta ahora.

3.2.2. El calendario laboral y las fiestas laborales

El empresario está obligado a elaborar cada año un calendario en el que se incluyan el horario de trabajo y la distribución de los días laborales y festivos que correspondan. El calendario debe exponerse en un lugar visible dentro del centro de trabajo. Los representantes de los trabajadores tienen derecho a ser consultados y a emitir informes de su elaboración.

En España, pueden celebrarse un máximo de 14 fiestas laborales al año, de las cuales 2 serán locales y 2 fijadas por la comunidad autónoma. Estos días festivos deben ser retribuidos y no pueden recuperarse.

Debes conocer...

Las vacaciones no son sustituibles por compensación económica, salvo en caso de extinción de contrato de trabajo que imposibilite el disfrute de estas.

En cualquier caso, se respetarán como fiestas de ámbito nacional las de la Natividad del Señor (25 de diciembre), Año Nuevo (1 de enero), la Fiesta del Trabajo (1 de mayo) y la Fiesta Nacional de España (12 de octubre).

Respetando las expresadas en el párrafo anterior, el Gobierno podrá trasladar a los lunes todas las fiestas de ámbito nacional que tengan lugar entre semana, siendo, en todo caso, objeto de traslado al lunes inmediatamente posterior el descanso laboral correspondiente a las fiestas que coincidan con domingo.

Las comunidades autónomas, dentro del límite anual de 14 días festivos, podrán señalar aquellas fiestas que por tradición les sean propias, sustituyendo para ello las de ámbito nacional que se determinen reglamentariamente y, en todo caso, las que se trasladen al lunes.

En el caso práctico inicial

María no ha disfrutado aún de las vacaciones anuales que le corresponden y le ofrecen pagarle las vacaciones y no disfrutar de estas, a lo que María ha accedido gustosamente, ya que necesita algún dinero extra para su futura boda.

Esto no sería correcto. El objetivo de las vacaciones es que el trabajador se recupere física y mentalmente, y la única forma de garantizar la recuperación es mediante un descanso efectivo, un descanso que implique dejar de realizar las labores habituales de su trabajo.

Solo se pueden compensar con dinero las vacaciones cuando finalice el contrato de trabajo y el trabajador no haya disfrutado de sus vacaciones, pero María no se encuentra en esa situación.

3.2.3. Las vacaciones

El Estatuto de los Trabajadores, en su artículo 38, establece el derecho del trabajador a un periodo de vacaciones anuales retribuidas que se determinará en el convenio colectivo o en el contrato individual, y para el que, en todo caso, se fija una duración mínima de **30 días naturales al año.**

La duración de las vacaciones no se puede ver reducida por:

- El ejercicio del derecho de huelga, ya que significaría sancionar el ejercicio de un derecho fundamental.
- Haber permanecido en incapacidad laboral.
- Una sanción al trabajador.
- Disfrutar del permiso por nacimiento o adopción.

Las vacaciones tienen que fijarse por acuerdo entre el trabajador y el empresario, por lo que no pueden ser libremente fijadas ni por el uno ni por el otro. En caso de desacuerdo entre las partes, será el Juzgado de lo Social competente el que fije el periodo en el que se disfrutarán las vacaciones. El calendario de vacaciones se fijará cada año en la empresa de modo que el trabajador conozca las fechas que le correspondan, al menos, con 2 meses de antelación al comienzo del disfrute.

Si el periodo de vacaciones coincide con una incapacidad temporal derivada del embarazo, el parto o la lactancia natural, nacimiento o adopción, se tendrá derecho a disfrutar de las vacaciones al acabar el periodo de suspensión, aunque se haya acabado el año natural al que correspondan las vacaciones.

Si, en cambio, coincide con una situación de incapacidad temporal por causas distintas a las anteriores, el trabajador podrá disfrutar de las vacaciones una vez esté de alta, siempre que no hayan pasado más de 18 meses desde el final del año al que corresponden esas vacaciones.

La remuneración de estas ha de ser el salario habitual del trabajador. Salvo que en el convenio colectivo se establezca otra cosa, se deben incluir los pluses de nocturnidad, turnicidad, incentivos de producción, promedio de comisiones, etcétera. No se incluyen horas extraordinarias y conceptos extrasalariales que compensen los gastos del trabajador por el desempeño de su trabajo (por ejemplo: transporte, dietas, etcétera).

Actividades propuestas

3.1. Alberto ha comenzado a trabajar en una empresa de informática como analista programador. El primer día le han dicho que no tiene derecho a hacer una pausa para el café, porque no viene establecido en el convenio colectivo. Su jornada laboral es de 9 de la mañana a 6 de la tarde con una hora para comer. En anteriores trabajos y con horarios similares sí podía parar a media mañana unos 20 minutos para un café. ¿Tiene obligación la empresa de concederle a Alberto el permiso para la pausa del café?

3.2. Luisa trabaja como auxiliar administrativa en una consultoría y en su segundo día de vacaciones sufre una caída, con tan mala suerte que se fractura el pie y el médico le dice que deberá estar dos meses de baja (incapacidad temporal). ¿Podrá Luisa disfrutar de los días de vacaciones que le quedan cuando termine la situación de incapacidad temporal?

3.3. Pedro acaba de ser padre. ¿Tiene derecho al permiso para el cuidado del lactante? ¿Cuál será su duración?

3.4. Julia tiene 17 años. Trabaja en un supermercado durante 11 días seguidos y después descansa 3 días seguidos. ¿Es correcta la jornada que realiza Julia?

Actividad resuelta

3.5. Luisa ha terminado su permiso por nacimiento el 31 de diciembre de 2019 y no ha disfrutado de sus vacaciones. ¿Ha perdido el derecho a sus vacaciones?

Solución:

No pierde el derecho. Puede disfrutar de las vacaciones al año siguiente, puesto que le habían coincidido con la suspensión por nacimiento.

3.3. La retribución salarial

Como ya estudiamos en la Unidad 2, el contrato de trabajo establece una serie de derechos y obligaciones para las partes. Por lo que se refiere al empresario, su principal obligación consiste en abonar la cantidad estipulada al trabajador por los servicios prestados por este.

Dentro de este epígrafe, desarrollaremos tanto los diferentes tipos de salarios que puede recibir un trabajador como la forma en la que se liquida o paga por parte del empresario a través de la realización y entrega del recibo de salario o nómina.

3.3.1. El salario

Como ya estudiamos en la Unidad 1, la remuneración o retribución del trabajo es uno de los requisitos básicos de las relaciones laborales reguladas por el ET.

El salario tiene como objetivo retribuir la realización de un trabajo por cuenta ajena. Es obligación del empresario hacer frente al pago del salario a cambio de los servicios prestados por el trabajador.

El salario está formado por la totalidad de percepciones económicas, en dinero o en especie, que recibe el trabajador por cuenta ajena por los servicios laborales prestados.

El salario remunera no solo el trabajo efectivo realizado, sino también los periodos de descanso computables como trabajo: descansos semanales, vacaciones, fiestas laborales, descansos en jornada continuada, permisos por matrimonio, por nacimiento de hijo, por lactancia, por traslado de domicilio, etcétera.

Los tipos de salario se pueden clasificar según el **medio de pago empleado** o el **método de cálculo utilizado:**

- Según el medio de pago:
  - **Salario en dinero.** Es la forma tradicional de pago del salario al trabajador. Se debe realizar en moneda de curso legal en España, ya sea mediante entrega de dinero en efectivo, transferencia bancaria o talón bancario.

Sabías que...

El salario mínimo interprofesional (SMI) es la retribución mínima a jornada completa, fijada legalmente, que deben cobrar todos los trabajadores. Por lo tanto, ningún trabajador puede percibir un salario inferior al SMI por su trabajo.

El SMI establecido para el año 2020, para cualquier actividad, con independencia del sexo, edad, profesión o categoría se ha fijado en:

- SMI diario: 31,66 €/día.
- SMI mensual: 950 €/mes.
- SMI anual: 13.300 €/año (14 pagas).

Sabías que...

El indicador público de renta de efectos múltiples (IPREM) sustituye al SMI en otros ámbitos. Es un índice empleado en España como referencia para la concesión de ayudas, becas, subvenciones, etcétera.

Para el año 2019 las cuantías son:

- IPREM diario: 17,93 €.
- IPREM mensual: 537,84 €.
- IPREM anual: 6.454,03 €.
- IPREM en cómputo anual (incluye prorrata de pagas extraordinarias): 7.519,59 €.

— **Salario en especie.** Se trata de retribuciones en bienes o servicios distintas al dinero (vivienda, coche, viajes, etcétera). Así pues, consisten en la utilización o consumo, para fines particulares, de bienes o servicios de forma gratuita o por precio sensiblemente inferior al normal del mercado. El pago del salario en especie no puede superar el 30 % de la totalidad de las percepciones salariales.

- Según el método de cálculo utilizado:

— **Salario por unidad de tiempo.** La cantidad percibida dependerá de la duración del trabajo (por hora trabajada, por día, por mes, etc.), independientemente de la cantidad de trabajo realizado durante la duración de ese tiempo.

— **Salario por unidad de obra.** Se determina en función de la cantidad de trabajo realizado (por m^2, por pieza, etc.), independientemente del tiempo empleado.

— **Salario mixto.** Es una mezcla de los dos anteriores. Así pues, el salario se determinará por el tiempo desarrollado y el trabajo realizado (por ejemplo, las primas, las comisiones, los incentivos, etcétera).

3.3.2. El pago del salario

El pago del salario deberá realizarse puntualmente en la fecha y el lugar convenidos, y a falta de estos, según los usos y las costumbres. El pago del salario deberá documentarse mediante un recibo individual denominado **nómina** o **recibo de salarios.**

Los retrasos en el pago del salario dan derecho al trabajador a recibir unos intereses del 10 % anual sobre las cantidades adeudadas.

Los trabajadores podrán solicitar anticipos a cuenta por el trabajo que ya han realizado.

Actividad resuelta

3.6. Manuel está contratado en la empresa SEAL, SL y percibe un salario en dinero de 1.300 € al mes. La empresa pone a disposición de Manuel una vivienda en alquiler que le paga la empresa por 500 € al mes y un coche para uso profesional que se valora en 250 € al mes. Además, la empresa realiza aportaciones a planes de pensiones de sus empleados de 150 € al mes. ¿Es correcta la retribución en especie que paga la empresa a Manuel?

Solución:

Las retribuciones en especie no pueden superar el 30 % de la totalidad de las percepciones salariales del trabajador. En este caso, Manuel recibe percepciones salariales por un valor total de 2.200 €, de las cuales 1.300 € son en dinero y 900 € en especie (500 € por vivienda + 250 € al mes por coche + 150 € al mes por planes de pensiones). Manuel recibe en especie un 40,9 % (900 € / 2.200 €). Por lo tanto, la retribución en especie que la empresa paga a Manuel no es correcta, por ser superior al 30 %.

3.4. La nómina

Como comentamos anteriormente, el pago del salario se documenta en un recibo de salarios o nómina, donde deberán reflejarse todas las percepciones que recibe el trabajador, así como las deducciones que se le deban aplicar. La nómina será firmada por el trabajador en el momento del pago y se le entregará un duplicado de esta que también deberá firmar.

Cuando el pago se haga por transferencia bancaria, el empresario entregará el duplicado sin necesidad de firma, ya que el pago se justifica por el documento bancario.

La firma del recibo de salarios dará fe de la percepción por el trabajador de dichas cantidades, aunque no tiene por qué estar conforme con lo que se recibe; en ese caso, se puede añadir la cláusula de no conforme con el importe recibido.

El modelo de nómina deberá ajustarse al aprobado por el Ministerio de Empleo y Seguridad Social, excepto si por convenio colectivo o por acuerdo entre la empresa y los representantes de los trabajadores se establece otro modelo distinto; siempre que sus contenidos no se reduzcan y queden reflejados con igual claridad.

Los recibos de salarios emitidos se archivarán y conservarán por las empresas por un periodo mínimo de 4 años, a fin de permitir las comprobaciones oportunas.

En el caso práctico inicial

María es retribuida con una parte del salario base más sus complementos salariales correspondientes, como es el caso del plus de nocturnidad o las horas extraordinarias.

Datos de la empresa

Empresa: Naturfashion, SL
Domicilio: calle Gredos, 28, Valladolid
CIF: B54586231
CCC: 47058816591

Datos del trabajador

Trabajador: Marta Luis Romero
NIF: 28878654S
Núm. afiliación Seguridad Social: 475868232111
Grupo profesional: Grupo II
Grupo de cotización: 5

Período de liquidación: del 1 de mayo al 31 de mayo de 2019 — Total días: 30

Total de días que cobra el trabajador

I. DEVENGOS		**IMPORTE**	**TOTALES**
1. Percepciones salariales			
Salario base		900 €	
Complementos salariales			
Plus convenio		100 €	
Horas extraordinarias		50 €	
Horas complementarias (contratos a tiempo parcial)			
Gratificaciones extraordinarias			
Salario en especie			
2. Percepciones no salariales			
Indemnizaciones o suplidos			
Prestaciones e indemnizaciones de la Seguridad Social			
Indemnizaciones por traslados, suspensiones o despidos			
Otras percepciones no salariales			
A. TOTAL DEVENGADO			**1.050 €**
II. DEDUCCIONES			
1. Aportación del trabajador a las cotizaciones a la Seguridad Social y conceptos de recaudación conjunta	%		
Contingencias comunes	4,7	54,83 €	
Desempleo	1,55	18,86 €	
Formación profesional	0,1	1,22 €	
Horas extraordinarias	4,7	2,35 €	
TOTAL APORTACIONES		**77,26 €**	**77,26 €**
2. Impuesto sobre la renta de las personas físicas	18	189 €	**189 €**
3. Anticipos			
4. Valor de los productos en especie			
5. Otras deducciones			
B. TOTAL A DEDUCIR			**266,26 €**
LÍQUIDO TOTAL A PERCIBIR (A-B)			**783,74 €**

Cantidades salariales y no salariales totales que recibe el trabajador

Cantidades que se descuentan de lo que recibe el trabajador

Cantidades que se descuentan para pagar a la S. S.

Cantidad que se descuenta por IRPF

Cantidades descontadas por otras causas

Cantidad que finalmente recibe el trabajador

......31........de...........mayo...........de 2019....

Firma y sello de la empresa — RECIBÍ

DETERMINACIÓN DE LAS BASES DE COTIZACIÓN A LA SEGURIDAD SOCIAL Y CONCEPTOS DE RECAUDACIÓN CONJUNTA Y LA BASE SUJETA A RETENCIÓN DEL IRPF Y APORTACIÓN DE LA EMPRESA:

CONCEPTO		**BASES**	**TIPO (%)**	**APORTACIÓN EMPRESA**
1. Base de cotización por contingencias comunes				
Remuneración mensual	1.000 €			
Prorrata de pagas extraordinarias	166,67 €			
TOTAL		1.166,67 €	23,6	275,33 €
2. Contingencias profesionales y conceptos de recaudación conjunta		1.216,67 €		
- AT y EP			1,10	13,38 €
- Desempleo			5,50	66,92 €
- Formación profesional			0,6	7,30 €
- FOGASA			0,2	2,43 €
3. Base cotización por horas extras normales		50 €	23,6	11,8 €
4. Base cotización por horas extras fuerza mayor				
5. Base sujeta a retención del IRPF		1.050 €		

Bases de cotización del trabajador y la empresa a la S. S.

Tipos de cotización a la Seguridad Social de la empresa

Cantidades pagadas por la empresa a la Seguridad Social por el trabajador

Base de retención a cuenta del IRPF del trabajador

3.4.1. Estructura de la nómina

La nómina se estructura en 5 partes claramente diferenciadas que desarrollaremos a lo largo de la unidad:

1. Encabezamiento.
2. Periodo de liquidación.
3. Devengos.
4. Deducciones.
5. Determinación de las bases de cotización a la Seguridad Social, los conceptos de recaudación conjunta, la base sujeta a retención del IRPF y la aportación de la empresa.

1. Encabezamiento

En el encabezamiento se especificarán los **datos de identificación de la empresa** (nombre o razón social, domicilio, NIF y el código de cuenta de cotización a la Seguridad Social) **y del trabajador** (nombre y apellidos, NIF, número de afiliación a la Seguridad Social, grupo profesional previsto en convenio para el puesto de trabajo y grupo de cotización a la Seguridad Social).

Tras rellenar el encabezado, se deberá señalar el periodo de tiempo correspondiente al tiempo que se liquida y que a continuación desarrollamos.

2. Periodo de liquidación

El periodo de liquidación indica las fechas de inicio y final del periodo de tiempo por el que la empresa liquida el salario al trabajador; no podrá ser superior a 1 mes.

En el caso en que el trabajador perciba su remuneración mensualmente, el periodo de liquidación será siempre de 30 días independientemente del mes al que se refiera.

Si el trabajador percibiese su retribución diaria, el periodo de liquidación indicará el número de días realmente trabajados.

3. Devengos

Los devengos están formados por la suma total de las cantidades que percibe el trabajador y se dividen en **percepciones salariales** y **percepciones no salariales.**

I. Percepciones salariales

Están compuestas por las retribuciones que recibe el trabajador por la prestación de sus servicios profesionales y están relacionadas directamente con el trabajo desarrollado. Así pues, se trata de la totalidad del salario percibido por el trabajador. Las percepciones salariales que un trabajador cobra a fin de mes se componen de dos conceptos principales: el salario base y los complementos salariales.

Las percepciones salariales cotizan íntegramente a la Seguridad Social.

Salario base

Es la parte de la retribución del trabajador fijada por unidad de tiempo (año, mes, día u hora) o pactada por una obra determinada. El salario base no lo establece la empresa, sino que cada categoría profesional o grupo profesional tiene fijado el suyo en el convenio colectivo que corresponda a cada trabajador. De manera que todas las personas que trabajen, por ejemplo, como administrativos en empresas del sector del metal tendrán el mismo salario base. El salario base siempre se retribuirá por día natural.

El salario base nunca podrá ser inferior al salario mínimo interprofesional por una jornada a tiempo completo.

Debes conocer...

Al trabajar con euros, el resultado debe redondearse de la siguiente manera:

- **Redondeo por defecto.** Si el tercer decimal es inferior a 5, se dejan los dos primeros decimales y se elimina el resto (por ejemplo: 23,634 € = 23,63 €).
- **Redondeo por exceso.** Si el tercer decimal es igual o superior a 5, se incrementa en una unidad el segundo decimal y se elimina el resto (por ejemplo: 78,887 € = 78,89 €).

¿Por qué, entonces, trabajadores que reciben un mismo salario base tienen un sueldo distinto a fin de mes? Por los complementos salariales. Ellos marcan la diferencia de sueldo entre trabajadores que pertenecen al mismo grupo o categoría profesional y trabajan en el mismo sector de actividad, o incluso en la misma empresa.

Complementos salariales

Incluyen todas aquellas percepciones que, no formando parte del salario base, son percibidas por el trabajador a causa de determinadas circunstancias. El convenio colectivo recogerá los complementos que deberán cobrar los trabajadores.

Los complementos salariales pueden ser: personales, del puesto de trabajo, por cantidad o calidad de trabajo, de vencimiento superior al mes o en especie.

- **Personales.** Se derivan de las condiciones personales del trabajador, tales como sus conocimientos o cualidades, su nivel de formación y cualquier otra no valorada al fijar su salario base (titulación, idiomas, etc.) y que se espera que puedan mejorar el contenido y la calidad del trabajo. Se incluye aquí, entre otros, por ejemplo, el complemento salarial por antigüedad que premia la fidelidad a la empresa.
- **Del puesto de trabajo.** Se perciben en función de las características especiales del puesto de trabajo ocupado o por la forma de realizar su actividad. Entre los más comunes podemos destacar:
  - **Nocturnidad.** Estas horas tendrán una retribución específica salvo que el salario base se haya establecido teniendo en cuenta que el trabajo sea nocturno por su propia naturaleza o se haya decidido la compensación de este tipo de trabajo por descansos.
  - **Toxicidad, peligrosidad y penosidad.** Para recibir este complemento es necesario que la percepción del plus de peligrosidad y toxicidad esté determinada en convenio colectivo o en el contrato de trabajo.
  - **Turnicidad.** Retribuye la realización de trabajo a turnos.
  - **Responsabilidad.** Retribuye el desempeño de un cargo de especial dedicación y responsabilidad.
- **Por cantidad o calidad de trabajo.** Se perciben por razón de la obtención de un resultado mejor o mayor al considerado normal. Entre los más comunes encontramos:
  - **Asistencia y puntualidad.** Estos pluses retribuyen el cumplimiento de una obligación básica del contrato de trabajo: la asistencia y puntualidad al trabajo.
  - **Incentivos, primas o actividad.** Retribuyen un rendimiento superior al normal o establecido.
  - **Comisiones.** Es aquella percepción conformada, en su totalidad o en parte, por una cantidad calculada sobre los negocios mediados por el trabajador y en los que ha intervenido por cuenta del empresario. La cantidad que debe percibirse de las comisiones será la que se acuerde por las partes.
  - **Horas extraordinarias.** Se consideran horas extraordinarias aquellas que el trabajador realiza superando la duración máxima de la jornada ordinaria de trabajo. Mediante convenio colectivo o, en su defecto, contrato individual, se podrá optar entre pagar las horas extraordinarias en la cantidad que se fije, que en ningún caso deberá ser inferior al valor de la hora ordinaria, o compensarlas por tiempos de descanso retribuidos.
- **De vencimiento superior al mes.** Son aquellas percepciones de carácter periódico que se devengan día a día, aunque su pago no se realiza cada mes sino en una fecha determinada:
  - **Pagas extraordinarias.** El artículo 31 del ET establece que el trabajador tiene derecho a 2 gratificaciones extraordinarias al año, una de ellas en Navidad y la otra en el mes que fije el convenio colectivo o por acuerdo entre el empresario y los representantes de los trabajadores. Su cuantía se fijará en el convenio colectivo. Podrá acordarse que las pagas extras se prorrateen entre los 12 meses del año (en este caso el trabajador cobraría la parte proporcional de las pagas extras cada mes).

Conceptos clave

Toxicidad: se considera que un trabajo es tóxico cuando produce enfermedades por trabajar de forma continuada con productos nocivos para la salud.

Peligrosidad: se considera que un trabajo es peligroso cuando tiene un alto riesgo de accidente.

Penosidad: se considera que un trabajo es penoso cuando es susceptible de producir enfermedades por trabajar en malas condiciones medioambientales o en mala postura.

Concepto clave

Devengar: adquirir el derecho a percibir una retribución por razón de trabajo o servicio durante un determinado tiempo.

— **Participación en beneficios.** Generalmente se trata de una cantidad fija (sin relación con los beneficios), por lo que es considerada como una paga extra más (normalmente se cobra en el mes de marzo).

- **En especie.** Tal como comentamos en el epígrafe referente a las clases de salarios, se trata de retribuciones en bienes o servicios distintas al dinero. Las retribuciones en especie más habituales por parte de las empresas a sus trabajadores suelen ser:

— La utilización por parte del trabajador de una vivienda que pone a su disposición la empresa.

— El uso o la entrega de vehículos.

— Los viajes de turismo y otras entregas realizadas por la empresa a sus trabajadores en concepto de premio o similar.

— Las prestaciones en concepto de manutención, hospedaje o similares, para aquellos casos en los que el puesto de trabajo se desarrolle habitualmente en municipios distintos a donde reside el trabajador.

— El pago de estudios particulares al trabajador o a sus familiares.

— Las aportaciones a planes de pensiones o sistemas alternativos realizadas a favor de los trabajadores.

— Los préstamos con tipos de interés inferiores al del dinero.

Sabías que...

Salvo disposición en contrario, las pagas extraordinarias no se devengan durante el periodo de incapacidad temporal, huelga (legal o ilegal) y absentismo.

II. Percepciones no salariales

Se consideran percepciones no salariales o extrasalariales aquellas cuantías que no retribuyen el trabajo realizado por el trabajador (por lo que no son consideradas salario), sino que tienen como finalidad principal compensar gastos del trabajador relacionados con el trabajo. También son consideradas como percepciones extrasalariales las indemnizaciones que recibe el trabajador (por despido, traslado, etc.), los pagos por incapacidad temporal (baja laboral), así como las ayudas asistenciales de la empresa.

▶ PERCEPCIONES NO SALARIALES: SUPLIDOS RELACIONADOS CON EL TRABAJO	
Quebranto de moneda	Compensación para cubrir los desajustes en el saldo de la caja derivados por el manejo de dinero efectivo.
Prendas de trabajo y desgaste de herramientas	Se perciben para compensar la adquisición de prendas de trabajo y herramientas compradas por el propio trabajador.
Gastos de locomoción	Los gastos de locomoción compensan los gastos efectuados por el trabajador en los desplazamientos necesarios por causa de su trabajo y por orden de la empresa a otro centro de trabajo distinto del habitual.
Dietas de viaje (manutención y estancia)	Las dietas de viaje son una retribución que compensa al trabajador por los gastos que tiene que realizar por dormir o realizar comidas en desplazamientos por motivos de trabajo fuera de su lugar de residencia.
Plus de distancia	Cuantía que percibe el trabajador para desplazamientos del centro de trabajo a su domicilio cuando estos se encuentran en localidades distintas.
Plus de transporte	Cuantía que percibe el trabajador para compensar los desplazamientos del centro de trabajo a su domicilio, pero cuando estos se hallan en la misma localidad, es decir, se remunera el transporte urbano.

▶ PERCEPCIONES NO SALARIALES: INDEMNIZACIONES	
Indemnización por traslado	Compensación por los gastos necesarios para el traslado del trabajador a una población distinta de la de su residencia habitual, que incluirá tanto los gastos propios como los de los familiares a su cargo en las condiciones que se acuerden entre las partes.
Indemnización por despido o cese	Percepción extrasalarial recibida por el trabajador como consecuencia del despido o cese del trabajador por parte del empresario.
Indemnización por finalización de contrato temporal	Tal como vimos en la Unidad 2, a la finalización de la duración de un contrato temporal, el trabajador tendrá derecho a recibir una indemnización de 12 días de salario por año trabajado o de 20 días (para el contrato de interinidad, tras la sentencia en 2016 del TJUE salvo en el contrato en prácticas y el contrato para la formación y el aprendizaje.

Actividad resuelta

3.7. Calcula el total devengado de la nómina del mes de mayo de Mercedes González, con contrato indefinido a tiempo completo, que recibe las siguientes percepciones durante dicho mes:

- Salario base: 800 €.
- Plus de convenio: 200 €.
- Plus de transporte: 80 €.
- Horas extras normales: 100 €.
- Dietas: 120 € (gastos de manutención por 6 días en España sin pernoctar, recibiendo 20 €/día de la empresa).

La trabajadora recibe 2 pagas extras al año en junio y diciembre, iguales al salario base más el plus de convenio.

Solución:

DEVENGOS	
1. Percepciones salariales	
Salario base	800 €
Complementos salariales:	
Plus de convenio	200 €
Horas extraordinarias	100 €
Horas complementarias (contratos a tiempo parcial)	_____
Gratificaciones extraordinarias	_____
Salario en especie	_____
2. Percepciones no salariales	
Indemnizaciones o suplidos:	
Plus de transporte	80 €
Dietas	120 €
Prestaciones e indemnizaciones de la Seguridad Social	_____
Indemnizaciones por traslados, suspensiones o despidos	_____
Otras percepciones no salariales	_____
TOTAL DEVENGADO	**1.300 €**

4. Deducciones

Son cantidades que el empresario debe restar de la nómina para, actuando como intermediario, ingresar por el trabajador a distintos organismos y personas.

Las deducciones que deben realizarse siempre en cada nómina por el empresario son:

A. Aportación del trabajador a las cotizaciones de la Seguridad Social.

B. Retenciones a cuenta del impuesto de la renta de las personas físicas (IRPF) para la Hacienda Pública.

Por otro lado, en algunas ocasiones podrán existir otro tipo de deducciones como:

C. Anticipos.

D. Valor de los productos recibidos en especie.

E. Otras deducciones.

A. Aportación del trabajador a las cotizaciones de la Seguridad Social

Los trabajadores deben cotizar a la Seguridad Social para tener derecho a recibir las prestaciones de esta (prestación por desempleo, pensión de jubilación, prestación por maternidad, etc.), pagando una serie de cuotas por diversos conceptos, que se deducirán en cada una de sus nóminas por parte del empresario, que posteriormente ingresará en la Tesorería General de la Seguridad Social.

Concretamente, el trabajador deberá cotizar a la Seguridad Social por 4 conceptos en cada nómina:

- **Por contingencias comunes.** Estas cuotas son las cantidades por las que el trabajador debe cotizar a la Seguridad Social para tener derecho a las prestaciones de la Seguridad Social por contingencias comunes, es decir, aquellas que no se producen por accidentes de trabajo o enfermedades profesionales, como por ejemplo: la jubilación, la asistencia sanitaria, la viudedad, la orfandad, la maternidad, una baja por enfermedad común o accidente no laboral, etcétera.
- **Por la prestación por desempleo.** Estas cuotas son las cantidades por las que el trabajador debe cotizar a la Seguridad Social para tener derecho a la prestación por desempleo en caso en que el trabajador pierda su empleo.
- **Por formación profesional.** Estas cuotas son las cantidades por las que el trabajador debe cotizar a la Seguridad Social para tener derecho a recibir formación y actualizarse profesionalmente, principalmente a través de cursos.
- **Por horas extraordinarias** (solo en el caso en que haya realizado alguna durante el periodo de liquidación de la nómina).

Sabías que...

Se utilizan las mismas bases de cotización para calcular las diferentes cotizaciones que deben realizar tanto el trabajador como la empresa a la Seguridad Social:

- Base de cotización por contingencias comunes.
- Base de cotización por contingencias profesionales.
- Base de cotización por horas extraordinarias.

Para calcular estas 4 cuotas que debe aportar el trabajador a la Seguridad Social, en primer lugar deberemos calcular las denominadas **bases de cotización.** A cada base de cotización se le aplicará un **tipo** o **porcentaje de cotización,** que explicaremos más adelante, obteniendo así la cuota de cotización correspondiente.

Así pues, para averiguar las cuotas a la Seguridad Social que debe pagar el trabajador, lo primero que debemos hacer es calcular sus bases de cotización.

A.1. Bases de cotización

Necesitaremos calcular 3 bases de cotización:

- La **base de cotización por contingencias comunes,** que es la que utilizaremos para calcular la cotización del trabajador a la Seguridad Social por contingencias comunes.
- La **base de cotización por contingencias profesionales,** que es la que utilizaremos para calcular la cotización por desempleo y la cotización por formación profesional.
- La **base de cotización adicional por horas extras,** que utilizaremos para calcular la cotización adicional por la realización de horas extraordinarias.

I. Base de cotización por contingencias comunes

La base de cotización por contingencias comunes (BCCC) es necesaria para calcular lo que el trabajador debe cotizar por contingencias comunes.

La base de cotización para contingencias comunes estará formada por la suma de:

1. **La totalidad de las percepciones salariales (PS),** es decir, el salario base más los complementos salariales, excepto las horas extraordinarias y las pagas extraordinarias.
2. **Las percepciones no salariales que coticen a la Seguridad Social (PNS).** Los complementos no salariales no cotizan algunos, otros cotizan íntegramente y otros cotizan en parte. Para calcular qué percepciones no salariales tienen que cotizar o no y por qué cuantía, deberemos comprobarlas en la siguiente tabla:

▶ COTIZACIÓN DE LAS PERCEPCIONES NO SALARIALES

Concepto					**Importe computable** (importe que cotiza y por lo tanto se debe incluir en las bases de cotización)
Gastos de manutención y estancia en un municipio distinto al del lugar de trabajo o residencia (dietas)	Gastos de estancia (dormir)				Las cantidades que excedan del importe justificado.
	Gastos de manutención (comidas)	Pernocta	En España		Las cantidades que excedan de 53,34 €/día.
			Extranjero		Las cantidades que excedan de 91,35 €/día.
		No pernocta	En España		Las cantidades que excedan de 26,67 €/día.
			Extranjero		Las cantidades que excedan de 48,08 €/día.
			Personal de vuelo	En España	Las cantidades que excedan de 36,06 €/día.
				Extranjero	Las cantidades que excedan de 66,11 €/día.
Gastos de locomoción		Según factura o documento equivalente (transporte público)			Las cantidades que excedan del importe justificado.
		Sin justificación de importe			• Las cantidades que excedan de 0,19 €/km. • Las cantidades que no se justifiquen de gastos de peaje y aparcamientos.
Plus de transporte y plus de distancia					Importe total.
Quebranto de moneda, prendas de trabajo y desgaste de herramientas					Importe total.
Indemnizaciones por fallecimiento, traslados o suspensiones					Las cantidades que excedan sobre la cantidad establecida en el convenio colectivo.
Indemnizaciones por despido					Las cantidades que excedan sobre la cuantía establecida en el ET.

3. **La prorrata de las pagas extras.** Es la parte proporcional de las gratificaciones extraordinarias que tenga derecho a recibir el trabajador durante el año. Para calcular dichas prorratas mensuales, se dividirá el importe total de las pagas extraordinarias anuales entre 12 meses (si la retribución es mensual) o 365 días (si la retribución es diaria), tal como se indica a continuación:

$$\frac{\text{N.° de pagas extras anuales} \times \text{importe de las pagas extras}}{12}$$

o

$$\frac{\text{N.° de pagas extras anuales} \times \text{importe de las pagas extras}}{365}$$

Finalmente, la base de cotización de contingencias comunes (BCCC) será el resultado de sumar los tres apartados anteriores, es decir, las percepciones salariales más las percepciones no salariales que coticen más la prorrata de las pagas extraordinarias.

Base de cotización de contingencias comunes =

= percepciones salariales (sin incluir las horas extras ni las pagas extras) + percepciones no salariales que coticen (véase tabla anterior) + prorrata de las pagas extraordinarias

Bases mínimas y bases máximas

Una vez calculada la base de cotización por contingencias comunes, debemos comprobar que esta se encuentra comprendida dentro de las **bases máxima y mínima** correspondientes al grupo de cotización del trabajador. Estas bases máximas y mínimas se establecen por el Ministerio de Trabajo, Migraciones y Seguridad Social cada año.

Si la base de cotización de contingencias comunes fuese superior a la base máxima que le corresponda tomaremos la base máxima. Por otro lado, si la base de cotización de contingencias comunes fuese menor a la base mínima que le corresponda al trabajador nos quedaríamos con la base mínima.

Para el año 2019 son las siguientes:

▶ BASES DE COTIZACIÓN MÁXIMAS Y MÍNIMAS POR CONTINGENCIAS COMUNES DEL AÑO 2020 (PRORROGADAS DE 2019)			
Grupo de cotización	Categorías profesionales	Bases mínimas	Bases máximas
		€/mes	€/mes
1	Ingenieros y licenciados	1.466,40	4.070,10
2	Ingenieros técnicos, peritos y ayudantes titulados	1.215,90	4.070,10
3	Jefes de administrativos y de taller	1.057,80	4.070,10
4	Ayudantes no titulados	1.050,00	4.070,10
5	Oficiales administrativos	1.050,00	4.070,10
6	Subalternos	1.050,00	4.070,10
7	Auxiliares administrativos	1.050,00	4.070,10
		€/día	€/día
8	Oficiales de 1.ª y 2.ª	35	135,67
9	Oficiales de 3.ª y especialistas	35	135,67
10	Peones	35	135,67
11	Trabajadores menores de 18 años, cualquiera que sea su categoría profesional	35	135,67

II. Base de cotización para contingencias profesionales

La base de cotización de contingencias profesionales se calcula sumando a la base de la cotización por contingencias comunes las horas extraordinarias.

Base de cotización de contingencias profesionales =

= base de la cotización por contingencias comunes + horas extraordinarias

Topes máximos y mínimos

La base de cotización de contingencias profesionales anterior no podrá ser superior al tope máximo ni inferior al tope mínimo, cualesquiera que sean el grupo de cotización y el número de horas trabajadas diariamente.

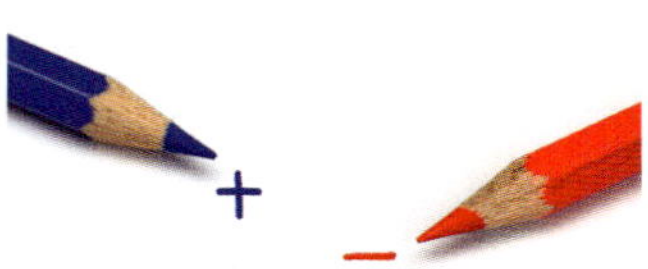

	Tope mínimo	Tope máximo
Para cualquier grupo de cotización	1.050,00 €	4.070,10 €

III. Base de cotización adicional de horas extraordinarias

La cantidad que constituye la base de cotización adicional de horas extraordinarias es precisamente el importe cobrado por ese concepto. Por lo tanto, esta base solo se calculará en el caso de que el trabajador haya realizado horas extraordinarias durante el mes en el que se está calculando su nómina.

Actividades resueltas

3.8. Calcula la BCCC del mes de mayo de la trabajadora de la Actividad resuelta 3.9 que pertenece al grupo 4 de cotización a la Seguridad Social. Recuerda que la trabajadora percibía durante dicho mes las siguientes percepciones:

- Salario base: 800 €.
- Plus de convenio: 200 €.
- Plus de transporte: 80 €.
- Horas extras: 100 €.
- Dietas: 120 € (gastos de manutención por 6 días en España sin pernoctar, recibiendo 20 €/día de la empresa).

La trabajadora recibe 2 pagas extras al año en junio y diciembre iguales al salario base más el plus de convenio.

Solución:

Para calcular la BCCC seguiremos los pasos que hemos explicado en este apartado:

1. Calculamos todas las percepciones salariales (salario base + complementos salariales) sin incluir las horas extras ni las pagas extras:

   Percepciones salariales = salario base + complementos salariales = salario base + plus de convenio =

   = 800 + 200 = 1.000 €

2. En segundo lugar, tendremos que calcular las percepciones no salariales que coticen a la Seguridad Social. Debemos recordar que los complementos no salariales no cotizan algunos, otros cotizan íntegramente y otros cotizan en parte (para calcular qué percepciones no salariales tienen que cotizar o no y por qué cuantía, deberemos comprobarlas en la tabla vista anteriormente). La trabajadora percibe los siguientes complementos no salariales:

   - Dietas por seis días en España sin pernoctar. Las dietas en España sin pernoctación cotizan si las cantidades exceden de 26,67 €/día. La trabajadora ha recibido 120 € por 6 días, es decir, 20 € por día. No supera los 26,67 €/día, por lo tanto, en este caso las dietas no cotizan y no se incluirán en la BCCC.
   - Plus de transporte. Este complemento no salarial siempre cotiza en su totalidad, por lo tanto se incluirán en la BCCC los 80 € que ha recibido la trabajadora este mes.

   Así pues, incluiremos en la BCCC las percepciones no salariales que cotizan = 80 €.

3. Calculamos la prorrata de las pagas extras. Cada paga extra incluye el salario base (800 €) y el plus de convenio (200 €), por lo que cada una será de 1.000 €. Al cobrar por mes, para calcular la prorrata dividiremos el importe total de pagas extras al año entre 12 meses.

   $$\text{PPE} = \frac{\text{N.º de pagas extras anuales} \times \text{importe de las pagas extras}}{12} = \frac{2 \times 1.000}{12} = 166{,}67\ €$$

4. Comprobamos que la base se encuentre entre la base mínima y la base máxima.

   Ahora ya podemos calcular la BCCC, que será el resultado de sumar los tres puntos anteriores:

   BCCC = percepciones salariales + complementos no salariales que coticen + prorrata de pagas extras =

   = 1.000 + 80 + 166,67 = 1.246,67 €

Finalmente, lo único que deberemos comprobar es si la BCCC que hemos calculado se encuentra entre la base máxima y la base mínima correspondiente al grupo 4 de cotización al que pertenece la trabajadora (véase tabla). Para el grupo 4 la base mínima es de 1.050,00 € y la máxima de 4.070,10 €. La BCCC de 1.246,67 € que habíamos calculado se encuentra entre la mínima y la máxima, por lo que será la BCCC por la que cotice la trabajadora.

3.9. Calcula la base de cotización de contingencias profesionales de la trabajadora de la Actividad resuelta 3.10.

Solución:

La base de cotización de contingencias profesionales se calcula sumando a la base de la cotización por contingencias comunes las horas extraordinarias. La BCCC era de 1.246,67 € y la trabajadora había realizado horas extras por valor de 100 €.

Así pues, la BCCP será:

BCCP = BCCC + horas extras = 1.246,67 + 100 = 1.346,67 €.

Esta base tiene que estar comprendida entre el tope máximo (4.070,10 €) y el tope mínimo (1.050,00 €).

Lo está y por lo tanto la BCCP será de 1.346,67 €.

Actividad resuelta

3.10. Calcula la base de cotización de horas extraordinarias del mes de mayo de la trabajadora de la Actividad resuelta 3.10.

Solución:

La base de cotización de horas extras estará formada por el valor de las horas extras realizadas por la trabajadora durante el mes de la nómina que se esté liquidando.

La trabajadora ha realizado durante el mes de mayo unas horas extras normales por valor de 100 €, por lo que la BCHE será este importe. BCHE = 100 €.

A.2. Tipos de cotización

Como ya desarrollamos anteriormente, los trabajadores deberán realizar aportaciones a la Seguridad Social por contingencias comunes, por desempleo, por formación profesional y por horas extraordinarias si se hubiesen realizado.

Finalmente, las aportaciones que los trabajadores y la empresa deben realizar a la Seguridad Social se calculan multiplicando las bases de cotización, antes calculadas, por los tipos de cotización que le correspondan a cada una de ellas y que aparecen en la tabla siguiente:

▶ TIPOS GENERALES DE COTIZACIÓN DEL AÑO 2020

Conceptos		Porcentajes (%)			Bases de cotización
		Empresa	Trabajador	Total	
Contingencias comunes		23,60	4,70	28,30	BCC comunes
Horas extraordinarias	Fuerza mayor	12,00	2,00	14,00	BC horas extras
	Resto	23,60	4,70	28,30	BC horas extras
Desempleo	Tipo general	5,50	1,55	7,05	BCC profesionales
	Contrato de duración determinada a tiempo completo	6,70	1,60	8,30	BCC profesionales
	Contrato de duración determinada a tiempo parcial	6,70	1,60	8,30	BCC profesionales
Formación profesional		0,60	0,10	0,70	BCC profesionales
Fondo de Garantía Salarial (FOGASA)		0,2	No cotiza por este concepto	0,2	BCC profesionales

Como podemos observar en la tabla anterior, tanto el trabajador como la empresa deben pagar sus cuotas a la Seguridad Social. Lo que debe pagar la empresa a la Seguridad Social por cada trabajador se desarrollará más adelante.

▶ CÁLCULO DE LAS APORTACIONES DEL TRABAJADOR A LA SEGURIDAD SOCIAL

Cotización del trabajador por contingencias comunes
Base de cotización por contingencias comunes × tipo de cotización por contingencias comunes del trabajador (4,7 %).
Cotización del trabajador por desempleo
Base de cotización por contingencias profesionales × tipo de cotización por desempleo del trabajador (1,55 % de manera general o el 1,6 % en el caso de trabajadores con contrato temporal).
Cotización del trabajador por formación profesional
Base de cotización por contingencias profesionales × tipo de cotización por formación profesional del trabajador (0,1 %).
Cotización del trabajador por horas extraordinarias
Base de cotización por horas extraordinarias × tipo de cotización por horas extraordinarias (4,7 % con carácter general o el 2 % en el caso de horas extras por fuerza mayor).

Sabías que...

Se cotiza dos veces por horas extras. Por un lado, se cotiza al incluirlas en la BCCP y por otro lado vuelven a cotizar al tener que incluirse en la base BCHE. El objetivo es penalizar el posible abuso por parte del empresario en la imposición de horas extras a los trabajadores.

Actividad resuelta

3.11. Calcula las cuotas a la Seguridad Social del mes de mayo de la trabajadora con contrato indefinido cuyas bases de cotización se han calculado en las Actividades resueltas 3.10, 3.11 y 3.12 y que son:

- Base de cotización por contingencias comunes (BCCC) = 1.246,67 €.
- Base de cotización de contingencias profesionales (BCCP) = 1.346,67 €.
- Base de cotización de horas extras (BCHE) = 100 €.

Solución:

Los trabajadores deberán realizar aportaciones a la Seguridad Social por contingencias comunes, por desempleo, por formación profesional y por horas extraordinarias si se hubiesen realizado. Las cuotas de los trabajadores a la Seguridad Social se calculan multiplicando las bases de cotización por los tipos de cotización que le correspondan a cada una de ellas (véase tabla).

- Cuota del trabajador a la Seguridad Social por contingencias comunes = BCCC × tipo de cotización por contingencias comunes (4,7%): 1.246,67 × 4,7% = 58,59 €.
- Cuota del trabajador a la Seguridad Social por desempleo = BCCP × tipo de cotización por desempleo (1,55%):
  1.346,67 × 1,55% = 20,87 €.
- Cuota del trabajador a la Seguridad Social por formación profesional = BCCP × tipo de cotización por formación profesional (0,1%): 1.346,67 × 0,1% = 1,35 €.
- Cuota del trabajador a la Seguridad Social por horas extraordinarias = BCHE × tipo de cotización por horas extras (4,7%):
  100 × 4,7% = 4,70 €.

B. Retenciones a cuenta del impuesto de la renta de las personas físicas (IRPF) para la Hacienda Pública

El empresario está obligado a efectuar a todos los trabajadores una retención, que se descontará en la nómina, a cuenta del impuesto de la renta de las personas físicas (IRPF). La cuota retenida se deberá ingresar a la Hacienda Pública como «anticipo» del trabajador para el pago del IRPF del año siguiente. Por lo tanto, el trabajador va pagando durante el año mes a mes con la retención que se le practica en su nómina el IRPF del año próximo.

Para hallar la cuota de retención a cuenta del IRPF del trabajador, deberemos calcular en primer lugar su **base de retención del IRPF** y multiplicarla por el **porcentaje** o **tipo de retención por IRPF** correspondiente (el cálculo del tipo de retención es complejo y no lo abordaremos en esta unidad, por lo que vendrá dado directamente a la hora de la realización de las actividades).

El resultado será la cantidad por la que deba tributar (pagar) el trabajador a la Hacienda Pública a cuenta del IRPF y que se descontará de su nómina:

Cuota a pagar por IRPF del trabajador =
= base de retención por IRPF × porcentaje de retención por IRPF

La **base de retención del IRPF** estará formada por la suma de:

1. **La totalidad de las percepciones salariales.** Es decir, el salario base más todos los complementos salariales.
2. **Las percepciones no salariales que tributen por IRPF.** Algunos complementos no salariales (al igual que ocurría con las cotizaciones a la Seguridad Social) no tributan, otros tributan íntegramente y otros tributan en parte.

Así pues, la base de retención estará compuesta por:

Base de retención por IRPF =
= todas las percepciones salariales + percepciones no salariales que tributen (véase tabla a continuación)

Para calcular qué percepciones no salariales tienen que tributar o no y por qué cuantía deberemos comprobarlas en la siguiente tabla:

▶ **PERCEPCIONES NO SALARIALES QUE TRIBUTAN POR IRPF EN 2020**

Percepciones no salariales					Importe que tributa por IRPF (importe que tributa y por lo tanto se debe incluir en las bases de retención por IRPF)
Gastos de manutención y estancia en un municipio distinto al del lugar de trabajo o de residencia (dietas)	Gastos de estancia (dormir)				Las cantidades que excedan del importe justificado.
	Gastos de manutención (comidas)	Pernocta	En España		Las cantidades que excedan de 53,34 €/día.
			Extranjero		Las cantidades que excedan de 91,35 €/día.
		No pernocta	En España		Las cantidades que excedan de 26,67 €/día.
			Extranjero		Las cantidades que excedan de 48,08 €/día.
			Personal de vuelo	En España	Las cantidades que excedan de 36,06 €/día.
				Extranjero	Las cantidades que excedan de 66,11 €/día.
Gastos de locomoción	Según factura o documento equivalente (transporte público)				Las cantidades que excedan del importe justificado.
	Sin justificación de importe				• Las cantidades que excedan de 0,19 €/km. • Las cantidades que no se justifiquen de gastos de peaje y aparcamientos.
Plus de transporte y plus de distancia					Importe total.
Quebranto de moneda, prendas de trabajo y desgaste de herramientas					Importe total.
Indemnizaciones por fallecimiento, traslados o suspensiones					Las cantidades que excedan sobre la cuantía establecida en el convenio colectivo.
Indemnizaciones por despido					Las cantidades que excedan sobre la cuantía legal que fija el ET y, en todo caso, el exceso sobre 180.000 €.
Indemnizaciones por finalización de contrato temporal					Importe total.

Actividad resuelta

3.12. Calcula la retención a cuenta del IRPF de la trabajadora de la Actividad resuelta 3.9 sabiendo que se le aplica un tipo de retención del IRPF del 18 %. Recuerda que la trabajadora recibe en el mes de mayo las siguientes percepciones:

- Salario base: 800 €.
- Plus de convenio: 200 €.
- Plus de transporte: 80 €.
- Horas extras: 100 €.
- Dietas: 120 € (gastos de manutención por 6 días en España sin pernoctar, recibiendo 20 € al día).

Solución:

Para hallar la cuota de retención deberemos calcular en primer lugar la base de retención del IRPF y posteriormente multiplicarla por el tipo de retención correspondiente.

Para calcular la base de retención del IRPF seguiremos los pasos explicados anteriormente:

1. Calculamos todas las percepciones salariales (salario base + complementos salariales):

   Percepciones salariales = salario base + complementos salariales = salario base + plus de convenio + horas extras = 800 + 200 + 100 = 1.100 €.

2. En segundo lugar, tendremos que calcular las percepciones no salariales que tributen por IRPF. Debemos recordar que los complementos no salariales no tributan algunos, otros tributan íntegramente y otros tributan en parte (para calcular qué percepciones no salariales tienen que tributar o no y por qué cuantía deberemos comprobarlas en la tabla vista anteriormente). La trabajadora percibe los siguientes complementos no salariales:

   - Dietas por seis días en España sin pernoctar. Las dietas en España sin pernoctación tributan si las cantidades exceden de 26,67 €/día. La trabajadora ha recibido 120 € por 6 días, es decir, 20 € por día. No supera los 26,67 €/día, por lo tanto, en este caso, las dietas no tributan y no se incluirán en la base de retención del IRPF.
   - Plus de transporte. Este complemento no salarial siempre tributa en su totalidad, por lo tanto se incluirán en la base de IRPF los 80 € que ha recibido la trabajadora este mes.

Así pues incluiremos en la base de retención por IRPF las percepciones no salariales que deben tributar = 80 €.

Ahora, ya podemos calcular la base de retención:

Base de retención de IRPF = percepciones salariales + complementos no salariales que tributen = 1.100 + 80 = 1.180 €.

Una vez calculada la base de retención, la multiplicaremos por el tipo de retención (que no calcularemos por su complejidad y que lo calcula la empresa) y obtendremos lo que se le deberá deducir al trabajador de la nómina por retención a cuenta del IRPF:

Retención IRPF = base retención IRPF × tipo retención IRPF = 1.180 € × 18 % = 212,40 €.

C. Anticipos

Según el artículo 29 del Estatuto de los Trabajadores, el trabajador tendrá derecho a percibir, sin que llegue el día señalado para el pago, anticipos a cuenta del trabajo ya realizado. En este caso, el empresario podrá deducir en la nómina del trabajador lo percibido anticipadamente por este concepto.

D. Valor de los productos recibidos en especie

La cuantía en la que se valoraron los productos en especie (que se incluyen en la nómina como complemento salarial) se deducirá del total devengado con la finalidad de que el trabajador perciba en dinero efectivo lo que le corresponda.

E. Otras deducciones

En este apartado se podrían reflejar, por ejemplo, las deducciones de carácter sindical. Las cuotas sindicales que los trabajadores deben aportar al sindicato al que estén afiliados, y siempre que medie autorización del empleado, se pueden descontar o deducir de la nómina del empleado.

5. Determinación de las bases de cotización a la Seguridad Social, los conceptos de recaudación conjunta, la base sujeta a retención del IRPF y la aportación de la empresa

Esta última parte de la nómina es meramente informativa. En ella aparecen reflejadas:

- Las bases de cotización a la Seguridad Social del trabajador que se utilizan para calcular las aportaciones que tanto trabajador como empresario deben realizar a la Seguridad Social. De esta manera, deberán reflejarse la base de cotización de contingencias comunes, la base de cotización de contingencias profesionales y la base de cotización de horas extraordinarias del trabajador. Todas estas bases han sido explicadas y calculadas en el apartado de deducciones y solo deberemos ahora reflejar su cuantía en el lugar indicado para cada una de ellas.
- La base de retención del IRPF del trabajador, que ya hemos explicado y calculado en el apartado de deducciones. Ahora solo debemos indicar su cuantía en el lugar reservado para ello.
- Desde mayo de 2015 es obligatorio incluir, en esta parte de la nómina, a título informativo lo que debe pagar la empresa a la Seguridad Social por cada trabajador. Concretamente, la empresa deberá realizar aportaciones a la Seguridad Social por contingencias comunes, por desempleo, por el Fondo de Garantía Salarial (FOGASA), por formación profesional, por las horas extraordinarias que realicen sus trabajadores y por accidente de trabajo y enfermedad profesional (AT y EP). Para calcular las cuotas que la empresa debe pagar a la Seguridad Social por cada trabajador, se sigue el mismo proceso que el realizado para calcular las aportaciones que deben realizar los trabajadores a la Seguridad Social, es decir, multiplicaremos las bases de cotización por los tipos de cotización que le corresponden, en este caso, a la empresa. Como podremos observar el método es idéntico, con la única diferencia de que los tipos de cotización serán distintos, ya que a la empresa le corresponde pagar otros tipos diferentes a los de los trabajadores (véase tabla de tipos de cotización). El cálculo de las cuotas a la Seguridad Social de la empresa se realizará, de esta forma, de la siguiente manera:

Concepto clave

Fondo de Garantía Salarial (FOGASA): organismo autónomo adscrito al Ministerio de Empleo y Seguridad Social que garantiza a los trabajadores la percepción de salarios, así como las indemnizaciones por despido o extinción de la relación laboral, pendientes de pago a causa de insolvencia o procedimiento concursal del empresario.

En el caso práctico inicial

Cuando María recibe su primera nómina se siente defraudada, ya que esperaba recibir íntegramente el salario base más los complementos. Sin embargo, la ley obliga a la empresa a deducir la aportación que debe hacer el trabajador a la Seguridad Social y las retenciones a cuenta del IRPF, por lo que la empresa ha actuado correctamente deduciéndole esos casi 300 €.

▶ CÁLCULO DE LAS APORTACIONES DE LA EMPRESA A LA SEGURIDAD SOCIAL
Cotización de la empresa por contingencias comunes
Base de cotización por contingencias comunes × tipo de cotización por contingencias comunes de la empresa (23,6 %).
Cotización de la empresa por desempleo
Base de cotización por contingencias profesionales × tipo de cotización por desempleo de la empresa (5,5 % de manera general o el 6,7 % en el caso de trabajadores con contrato temporal).
Cotización de la empresa por FOGASA
Base de cotización por contingencias profesionales × tipo de cotización por FOGASA de la empresa (0,2 %).
Cotización de la empresa por formación profesional
Base de cotización por contingencias profesionales × tipo de cotización por formación profesional de la empresa (0,6 %).
Cotización de la empresa por horas extraordinarias
Base de cotización por horas extraordinarias × tipo de cotización por horas extraordinarias de la empresa (23,6 % con carácter general o el 12 % en el caso de horas extras por fuerza mayor).
Cotización por accidente y enfermedad profesional (AT y EP)
Base de cotización de contingencias profesionales × tipo de cotización por AT y EP. Dependerá del tipo de actividad que desarrolle la empresa o la ocupación del trabajador (el cálculo de este porcentaje es variable y para no hacer más difícil el proceso no será necesario que lo busquemos, por lo que vendrá dado directamente a la hora de la realización de las actividades).

Actividad resuelta

3.13. Calcula las cuotas a la Seguridad Social que deberá realizar la empresa por la trabajadora utilizando las bases de cotización de la Actividad resuelta 3.13 y sabiendo que la empresa debe cotizar un 2,6 % por AT y EP.

Solución:

Las empresas deberán realizar aportaciones a la Seguridad Social por cada trabajador por contingencias comunes, por desempleo, por el Fondo de Garantía Salarial (FOGASA), por formación profesional, por horas extraordinarias si el trabajador hubiese realizado alguna durante el mes de la nómina que se está liquidando y por AT y EP. Las cuotas de la empresa a la Seguridad Social se calculan multiplicando las bases de cotización (recuerda que se deben utilizar las bases del trabajador) por los tipos de cotización que le correspondan a cada una de ellas (véase tabla de tipos de cotización).

En este caso, tomamos las bases de cotización de la Actividad resuelta 3.13 que calculamos para la trabajadora:

- Cuota de la empresa a la Seguridad Social por contingencias comunes = BCCC × tipo de cotización por contingencias comunes (23,6 %): 1.246,67 × 23,6 % = 294,21 €.
- Cuota de la empresa a la Seguridad Social por desempleo = BCCP × tipo de cotización por desempleo (5,5 %): 1.346,67 × 5,5 % = 74,06 €.
- Cuota de la empresa a la Seguridad Social por FOGASA = BCCP × tipo de cotización por FOGASA (0,2 %): 1.346,67 × 0,2 % = 2,69 €.
- Cuota de la empresa a la Seguridad Social por formación profesional = BCCP × tipo de cotización por formación profesional (0,6 %): 1.346,67 × 0,6 % = 8,08 €.
- Cuota de la empresa a la Seguridad Social por horas extraordinarias = BCHE × tipo de cotización por horas extras (23,6 %): 100 × 23,6 % = 23,60 €.
- Cuota de la empresa a la Seguridad Social por AT y EP = BCCP × tipo de cotización por AT y EP (2,6 %): 1.346,67 × 2,6 % = 35,01 €.

Coste total de la empresa por aportaciones a la Seguridad Social del trabajador:
294,21 + 74,06 + 2,69 + 8,08 + 23,60 + 35,01 = 437,65 €.

Actividad propuesta

3.5. Realiza la nómina correspondiente al mes de mayo de Mercedes González con los datos obtenidos de dicha trabajadora en las Actividades resueltas 3.9, 3.10, 3.11, 3.12, 3.13, 3.14 y 3.15.

1. Jornada laboral

3.1. Irina trabaja como vendedora en unos grandes almacenes y tiene una jornada partida con hora y media para comer. ¿Puede realizar la pausa para el café a media mañana?

2. El horario de trabajo

3.2. Anabel trabaja de martes a sábado en una tienda de moda. Su horario es de 10:00 h a 13:30 h por la mañana y de 19:00 h a 23:00 h. ¿Son correctos este horario y esta jornada?

3.3. El trabajo a turnos exige mantener al organismo activo en momentos en que necesita descanso, y a la inversa. En esta actividad se van a analizar los riesgos del trabajo a turnos. Puede realizarse en dos fases:

a) En la primera, por grupos reducidos de 3 o 4 alumnos, se buscará información sobre los riesgos del trabajo a turnos y se elaborará un listado de posibles riesgos y de las principales medidas preventivas.

b) En la segunda parte de la actividad se reunirá a todo el grupo-clase para poner en común las conclusiones extraídas.

3. Reducción de jornada

3.4. ¿Sabrías explicar cómo se puede disfrutar del permiso para el cuidado del lactante? ¿Es acumulable?

3.5. Rafa acaba de ser padre. Su hija ha nacido prematuramente y debe permanecer hospitalizada durante un tiempo. ¿Tiene alguna posibilidad Rafa de ausentarse del trabajo para atender a su hija?

4. Horas extraordinarias

3.6. Consulta en el convenio colectivo de tu sector cómo se compensa la realización de horas extraordinarias.

3.7. Luis es técnico en carrocería y trabaja a tiempo completo en un taller de lunes a viernes de 8:00 h a 17:00 h. El jefe le ha pedido que se quede esta semana una hora más para terminar todos los encargos antes de que inicie su periodo de vacaciones. Como es la primera vez que a Luis se le plantea esta situación, no sabe muy bien a qué atenerse. Su contrato no contempla la realización de horas extraordinarias y el convenio no especifica ningún sistema de compensación por realizarlas. ¿Está Luis obligado a realizar estas horas extraordinarias? ¿Por qué? Si las realiza, ¿cómo pueden compensarle?

3.8. Verónica tiene 17 años y trabaja como reponedora en un supermercado. Durante el fin de semana ha habido una inundación y el jefe le ha dicho que tiene que realizar 2 horas extras hasta que todo esté ordenado y limpio. ¿Tiene obligación de realizar las horas extras que la empresa le pide? ¿Por qué?

5. Permisos laborales

3.9. Consulta el artículo 37.3 del Estatuto de los Trabajadores e indica los días de permiso que corresponden a los siguientes trabajadores en las siguientes situaciones:

- Julia está embarazada y tiene que asistir a su centro médico para realizar un curso de preparación al parto.
- Rafael ha sido convocado para testificar en un juicio.
- Patricia vive en Sevilla y debe asistir al funeral de su abuelo en Madrid.
- Pedro y Gema van a contraer matrimonio.
- Francisco estudia un ciclo formativo y debe asistir al examen de FOL.
- Roberto ha sido despedido de su trabajo por causa objetiva.

3.10. Álvaro y Lourdes son padres de una niña de 4 meses y ambos trabajan en empresas diferentes. ¿Pueden los dos acogerse al permiso para el cuidado del lactante?

6. Vacaciones

3.11. Roberto lleva todo el año planificando sus vacaciones de verano, y cuando le faltan solo cinco días para empezar a disfrutarlas, tropieza en la oficina y sufre un esguince en el tobillo. El médico le ha inmovilizado el pie con una férula y le prescribe quince días de baja laboral. Roberto está desesperado pues cree que va a perder diez días de sus vacaciones. ¿Tiene motivos Roberto para desesperarse? ¿Por qué?

3.12. Fernando trabaja como auxiliar de clínica en un hospital. Le quedan por disfrutar cinco días de vacaciones y ha pensado aplazar su disfrute para el siguiente año, pues va a casarse y quisiera unirlos con el permiso por matrimonio. ¿Cuándo se deben disfrutar las vacaciones? ¿Es posible lo que pretende Fernando? ¿Cuántos días de permiso por matrimonio le corresponden?

3.13. Berta ha realizado el ciclo superior de Estética y lleva dos meses trabajando a jornada completa con un contrato temporal de 6 meses en un centro de tratamiento hidrotermal en Tarragona. La directora del centro le ha comentado que durante el verano no podrá disfrutar de vacaciones ya que lleva muy poco tiempo trabajando y no tiene derecho a ellas. Según el Convenio colectivo de Peluquería, Centros de Estética y Belleza de Cataluña, todo el personal que se rija por este convenio tendrá derecho a 30 días naturales de vacaciones al año. ¿Es correcto lo que indica la directora? ¿Qué puede hacer Berta?

3.14. Indica en cuál de las siguientes situaciones se devenga el derecho al disfrute de vacaciones:

- Situación de baja por accidente.
- Permiso por nacimiento o adopción.
- Excedencia para cuidar a un menor de 6 años.
- Ejercicio del derecho a huelga.
- Situación de riesgo durante el embarazo.
- Permiso por adopción o acogimiento.

ACTIVIDADES FINALES

3.15. Ana ha estado de baja por nacimiento y no ha podido disfrutar de las vacaciones del año que acaba de finalizar. ¿Ha perdido Ana el derecho a disfrutar de sus vacaciones?

3.16. Consulta de nuevo el convenio colectivo aplicable a tu sector profesional y realiza un estudio comparativo entre este y lo estudiado en la unidad, indicando si se mejoran o igualan los siguientes aspectos:

a) La jornada laboral diaria, semanal y anual. Si esta es continuada o partida.
b) Los descansos semanales y entre jornadas.
c) Los permisos retribuidos y las vacaciones.
d) El régimen de trabajo a turnos y nocturno.

7. La nómina

3.17. Don Carlos González, con NIF 28111675V y número de la Seguridad Social 41/356455/87, perteneciente al grupo profesional I y grupo de cotización 1, presta sus servicios mediante un contrato indefinido a jornada completa para la empresa MOLUS, SL, con NIF B80124552.

Las retribuciones que ha recibido durante el mes de marzo son las siguientes:

- Salario base: 2.000 €.
- Complemento de exclusividad: 800 €.
- Plus de responsabilidad: 250 €.
- Durante este mes Carlos ha realizado 8 horas extraordinarias normales por valor de 60 €/hora.

El trabajador tiene derecho a 2 pagas extraordinarias, en los meses de junio y diciembre, compuestas por el salario base más el complemento de exclusividad. La retención a cuenta del IRPF practicada al trabajador es del 18 %.

La empresa cotiza por AT y EP un 1,65 %.

Con los datos anteriores, realiza la nómina del mes de marzo de Carlos.

3.18. Luis Macías, con NIF 28767898G, trabajador de la empresa SUN, SA, con NIF A28017899, perteneciente al grupo profesional técnicos según convenio y grupo de cotización 3, con contrato indefinido y a jornada completa, recibe durante el mes de abril las siguientes retribuciones:

- Salario base: 781,32 €.
- Plus de antigüedad: 60,10 €.
- Plus de jefatura: 150,25 €.
- Plus de transporte: 72,12 €.
- Horas extras por fuerza mayor: 60,10 €.

El trabajador tiene derecho a 2 pagas extras, a percibir en julio y diciembre, equivalentes cada una al salario base más la antigüedad. La retención a cuenta del IRPF practicada al trabajador es del 18 %.

La empresa cotiza por AT y EP un 2,95 %.

Con los datos anteriores, calcula la nómina del mes de abril.

3.19. Pedro González, con NIF 28222321X, presta sus servicios dentro del grupo profesional II, en la empresa de gestión medioambiental GREEN, SA, con NIF A41153567 mediante un contrato indefinido y a jornada completa. Pedro pertenece al grupo 8 de cotización a la Seguridad Social. Las retribuciones económicas, de percepción diaria, recibidas por el trabajador son las siguientes:

- Salario base: 23 €/día.
- Plus de convenio: 6 €/día.

Además, recibe 2 pagas extraordinarias de 30 días de salario base cada una de ellas en julio y diciembre. La retención a cuenta del IRPF practicada al trabajador es del 10 %.

La empresa cotiza por AT y EP un 2,95 %.

Calcula la nómina de Pedro referente al mes de enero si trabaja los 31 días del mes.

3.20. María Rocasolano, con NIF 28123456E, perteneciente al grupo 5 de cotización a la Seguridad Social, ha comenzado a trabajar en la empresa MICROSAN, SL, con NIF B20125993, el día 07/10/2019 con un contrato indefinido a jornada completa y dentro del grupo profesional III. Las retribuciones que recibirá la trabajadora mensualmente serán:

- Salario base: 950 €.
- Plus de actividad: 95 €.
- Incentivo: 100 €.

La trabajadora recibe 2 pagas extraordinarias, en los meses de julio y diciembre, iguales al salario base más el plus de actividad cada una. La retención a cuenta del IRPF aplicada a la trabajadora es del 18 %.

La empresa cotiza por AT y EP un 1,00 %.

a) Calcula la nómina del mes de octubre.
b) Realiza la nómina del mes de noviembre, sabiendo que ha recibido las mismas retribuciones que en el mes de octubre. Además, durante el mes de noviembre ha realizado las siguientes horas extraordinarias:
   - Horas extras por fuerza mayor: 60 €.
   - Horas extras normales: 72 €.

3.21. Pedro Romero, con NIF 28125687E y encuadrado en el grupo 5 de cotización a la Seguridad Social, toma vacaciones en julio. Pedro pertenece al grupo profesional III según convenio colectivo y está contratado bajo la modalidad de contrato indefinido y a jornada completa. Durante el mes de junio recibió las siguientes percepciones salariales:

- Salario base: 1.200 €.
- Plus de antigüedad: 120 €.
- Plus de transporte: 60 €.
- Plus de convenio: 100 €.
- Dietas recibidas: 80 € (gastos de manutención por 2 días con pernoctación en España).
- Horas extraordinarias por fuerza mayor: 6 horas a 15 €/h.

El trabajador recibe 2 pagas extraordinarias, en los meses de junio y diciembre, iguales al salario base más la antigüedad y el plus de convenio. La empresa le practica una retención a cuenta del IRPF del 20 %.

La empresa cotiza por AT y EP un 1,50 %.

Calcula la nómina de Pedro perteneciente al mes de julio.

3.22. Blanca Puig, con NIF 28999712R y perteneciente al grupo 3 de cotización a la Seguridad Social, trabaja con un contrato temporal a tiempo completo en la empresa FEIXEN, SL, con NIF B41200891, dedicada a la fabricación de muebles. Blanca percibe en julio las siguientes percepciones:

- Salario base: 1.200 €.
- Plus de transporte: 60 €.
- Plus de actividad: 100 €.
- Plus de prendas de trabajo: 200 €.
- Plus de desgaste de herramientas: 50 €.

Blanca tiene derecho a 2 pagas extraordinarias, equivalentes cada una al salario base más el plus de actividad, en julio y diciembre. La empresa le retiene un 18% a cuenta del IRPF.

La empresa cotiza por AT y EP un 3,20%.

Calcula la nómina de Blanca del mes de julio.

3.23. Inmaculada Beltrán, con NIF 38768900P y número de la Seguridad Social 41/0122270/81, es contratada con un contrato temporal a tiempo completo. Inmaculada está encuadrada dentro del grupo 6 de cotización a la Seguridad Social y pertenece al grupo profesional III según su convenio colectivo.
Las percepciones económicas recibidas por el trabajador durante el mes de mayo han sido las siguientes:

- Salario base: 901,52 €.
- Incentivo: 68,90 €.
- Antigüedad: 90,15 €.

La trabajadora tiene derecho a 2 pagas extras iguales al salario base más la antigüedad cada una, que percibe prorrateadas cada mes. Además, Inmaculada ha realizado horas extraordinarias normales por valor de 72,12 €. La empresa le retiene un 18% a cuenta del IRPF.

La empresa cotiza por AT y EP un 1,50%.

Realiza la nómina de Inmaculada del mes de mayo.

3.24. Rosa Roig, con NIF 38765544X, técnica superior en administración y finanzas, acaba de finalizar sus estudios de formación profesional y ha formalizado recientemente un contrato indefinido a jornada completa en la misma empresa donde ha realizado sus prácticas, MARK, SA, con NIF B41098761, dedicada a la prestación de servicios de asesoría contable y fiscal, para desempeñar las funciones propias de administrativa.
Rosa, grupo 5 de cotización a la Seguridad Social, percibe mensualmente las siguientes percepciones:

- Salario base 1060,90 €.

Durante el mes de abril la empresa la envió a un congreso de un día de duración que tenía lugar en una ciudad situada a 30 km de su centro de trabajo, donde tenía que almorzar, abonando la empresa 15,50 € en concepto de gastos de manutención (por 1 día sin pernoctar), según lo establecido en convenio, y 0,20 €/km en concepto de gastos de locomoción.

Además, la trabajadora tiene derecho a dos pagas extraordinarias iguales al salario base cada una y que se cobran prorrateadas mensualmente.

La retención a cuenta del IRPF practicada por la empresa es del 15%.

La empresa cotiza por AT y EP un 1%.

A partir de los datos facilitados, calcula la nómina de Rosa correspondiente al mes de abril.

3.25. Rosario Rita Romero, con NIF 35444234S, ha cursado el ciclo de técnico superior en Mantenimiento Electrónico y lleva trabajando 3 años, mediante un contrato indefinido a tiempo completo, en la empresa siderometalúrgica ACEROSA, SL, donde realiza tareas propias del grupo profesional III. Rosario pertenece al grupo 5 de cotización a la Seguridad Social. Realiza todas las actividades relacionadas con equipos, instalaciones y sistemas eléctricos, incluyendo las máquinas eléctricas y las instalaciones electrotécnicas.

Durante el mes de abril, Rosario ha recibido las siguientes percepciones económicas:

- Salario base: 991,34 €.
- Plus de convenio: 65,75 €.
- Plus de transporte: 119,10 €.

Rosario percibe cada año 3 pagas extraordinarias, en marzo, julio y diciembre, equivalentes al salario base más el plus de convenio. La retención a cuenta del IRPF practicada por la empresa es del 15%.

La empresa cotiza por AT y EP un 3,85%.

Calcula la nómina de Rosario correspondiente al mes de abril.

3.26. Manuel Cordero, con NIF 28121009J, tras finalizar sus estudios de técnico superior en Desarrollo de Aplicaciones Informáticas, desarrolló la FCT en la empresa UBUNTU, SL, con NIF B28145362, dedicada a la prestación de servicios informáticos. Debido a la formalidad, competencia y responsabilidad demostrada por Manuel durante la fase de prácticas, deciden contratarlo mediante un contrato indefinido a tiempo completo como analista programador, perteneciente al grupo profesional III: técnicos de oficina.

El convenio aplicable al contrato es el XVII Convenio colectivo estatal de empresas de consultoría y estudios de mercado y de la opinión pública. Las percepciones mensuales que recibirá Manuel según el convenio son:

- Salario base: 1.539,69 €.
- Plus de convenio: 102,72 €.

Además, el trabajador tiene derecho a 2 pagas extraordinarias, en julio y diciembre, iguales al salario base más el plus de convenio. La retención a cuenta del IRPF practicada por la empresa es del 17%. El trabajador está encuadrado dentro del grupo 3 de cotización a la Seguridad Social.

La empresa cotiza por AT y EP un 1,35%.

A partir de los datos facilitados, calcula la nómina de Manuel correspondiente al mes de diciembre.

REPASANDO...

La jornada laboral y la nómina

Margarita Dueñas Alba ha comenzado a trabajar, el 1 de noviembre, en la empresa de seguridad CANCERBERO, SL como vigilante de seguridad sin arma desde las 19:00 h hasta las 02:00 h. Su supervisor le ha pedido que realice 1 hora extra más al día durante una semana.

a) ¿Es Margarita una trabajadora nocturna?

b) ¿Puede realizar Margarita las horas extras que le ha solicitado su supervisor?

c) ¿Puede realizar Margarita algún tipo de horas extras?

Margarita, que presta sus servicios mediante un contrato indefinido a tiempo completo, como grupo 6 de cotización a la Seguridad Social, con NIF 34567223V y número de la Seguridad Social 41/0100121/21, ha recibido durante el mes de noviembre las siguientes percepciones:

Plus de transporte: 106,50 €.
Plus de peligrosidad: 18,62 €.
Salario base: 897,44 €.
Plus de vestuario: 63,55 €.
Plus de nocturnidad: 23,76 €.
La trabajadora tiene derecho a dos pagas extraordinarias, en julio y diciembre, iguales al salario base más el plus de peligrosidad.

La retención a cuenta del IRPF practicada por la empresa es del 17 %. Además, la empresa cotiza por AT y EP un 3,60 %.

d) Calcula la nómina del mes de noviembre de Margarita.

Margarita acaba de ser madre de un niño y ha decidido solicitar, una vez que ha finalizado su permiso por nacimiento, una reducción de 3,5 horas sobre las 7 horas de trabajo de su jornada para conciliar su trabajo con su nueva vida familiar. Se lo ha comunicado a la empresa con una semana de antelación y esta le ha negado la reducción de jornada alegando que es excesiva.

e) ¿Es correcta la decisión de la empresa?

f) ¿Podría solicitar alguna otra reducción de jornada relacionada con su nueva maternidad? ¿Y el otro progenitor?

SALA DE PRENSA

El abono de dietas para eludir el pago de impuestos se dispara

El pago de dietas para eludir el pago de impuestos se ha disparado desde la crisis. Lo dicen algunos inspectores fiscales que prefieren no identificarse, pero que han comprobado in situ el abuso que se está produciendo en los últimos tiempos.

La operativa es sencilla. Las empresas, en vez de pagar mayores percepciones salariales, abonan dietas de estancia o manutención a sus trabajadores y gastos de locomoción. De esta manera, se consigue un doble objetivo. Las empresas se deducen las dietas en el impuesto de sociedades al tratarse de un gasto deducible, y, al mismo tiempo, el trabajador se beneficia por el hecho de que una parte del pago de dietas no lleva retenciones del impuesto sobre la renta, por lo que el trabajador no debe tributar, hasta cierta cantidad, a la Hacienda Pública y, por lo tanto, su salario será mayor.

Las dietas, igualmente, no cotizan hasta una cantidad a la Seguridad Social, por lo que su utilización vuelve a tener un doble resultado positivo a efectos de la cuantía del salario. El reglamento de cotización establece, en concreto, que «no se computarán en la base de cotización las dietas y asignaciones para gastos de viaje o gastos de locomoción cuando correspondan a desplazamientos del trabajador fuera de su centro habitual de trabajo o residencia».

La normativa declara exentas de cotización a la Seguridad Social y de tributación a la Hacienda Pública las dietas, aunque con límites. Así, por ejemplo, los gastos de locomoción no tributan con un máximo de 0,19 euros por kilómetro recorrido, más los gastos por pago de peaje y aparcamiento. Igualmente, los gastos por manutención en desplazamiento dentro del territorio español tienen un límite de 53,34 euros para no tributar siempre que se haya pernoctado en un municipio distinto al del lugar de trabajo habitual. Lo mismo ocurre con la cotización a la Seguridad Social de las dietas, están exentas, pero con los mismos límites anteriores que se les exige para no tributar.

Esta práctica se ha extendido, hasta el punto de que hay casos en que un arquitecto o un profesional de la construcción cobra —por desplazarse a una obra (que en realidad es su centro de trabajo)— la misma cantidad por dietas que por salario.

Combatir este «abuso» en el pago de dietas que en realidad forman parte del salario es complejo, admite un inspector fiscal. Toda vez que es relativamente fácil justificar que un arquitecto ha visitado una obra o que un transportista ha tenido que pernoctar fuera de su domicilio. La práctica fraudulenta se ha extendido a muchos profesionales que justifican dietas por razones estrictas de trabajo, cuando en realidad se trata de gastos de naturaleza personal.

Fuente: *www.elconfidencial.com*, 22 de julio de 2013.

a) Enumera al menos 2 percepciones no salariales que coticen íntegramente a la Seguridad Social y otras 2 que coticen en parte.

b) ¿Necesitan las dietas ser justificadas para que la empresa se las abone al trabajador? ¿Cómo crees que puedes justificar una dieta de estancia o manutención?

Modificación, suspensión y extinción del contrato de trabajo

4

Contenidos

Objetivos

- Identificar y distinguir los diferentes tipos de modificaciones del contrato de trabajo que se pueden efectuar por parte del empresario.
- Diferenciar y conocer las causas y los efectos de los distintos tipos de suspensión del contrato de trabajo.
- Conocer y comprender las causas y los efectos de las diferentes formas de extinción contractual.
- Describir el proceso de actuación del trabajador en caso de despido.
- Identificar y calcular los diferentes elementos que componen un finiquito.

Cuestiones

a) **¿Crees que los trabajadores están obligados a realizar todas las tareas que la empresa les exija?**

b) **¿Puede una empresa trasladar a un trabajador aunque este no quiera?**

c) **¿Conoces a alguien que haya sido despedido? ¿Por qué motivo?**

d) **¿Se puede despedir a alguien si no se adapta a los cambios en su puesto de trabajo?**

Caso práctico inicial

Jorge trabaja desde hace 2 años como administrativo en una escuela infantil de Valencia, aunque cada vez que la directora se va de vacaciones lo deja al cargo de la escuela, realizando funciones directivas de mayor responsabilidad.

Juana trabaja desde hace 10 años en la escuela como educadora infantil. Hoy está muy disgustada, pues la empresa le ha comunicado que dentro de 15 días tendrá que marcharse 4 meses a Sevilla para encargarse de la apertura de un nuevo centro escolar. Ella ha aceptado por temor a que la despidan, pues últimamente han despedido a varios trabajadores de la escuela:

- Beatriz, la cocinera. La empresa alega que robaba material de la escuela, pero ella piensa que es porque está embarazada.
- Rodrigo, el vigilante. La empresa le ha comunicado que no se ha adaptado a la instalación de una central informatizada de vigilancia.
- Felipe, educador infantil. Mientras disfrutaba del permiso por paternidad por la adopción de un niño de 2 años, la empresa alegó que suprimía su plaza.

Los trabajadores despedidos no están de acuerdo con los despidos y deciden demandar a la empresa ante el Juzgado de lo Social. Además, Felipe no está de acuerdo con el finiquito que le ha entregado la empresa y no lo firma.

4.1. Modificación de las condiciones de trabajo

Las condiciones de la prestación laboral se especifican en el contrato de trabajo: duración, jornada, lugar de trabajo, contenido de la tarea, etcétera. Sin embargo, a lo largo de una relación laboral pueden producirse circunstancias que originen el cambio en las condiciones laborales pactadas. Estas modificaciones pueden ser las siguientes:

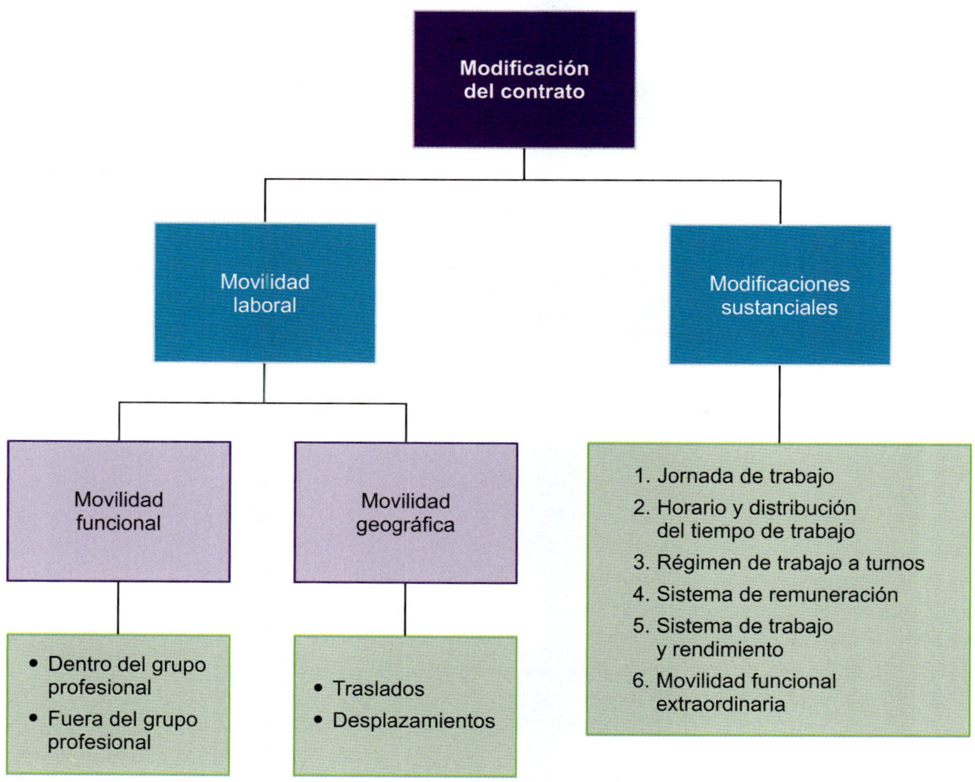

4.1.1. Movilidad funcional

La movilidad funcional se produce cuando el empresario ordena al trabajador la realización de funciones distintas de aquellas para las que fue contratado. El artículo 39 del Estatuto de los Trabajadores regula esta potestad del empresario para modificar unilateralmente la distribución del trabajo en su empresa, siempre que se cumplan las siguientes condiciones:

- Que los trabajadores tengan la titulación necesaria para desempeñar las funciones del nuevo puesto de trabajo que se les asigna.
- Que la movilidad no suponga un menoscabo de la **dignidad del trabajador.**

La movilidad funcional puede producirse de 2 formas:

> **Concepto clave**
>
> **Grupo profesional:** agrupa unitariamente las aptitudes profesionales, las titulaciones y el contenido general de la prestación, y podrá incluir distintas tareas, funciones, especialidades profesionales o responsabilidades asignadas al trabajador.

<table>
<tr><th colspan="3">▶ CLASES DE MOVILIDAD FUNCIONAL (ARTÍCULO 39 ET)</th></tr>
<tr><th>Dentro del mismo grupo profesional</th><th colspan="2">Fuera del grupo profesional</th></tr>
<tr><td rowspan="3">• No se exige causa que lo justifique, ni existe límite temporal.
• El trabajador debe aceptar el cambio.
• Mantendrá la misma retribución.</td><td>Ascendente: cuando el trabajador desempeña funciones de categoría superior.</td><td>Descendente: cuando el trabajador desempeña funciones de inferior categoría.</td></tr>
<tr><td>• El trabajador tendrá derecho a percibir la retribución correspondiente a la categoría superior desde el primer día.
• Podrá reclamar el ascenso cuando haya realizado las funciones correspondientes a la categoría o grupo profesional superior durante 6 meses en un plazo de 1 año, de 8 meses en un plazo de 2 años o según lo establecido en el convenio colectivo.
• Contra la negativa de la empresa a conceder el ascenso por realización de funciones superiores, y previo informe de los representantes de los trabajadores, el trabajador podrá reclamar ante el Juzgado de lo Social.</td><td>El trabajador no verá reducido su salario, manteniendo el mismo que venía percibiendo.</td></tr>
<tr><td colspan="2">• La movilidad funcional solo podrá realizarse si se basa en la existencia de razones económicas, técnicas, organizativas o de producción que lo justifiquen y por el tiempo imprescindible.
• El empresario deberá comunicar su decisión y las razones de esta a los representantes de los trabajadores.</td></tr>
</table>

Para evitar el comportamiento fraudulento de la empresa, **no se permite despedir a un trabajador por despido objetivo de ineptitud sobrevenida o de falta de adaptación** en los supuestos de realización de tareas diferentes a las habituales.

Actividad resuelta

4.1. Alfonso trabaja en una asesoría laboral. Es jefe de área y ha sufrido un accidente que le va a impedir asistir al trabajo durante al menos 1 mes. La dirección de la empresa encarga a Berta, auxiliar administrativa con 5 años en la empresa, que asuma las funciones de Alfonso. Analiza el tipo de movilidad y sus consecuencias.

Solución:

- Se trata de una movilidad funcional ascendente que está justificada por razones organizativas. Será por el tiempo imprescindible. Berta debe tener la titulación exigida para el puesto y el empresario deberá comunicar su decisión y las razones de esta a los representantes de los trabajadores. Desde el primer día, Berta cobrará el mismo salario que cobraba Alfonso.

> **En el caso práctico inicial**
>
> Jorge desempeña funciones de una categoría superior. Se trata de un caso de movilidad funcional ascendente. Tiene que estar justificado y el trabajador tendrá derecho a percibir la retribución correspondiente a la categoría superior desde el primer día.

4.1.2. Movilidad geográfica

Se produce cuando los trabajadores deben prestar sus servicios en un centro de trabajo distinto del que figura en su contrato de trabajo. La movilidad geográfica solo podrá realizarse por parte de la empresa si se basa en la existencia de razones económicas, técnicas, organizativas o de producción que lo justifiquen.

Debemos distinguir entre traslados y desplazamientos:

► MOVILIDAD GEOGRÁFICA (ARTÍCULO 40 ET)

Tipo	Traslado	Desplazamiento
Definición	• El traslado es definitivo e implica un cambio de residencia. • Se entiende que es definitivo cuando el traslado exceda de 12 meses en un periodo de 3 años.	• El desplazamiento es temporal. • Puede exigir residir en población distinta de la habitual.
Procedimiento	• En **traslado individual:** comunicarlo al trabajador y a sus representantes legales 30 días antes de hacerse efectivo. • En **traslado colectivo:** se debe abrir un periodo de consulta con los representantes de los trabajadores de 15 días improrrogables. • Si no hay acuerdo, la empresa comunicará su decisión del traslado y los representantes de los trabajadores podrán reclamar como conflicto colectivo ante el Juzgado de lo Social.	Informar al trabajador con la antelación suficiente, que no podrá ser inferior a 5 días laborables si el desplazamiento es superior a 3 meses.
Efectos	El trabajador tiene 3 opciones: • Aceptar el traslado, percibiendo una compensación por los gastos de su traslado y el de su familia. • Extinguir el contrato de trabajo, percibiendo una indemnización de 20 días de salario por año de servicio, con un máximo de 12 mensualidades. • Trasladarse y recurrir posteriormente, si no se está de acuerdo con este, ante el Juzgado de lo Social en un plazo de 20 días hábiles desde su comunicación.	El trabajador tiene 2 opciones: • Aceptar el desplazamiento y cobrar los gastos de viajes y las dietas. • Desplazarse y recurrir posteriormente, si no se está de acuerdo, el desplazamiento ante el Juzgado de lo Social. En ambos casos, el trabajador tendrá derecho a disfrutar de un permiso de 4 días laborables en su domicilio de origen por cada 3 meses de desplazamiento (gastos de viaje por cuenta del empresario).

- Si se recurre ante el juez la movilidad geográfica y la sentencia la declara injustificada, el trabajador tiene derecho a ser reincorporado al centro de trabajo de origen. Si el empresario se negara a ello, el trabajador podrá solicitar la extinción del contrato con las indemnizaciones señaladas para el despido improcedente, es decir, 33 días de sueldo por año de servicio hasta un máximo de 24 mensualidades.
- Los representantes legales de los trabajadores tendrán prioridad de permanencia en sus puestos de trabajo.

En el caso práctico inicial

La empresa ha decidido enviar a Juana durante 4 meses para que coordine la apertura de la nueva escuela. Se trata de un desplazamiento y Juana lo ha aceptado. La empresa le ha informado con la antelación suficiente. Juana tiene derecho a cobrar los gastos de viajes y las dietas, y a disfrutar de un permiso de 4 días laborables en su domicilio de origen por cada 3 meses de desplazamiento.

Sabías que...

Un traslado colectivo es aquel que afecta a:

- 10 trabajadores, en las empresas que ocupen menos de 100 trabajadores.
- El 10% del número de trabajadores de la empresa en aquellas que ocupen entre 100 y 300 trabajadores.
- 30 trabajadores en las empresas que ocupen 300 o más trabajadores.

Debes conocer...

Las medidas para la conciliación de la vida laboral y familiar relacionadas con la movilidad geográfica son las siguientes:

- Si por traslado, uno de los cónyuges cambia de residencia, el otro, si fuera trabajador de la misma empresa, tendrá derecho al traslado a la misma localidad, si hubiera puesto de trabajo (artículo 40.3 ET).
- La trabajadora víctima de violencia de género que tenga que abandonar su puesto y cambiar de localidad tendrá derecho preferente a ocupar otro puesto de trabajo que la empresa tenga vacante en uno de sus centros de trabajo.

4.1.3. Modificación sustancial

La dirección de la empresa podrá acordar modificaciones sustanciales de las condiciones de trabajo cuando existan probadas razones económicas, técnicas, organizativas o de producción. Se considerarán tales las que estén relacionadas con la competitividad, productividad u organización técnica o del trabajo en la empresa.

Tendrán la consideración de modificaciones sustanciales de las condiciones de trabajo, entre otras, las que afecten a las siguientes materias:

- Jornada de trabajo.
- Horario y distribución del tiempo de trabajo.
- Régimen de trabajo a turnos.
- Sistema de remuneración y cuantía salarial.
- Sistema de trabajo y rendimiento.
- Cambio de funciones que exceda de los límites permitidos por la movilidad funcional **(movilidad funcional extraordinaria).**

Dichas modificaciones pueden ser individuales o colectivas:

▶ MODIFICACIÓN SUSTANCIAL (ARTÍCULO 41 ET)

Tipo	Individual	Colectiva
Definición	Se modifican las condiciones de trabajo que disfrutan los trabajadores a título individual.	Se modifican las condiciones de trabajo reconocidas en acuerdos o pactos colectivos o por decisión unilateral del empresario de efectos colectivos.
Procedimiento	Deberá notificarse al trabajador y a sus representantes legales con una antelación de 15 días.	• Abrir un periodo de consulta con los representantes de los trabajadores de duración no superior a 15 días. • Finalizado el periodo de consultas **sin acuerdo,** el empresario notificará a los trabajadores su decisión, que surtirá efecto transcurridos **7 días** desde la notificación.
Efectos	El trabajador tiene 3 opciones: • Aceptar la modificación. • Recurrir la modificación en el plazo de 20 días hábiles ante el Juzgado de lo Social. Si el juez estima que está injustificada, el trabajador volverá a tener sus anteriores condiciones. • Extinguir el contrato (excepto en las modificaciones del sistema de trabajo y rendimiento) con una indemnización de 20 días de salario por año de servicio, hasta un límite de 9 mensualidades.	El trabajador tiene 3 opciones: • Aceptar la modificación. • Reclamar en conflicto colectivo. La interposición del conflicto paralizará la tramitación de las acciones individuales iniciadas hasta su resolución. • Extinguir individualmente el contrato (excepto en las modificaciones del sistema de trabajo y rendimiento), recibiendo una indemnización de 20 días de salario por año de servicio, con un máximo de 9 mensualidades.
	• Si la modificación supone un menoscabo de la dignidad del trabajador, este puede extinguir el contrato con una indemnización de 33 días por año de antigüedad, con un máximo de 24 mensualidades.	

Debes conocer...

Se considerarán de carácter colectivo las modificaciones sustanciales que afecten, en un periodo de 90 días, al menos a:

- 10 trabajadores, en las empresas que ocupen menos de 100 trabajadores.
- El 10% del número de trabajadores de la empresa en aquellas que ocupen entre 100 y 300 trabajadores.
- 30 trabajadores, en las empresas que ocupen 300 o más trabajadores.

Concepto clave

Movilidad funcional extraordinaria: se trata de un cambio definitivo del puesto de trabajo fuera del grupo profesional. Por ejemplo, un trabajador pasa de ser oficial de primera a peón, que es un grupo profesional inferior, para siempre.

Actividades resueltas

4.2. María comenzó a trabajar para la empresa REPUESTOS MARTÍNEZ, SA de Huelva en enero de 2018. El 2 de enero de 2019 su jefe le comunica por escrito su traslado al centro que la empresa tiene en Valladolid. Dicho traslado será efectivo a partir del 21 de enero. ¿Es correcta la actuación de la empresa?

Solución:

No es correcta la actuación de la empresa, porque no se ha notificado el traslado al trabajador y sus representantes legales con 30 días de antelación, por lo tanto, se trata de un traslado nulo. El empresario deberá notificarlo de nuevo, darle un plazo de 30 días y notificarlo a los representantes de los trabajadores.

4.3. Silvia trabaja como comercial en unos grandes almacenes, con jornada continua de 8:00 a 15:00 horas. Alegando razones económicas, la empresa le comunica el cambio de jornada y de horario, de manera que dentro de 30 días comenzará a trabajar de 9:00 a 13:00 horas y de 15:00 a 18:00 horas. Silvia se siente perjudicada con el cambio, ya que no podrá continuar sus estudios de técnico superior en Gestión de ventas en espacios comerciales. ¿Qué opciones tiene Silvia?

Solución:

Se trata de una modificación sustancial de su contrato que afecta a la jornada y al horario laboral y que se ha notificado en fecha y forma, por lo que Silvia tiene 3 opciones:

- Aceptar la modificación.
- Recurrir la modificación en el plazo de 20 días hábiles ante el Juzgado de lo Social. Si el juez estima que está injustificada, la trabajadora volverá a tener sus anteriores condiciones.
- Extinguir el contrato con una indemnización de 20 días de salario por año de servicio, hasta un límite de 9 meses.

Actividades propuestas

4.1. La empresa MIKA, SA está buscando ser más competitiva, por lo que decide variar el horario de sus empleados. Uno de los trabajadores no puede adaptarse a este cambio, por lo que decide extinguir su relación laboral. ¿Tiene derecho a extinguir dicha relación? ¿Tiene derecho a cobrar una indemnización?

4.2. Ana trabaja como recepcionista en un hotel desde hace 5 años. La empresa decide trasladarla de forma definitiva a un nuevo hotel situado en otra provincia, que implica un cambio de residencia. La trabajadora mantiene el salario, el horario y las demás condiciones laborales. La empresa justifica el traslado por motivos organizativos debidos a la apertura de un nuevo hotel.

a) ¿Estamos ante un traslado, un desplazamiento o una modificación sustancial de las condiciones de trabajo?
b) ¿Qué opciones tiene la trabajadora?

4.3. Un trabajador reclama a su empresa el abono de las cantidades pendientes, en concepto de salario, por haber realizado tareas de categoría superior a la que tiene reconocida. La empresa se opone. ¿Tiene derecho el trabajador a exigir esas cantidades? Razona tu respuesta.

4.4. Sergio trabaja desde hace 2 años en una empresa de informática. La empresa, por razones técnicas y organizativas, decide cambiar la jornada continua a una jornada partida. Sergio se siente perjudicado y decide extinguir su contrato. ¿Tiene derecho a recibir una indemnización?

4.2. Suspensión del contrato de trabajo

Significa la interrupción temporal de la prestación laboral, que debe estar motivada por alguna de las causas señaladas en el Estatuto de los Trabajadores. Con la suspensión cesan las obligaciones principales derivadas del contrato: el trabajador no trabaja y la empresa no tiene que pagar el salario (es importante recordar que la suspensión del contrato no supone que el trabajador no cobre nunca, sino que la empresa no le paga, aunque sí puede recibir una retribución, por ejemplo, en el caso de la suspensión por maternidad, pero será la Seguridad Social quien le pague y no la empresa).

Cuando cesen las causas legales de suspensión, el trabajador tendrá derecho a volver a su puesto de trabajo en las mismas o similares condiciones que tenía, excepto cuando la suspensión se efectúe de mutuo acuerdo o por causas especificadas en el contrato; en estos casos dependerá de lo que se haya pactado.

Las causas para que se produzca la suspensión incluyen importantes medidas para la conciliación de la vida laboral y familiar como, por ejemplo, el permiso por maternidad o paternidad. Se regulan en los artículos 45 a 48 bis del Estatuto de los Trabajadores.

Sabías que...

Para poder cobrar la prestación económica del 100 % por maternidad, paternidad, riesgo en el embarazo o lactancia es necesario haber cotizado previamente a la Seguridad Social durante un mínimo de tiempo, que varía según los casos.

<table>
<tr><th colspan="2">CAUSAS DE SUSPENSIÓN (ARTÍCULO 45 ET)</th><th colspan="2">EFECTOS (ARTÍCULO 48 ET)</th></tr>
<tr><td colspan="2">Por mutuo acuerdo o por pacto válido en el contrato.</td><td colspan="2">Según lo pactado.</td></tr>
<tr><td colspan="2">Incapacidad temporal del trabajador.</td><td colspan="2">• Duración: hasta que se produzca el alta por curación. O bien, 2 años con reserva del puesto de trabajo, si se produce la declaración de incapacidad permanente del trabajador, revisable por mejoría que le permita reincorporarse al puesto de trabajo.
• Retribuida por la Seguridad Social.</td></tr>
<tr><td colspan="2">Ejercicio de cargo público representativo o sindical.</td><td colspan="2">• Duración: hasta que cese en el cargo.
• Incorporación a su trabajo: en un plazo máximo de 30 días después del cese.</td></tr>
<tr><td colspan="2">Riesgo durante el embarazo y durante la lactancia natural de un menor de 9 meses.</td><td colspan="2">• Duración: hasta que se produzca el parto o hasta que el menor cumpla los 9 meses respectivamente, o cuando la trabajadora esté en condiciones para reincorporarse al trabajo o a otro que sea compatible con su estado.
• Retribuida por la Seguridad Social.</td></tr>
<tr><td colspan="2">Privación de libertad del trabajador mientras no exista sentencia condenatoria.</td><td colspan="2">Hasta la sentencia condenatoria, cuando podrá ser despedido por faltas repetidas, aunque justificadas al trabajo.</td></tr>
<tr><td colspan="2">Suspensión de empleo y sueldo por razones disciplinarias.</td><td colspan="2">El tiempo estipulado en el convenio.</td></tr>
<tr><td colspan="2">Expediente de Regulación Temporal de Empleo (ERTE) de suspensión de contrato (Art. 47.1 ET)</td><td colspan="2">• El contrato se suspende temporalmente debido a una fuerza mayor (incendio, inundación, crisis sanitaria, etc.) o por causas económicas, técnicas, organizativas o de producción.
• Los trabajadores se reincorporarán a su trabajo cuando cese la causa que lo originó.
• El trabajador tiene derecho a cobrar la prestación por desempleo: el 70 % de la base reguladora durante los primeros 180 días y un 50 % a partir del día181, siempre que cumplan los requisitos legales.</td></tr>
<tr><td colspan="2">Ejercer el derecho a huelga.</td><td colspan="2">• Duración: hasta que termine la huelga.
• El trabajador no cobra salario ni prestación por desempleo.</td></tr>
<tr><td colspan="2">Cierre legal de la empresa.</td><td colspan="2">No se cobra salario mientras dure la suspensión.</td></tr>
<tr><td colspan="2">Acreditar la condición de víctima de violencia de género.</td><td colspan="2">Duración: 6 meses. Prorrogables por periodos de 3 meses, hasta un máximo de 18 meses, si el juez así lo requiere.</td></tr>
<tr><td rowspan="2">Por nacimiento y cuidado de menor.</td><td rowspan="3">Para el periodo comprendido entre el 01/01/2020 y el 31/12/2020</td><td>MADRE BIOLÓGICA</td><td>Duración: 16 semanas. Las 6 semanas inmediatamente posteriores al parto, deben ser disfrutadas de manera obligatoria, ininterrumpida y a jornada completa. Las 10 semanas restantes son voluntarias, por lo que la madre podría renunciar a su disfrute. Si decide disfrutarlas podrá hacerlo de forma acumulada o interrumpida, en periodos semanales, a jornada completa o parcial (previo acuerdo con la empresa) hasta el que el menor cumpla 12 meses. Por otro lado, de estas 10 semanas voluntarias la madre biológica puede ceder hasta 2 semanas al otro progenitor.</td></tr>
<tr><td>EL OTRO PROGENITOR</td><td>Duración: 12 semanas. Las 4 semanas inmediatamente posteriores al parto, deben ser disfrutadas de manera obligatoria, ininterrumpida y a jornada completa. Las 8 semanas restantes son voluntarias e intransferibles, por lo que podría renunciar a su disfrute. Si decide disfrutarlas podrá hacerlo de forma acumulada o interrumpida, en periodos semanales, a jornada completa o parcial (previo acuerdo con la empresa) hasta el que el menor cumpla 12 meses.</td></tr>
<tr><td>Por adopción, guarda con fines de adopción o acogimiento.</td><td colspan="2">6 semanas para cada progenitor. Deben ser disfrutadas de manera obligatoria, ininterrumpida y a jornada completa por cada progenitor, que se disfrutarán tras la resolución judicial por la que se constituye la adopción o bien de la decisión administrativa de guarda con fines de adopción o de acogimiento.
Junto a las 6 semanas de disfrute obligatorio, los progenitores podrán disfrutar de un total de 16 semanas de disfrute voluntario, que se repartirán entre los dos progenitores, pudiendo recaer como máximo 10 de estas 16 semanas en uno de los progenitores y el resto en el otro progenitor. Si deciden disfrutarlas podrán hacerlo de forma acumulada o interrumpida, en periodos semanales, a jornada completa o parcial (previo acuerdo con la empresa) en los 12 meses siguientes a la resolución judicial o administrativa.</td></tr>
</table>

Por nacimiento y cuidado de menor	Desde el 1 de enero de 2021	La misma prestación para la madre biológica y el otro progenitor	**Duración: 16 semanas.** **Parte obligatoria:** Las 6 semanas inmediatamente posteriores al parto deben ser disfrutadas de manera **obligatoria, ininterrumpida** y a jornada completa. La madre biológica puede anticipar hasta 4 semanas, antes de la fecha previsible del parto. **Parte voluntaria:** Las 10 semanas restantes son **voluntarias,** por lo que tanto la madre como el otro progenitor podrían renunciar a su disfrute. Si decide disfrutarlas podrá hacerlo de manera continuada al periodo obligatorio o interrumpida, en periodos semanales, en régimen de jornada completa o parcial (previo acuerdo con la empresa), desde la finalización del periodo obligatorio hasta los 12 meses del hijo/a.
Por adopción, guarda con fines de adopción o acogimiento		Progenitor A + Progenitor B	**Duración total para cada progenitor: 16 semanas.** Las 6 semanas inmediatamente posteriores a la fecha de la resolución judicial por la que se constituye la adopción o la decisión administrativa de guarda con fines de adopción o acogimiento deben ser disfrutadas de manera **obligatoria, ininterrumpida** y a jornada completa. Las 10 semanas restantes son voluntarias. Si deciden disfrutarlas, podrán hacerlo de forma acumulada o interrumpida, en periodos semanales, a **jornada completa o parcial** (previo acuerdo con la empresa), dentro de los 12 meses siguientes a la resolución judicial o decisión administrativa.

En todos los casos anteriores por nacimiento, guarda, acogimiento y cuidado de menor debemos tener presente:

- En los supuestos de nacimiento, adopción o guarda con fines de adopción o acogimiento múltiple por cada hijo/a distinto del primero, los permisos tendrán una duración adicional de 2 semanas, una para cada uno de los progenitores.
- El trabajador comunicará el ejercicio de cualquiera de estos derechos a la empresa con 15 días como mínimo de antelación.
- Cuando los dos progenitores que ejerzan este derecho trabajen en la misma empresa, la dirección podrá limitar el ejercicio simultáneo de este derecho por razones objetivas y debidamente motivadas por escrito.
- En el supuesto de parto, en caso de fallecimiento del hijo, el periodo de suspensión por nacimiento no se verá reducido, salvo que, una vez finalizadas las seis semanas de descanso obligatorio, la madre solicitara reincorporarse a su puesto de trabajo.
- En el supuesto de parto, en caso de fallecimiento de la madre, con independencia de que esta realizara o no algún trabajo, el otro progenitor podrá hacer uso de la totalidad o, en su caso, de la parte que reste del periodo de suspensión, computado desde la fecha del parto, y sin que se descuente del mismo la parte que la madre hubiera podido disfrutar con anterioridad al parto.
- En el caso de parto prematuro u hospitalización del neonato por más de 7 días, la suspensión por nacimiento se ampliará, para ambos progenitores, tantos días como dure la hospitalización hasta un máximo de 13 semanas.
- Todos los descansos **por nacimiento, guarda, acogimiento y cuidado de menor** serán retribuidos por la Seguridad Social si se cumplen los requisitos necesarios.

En el caso práctico inicial

Felipe no puede ser despedido durante el permiso por nacimiento. Se trata de una suspensión del contrato por una causa justificada recogida en el artículo 45 del Estatuto de los Trabajadores. Cuando cesen las causas legales de suspensión, el trabajador tendría derecho a volver a su puesto de trabajo en las mismas o similares condiciones que tenía.

Actividad resuelta

4.4. Verónica trabaja como auxiliar de farmacia y acaba de tener un hijo el 10 de abril de 2020. Ante el temor de que la empresa tome represalias por disfrutar del descanso por nacimiento decide compartirlo con su pareja, que trabaja como informático en una empresa de seguros que plantea menos problemas a los trabajadores a la hora de disfrutar de los permisos por nacimiento de hijo. No quieren disfrutar de este permiso simultáneamente. ¿Pueden hacerlo? ¿Cómo?

Solución:

Verónica tendrá que disfrutar obligatoriamente de 6 semanas después del parto y su pareja, 4 semanas. Así coincidirán 4 semanas. De las 10 semanas voluntarias restantes, Verónica puede ceder 2 al otro progenitor, y las 8 semanas restantes puede disfrutarlas como ella decida; previa comunicación a la empresa y hasta que el menor cumpla 12 meses.

4.2.1. La excedencia

La excedencia es una causa de suspensión del contrato de trabajo a iniciativa del trabajador. Durante la excedencia, los trabajadores no reciben salario alguno. Puede tener las siguientes modalidades:

▶ MODALIDADES DE EXCEDENCIA (ARTÍCULO 46 ET)	
Voluntaria	**Motivo:** necesidad del trabajador. **Requisito:** pueden solicitarla los empleados con al menos 1 año de antigüedad en la empresa. **Duración:** desde un mínimo de 4 meses a un máximo de 5 años. **Efectos:** • No computa como antigüedad. • No se reserva el puesto, solo hay preferencia para el ingreso en un puesto vacante. • Podrá volver a ejercitarse transcurridos 4 años.
Forzosa	**Motivo:** • Por la designación o elección para un cargo público que imposibilite la asistencia al trabajo. • Para ejercer funciones sindicales de ámbito provincial o superior. **Duración:** mientras dure el ejercicio del cargo público o sindical. **Efectos:** • Cuenta como antigüedad. • Se reserva el puesto de trabajo. • El reingreso deberá ser solicitado dentro del mes siguiente al cese en el cargo público.
Cuidado de hijos	**Motivo:** para atender al cuidado de cada hijo, tanto cuando lo sea por naturaleza, como por adopción, o en los supuestos de acogimiento, tanto permanente como preadoptivo, aunque estos sean provisionales, a contar desde la fecha de nacimiento. Pueden solicitarla el padre y la madre, fraccionada y/o simultáneamente. **Duración:** 3 años como máximo. **Efectos:** • Computa como antigüedad y se tiene derecho a asistir a los cursos de formación. • Se reserva el puesto solo durante 1 año. Transcurrido dicho plazo, la reserva quedará referida a un puesto de trabajo del mismo grupo profesional o categoría equivalente.
Cuidado de familiares	**Motivo:** para atender al cuidado de un familiar hasta el segundo grado de consanguinidad o afinidad, que por razones de edad, accidente, enfermedad o discapacidad no pueda valerse por sí mismo y no desempeñe actividad retribuida. **Duración:** 2 años como máximo. **Efectos:** • Computa como antigüedad y se tiene derecho a asistir a los cursos de formación. • Se reserva el puesto de trabajo solo 1 año. Transcurrido dicho plazo, la reserva quedará referida a un puesto de trabajo del mismo grupo profesional o categoría equivalente.

En estas dos últimas excedencias, si el que las solicita es miembro de familia numerosa, el puesto se reservará de 15 a 18 meses, si la familia es de categoría general o especial respectivamente.

Actividad resuelta

4.5. Raúl, Mercedes y Benito trabajan en la misma empresa y quieren pedir excedencia por diferentes motivos. Raúl quiere solicitar 4 meses para irse de viaje, Mercedes convive y cuida de su madre que tiene una enfermedad degenerativa que le impide valerse por sí misma y Benito tiene un hijo de 9 meses y quiere cuidarlo hasta que cumpla 1 año. ¿Qué excedencia pueden solicitar? ¿Por cuánto tiempo? ¿Cuál sería su situación cuando finalicen su periodo de excedencia y decidan volver a la empresa?

Solución:

a) Raúl puede pedir una excedencia voluntaria, siempre que lleve trabajando al menos 1 año en la empresa. Tendrá que solicitarla por un mínimo de 4 meses. Cuando vuelva, solo puede pedir el reingreso preferente siempre que haya alguna vacante.

b) Mercedes puede solicitar la excedencia para el cuidado de un familiar hasta el segundo grado de consanguinidad durante un máximo de 2 años. Tiene derecho a volver a su puesto durante el primer año. Después del segundo año, le asignarían otro puesto dentro de su mismo grupo profesional si no estuviera el suyo vacante.

c) Benito puede solicitar la excedencia para el cuidado de un hijo. Durará 3 meses porque el niño tiene ya 9 meses. Tiene derecho a volver a su puesto y volverá a su mismo trabajo porque la excedencia no supera el año.

Actividades propuestas

4.5. Ángel es técnico de laboratorio y trabaja desde hace 2 años en un laboratorio de análisis clínicos. Quiere marcharse a Inglaterra a continuar sus estudios y no sabe si puede solicitar una excedencia o si tendrá que rescindir su contrato. ¿Puedes aconsejarle?

4.6. Virginia lleva 8 meses trabajando en una empresa como comercial. Necesita solicitar una excedencia en su trabajo para cuidar a su madre que padece una grave enfermedad y no puede valerse por sí misma. No sabe si tiene derecho a solicitarla, pues lleva poco tiempo trabajando en la empresa. ¿Puede solicitar esta excedencia? ¿Cuánto puede durar? ¿Recibirá alguna retribución?

4.7. Bárbara y Luis acaban de tener una hija. Ambos están trabajando en empresas diferentes y quieren compartir el permiso por nacimiento. ¿Cómo pueden distribuirlo? ¿Podrían acogerse a alguna excedencia? ¿Cuál?

4.3. Extinción del contrato de trabajo

La extinción del contrato de trabajo supone la finalización de la relación laboral entre el trabajador y el empresario. El artículo 49 del Estatuto de los Trabajadores establece las siguientes causas de extinción:

▶ CAUSAS DE EXTINCIÓN DEL CONTRATO	
Por acuerdo entre empresario y trabajador	• Mutuo acuerdo entre las partes. • Condiciones consignadas válidamente en el contrato. • Finalización del contrato temporal o de la realización de la obra o servicio objeto del contrato.
Por voluntad del trabajador	• Dimisión del trabajador. • Abandono del trabajador. • Incumplimiento grave por parte del empresario.
Por voluntad del empresario	• Despido disciplinario. • Despido por causas objetivas. • Despido colectivo.
Por causas ajenas a la voluntad de las partes	• Fuerza mayor. • Muerte, invalidez o jubilación del trabajador. • Muerte, incapacidad o jubilación del empresario.

En el caso práctico inicial

Felipe, Beatriz y Rodrigo han visto extinguidos sus contratos de trabajo por voluntad del empresario, dando lugar a despido disciplinario o por causas objetivas, dependiendo de las causas alegadas en cada uno de ellos.

Actividad propuesta

4.8. Señala cuál es la causa de extinción del contrato de trabajo en los siguientes supuestos:

- Carlos finaliza el contrato en prácticas que firmó por 2 años.
- Luisa es despedida, alegando la empresa causas disciplinarias.
- Hugo presenta su dimisión al jefe de recursos humanos de la empresa donde trabaja.
- María, propietaria de una correduría de seguros, sufre un accidente mortal al volver a casa después de su jornada laboral.
- Julián, que trabaja en la empresa FUL, SL, acaba de cumplir 65 años, por lo que solicita su jubilación.
- José ha visto cómo su negocio ha sido devastado por un enorme incendio, por lo que ha decidido extinguir el contrato del único trabajador a su servicio, ante la imposibilidad de poder reanudar la actividad.

4.3.1. Extinción del contrato por acuerdo entre empresario y trabajador

Ambas partes, empresario y trabajador, pueden llegar al acuerdo, en cualquier momento de la relación laboral, de la extinción de esta e incluso se puede prever la extinción en el propio contrato, estableciendo en el mismo una causa válida, o bien, porque se derive de la propia naturaleza del contrato, es decir, porque se trate de un contrato temporal o por obra o servicio determinado, que tienen una fecha de finalización determinada.

▶ CAUSAS DE EXTINCIÓN DEL CONTRATO POR ACUERDO ENTRE EMPRESARIO Y TRABAJADOR	
Mutuo acuerdo entre las partes	• Ambas partes se ponen de acuerdo y deciden acabar voluntariamente con la relación laboral y, por tanto, el contrato de trabajo quedará extinguido. • El trabajador no tiene derecho a ningún tipo de indemnización. • Por lo que respecta al trabajador, al finalizar su contrato de una forma voluntaria, no tiene derecho a la prestación por desempleo («el paro»).
Causas establecidas válidamente en el contrato	• Las partes, cuando celebran un contrato de trabajo, pueden acordar ciertas cláusulas que, en caso que se produzcan, ocasionen la extinción del contrato de trabajo (por ejemplo, para realizar un determinado trabajo puede ser imprescindible tener el carné de conducir, por lo que el contrato de trabajo podría recoger como causa de extinción la pérdida del carné de conducir). Estas cláusulas no pueden constituir un abuso de derecho manifiesto por parte del empresario. • El trabajador no tiene derecho a ningún tipo de indemnización. • El trabajador tendrá derecho a solicitar la prestación por desempleo.
Por finalización del tiempo convenido del contrato temporal o de la obra o servicio objeto del contrato	• Los contratos temporales tienen una fecha de inicio y una fecha de finalización, excepto los contratos de obra y servicio, los cuales finalizarán cuando termine la obra o servicio objeto de la contratación. • Si la duración del contrato de trabajo temporal es superior a 1 año se deberá notificar, por cualquiera de las partes, la terminación de este con una antelación mínima de 15 días. Si el empresario no respeta el mínimo de 15 días, deberá indemnizar al trabajador con la cantidad equivalente al salario correspondiente desde el día que debió preavisar hasta el día que realmente lo hizo. • A la finalización del contrato, el trabajador tendrá derecho a recibir una indemnización de 12 días de salario por año trabajado, salvo en el contrato de interinidad, el contrato en prácticas y el contrato para la formación y el aprendizaje. • El trabajador tendrá derecho a solicitar la prestación por desempleo.

Actividad resuelta

4.6. Luis acaba de formalizar un contrato eventual por circunstancias de la producción con la empresa LUCIUS, SL desde el 20 de marzo hasta el 25 de julio de 2019. La empresa le comunica el día 20 de julio que su contrato finalizará dentro de 5 días. Luis recibe cada mes las siguientes retribuciones:

- Salario base: 900 €/mes.
- Plus de convenio: 250 €/mes.
- Prorrateo de las pagas extras: 191,67 €.

a) ¿Cuál es la causa de extinción del contrato de trabajo?

b) ¿Tendrá derecho Luis a recibir algún tipo de indemnización? En caso afirmativo, calcúlala.

Solución:

a) Se trata de una extinción del contrato de trabajo por acuerdo entre empresario y trabajador. Concretamente, el contrato se extingue por la finalización del tiempo pactado en el contrato temporal eventual por circunstancias de la producción.

b) Sí, tendrá derecho a recibir una indemnización de 12 días por año de servicio. Para calcular la indemnización, calcularemos el salario diario y lo multiplicaremos por los días de indemnización que le corresponden.

1. **Calcular el salario diario.** Para conocer el salario diario para el cálculo de la indemnización por despido improcedente deberemos:
   - **Si todos los meses cobras lo mismo y no cobras prorrateadas las pagas extras.** Calcula tu salario anual multiplicando tu salario mensual (tomando como referencia el salario mensual del mes de despido sin incluir las percepciones no salariales como dietas, plus de transporte, etc.) por 12 meses y sumando el importe anual de las pagas extras y divídelo entre 365 días (366 si es bisiesto); así tendrás tu salario diario.
   - **Si todos los meses cobras lo mismo y cobras prorrateadas las pagas extras.** Calcula tu salario anual multiplicando tu salario mensual (tomando como referencia el salario mensual del mes de despido sin incluir las percepciones no salariales) por 12 meses y divídelo entre 365 días (366 si es bisiesto); así tendrás tu salario diario.
   - **Si no cobras todos los meses lo mismo** (por ejemplo: unos meses has cobrado horas extras, comisiones, etc.). Suma todos los importes que te han abonado en el último año inmediatamente anterior al despido (sin incluir las percepciones no salariales) y divídelo entre 365 (366 si es bisiesto); así tendrás tu salario diario.

   En el caso de Luis, que cobra todos los meses lo mismo y que cobra prorrateada las pagas extras, el salario diario será:

   Salario mensual = 1.341,67 € → salario anual (no se deben incluir conceptos no salariales) = salario mensual (incluida prorrata de pagas extras) × 12 meses = 1.341,67 × 12 = 16.100,04 €.

   Ahora podremos calcular el salario diario:

   $$\text{Salario diario} = \frac{16.100{,}04\ \text{€/año}}{365\ \text{días/año}} = 44{,}11\ \text{€}$$

2. **Calcular los días de indemnización que le corresponden.** Para calcular los días de indemnización por finalización de contrato deberás contar todos los días realmente trabajados (deberás contar los días que realmente tiene cada mes). Luis ha trabajado 128 días (desde el 20 de marzo al 25 de julio → 12 días de marzo + 30 días de abril + 31 días de mayo + 30 días de junio + 25 días de julio), por lo que le corresponderán los siguientes días de indemnización, que obtendremos con una sencilla regla de tres:

   Por 365 días de trabajo ·········· le corresponden ·········· 12 días de indemnización
   Por 128 días de trabajo ·········· le corresponden ·········· *X* días de indemnización

   X = 4,21 días de indemnización

   Por lo tanto, la indemnización que cobrará Luis será:

   Indemnización por finalización de contrato = salario diario × días de indemnización = 44,11 €/día × 4,21 días de indemnización = 185,70 €.

4.3.2. Extinción del contrato por voluntad del trabajador

El artículo 49.1 del ET contempla los supuestos habituales en los que el contrato de trabajo puede extinguirse por voluntad del trabajador. Concretamente, el trabajador puede extinguir su relación laboral por alguna de las siguientes causas:

▶ CAUSAS DE EXTINCIÓN DEL CONTRATO POR VOLUNTAD DEL TRABAJADOR	
Dimisión del trabajador	• El trabajador, sin necesidad de dar ninguna explicación al empresario, puede dar por resuelto el contrato de trabajo cuando quiera. Para ello, el único requisito legal que le impone la ley es el preaviso al empresario con la antelación que señale el convenio colectivo, el contrato o la costumbre del lugar. • No será válida la dimisión del trabajador cuando se haya realizado bajo intimidación empresarial. • El trabajador no tiene derecho a ningún tipo de indemnización. • Por lo que respecta al trabajador, y al finalizar su contrato de una forma voluntaria, no tiene derecho a la prestación por desempleo.
Abandono del trabajador	• El trabajador abandona su puesto de trabajo sin avisar previamente al empresario. • El empresario puede solicitar al trabajador una indemnización por los daños y perjuicios que le haya podido ocasionar la inesperada baja de este. • El trabajador no tiene derecho a ningún tipo de indemnización. • Por lo que respecta al trabajador, y al finalizar su contrato de una forma voluntaria, no tiene derecho a la prestación por desempleo.
Incumplimiento grave del empresario	• Hay casos en que el empresario incumple gravemente las condiciones iniciales pactadas en el contrato de trabajo; en esta situación, el trabajador puede solicitar la extinción del contrato. Se considera que existe incumplimiento grave de la empresa en los siguientes casos: — **Modificación sustancial de condiciones de trabajo** que supongan un perjuicio de la formación profesional del trabajador o un menoscabo de su dignidad. — **La falta de pago o los retrasos continuados en el abono del salario.** Para que el juez acepte la extinción del contrato por esta causa, el impago o retraso debe valorarse y entenderse como grave y transcendente. Los tribunales han señalado, en distintas sentencias, que se entiende impago grave del salario cuando existan al menos 3 mensualidades sin pagar. Por otro lado, se consideran retrasos graves cuando todos juntos acumulan 3 meses. — **Cualquier otro incumplimiento grave del empresario,** como por ejemplo: insultos y amenazas, acoso, falta de ocupación efectiva, etcétera. • En el caso de que el juzgado autorice la extinción del contrato por incumplimiento grave del empresario, previa solicitud del trabajador, este tendrá derecho a una **indemnización de 33 días por año trabajado, con un máximo de 24 mensualidades.** • El trabajador tendrá derecho a solicitar la prestación por desempleo.
Víctima de violencia de genero	• La trabajadora no tiene derecho a indemnización, pero sí podrá solicitar la prestación por desempleo.

Sabías que...

Una de las obligaciones laborales básicas por parte del empresario es pagar al trabajador. Es lógico que si el empresario no paga al trabajador por su trabajo, este no desee seguir prestando sus servicios al empresario. Pero si el trabajador no quiere perder parte de sus derechos, no le puede decir al empresario, sin más: «mañana no vuelvo si no me pagas»; deberá permanecer trabajando hasta que haya una sentencia judicial que de por extinguido el contrato de trabajo. Los perjuicios que puede ocasionarle al trabajador el negarse a trabajar si no le pagan, mientras no haya sentencia judicial, son importantes:

- El empresario puede despedirlo por abandono del puesto de trabajo, sin necesidad de pagarle ninguna indemnización.
- Como consecuencia de lo anterior, el trabajador no quedaría en situación legal de desempleo, con lo cual no tendría derecho a prestación por desempleo.

Debes conocer...

La ley nos otorga un plazo de 1 año para reclamar judicialmente los salarios que nos deban, contando ese año desde la fecha en que estos debieron ser pagados. Si dejamos pasar ese año, aunque se demuestre en juicio que los salarios se deben, el juez no condenará a la empresa a pagarlos.

Actividad resuelta

4.7. Salvador lleva 4 meses sin cobrar y se encuentra desesperado. Ante tal situación, ha decidido tomar una decisión: demandar a la empresa ante el Juzgado de lo Social para solicitar la extinción del contrato por impago de salarios, o no volver al trabajo hasta que la empresa le pague los salarios que le debe. ¿Qué opción sería la mejor para Salvador?

Solución:

Lo que nunca debería hacer Salvador es dejar su puesto de trabajo ya que, en ese caso, se trataría de abandono y la empresa podría despedirle por faltas injustificadas de asistencia. Esto supondría que Salvador no tendría derecho a indemnización alguna y, además, al abandonar voluntariamente su puesto de trabajo, no podría solicitar la prestación por desempleo.

Por otro lado, lo que debe hacer Salvador es presentar una demanda en el Juzgado de lo Social, solicitando la extinción del contrato de trabajo por impago de salarios, al haber acumulado ya 3 meses sin cobrar, y seguir trabajando en la empresa hasta que el juez dicte la sentencia. La sentencia permitirá a Salvador cobrar la indemnización de 33 días por año de servicio y poder solicitar la prestación por desempleo.

4.3.3. Extinción del contrato por causas ajenas a la voluntad de las partes

Se trata de causas que dan lugar a la extinción de la relación laboral sin que la voluntad de ninguna de las partes (ni empresario ni trabajador) intervenga en las circunstancias que generan dicha extinción.

▶ CAUSAS DE EXTINCIÓN DEL CONTRATO POR CAUSAS AJENAS A LA VOLUNTAD DE LAS PARTES		
Muerte, invalidez o jubilación del trabajador	Invalidez	• La declaración de incapacidad permanente del trabajador, cuando es total, absoluta o gran invalidez, provoca la extinción del contrato de trabajo (se estudiarán en profundidad en la Unidad 6). • La extinción del contrato de trabajo en caso de incapacidad absoluta o gran invalidez es automática; en cambio, si la incapacidad es permanente total, el empresario deberá decidir entre extinguir el contrato de trabajo o ubicar al trabajador en otro puesto de trabajo compatible con su situación. • Los trabajadores no tienen derecho a cobrar la prestación por desempleo (pasan a cobrar directamente la pensión por incapacidad permanente), salvo los incapacitados permanentes totales, que pueden optar entre cobrar la prestación por desempleo, para posteriormente cobrar la pensión de incapacidad permanente, o pasar directamente a cobrar la pensión de invalidez.
	Muerte	• Los salarios devengados y no percibidos por el trabajador les serán entregados a sus herederos. La muerte del trabajador puede dar derecho a sus familiares a cobrar distintas pensiones: viudedad, orfandad, a favor de familiares, indemnizaciones y auxilio por defunción (se estudiarán en profundidad en la Unidad 6). • El empresario, en caso de fallecimiento del trabajador debido a muerte natural, estará obligado a abonar a determinados familiares una indemnización equivalente a 15 días del salario.
	Jubilación	• Una vez alcanzada la edad mínima legal para jubilarse, el contrato quedará extinguido y el trabajador pasará a cobrar directamente la pensión de jubilación, siempre que sea solicitada por el trabajador (ya que los trabajadores tienen la posibilidad de seguir trabajando aun cuando han alcanzado la edad necesaria para acceder a la jubilación, tal como estudiaremos en profundidad en la Unidad 6).
Muerte, incapacidad o jubilación del empresario		• Los trabajadores tendrán derecho a una indemnización de 30 días de salario. • El trabajador tiene derecho a solicitar la prestación por desempleo.
Fuerza mayor		• Se trata de hechos extraordinarios imprevisibles o inevitables que imposibilitan definitivamente el desarrollo del trabajo (incendio, inundación, terremotos, etcétera). • La existencia de la fuerza mayor (incendios, inundaciones, plagas, terremotos, etc.) debe ser confirmada por la autoridad laboral competente en un plazo de 5 días desde que la empresa solicite la extinción de los contratos por fuerza mayor. • Los trabajadores tienen derecho a una indemnización de 20 días de salario por año trabajado con un máximo de 12 mensualidades. • Los trabajadores tendrán derecho a solicitar la prestación por desempleo.

Actividad resuelta

4.8. La empresa RIOFRÍO, SL, dedicada a la fabricación de productos pirotécnicos, ha sufrido una terrible explosión que ha destruido completamente la única fábrica que poseía, haciendo imposible continuar con la actividad. La empresa ha procedido a solicitar a la autoridad laboral la extinción de los contratos de trabajo de toda la plantilla.

a) ¿Cuál es la causa de la extinción de los contratos de trabajo que alegará la empresa?

b) ¿Cuáles serán las consecuencias de la extinción de los contratos para los trabajadores?

Solución:

a) La causa que alegará la empresa será la de fuerza mayor como consecuencia de la explosión, que ha destruido totalmente la fábrica y hace imposible continuar definitivamente con la actividad.

b) Los trabajadores tienen derecho a una indemnización de 20 días de salario por año trabajado, con un máximo de 12 mensualidades. Además, podrán solicitar la prestación por desempleo.

Actividades propuestas

4.9. A Rosa acaban de comunicarle que el próximo mes finaliza su contrato eventual por circunstancias de la producción, una vez transcurridos los 3 meses de duración que estipulaba el contrato de trabajo. ¿Cuál es la causa de extinción del contrato de trabajo? ¿Qué consecuencias tiene dicha finalización para Rosa? ¿Ha comunicado la empresa correctamente la finalización del contrato?

4.10. Ramón ha comunicado a su jefe, con 10 días de antelación tal como establece el convenio colectivo, que abandonará la empresa debido a cuestiones personales.

a) ¿Cuál ha sido la causa de extinción del contrato de trabajo?

b) ¿Qué consecuencias tiene para Ramón dicha decisión?

c) ¿Cómo se hubiese considerado dicha extinción de contrato si Ramón no hubiese avisado previamente?

4.11. Unas lluvias torrenciales han asolado la localidad donde Miriam regentaba su restaurante. Su capacidad económica y la situación de la zona hacen que sea imposible la reapertura del restaurante, que ha quedado completamente destrozado e irrecuperable. Por ello, desgraciadamente y muy a su pesar, tendrá que despedir a todos los trabajadores.

a) ¿Cuál es la causa de la extinción de los contratos de trabajo que alegará la empresa?

b) ¿Debe la empresa realizar algún trámite previo para poder extinguir los contratos?

c) ¿Qué consecuencias tiene dicha extinción para cada uno de los trabajadores?

4.3.4. Extinción del contrato por voluntad del empresario

El contrato de trabajo puede extinguirse por voluntad unilateral de la empresa, dando lugar a cualquiera de los tipos de despido establecidos en el ET: el despido disciplinario, el despido por causas objetivas y el despido colectivo.

Despido disciplinario

El despido disciplinario (artículo 54 ET) conlleva la extinción del contrato de trabajo por decisión del empresario, basado en un incumplimiento grave y culpable del trabajador.

El Estatuto de los Trabajadores establece como causas de despido disciplinario las siguientes:

- Las faltas repetidas e injustificadas de asistencia o puntualidad al trabajo que se establezcan en el convenio como falta muy grave.
- La indisciplina o desobediencia en el trabajo.
- Las ofensas verbales o físicas al empresario, a las personas que trabajan en la empresa o a los familiares que convivan con ellos.
- La transgresión de la buena fe contractual, así como el abuso de confianza en el desempeño del trabajo.

Sabías que...

Los **salarios de tramitación** son aquellos salarios dejados de percibir por el trabajador desde la fecha del despido hasta la de notificación de la sentencia. El trabajador tendrá derecho a cobrar los salarios de tramitación en el caso de que el despido sea calificado como improcedente y el empresario opte por readmitir al trabajador, o en el caso en que el despido se califique como nulo.

Debes conocer...

Cuando la opción de readmitir al trabajador fuera del empresario, deberá comunicar por escrito al trabajador la fecha de reincorporación dentro de los 10 días siguientes a la notificación de la sentencia, debiendo reincorporarse el trabajador en un plazo no inferior a 3 días desde la recepción del escrito.

Cuando sea el trabajador el que opte por la readmisión, será el juez el que obligue al empresario a reincorporar al trabajador en el plazo de 3 días.

En el caso práctico inicial

En el caso de Beatriz, la empresa justifica el despido basándose en que la trabajadora ha realizado robos de material de la empresa, por lo que debería haber efectuado un despido disciplinario, pudiendo alegar como causa «la transgresión de la buena fe contractual, así como el abuso de confianza en el desempeño del trabajo».

- La disminución continuada y voluntaria en el rendimiento de trabajo normal o pactado.
- La embriaguez habitual o toxicomanía si repercuten negativamente en el trabajo.
- El acoso por razón de origen racial o étnico, religión o convicciones, discapacidad, edad u orientación sexual y el acoso sexual o por razón de sexo al empresario o a las personas que trabajan en la empresa.

Forma

El despido disciplinario ha de realizarse a través de **notificación escrita** (carta de despido), debiendo figurar los hechos que lo motivan de forma clara y precisa y la fecha en la que va a surtir efecto.

Además, si el trabajador afectado por el despido es **delegado sindical o delegado de personal,** se deberá abrir *expediente contradictorio,* en el que serán oídos el interesado y los demás representantes de los trabajadores.

Si el trabajador está **afiliado a un sindicato y al empresario le consta dicha situación,** el empresario deberá dar audiencia previa a los delegados sindicales de la sección sindical en la empresa, si los hubiese.

El incumplimiento de los requisitos formales anteriores del despido hará necesario realizar uno nuevo, en el que se cumplan los requisitos omitidos en el precedente. Dicho nuevo despido lo podrá realizar el empresario en el plazo de 20 días desde el primer despido (cumpliendo esta vez con los requisitos formales omitidos en el primero).

Calificación del despido

Si el trabajador no estuviera de acuerdo con el despido, podrá presentar una demanda en el Juzgado de lo Social en el plazo de 20 días hábiles (es decir, sin contar domingos ni festivos).

Para que se pueda interponer la demanda en el juzgado, es obligatorio previamente el intento de conciliación de las partes ante el Servicio de Mediación, Arbitraje y Conciliación **(SMAC)** correspondiente. Si el acto de conciliación termina sin avenencia (las partes no llegan a un acuerdo), se da paso a la vía judicial y será el juez quien calificará el despido como:

- **Procedente:** cuando las causas alegadas por el empresario han quedado demostradas y se han cumplido los requisitos de forma (entrega de la carta de despido, describiendo de manera clara y precisa los hechos que motivan el despido y la fecha en que tendrá efecto este). En este caso, el trabajador no tendrá derecho a indemnización, aunque sí podrá solicitar la prestación por desempleo.
- **Improcedente:** cuando no ha quedado acreditada la causa alegada por el empresario o no se han cumplido los requisitos formales exigidos para el despido. En este caso, el empresario podrá optar en un plazo de 5 días desde la notificación de la sentencia entre:
  - Readmitir al trabajador y pagarle los salarios de tramitación (son los salarios que el trabajador dejó de percibir desde la fecha del despido hasta la fecha de notificación de la sentencia).
  - No readmitir al trabajador y abonarle una indemnización de 33 días de salario por año de servicio, hasta un máximo de 24 mensualidades.

  Cuando el trabajador sea un representante legal de los trabajadores, será el trabajador y no la empresa quien elija si vuelve al trabajo o cobra la indemnización.

  Para conocer cómo debe realizarse el cálculo de la indemnización por despido, es fundamental revisar la Actividad resuelta 4.9, en la que se explica de manera práctica el proceso completo.
- **Nulo:** será nulo el despido que se base en alguna de las causas de discriminación prohibidas en la Constitución o en la ley, o bien se produzca vulnerando alguno de los derechos fundamentales del trabajador.

Será también nulo el despido en los siguientes supuestos:

— El de los trabajadores durante el periodo de suspensión del contrato de trabajo por maternidad, riesgo durante el embarazo, riesgo durante la lactancia natural, etcétera.

— El de las trabajadoras embarazadas en periodo de gestación y el de los trabajadores que hayan solicitado o estén disfrutando permiso por lactancia o excedencia por cuidado de hijo, y el de las trabajadoras víctimas de violencia de género por el ejercicio de los derechos de reducción o reordenación de su tiempo de trabajo, de movilidad geográfica, de cambio de centro de trabajo o de suspensión de la relación laboral.

— El de los trabajadores después de haberse reintegrado al trabajo al finalizar los periodos de suspensión del contrato por maternidad, adopción o acogimiento o paternidad, siempre que no hubieran transcurrido más de 9 meses desde la fecha de nacimiento, adopción o acogimiento del hijo.

Si el despido es calificado como nulo, la empresa deberá readmitir inmediatamente al trabajador y abonarle los salarios de tramitación.

Actividad resuelta

4.9. Ana lleva trabajando en la empresa LOMARES, SA desde el 1 de abril de 2017 con un contrato indefinido a tiempo completo. Ana recibe todos los meses las siguientes percepciones económicas:

- Salario base: 1.200 €.
- Plus de convenio: 334,35 €.

Además, percibe 2 pagas extras, en junio y diciembre, iguales al salario base más el plus de convenio.

El 15 de febrero de 2020, la empresa le comunica que ha sido despedida por causas disciplinarias, sin darle explicación alguna. Ana no está conforme con el despido y decide presentar una demanda ante el Juzgado de lo Social. Dos meses después, el juzgado califica el despido como improcedente, optando la empresa por pagar la indemnización correspondiente a la trabajadora. Calcula la indemnización que le correspondería a Ana.

Solución:

Este supuesto te servirá para conocer el procedimiento que debes seguir siempre para calcular cualquier indemnización por despido, variando únicamente los días de indemnización que le correspondan a cada tipo de despido. En el caso de Ana, al haber sido calificado el despido como improcedente, le correspondería una indemnización de 33 días por año trabajado, con un máximo de 24 mensualidades.

Para calcular la indemnización seguiremos el siguiente y sencillo proceso:

1. **Calcular el salario diario.** Para conocer el salario diario para el cálculo de la indemnización por despido improcedente deberemos:

   - **Si todos los meses cobras lo mismo y no cobras prorrateadas las pagas extras.** Calcula tu salario anual multiplicando tu salario mensual (tomando como referencia el salario mensual del mes de despido sin incluir las percepciones no salariales como dietas, plus de transporte, etc.) por 12 meses y sumando el importe anual de las pagas extras, y divídelo entre 365 días (366 si es bisiesto); así tendrás tu salario diario.
   - **Si todos los meses cobras lo mismo y cobras prorrateadas las pagas extras.** Calcula tu salario anual multiplicando tu salario mensual (tomando como referencia el salario mensual del mes de despido sin incluir las percepciones no salariales) por 12 meses y divídelo entre 365 días (366 si es bisiesto); así tendrás tu salario diario.
   - **Si no cobras todos los meses lo mismo** (por ejemplo: unos meses has cobrado horas extras, comisiones, etc.). Suma todos los importes que te han abonado en el último año inmediatamente anterior al despido (sin incluir las percepciones no salariales) y divídelo entre 365 (366 si es bisiesto); así tendrás tu salario diario.

   En el caso de Ana, que cobra todos los meses lo mismo y no cobra prorrateada las pagas extras, el salario diario será:

   Salario mensual = 1.534,35 € → salario anual (no se deben incluir conceptos no salariales) = [salario mensual × 12 meses] + [n.° de pagas extras anuales x importe de las pagas extras] = (1.534,35 € × 12 meses) + (2 pagas × 1.534,35 €) = 21.480,90 €/año.

   Ahora podremos calcular el salario diario:

$$\text{Salario diario} = \frac{21.480{,}90\ \text{€/año}}{365\ \text{días/año}} = 58{,}85\ \text{€}$$

2. **Calcular los días de indemnización que te corresponden.** Para ello deberás, en primer lugar, comprobar los meses que llevas trabajando en la empresa. Para las indemnizaciones por despido, el tiempo de servicio se calculará por meses completos, de tal forma que si quedan días sueltos se considerará un mes completo más.

   Ana ha prestado sus servicios en la empresa desde el 01/04/2016 hasta el 15/02/2019, por lo que tendremos:

   - Desde el 1 de abril de 2016 al 30 de marzo de 2018, habrá trabajado 2 años (2 años × 12 meses = 24 meses).
   - Del 1 de abril de 2018 al 31 de enero de 2019, habrá trabajado 10 meses.
   - Del 1 de febrero de 2019 al 15 de febrero de 2019, habrá trabajado 15 días (los días sueltos se cuentan como 1 mes completo más).

   Así pues, Ana tendrá 35 meses de servicio en la empresa (24 meses + 10 meses + 1 mes).

   Finalmente, mediante una sencilla regla de tres, calcularemos los días de indemnización que le corresponden a Ana:

   Si por 12 meses ··· le corresponden ··· 33 días de indemnización
   Por 35 meses ··· le corresponderán ··· *X* días de indemnización

   Días de indemnización = 96,25 días

3. **Calcular la indemnización.** Una vez que conocemos nuestro salario diario y los días de indemnización que nos corresponden, podremos obtener la indemnización por despido improcedente:

   Indemnización por despido = salario diario × días de indemnización = 58,85 €/día × 96,25 días = 5.664,31 €

4. **Límite máximo de indemnización.** La cuantía máxima que puede recibir el trabajador es de 24 mensualidades, que son:

   Límite de 24 mensualidades = salario mensual × 24 meses = (salario anual)/(12 meses) × 24 meses = 21.480,90 €/(12 meses) × 24 meses = 1.790,08 € × 24 meses = 42.961,92 €

5. **Importe definitivo de la indemnización.** La cantidad que le corresponde a Ana es de 5.664,31 €, que no sobrepasa el límite de 42.961,92 €. Por lo tanto, la cantidad definitiva que le corresponderá cobrar a Ana por indemnización es 5.664,31 €.

Actividades propuestas

4.12. Alfonso, mecánico de un taller, ha discutido en numerosas ocasiones con un compañero de trabajo. La última discusión se le fue de las manos y le propinó un puñetazo a la vista de todos. El empresario decide despedirlo de manera inmediata entregándole la carta de despido.

a) ¿Qué causas puede alegar el empresario para despedirlo?
b) ¿Qué tramites debe realizar Alfonso para reclamar el despido si no está de acuerdo?
c) ¿Cómo crees que sería calificado el despido en caso de impugnación por el trabajador suponiendo que la empresa cumplió con los requisitos de forma? ¿Qué efectos tendría?

4.13. María, que lleva trabajando para la empresa BYE, SA desde el 10 de marzo de 2016 mediante contrato indefinido a tiempo completo, ha sido despedida por causas disciplinarias, entregándole la empresa la carta de despido donde se detalla de manera clara y precisa las causas de despido y en la fecha en la que será efectivo, el 25 de octubre de 2019. María no está conforme con el despido por lo que decide reclamarlo.

a) ¿Qué trámites deberá realizar María para reclamar dicho despido?
b) ¿Qué plazo de tiempo tiene María para poder presentar una demanda contra el despido en el Juzgado de lo Social?
c) En caso de que el despido fuese calificado como improcedente y la empresa decidiese abonar la indemnización correspondiente, ¿cuántos días de indemnización tendría que pagar la empresa a María?

Despido por causas objetivas

Este despido no se debe a incumplimientos culpables del trabajador, sino a causas objetivas, es decir, circunstancias o causas ajenas a su voluntad y recogidas en el artículo 52 del Estatuto de los Trabajadores:

- **Ineptitud del trabajador,** conocida o sobrevenida después del periodo de prueba.
- **Falta de adaptación a las modificaciones técnicas del puesto de trabajo,** cuando dichos cambios sean razonables. Previamente, el empresario deberá ofrecer al trabajador un curso dirigido a facilitar la adaptación a dichas modificaciones. El tiempo destinado a la formación se considerará en todo caso tiempo de trabajo efectivo y el empresario abonará al trabajador el salario que viniera percibiendo. El empresario no

podrá extinguir el contrato de trabajo hasta que hayan transcurrido, como mínimo, 2 meses desde que se introdujo la modificación o desde que finalizó la formación dirigida a la adaptación de dichas modificaciones.

- **Amortización de puestos de trabajo cuando existen causas económicas, organizativas, técnicas o de producción** en número inferior al exigido para el despido colectivo:
  - — Se entiende que concurren causas económicas cuando de los resultados de la empresa se desprenda una situación económica negativa. Se considera que existe una situación económica negativa cuando existan pérdidas actuales o previstas, o la disminución continuada del nivel de ingresos ordinarios o ventas durante 3 trimestres consecutivos en comparación con los mismos 3 trimestres del año anterior.
  - — Se entiende por causas técnicas cuando se produzcan cambios en los medios e instrumentos de producción.
  - — Se consideran causas organizativas cuando se produzcan cambios, entre otros, en el ámbito de los sistemas y métodos de trabajo del personal o en el modo de organizar la producción.
  - — Se entiende por causas productivas cuando se produzcan cambios, entre otros, en la demanda de los productos o servicios que la empresa pretende colocar en el mercado.

- **Por insuficiencia de consignación presupuestaria,** para la ejecución de planes y programas públicos determinados sin dotación económica estable, en el caso de contratos por tiempo indefinido concertados directamente por la Administración Pública o por entidades sin ánimo de lucro.

Sabías que...

El Real Decreto Ley 4/2020, de 18 de febrero, ha derogado el despido objetivo por faltas de asistencia al trabajo, aun justificadas, pero intermitentes.

Forma

El artículo 53 del ET establece los siguientes requisitos formales para poder realizar un despido por causas objetivas:

▶ REQUISITOS FORMALES

- Se debe notificar por escrito (carta de despido) al trabajador, expresando las causas del despido de forma clara y precisa y la fecha en la que va a surtir efecto.
- Poner a disposición del trabajador en el momento de la entrega de la carta de despido una indemnización de 20 días de salario por año de servicio, con un máximo de 12 mensualidades.
- Se debe preavisar al trabajador con 15 días de antelación a la fecha de despido (mediante la entrega de la carta de despido).
- Conceder un permiso retribuido de 6 horas semanales durante el periodo de preaviso, para que el trabajador pueda buscar un nuevo empleo.

Calificación del despido

Si el trabajador no estuviera de acuerdo con el despido, podrá presentar una demanda en el Juzgado de lo Social en el plazo de 20 días hábiles (es decir, sin contar domingos ni festivos).

Sabías que...

Cuando el despido por causas objetivas se produce por causas económicas, y como consecuencia de tal situación económica no se pudiera poner a disposición del trabajador la indemnización de 20 días por año de servicio en el momento de la entrega de la carta de despido, el empresario, dejando constancia por escrito, podrá no pagarla, sin perjuicio del derecho del trabajador de exigir de aquel su abono cuando se haga efectiva la extinción del despido.

Debes conocer...

Cuando la opción de readmitir al trabajador fuera del empresario, deberá comunicar por escrito al trabajador la fecha de reincorporación dentro de los 10 días siguientes a la notificación de la sentencia, debiendo reincorporarse el trabajador en un plazo no inferior a 3 días desde la recepción del escrito.

Cuando sea el trabajador el que optara por la readmisión, será el juez el que obligue al empresario a reincorporar al trabajador en el plazo de 3 días.

Para que se pueda interponer la demanda en el juzgado, es obligatorio previamente el intento de conciliación de las partes ante el Servicio de Mediación, Arbitraje y Conciliación **(SMAC)** correspondiente. Si el acto de conciliación termina sin avenencia (las partes no llegan a un acuerdo), se da paso a la vía judicial y será el juez quien calificará el despido como:

- **Procedente:** cuando las causas alegadas por el empresario han quedado demostradas y se han cumplido los requisitos de forma (entrega de la carta de despido, describiendo de manera clara y precisa los hechos que motivan el despido y la fecha en que tendrá efecto este). El trabajador mantiene la indemnización de 20 días por año, con un máximo de 12 mensualidades que se le debe entregar junto con la carta de despido, y tendrá derecho a la prestación por desempleo.

- **Improcedente:** cuando no queda acreditada la causa alegada por el empresario o no se han cumplido los requisitos formales exigidos para el despido objetivo.

  No obstante, la no concesión del preaviso o el error excusable en el cálculo de la indemnización no supondrá la improcedencia del despido, aunque el empresario tendrá la obligación de abonar los salarios correspondientes al periodo de preaviso no respetado o realizar el pago de la indemnización en la cuantía correcta.

  En caso de despido improcedente, el empresario podrá optar en un plazo de 5 días desde la notificación de la sentencia entre:

  — Readmitir al trabajador y pagarle los salarios de tramitación (salarios que el trabajador dejó de percibir desde la fecha del despido hasta la fecha de notificación de la sentencia). En este caso, el trabajador deberá devolver la indemnización cobrada en el momento de la entrega de la carta de despido de 20 días por año de servicio.

  — No readmitir al trabajador y abonarle una indemnización de 33 días de salario por año de servicio, hasta un máximo de 24 mensualidades. Aunque, realmente, el empresario solo deberá pagarle al trabajador 13 días por año de servicio, ya que los otros 20 días por año se los pagó en el momento de la entrega de la carta de despido.

  Cuando el trabajador sea un representante legal de los trabajadores, será el trabajador y no la empresa quien elija si vuelve al trabajo o cobra la indemnización.

  Para conocer el proceso completo para calcular una indemnización por despido se debe leer atentamente la Actividad resuelta 4.9.

- **Nulo:** será nulo el despido que se base en alguna de las causas de discriminación prohibidas en la Constitución o en la ley, o bien se produzca vulnerando los derechos fundamentales del trabajador.

  Será también nulo el despido en los siguientes supuestos:

  — El de los trabajadores durante el periodo de suspensión del contrato de trabajo por maternidad, riesgo durante el embarazo, riesgo durante la lactancia natural, etcétera.

  — El de las trabajadoras embarazadas en periodo de gestación y el de los trabajadores que hayan solicitado o estén disfrutando permiso por lactancia, excedencia por cuidado de hijo y el de las trabajadoras víctimas de violencia de género por el ejercicio de los derechos de reducción o reordenación de su tiempo de trabajo, de movilidad geográfica, de cambio de centro de trabajo o de suspensión de la relación laboral.

  — El de los trabajadores después de haberse reintegrado al trabajo al finalizar los periodos de suspensión del contrato por maternidad, adopción o acogimiento o paternidad, siempre que no hubieran transcurrido más de 9 meses desde la fecha de nacimiento, adopción o acogimiento del hijo.

  Si el despido es calificado como nulo, la empresa deberá readmitir inmediatamente al trabajador y abonarle los salarios de tramitación. Por otro lado, el trabajador deberá devolver la indemnización de 20 días de salario por año de servicio, recibida en el momento de la entrega de la carta de despido.

Actividad resuelta

4.10. La empresa MILGESTIONES, SA, dedicada a la asesoría contable, laboral y fiscal, ha decidido cambiar todos sus programas informáticos de gestión. Para ello, ha entregado a los trabajadores los manuales de los nuevos programas informáticos y les comunica que en 20 días deberán adaptarse y saber utilizarlos plenamente o serán despedidos por falta de adaptación a las modificaciones técnicas del puesto de trabajo. Pasado dicho plazo, la empresa despide a 3 de sus trabajadores, entregándoles la carta de despido y alegando que no han sido capaces de adaptarse a los nuevos programas. Los trabajadores no están conformes con la causa del despido y deciden presentar una demanda en el Juzgado de lo Social.

a) ¿De qué tipo de despido se trata?

b) ¿Ha cumplido la empresa con los requisitos necesarios para poder despedir a los trabajadores por falta de adaptación a las modificaciones técnicas del puesto de trabajo?

Solución:

a) Se trata de un despido objetivo por falta de adaptación a las modificaciones técnicas del puesto de trabajo.

b) No, la actuación de la empresa no ha sido correcta ya que, para realizar un despido objetivo por falta de adaptación a las modificaciones técnicas del puesto de trabajo, previamente debería haber ofrecido a sus trabajadores un curso dirigido a facilitar la adaptación, en este caso, de los nuevos programas de gestión. Además, la empresa no puede extinguir los contratos de trabajo hasta que hayan transcurrido, como mínimo, 2 meses desde que se introdujo la modificación, habiendo transcurrido, en este caso, solo 20 días.

Actividades propuestas

4.14. La empresa BOTTON, SL comunicó el despido, con efectos de 20 octubre, de Miriam Sánchez, porque hallándose de baja médica cobrando la incapacidad temporal, desde hacía un mes estaba trabajando, realizando las mismas funciones, para otra empresa. La trabajadora, el día 5 de noviembre, recurre ante el Juzgado de lo Social dicho despido, previa presentación de la papeleta de conciliación ante el SMAC, sin acuerdo entre las partes.

a) ¿Cuál es la causa y el tipo de despido?

b) ¿Cuántos días tiene Miriam para reclamar el despido? ¿Cumple Miriam dicho plazo?

c) ¿Cómo piensas que será calificado el despido de Miriam, suponiendo que la empresa ha cumplido con los requisitos de forma necesarios?

4.15. Remedios, con un contrato indefinido ordinario, acaba de ser despedida, basando la empresa el despido en causas económicas que justifica convenientemente. En el momento de la entrega de la carta de despido, explicando de manera clara las causas del despido y la fecha en la que será efectivo, con 10 días de antelación a la fecha de este, la empresa indemniza a Remedios con 20 días por año trabajado. Además, la empresa le ha concedido un permiso de 6 horas semanales para la búsqueda de empleo durante el periodo de preaviso.

a) ¿De qué tipo de despido se trata?

b) ¿Cumple la empresa los requisitos de forma necesarios para efectuar el despido?

c) ¿Cómo crees que se calificará el despido en caso de reclamar Remedios el despido por no estar de acuerdo? ¿Qué consecuencias tendría para la trabajadora?

Despido colectivo

El despido colectivo es aquel que afecta a una gran parte de la plantilla de la empresa. Para realizar dicho despido, la empresa debe probar la existencia de causas económicas, técnicas, organizativas o de producción, y se definen dichas causas de igual manera que las estudiadas en el apartado anterior para la amortización de puestos de trabajo por causas objetivas.

Así pues, se entenderá por despido colectivo la extinción de contratos de trabajo fundada en causas económicas, técnicas, organizativas o de producción cuando, en un periodo de 90 días, la extinción afecte a:

a) Al menos 10 trabajadores, en empresas de menos de 100 trabajadores.

b) Al menos el 10 % de la plantilla en empresas de entre 100 y 300 trabajadores.

c) Al menos a 30 trabajadores en empresas de más de 300 trabajadores.

d) La totalidad de la plantilla de la empresa, siempre que el número de trabajadores afectados sea superior a 5.

Es importantísimo destacar que, tras la sentencia del Tribunal Supremo (17 de octubre de 2016) deben calificarse como despido colectivo, tanto las situaciones en las que las

En el caso práctico inicial

En el caso de Rodrigo, la falta de adaptación a las modificaciones técnicas del puesto de trabajo, siempre que tales modificaciones sean razonables y después de haber recibido el trabajador cursos de formación y haber transcurrido 2 meses desde la modificación, puede ser causa de despido objetivo.

extinciones de contratos computables superen los umbrales del art. 51.1 ET (analizadas en el párrafo anterior), tomando la totalidad de la empresa como referencia, como aquellas otras en las que se excedan esos mismos umbrales en los casos en que afecten a un único centro de trabajo siempre que en el mismo presten servicios más de 20 trabajadores. De esta manera, se entenderá igualmente despido colectivo la extinción de contratos de trabajo, en un periodo de 90 días, cuando la extinción afecte a:

- Al menos 10 trabajadores, en cualquiera de los centros de trabajo de una empresa, siempre que dicho centro de trabajo tenga entre 21 y 100 trabajadores.
- Al menos el 10 % de la plantilla en cualquiera de los centros de trabajo de una empresa, siempre que dicho centro de trabajo tenga entre 100 y 300 trabajadores.
- Al menos 30 trabajadores en cualquiera de los centros de trabajo de una empresa, siempre que dicho centro de trabajo tenga más de 300 trabajadores.

Así pues, el Tribunal Supremo considera despido colectivo el que alcance los umbrales del art. 51.1 ET en un centro de trabajo, siempre que dicho centro de trabajo cuente con más de 20 trabajadores.

Procedimiento

El procedimiento de despido colectivo deberá llevarse a cabo de la siguiente forma:

▶ APERTURA DEL PERIODO DE CONSULTAS

- El procedimiento de despido colectivo se iniciará mediante la apertura de un periodo de consultas con los representantes legales de los trabajadores.
- La comunicación de la apertura del periodo de consultas se realizará mediante un escrito dirigido por el empresario a los representantes legales de los trabajadores y el envío simultáneo de una copia a la autoridad laboral.
- El escrito de comunicación deberá reflejar al menos: las causas del despido, el número de despidos y el grupo profesional al que pertenecen, la fecha prevista para los despidos y los criterios seguidos para escoger a los trabajadores afectados.
- La duración máxima del periodo de consultas será de 30 días naturales, o de 15 días en el caso de empresas de menos de 50 trabajadores.
- Durante el periodo de consultas, las partes deberán negociar de buena fe con el objetivo de conseguir un acuerdo que pueda reducir las consecuencias del expediente de regulación de empleo (ERE) para los trabajadores afectados o posibilitar la continuidad y viabilidad del proyecto empresarial.
- Los representantes de los trabajadores tendrán prioridad de permanencia en la empresa.
- Los trabajadores que se vean afectados por el ERE deberán ser preavisados, a partir de la apertura del periodo de consultas, mediante la entrega de la carta de despido con 30 días de antelación antes de la fecha de despido.

▶ COMUNICACIÓN A LA AUTORIDAD LABORAL

- A la finalización del periodo de consultas, el empresario comunicará a la autoridad laboral el resultado de este.
- La autoridad laboral no podrá paralizar la tramitación del expediente de regulación de empleo (ERE), aunque sí podrá realizar advertencias y recomendaciones.
- Los representantes de los trabajadores pueden impugnar el despido colectivo ante el Tribunal Superior de Justicia correspondiente.

Efectos

Los trabajadores cuyos contratos se extingan tendrán derecho a una indemnización de 20 días de salario por año de servicio, con un máximo de 12 mensualidades. Por otro lado, podrán solicitar la prestación por desempleo.

Si el despido colectivo es recurrido por algún trabajador o los representantes de los trabajadores y calificado posteriormente como nulo, la empresa deberá readmitir a estos (salvo en algunas situaciones, como en el caso de que la empresa obligada a readmitir al trabajador o trabajadores haya cerrado y por lo tanto ya no exista) y abonarles los salarios de tramitación (salarios que los trabajadores dejaron de percibir desde la fecha del despido hasta la fecha de notificación de la sentencia). Por otro lado, los trabajadores deberán devolver la indemnización por despido que recibieron en su momento.

Para calcular la indemnización por despido se seguirá el proceso descrito en la Actividad resuelta 4.9.

Actividad resuelta

4.11. José Luis, representante legal de los trabajadores en la empresa en la que trabaja, ha sido incluido en el expediente de regulación de empleo que está realizando su empresa por causas económicas, tras haber obtenido pérdidas este año. La empresa, que cuenta con una plantilla de 150 trabajadores, y un único centro de trabajo, ha planteado el despido de 30 de ellos.

a) ¿De qué tipo de despido se trata?
b) ¿Son correctas las causas que alega la empresa para realizar los despidos?
c) ¿Puede incluir la empresa a José Luis en el ERE?
d) ¿Qué efectos tendrán los despidos para los trabajadores?

Solución:

a) Al tener la empresa entre 100 y 300 trabajadores, para que se considere colectivo hay que despedir al menos al 10 % de la plantilla, que en este caso son 15 trabajadores. Como la empresa ha despedido a 30, se trata de un despido colectivo.
b) La empresa basa los despidos en causas económicas. La normativa considera que existe una situación económica negativa cuando existan pérdidas actuales o previstas o [...]. Por lo tanto, al tener actualmente la empresa pérdidas, puede llevar a cabo el despido colectivo por causas económicas.
c) No, ya que los representantes de los trabajadores tienen prioridad de permanencia en la empresa. Por ello, la empresa no puede incluirlos en el ERE mientras haya otros trabajadores que vayan a permanecer en la empresa y no sean representantes de estos.
d) Los trabajadores cuyos contratos se extingan tendrán derecho a una indemnización de 20 días de salario por año de servicio, con un máximo de 12 mensualidades. Por otro lado, los trabajadores podrán solicitar la prestación por desempleo.

4.4. Procedimiento de actuación del trabajador en caso de despido

Cualquier trabajador que no esté conforme con la decisión de despido tomada por el empresario podrá presentar, en el plazo de 20 días hábiles (se excluyen los sábados, domingos, los días 24 y 31 de diciembre, los festivos nacionales, locales y autonómicos), desde la fecha de despido, una demanda en el Juzgado de lo Social, siguiendo el procedimiento que se describe a continuación:

1. Presentar una solicitud de acto de conciliación

Para tratar de evitar el proceso judicial, se obliga a intentar una conciliación previa antes de acudir al Juzgado de lo Social. Para ello, se deberá presentar una papeleta de conciliación previa ante el Servicio de Mediación, Arbitraje y Conciliación de tu comunidad autónoma (SMAC).

En el momento de entrega de la papeleta de conciliación, se fijará la fecha y hora para la celebración del acto de conciliación. La presentación de dicha papeleta ante el SMAC paraliza el plazo de 20 días para presentar la demanda.

2. Asistir al acto de conciliación

Acudir al acto de conciliación es obligatorio, tanto para trabajador como para empresario. El citado acto tiene como objetivo que las dos partes lleguen a un acuerdo en presencia de un árbitro del SMAC. El resultado puede ser:

- Con avenencia (hay acuerdo). El empresario optará entre el pago de las indemnizaciones previstas o la reincorporación del trabajador a su puesto de trabajo. El acuerdo paraliza la presentación de la demanda en el juzgado.
- Sin avenencia (no hay acuerdo). Se presentará la demanda ante el Juzgado de lo Social por parte del trabajador.
- No se presenta el empresario (sin efecto). Se considera que no existe conciliación y, consecuentemente, se debe presentar la demanda.
- No se presenta el trabajador (sin efecto). Se considera que el trabajador renuncia a reclamar al empresario y, por tanto, no puede presentar la demanda ante el Juzgado de lo Social.

Si el acto de conciliación finaliza sin acuerdo, o bien no se presenta la empresa, el plazo volverá a reanudarse desde el día en que quedó paralizado al acudir al SMAC.

Actividad propuesta

4.16. Cristina trabaja como contable en una empresa, con un único centro de trabajo, de 280 trabajadores. La empresa ha presentado un expediente de regulación de empleo basado en causas económicas, que afecta a 40 trabajadores. La situación de la empresa era insostenible, debido a las pérdidas generadas durante los últimos ejercicios. La empresa ha abierto el periodo de consultas con los representantes de los trabajadores y, finalizado este, han llegado a un acuerdo que han comunicado a la autoridad laboral.

a) ¿De qué tipo de despido se trata? ¿Por qué?
b) ¿Cuál podrá ser la duración máxima del periodo de consultas?
c) ¿Qué efectos tendrá para la trabajadora la aceptación del ERE?

3. Presentar una demanda ante el Juzgado de lo Social

Una vez presentada la demanda, el juez la admitirá o solicitará corregir los errores que contenga. El juez indicará la fecha y hora para llevar a cabo los actos de conciliación y el juicio. El contenido de la demanda deberá describir con exactitud los hechos que la motivaron teniendo que ser idénticos a los expuestos en la papeleta de conciliación previa, salvo que se hubiesen conocido con fecha posterior. En la primera demanda que se presente en el Juzgado de lo Social no hay que pagar tasas judiciales. Sí habrá que pagar tasas en el caso de recurrir la sentencia ante el Tribunal Superior de Justicia.

Sabías que...

Los trabajadores pueden acudir a la vista oral representándose a sí mismos y llevando personalmente su defensa, aunque siempre es aconsejable asistir acompañado de un abogado o un graduado social colegiado.

4. Conciliación judicial

El juez intentará una nueva conciliación previa al comienzo del juicio entre las partes. Si no fuese posible la conciliación, se comenzará inmediatamente el juicio oral.

5. Celebración del juicio oral

Se ratificará la demanda por parte del demandante. El demandado responderá afirmando o negando los hechos que se relatan en la demanda.

Las partes tomarán la palabra tantas veces como el juez lo estime oportuno para realizar las alegaciones pertinentes en defensa de sus posiciones.

Posteriormente, se realizará la práctica de pruebas (interrogatorio de parte, documental, pericial, etcétera).

Una vez practicadas las pruebas, las partes presentarán oralmente sus conclusiones.

En el caso práctico inicial

La empresa debe entregar el finiquito a todos los trabajadores despedidos: Beatriz, Felipe y Rodrigo. Solo Felipe, por no estar de acuerdo con la liquidación entregada por la empresa, no deberá firmarlo, o si lo firma hará constar su desacuerdo mediante la expresión «recibí no conforme».

6. Sentencia

El juez dictará sentencia, en la que se declarará el despido como procedente, improcedente o nulo.

4.5. El finiquito

El empresario, al comunicar la extinción del contrato, tal como establece el artículo 49.2 del ET, sea por el motivo que sea, deberá entregar al trabajador un documento de liquidación con las cantidades que se le deben hasta la fecha de extinción del contrato.

El finiquito deberá contener los siguientes puntos:

- El **salario correspondiente a los días trabajados y no cobrados del mes en curso hasta el día de la extinción.**
- La **parte proporcional de las vacaciones no disfrutadas** (calculadas desde el 1 de enero del año en curso hasta el día de cese, y descontando los días disfrutados si los hubiera).
- La **parte proporcional que corresponda de las pagas extraordinarias hasta la fecha de extinción del contrato.** Las pagas extraordinarias se devengan durante varios meses (generalmente 6 meses o 1 año), es decir, se tendrá derecho a cobrarlas enteras cuando se haya trabajado dicho periodo.

  Ejemplos:

  — Paga de devengo anual: un trabajador que tiene derecho a 1 paga extra en diciembre de 2020 de devengo anual la cobrará por trabajar el año completo anterior a la fecha en que debe cobrarse, es decir, por trabajar del 1 de enero al 31 de diciembre de 2020 (fecha en la que se cobra).

  — Paga de devengo semestral: un trabajador que tiene derecho a 1 paga extra en diciembre de 2020 de devengo semestral la cobrará por trabajar el semestre completo anterior a la fecha en que debe cobrarse, es decir, por trabajar del 1 de julio al 31 de diciembre de 2020 (fecha en la que se cobra).

Debes conocer...

Es práctica habitual que, ante la extinción de un contrato, muchas empresas entreguen una nómina liquidando los días trabajados y no cobrados en el mes de extinción del contrato y, el resto de conceptos que se le debe pagar al trabajador se entreguen en el finiquito (pagas extraordinarias generadas y no disfrutadas, vacaciones generadas y no disfrutadas, las indemnizaciones que correspondan y las deducciones que correspondan por IRPF y cotización a la Seguridad social).

- Las **indemnizaciones que correspondan** (por ejemplo: la indemnización por finalización de contrato temporal o bien por despido objetivo procedente).
- Las **deducciones que correspondan por cotización del trabajador a la Seguridad Social y la retención a cuenta correspondiente por IRPF.**

Es importante destacar que la **firma del finiquito** no implica la aceptación del despido, sino la aceptación de la liquidación, siempre y cuando no se consigne en el finiquito que «con ello se da por saldado y finiquitado por todos los conceptos sin que quepa reclamación alguna», o el trabajador exprese mediante una declaración en no estar de acuerdo con el despido y que lo recibe en calidad de recibo por saldado, siempre que con la cantidad se esté conforme. Así pues, es fundamental conocer cómo debemos actuar ante la presentación de un finiquito.

Recomendamos que, al firmar el finiquito, se haga una mención expresa en el mismo ante estas situaciones para evitar posibles perjuicios o renuncia a derechos:

- No se está de acuerdo con el despido: consignar una referencia al respecto en el finiquito, por ejemplo: «no conforme con el despido», «en desacuerdo con el despido», «disconforme con el despido», etc.
- No se está de acuerdo con la cantidad a recibir: consignar una referencia al respecto en el finiquito, por ejemplo: «no conforme», «en desacuerdo», etc.
- No se está de acuerdo ni con el despido ni con la cantidad: consignar con alguna de las referencias anteriormente descritas para cada caso.

Como podemos comprobar, dada la importancia del finiquito y las consecuencias que pueden derivarse de su firma, el trabajador puede solicitar la presencia de un representante de los trabajadores. Si la empresa se niega, es aconsejable hacer constar dicha circunstancia en el finiquito.

Si no se ha recibido el finiquito o no se está conforme, se puede reclamar a la empresa presentando una papeleta de conciliación. Se tiene un año de plazo para presentar la papeleta desde el momento que la empresa tenía que haber pagado los conceptos incluidos en el finiquito.

No existe un modelo normalizado de finiquito, por lo que en la siguiente Actividad resuelta presentamos un modelo válido con el contenido mínimo que debería reflejar el modelo de finiquito que debe entregarse al trabajador.

Actividad resuelta

4.12. Rocío Sanz, con NIF 34567873T y número de afiliación a la Seguridad Social 44/0004015/44, está prestando sus servicios en la empresa FICMAS, SA con un contrato indefinido ordinario desde el 1 de septiembre de 2016, con la categoría profesional de auxiliar administrativa, grupo 7 de cotización a la Seguridad Social. Rocío comunica al empresario su voluntad de finalizar la relación laboral que les une el día 10 de marzo de 2020, presentando así su dimisión. Rocío no había disfrutado de ningún día de sus vacaciones hasta la fecha de la dimisión.

Las retribuciones económicas mensuales de la trabajadora son las siguientes:

- Salario base: 1.109 €.
- Antigüedad: 95 €.
- Incentivo: 208 €.

Además, tiene derecho a 2 pagas extraordinarias de devengo anual, iguales al salario base más la antigüedad, en los meses de julio y diciembre.

Las vacaciones anuales son de 30 días naturales de descanso retribuidos. La retención practicada a la trabajadora en concepto de retención a cuenta del IRPF es del 15 %. Elabora el finiquito que debe entregar la empresa a Rocío.

Solución:

Para obtener el finiquito deberemos calcular:

a) Días trabajados de marzo hasta la extinción del contrato y no cobrados. Para calcularlos seguiremos los siguientes pasos:

1. Se calculan los días trabajados en el mes extinción del contrato de trabajo. En este caso, en marzo, mes de extinción del contrato de trabajo, Rocío ha trabajado 10 días.
2. Se calcula el salario diario del mes. Lo obtendremos sumando todas las retribuciones mensuales de la trabajadora y dividiéndolas entre 30 días. A efectos del cálculo del salario diario, se dividirá siempre por 30, pese a que haya meses que tengan 31 o 28 días.

$$\text{Salario diario} = \frac{\text{Total de retribuciones mensuales}}{30 \text{ días}} = \frac{1.109 + 95 + 208}{30} = 47{,}07 \text{ €}$$

3. Se multiplica el salario de un día por los días trabajados hasta la extinción del contrato. Tendremos, entonces, el salario que le debe la empresa por los 10 días trabajados de marzo:

Total por días trabajados y no cobrados = 47,07 €/día × 10 días = 470,70 €

b) Vacaciones no disfrutadas. Para calcular el importe que le corresponde a Rocío por las vacaciones no disfrutadas seguiremos los siguientes pasos:

1. Calcular los días trabajados en el año hasta la extinción del contrato. Rocío tiene derecho a 30 días naturales por cada año trabajado (360 días). En este caso, no ha trabajado todo el año (solo desde el 1 de enero hasta la fecha en la que finaliza su relación laboral, el 10 de marzo), por lo que el importe de las vacaciones no disfrutadas será proporcional al tiempo trabajado. Por ello, en primer lugar, deberemos calcular los días trabajados hasta la extinción del contrato (para el cálculo debes considerar todos los meses de 30 días):

Días trabajados desde el 1 de enero al 10 de marzo ⟶ (2 meses × 30 días) + 10 días de marzo = 70 días.

2. Calculamos el importe que le corresponde a Rocío por las vacaciones no disfrutadas. Es importante destacar que para calcular el salario que un trabajador debe cobrar durante las vacaciones debemos incluir, generalmente, el salario que normalmente cobra el trabajador todos los meses incluyendo los conceptos salariales que cobras habitualmente (salario base y complementos salariales, excluyendo lógicamente las horas extras) y no incluyendo los conceptos no salariales (dietas, plus de transporte, etcétera). En este caso, el importe que le hubiese correspondido a Rocío cobrar por sus 30 días de vacaciones hubiese sido 1.412 € (1.109 € de salario base + 95 € de antigüedad + 208 € de incentivo). Ahora sí, podremos calcular el importe que le corresponde a la trabajadora por las vacaciones no disfrutadas mediante una sencilla regla de tres:

Si por trabajar 360 días ········ le pertenecerían ········ 1.412 € (importe de 30 días de vacaciones)
Por trabajar 70 días ·············· le corresponderán ······ X días

$$\text{Importe por vacaciones no disfrutadas} = \frac{1.412 \times 70}{360} = 274{,}56 \text{ €}$$

c) Parte proporcional de la paga extra de julio (devengo anual). Para calcular la parte de la paga extra de julio que le corresponde a Rocío seguiremos los siguientes pasos:

1. Calculamos los días de paga extra que le corresponden a la trabajadora. La paga extra de julio es de devengo anual, por lo que tendría derecho a cobrarla totalmente si hubiese trabajado el año completo anterior a la fecha en que debe cobrarse, es decir, desde el 1 de agosto del año anterior (2019) al 31 de julio de este año 2020 (fecha en la que se debe cobrar). Rocío ha trabajado solo hasta el 10 de marzo de 2020. Por lo tanto, le corresponderán:

Días que le corresponden de la paga de julio: desde el 1 de agosto de 2019 al 10 de marzo de 2020 ⟶
⟶ 7 meses y 10 días ⟶ (7 meses × 30 días) + 10 días = 220 días.

2. Cálculo del importe de la parte proporcional de la paga extra de julio. A través de una sencilla regla de tres calcularemos el importe de la siguiente manera:

Si por 360 días trabajados … le corresponden … 1.204 € (importe total de la paga)
Por 220 días trabajados … le corresponderán … X

X = 735,78 euros de paga de julio

d) Parte proporcional de la paga extra de diciembre (devengo anual). Para calcular la parte de la paga extra de diciembre que le corresponde a Rocío seguiremos los siguientes pasos:

1. Calculamos los días de paga extra que le corresponden a la trabajadora. La paga extra de diciembre es de devengo anual, por lo que tendría derecho a cobrarla totalmente si hubiese trabajado el año completo anterior a la fecha en que debe cobrarse, es decir, desde el 1 de enero al 31 de diciembre de 2020 (fecha en la que se debe cobrar). Rocío ha trabajado solo hasta el 10 de marzo de 2020. Por lo tanto, le corresponderán:

Días que le corresponden de la paga de diciembre: desde el 1 de enero al 10 de marzo de 2019 ⟶ 2 meses y 10 días ⟶
⟶ (2 meses × 30 días) + 10 días = 70 días.

2. Cálculo del importe de la parte proporcional de la paga extra de diciembre. A través de una sencilla regla de tres calcularemos el importe de la siguiente manera:

Si por 360 días trabajados ... le corresponden ... 1.204 € (importe total de la paga)

Por 70 días trabajados ... le corresponderán ... X

X = 234,11 euros de paga de diciembre

e) **Cálculo de las deducciones a la Seguridad Social y la cuota de retención a cuenta por IRPF.** Todas las cantidades recibidas deberán cotizar a la Seguridad Social o tributar a la Hacienda Pública por IRPF, de la misma forma que vimos en la Unidad 3 para el cálculo de las nóminas. Estas cantidades se deducirán del finiquito; aunque nosotros, para intentar simplificar el proceso y no hacerlo más complejo aún, no las calcularemos.

Finalmente, el finiquito que recibirá Rocío quedará de la siguiente manera:

En Madrid, a 10 de marzo de 2020:

Con la firma del presente documento, D.ª Rocío Sanz, con DNI 34567873T, confirma la finalización de su relación laboral por dimisión de la trabajadora con la empresa FICMAS, SA y, por tanto, extinguido el contrato de fomento de la contratación indefinida en fecha de 10 de marzo de 2020 y suscrito entre ambos en fecha de 1 de septiembre de 2016, percibiendo las siguientes cantidades.

DEVENGOS	
• Salario no cobrado del mes en curso	470,70 €
• Vacaciones no disfrutadas	274,56 €
• Parte proporcional de la paga de julio	735,78 €
• Parte proporcional de la paga de diciembre	234,11 €
TOTAL DEVENGADO	1.715,15 €
DEDUCCIONES	
• Cotizaciones a la Seguridad Social	108,91 €
• IRPF (15 %)	257,27 €
TOTAL A DEDUCIR	366,18 €
LÍQUIDO TOTAL A PERCIBIR	**1.348,97 €**

Habiendo percibido la cuantía arriba indicada, doy totalmente por saldada y finiquitada mi deuda con la empresa, por toda clase de conceptos derivados como consecuencia de la relación laboral existente hasta el día de la baja, no quedando ninguna cantidad pendiente de reclamación a la referida empresa.

Lo que firmo y ratifico para que conste y en prueba de conformidad en la fecha y el lugar arriba indicados.

A los efectos oportunos, declaro que he firmado este finiquito en presencia de un representante de los trabajadores. Firmado	A los efectos oportunos, declaro que no he hecho uso de la presencia de un representante de los trabajadores. Firmado

1. Modificación sustancial del contrato de trabajo

4.1. Pedro trabaja de vendedor en una tienda de electrodomésticos. Su jefe se ha marchado de vacaciones y le deja al cargo de la tienda durante todo el mes de agosto, teniendo que hacer además de su trabajo el de su jefe. ¿Estamos ante un caso de movilidad funcional? ¿Qué derechos tiene el trabajador?

4.2. Raquel solicita a su empresa que la traslade de centro de trabajo pues considera que, al ser víctima de violencia de género, la empresa tiene la obligación de concederle el traslado si ella lo solicita. La empresa responde que no es posible, pues no hay ninguna vacante. ¿Es correcta la actuación de la empresa? ¿Qué puede hacer la trabajadora?

4.3. Señala qué clase de modificación de contrato se produce en las siguientes situaciones:

Situación	Modificación
Cambio de funciones a las de un grupo profesional inferior.	
Traslado indefinido a un centro de trabajo situado en otro país.	
Cambiar del turno de tarde al turno de mañana.	
Traslado temporal a un centro de trabajo situado en otra provincia.	
Cambiar la jornada intensiva por jornada partida.	

4.4. Alberto y Verónica están casados, viven en Málaga y trabajan en la misma agencia de viajes. La empresa ha comunicado a Verónica su traslado, con carácter definitivo, a Barcelona, para que se encargue de la nueva agencia que la empresa ha abierto en esta ciudad.

a) ¿Qué opciones tiene Verónica?

b) ¿Puede solicitar Alberto el traslado a la nueva agencia de Barcelona?

c) ¿Qué sucedería si no aceptase el traslado?

d) ¿Cómo deben comunicarle el traslado?

4.5. Una empresa de seguridad, por necesidades organizativas, cambia el horario de trabajo a un empleado. Este venía desarrollando su actividad en turno de mañana, desde su entrada en la empresa, y se le cambia al turno de tarde durante 4 días a la semana, y al de noche 1 día. El trabajador considera que esta modificación de su horario, que le causa un grave trastorno y perjuicio, constituye una modificación sustancial de las condiciones de trabajo, pues ha sido acordado por la empresa de forma unilateral, por lo que considera que debe ser repuesto en su horario original. ¿Se trata de una modificación sustancial? ¿Qué opciones tiene el trabajador?

4.6. Estefanía trabaja como oficiala administrativa en una empresa constructora, aunque posee el Grado en Arquitectura. La empresa le ha pedido que colabore con el departamento técnico ejerciendo como arquitecta y ella accede encantada. Después de 9 meses, Estefanía trabaja la jornada completa ejerciendo funciones superiores a las que fue contratada sin que se haya producido ningún cambio en su salario ni en su grupo profesional. ¿Puede Estefanía realizar esas funciones? ¿Qué derechos tiene?

2. Suspensión del contrato de trabajo

4.7. Señala aquellos supuestos que constituyan causa de suspensión del contrato de trabajo:

- ☐ Cierre de la empresa por fallecimiento del empresario.
- ☐ Trabajadora elegida diputada al Parlamento.
- ☐ Trabajador que dimite de su puesto de trabajo.
- ☐ Trabajadora enferma con incapacidad permanente.
- ☐ Trabajador privado de libertad sin sentencia condenatoria.
- ☐ Abandono del puesto de trabajo.
- ☐ Despido disciplinario procedente.
- ☐ Trabajador en huelga.
- ☐ Trabajadora que acaba de adoptar un niño de 1 año.
- ☐ Trabajador sancionado de empleo y sueldo 3 días.
- ☐ Cierre temporal de la empresa por huelga de los trabajadores.

4.8. Marcos y Sofía han adoptado dos niños de 1 y 2 años, respectivamente. Describe cómo podrán distribuirse el permiso por adopción.

4.9. Felipe disfruta de una excedencia forzosa por haber sido designado para cargo público. A los 2 meses de haber finalizado el cargo, solicita su reingreso en su anterior empresa. ¿Tiene la empresa obligación de readmitirlo? Razona tu respuesta.

4.10. María trabaja en una constructora como arquitecta. Convive temporalmente con ella un sobrino menor de edad. El chico ha sufrido un accidente de tráfico y deberá estar hospitalizado 2 meses. María ha solicitado la excedencia para cuidar a su sobrino y la empresa se la ha denegado, alegando que no se trata un familiar directo. ¿Tiene derecho María a solicitar la excedencia? ¿Por qué?

4.11. Sandra trabaja de vendedora en unos grandes almacenes desde hace 10 años. Siempre ha tenido la idea de montar su propio negocio y se ha decidido a hacerlo. Pretende pedir una excedencia en su trabajo, por si no le va bien con su empresa.

a) ¿Tiene derecho a solicitar la excedencia?

b) ¿Cuál podría ser su duración?

c) Cuando finalice la excedencia, si no le va bien con su negocio y quiere volver a su antiguo puesto de trabajo, ¿podrá hacerlo?

4.12. Francisco ha sido padre de trillizos. ¿Tiene derecho a suspender su contrato de trabajo? ¿Cuáles serían sus efectos? ¿Y su mujer, que es la madre biológica?

3. Extinción del contrato de trabajo

4.13. José Luis ha trabajado con la empresa RASTA, SL con un contrato por obra o servicio, de 14 meses de duración. La empresa comunicó por escrito al trabajador con 5 días de antelación la finalización de su relación laboral.

a) ¿Ha realizado correctamente la empresa la forma y el plazo de preaviso de la terminación del contrato? ¿Cuáles son los efectos de un posible incumplimiento?

b) ¿Tiene derecho José Luis a percibir alguna indemnización por la extinción del contrato?

4.14. La empresa AVERNO, SA, que tiene como único centro de trabajo el inmueble situado en la calle Atenea, de León, tuvo que finalizar su actividad al haber sufrido un incendio que destruyó totalmente el inmueble con todas sus existencias haciendo imposible reconstruirlo y reanudar la actividad. La empresa contaba con 5 trabajadores en su plantilla.

a) ¿Al amparo de qué causa podría extinguir la empresa AVERNO, SA los contratos de trabajo de sus trabajadores?

b) ¿Qué trámites debe realizar la empresa para extinguir las relaciones laborales de sus trabajadores?

c) ¿Qué derechos tendrían los trabajadores con motivo de la extinción de sus relaciones laborales?

4.15. Indica a qué tipo de despido pertenecen estas causas:

- La indisciplina o desobediencia.
- La ineptitud del trabajador conocida o sobrevenida con posterioridad a su contratación en la empresa.
- La embriaguez habitual o toxicomanía, si repercuten negativamente en el trabajo.
- La falta de adaptación a las modificaciones técnicas del puesto de trabajo.
- Una plantilla de 280 trabajadores repartidos en dos centros de trabajo de 150 y 130 cada uno, despidiendo la empresa a 20 trabajadores pertenecientes al primero.
- Una plantilla de 280 trabajadores repartidos en dos centros de trabajo de 150 y 130 cada uno, despidiendo la empresa a 30 trabajadores de la totalidad de la empresa.
- Una plantilla de 280 trabajadores repartidos en dos centros de trabajo de 150 y 130 cada uno, despidiendo la empresa a 20 trabajadores, de los cuales 15 pertenecen al centro de 150 trabajadores; y 5 al de 130.

4.16. Rocío Sainz trabaja como auxiliar administrativa de la empresa PARQUESOL, SL mediante un contrato de trabajo temporal de 6 meses de duración, en el cual se había pactado que si Rocío contraía matrimonio, la empresa se reservaba el derecho a resolver el contrato sin abono de indemnización.

A los 2 meses, Rocío Sainz contrajo matrimonio y la empresa resolvió el contrato de trabajo en aplicación de la cláusula pactada.

a) ¿Cuál ha sido la causa de extinción pretendida por la empresa PARQUESOL, SL?

b) ¿Crees que ha sido legal la extinción de la relación laboral de Rocío?

4.17. Sofía lleva aguantando durante más de 10 meses los continuos retrasos de la empresa donde trabaja en el pago de los salarios. Como consecuencia, ha decidido presentar una demanda ante el Juzgado de lo Social para solicitar la extinción del contrato de trabajo. El juzgado ha dado la razón a Sofía y ha obligado a la empresa a extinguir el contrato.

Sofía llevaba trabajando en la empresa 5 años hasta la fecha de extinción, teniendo un salario diario de 55 € en cómputo anual (prorrata de las pagas extras incluidas). ¿Tiene derecho Sofía a algún tipo de indemnización? En caso afirmativo, calcúlala.

4.18. La empresa CRIOLAR, SA comunica, el 16 de julio, por escrito a uno de sus trabajadores su despido disciplinario por la siguiente causa:

Carta destinada a Ignacio Rías:

> «La dirección de la empresa le comunica que, con efectos del 19 de julio, queda usted despedido por las razones que usted ya conoce, y que se le comunicaron verbalmente».

a) ¿Cómo habrá de ser calificado el despido de Ignacio de ser impugnado judicialmente, considerando el contenido de la carta de despido?

b) ¿Qué consecuencias tendrá dicho despido?

4.19. José Luis trabaja desde hace más de 16 años como cajero en una sucursal del Banco Santander en Madrid. El 27 de mayo, la mujer de José Luis llama a primera hora de la mañana a la oficina bancaria para avisar al director del banco que su marido no podrá ir a trabajar en 2 días por un fuerte proceso gastrointestinal. El director del banco le comenta que le diga a su marido que no se preocupe y se cuide.

José Luis, en realidad, no está enfermo sino que, como es un gran aficionado del fútbol, se ha ido con un grupo de amigos a Londres para presenciar la final de la Champions League entre Sevilla FC y Chelsea. Como se trata de un acontecimiento de gran repercusión mundial, los periodistas hacen muchas entrevistas y fotografías a los seguidores españoles, entre ellos a José Luis. Por esta razón, al día siguiente del partido, el 28 de mayo se publica, en primera página de un conocido periódico deportivo, una fotografía de José Luis y sus compañeros durante el encuentro de fútbol.

El director del banco, cuando ve la fotografía de José Luis en el periódico, le pide explicaciones, y este le responde que, como temía que no le diera permiso para realizar el viaje, fingió estar enfermo.

El director del banco, el día 30 de mayo, le despide, entregándole la carta de despido, donde se detallan de manera clara y precisa las causas del despido y la fecha en la que se hace efectivo. José Luis reclama contra el despido.

a) ¿De qué tipo de despido se trata? ¿Cuál crees que ha sido la causa de este?
b) ¿Cuáles deben ser los requisitos de forma? ¿Los ha realizado correctamente la empresa?
c) ¿Qué plazo de tiempo tiene José Luis para reclamar el despido si está en desacuerdo?
d) ¿Cómo crees que será calificado el despido? ¿Qué efectos tendrá?

4.20. La empresa FATOGA, SL comunicó el 20 de mayo, con efectos de 6 de junio, la extinción del contrato de trabajo indefinido de Belén González, por ineptitud de la trabajadora sobrevenida. La empresa entrega junto con la carta de despido a Belén, donde se detallan de manera clara las causas del despido y la fecha en la que será efectivo, una indemnización de 20 días de salario por año trabajado, concediéndole un permiso retribuido de 6 horas semanales durante el periodo de preaviso.

Belén lleva trabajando 10 años en la empresa con un salario mensual de:

- Salario base: 1.200 €.
- Plus de responsabilidad: 300 €.

Además, recibe 2 pagas extraordinarias en los meses de julio y diciembre, iguales al salario base.

Belén no está de acuerdo con las causas alegadas, por lo que decide recurrir el despido.

a) ¿De qué tipo de despido se trata?
b) Analiza si es correcta la forma en la que se realiza el despido.
c) ¿Cómo crees que será calificado el despido? ¿Cuáles son sus efectos?
d) Calcula la indemnización que debe cobrar Belén.

4.21. La empresa FOTMER, SL comunicó el 10 de abril, mediante la entrega de la carta de despido, correctamente cumplimentada, la extinción del contrato de Juan Pernás, con efectos del 25 de abril, poniéndole a su disposición una indemnización de 120 días de salario, al tener una antigüedad en la empresa de 6 años de servicio, concediéndole durante el preaviso una licencia retribuida de 6 horas semanales. La causa de extinción que la empresa alegó y justificó fue la falta de adaptación del trabajador a las modificaciones técnicas de su puesto de trabajo, siendo el cambio técnico razonable, y habiendo transcurrido un mes y medio desde que se introdujeron dichas modificaciones y un mes desde que finalizó el curso de adaptación que la empresa impartió a sus trabajadores.

a) ¿De qué tipo de despido se trata?
b) ¿Cómo crees que debería ser calificado el despido si Juan decide reclamarlo por no estar de acuerdo? ¿Cuáles serán sus efectos?

4.22. Luis acaba de ser despedido por faltas reiteradas e injustificadas al trabajo. La comunicación del despido ha sido realizada por Rosa, la directora general. En el mismo momento de la comunicación Rosa entrega el finiquito, que Luis firma «recibí no conforme». Luis no está conforme con las causas alegadas para su despido y decide presentar una demanda ante el Juzgado de lo Social, previa presentación de la papeleta de conciliación ante el SMAC, sin acuerdo entre las partes.

a) ¿De qué tipo de despido se trata?
b) ¿Puede reclamar Luis una vez que ha firmado el finiquito?
c) ¿Cómo podrá calificar el despido el juez? ¿Qué ocurriría en cada caso?

4.23. María Guerra, con NIF 38567873R y número de afiliación a la Seguridad Social 34/1000739/98, está prestando sus servicios en la empresa RISK, SL con domicilio social en Madrid, con un contrato por obra o servicio, desde el 1 de abril de 2015, con grupo profesional de oficial administrativo, grupo 5 de cotización a la Seguridad Social. El día 20 de septiembre de 2016, la empresa despide a la trabajadora, previa entrega de la carta de despido, justificándolo por graves insultos por parte de María a sus compañeros. No conforme con la decisión empresarial, la trabajadora presenta una demanda ante el Juzgado de lo Social, previa presentación de la papeleta de conciliación ante el SMAC, sin acuerdo entre las partes. Posteriormente, tras la celebración del juicio, el juzgado califica el despido como improcedente, optando el empresario por la no readmisión de la trabajadora y la entrega de la correspondiente indemnización.

Las retribuciones económicas mensuales de la trabajadora son las siguientes:

- Salario base: 1.218 €.
- Antigüedad: 115 €.
- Plus de convenio: 108 €.

Además, tiene derecho a 2 pagas extraordinarias, de devengo semestral, iguales al salario base más la antigüedad, cada una de ellas en los meses de junio y diciembre.

Las vacaciones anuales son de 30 días de descanso retribuidos, no habiendo disfrutado de ningún día en el momento del despido. La retención practicada a la trabajadora en concepto de retención a cuenta del IRPF es del 14 %.

a) Elabora el finiquito que debe entregar la empresa a María.
b) ¿Qué hubiese ocurrido si la trabajadora hubiese disfrutado de la totalidad de las vacaciones en la fecha de despido?

Modificación, suspensión y extinción del contrato de trabajo

NAZCA, SA es una importante compañía que surge de la fusión de dos empresas del sector farmacéutico, con oficinas en Madrid y Barcelona. La fusión supone suprimir una de ellas, por lo que se decidió mantener la oficina de Madrid, siendo necesario llevar a cabo una importante reestructuración de la plantilla. Los responsables de recursos humanos proponen las siguientes actuaciones:

De la totalidad de la plantilla actual, 400 trabajadores, la empresa propone despedir a 40 visitadores médicos por causas organizativas. Para ello, se abre un periodo de negociación con los representantes de los trabajadores de 15 días naturales.

a) ¿De qué tipo de despido se trata? ¿Es correcto el procedimiento que se ha iniciado?

Han ofrecido el traslado a Madrid a 30 trabajadores. Entre ellos está Rubén, analista de laboratorio, casado y con dos niños de 1 y 4 años, que lo ha aceptado.

b) ¿Se trata de un traslado colectivo? ¿Qué opciones tiene Rubén? ¿Podría pedir una excedencia?

Marta es auxiliar administrativa y acaba de terminar un ciclo de grado superior de Laboratorio de Análisis y Control de Calidad. Temporalmente, deberá realizar las funciones del técnico de control de calidad que ha sido despedido por insultar al jefe de recursos humanos.

c) ¿Qué tipo de movilidad es? ¿Es legal? ¿Qué opciones tiene Marta?

Sandra está contratada como visitadora médica. Ha aceptado el traslado, aunque las funciones que va a realizar son de recepcionista en la oficina de Madrid y le han comentado que sufrirá una rebaja en su salario, acorde con sus nuevas funciones.

d) ¿Es legal esta situación? ¿Qué aconsejarías a Sandra?

Despiden a Luis, uno de los repartidores, porque ha sido condenado por infracción muy grave de tráfico, tras conducir bajo los efectos del alcohol y de manera manifiestamente temeraria, y le han retirado el permiso de conducir durante 1 año.

e) ¿Cuál crees que ha sido la causa alegada por la empresa para despedir a Luis?

f) Si el despido fuera procedente, ¿le correspondería alguna indemnización? En caso afirmativo, calcúlala, sabiendo que su salario mensual es de 900 euros de salario base, que recibe 2 pagas extraordinarias de 900 euros cada una y que llevaba 3 años trabajando en la empresa.

SALA DE PRENSA

Despedida estando de baja médica por unas fotos de Facebook de sus amigas

La trabajadora despedida, que prestaba sus servicios en un hotel de Avilés, causó una baja médica e inició una situación de incapacidad temporal, debido a una contractura cervical, el mismo día en que el hotel tenía programada una boda con 110 comensales y coincidiendo con una despedida de soltera, a la cual la trabajadora estaba invitada.

El *modus operandi* de la trabajadora parece evidente, no quería trabajar porque tenía una despedida de soltera a la cual estaba invitada.

Lo malo vino cuando sus amigas publicaron fotografías en Facebook, de las cuales se desprende que la trabajadora había cogido un avión para ir a Madrid y había estado en el Parque Warner subiendo a varias atracciones, incompatibles con una contractura cervical, y visitando locales de ocio por la noche.

Se ordenó a un informático de la empresa investigar esas fotografías, a las cuales pudo acceder libremente, ya que no estaban bloqueadas por ningún sistema de privacidad de Facebook, y el resultado debió fastidiar en cierto grado a la empresa, que decidió contratar a un detective privado para seguir a la trabajadora, que aún seguía de baja médica.

Dos semanas después, la trabajadora salió de fiesta con sus amigas hasta las 6:20 h, según consta en el informe y las fotografías que el detective privado realizó. Iba con tacones muy altos, se paseó por diversos locales y bailó al ritmo de la música, sin mostrar en ningún momento algún impedimento debido a su lesión cervical.

A los pocos días, la trabajadora recibió una carta por despido disciplinario, justificando como falta muy grave la simulación de una enfermedad o accidente, tal y como reconocen tanto el Convenio colectivo para la Hostelería del Principado de Asturias como la jurisprudencia aplicable.

La trabajadora intentó defenderse, alegando su abogado que las fotografías no podían obrar como prueba en el juicio, ya que se habían obtenido espiando a la trabajadora a través de páginas privadas de Facebook y, por tanto, debían entenderse ilícitas. También defendió que la trabajadora no ha simulado una contractura cervical, sino que esta fue real; no obstante, no le impidió realizar ciertas actividades como las descritas, puesto que no estaban contraindicadas por el tratamiento médico.

Tanto en primera instancia como en el Tribunal Superior de Justicia se rechazaron estos argumentos y se desestimaron la primera demanda y el posterior recurso de la trabajadora, admitiendo el despido disciplinario y sin indemnización alguna.

Fuente: *www.laboroteca.com,*
27 de febrero de 2014.

a) ¿Cuáles son las causas que pueden provocar un despido disciplinario? ¿En cuál de ellas se basa la sentencia dictada?

b) ¿Ha cumplido la empresa con los requisitos formales para poder efectuar un despido disciplinario de manera correcta?

c) ¿Qué proceso sigue todo despido desde que el trabajador lo reclama hasta la sentencia?

Participación de trabajadores en la empresa

5

Contenidos

Objetivos

- Identificar las distintas formas de representación de los trabajadores en la empresa.
- Conocer las garantías y competencias de los representantes de los trabajadores.
- Analizar los principales aspectos de los convenios colectivos.
- Conocer las medidas de conflicto colectivo.
- Describir las consecuencias del ejercicio del derecho a huelga.

Cuestiones

a) **¿Conoces algún sistema de representación de los trabajadores en la empresa?**

b) **¿Podrías nombrar algún sindicato?**

c) **¿En qué consiste una huelga? ¿Recuerdas alguna? ¿Sabes cuáles son las consecuencias que puede tener para el trabajador y para la empresa?**

Caso práctico inicial

ESLA, SL es una empresa compuesta por 60 trabajadores que se dedica a la distribución de productos agrícolas. Recientemente se han celebrado elecciones para elegir a los representantes de los trabajadores. Inés, que está afiliada a un sindicato, ha sido elegida delegada y formará parte del comité de empresa; muy pronto tendrá que enfrentarse a un asunto complicado, la negociación del nuevo convenio de empresa.

Con este convenio, ESLA, SL pretende cambiar, entre otras cuestiones importantes, la cuantía del salario base y de los complementos salariales, el abono y la compensación por horas extras y el horario de trabajo, ofreciendo unas condiciones peores que las establecidas en el convenio del sector; la empresa lo justifica diciendo que en el último trimestre han disminuido los ingresos por ventas y está teniendo muchas pérdidas.

Para informar a los trabajadores sobre este asunto, el comité ha convocado una reunión durante la jornada laboral en las instalaciones de la empresa que no ha sido autorizada por Javier, el director general, porque dice que se perderán horas de trabajo, causando un grave perjuicio a la empresa, y amenaza a Inés con el despido si la reunión finalmente se llegara a celebrar. Ante esta situación, las negociaciones se han roto y los representantes de los trabajadores han convocado una jornada de huelga como medida de protesta.

5.1. La representación de los trabajadores en la empresa

Los trabajadores tienen derecho a participar en la empresa a través de sus **representantes,** para defender sus derechos e intereses. Esta representación se ejerce en **dos niveles:**

- La representación colectiva sindical, a través de los **sindicatos,** que se ejerce mediante los delegados sindicales y la sección sindical.
- La representación colectiva unitaria, que se ejerce mediante los **delegados de personal** y el **comité de empresa.**

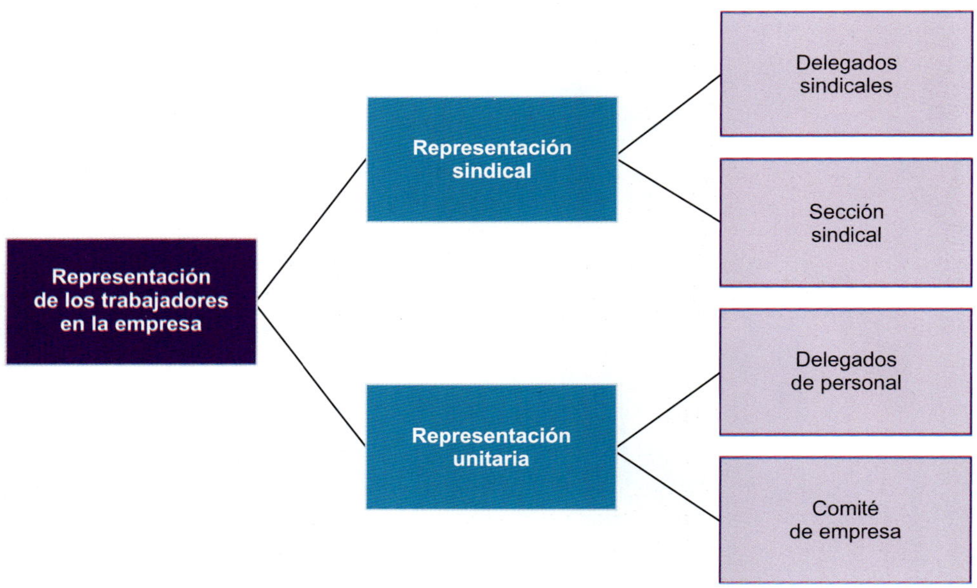

El **derecho de participación** de los trabajadores en la empresa está reconocido en la Constitución española y en el Estatuto de los Trabajadores. Este derecho se ve reforzado por el reconocimiento del **derecho de los trabajadores a reunirse** en asamblea. El lugar de reunión será el centro de trabajo, si las condiciones de este lo permiten, y siempre fuera de las horas de trabajo, salvo acuerdo con el empresario. La convocatoria de dicha asamblea se comunicará al empresario con **48 horas de antelación.**

En el caso práctico inicial

La empresa ESLA, SL tiene un comité de empresa como órgano de representación de los trabajadores en la empresa y cuyos miembros acaban de ser elegidos.

Por otro lado, los trabajadores no pueden ejercer su derecho de reunión, tal como recrimina Javier a Inés, debido a que no cumplen con lo establecido legalmente para ejercer tal derecho, concretamente, al convocar la asamblea en horario laboral sin consentimiento del empresario.

Actividad resuelta

5.1. Miriam acaba de ser contratada en una empresa con una plantilla de 12 trabajadores. Quiere ejercer su derecho de participación en la empresa, pero no sabe cómo puede hacerlo. ¿Podrías orientarla?

Solución:

Miriam puede ejercer su derecho a participar en la empresa de dos formas: por la vía sindical, afiliándose a un sindicato, y por la vía unitaria, presentándose como candidata a delegada de personal.

5.2. La representación colectiva sindical

La representación colectiva sindical se ejerce a través de los sindicatos, que son asociaciones de trabajadores por cuenta ajena, cuyo objetivo es la defensa de los intereses profesionales, económicos y laborales de los asociados a través del mantenimiento o la mejora de las condiciones de trabajo.

La aparición de los sindicatos en el siglo XIX coincide con el comienzo del movimiento obrero y la formación de la conciencia obrera. En España, con la publicación de la Constitución de 1978, se proclama la libertad sindical como derecho fundamental (artículo 28.1 CE), el cual se desarrolla a través de la **Ley Orgánica 11/1985, de 2 de agosto, de Libertad Sindical,** de la que podemos destacar las siguientes características:

▶ LEY ORGÁNICA DE LIBERTAD SINDICAL	
¿Qué derechos establece?	• Derecho a fundar sindicatos. • Derecho a afiliarse o no a un sindicato, a separarse del sindicato al que pertenezca y a elegir libremente el sindicato al que afiliarse. • Derecho a elegir libremente a sus representantes por parte de cada afiliado dentro de cada sindicato. • Derecho a ejercer la actividad sindical.
¿Quién puede afiliarse a un sindicato?	• Los trabajadores por cuenta ajena. • Los trabajadores por cuenta propia que no tengan trabajadores a su servicio. • Los trabajadores en paro. • Los trabajadores que hayan cesado en su actividad laboral como consecuencia de su incapacidad o de su jubilación. • Trabajadores de la Administración Pública.
¿Quién no puede afiliarse a un sindicato?	• Miembros de las Fuerzas Armadas (Ejército) y otras de carácter militar (Guardia Civil). • Jueces, magistrados y fiscales mientras se hallen en activo. • Los miembros de las fuerzas y los cuerpos de la Seguridad del Estado no militares (Policía), que tendrán su normativa específica.

Actividad resuelta

5.2. Leonor, Jorge, Pedro, Roberto y María son amigos, tienen profesiones diferentes y quieren averiguar si pueden o no afiliarse a un sindicato. ¿Puedes ayudarles? María es autónoma y propietaria de una pequeña tienda de ropa infantil en la que trabaja Leonor como dependienta. Roberto es guardia civil, Pedro es funcionario de prisiones y trabaja en la prisión como psicólogo, y finalmente Jorge es camarero de profesión pero actualmente está en el paro.

Solución:

a) Leonor sí puede afiliarse, pues es trabajadora por cuenta ajena.
b) Jorge sí se puede afiliar porque es trabajador en paro.
c) Pedro sí puede afiliarse porque es funcionario del Estado.
d) Roberto no puede afiliarse; pertenece a la Guardia Civil, un cuerpo que tiene carácter militar.
e) María no puede afiliarse porque es autónoma y tiene trabajadores a su servicio.

5.2.1. La representatividad de los sindicatos

Sabías que...

Los criterios para establecer la representatividad de un sindicato no son iguales en todos los países de la Unión Europea. En Francia, por ejemplo, prevalece el número de afiliados a un sindicato sobre el de los votos conseguidos en las elecciones sindicales. Este último criterio se tiene en cuenta de manera adicional.

Los sindicatos pueden representar a muchos o a pocos trabajadores; esto depende de los resultados que obtengan en las elecciones sindicales. La mayor o menor representatividad de un sindicato es fundamental para establecer sus competencias y derechos. Podemos distinguir **tres tipos de sindicatos, en función de la representatividad** obtenida tras las elecciones:

▶ SINDICATOS SEGÚN NIVEL DE REPRESENTATIVIDAD	
Sindicatos más representativos a nivel estatal	Son sindicatos que en las elecciones sindicales obtienen a nivel nacional el 10 % o más del total de delegados de personal y de los miembros de los comités de empresa. En España, actualmente, los sindicatos más representativos a nivel estatal son UGT y CC. OO.
Sindicatos más representativos en las comunidades autónomas	Son sindicatos que en las elecciones sindicales obtienen a nivel autonómico el 15 % o más del total de delegados y miembros de los comités de empresa, siempre que cuenten con un mínimo de 1.500 representantes y no estén federados con organizaciones sindicales de ámbito estatal. Por ejemplo, ELA-STV (País Vasco) o CIG (Galicia).
Sindicatos representativos en otros ámbitos	Son sindicatos que obtienen en un ámbito funcional específico (sector) el 10 % o más del total de delegados o miembros del comité de empresa. Por ejemplo, SAF (Sindicato Andaluz de Funcionarios).

Las organizaciones que tengan la consideración de sindicato más representativo gozarán de capacidad representativa a todos los niveles territoriales y funcionales para:

a) Ejercer funciones de representación ante la Administración Pública.

b) Participar en la negociación colectiva.

c) Intervenir como interlocutores en la determinación de las condiciones de trabajo en la Administración Pública.

d) Participar en los sistemas no jurisdiccionales de solución de conflictos laborales.

e) Promover elecciones para delegados de personal y comités de empresa y órganos correspondientes de la Administración Pública.

f) Obtener cesiones temporales del uso de inmuebles patrimoniales públicos.

Los sindicatos que no alcancen el carácter de más representativos pueden ejercer en su ámbito todas estas capacidades, excepto los apartados a) y f).

Actividad resuelta

5.3. En las últimas elecciones sindicales se dieron los siguientes resultados en porcentaje de votos:

Sindicato	Estatal	Comunidad Autónoma de Andalucía	Sector del comercio
LIF	37,8 %	35 %	5 %
STD	30 %	12 %	5 %
CUT	5 %	32 %	15 %

¿Puedes señalar los sindicatos que son representativos en los diferentes ámbitos?

Solución:

a) Los sindicatos representativos a nivel estatal son LIF Y STD, pues superan el 10 % de votos.

b) Los sindicatos representativos a nivel autonómico son LIF y CUT, porque superan el 15 % de los votos, siempre que cuenten con un mínimo de 1.500 representantes y no estén federados con organizaciones sindicales de ámbito estatal.

c) El sindicato CUT es el más representativo dentro del sector del comercio, al superar el 10 % de los votos.

5.2.2. La representación sindical en la empresa

Los órganos de representación del sindicato en la empresa son las **secciones sindicales** y los **delegados sindicales.**

Secciones sindicales

Las secciones sindicales son **grupos organizados de trabajadores** dentro de una empresa o centro de trabajo afiliados a un mismo sindicato. Pueden existir tantas secciones sindicales como sindicatos estén representados en la empresa. Tendrán más o menos derechos y garantías, dependiendo de la dimensión de la plantilla y de la representatividad que tengan dentro de los órganos unitarios.

Los **trabajadores afiliados a un sindicato** tienen derecho a:

- Constituir **secciones sindicales** y elegir al **delegado sindical,** de acuerdo con lo establecido en los estatutos del sindicato.
- Celebrar **reuniones** (previo aviso al empresario, fuera del horario laboral).
- **Distribuir información** del sindicato.
- **Recibir información** del sindicato en la empresa (correo).
- Recaudar las **cuotas** del sindicato (ahora se descuentan en la nómina o se domicilia el pago en el banco).

Sin perjuicio de lo que se establezca mediante convenio colectivo, las secciones sindicales de los sindicatos más representativos y de los que tengan representación en los comités de empresa o cuenten con delegados de personal tendrán los siguientes **derechos** añadidos:

- Tendrán a su disposición un **tablón de anuncios** en el centro de trabajo, situado en un lugar accesible a los trabajadores, para publicar información que sea de interés para estos.
- Pueden **negociar convenios colectivos** en la empresa.
- En empresas o centros de trabajo que tengan más de 250 trabajadores, tendrán derecho a utilizar un **local** adecuado para desarrollar sus actividades.

Delegados sindicales

Los delegados sindicales son trabajadores que **representan a un determinado sindicato** en la empresa. Además de representar a la sección sindical que los ha elegido, asumen las funciones de coordinación interna de dicha sección y sirven de conexión con el sindicato al que pertenece.

Para que un sindicato tenga un delegado sindical dentro de la empresa, la ley exige que se cumplan dos requisitos:

- Que el centro de trabajo tenga **250 o más trabajadores.**
- Que sea una sección sindical perteneciente a un sindicato que **tenga al menos 1 representante dentro del comité** de empresa.

Los delegados sindicales tendrán las mismas garantías que las establecidas para los delegados de personal y los miembros del comité de empresa. Además, poseerán los siguientes derechos adicionales:

- Tener acceso a la **misma información y documentación** que la empresa ponga a disposición del comité de empresa.
- **Asistir a las reuniones de los comités** de empresa y de los órganos internos de la empresa en materia de seguridad e higiene, con voz pero sin voto.
- **Ser oídos** por la empresa previamente a la adopción de medidas de carácter colectivo que afecten a los trabajadores en general y a los afiliados a su sindicato en particular, especialmente en los despidos y sanciones de estos últimos.

La designación del delegado sindical debe ser comunicada por la sección sindical a la empresa, para que esta le reconozca sus derechos y competencias.

Concepto clave

Centro de trabajo: es una unidad productiva autónoma, con organización específica, que está dada de alta como tal ante la autoridad laboral.

En el caso práctico inicial

Inés puede constituir una sección sindical ya que está afiliada a un sindicato, pero nunca podrá elegir delegados sindicales, pues la empresa tiene menos de 250 trabajadores.

La siguiente tabla muestra cuántos delegados sindicales puede haber en una empresa:

▶ NÚMERO DE DELEGADOS SINDICALES POR SECCIÓN SINDICAL		
Secciones sindicales de sindicatos que no hayan obtenido el 10 % de los votos en la elección de miembros del comité de empresa		1
Secciones sindicales de sindicatos que hayan obtenido al menos el 10 % de los votos	De 250 a 750 trabajadores	1
	De 751 a 2.000 trabajadores	2
	De 2.001 a 5.000 trabajadores	3
	De 5.001 trabajadores en adelante	4

Actividad resuelta

5.4. En un centro de trabajo hay una plantilla de 2.500 trabajadores. Después de las elecciones sindicales, los 3 sindicatos que se presentaron consiguieron tener representantes dentro del comité de empresa y obtuvieron los siguientes resultados:

- SIC 55 %.
- TU 30 %.
- VOS 8 %.

¿Cuántos delegados sindicales le corresponden a cada uno de los sindicatos?

Solución:

Como la empresa tiene en plantilla más de 250 trabajadores y los 3 sindicatos están representados dentro del comité de empresa, los 3 pueden tener delegados sindicales.

El sindicato VOS no ha llegado al 10 % de los votos, por lo que tendrá derecho a 1 delegado sindical. Los sindicatos SIC y TU han sobrepasado el 10 % de votos y, por tratarse de un centro que posee entre 2.001 y 5.000 trabajadores, le corresponden 3 delegados sindicales a cada uno. En total, son 7 los delegados sindicales que podría tener la empresa.

Actividades propuestas

5.1. Calcula el número de delegados sindicales que podrían corresponder a una empresa formada por 500 trabajadores, en la que existen 2 secciones sindicales, de las cuales una pertenece a un sindicato con un 10 % de representatividad, y otra que no llegó a alcanzar el 10 % de los votos. Ambas tienen representación dentro del comité de empresa.

5.2. En la empresa LOFT, SL, de 760 empleados, 10 de sus trabajadores pertenecientes a un mismo sindicato deciden constituir una sección sindical. ¿Es posible formar secciones sindicales y elegir delegados sindicales?

5.3. La representación colectiva unitaria

La representación de los trabajadores en la empresa se ejerce a través de los órganos de representación unitaria: los **delegados de personal** y los **comités de empresa.** Sus miembros son **elegidos directamente por los trabajadores,** a través de unas elecciones, y **representan a todos los trabajadores** de la empresa o centro de trabajo, independientemente de su afiliación sindical, antigüedad, categoría profesional o cualquier otra característica (al contrario de lo que sucede con los delegados sindicales, que solo representan a su sindicato).

5.3.1. Los delegados de personal

Los delegados de personal son los representantes de los trabajadores en empresas o centros de trabajo que tengan **menos de 50 trabajadores.** El número de delegados dependerá del número de trabajadores que haya en plantilla, según la siguiente tabla:

▶ NÚMERO DE TRABAJADORES	▶ NÚMERO DE DELEGADOS DE PERSONAL
De 6 a 10	1 delegado. Su elección es voluntaria, lo deciden los trabajadores por mayoría.
De 11 a 30	1 delegado de personal.
De 31 a 49	3 delegados de personal.

Cuando exista más de 1 delegado de personal, las decisiones las tomarán de **común acuerdo** (mancomunadamente).

5.3.2. El comité de empresa

El comité de empresa es el órgano **de participación obligatorio** en empresas o centros de trabajo con **50 o más trabajadores.** El número de miembros que lo componen dependerá del **número de trabajadores** que haya en la empresa, según la siguiente escala:

▶ NÚMERO DE TRABAJADORES	▶ NÚMERO DE MIEMBROS DEL COMITÉ DE EMPRESA
De 50 a 100	5
De 101 a 250	9
De 251 a 500	13
De 501 a 750	17
De 751 a 1.000	21
De 1.001 en adelante	Se añaden 2 miembros más por cada 1.000 o fracción, hasta un máximo de 75

El comité de empresa actúa de manera **colegiada,** es decir, las decisiones o acuerdos se adoptarán **por mayoría.** De entre sus miembros se nombrará a un presidente y a un secretario del comité. La **duración del mandato** es de **4 años** y se puede prorrogar si no se celebran elecciones.

En determinados casos, además del comité de empresa se pueden constituir otros tipos de comités:

- **Comité intercentros.** Cuando una empresa tenga varios centros de trabajo que cuenten con comités de empresa propios, y siempre que el convenio colectivo permita esta posibilidad, se podrá constituir un comité intercentros. El número máximo de representantes será de 13, que serán elegidos entre los miembros de los comités que lo forman.
- **Comité de empresa conjunto.** Las empresas que tengan en la misma provincia o en municipios limítrofes varios centros de trabajo con menos de 50 trabajadores cada uno, pero cuyas plantillas en conjunto sumen 50 o más trabajadores, constituirán un comité de empresa conjunto.
- **Comité de empresa europeo.** Se crea por iniciativa de la dirección central de la empresa, previa petición escrita de un mínimo de **100 trabajadores** (o de sus representantes), que pertenezcan, al menos, a 2 centros de trabajo situados en diferentes estados de la Unión Europea.

Actividad resuelta

5.5. Una empresa que fabrica y vende prendas de vestir dispone de una fábrica con 1.900 trabajadores. Además, tiene 3 tiendas de venta al público en España, con 55 trabajadores en cada una. También ha abierto 2 tiendas en dos países de la Unión Europea, con 60 y 90 trabajadores respectivamente.

¿Cómo se puede organizar la representación de los trabajadores en esta empresa?

Solución:

En la fábrica, donde trabajan 1.900 trabajadores, habrá un comité de empresa, formado por 23 miembros (21 + 2). En cada una de las tiendas que hay en España se constituirá un comité de empresa, formado por 5 miembros cada uno.

De forma voluntaria se puede establecer un comité intercentros, formado por un máximo de 13 miembros, para coordinar a los anteriores comités. También, de forma voluntaria, se podrá constituir un comité de empresa europeo, al tener centros de trabajo en 2 países de la Unión Europea.

5.3.3. Competencias y garantías de los representantes de los trabajadores

Los delegados de personal y los miembros del comité de empresa, como representantes de los trabajadores, son un puente entre estos y la empresa. Para evitar que dichos representantes resulten perjudicados, el Estatuto de los Trabajadores, en su artículo 68, les otorga una serie de **garantías para el ejercicio de sus competencias.**

▶ COMPETENCIAS (ART. 64 TRLET)
• Recibir información de la empresa de diversos temas: situación económica y contable, nuevas contrataciones, absentismo laboral, accidentes de trabajo y enfermedades profesionales, sanciones impuestas por faltas graves o muy graves, etcétera.
• Ser consultados en temas como reestructuraciones de plantilla, reducciones de jornada, traslados, suspensiones de contratos, planes de formación profesional, etcétera.
• Vigilar el cumplimiento de la normativa laboral y de seguridad e higiene.
• Informar a sus representados de aquellos asuntos que puedan afectar a las relaciones laborales.
• Participar en la gestión de obras sociales determinadas por la empresa en beneficio de los trabajadores o de sus familiares.
• Colaborar con la empresa en la aplicación de medidas para el mantenimiento o mejora de la productividad, según lo pactado en el convenio colectivo.
• Derecho a recibir información relativa a la aplicación del derecho de igualdad de trato y oportunidades entre hombres y mujeres.

▶ GARANTÍAS (ART. 68 TRLET)
• En caso de ser sancionados por faltas graves o muy graves, deberá abrirse un expediente contradictorio, que consiste en una confrontación con el empresario en la que serán oídos, además del interesado, el comité de empresa o los restantes delegados de personal.
• Prioridad para permanecer en la empresa en los supuestos de extinción o suspensión del contrato por causas tecnológicas o económicas y traslados.
• No ser despedidos ni sancionados por el ejercicio de sus funciones durante su mandato ni dentro del año siguiente a la finalización de este.
• No sufrir discriminación en lo que a promoción económica o profesional se refiere.
• Derecho a un crédito horario para ejercer sus funciones.
• En caso de despido improcedente, el que decide si cobrar la indemnización o ser readmitido es el representante y no la empresa.
• Tienen derecho a expresar libremente sus opiniones en el ámbito de la representación, así como transmitir la información necesaria sobre temas de su competencia.

▶ NÚMERO DE TRABAJADORES DE LA EMPRESA	▶ CRÉDITO DE HORAS/MES
Hasta 100	15
De 101 a 250	20
De 251 a 500	30
De 501 a 750	35
De 751 en adelante	40

Sabías que...

El liberado sindical es un trabajador que deja de realizar sus funciones laborales normales para ejercer básicamente una actividad sindical.

Puede hacerlo, porque el crédito de horas de todos los miembros del comité se puede **acumular y transferir** a 1 sola persona (el liberado), que quedaría libre de sus funciones laborales.

En España, se calcula que hay en torno a **4.200 liberados** en el **sector privado** y más de **9.000** en el **sector público.**

Los representantes de los trabajadores tienen el deber de **sigilo profesional** sobre la información facilitada por la empresa en el ejercicio de sus funciones, aun después de haber dejado el cargo.

En las empresas o centros de trabajo, siempre que sus características lo permitan, se pondrá a disposición de los delegados de personal o del comité de empresa un **local adecuado** en el que puedan desarrollar sus actividades y comunicarse con los trabajadores, así como uno o varios **tablones de anuncios.**

Actividad resuelta

5.6. Mónica es delegada sindical en una empresa con 560 trabajadores. ¿Cuántas horas de crédito horario tendrá al mes para ejercer sus funciones sindicales? ¿Puede ser sancionada por ejercer dichas funciones?

Solución:

a) Tendrá derecho a un crédito horario de 35 horas al mes.

b) Mónica no puede ser despedida ni sancionada por ejercer funciones sindicales durante su mandato e incluso 1 año después de haber finalizado este.

Actividades propuestas

5.3. Una empresa tiene 4 centros de trabajo en Barcelona, con 25, 42, 38 y 70 trabajadores respectivamente. ¿Cómo pueden organizar la participación de los trabajadores en la empresa?

5.4. La empresa de Carlos tiene varios centros de trabajo en la misma localidad: 1 restaurante con 15 trabajadores, en el que trabaja él, y dos cafeterías con 9 y 20 empleados respectivamente.

a) ¿Pueden los trabajadores constituir un comité de empresa? Razona la respuesta.

b) Si Carlos fuese representante de los trabajadores, ¿cuál sería el número de horas que le corresponderían para realizar las tareas de representación?

5.4. La negociación colectiva

El derecho a la negociación colectiva queda recogido de manera expresa en nuestra Constitución y la norma que lo desarrolla es el Estatuto de los Trabajadores.

La negociación colectiva se puede definir como un **proceso de diálogo** que se produce entre los **representantes de los trabajadores y de los empresarios,** con el objetivo de establecer las condiciones colectivas de trabajo en la empresa, en el sector o en el ámbito geográfico al que se circunscribe. Los acuerdos alcanzados pueden quedar plasmados en tres tipos de documentos:

- **El convenio colectivo.** Es el más importante de los tres. **Establece las condiciones colectivas de trabajo** en el ámbito en el que se negocia (por ejemplo: Convenio colectivo de comercio de la Comunidad Autónoma de Andalucía).
- **El acuerdo marco.** Su función es **fijar la estructura de la negociación** colectiva y establecer reglas para resolver conflictos entre convenios colectivos de distinto ámbito. Los acuerdos marco **van dirigidos a las organizaciones sindicales y de empresarios** en el ámbito estatal y autonómico para que sigan unas indicaciones determinadas a la hora de negociar. Un claro ejemplo del establecimiento de acuerdos marco es el Acuerdo Interconfederal para la Negociación Colectiva (ANC).
- **El convenio de empresa.** Es **exclusivo de una empresa o un centro de trabajo** y se ocupa de aquellas condiciones de trabajo que el convenio colectivo no ha regulado. Los **convenios de empresa tienen preferencia de aplicación sobre los convenios de ámbito superior,** de manera que pueden negociar **mejores o peores condiciones** que el convenio del sector **en las siguientes materias:**
  - — Cuantía del salario base y complementos salariales (incluidos los vinculados a la situación y los resultados de la empresa).
  - — Abono o compensación de horas extras.
  - — Régimen de trabajo a turnos y su retribución.
  - — Horario y distribución del tiempo de trabajo.
  - — Planificación anual de las vacaciones.
  - — Adaptación al ámbito de la empresa del sistema de clasificación profesional.
  - — Adaptación de los aspectos de las modalidades de contratación que se atribuyen por el RDL a los convenios de empresa (contratos de formación, aprendizaje, etcétera).
  - — Medidas para favorecer la conciliación entre la vida laboral, familiar y personal.

Esto significa que el convenio de empresa **puede cambiar todas esas condiciones del convenio del sector aunque esté vigente.**

En el caso práctico inicial

Los trabajadores de ESLA, SL están representados mediante un comité de empresa, que estará conformado por 5 miembros, al tener la empresa entre 50 y 100 trabajadores. Por otro lado, el despido de Inés no sería procedente, ya que al ostentar el cargo de representante de los trabajadores, antes de la carta de despido se debe abrir por parte de la empresa un expediente contradictorio, en el que serán oídos los interesados y los demás miembros de la representación. La falta de realización del expediente contradictorio implica la declaración de improcedencia del despido o la nulidad.

Sabías que...

La negociación colectiva se regula en el artículo 82.2 del Estatuto de los Trabajadores: «Mediante los convenios colectivos y en su ámbito correspondiente, los trabajadores y empresarios regulan las condiciones de trabajo y de productividad; igualmente podrán regular la paz laboral a través de las obligaciones que se pacten».

Debes conocer...

El convenio colectivo es una fuente del Derecho Laboral. La Constitución española, al reconocer su fuerza vinculante, lo convierte en auténtica norma jurídica de obligado cumplimiento.

En el caso práctico inicial

Inés acaba de ser elegida para formar parte del comité de empresa de ESLA, SL y pronto tendrá que negociar el nuevo convenio colectivo de la empresa. ¿Puede Inés intervenir en la negociación del nuevo convenio? En principio sí podría formar parte de la comisión negociadora, ya que es miembro del comité de empresa y el convenio que se va a negociar es un convenio de empresa.

5.5. El convenio colectivo

Un convenio colectivo es un acuerdo suscrito entre los representantes de los trabajadores y de los empresarios para **fijar las condiciones de trabajo y productividad** en un ámbito laboral determinado. Los convenios colectivos **obligan** a todos los empresarios y trabajadores **incluidos dentro de su ámbito de aplicación y durante todo el tiempo de su vigencia.**

Sin perjuicio de lo anterior, las **empresas, por causas económicas, técnicas, organizativas o de producción,** pueden **acordar** con los representantes de los trabajadores legitimados para negociar un convenio colectivo **no aplicar en la empresa** las condiciones de trabajo previstas en el convenio colectivo, sea este de sector o de empresa, que afecten a las siguientes materias:

- Jornada de trabajo.
- Horario y distribución del tiempo de trabajo.
- Régimen de trabajo a turnos.
- Sistema de remuneración y cuantía salarial.
- Sistema de trabajo y rendimiento.
- Movilidad extraordinaria de funciones.
- Mejoras voluntarias de la acción protectora de la Seguridad Social.

En el caso práctico inicial

Con el nuevo convenio, ESLA, SL pretende cambiar condiciones laborales importantes, como la cuantía del salario base y de los complementos salariales, entre otras, ofreciendo unas condiciones peores que las establecidas en el convenio del sector.

En este caso, la empresa no puede hacerlo, pues no concurren causas económicas, debido a que la empresa solo ha tenido pérdidas en 1 trimestre y la ley establece que sean 2 trimestres consecutivos.

Se entiende que concurren **causas económicas** cuando la empresa tenga **pérdidas** actuales o previstas, o disminuyan sus ingresos **durante 2 trimestres seguidos,** siempre que el nivel de ingresos registrado sea inferior al registrado en esos mismos trimestres del año anterior.

Si no hay acuerdo con los representantes de los trabajadores, **se acude a la comisión paritaria** del convenio y después al **arbitraje** en la Comisión Consultiva Nacional.

Para tener **validez,** los convenios colectivos se realizan por **escrito** y se **presentan a la autoridad laboral.** Se pueden aplicar en el momento en que las partes así lo decidan.

Un convenio debe tener un **contenido mínimo,** establecido en el artículo 85.3 del Estatuto de los Trabajadores, y es el siguiente:

- Indicación de las partes que lo han negociado.
- Ámbito de aplicación personal, funcional, territorial y temporal.
- Procedimientos para solucionar las discrepancias que puedan surgir por la no aplicación de las condiciones de trabajo.
- Forma y condiciones de denuncia (comunicación) de la finalización del convenio, así como plazo de preaviso para dicha denuncia.
- Designación de la **comisión paritaria.**

5.5.1. Ámbito de aplicación

Cualquier convenio colectivo debe indicar su ámbito personal, funcional, territorial y temporal.

Debes conocer...

Las condiciones de trabajo que regula un convenio colectivo son fundamentalmente las que afectan al salario y al tiempo de trabajo, como la jornada, las vacaciones, los turnos, el salario, el régimen disciplinario, etcétera.

Por eso, cuando accedamos a un nuevo puesto de trabajo, es importante leer el contenido del convenio colectivo que nos afecta, pues nos permitirá conocer nuestros derechos y nuestras obligaciones específicas para esta relación laboral.

Sabías que...

Los convenios colectivos pueden ser de dos tipos:

- **Estatutarios:** son los que durante la negociación siguen todos los requisitos establecidos en el Título III del Estatuto de los Trabajadores.
- **Extraestatutarios:** son los que no han seguido durante el proceso de negociación todos los requisitos establecidos en el ET, por lo que su eficacia se encuentra limitada únicamente a las personas que participaron en la negociación y no al resto. Por ejemplo, el pacto alcanzado por el colectivo de vigilantes de una empresa y el dueño de esta para cobrar un plus de nocturnidad.

En el caso práctico inicial

Por el ámbito personal de aplicación, el convenio que tendrá que negociar Inés es un convenio de empresa, pues solo afectará a los trabajadores de ESLA, SL.

▶ ÁMBITOS DE APLICACIÓN DE UN CONVENIO

El **ámbito personal** hace referencia a los trabajadores o grupos de estos a los que se destina el convenio colectivo.

El **ámbito funcional** se refiere al sector de actividad económica (automóvil, metalúrgico, seguros, bancos, etc.) o, en su caso, a la empresa o al centro de trabajo al que se aplica el convenio. En el primer caso se denominan **convenios sectoriales** y en el segundo **convenios de empresa.**

El **ámbito territorial** indica el espacio geográfico en el que se aplica el convenio colectivo: puede ser estatal, autonómico, provincial o local.

El **ámbito temporal** determina el tiempo que el convenio estará vigente. Cuando finalice el plazo de tiempo establecido en el convenio, si las partes no solicitan su renovación, el convenio se **prorrogará de año en año**, excepto si el convenio establece otros plazos. Pero si las partes solicitan su renovación y transcurre 1 año sin que se haya acordado un nuevo convenio, el antiguo desaparecerá (salvo pacto en contra) y se aplicará el convenio de ámbito superior.

Sabías que...

El ámbito de aplicación de un convenio colectivo puede ampliarse a trabajadores y empresarios no incluidos en la correspondiente unidad de negociación, bien mediante la adhesión voluntaria de las partes, bien mediante un acto administrativo de extensión del convenio.

5.5.2. Partes negociadoras

Son los representantes de los trabajadores y de los empresarios los que están legitimados para negociar un determinado convenio. Dependiendo del tipo de convenio que se deba negociar, las **partes legitimadas para negociarlo pueden ser:**

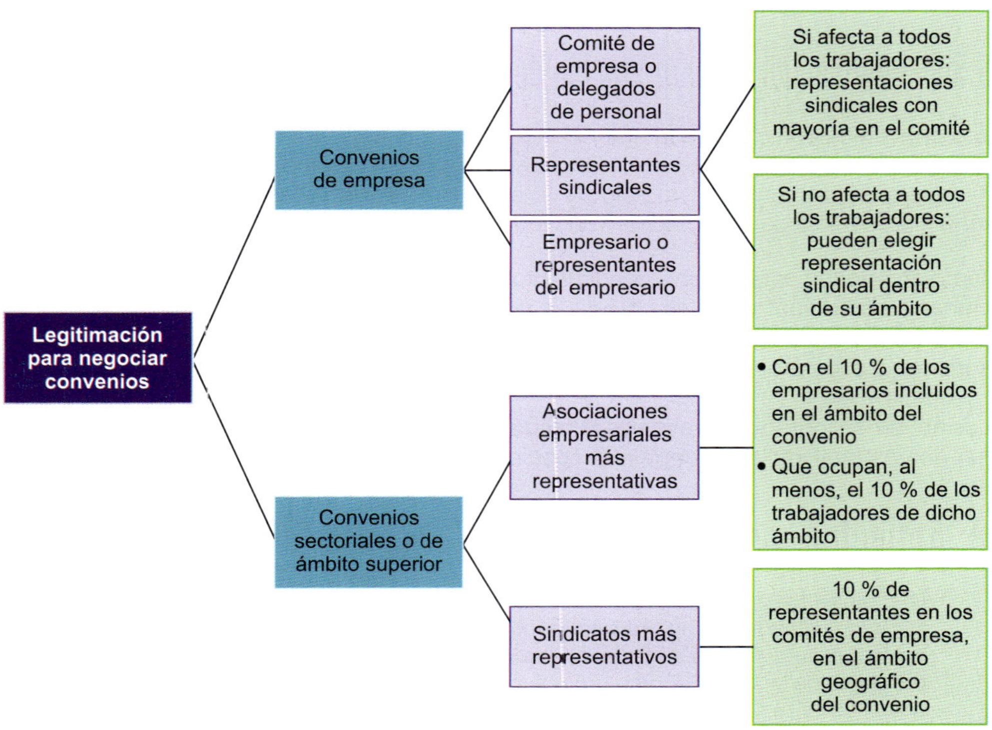

Cualquier sindicato, federación o confederación sindical y toda asociación empresarial que reúna el requisito de legitimación tendrá derecho a formar parte de la comisión negociadora del convenio colectivo. Esta no queda válidamente constituida si se ha excluido a un sindicato o a una asociación empresarial con derecho a formar parte de esta, aunque los que la hayan constituido tengan legitimidad suficiente para negociar y tengan la mayoría requerida.

En el caso práctico inicial

La comisión negociadora estará constituida por representantes de la empresa, de los sindicatos más representativos dentro de su ámbito y por miembros del comité de empresa, entre los que puede estar Inés, si es que resulta elegida para formar parte de dicha comisión. No todos los miembros del comité estarán en esa comisión, como máximo pueden ser 12 los representantes de los trabajadores.

5.5.3. Proceso de negociación

El proceso de negociación normalmente se produce tras haber terminado el periodo de vigencia del anterior convenio colectivo y tiene las siguientes fases:

Sabías que...

Todas las sesiones de la comisión negociadora deben estar presididas por el principio de la buena fe; esto supone un comportamiento leal que busque obtener acuerdos, de forma que no existan engaños, amenazas o actos violentos.

▶ FASE 1. SOLICITUD DE NEGOCIACIÓN

- Es una propuesta por escrito que realiza una de las partes legitimadas y se la presenta a la otra parte.
- Una copia de esta comunicación deberá remitirse a la autoridad laboral, con el fin de tenerla informada.

▶ FASE 2. RESPUESTA

- El destinatario de la solicitud está obligado a contestar por escrito en el plazo de 1 mes.
- La respuesta solo puede ser negativa cuando haya una causa legal que la justifique, por ejemplo, que todavía esté vigente un convenio colectivo o que los interlocutores no tengan representatividad para negociar.

▶ FASE 3. CONSTITUCIÓN DE LA COMISIÓN NEGOCIADORA

- Se constituye en el plazo de 1 mes desde la recepción de la comunicación.
- Estará formada a partes iguales por representantes de los empresarios y de los trabajadores.

▶ FASE 4. ACUERDOS

- Para adoptar acuerdos es necesario el voto favorable de la mayoría de cada una de las partes.
- En esta fase pueden utilizarse medidas de presión como huelgas, manifestaciones, etcétera.

▶ FASE 5. REGISTRO Y PUBLICACIÓN

- El acuerdo se redacta por escrito y, una vez firmado por ambas partes, debe ser presentado en un plazo de 15 días ante la autoridad laboral competente para su registro y posterior publicación en el Boletín Oficial que corresponda.
- Una vez publicado y a partir de ese instante ya tiene validez.

5.5.4. Aplicación e interpretación del convenio

Los convenios colectivos han sido redactados muchas veces de manera poco precisa para poder lograr el acuerdo y suelen plantear problemas sobre cómo aplicarlos o cómo interpretar su contenido. Para solucionar estos problemas se acude a la **comisión paritaria** sin perjuicio de las competencias legalmente atribuidas a la **jurisdicción social.**

También pueden establecer procedimientos como la **mediación y** el **arbitraje,** para solucionar no solo controversias colectivas derivadas de la aplicación e interpretación del convenio, sino también individuales, si el trabajador y el empresario expresamente se someten a esos procedimientos.

Los acuerdos logrados a través de la mediación y los laudos arbitrales se pueden impugnar por los motivos y conforme al procedimiento previsto para los convenios colectivos.

Concepto clave

Comisión paritaria: está compuesta por igual número de representantes de trabajadores que de empresarios. Su función principal será la de interpretar y resolver las dudas y diferencias que puedan surgir durante la aplicación del convenio, aparte de otras funciones que se le puedan atribuir.

Actividad resuelta

5.7. Los trabajadores de una cadena de restaurantes, situada en la provincia de Badajoz, han iniciado una campaña de protestas contra la empresa, porque no están conformes con la equiparación que hace el actual convenio de las antiguas categorías profesionales y que provienen del acuerdo laboral de ámbito estatal para el sector de hostelería. ¿A quién pueden dirigirse para solucionar el conflicto planteado?

Solución:

Pueden dirigirse a la comisión paritaria, que es la encargada de resolver las dudas, discrepancias o conflictos que puedan derivarse de la aplicación, el desarrollo y la interpretación del convenio.

En el caso práctico inicial

En ESLA, SL nos encontramos con dos tipos de conflictos.

Por un lado, la convocatoria de huelga por ruptura de las negociaciones. Se trataría de un conflicto colectivo, pues afecta a todos los trabajadores y además es un conflicto de intereses surgido al intentar negociar el nuevo convenio.

Por otro lado, estaría el caso del despido de Inés; se trata de un conflicto individual, pues afecta solo a esta trabajadora y jurídico, debido a una interpretación errónea del derecho de reunión.

Sabías que...

A veces los trabajadores utilizan medidas de presión ilegales, como el boicot y el sabotaje; los empresarios también, como la contratación de esquiroles para sustituir a trabajadores en huelga.

Actividades propuestas

5.5. En una escuela infantil, los trabajadores del turno de tarde le piden al empresario negociar el convenio colectivo. El empresario accede, a pesar de que ninguno de los interlocutores es representante de los trabajadores. Llegan a un acuerdo relativo a un descanso entre jornada de 40 minutos y un incremento del 20 % en el plus de productividad para los trabajadores del horario de mañana. ¿Se ha negociado correctamente este convenio? Razona tu respuesta.

5.6. Busca un convenio colectivo del sector profesional al que pertenece el ciclo formativo que realizas y responde a las siguientes preguntas, indicando el artículo en el que viene recogido.

a) ¿Cuántos miembros componen la comisión paritaria del convenio?

b) ¿Cuándo se considera válido un acuerdo?

c) ¿Cuántos miembros tienen que ponerse de acuerdo para solicitar una reunión?

d) ¿Qué plazo de denuncia tiene previsto? De no existir denuncia, ¿qué ocurrirá con el convenio?

5.6. El conflicto colectivo

Como hemos visto, la relación entre empresarios y trabajadores se encuentra regulada en diversas fuentes; no obstante, los intereses de ambas partes no siempre coinciden y pueden surgir conflictos.

Los conflictos se pueden clasificar según el número de personas afectadas y la materia que lo origina. Estos pueden ser:

▶ TIPOS DE CONFLICTOS

Personas afectadas		Materia origen del conflicto	
Individuales	**Colectivos**	**De intereses**	**Jurídicos**
Tienen su origen en un contrato laboral y afectan a 1 solo trabajador y a su empresario.	Tienen su origen en el marco de la relación laboral y afectan a intereses generales de empresarios y trabajadores.	Siempre son colectivos y surgen cuando se intenta revisar o sustituir una norma.	Pueden ser individuales o colectivos y surgen al interpretar una norma laboral.

Sabías que...

La primera huelga de la que se tiene constancia escrita fue en Egipto, en el año 1166 a. C.

Puedes encontrar más información en este enlace: «La primera huelga de la historia» (**http://www.egiptomania.com/historia/huelga.htm**).

5.6.1. Medidas de conflicto colectivo

Cuando surge un conflicto colectivo, las partes implicadas pueden realizar acciones cuyo objetivo es ejercer presión sobre la parte contraria para que esta acepte las nuevas reivindicaciones laborales. Los conflictos colectivos se pueden exteriorizar de las siguientes formas:

▶ MEDIDAS DE CONFLICTO COLECTIVO

Sin suspensión del trabajo:

- Manifestaciones
- Ralentización del trabajo
- Concentraciones
- Encierros
- Pancartas

Con suspensión del trabajo:

- Huelga
- Cierre patronal

Las medidas extremas y más importantes son:

- La huelga.
- El cierre patronal.

Sabías que...

La retribución que debe descontarse por cada día de huelga comprende el salario de la jornada, la parte proporcional de las gratificaciones extraordinarias, incluida la participación en beneficios, si los hay, y la parte proporcional de la retribución que corresponde al descanso semanal del periodo en que la huelga tuvo lugar, así como de los días festivos que coincidan con dicho periodo de huelga (doctrina del Tribunal Supremo).

5.6.2. La huelga

Conceptos clave

Las **huelgas abusivas** provocan la absoluta descoordinación de la producción empresarial. Son abusivas las huelgas siguientes:

Huelga rotatoria: se produce sucesivamente en diferentes departamentos de una empresa. La presión ejercida sobre el empresario es constante, pero el coste salarial para cada trabajador es mínimo.

Huelga de celo: los trabajadores cumplen sus funciones con extrema minuciosidad, lo cual puede ralentizar o colapsar la producción o el servicio.

Huelga tapón: la realizan trabajadores pertenecientes a sectores estratégicos, con lo que se paraliza la actividad en otros sectores que dependen de ellos.

La huelga es un derecho fundamental de los trabajadores, recogido en la Constitución. Consiste en el cese temporal de la prestación de servicios, acordada por los trabajadores afectados por un conflicto laboral y con abandono del centro de trabajo. Es el recurso final que asiste a los trabajadores para defender sus derechos cuando han fracasado las conversaciones de conciliación en todo entendimiento con el empresario.

El ejercicio del derecho a la huelga **se reconoce de forma individual pero se ejerce de forma colectiva,** es decir, ningún trabajador puede ser privado de este derecho pero no puede declararse en huelga de forma individual.

El ejercicio de este derecho conlleva una serie de **consecuencias para el trabajador:**

- El trabajador no cobra el salario correspondiente a los días de huelga y también se le descuenta la parte proporcional de las pagas extras, de los descansos semanales y de los festivos.
- Durante la huelga no se tiene derecho a prestación económica por incapacidad temporal que se inicie durante esta situación.
- El trabajador no tiene derecho a la prestación por desempleo, pues el contrato está suspendido.
- El empresario no puede sancionar ni sustituir a los trabajadores que estén en huelga.
- Los días de huelga no pueden ser descontados de las vacaciones.
- Debe respetarse la libertad de trabajo de quienes no quieran sumarse a la huelga.
- Las partes implicadas están obligadas a negociar durante todo el proceso.
- Cuando la huelga es ilegal, su ejercicio puede ocasionar sanciones para los trabajadores, desde la indemnización por daños y perjuicios hasta el despido.
- El pacto que ponga fin a la huelga tendrá la misma eficacia que lo acordado en convenio colectivo.

En el caso práctico inicial

La huelga convocada por los trabajadores de ESLA, SL es un derecho constitucional que puede ser ejercido por los trabajadores. Por tratarse de una medida de conflicto colectivo con suspensión del trabajo, conllevará una reducción del salario correspondiente. Además, deberá cumplir unos requisitos, en cuanto a su convocatoria, para que sea legal; pues de lo contrario podría ocasionar sanciones por parte de la empresa, pudiendo llegar al despido.

Para que una huelga sea legal debe ser **laboral, directa, que no altere el convenio en vigor** y que **no sea abusiva.** Por eso, se consideran huelgas ilegales las siguientes:

▶ HUELGAS ILEGALES

- **Huelgas políticas** se inician por motivos políticos o con cualquier otra finalidad ajena al interés profesional de los trabajadores afectados.
- **Huelgas de solidaridad o apoyo**, salvo que afecte al interés profesional de los promotores.
- **Huelgas novatorias** cuando tienen por objeto alterar, dentro de su periodo de vigencia, lo pactado en un convenio colectivo.
- **Huelgas con ocupación de lugares de trabajo**, suponen un ingreso ilegal en los locales.

Para iniciar una huelga se debe seguir el procedimiento que marca nuestro ordenamiento jurídico, que es el siguiente:

▶ 1. DECLARACIÓN DE LA HUELGA

- Pueden declarar la huelga: el comité de empresa y los delegados de personal por votación mayoritaria, en una reunión conjunta con asistencia mínima del 75 % de los representantes.
- Los sindicatos que estén implantados en ese ámbito.
- Directamente los trabajadores, cuando la soliciten el 25 % de la plantilla y se apruebe por mayoría simple en votación secreta.

▶ 2. COMUNICACIÓN POR ESCRITO

- Preaviso de 5 días naturales (10 días naturales si se trata de servicios públicos) a la empresa y a la autoridad laboral.
- Hay que indicar la fecha de inicio, la composición del comité de huelga y el objetivo de esta.

▶ 3. CONSTITUCIÓN DEL COMITÉ DE HUELGA

- Representa a los trabajadores en huelga.
- Está compuesto por 12 trabajadores elegidos por sus compañeros.
- Sus funciones son conseguir un acuerdo y garantizar el cumplimiento de los servicios mínimos.

Actividad resuelta

5.8. Los trabajadores de SISTEL, SA quieren convocar una huelga. El día previsto es el 21 de enero de 2020. Para la convocatoria han seguido estos pasos:

1. Realizan una asamblea representativa de los trabajadores afectados, donde exponen la información del problema, deciden las acciones que van a llevar a cabo y las recogen en un acta. A la asamblea acuden 80 trabajadores de los 100 que hay en plantilla. Los votos a favor de la huelga han sido 41, en contra 9 y 30 abstenciones.
2. El día 16 de enero de 2020 entregan el documento de información de la convocatoria de huelga en la Dirección General de Trabajo, adjuntando la copia del acta de la asamblea, las hojas de asistencias y el documento de los eventos realizados para evitar la huelga.
3. Constituyen un comité de huelga, formado por 14 personas.

¿Está bien convocada esta huelga?

Solución:

a) La huelga puede ser convocada directamente por los trabajadores afectados, siempre que la solicite el 25 % de la plantilla y se apruebe por mayoría simple en votación secreta. En este caso se cumplen estos requisitos.

b) Es correcto el plazo de presentación de la convocatoria ante la autoridad laboral, pues al ser una huelga en el sector privado se puede hacer con 5 días naturales de antelación; también se adjunta el documento de los eventos realizados para evitar la huelga.

c) El comité de huelga no es correcto, porque está formado por más personas de las permitidas; el máximo son 12.

5.6.3. El cierre patronal

El cierre patronal es la clausura temporal del centro de trabajo por decisión del empresario, motivada por alguna de las siguientes causas:

- Peligro de violencia para las personas o graves daños para las cosas.
- Ocupación ilegal del centro de trabajo o sus dependencias, o peligro cierto de que se produzca.
- Inasistencia o irregularidades en el trabajo de tal magnitud que impidan gravemente el proceso normal de producción.

Se deberán cumplir algunos requisitos:

- El empresario que proceda al cierre de su centro de trabajo deberá comunicarlo a la autoridad laboral en las 12 horas siguientes a haberlo realizado.
- La reapertura del centro de trabajo se efectuará, una vez extinguidas las causas que motivaron el cierre, a iniciativa del propio empresario, de los trabajadores o por requerimiento de la autoridad laboral.
- Durante el cierre patronal, el contrato de trabajo está suspendido, no teniendo el trabajador derecho al salario, sea o no huelguista.

En el caso práctico inicial

La manifestación frente a la empresa, siempre que no se ejerza con violencia, no es motivo para decretar el cierre de esta. Luego la razón alegada por la empresa de que exista un peligro notorio de violencia para las personas o de daños graves de los bienes de la empresa no es cierta; por lo tanto, el cierre patronal no está justificado y la autoridad laboral exigirá la apertura de la empresa.

- Como en el caso de la huelga, el trabajador no tendrá derecho a prestación económica por incapacidad temporal que se inicie durante esta situación y mientras esta subsista.
- Tampoco tendrá derecho a prestación por desempleo.

5.6.4. Procedimientos de solución de conflictos colectivos

El conflicto colectivo es una manifestación de la discrepancia por razones laborales entre empresarios y trabajadores. Puede ser de dos tipos:

- **Conflicto colectivo** de interpretación y aplicación de norma legal o convencional, decisión o práctica del empresario.
- **Conflicto de intereses,** en el que se pretende la modificación o sustitución de la norma reguladora aplicable.

Pueden iniciar el procedimiento para solucionar un conflicto colectivo:

- Los **representantes de los trabajadores** dentro del ámbito correspondiente: los delegados de personal, los comités de empresa y los sindicatos con suficiente implantación tanto en la empresa como en el sector de actividad donde se produzca el conflicto.
- Los **empresarios y** las **asociaciones empresariales** que los representen cuando, en este último caso, el ámbito del conflicto rebase el de una empresa.

Este procedimiento es incompatible con el ejercicio de la huelga. Para su tramitación se siguen los siguientes pasos:

▶ 1. SOLICITUD DE INICIO

- La parte interesada (empresario o trabajadores) presenta un escrito ante la autoridad laboral provincial, autonómica o estatal.
- Se indicarán los datos de identificación de quienes lo promueven, el ámbito de afectación, los hechos motivadores del conflicto y las peticiones que se formulan.

▶ 2. REMISIÓN DE COPIA DE LA SOLICITUD A LA OTRA PARTE

La autoridad laboral remite una copia del escrito a la otra parte en un plazo de 24 horas y les cita a una reunión en el plazo de 3 días.

▶ 3. REALIZACIÓN DE LA REUNIÓN

En la reunión se pueden plantear diferentes procedimientos de solución del conflicto: extrajudiciales y judiciales.

Resoluciones extrajudiciales

1. **Conciliación:** se realiza ante el SMAC (Servicio de Mediación, Arbitraje y Conciliación). Este procedimiento tiende a que las partes implicadas lleguen a un acuerdo; el conciliador no aporta soluciones, solo facilita la negociación.
2. **Mediación:** las partes nombran a un mediador que no tiene poderes decisorios, pero ofrece propuestas de acuerdo razonables para solucionar las diferencias.
3. **Arbitraje:** las partes designan a 1 o más árbitros y se someten, de mutuo acuerdo, a la solución que decida el árbitro **(laudo arbitral),** que tiene fuerza vinculante para ambas partes.

Resoluciones judiciales

Si no existen acuerdos ni se acepta el procedimiento arbitral en los conflictos por diferente interpretación de las normas, la Administración remitirá las actuaciones y un informe al **Juzgado de lo Social** o al tribunal competente para que resuelva el conflicto.

En el siguiente esquema puedes ver cómo se lleva a cabo el procedimiento por conflicto colectivo:

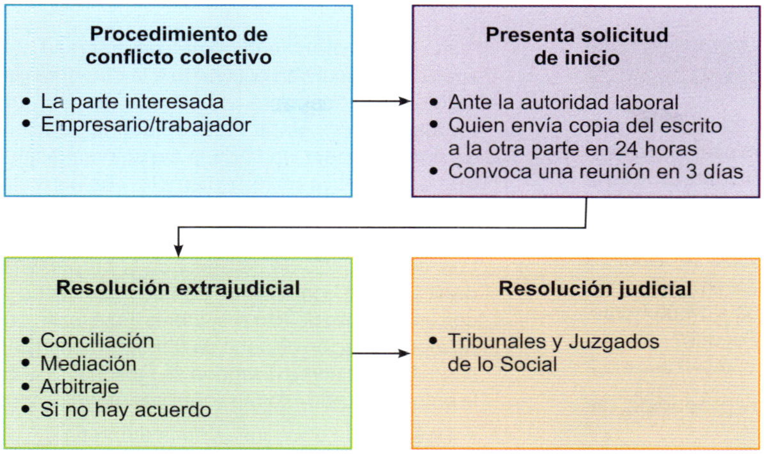

Normalmente, los convenios colectivos suelen recoger cláusulas en las que se establece el sistema que hay que seguir ante conflictos colectivos.

Sabías que...

El Acuerdo sobre Solución Extrajudicial de Conflictos Colectivos (ASEC) ha sido firmado por las organizaciones sindicales UGT y CC. OO., junto con las organizaciones empresariales CEOE y CEPYME. A través de este acuerdo se ha creado el Servicio Interconfederal de Mediación y Arbitraje (SIMA); tiene ámbito nacional y puede utilizarse para resolver conflictos que excedan del ámbito de una comunidad autónoma.

Está tutelado por el Ministerio de Empleo y Seguridad Social, sus recursos son de naturaleza pública y sus actuaciones son de carácter gratuito.

Actividad resuelta

5.9. Federico trabaja en una empresa constructora de Pamplona que tiene 10 trabajadores en plantilla y es el delegado de personal. Los trabajadores llevan 3 días de huelga por la decisión de la empresa de aumentar el número de horas complementarias semanales. Federico quiere resolver el conflicto planteado, pero no sabe cómo hacerlo.

a) ¿Qué tipo de conflicto se ha planteado?

b) ¿Está legitimado Federico para resolverlo?

c) ¿Qué puede hacer para solucionarlo?

Solución:

a) Se trata de un conflicto colectivo.

b) Federico está legitimado para iniciar la solución de este conflicto colectivo porque es el delegado de personal.

c) Puede plantear el procedimiento de resolución de conflicto colectivo ante la autoridad laboral, pero este procedimiento es incompatible con el ejercicio de la huelga. Por lo tanto, antes tendría que desconvocarla.

Actividades propuestas

5.7. Cuando se firmó el Convenio colectivo del sector textil, uno de los sindicatos participantes no estaba muy conforme con la subida salarial pactada; no obstante, firmó el acuerdo. Unos meses más tarde, se plantea convocar una huelga para reclamar un incremento salarial. ¿Se puede convocar una huelga por este motivo? Razona tu respuesta.

5.8. En una fábrica de electrodomésticos se están recibiendo quejas de muchos clientes por funcionamiento defectuoso de los aparatos. La empresa sospecha que se está saboteando el producto y está decidida a cerrar la empresa mientras persistan estos incidentes.

a) ¿Está justificado el cierre de esta empresa?

b) ¿Qué procedimiento debería seguir el empresario?

5.9. En una empresa los administrativos se han puesto en huelga, por lo que el jefe del departamento que está cumpliendo los servicios mínimos se dedica a hacer las nóminas para que los trabajadores puedan cobrar. ¿Puede la empresa adoptar esta medida de movilidad funcional?

5.10. Marta lleva 3 días en huelga, ha sufrido un accidente de tráfico y tendrá que estar varios meses de baja.

a) ¿Se le descontará alguna cantidad de su salario por los días de huelga?

b) ¿Tiene derecho a cobrar la incapacidad temporal?

c) ¿Le descontarán los días de huelga de las vacaciones?

1. Representación sindical

5.1. Julián lleva 2 meses ejerciendo su cargo de delegado de personal único en la empresa y ha decidido convocar una asamblea, el jueves 11 de noviembre, para informar sobre la marcha de la negociación del nuevo convenio colectivo de la empresa. Julián ha entregado la convocatoria al empresario el miércoles día 10 junto con el orden del día. La asamblea se celebrará dentro del propio centro a las 10:00 horas. La empresa tiene un horario de trabajo ininterrumpido de 7:00 a 14:00 horas. ¿Es legal la convocatoria de esta reunión? ¿Por qué?

5.2. En la empresa COCOLOCO, SA se han producido las siguientes actuaciones:

- Contratación de 3 nuevos trabajadores.
- 5 bajas laborales por enfermedad común.
- Determinación del periodo de vacaciones de los trabajadores.
- Lanzamiento de un nuevo producto.
- Imposición de sanción muy grave a un trabajador.
- Nueva campaña publicitaria.

¿Deben ser informados los representantes de los trabajadores de estas actuaciones?

5.3. Los resultados obtenidos por los sindicatos CUEP, ACAE, VAB y CASE en unas elecciones sindicales han sido los siguientes:

	Resultados	
Sindicato	**Nivel estatal**	**Andalucía**
CUEP	6%	20%
ACAE (sector de la educación)	9%	18%
VAB	3%	5%
CASE	14%	8%

Analiza los resultados anteriores y determina el nivel de representatividad de cada sindicato.

5.4. La empresa LOEBE, SA tiene un total de 800 trabajadores y una sección sindical que ha obtenido el 12% de los votos en la elección de los miembros al comité de empresa. ¿Cuántos delegados sindicales le corresponden?

2. Representación unitaria

5.5. Indica el número de delegados de personal o miembros del comité que les corresponden a los siguientes centros de trabajo:

a) TASFATAL, SL, 90 trabajadores.
b) CASCOTES, SL, 4.000 trabajadores.
c) EL CRISTALERO, SL, 9 trabajadores.
d) VIVERFLOR, SL, 30 trabajadores.
e) INCLICK, SL, 340 trabajadores.

5.6. La empresa DEMIC, SL tiene una plantilla de 300 trabajadores. Cuenta con un comité de empresa y una sección sindical como órganos de representación de los trabajadores. Tanto los miembros del comité de empresa como los de la sección sindical han solicitado a la directora general, María Gómez, un local para el ejercicio de sus actividades de representación. María ha aceptado la petición del comité de empresa pero no la de la sección sindical, aludiendo a que la normativa no lo contempla. ¿Es correcta la decisión tomada por María? Razona la respuesta.

5.7. Luis es delegado de personal en la empresa PLAMER, SL, dedicada a la comercialización de cosméticos y que cuenta con una plantilla de 29 trabajadores. Para realizar sus funciones de representación dispone de 10 horas mensuales. Ejerciendo sus funciones como delegado de personal, Luis ha solicitado a la empresa que le informe sobre tres puntos importantes:

- La situación económica de la empresa.
- Las últimas contrataciones.
- Las sanciones impuestas a uno de sus compañeros, con las que se ha mostrado claramente disconforme.

A raíz de esta consulta, el jefe de recursos humanos le entrega la carta de despido, alegando la disminución continuada y voluntaria en el rendimiento del trabajo normal o pactado desde que comenzó sus actividades como representante de los trabajadores. Luis decide recurrir el despido, interponiendo la correspondiente demanda ante el Juzgado de lo Social.

a) ¿Es correcto el crédito de horas concedido a Luis?
b) ¿Tiene derecho Luis a solicitar ese tipo de información a la empresa?
c) ¿Se ha realizado el procedimiento de despido adecuadamente?
d) ¿Y si hubiese sido delegado sindical? Justifica la respuesta.
e) ¿Es correcta la justificación alegada por la empresa para despedir a Luis?

5.8. La empresa CRACK, SA acaba de presentar un expediente de regulación de empleo que afecta al 80% de la plantilla; entre ellos a Rocío, miembro del comité de empresa. ¿Puede hacer algo Rocío contra la decisión de despido? Razona la respuesta.

3. Negociación colectiva

5.9. Marta es técnica en instalaciones eléctricas y trabaja en una empresa del sector, que tiene una plantilla de 260 trabajadores. Además, es miembro del comité de empresa y delegada sindical. Los compañeros del comité le plantean que quieren negociar un nuevo convenio colectivo, aunque ya hay uno en vigor. ¿Es esto posible?

5.10. Localiza un convenio colectivo autonómico, provincial o de empresa de tu sector e indica:

Nombre del convenio
Tipo de convenio
Partes que acuerdan el convenio
Ámbito personal
Ámbito funcional
Ámbito territorial
Ámbito temporal
Forma, condiciones y plazo de preaviso de denuncia
Composición de la comisión paritaria

5.11. En el mismo convenio, localiza las cláusulas en las que se establece el sistema que hay que seguir ante un conflicto colectivo.

5.12. Siguiendo con el mismo convenio, realiza un esquema señalando las materias que regula en cuanto a:

- Estructura salarial.
- Jornadas, descansos, contratos, categorías profesionales, permisos, vacaciones y promoción profesional.
- Prevención de riesgos.
- Régimen disciplinario: faltas y sanciones.
- Medidas dirigidas a regular la paz laboral.
- Órganos de representación.

5.13. Una pequeña empresa comercial cuenta con 15 trabajadores, repartidos en 4 centros de trabajo diseminados por la ciudad. El empresario plantea descolgarlos del convenio del sector y negociar uno específico de empresa que empeora sus condiciones laborales. ¿Es esto legal? ¿Se requiere el acuerdo de los trabajadores? ¿Necesita el permiso de la autoridad laboral?

5.14. Un miembro del comité de empresa de ASSAL, SL propone al empresario la negociación de un nuevo convenio. La empresa responde al comunicado de forma negativa, ya que hay uno en vigor. ¿Es correcta la actuación de ambos? ¿Por qué?

5.15. En el día de hoy se ha producido una reunión previa a la constitución definitiva de la mesa de negociación del IV Convenio colectivo de *telemarketing,* quedando plasmada la distribución de representación y el número de representantes de cada uno de los sindicatos del siguiente modo:

Sindicato	Representatividad	N.º de representantes
UGT	37,11 %	5
CC. OO.	44,36 %	6
CGT	9,65 %	1
ELA-STV	1,13 %	1
LAB	0,89 %	1
CIG	0,71 %	1

De los anteriores sindicatos, ¿cuáles están legitimados para negociar el convenio? ¿Por qué?

4. Conflictos colectivos

5.16. Un grupo de trabajadores de una empresa constructora no está de acuerdo con la interpretación que hace la empresa de algunos aspectos del convenio colectivo en materia de turnos de trabajo, revisión salarial y jornada laboral, por lo que decide en asamblea presentar un conflicto colectivo ante la autoridad laboral e iniciar una huelga. ¿Es correcta esta actuación?

5.17. Jaime trabaja en Madrid como químico en una empresa del sector. Se ha convocado una huelga por acuerdo mayoritario, pero varios trabajadores no quieren hacerla por temor a ser sancionados y deciden asistir al trabajo. Los trabajadores que van a secundar la huelga se preguntan cuáles serán sus derechos, si pueden ser sancionados y si la empresa puede contratar nuevos trabajadores para sustituirles. ¿Podrías orientarles?

5.18. Marcos trabaja como mecánico en una fábrica de coches. Se está negociando el nuevo convenio colectivo de la empresa y no se llega a ningún acuerdo, por lo que los trabajadores han decidido ponerse en huelga. La empresa está pensando en cerrar el centro de trabajo, porque no le es rentable mantener el centro abierto con la mayoría de la plantilla en huelga. ¿Puede hacerlo? Razona tu respuesta.

5.19. Los directivos de una fábrica de piensos han convocado una reunión urgente para discutir si declaran un cierre patronal basándose en los siguientes motivos:

- Seguimiento masivo de la huelga convocada, que está ocasionando importantes pérdidas.
- Tres camiones de la fábrica han sido quemados y volcados.

¿Es viable el cierre patronal? ¿Cómo debe ser el procedimiento para declararlo? ¿En qué situación quedan los trabajadores?

5.20. Los trabajadores de un centro comercial están en huelga por el elevado número de despidos que se están produciendo con motivo de la crisis. Los piquetes informativos están en la puerta de entrada al centro, amenazan a los trabajadores que han decidido no secundar la huelga y les dificultan el acceso. La empresa ha contratado guardias de seguridad para obstaculizar las acciones de los piquetes en la puerta y ha contratado personal a través de una empresa de trabajo temporal para que el trabajo salga adelante mientras dure la huelga.

a) ¿Qué son los piquetes informativos? ¿Son legales?

b) ¿Es legal contratar guardias de seguridad con fines disuasorios?

c) ¿Se pueden contratar trabajadores para cubrir los puestos de trabajo de los huelguistas?

5.21. Durante la vigencia de un convenio, el comité de empresa considera que no se defendieron adecuadamente los intereses de sus representados. Por eso, decide convocar una huelga. ¿Es legal esa huelga? Razona tu respuesta.

5.22. El censo de controladores aéreos es de 2.033 trabajadores. En la consulta organizada por la Unión Sindical de Controladores Aéreos (USCA), 1.883 controladores han ejercitado su derecho al voto, de los cuales, 1.850 han votado a favor de ir a la huelga. ¿Es correcta esta convocatoria de huelga? ¿Qué plazo de preaviso es necesario?

REPASANDO...

La participación de los trabajadores en la empresa

LAPICEROS, SA es una empresa que gestiona servicios de guardería infantil. Cuenta con 240 empleados, distribuidos entre varios centros: 2 en Madrid, con 60 y 40 trabajadores; otro en Barcelona, con 90; uno en Sevilla y otro en Valencia, con 20 cada uno y el de Málaga, con 10 trabajadores.

a) ¿Qué tipo de representación unitaria le corresponde a cada centro? ¿Cuántos representantes tendrá cada uno? ¿Puede constituirse un comité conjunto? ¿Y un comité intercentros?

Se han convocado elecciones para elegir representantes de los trabajadores. Se presentan, entre otros, Rafael Calvo, de 28 años, que lleva solo 3 meses trabajando en la empresa como educador infantil; Vanessa Moreno, peruana de 40 años de edad, con una antigüedad en la empresa de 10 años; y Ernesto Peña, de 17 años, con una antigüedad en la empresa de 1 año.

b) ¿Pueden presentarse a las elecciones los trabajadores mencionados? Razona tu respuesta.

Rafael está afiliado a un sindicato de su sector, que en las últimas elecciones obtuvo un 20% de representatividad en su comunidad autónoma.

c) ¿Es representativo este sindicato en su comunidad autónoma? ¿Qué funciones tiene?

A Rafael lo despidieron de su anterior trabajo porque fue a una reunión del sindicato y el empresario dijo que la falta no estaba justificada. Rafael recurrió y el juez estimó el despido como improcedente.

d) ¿Por qué razón crees que el despido de Rafael fue calificado como improcedente? ¿Qué derechos tiene?

Los trabajadores han denunciado el convenio colectivo vigente para mejorar las actuales condiciones laborales en un convenio válido solo para la empresa. No llegan a un acuerdo, porque el empresario se niega a establecer un sistema de incremento salarial anual y quiere quitar la jornada continuada.

e) ¿Qué ámbito tendrá el nuevo convenio? ¿Puede este convenio empeorar las condiciones del convenio estatal?

En asamblea, los trabajadores deciden por mayoría convocar una huelga de 2 días. Nuria propone turnarse para hacer la huelga por semanas, así no perderían mucho salario. También indica que las personas que trabajen sean muy estrictas en el cumplimiento del reglamento.

f) ¿Son adecuadas las propuestas de Nuria? ¿Por qué?

Varios empleados han decidido no secundar la huelga, por temor a ser sancionados por la empresa.

g) ¿Les puede sancionar el empresario si deciden acudir a la huelga? ¿Se puede obligar a los trabajadores a ir a la huelga?

La empresa está pensando en cerrar el centro de trabajo, porque no puede prestar la debida atención a sus clientes con la mayoría de la plantilla en huelga.

h) ¿Puede estar justificado el cierre de la empresa? ¿Por qué?

SALA DE PRENSA

Ir o jugar al fútbol con clientes se considera tiempo de trabajo

Asistir a eventos comerciales con clientes fuera de la oficina se considera tiempo de trabajo. Por tanto, la empresa tiene que compensar esta dedicación debidamente a sus empleados. Este es el fallo que dicta el Tribunal Supremo (TS) sobre un litigio que viene de lejos, y que enfrentaba a las compañías tabaqueras Altadis y Tabacalera con la Federación de Industria, Construcción y Agro de UGT, la Federación Agroalimentaria de Comisiones Obreras (CCOO) y la Central Sindical Independiente y de Funcionarios (CSIF).

Se trata de «un conflicto colectivo planteado por los tres sindicatos demandantes», según consta en la sentencia del TS. En ella, el organismo desestima el recurso que interpusieron las dos compañías tabaqueras y estipula que, en caso de acudir a eventos con clientes, la empresa debe «compensar el exceso de jornada con descansos equivalentes dentro de los cuatro meses siguientes». El inicio de la jornada de trabajo del día posterior se programará no en el horario habitual del empleado, sino que deben pasar doce horas tras haber finalizado las actividades el día anterior.

Estos eventos se refieren a los que organizan habitualmente las compañías para invitar o agasajar a sus proveedores. Se trata, entre otras, de actividades deportivas como ligas de fútbol o carreras en las que compiten unos con otros. Hay que tener en cuenta que el personal de las empresas asociado a estas celebraciones se refiere a un determinado grupo de la plantilla, los comerciales, según recoge el convenio colectivo, y que su asistencia es de carácter voluntario. Aun partiendo de esta condición, la participación en estas actividades siempre se considera trabajo.

El dictamen del Supremo aborda un tercer punto relacionado con la asistencia a estos eventos: al considerarlas horas laborales, cualquier accidente que se produzca durante su celebración o en el trayecto del empleado hacia el lugar donde se desarrolle o a su domicilio tendrá naturaleza de accidente de trabajo.

Esta sentencia, por tanto, defiende que el hecho de acudir a cualquier celebración o acto de una empresa con la finalidad de acompañar a clientes nunca será considerado como momento de ocio ni esparcimiento para los trabajadores. Será un tiempo dedicado a la compañía, igual de válido que las horas que se pasan en la oficina frente al ordenador o realizando las tareas propias del día a día de una actividad empresarial.

Fuente: *www.expansion.com*, María José G. Serranillos. Madrid, 10 de junio de 2019.

a) Según lo estudiado en la unidad, indica a qué clasificación correspondería este tipo de conflicto.

b) ¿Quién o quiénes han iniciado el procedimiento para solucionar este conflicto?

c) Indica a qué forma de resolución de un conflicto laboral se refiere el texto y explícala.

d) Indica aquellos aspectos de la relación laboral a los que afecta esta sentencia.

e) ¿Qué opinas de esta sentencia?

La Seguridad Social

6

Contenidos

Objetivos

- Identificar y valorar la importancia del sistema y los regímenes de la Seguridad Social.
- Determinar las obligaciones del empresario y del trabajador con respecto a la Seguridad Social.
- Conocer las diferentes prestaciones de la Seguridad Social.
- Identificar los requisitos fundamentales que dan derecho a las distintas prestaciones de la Seguridad Social.
- Realizar los cálculos básicos para determinar la cuantía de las diferentes prestaciones de la Seguridad Social.

Caso práctico inicial

María es técnica superior en alojamientos turísticos y siempre tuvo claro que algún día cumpliría el sueño de tener su propia casa rural. El momento le llegó cuando heredó la casa de su abuelo, situada en plena sierra cordobesa. Después de algunas reformas y muchos quebraderos de cabeza, el negocio está a punto de abrir sus puertas.

En el negocio trabajarán su hermana Rosa y su prima Marisa, que ayudarán con el papeleo y en recepción. María cree que podrá ahorrarse los seguros sociales de las dos y que no tendrá que darles de alta en la Seguridad Social, por ser estas familiares.

Para el spa de la casa ha contratado a Blanca, técnica superior en estética, con un contrato en prácticas, que será su primer trabajo. También ha contratado a tiempo parcial a Rafa, que lleva 3 meses cobrando la prestación por desempleo a la que tiene derecho durante 12 meses. Es técnico superior en vitivinicultura y se ocupará de la pequeña producción vitícola que ya tenía su abuelo en la finca.

Para el servicio de limpieza contrata a Marta y Mercedes, mayores de 45 años y que están cobrando el subsidio por desempleo. María espera con estos contratos recibir alguna bonificación en las cuotas a la Seguridad Social.

Para servir las mesas y ayudar a su madre en la cocina ha contratado a Diana y a Javier, que están casados y pronto serán padres.

Por fin han inaugurado la «Casa del cerro», el nombre con el que se la conoce en la comarca.

A los 7 meses de su apertura ocurre el primer accidente laboral: Marisa sufre una caída y se rompe una vértebra. El médico dice que deberá estar 6 meses en reposo absoluto.

Los problemas con el personal se están acumulando: Diana ha tenido gemelos y ha comenzado a disfrutar de su descanso por nacimiento, compartido con su marido Javier. Para colmo, Marta está actualmente de baja por incapacidad temporal, debido a un ataque de lumbociática que le sobrevino al hacer un esfuerzo mientras limpiaba una de las habitaciones. Además, este año la cosecha de vino ha sido muy mala y María ha decidido dejar de producir vino, por lo que ha despedido a Rafa.

Cuestiones

a) ¿Crees que las empresas deben dar de alta a sus trabajadores en la Seguridad Social?

b) ¿Se puede trabajar sin estar dado de alta en la Seguridad Social? ¿Qué puede ocurrir? ¿Piensas que ahorrar en seguros sociales tiene ventajas para el trabajador? ¿Y para el empresario?

c) ¿Crees que se puede dejar de trabajar para cuidar a un hijo? ¿Cómo se obtiene el dinero para hacer frente a los gastos?

d) Cuando un trabajador se pone enfermo y no puede ir a trabajar, ¿cómo piensas que puede pagar sus gastos diarios hasta que pueda volver al trabajo?

e) Cuando un trabajador pierde su trabajo, ¿cómo crees que puede afrontar la compra de alimentos, el pago de la luz, el agua, etc., tras perder su salario?

6.1. El sistema de la Seguridad Social

El Sistema de la Seguridad Social es un conjunto de regímenes (general y especiales) a través del cual el Estado garantiza a las personas comprendidas en su campo de aplicación, por realizar una actividad profesional, o por cumplir los requisitos exigidos en la modalidad no contributiva, así como a los familiares o asimilados que tuvieran a su cargo, la protección adecuada en las contingencias y situaciones que la ley define. Nuestra Constitución, en su artículo 41, establece que los poderes públicos mantendrán un régimen público de Seguridad Social para todos los ciudadanos que garantice la asistencia y las prestaciones sociales suficientes ante estados de necesidad, especialmente en caso de desempleo. Por lo tanto, podemos resumir las características de nuestro sistema de Seguridad Social en las siguientes:

- Es un **sistema público** por el que el Estado garantiza a las personas que se encuentran dentro de su campo de aplicación la protección adecuada ante determinadas contingencias que la ley establece.
- Es un sistema **obligatorio.**
- Es un sistema que facilita una compensación económica o asistencial (no económica, como por ejemplo la asistencia sanitaria), denominada **prestación,** cuando se produce una contingencia (profesional o común) que origina una **situación de necesidad social.**

Sabías que...

El sistema de la Seguridad Social está regulado por el Real Decreto Legislativo 8/2015, de 30 de octubre, por el que se aprueba el texto refundido de la Ley General de la Seguridad Social.

- Las prestaciones de la Seguridad social pueden ser de dos tipos: **contributivas** y **no contributivas.**

▶ MODALIDAD	▶ APLICACIÓN	▶ PRESTACIONES
Contributiva	Trabajadores que residan y ejerzan su actividad en territorio nacional y que estén incluidos en alguno de los siguientes grupos: • Trabajadores por cuenta ajena. • Trabajadores por cuenta propia o autónomos. • Socios trabajadores de cooperativas de trabajo asociado. • Estudiantes. • Funcionarios públicos, civiles y militares. • Extranjeros con permiso de residencia y trabajo en España. • Españoles no residentes en territorio nacional en determinadas situaciones.	• Todas las prestaciones.
No contributiva	Personas que, residiendo en territorio nacional, no han cotizado nunca o no lo suficiente para acceder a la modalidad contributiva y que carecen de recursos económicos.	• Asistencia sanitaria. • Pensión de incapacidad permanente. • Prestación por maternidad no contributiva. • Pensión de jubilación. • Subsidio de desempleo. • Prestaciones familiares por hijo a cargo.

En el caso práctico inicial

La lumbociática que sufre Marta se considera un accidente laboral; por lo tanto, es una contingencia profesional. Como Marta no puede trabajar, se ha creado una situación de necesidad. Marta trabaja por cuenta ajena y está cotizando a la Seguridad Social por el régimen general, luego Marta es una persona incluida en el campo de aplicación. Se cumplen, por lo tanto, las 3 condiciones para tener derecho a la prestación, en este caso por incapacidad temporal, dentro de la modalidad contributiva.

Diana ha tenido gemelos (contingencia común); no puede trabajar porque tiene que cuidar a dos recién nacidos (situación de necesidad). Es trabajadora por cuenta ajena y está cotizando a la Seguridad Social en el régimen general (incluida en el campo de aplicación). Cumple, por lo tanto, las 3 condiciones para tener derecho a la prestación, en este caso, por nacimiento, dentro de la modalidad contributiva. En las mismas condiciones estaría su marido, Javier.

Rafa también cumple las 3 condiciones: ha perdido su trabajo (contingencia profesional), dejará de cobrar el salario (situación de necesidad) y estaba en activo y cotizando (incluido en el campo de aplicación). Tendrá derecho a una prestación, en este caso, por desempleo, dentro de la modalidad contributiva.

Actividad resuelta

6.1. Pablo está trabajando desde hace 3 años como auxiliar administrativo en un despacho de abogados. Subiendo las escaleras de su casa se ha caído y tiene una pierna rota. El médico le informa de que deberá estar dos meses de baja. ¿Tiene derecho Pablo a algún tipo de prestación?

Solución:

Pablo ha tenido un accidente doméstico (contingencia común); no puede trabajar porque tiene que guardar reposo (situación de necesidad). Es trabajador por cuenta ajena y está cotizando a la Seguridad Social en el régimen general (incluido en el campo de aplicación). Cumple, por lo tanto, las 3 condiciones para tener derecho a la prestación, en este caso, de baja por incapacidad temporal, dentro de la modalidad contributiva.

6.1.1. Estructura del sistema de la Seguridad Social

La Seguridad Social se organiza en dos regímenes diferentes: el régimen general y los regímenes especiales. Los trabajadores que pueden acogerse a cada uno de estos dos regímenes son los que se detallan a continuación:

▶ REGÍMENES DE LA SEGURIDAD SOCIAL (ART. 9 TRLGSS)

Régimen	Trabajadores incluidos
Régimen general	Todos los trabajadores españoles o extranjeros que trabajan habitualmente en el territorio nacional, por cuenta ajena, y que no están incluidos en algún régimen especial.
Regímenes especiales	• Trabajadores autónomos (RETA). • Estudiantes (seguro escolar). • Trabajadores del mar. • Funcionarios públicos, civiles y militares ingresados en el cuerpo antes del 31/12/2010. • Trabajadores de la minería y del carbón. • Otros grupos que determine el Ministerio de Empleo y Seguridad Social.

Concepto clave

Autónomo: es la persona que realiza de forma habitual, personal y directa una actividad económica con un fin lucrativo y como medio de vida.

Debido a la importancia del autoempleo como forma de incorporación al mercado laboral, prestaremos especial atención al **régimen especial de trabajadores autónomos (RETA).** Se incluyen dentro de este régimen los siguientes colectivos, entre otros:

- Los trabajadores mayores de 18 años que desarrollen una actividad por cuenta propia, sean o no titulares de empresas individuales o familiares.
- El cónyuge y familiares hasta el 2.° grado inclusive por consanguinidad, afinidad y adopción que colaboren con el trabajador autónomo de forma habitual, personal y directa y que convivan con el empresario, salvo que demuestren su condición de asalariados.
- Los socios trabajadores por cuenta propia de empresas mercantiles.
- Los socios trabajadores de las cooperativas de trabajo asociado, cuando opten por este régimen en sus estatutos. La edad mínima es de 16 años.
- Los profesionales que ejerzan su actividad por cuenta propia: abogados, arquitectos, etcétera.
- Los administradores o consejeros de sociedades mercantiles que realicen estas funciones de manera habitual, personal y directa, y que además controlen la empresa por tener más del 50 % del capital (por ejemplo, el dueño de una empresa que además es el gerente).

En el caso práctico inicial

María está obligada a dar de alta en la Seguridad Social a su hermana, a su prima y a ella misma.

En su caso deberá darse de alta en el RETA. Su hermana (consanguínea 2.° grado), siempre que no conviva con María y su prima (4.º grado consanguinidad), deberán ser dadas de alta en el régimen general de la Seguridad Social, al igual que los demás trabajadores.

Actividad resuelta

6.2. Señala, para las siguientes profesiones, cuál es el régimen de la Seguridad Social que les es de aplicación:

a) Pastora, trabaja como auxiliar de clínica en un hospital privado.
b) Roberto, trabaja como gerente en la empresa de su propiedad.
c) Jimena, es funcionaria de nuevo ingreso y trabaja como profesora de Lengua castellana en un instituto público de enseñanza secundaria.
d) Carmen, trabaja como empleada de hogar en una vivienda unifamiliar.
e) Maxi Gómez, jugador profesional del Valencia Club de Fútbol.
f) Marisa, arquitecta, tiene su propio estudio.

Solución:

a) Régimen general.
b) Régimen especial de trabajadores autónomos (RETA).
c) Régimen general.
d) Régimen general.
e) Régimen general.
f) Régimen especial de trabajadores autónomos (RETA).

Actividades propuestas

6.1. Isabel y Fernando son amigos. Isabel es abogada y tiene un despacho con dos compañeros más de profesión. Fernando es técnico superior en Gestión comercial y marketing y trabaja para una multinacional realizando estudios de mercado. ¿En qué régimen de la Seguridad Social deberán darse de alta?

6.2. Después de llevar dos años en la empresa, Juan Luis está muy descontento con el nuevo director y decide marcharse, por lo que presenta la dimisión. ¿Tiene derecho a cobrar alguna prestación? ¿Por qué?

6.3. Mohamed trabaja en una panadería desde hace seis meses, tiene permiso de residencia y de trabajo. Está dado de alta en la Seguridad Social dentro del régimen general. Ha sufrido un accidente laboral y debe estar tres meses de baja. ¿Tiene derecho Mohamed a cobrar algún tipo de prestación? Razona tu respuesta.

6.1.2. La gestión del sistema de la Seguridad Social

La gestión de la Seguridad Social se lleva a cabo mediante las entidades gestoras, servicios comunes, entidades colaboradoras y organismos autónomos.

A. Entidades gestoras

Las entidades gestoras tienen como finalidad administrar y gestionar la acción protectora de la Seguridad Social. Dichas entidades y su finalidad se recogen en la siguiente tabla:

ENTIDADES GESTORAS

Entidades gestoras	Finalidad
Instituto Nacional de la Seguridad Social (INSS)	Realiza la gestión y administración de las prestaciones económicas a nivel contributivo y el reconocimiento del derecho a la asistencia sanitaria.
Instituto de Mayores y Servicios Sociales (IMSERSO)	Tiene encomendada la gestión de los servicios sociales, complementarios del sistema de la Seguridad Social y los planes, programas y servicios de ámbito estatal para personas mayores y en situación de dependencia, sin perjuicio de la gestión transferida a las comunidades autónomas.
Instituto de Gestión Sanitaria (INGESA)	Se le atribuye la gestión de las prestaciones sanitarias de la Seguridad Social en el ámbito de las ciudades autónomas de Ceuta y Melilla, ya que el resto de comunidades autónomas tienen transferidas dichas competencias.
Instituto Social de la Marina (ISM)	Se encarga de gestionar y administrar las prestaciones del sector marítimo y pesquero.

B. Servicios comunes

En la actualidad existe un servicio común que es absolutamente fundamental para el Sistema de la Seguridad Social, nos referimos a la Tesorería General de la Seguridad Social, que es la entidad encargada de gestionar todos los recursos económicos de la Seguridad Social, lleva a cabo la gestión recaudatoria de los mismos, así como las inscripciones, afiliaciones, altas, bajas y variaciones de datos de empresarios y trabajadores.

C. Entidades colaboradoras

Las empresas y las mutuas colaboradoras con la Seguridad Social colaboran en la gestión de la Seguridad Social.

Las mutuas son asociaciones voluntarias de empresarios, sin ánimo de lucro, que se agrupan para prestar una serie de servicios, entre los que se encuentran:

- La gestión de las prestaciones económicas y de la asistencia sanitaria, incluida la rehabilitación, en caso de accidentes de trabajo y enfermedades profesionales.
- La gestión de la prestación económica por incapacidad temporal derivada de accidentes no laborales y enfermedades comunes, pagando el subsidio por baja laboral a partir del 16.° día. Sin embargo, no pueden dar parte de baja o alta por contingencia común, porque eso le corresponde al Servicio Público de Salud, aunque sí pueden controlar la situación médica del trabajador de baja y realizar propuestas de alta a través de la inspección médica.
- La gestión de las prestaciones por riesgo durante el embarazo y riesgo durante la lactancia natural.
- La gestión de la prestación por cuidado de menores afectados por cáncer u otra enfermedad grave.
- La gestión de la prestación por cese de la actividad de los trabajadores autónomos.
- Las demás actividades de la Seguridad Social que les sean atribuidas legalmente.

Las empresas se encargan de recaudar las cotizaciones y de pagar algunas prestaciones que, posteriormente, les son reintegradas por la Seguridad Social.

D. Organismos autónomos

Por último, en ciertos casos, la gestión de la Seguridad Social es atribuida a determinados organismos autónomos con personalidad jurídica y recursos propios, pero dependientes del Ministerio de Empleo y Seguridad Social:

▶ ORGANISMOS AUTÓNOMOS

Organismos autónomos	Finalidad
Servicio Público de Empleo Estatal (SEPE)	Gestiona y controla las prestaciones por desempleo.
Instituto Nacional de Seguridad y Salud en el Trabajo (INSST)	Asesora en materia de prevención de riesgos laborales.

En el caso práctico inicial

Marta ha sufrido un accidente laboral. La mutua será la encargada de gestionar la prestación por incapacidad temporal.

Diana ha sido madre. La prestación por nacimiento y cuidado de menor le será abonada por el Instituto Nacional de la Seguridad Social.

6.2. Obligaciones con la Seguridad Social de empresarios y trabajadores

La protección social que reciben los ciudadanos ante situaciones de necesidad conlleva la existencia de una relación jurídica entre el ciudadano y la Seguridad Social, que implica la realización obligatoria de determinadas actuaciones por ambas partes, aunque la mayoría de ellas corresponden al empresario. De esta manera, las obligaciones tanto de empresarios como de trabajadores con la Seguridad Social son las siguientes:

6.2.1. Inscripción de la empresa en la Seguridad Social

- Es un acto administrativo mediante el cual la TGSS incluye a la empresa en el sistema de la S. S.
- La S. S. le asigna un código de cuenta de cotización para su identificación numérica.
- Es obligatorio hacerlo antes de iniciar la actividad.
- La inscripción es única para todo el Estado español y válida durante toda la existencia de la empresa.
- Se realiza en la Administración de la Tesorería General de la Seguridad Social más próxima a su domicilio de actividad.
- El empresario deberá comunicar si opta por la S. S. o una mutua colaboradora con la Seguridad Social para cubrir las contingencias profesionales.

6.2.2. Afiliación, altas y bajas de los trabajadores

- La **afiliación** es un acto administrativo por el cual la TGSS incluye al trabajador en el sistema de la S. S.
- El empresario debe afiliar a la S. S. a aquellos trabajadores que vaya a contratar y que sea su primer empleo. La S. S. asignará al trabajador un número de afiliación (NAF), de carácter vitalicio.
- El **alta** es un acto administrativo que se realiza en la TGSS cada vez que un trabajador reanuda su actvidad laboral. El empresario tiene la obligación de dar de alta en la S. S. a los trabajadores que vaya a contratar. Si el empresario no cumple con esta obligación, podrá solicitarlo el propio trabajador o la Inspección de Trabajo, que lo hará de oficio. En el caso de los trabajadores autónomos, deberán darse de alta en el RETA en los 60 días naturales antes del inicio de la actividad.
- La afiliación inicial o el alta del trabajador se realizará con anterioridad al inicio de la relación laboral, hasta 60 días naturales. Si se realiza fuera de plazo, tendrá efecto desde el día de su presentación.
- El empresario deberá dar de **baja** en la S. S. al trabajador cuando finalice la relación laboral, en los 3 días naturales siguientes al cese de la actividad. Se debe hacer constar como fecha de la baja el último día que el trabajador preste sus servicios en la empresa. También debe comunicar a la S. S. la variación de datos identificativos del trabajador, por ejemplo, un cambio de domicilio, en los 3 días naturales siguientes a aquel en el que la variación se produzca. Este mismo plazo se hace extensivo al trabajador autónomo.

6.2.3. La cotización

- La cotización es la aportación económica que realizan empresarios y trabajadores a la S. S. para contribuir a su financiación, que ya hemos estudiado en profundidad durante la Unidad 3. La obligación de cotizar nace al darse de alta.
- Están obligados a cotizar los trabajadores y empresarios comprendidos en el régimen general de la Seguridad Social.
- Las cantidades que debe pagar el trabajador las deduce el empresario de la nómina. Por otro lado, como ya sabemos, la empresa deberá cotizar por cada trabajador contratado.
- El empresario tiene la responsabilidad de realizar el ingreso de dichas cuotas en los plazos establecidos durante el mes siguiente al periodo que se liquida.
- La obligación de cotizar se mantiene durante situaciones como la incapacidad temporal, el riesgo durante el embarazo, la maternidad, adopción o acogimiento, etc., y se suspende en los casos de huelga o cierre patronal.
- Los autónomos también tienen obligación de cotizar dentro de un sistema especial, ya que no cotizan por la cantidad que ganan, sino por una cantidad que ellos deciden y que debe estar comprendida entre un máximo y un mínimo fijado por ley.

Sabías que...

Los incumplimientos empresariales en materia de afiliación o alta de trabajadores se consideran una infracción grave, que puede ser sancionada con multas cuyo importe está comprendido entre 626 € y 6.250 €.

El incumplimiento de la obligación de dar de baja se considera una falta leve, sancionada con multas entre 60 € y 625 €.

En el caso práctico inicial

Antes de iniciar la actividad, María debe realizar la inscripción de la empresa en la Administración de la Tesorería General de la Seguridad Social más cercana y obtener el código de cuenta de cotización.

Deberá afiliar a Blanca, que es la primera vez que trabaja, y al resto de trabajadores deberá darles de alta antes de iniciar la actividad. Todos quedarán incluidos dentro del régimen general de la Seguridad Social. Desde este momento se inician el derecho a percibir prestaciones y la obligación de cotizar.

Ella deberá darse de alta en el RETA en los 30 días naturales siguientes a haber iniciado la actividad.

Cuando despida a Rafa, deberá comunicar la baja del trabajador en los 3 días naturales posteriores al cese.

Sabías que...

En la página web de la Seguridad Social puedes acceder a todo tipo de información relacionada con la Seguridad Social: altas, bajas, afiliación, vida laboral, etcétera.

Web oficial de la Seguridad Social: **www.seg-social.es**

Actividades propuestas

6.4. Susana, de 24 años, ha terminado el grado en Educación Infantil y quiere abrir una escuela infantil, que será su primer trabajo.

Susana necesita más personal y decide contratar a Paula, una amiga que acaba de finalizar el ciclo de grado superior de Educación Infantil y no ha trabajado anteriormente. ¿Qué trámites tienen que realizar con respecto a la Seguridad Social?

6.5. Begoña es una estudiante de 2.° curso del ciclo formativo de Proyectos de Edificación. Pronto comenzará la Formación en Centros de Trabajo (FCT) en un estudio de arquitectura de su provincia. La empresa quiere informarse de cuáles son sus obligaciones con la Seguridad Social respecto a Begoña. Indícalas.

6.6. Un vendedor extingue su contrato con la empresa en la que prestaba sus servicios el día 30 de enero de 2020.

a) ¿En qué plazo debe comunicar el empresario la baja de este trabajador?

b) Si el día 31 de enero fue el último día de trabajo, ¿qué fecha hay que poner como fecha de la baja?

6.7. ¿Qué diferencia existe en cuanto a la cotización entre un trabajador autónomo y uno por cuenta ajena?

Concepto clave

Asimilado al alta: es una situación en la que, producido el cese temporal o definitivo en la actividad laboral, se estima que debe conservarse la situación de alta en que se encontraba el trabajador con anterioridad al cese. Algunas de estas situaciones son: situación legal de desempleo, excedencia forzosa, excedencia por cuidado de hijo, etcétera.

Actividad resuelta

6.3. Enrique quiere abrir un restaurante. Él se encargará de la gestión, pero además necesita contratar a tres trabajadores:

- Mónica, tiene 30 años y siempre ha trabajado como camarera. Ella será la encargada de atender a los clientes.
- Luis, tiene 28 años y es cocinero. Actualmente está en paro y cobrando el subsidio por desempleo.
- Reme, 18 años. No tiene experiencia laboral y es su primer empleo.

¿Cuáles son todos los trámites que debe realizar Enrique ante la Seguridad Social? ¿Cuándo y dónde debe hacerlos?

Solución:

Enrique deberá realizar los siguientes trámites:

a) Inscribir a la empresa en la Seguridad Social antes de iniciar la actividad.

b) Afiliar a Reme a la Seguridad Social porque es la primera vez que trabaja. A Luis y a Mónica solo les dará de alta porque ellos ya han trabajado anteriormente. Estos trámites debe hacerlos antes de iniciar la actividad.

c) Enrique deberá darse de alta como autónomo en el RETA.

d) Estos trámites se realizarán en la TGSS.

6.3. La acción protectora de la Seguridad Social

La acción protectora de la Seguridad Social comprende un conjunto de prestaciones económicas y asistenciales que el sistema ofrece ante contingencias concretas (situaciones de infortunio o estados de necesidad concretos, como por ejemplo accidentes o desempleo, que suelen originar una pérdida de ingresos o un exceso de gastos en las personas que las sufren) y siempre que se cumplan los requisitos establecidos legal y reglamentariamente en cada caso. En su mayoría económicas, las prestaciones son las siguientes:

▶ TIPOS DE PRESTACIONES

- Asistencia sanitaria y farmacéutica.
- Incapacidad temporal.
- Incapacidad permanente.
- Lesiones permanentes no invalidantes.
- Riesgo durante el embarazo y la lactancia.
- Maternidad.
- Paternidad.
- Cuidado de menores afectados por cáncer u otra enfermedad grave.
- Jubilación.
- Muerte y supervivencia.
- Prestaciones familiares.
- Prestación por desempleo.

6.3.1. Asistencia sanitaria

La asistencia sanitaria está constituida por el derecho a recibir los servicios médicos y farmacéuticos necesarios para conservar o restablecer la salud de sus beneficiarios, así como su aptitud para el trabajo.

Los beneficiarios de esta prestación, con carácter general, son:

▶ BENEFICIARIOS

- Trabajadores por cuenta ajena o por cuenta propia afiliados y en alta o en situación asimilada al alta.
- Pensionistas y perceptores de prestaciones periódicas.
- Familiares o asimilados a cargo del beneficiario.
- Ser pensionista del sistema de la Seguridad Social.
- Haber agotado la prestación o el subsidio por desempleo u otras prestaciones de similar naturaleza, encontrarse en situación de desempleo y residir en España (no se aplicará a extranjeros no registrados ni autorizados como residentes en España).

Aunque la normativa enumera de manera específica aquellos colectivos que tienen derecho a la asistencia sanitaria, podemos afirmar que en la actualidad su carácter es prácticamente universal, y tiene derecho a ella cualquier persona, que sin cumplir los requisitos anteriores, resida en territorio español (de nacionalidad española, cualquier nacional de un estado miembro de la UE, Suiza u otro ciudadano de cualquier otro país con permiso de residencia en España) y no tenga ingresos superiores a 100.000 euros.

En el caso práctico inicial

María es una trabajadora por cuenta propia y está dada de alta en la Seguridad Social, por tanto cumple con los requisitos de los beneficiarios de asistencia sanitaria, por lo que tendrá derecho a la asistencia sanitaria y farmacéutica gratuita.

Debes conocer...

La base reguladora de los trabajadores que sufren una recaída, entendida como aquella que se produce dentro de los 6 meses siguientes al alta médica de una misma enfermedad anterior por la misma causa, ha de calcularse en función del último mes cotizado antes de producirse la segunda baja médica.

6.3.2. Incapacidad temporal

La incapacidad temporal (IT) es la prestación que el trabajador recibe, cuyo objetivo es cubrir la falta de ingresos durante el tiempo que no pueda realizar su trabajo por encontrarse de baja laboral como consecuencia de una enfermedad o un accidente por el que recibe asistencia sanitaria.

<table>
<tr><th colspan="3">▶ INCAPACIDAD TEMPORAL</th></tr>
<tr><th colspan="3">Causas</th></tr>
<tr><td colspan="3">Las debidas a enfermedad, común o profesional, y a accidente, sea o no de trabajo, mientras el trabajador esté impedido para el trabajo y reciba asistencia sanitaria de la Seguridad Social y los periodos de observación por enfermedad profesional.</td></tr>
<tr><th colspan="3">Requisitos</th></tr>
<tr><td colspan="3">Estar afiliado a la Seguridad Social en situación de alta o asimilado al alta en la fecha del hecho causante.</td></tr>
<tr><th colspan="2">Enfermedad común</th><th>Enfermedad profesional o accidente, laboral o no laboral</th></tr>
<tr><td colspan="2">Tener cubierto un periodo de cotización de 180 días dentro de los 5 años inmediatamente anteriores al hecho causante, en caso de enfermedad común.</td><td>No se exige periodo previo de cotización en caso de accidente, sea o no de trabajo, y de enfermedad profesional.</td></tr>
<tr><th colspan="3">Cuantía a percibir</th></tr>
<tr><th colspan="2">Enfermedad común o accidente no laboral</th><th>Enfermedad profesional o accidente laboral</th></tr>
<tr><td>Días 1.º, 2.º y 3.º</td><td>No se cobra nada.</td><td rowspan="4">• Se recibirá el 75 % de la base reguladora desde el día siguiente a la baja (el día de la baja corre a cargo de la empresa).
• El pago de la prestación deberá realizarlo el INSS o la mutua.</td></tr>
<tr><td>Del 4.º al 20.º día, ambos inclusive</td><td>60 % de la base reguladora.</td></tr>
<tr><td>Desde el 21.º día en adelante</td><td>75 % de la base reguladora.</td></tr>
<tr><td colspan="2">• Hasta el 15.º día inclusive, el pago deberá realizarlo la empresa.
• A partir del 16.º día, el pago deberá realizarlo el INSS o la mutua.</td></tr>
<tr><th colspan="3">Base reguladora (BR)</th></tr>
<tr><th colspan="2">Enfermedad común o accidente no laboral</th><th>Enfermedad profesional o accidente laboral</th></tr>
<tr><td colspan="2">$$BR = \frac{\text{Base de cotización de contingencias comunes (BCCC) del mes anterior al de la baja}}{\text{30 (si el salario es mensual) o 30, 31, 28, 29 (si el salario es diario)}}$$</td><td>$$BR = \frac{\text{Base de cotización de contingencias profesionales (BCCP) del mes anterior a la baja} - \text{horas extraordinarias}}{\text{30 (si el salario es mensual) o 30, 31, 28, 29 (si el salario es diario)}} + \frac{\text{Horas extras del año natural anterior}}{365}$$</td></tr>
<tr><th colspan="3">Duración de la prestación</th></tr>
<tr><td colspan="3">• En caso de accidente o enfermedad, cualquiera que sea su causa, la duración máxima de la prestación será de 12 meses que podrán ampliarse por otros 6 meses cuando se presuma que, durante ellos, el trabajador pueda ser dado de alta médica por curación.
• Terminado dicho plazo, si se considera necesario realizar periodos de observación por enfermedad profesional, se podrá ampliar otros 6 meses prorrogables por otros 6 meses más cuando se estime necesario para el estudio y diagnóstico de la enfermedad.</td></tr>
</table>

En el caso práctico inicial

Marta ha sufrido una lumbociática como consecuencia del desempeño de su trabajo, por lo que se debe considerar como una incapacidad temporal por enfermedad profesional. Este tipo de incapacidad no exige periodo de cotización mínimo, por lo que Marta tendrá derecho a ella. La cuantía que percibirá será del 75 % de la base reguladora y se le abonará desde el día siguiente a la baja.

Actividad resuelta

6.4. Juan José está convaleciente como consecuencia de un accidente laboral, recibiendo el parte de baja por parte del médico el día 1 de marzo de 2020 y el alta el 20 de marzo de 2020. Hace solo 8 meses que trabaja en la empresa, siendo su base de cotización por contingencias profesionales del mes anterior a la fecha de baja de 1.430 euros mensuales. Juan José no realizó horas extras en febrero ni en el año natural anterior.

a) ¿Qué requisitos debe cumplir para acceder a la prestación por incapacidad temporal?

b) ¿Cuál es la cuantía que deberá percibir Juan José?

c) ¿Qué día comenzará el cobro de la prestación?

Solución:

a) El trabajador tiene derecho a percibir la prestación ya que está afiliado y en alta, y al tratarse de un accidente laboral no necesita acreditar periodo previo de cotización alguno.

b) Cuantía de la prestación. La base reguladora (BR) en caso de IT por accidente de trabajo se calcula de la siguiente forma:

$$BR = \frac{\text{Base de cotización de contingencias profesionales (BCCP)} \atop \text{del mes anterior a la baja sin horas extraordinarias}}{\text{30 (si el salario es mensual) o} \atop \text{30, 31, 28, 29 (si el salario es diario)}} +$$

$$+ \frac{\text{Horas extras} \atop \text{del año natural anterior}}{365} = A + B$$

$$A = \frac{\text{BCCP del mes anterior baja (febrero)} - \text{horas extras}}{\text{30 (por ser trabajador de retribución mensual)}}$$

$$A = \frac{1.430 - 0}{30} = 47{,}67\ €$$

$$B = \frac{\text{Horas extras del año anterior al mes de baja}}{365} = 0$$

Días de prestación. Desde el día siguiente a la baja (02/03/2019) hasta el día del alta (20/03/2019): 19 días.

Importe del subsidio. El porcentaje que se debe aplicar es del 75 % sobre la base reguladora que percibe el trabajador a partir del día siguiente a aquel en que se produjo el accidente.

Base reguladora diaria	Porcentaje	Importe
47,67 €	75 %	35,75 €

Importe total de la prestación = 19 días × 35,75 = 679,25 €.

c) El empresario pagará el salario íntegro correspondiente al día de la baja. A partir del día siguiente la prestación la abonará el INSS o la mutua correspondiente.

Actividad propuesta

6.8. Alejandro Losada, afiliado y de alta en la Seguridad Social, recibe la baja médica por contagio de la COVID-19 el 10 de noviembre de 2020, permaneciendo de baja hasta el 28 de diciembre. La BCCC del mes de octubre fue de 1.278 €. Además, lleva 12 años trabajando en la empresa.

a) ¿Tiene derecho el trabajador a la prestación por IT?

b) Calcula la base reguladora, el periodo de cobro y el importe del subsidio.

6.3.3. Incapacidad permanente

Incapacidad permanente (IP) es la situación del trabajador que, después de haber estado sometido al tratamiento prescrito y de haber sido dado de alta médicamente, presenta reducciones anatómicas o funcionales graves, previsiblemente definitivas, que disminuyan o anulen su capacidad laboral. Así pues, la prestación económica por incapacidad permanente trata de cubrir la pérdida de ingresos que sufre un trabajador cuando, como consecuencia de una enfermedad o accidente, ve reducida o anulada su capacidad para trabajar.

Existen 4 grados de incapacidad permanente, cuyas principales características desarrollamos a continuación:

▶ INCAPACIDAD PERMANENTE			
Grados de incapacidad permanente			
Parcial (IPP) Aquella que ocasiona al trabajador una disminución de al menos el 33 % en su rendimiento normal en el trabajo, sin impedirle la realización de las tareas fundamentales de este. En el caso de los trabajadores autónomos, dicha disminución debe ser al menos del 50 %.	**Total (IPT)** Aquella incapacidad que inhabilita al trabajador para la realización de las tareas fundamentales de su puesto de trabajo habitual, siempre que pueda realizar otro trabajo.	**Absoluta (IPA)** La que inhabilita por completo al trabajador para toda profesión u oficio. Puede realizar actividades compatibles con su estado. A partir de la edad de jubilación es incompatible con cualquier trabajo.	**Gran invalidez (GI)** La situación del trabajador afectado de una incapacidad permanente y que, como consecuencia de pérdidas anatómicas o funcionales, necesite la asistencia de otra persona para los actos más esenciales de la vida, tales como vestirse, desplazarse, comer o análogos.
Cuantía a percibir			
Parcial Indemnización, en un solo pago, de 24 mensualidades de la base reguladora (que es la misma que en la IT).	**Total** • Se cobrará una pensión vitalicia del 55 % de la base reguladora. Esta pensión es compatible con la realización de otro trabajo. • Cuando se trate de trabajadores mayores de 55 años, se percibirá el 75 % de la base reguladora cuando, por diversas circunstancias, se presuma la dificultad de obtener empleo en una actividad distinta de la habitual. Esta pensión incrementada del 75 % no es compatible con la realización de otro trabajo.	**Absoluta** Se cobrará una pensión vitalicia del 100 % de la base reguladora.	**Gran invalidez** La cuantía de la pensión por gran invalidez estará formada por el importe de la pensión que corresponda por incapacidad permanente (total o absoluta), incrementada con un complemento destinado a remunerar a la persona que atienda al beneficiario. La pensión que corresponda por incapacidad permanente (total o absoluta) se incrementará como mínimo en un 45 % para pagar a la persona que atiende al incapacitado.

Actividad resuelta

6.5. Fátima Delgado presta sus servicios en la empresa FERLO, SL. El 12 de febrero de 2020 causa baja por enfermedad común. Tras el informe del equipo de valoración de incapacidades, se le dictamina una incapacidad permanente parcial para su profesión habitual el 20 de diciembre.

Fátima cumple con los requisitos de cotización para acceder a la IPP. La BCCC de enero de 2020 es de 1.456 €. Calcula la base reguladora y el importe del subsidio.

Solución:

Cuantía de la prestación. La prestación consiste en una cantidad de un solo pago igual a 24 mensualidades de la BR. La base reguladora será la misma que sirvió para el cálculo de la prestación por IT, es decir, la BCCC del mes anterior a la baja.

BR mensual (BCCC mes de enero) = 1.456,00 €.

Importe de la prestación = 1.456,00 × 24 mensualidades = 34.944 €.

Actividades propuestas

6.9. Un accidente en el aeropuerto de París, tras salirse un avión de la pista, se ha saldado sin fallecidos pero con multitud de heridos, algunos de los cuales han sufrido importantes secuelas que han afectado a su capacidad laboral. Entre algunos de los casos que han transcendido se encuentran:

- Milagros ha sufrido gravísimas secuelas, ha quedado tetrapléjica y necesita de otra persona para poder realizar los actos más esenciales de la vida.
- Manuel, piloto de vuelo de 56 años de edad, ha perdido la visión total de un ojo tras introducirse un objeto punzante en él. No podrá seguir realizando su profesión habitual, pero podría trabajar en otra profesión, aunque se presume que tendrá especial dificultad para conseguir un empleo en una actividad distinta a la habitual.
- Carmen, que trabaja como diseñadora de moda, ha sufrido importantes secuelas. Ha perdido un brazo tras serle amputado y la movilidad del otro en un 75%, se le ha extirpado el bazo, ha perdido visión en uno de sus ojos y está tomando medicación para tratar el estrés postraumático que se le ha diagnosticado, por lo que no podrá seguir desarrollando su profesión habitual y, con casi total probabilidad, cualquier otra.
- Miguel, que trabaja como administrativo, ha perdido 2 dedos de la mano derecha, que le impiden desarrollar a la misma velocidad su trabajo, pero podrá continuar realizándolo.

a) Indica qué grado de incapacidad permanente le correspondería a cada trabajador.

b) Señala cuál sería la prestación que les pertenecería cobrar en cada caso.

6.10. Alejandro Izquierdo, de 58 años, se encuentra en proceso de incapacidad derivada de una enfermedad común. Descartada el alta médica por curación del trabajador, el equipo de valoración de incapacidades propone que sea declarado afecto de una incapacidad permanente absoluta (IPA).

El trabajador cumple con los requisitos de cotización exigidos para acceder a la IPA. La base reguladora para calcular la prestación por IPA es de 912,69 € mensuales.

a) Calcula el importe de la prestación e indica su duración.

b) Si el trabajador hubiese requerido como consecuencia de la IPA la asistencia de una tercera persona para realizar los actos esenciales de la vida, ¿cuál hubiese sido el tipo de incapacidad que le correspondería? ¿En qué porcentaje hubiese tenido que incrementarse como mínimo su prestación por IPA? ¿Quién deberá recibir este incremento?

6.11. Mercedes Arteaga, de 55 años de edad, tras un accidente no laboral el 10 de abril de 2020, y a petición del Servicio Público de Salud, es declarada el 15 de septiembre, por el equipo de valoración de incapacidades, afecta de una incapacidad permanente total (IPT) presumiéndose que Mercedes tendrá especial dificultad para conseguir un empleo en una actividad distinta de la habitual.

Mercedes cumple con los requisitos de cotización para acceder a la IPT y la base reguladora para calcular la prestación por IPT es de 1.200 €. Calcula el importe de la prestación e indica la duración de esta.

6.3.4. Jubilación

Actualmente, el sistema de pensiones de nuestro país se encuentra en un periodo de transición tras las 2 importantísimas reformas llevadas a cabo en los años 2011 y 2013. Dichas reformas se van a implantar de manera paulatina desde el año 2013 hasta el año 2027, donde la edad necesaria para acceder a la jubilación quedará definitivamente fijada en los 67 años.

Como ya hemos comentado, la reforma se realizará de manera progresiva, desde el año 2013 al año 2027, de la siguiente manera:

- La **edad de jubilación** pasará de los 65 años necesarios para jubilarse en 2013 a los 67 años en 2027. El paso de los 65 a los 67 años se llevará a cabo gradualmente añadiendo 1 mes por año hasta 2018 y 2 meses por año desde 2019 hasta 2027. Aunque, como veremos posteriormente, será posible jubilarse en el año 2027 con 65 años si se han cotizado 38 años y 6 meses.
- Para **calcular la cuantía de la pensión,** se aumentará cada año 1 año más, para pasar de tomar como referencia los últimos 15 años cotizados en el año 2012 a los últimos 25 años cotizados en el año 2022.
- Respecto a los **años de cotización necesarios** para tener el 100% de la pensión de jubilación, cada año se exigirán 3 meses más de cotización, para pasar de los 35 años que eran necesarios para conseguir el 100% de la pensión en el año 2012 a los 37 años que se exigirán en el año 2027 para conseguir el 100% de la pensión.

Finalmente, tras la reforma, las posibilidades de jubilación serán las siguientes:

▶ REFORMA DE LAS PENSIONES DE JUBILACIÓN PARA EL AÑO 2027		
Tipo de jubilación	**Edad requerida**	**Requisitos básicos**
Jubilación ordinaria (por edad)	Con 67 años	• Se deberán tener cotizados entre 15 años y menos de 38 años y 6 meses. • Con 15 años de cotización se recibirá el 50 % de la pensión y con 37 años cotizados el 100 %.
Jubilación ordinaria (por años de cotización)	Con 65 y 66 años.	Se tendrán que tener cotizados al menos 38 años y 6 meses. Dan derecho al 100 % de la pensión.
Jubilación anticipada por voluntad del trabajador	A partir de los 65 años.	Se deberán tener cotizados 35 años. Por cada año que se anticipe la jubilación se aplicará una reducción.
Jubilación parcial	A partir de los 63 años.	• Se reducirá la jornada entre un 25 % y un 50 % (un 75 % en el caso de contrato de relevo indefinido a tiempo completo). • Si se han cotizado 36 años y 6 meses se podrá acceder a la jubilación con 63 años. • Para el resto de los casos, se deberán tener cotizados 33 años como mínimo para poder acceder a la jubilación parcial con 65 años.
Jubilación anticipada derivada del cese no voluntario en el trabajo (por ejemplo: despidos, fuerza mayor, muerte del empresario, etcétera)	A partir de los 63 años.	Se deberán tener cotizados al menos 33 años. Se aplicarán reducciones en la pensión por cada año anticipado a la edad general de jubilación (67 años).

6.3.5. Muerte y supervivencia

Las prestaciones por muerte y supervivencia compensan la situación de necesidad económica que origina a las personas que dependen y conviven con el trabajador fallecido.

▶ MUERTE Y SUPERVIVENCIA

Pensión de viudedad

Es una prestación económica que consiste en una pensión vitalicia que se concede al cónyuge o pareja de hecho sobreviviente de la persona fallecida y que reúna los requisitos exigidos.

La pensión de viudedad se extingue:

- Por contraer matrimonio o constituir una pareja de hecho (salvo excepciones).
- Por sentencia firme de culpabilidad en la muerte del fallecido causante de la pensión.
- Por fallecimiento del beneficiario.
- Por comprobarse que no falleció la persona desaparecida.

Cuantía

- El 52 % de la base reguladora, con carácter general.
- A partir del 01/01/2019. El 60 % de la base reguladora siempre que el beneficiario tenga al menos 65 años, no sea beneficiario de otra pensión pública, no cuente con rendimientos de trabajo o rendimientos de actividades económicas y no exceda del límite de ingresos establecido en cada momento para ser beneficiario de una pensión de viudedad.
- El 70 % de la base reguladora correspondiente cuando se tengan cargas familiares, la principal o única fuente de ingresos sea la pensión de viudedad y el beneficiario no sobrepase un determinado nivel de ingresos anuales. Los tres requisitos exigidos deben concurrir simultáneamente.

Indemnización por accidente de trabajo o enfermedad profesional

Si el fallecimiento hubiese sido debido a accidente de trabajo o enfermedad profesional, se concede, además, al cónyuge, pareja de hecho o excónyuge divorciado, separado o con nulidad matrimonial, una indemnización de 6 mensualidades de la base reguladora de la pensión de viudedad.

Pensión de orfandad

Podrán ser beneficiarios de la pensión de orfandad:

- Los hijos del fallecido.
- Los hijos del cónyuge sobreviviente aportados al matrimonio, siempre que este se hubiera celebrado 2 años antes del fallecimiento, hubieran convivido a expensas del fallecido y además no tengan derecho a otra pensión de la Seguridad Social, ni queden familiares con obligación y posibilidad de prestarles alimentos.

En la fecha del fallecimiento, los hijos anteriormente indicados deben cumplir los siguientes requisitos:

- Con carácter general, menores de 21 años o mayores de dicha edad que tengan reconocida una incapacidad permanente absoluta o gran invalidez.
- La edad se amplía hasta los 25 años, cuando el huérfano no realice ningún trabajo por cuenta ajena o propia, o cuando realizándolo, los ingresos que obtenga sean menores al SMI anual. Si al cumplir 25 años sigue estudiando se prorroga hasta el inicio del siguiente curso académico.

Cuantía

La cuantía será del 20 % de la BR aplicable para la pensión de viudedad para cada huérfano. Cuando a la muerte del trabajador no exista ningún beneficiario de la pensión de viudedad (orfandad absoluta), la cuantía de la pensión de orfandad se incrementará con el importe resultante de aplicar a la BR el 52 %.

Indemnización por accidente de trabajo o enfermedad profesional

Si el fallecimiento ha sido debido a accidente de trabajo o enfermedad profesional, se concede, además, a cada huérfano una indemnización de 1 mensualidad de la base reguladora de la pensión de orfandad.

Pensión y subsidio a favor de familiares

Pensión vitalicia o temporal a la que tienen derecho otros familiares (abuelos, nietos, hermanos o padres) que hayan convivido con el fallecido al menos durante 2 años antes de su fallecimiento y a expensas de él, que no tengan derecho a pensión pública y carezcan de medios de subsistencia.

Auxilio por defunción

Será beneficiario de dicha prestación quien haya soportado los gastos del sepelio. Se considera, salvo prueba de lo contrario, que dichos gastos los ha soportado, por este orden, el cónyuge sobreviviente, el sobreviviente de una pareja de hecho, los hijos y los parientes del fallecido que conviviesen habitualmente con él. Su cuantía es de 46,50 €.

Debes conocer...

Será beneficiario de la **prestación temporal de viudedad** el cónyuge superviviente, cuando no pueda acceder a la pensión de viudedad por no acreditar que su matrimonio con el fallecido ha tenido una duración de 1 año o por no tener hijos comunes, siempre que se reúnan el resto de requisitos generales exigidos al trabajador fallecido (alta y cotización). La cuantía de la prestación es igual a la de la pensión de viudedad que le hubiera correspondido y con una duración de 2 años.

Actividad resuelta

6.6. Antonio fallece el 21 de noviembre de 2020 a causa de una enfermedad común. El trabajador estaba afiliado y cumple con los requisitos de cotización exigidos a la Seguridad Social para generar el derecho a la pensión de viudedad. Estaba casado con Luisa, de 60 años de edad, desde hacía 8 años y no tenían hijos. La base reguladora para calcular la prestación por muerte y supervivencia es de 1.180 €. ¿Cuál es la cuantía de la prestación de viudedad a la que tiene derecho Luisa?

Solución:

El trabajador fallecido cumplía los requisitos exigidos para causar derecho a las prestaciones por muerte y supervivencia derivadas de enfermedad común (ya que se encontraba de alta en la Seguridad Social, cumplía con los periodos de cotización exigidos y, además, la cónyuge sobreviviente estaba casada con más de 1 año de antelación al fallecimiento).

El importe de la pensión de viudedad que le corresponde al cónyuge sobreviviente será del 52 % de la BR al no tener cargas familiares (no tenían hijos) ni tener al menos 65 años, por lo que será el siguiente:

BR = 1.180 €.

Importe de la pensión de viudedad = 52 % de 1.180 € = 613,60 €/mes.

6.3.6. Prestación por nacimiento y cuidado de menor

Las prestaciones económicas por nacimiento y cuidado de menor tratan de cubrir la pérdida de rentas del trabajo o de ingresos que sufren los trabajadores, por cuenta ajena o por cuenta propia, cuando se suspende su contrato, para disfrutar de los periodos de descanso por nacimiento, adopción y acogimiento legalmente establecidos.

▶ NACIMIENTO Y CUIDADO DE MENOR

Base reguladora

Es la misma base reguladora utilizada para el cálculo de la incapacidad temporal por contingencias comunes tomando como referencia la fecha de inicio del descanso.

Cuantía

La prestación económica consiste en un subsidio equivalente al 100 % de la base reguladora correspondiente.

Duración

La duración de la prestación por nacimiento y cuidado de menor será la ya desarrollada en la Tabla Causas de suspensión de la página 75 referente a dichos permisos.

Requisitos

Serán beneficiarios de la prestación por nacimiento y cuidado de menor las personas trabajadoras por cuenta ajena o propia, cualquiera que sea su sexo, que se encuentren en situación de alta o asimilada al alta, y acrediten los siguientes periodos mínimos de cotización:

Edad exigida	Cotización
Menos de 21 años en la fecha de nacimiento, adopción o acogida.	No se exige cotización mínima.
Entre 21 y 26 años en la fecha de nacimiento, adopción o acogida.	90 días cotizados en los 7 años anteriores al momento de inicio del descanso, adopción o acogida, o 180 días a lo largo toda la vida laboral.
Más de 26 años en la fecha de nacimiento, adopción o acogida.	180 días cotizados en los 7 años anteriores al momento de inicio del descanso, adopción o acogida, o 360 días cotizados a lo largo de toda su vida laboral.

En el caso práctico inicial

Diana acaba de ser madre de gemelos y disfruta de su permiso por nacimiento. La prestación económica consiste en un subsidio equivalente al 100 % de la base reguladora correspondiente, al igual que Javier, su marido.

Respecto a las semanas de disfrute, si los nacimientos fuesen a partir del 1 de enero de 2021, tanto Diana como Javier podrían disfrutar de 16 semanas, siendo obligatorias las 6 semanas inmediatamente posteriores al parto para ambos. Por otro lado, si los nacimientos se produjesen durante el año 2020, Diana tendría derecho a disfrutar de 16 semanas, siendo obligatorias las 6 semanas inmediatamente posteriores al parto, mientras que Javier tendría derecho a disfrutar de 12 semanas, siendo obligatorias las 4 semanas inmediatamente posteriores al parto.

En cualquier caso, tendrán derecho a una semana más de disfrute cada uno por su segundo hijo.

Actividad resuelta

6.7. Marisa y Juan han sido padres de su primer hijo el día 1 de marzo de 2020. Marisa, de 20 años de edad, está afiliada y cotizando a la Seguridad Social desde el 12 de mayo de 2015. Comienza su descanso por nacimiento desde la fecha del parto. La BCCC del mes anterior a la fecha de comienzo del descanso es de 1.470 €. Calcula el importe de la prestación.

Solución:

Al tener menos de 21 años, no se exige un periodo mínimo de cotización a la Seguridad Social para acceder a la prestación por nacimiento, por lo que tendrá derecho a ella.

La cuantía de la prestación será del 100 % de la BR la misma que la utilizada para el cálculo de la incapacidad temporal por contingencias comunes, es decir, en este caso, la BCCC del mes anterior al inicio del descanso por maternidad.

Por lo tanto, será la siguiente:

$$BR = \frac{\text{BCCC mes anterior al inicio del descanso (febrero)}}{30}$$

$$BR = \frac{1.470}{30} = 49{,}00\ €/\text{día}$$

Días de prestación: 16 semanas = 112 días.

Importe del subsidio. El porcentaje aplicable sobre la BR es del 100 % y lo percibe la trabajadora a partir del mismo día en que comienza el periodo de descanso.

BR diaria	Porcentaje	Importe
49,00 €	100 %	49,00 €

Importe total de la prestación por nacimiento = 112 días × 49,00 = 5.488 €.

En el caso práctico inicial

Javier, al estar afiliado y de alta en la Seguridad Social, tiene derecho a la prestación por nacimiento. En su caso, al tratarse de un parto múltiple, la duración será de 8 semanas más 1 adicional por el segundo hijo. La prestación económica consiste en una cuantía equivalente al 100 % de la base reguladora durante la duración de esta.

Actividad propuesta

6.12. Sonia, de 30 años de edad, trabaja en la empresa MYSTIC, SL desde hace 7 años. Está embarazada y se encuentra ya en su octavo mes de embarazo. El 10 de abril de 2020 nace su primer hijo e inicia su descanso por nacimiento. La BCCC del mes anterior a la fecha de comienzo del descanso, marzo, es de 1.220 €.

a) ¿Tiene derecho Sonia a percibir la prestación por nacimiento? ¿Por qué?

b) ¿Durante cuánto tiempo tendrá Sonia derecho a cobrar la prestación por nacimiento que le corresponde?

c) Calcula el importe de la prestación.

6.3.7. Riesgo durante el embarazo y la lactancia

▶ RIESGO DURANTE EL EMBARAZO Y LA LACTANCIA	
Requisitos	
Estar afiliado y en situación de alta o asimilada al alta en algún régimen del sistema de la Seguridad Social.	
Base reguladora	
La misma que la establecida para la prestación de incapacidad temporal derivada de contingencias profesionales.	
Cuantía	
La prestación económica consiste en un subsidio equivalente al 100 % de la base reguladora.	
Duración	
Riesgo durante el embarazo	**Riesgo durante la lactancia**
Se abonará durante el periodo de suspensión o permiso que sea necesario para la protección de la seguridad o de la salud de la trabajadora embarazada y/o del feto, y finalizará el día anterior a aquel en que se inicie la suspensión del contrato de trabajo por maternidad o el de reincorporación de la mujer trabajadora a su puesto de trabajo anterior o a otro compatible con su estado.	Se abonará durante el periodo necesario para la protección de la salud de la trabajadora y/o del hijo, como máximo hasta que este cumpla los 9 meses, salvo que la beneficiaria se haya reincorporado con anterioridad a su puesto de trabajo anterior o a otro compatible con su situación.

6.4. Protección en situaciones de desempleo

La protección por desempleo, tanto en su nivel contributivo como no contributivo o asistencial, tiene como objetivo cubrir la pérdida involuntaria de un empleo o la reducción de jornada. De esta forma, el sistema de protección de desempleo intenta compensar la falta de rentas como consecuencia de la pérdida del trabajo y ayudar al trabajador a volver a su actividad laboral.

6.4.1. Prestación por desempleo

La protección ante una situación de desempleo en el nivel contributivo se denomina prestación por desempleo, cuyas características desarrollaremos a continuación:

▶ PRESTACIÓN POR DESEMPLEO

Requisitos para acceder a la prestación por desempleo

- Estar afiliado y en situación de alta o asimilada al alta en la Seguridad Social en un régimen que contemple la contingencia por desempleo.
- Inscribirse y mantener dicha inscripción como demandante de empleo durante todo el periodo de percepción y suscribir el compromiso de actividad, que consiste en la obligación que adquiere el beneficiario de buscar activamente empleo, aceptar una colocación adecuada y participar en acciones específicas de motivación, información, orientación, formación, reconversión o inserción profesional para incrementar su ocupabilidad.
- Haber cotizado por desempleo al menos 360 días en los 6 años anteriores a la situación legal de desempleo.
- No haber cumplido la edad ordinaria para la jubilación (65 años como regla general).
- Encontrarse en situación legal de desempleo. Se consideran situaciones legales de desempleo las siguientes:
  - Por despido de la empresa (independientemente del tipo de despido).
  - Por finalización de la duración del contrato.
  - Por jubilación, incapacidad o muerte del empresario.
  - Por extinción del contrato por voluntad del trabajador basada en una causa justa (con sentencia judicial).
  - Por extinción del contrato por parte del empresario durante el periodo de prueba.
  - Los trabajadores con contratos fijos discontinuos durante los periodos en los que no trabajan.
  - El retorno a España de los trabajadores españoles que finalicen una relación laboral en el extranjero.
  - Por extinción o suspensión de la relación laboral de víctimas de violencia de género (deberá acreditarse la condición de víctima).
  - La liberación de prisión por cumplimiento de condena o libertad condicional.
  - El cese involuntario en el cargo de los miembros de corporaciones locales, cargos representativos de los sindicatos y altos cargos de la Administración Pública.

Base reguladora

Se calcula dividiendo entre 180 la suma de las bases de cotización por contingencias profesionales, excluyendo la retribución por horas extraordinarias, de los últimos 180 días cotizados.

$$BR = \frac{\text{Suma de la BCCP de los últimos 180 días} - \text{horas extraordinarias}}{180}$$

Cuantía

El importe diario de la prestación por desempleo es el 70% de la BR durante los 180 primeros días. A partir del día 181 será del 50% de la BR.

Duración

La duración dependerá del tiempo cotizado en los últimos 6 años según la siguiente tabla:

Prestación por desempleo											
Días cotizados	De 360 a 539	De 540 a 719	De 720 a 899	De 900 a 1.079	De 1.080 a 1.259	De 1.260 a 1.439	De 1.440 a 1.619	De 1.620 a 1.799	De 1.800 a 1.979	De 1.980 a 2.159	A partir de 2.160
Días de prestación	120	180	240	300	360	420	480	540	600	660	720

Límites	
Importe máximo mensual de la prestación por desempleo en 2020 • Si no tiene hijos a su cargo: 1.098,09 euros. • Si tiene un hijo a su cargo: 1.254,96 euros. • Si tiene dos o **más hijos a su cargo:** 1.411,83 euros. **Importe mínimo mensual de la prestación por desempleo en 2020** • Si no tiene hijos a su cargo: 501,98 euros. • Si tiene al menos un hijo a su cargo: 671,40 euros.	Se consideran hijos a cargo los menores de 26 años o mayores con discapacidad que convivan con el beneficiario en su domicilio y no tengan rentas superiores al SMI mensual vigente.

Tramitación de la prestación por desempleo

La solicitud deberás presentarla en el plazo de los quince días hábiles siguientes al último día trabajado. En el supuesto de que la empresa te haya abonado vacaciones por no haberlas disfrutado con anterioridad al cese, debes presentarla en los 15 días hábiles siguientes a la finalización del periodo equivalente a las vacaciones no disfrutadas, a través de:

- Presencialmente en la Oficina de Empleo (tras la obtención de la cita previa en la sede electrónica del SEPE).
- A través de la página web de la Sede Electrónica del SEPE.
- También existe la posibilidad de tramitarla en cualquier oficina de registro público o por correo administrativo.

En el momento de la solicitud, el trabajador deberá suscribir un compromiso de actividad. No realizar la inscripción o la solicitud en el plazo fijado, salvo casos de fuerza mayor, supone la pérdida de tantos días de derecho a la prestación como transcurran entre la fecha de nacimiento del derecho de haberse inscrito y solicitado en tiempo y forma y la fecha en que, efectivamente, se realice la inscripción y la solicitud.

El día que el SEPE considera como fecha de presentación de la solicitud de la prestación no es el día de cita que nos asignan, sino el día en que nosotros la hemos pedido a través de Internet o por teléfono.

6.4.2. La prestación por desempleo: casos especiales

La prestación por desempleo puede dar lugar a diferentes situaciones especiales que consideramos importante conocer y que exponemos a continuación:

La prestación por desempleo y el descanso por nacimiento, adopción o acogimiento

Nos parece fundamental detenernos en las posibles situaciones que pueden darse entre los periodos de descanso por nacimiento, adopción o acogimiento y la prestación por desempleo:

1. **Mientras estoy en el periodo de descanso por nacimiento, adopción o acogimiento se termina el contrato.** Si mientras estás en situación de descanso por nacimiento, adopción o acogimiento finaliza tu contrato, continuarás percibiendo tu prestación económica por nacimiento y cuidado de menor (que paga la Seguridad Social) hasta finalizar el plazo o tener el alta médica, momento en que puedes solicitar la prestación por desempleo en los 15 días hábiles siguientes si tuvieses derecho a ella.
2. **Estoy cobrando el paro y se produce el nacimiento, adopción o acogimiento.** Si estás cobrando el paro y se produce el nacimiento, adopción o acogimiento, a partir de ese momento se suspende el pago del paro y se comienza a cobrar la prestación por nacimiento y cuidado de menor, que la abona la Seguridad Social (INSS). Mientras dura el descanso por nacimiento, adopción o acogimiento no se consume el paro.

   Cuando termina el periodo de descanso por nacimiento, adopción o acogimiento hay que solicitar la reanudación de la prestación por desempleo. El plazo es de 15 días hábiles y se volverá a cobrar el paro por el mismo importe y duración que había cuando se suspendió.

El derecho de opción

Si la persona que esté cobrando una prestación por desempleo, suspende dicha prestación para reincorporarse a un nuevo trabajo de al menos 360 días de duración, se genera un nuevo derecho de prestación por desempleo. En este caso, la persona que no agotó la prestación anterior podrá optar entre reanudar la prestación anterior o acogerse a la prestación generada con las cotizaciones del nuevo empleo. Esto es lo que se conoce como el derecho de opción. Para ello dispone de un plazo de diez días desde que se le reconoce la prestación. Deberá solicitarlo por escrito.

En todo caso, una vez que el trabajador elija una de las dos opciones, la otra se pierde para siempre.

Actividad resuelta

6.8. Jaime, de 25 años de edad, está soltero y sin hijos. Su contrato se extinguirá, tras ser despedido, el próximo 15 de octubre de 2020. Tiene cotizados un total de 1.830 días ininterrumpidos en los últimos 6 años. La suma de las bases de cotización por contingencias profesionales de los últimos 180 días asciende a 8.467 € (sin incluir horas extras).

a) ¿Tiene derecho a la prestación por desempleo? ¿Por qué?

b) Calcula la cuantía y la duración de esta.

Solución:

a) El trabajador en situación legal de desempleo no ha cumplido la edad ordinaria de jubilación, está afiliado y de alta en la Seguridad Social y tiene acreditado un periodo mínimo de cotización de 360 días dentro de los 6 años anteriores. Además, acredita su inscripción como demandante de empleo y el compromiso de actividad. Por lo tanto, el trabajador reúne los requisitos exigidos y tendrá derecho a la correspondiente prestación por desempleo.

b) La duración de la prestación por desempleo está en función del tiempo cotizado en los últimos 6 años anteriores a la situación legal de desempleo y conforme a la escala legalmente establecida.

En el caso del trabajador acredita un total de 1.830 días de cotización ininterrumpidos en los últimos 6 años, por lo tanto, según la escala establecida, le corresponden 600 días de prestación. De los 600 días, los primeros 180 días percibirá el 70 % de la BR y los 420 días siguientes el 50 % de la BR.

Cuantía de la prestación. La base reguladora se calculará dividiendo entre 180 la suma de las BCCP, menos las cantidades por horas extraordinarias recibidas los últimos 180 días cotizados. La base reguladora deberá estar comprendida entre el tope máximo y el tope mínimo.

Así pues, la BR será:

$$BR = \frac{8.467\ €}{180} = 47{,}04\ €/\text{día}$$

La cuantía de la prestación durante los 180 primeros días será:

$$70\,\%\ \text{de}\ 47{,}04\ €/\text{día} = 32{,}93\ €/\text{día} \times 30\ \text{días} = 987{,}90\ €/\text{mes}$$

Desde el día 181 al 600, la prestación será:

$$50\,\% \times 47{,}04\ € = 23{,}52\ €/\text{día} \times 30\ \text{días} = 705{,}60\ €/\text{mes}$$

Los topes máximos y mínimos durante 2020 para personas sin hijos a cargo son:

- Tope máximo: 1.098,09 €/mes.
- Tope mínimo: 501,98 €/mes.

Las cuantías de la prestación por desempleo no superan los topes máximos ni son menores que los topes mínimos, por lo que, definitivamente, el trabajador recibirá 987,90 €/mes durante los primeros 180 días y 705,60 €/mes durante el resto.

En el caso práctico inicial

Rafael ha sido despedido por María, por lo que queda en situación legal de desempleo. Antes de ser contratado para trabajar en el hotel rural, Rafael estaba cobrando la prestación por desempleo, por lo que podrá reanudar la prestación derivada del trabajo anterior y acumular los meses trabajados en el hotel rural para una nueva prestación futura.

Si Rafael hubiese trabajado al menos 12 meses con María, tendría la opción de reanudar su desempleo anterior o cobrar el nuevo desempleo derivado del trabajo desarrollado en el hotel rural.

6.4.3. Subsidio por desempleo

Debes conocer...

No se considera situación legal de desempleo:

- Cuando el trabajador finaliza voluntariamente su relación laboral, salvo causa justa.
- Cuando el empresario opta por la readmisión del trabajador y el trabajador decide no reincorporarse al trabajo.

Debes conocer...

En el caso de que el periodo correspondiente a las vacaciones anuales retribuidas no haya sido disfrutado con anterioridad a la finalización de la relación laboral, la situación legal de desempleo y el nacimiento del derecho a las prestaciones se producirá una vez transcurrido dicho periodo, que deberá constar en el certificado de empresa.

La protección por desempleo se estructura en dos niveles de protección: un nivel contributivo, constituido fundamentalmente por la prestación por desempleo que hemos desarrollado anteriormente, y un nivel asistencial.

El nivel asistencial se concede no para sustituir el salario, sino para compensar la falta de recursos económicos.

Actualmente, es posible solicitar como desempleado los siguientes subsidios:

- Por finalización de la prestación contributiva por desempleo (paro).
- Por pérdida de empleo.
- Para mayores de 52 años.
- Otros subsidios (trabajadores emigrantes retornados, liberados de prisión, revisión de invalidez).

Aunque cada subsidio requiere de diferentes requisitos específicos que debe reunir el solicitante para poder acceder a ellos, hay una serie de requisitos comunes a todos ellos y que deben cumplirse para solicitar cualquier subsidio por desempleo y que son:

- Estar desempleado.
- No tener derecho a la prestación contributiva por desempleo.
- Estar inscrito como demandante de empleo, mantener dicha inscripción durante todo el periodo de percepción y suscribir el compromiso de actividad.
- Carecer de rentas propias de cualquier naturaleza que no superen los 712,50 € mensuales (75 % del SMI para 2020).
- Durante toda la percepción del subsidio el solicitante debe mantener todos los requisitos.

La cuantía del subsidio será de 430,27 € en 2020 (80 % del IPREM). Por otro lado, la duración de los subsidios varía según la modalidad y las características del solicitante (para información más detallada sobre los subsidios por desempleo puedes dirigirte a la página **www.sepe.es**).

1. El sistema de la Seguridad Social

6.1. Indica en qué régimen de la Seguridad Social se encuadran las siguientes actividades:

Actividades profesionales	Régimen de la Seguridad Social
Dependiente de una perfumería.	
Actor en una obra de teatro.	
Estudiante del ciclo de Educación Infantil que realiza la FCT en una guardería.	
Empleada de hogar.	
Auxiliar administrativo con un contrato en prácticas.	
Pastor que cuida un rebaño.	
Propietario de una ludoteca.	
Un futbolista profesional.	
Pescador de anchoas en el golfo de Vizcaya.	
Educador en una ludoteca.	

2. Obligaciones de la Seguridad Social de empresarios y trabajadores

6.2. Emilia Gómez terminó su contrato con la empresa MIA, SL el día 30 de noviembre.

a) ¿A quién deberá comunicar el empresario la finalización del contrato y en qué plazo?

b) ¿Sería correcta la fecha del 1 de diciembre como baja en la empresa?

c) ¿Qué repercusiones puede tener para la empresa la tramitación de la baja fuera de plazo?

6.3. En una empresa trabajan cuatro personas:

- Borja está de baja por incapacidad temporal debido a un accidente laboral.
- Luisa está disfrutando del mes de vacaciones.
- María está de baja por riesgo durante el embarazo.
- Pedro disfruta del descanso por nacimiento.

a) ¿Tiene obligación el empresario de seguir cotizando a la S. S. por los 4 trabajadores?

b) ¿En qué casos tiene el trabajador derecho a algún tipo de prestación y quién debe abonársela?

6.4. La residencia de ancianos «EL REPOSO» lleva dos meses abierta e inscrita en la S. S. Necesita contratar a un auxiliar de clínica por un periodo de dos meses y contratan a Francisco. El contrato se firma el día 2 de julio y el trabajador deberá comenzar a trabajar el día 3 de julio. ¿Cuándo debe dar de alta la empresa a Francisco? Y si no le da de alta, ¿qué puede ocurrirle?

6.5. Después de mucho buscar, Irene recibe dos ofertas de empleo. Una es de una tienda de ropa como vendedora a media jornada donde ganaría un sueldo de 500 €, pero no le realizarán contrato ni le van a dar de alta en la S. S. La otra oferta es de un supermercado como reponedora, con un contrato a media jornada y alta en la S. S., ganando 350 €.

a) Si Irene fuese tu amiga, ¿cuál de los dos trabajos le aconsejarías que aceptara? Explica los motivos.

b) Si aceptara trabajar en la tienda y tuviera un accidente en el trabajo, ¿qué podría ocurrirle? ¿Tendría derecho a algún tipo de prestación?

3. La acción protectora de la Seguridad Social

6.6. Rafael Coca, afiliado y en situación de alta en la Seguridad Social, trabaja en la empresa PIXEL, SA desde el 1 de enero del año 2000. Sufre una gripe común el 4 de septiembre de 2020, permaneciendo de baja hasta el 28 de septiembre de 2020. Su BCCC del mes anterior, agosto, es de 1.350 €.

a) ¿Tiene derecho el trabajador a la prestación por IT?

b) Calcula la base reguladora, el periodo de cobro y el importe del subsidio.

c) ¿Quién debe pagar la prestación?

6.7. Rosa Acedo presta sus servicios en la empresa GOMIS, SL como auxiliar administrativa en el grupo 7 de cotización. El 10 de octubre de 2020 sufre un accidente laboral, permaneciendo de baja hasta el 15 de noviembre de 2020. La BCCP del mes anterior a la fecha de baja, septiembre, fue de 1.550 €, de los cuales 250 € correspondían a horas extraordinarias. Durante el año anterior a la baja ha percibido por horas extraordinarias en febrero 110 €, en mayo 80 € y en junio 150 €.

a) ¿Tiene derecho la trabajadora a la prestación por IT?

b) Calcula la base reguladora, el periodo de cobro y el importe del subsidio.

c) ¿Quién debe pagar la prestación?

6.8. Lucía Roser es trabajadora de la empresa BORCAX, SL desde el 10 de junio de 1995, con categoría profesional de oficial administrativo en el grupo 5 de cotización a la Seguridad Social. El 1 de marzo de 2020 Lucía causa baja en la empresa hasta el 20 de marzo de 2020 como consecuencia de una enfermedad común. Tras su reincorporación, vuelve a causar baja por la misma enfermedad el día 15 de julio de 2020 hasta el 26 de julio de 2020. La BCCC durante el mes de febrero de 2020 (mes anterior a la primera baja) es de 1.400 €, y durante el mes de junio de 2020 (mes anterior a la segunda baja) fue de 1.526 €.

a) ¿Tiene derecho la trabajadora a la prestación por IT?

b) Calcula la base reguladora, el periodo de cobro y el importe del subsidio.

c) ¿Quién debe pagar la prestación?

6.9. Isabel Ramos presta sus servicios en la empresa LIFOS, SL desde el 14 de abril de 1998. El 2 de febrero de 2020 causa baja por enfermedad común. Tras el informe del equipo de valoración de incapacidades se le dictamina una incapacidad permanente parcial (IPP) para su profesión habitual el 14 de diciembre.

Isabel cumple con los requisitos de cotización para acceder a la IPP. La BCCC de enero de 2020 es de 1.537,87 €. Calcula la base reguladora y el importe del subsidio.

6.10. Luisa Martín, de 50 años de edad, tras un accidente no laboral el 20 de abril de 2020, y a petición del Servicio Público de Salud, es declarada el 18 de septiembre por el equipo de valoración de incapacidades afecta de una incapacidad permanente total (IPT).

Luisa cumple con los requisitos de cotización para acceder a la IPT y la base reguladora para calcular la prestación por IPT es de 1.400 €. Calcula el importe de la prestación e indica su duración.

6.11. Fátima Torres, de 30 años de edad, trabaja actualmente en la empresa NEW LIFE, SA como auxiliar administrativa y está afiliada y cotizando a la Seguridad Social desde el 10 de mayo de 1989. Está embarazada y se encuentra ya en su octavo mes de gestación. El 11 de agosto de 2020, Fátima inicia su descanso por nacimiento y da a luz el 20 de agosto de 2020. La BCCC del mes anterior a la fecha del comienzo del descanso, julio, es de 1.220 €.

a) ¿Cumple Fátima con los requisitos de cotización exigidos para acceder a la prestación por nacimiento y cuidado de menor?

b) En caso de tener derecho a ella, calcula el importe de la prestación por nacimiento y cuidado de menor.

6.12. Carmen y Francisco han visto por fin cumplido su deseo de adopción de un niño menor de 3 años de edad a través de una resolución judicial con fecha de 15 de julio de 2020. Carmen, de 26 años de edad, está afiliada y de alta en la Seguridad Social y cumple con los requisitos exigidos para acceder a la prestación por nacimiento.

Carmen decide comenzar su descanso de 16 semanas desde la fecha de resolución judicial. En la actualidad, está trabajando en la empresa LIRFOS, SA y su BCCC del mes anterior a la fecha de comienzo del descanso, junio, es de 1.615 €. Calcula el importe de la prestación.

6.13. Antonio García, de 35 años de edad, está afiliado y cotizando a la Seguridad Social desde el 23 de septiembre de 2001.

El 15 de agosto de 2020 su esposa, Pilar, da a luz a su primera hija. Antonio comunica a la empresa con 1 mes de antelación que no acudirá las 12 semanas siguientes al parto para disfrutar de su permiso por nacimiento íntegramente. Anteriormente, Antonio avisó de tal situación a la empresa, siendo aceptados dichos permisos por esta. La BCCC del trabajador en el mes anterior a la fecha en la que disfruta del descanso fue de 1.365 €. Antonio preavisó de forma correcta a la empresa de su deseo de disfrutar del descanso por nacimiento. ¿Tiene derecho Antonio a recibir la prestación por nacimiento y cuidado de menor? En caso afirmativo, calcula el importe de esta.

6.14. David y Rocío, de 23 y 25 años respectivamente, han sido padres de su tercer hijo el día 16 de octubre de 2020. Ambos cumplen con los requisitos de cotización exigidos para solicitar las prestaciones por nacimiento y cuidado de menor. La BCCC de David del mes anterior al parto es de 1.787 € y la de Rocío de 1.128 €.

a) ¿Durante cuánto tiempo tiene derecho David a la prestación por nacimiento y cuidado de menor? ¿Cuál será su cuantía?

b) ¿Durante cuánto tiempo tiene derecho Rocío a la prestación por nacimiento y cuidado de menor? ¿Cuál será su cuantía?

6.15. Carlos ha fallecido a causa de una enfermedad común el 30 de junio de 2020. El trabajador estaba afiliado y cotizando a la Seguridad Social en la empresa DENT, SL desde el 1 de marzo de 1970.

La viuda, de 56 años de edad, con la que convivía Carlos, tiene a su cargo a una hija de ambos, de 16 años, y carece de cualquier tipo de renta, por lo que su única fuente de ingresos será la pensión de viudedad que pudiese corresponderle.

Sabiendo que el fallecido cumple con los requisitos de cotización exigidos para solicitar por parte de los beneficiarios las prestaciones de muerte y supervivencia:

a) ¿Qué prestaciones pueden solicitar la viuda y su hija?

b) ¿Cuál será la cuantía de cada una de ellas si la base reguladora para calcular las prestaciones por muerte y supervivencia es de 1.066,07 €?

6.16. Ángel Gómez sufre un accidente de tráfico al volver de un día de campo con su familia. Ángel fallece como consecuencia de dicho accidente el día 20 de febrero de 2020. El trabajador estaba afiliado y cotizando a la Seguridad Social en la empresa ASN, SA, cumpliendo con todos los requisitos de cotización exigidos para que los beneficiarios puedan solicitar las prestaciones que les correspondan por muerte y supervivencia.

La viuda, de 52 años de edad, con la que convivía Ángel, tiene a su cargo a una hija de 17 años y carece de cualquier tipo de renta, por lo que su única fuente de ingresos será la pensión de viudedad que pudiese corresponderle. Además, convivía con ellos desde hace 6 años su suegra, viuda, que carece de cualquier tipo de renta.

a) ¿Qué prestaciones por muerte y supervivencia podrían solicitar?

b) ¿Cuál sería la cuantía de cada una de ellas si la base reguladora para calcular las prestaciones por muerte y supervivencia es de 980 €?

4. Protección en situaciones de desempleo

6.17. Víctor, de 32 años, tras finalizar su contrato de interinidad de 16 meses con fecha 12 de abril de 2020, e inscribirse en su oficina de empleo y suscribir el compromiso de actividad, solicita la prestación por desempleo el día 16 de abril de 2020.

Víctor acredita una cotización ininterrumpida de 884 días en los 6 años anteriores. El importe de las bases de cotización por contingencias profesionales de los 180 últimos días es de 12.900 € (sin incluir horas extras).

El trabajador no tiene hijos a su cargo y había disfrutado de todas las vacaciones que le correspondían hasta la extinción de su contrato.

a) ¿Tendrá derecho a la prestación por desempleo?
b) ¿Cuál sería su duración? ¿Y su cuantía?

6.18. Marta Luisa Romero, de 20 años de edad, tras finalizar su contrato temporal de 18 meses, con fecha de 20 de mayo de 2020, se inscribe en su Oficina de Empleo y suscribe el correspondiente compromiso de actividad al solicitar la prestación por desempleo el día 30 de mayo de 2020.

Marta ha cotizado de manera ininterrumpida 731 días en los 6 años anteriores. El importe de las bases de cotización por contingencias profesionales de los últimos 180 días es de 9.000 € (sin incluir horas extra).

Marta no tiene hijos y la empresa le abona el salario correspondiente a los 5 días de vacaciones no disfrutadas que le pertenecían en la fecha de finalización del contrato.

a) ¿Tiene derecho Marta a la prestación por desempleo?
b) ¿Cuál será su duración? ¿Y su cuantía?

6.19. Susana, de 28 años y con un hijo a su cargo, acaba de finalizar su contrato de trabajo por fin de obra el día 15 de mayo de 2020, inscribiéndose en su oficina de empleo y suscribiendo el compromiso de actividad.

Para Susana ha sido su primer contrato, de 608 días de duración, en su vida laboral, por lo que, para solicitar la prestación por desempleo, solo puede acreditar dicho periodo de cotización. El Servicio Público de Empleo Estatal le reconoce el derecho a percibir la prestación por desempleo durante 180 días, con una base reguladora de 32 € diarios.

Susana aprovecha la duración de la prestación por desempleo para conseguir un trabajo cuanto antes y su esfuerzo da sus frutos. La empresa RETURN, SL acaba de contratarla mediante un contrato de interinidad durante 455 días. De los 180 días de prestación por desempleo que le correspondían, solo ha llegado a percibir 60 días hasta que ha vuelto a ser contratada. El importe de las bases de cotización por contingencias profesionales de los últimos 6 meses de su nuevo trabajo es de 8.000 €.

a) ¿Tiene Susana derecho a la prestación por desempleo una vez finalizado el nuevo contrato?
b) ¿Cuál sería su duración? ¿Y su cuantía?

6.20. Nieves, de 31 años, está percibiendo actualmente la prestación por desempleo, de 240 días de duración, y cuyo cobro finaliza el 10 de septiembre de 2020.

Nieves está embarazada y dará a luz el día 20 de agosto de 2020. Iniciará desde esta fecha el descanso por nacimiento.

¿Qué efectos tendrá la situación de descanso por nacimiento en la prestación por desempleo que estaba percibiendo Susana?

6.21. Mediante esta actividad podrás calcular la cuantía de una prestación por desempleo. Para ello, deberás dirigirte a la página del Servicio Público de Empleo Estatal (www.sepe.es). Una vez en la página, haz clic sobre «Prestaciones por desempleo» y seguidamente en «Quiero cobrar el paro», donde en el menú de opciones encontrarás dentro de herramientas e impresos la opción Calcula tu prestación, donde al hacer clic te llevará al programa de auto cálculo de la prestación.

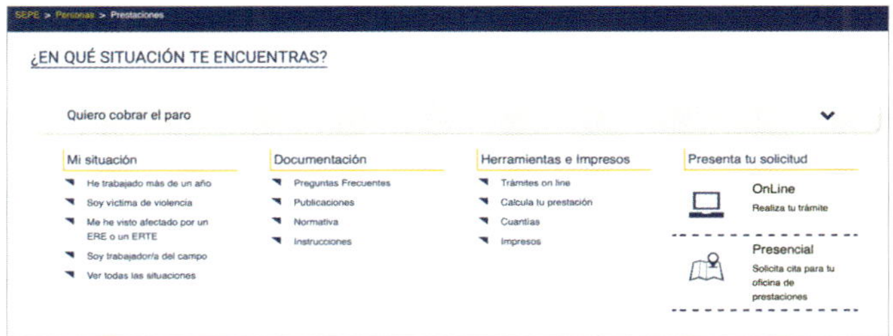

Accederás entonces a los simuladores de la prestación por desempleo y del subsidio por desempleo (prestación no contributiva). Utiliza el simulador adecuado para calcular la prestación por desempleo de una trabajadora con los siguientes datos:

- Acaba de finalizar su contrato por obra y servicio, de 9 meses de duración, por finalización de la obra objeto del contrato, con fecha 12 de enero de 2020, a jornada completa.
- Había disfrutado de todas las vacaciones que le correspondían.
- No ha percibido ninguna prestación por desempleo en los últimos 6 años.
- En los 6 años anteriores al 12/01/2020 ha trabajado durante 4 años y 3 meses.
- El salario percibido durante los últimos 9 meses ha sido de 1460,00 €/mes.
- La base de cotización de contingencias profesionales es de 1460,00 €/mes.
- Tiene una 1 hija de 7 años y 3 meses.

a) ¿Cuál será la duración de la prestación?
b) ¿Qué cuantía bruta mensual recibirá durante toda la duración de la prestación? ¿Qué cuantía líquida percibirá?
c) ¿Qué días le abonarán la prestación?
d) ¿Hasta qué día podrá solicitar la prestación?

REPASANDO...

El sistema de la Seguridad Social

Ángeles Vázquez tiene 24 años, terminó el ciclo de grado superior de Administración y Finanzas y trabaja en una compañía de seguros con un contrato en prácticas desde hace un año. El 4 de febrero de 2020 tropezó en su casa produciéndose un esguince en el pie, permaneciendo de baja hasta el 27 de febrero de 2020. Su base de cotización por contingencias comunes (BCCC) de enero fue de 1.120,25 €.

a) **¿Tiene derecho Ángeles a la prestación por IT?**

b) **Suponiendo que Ángeles tuviera derecho a la prestación por IT, calcula el periodo de cobro y el importe total del subsidio e indica quién debe pagarlo.**

c) **¿Tiene la empresa obligación de cotizar mientras Ángeles está de baja?**

A finales de año, Ángeles se queda embarazada y da a luz a su primer hijo con fecha de 20 de agosto de 2021. Desde dicha fecha comienza su descanso por nacimiento, que disfrutará íntegramente ella. Ángeles, que acaba de cumplir 25 años, está afiliada y cotiza a la Seguridad Social desde el 9 de octubre de 2015. La BCCC del mes anterior a la fecha de comienzo del permiso por nacimiento fue de 1.350 €.

Manuel, su marido, también comienza a disfrutar de su descanso por nacimiento desde la fecha del parto. Manuel trabaja desde hace 15 años en una empresa dedicada a la producción de componentes informáticos. La BCCC del mes anterior a la fecha del nacimiento de su hijo fue de 1.825 €.

d) **¿Tiene derecho Ángeles a la prestación por nacimiento y cuidado de menor? En caso afirmativo, establece su duración y cuantía.**

e) **¿Tiene derecho Manuel a la prestación por nacimiento y cuidado de menor? En caso afirmativo, establece su duración y cuantía.**

Ángeles se inscribe como demandante de empleo en su Oficina de Empleo y suscribe el compromiso de actividad.

Han pasado ya 2 años desde el nacimiento de su primer hijo y la empresa no pasa por muy buenos momentos; está sufriendo graves pérdidas, por lo que decide reducir gran parte de la plantilla mediante un despido colectivo. Suprime, entre otros, el puesto de trabajo de Ángeles.

f) **¿Tiene derecho a cobrar la prestación o el subsidio por desempleo? En caso afirmativo, ¿cuánto duraría y cuál sería su cuantía? Sabemos que ha cotizado 2.140 días ininterrumpidos en los últimos 6 años, que tiene un hijo a su cargo de 24 meses de edad y que las bases de cotización por contingencias profesionales de los últimos 180 días han sido de 6.721,50 € (sin incluir horas extras).**

SALA DE PRENSA

Cuando la salud se convierte en excusa

Esquelas falsas por fallecimientos de familiares, empleados deprimidos que, sin embargo, son descubiertos bailando en discotecas o enfermos de lumbalgia que se dedican a cargar cajas durante su baja cuestan a las empresas y a la Seguridad Social alrededor de 800 millones.

Dice un dicho popular que «para estar de pie, sentado, y para estar sentado, tumbado». España ostenta el dudoso honor de ser campeona de los índices de absentismo laboral en Europa. Las cifras revelan que la delicada situación económica ha propiciado un descenso de las bajas de corta duración.

Faltar al trabajo por enfermedad es un derecho innegable para cualquier trabajador. El problema es cuando esta falta no está lo suficientemente justificada o es sospechosa. En este caso se estaría hablando de absentismo fraudulento, que es el que se produce cuando el trabajador simula una enfermedad, o la gravedad de la misma, de forma que dicha ausencia se prolonga más de lo debido con las consecuencias del incremento de costes para el empleador.

Si bien es cierto que con la crisis cada vez hay menos gente que se queda los lunes en la cama, también hay más gente que simula una enfermedad para hacer otro trabajo. Y, normalmente son las causas de carácter psicológico, como ansiedad y depresión, las más difíciles de detectar y las que en mayor medida están vinculadas al entorno fraudulento.

La indiscreción de Facebook y el baile como cura

«La imaginación del absentista es ilimitada», según Fremap. La mutua asegura que se ha encontrado «desde falsificaciones de esquelas por fallecimientos de sus abuelos, hasta partes médicos falsos, invención de accidentes de tráfico y altas fraudulentas en la Seguridad Social, entre otras». Sin embargo, hoy las nuevas tecnologías están sirviendo a las empresas para descubrir estas situaciones. «La compañía es capaz de ver a través de las redes sociales cómo algún trabajador que está de baja médica o que ha pedido un permiso, está disfrutando en las fiestas de su pueblo o realizando actividades incompatibles con su enfermedad. El quid de la cuestión está ahí, en la incompatibilidad con la baja. Algunos expertos consultados afirman que hay casos de ausencia por ansiedad o depresión que, tras días de seguimiento por parte de algún detective privado, se ha demostrado que el empleado en cuestión ha estado en alguna fiesta bailando. Para la justicia esto no supondría motivo de baja fraudulenta, pues la actividad que estaba realizando no impide su recuperación, sino todo lo contrario.

Hay otros casos, como el de un trabajador expatriado que, tras varios meses exigiendo a su empresa volver a España para trabajar en alguna obra, dice estar deprimido porque la ciudad donde tiene que realizar su tarea se encuentra lejos de la localidad donde está afincado sin que la compañía pueda obligarle a reincorporarse a su puesto.

Fuente: *www.expansionyempleo.com,* Arancha Bustillo. 18 de abril de 2011.

a) **¿Qué causas dan derecho a recibir una prestación por incapacidad temporal (IT)?**

b) **¿Cuál es la cuantía que se tiene derecho a percibir por IT?**

c) **¿Cuándo puede ser considerada una baja como fraudulenta?**

7

La salud laboral

Contenidos

Objetivos

- Valorar la importancia de trabajar en condiciones de seguridad para evitar riesgos que afecten a nuestra salud.
- Identificar y clasificar los daños derivados del trabajo.
- Conocer el marco normativo básico en materia de prevención de riesgos laborales.
- Clasificar los distintos organismos públicos en materia de prevención e identificar sus funciones.

Caso práctico inicial

Lorena ha comenzado a trabajar en un laboratorio de diagnóstico clínico. El laboratorio está poco iluminado, los espacios para moverse son muy reducidos y hay bastante desorden (trozos de gasa en el suelo, jeringuillas usadas sobre la mesa y botes con productos químicos por todos los sitios, algunos sin etiquetar).

Alberto, su jefe, le indica el lugar donde se guardan las correspondientes fichas de seguridad de los productos químicos que va a utilizar, para que consulte los riesgos a los que puede estar expuesta. Le enseña el sitio donde están los guantes de látex, las mascarillas y otras prendas de protección personal y le advierte de que debe tener mucha precaución con objetos punzantes o cortantes contaminados y de que siempre deberá llevar una bata limpia y calzado adecuado.

Transcurridos unos meses, Lorena empieza a sentir molestias en la espalda, ya que tiene que estar mucho tiempo en la misma postura inclinada sobre su mesa de trabajo, está muy saturada de trabajo y apenas puede descansar.

A pesar de todo, Lorena adora su trabajo porque desarrolla en él sus habilidades, sus compañeros son encantadores y es el trabajo que siempre ha querido realizar. Aunque, últimamente, está teniendo problemas con el jefe, Alberto, porque juzga su trabajo de manera ofensiva y la ridiculiza delante de sus compañeros. Hoy le ha gritado sin motivo. Muy decepcionada, se ha marchado a casa nerviosa y por el camino ha sufrido un accidente de tráfico que le ha producido graves lesiones.

Cuestiones

a) **¿Puede el trabajo ser peligroso para la salud?**

b) **¿Crees que los trabajadores son conscientes de los riesgos existentes en su puesto de trabajo?**

c) **¿Conoces alguna enfermedad profesional?**

d) **¿Has escuchado o leído alguna noticia sobre algún accidente de trabajo?**

e) **¿Crees que se pueden prevenir los accidentes laborales? ¿Y las enfermedades profesionales?**

7.1. Trabajo y salud

El **trabajo** es una actividad que realiza el ser humano, encaminada a transformar la naturaleza para satisfacer sus necesidades de subsistencia y mejorar su calidad de vida.

No obstante, el trabajo puede ocasionar también efectos no deseados sobre la salud de los trabajadores, ya sea por la pérdida o ausencia de trabajo o por las condiciones en que este se realiza y que pueden favorecer la aparición de riesgos para la seguridad y la salud. Para conocer los riesgos que el trabajo tiene para la salud, en primer lugar, deberemos estudiar en profundidad el concepto de **salud.**

La **Organización Mundial de la Salud (OMS)** define la salud como: «El estado de bienestar físico, psíquico y social completo y no meramente la ausencia de enfermedad». El desequilibrio o la pérdida de cualquiera de estos factores implican el quebranto de la salud.

Esta definición establece un enfoque del concepto de salud en torno a los 3 aspectos fundamentales de esta: **físico, psíquico y social.**

Así pues, el trabajo puede ejercer dos tipos de influencia sobre la salud:

- **Positiva:** cuando contribuye al bienestar físico, psíquico y social del trabajador.
- **Negativa:** cuando las condiciones de trabajo no son adecuadas para desempeñarlo, pudiendo originar riesgos que causan daños a la salud (accidentes laborales, enfermedades, etcétera).

Este concepto amplio de salud nos lleva a otros dos conceptos importantes: el riesgo laboral y las condiciones de trabajo.

El **riesgo laboral** se define como la posibilidad de que un trabajador sufra un determinado daño en la salud derivado del trabajo. La calificación de su gravedad va a depender de la probabilidad de que se produzca el daño y de la severidad o consecuencias de este.

Por otro lado, las **condiciones de trabajo** son aquellas características del propio trabajo que pueden tener una influencia significativa en la generación de riesgos para la seguridad y la salud del trabajador. Podemos clasificar las condiciones de trabajo en función de los siguientes grupos:

En el caso práctico inicial

Lorena ha encontrado un trabajo que le permite desarrollar sus habilidades y además tiene buenas relaciones con sus compañeros de trabajo; son condiciones que afectan positivamente a su salud.

Por otro lado, existen numerosos riesgos que pueden afectar negativamente a su salud, como la sobrecarga de trabajo, el riesgo de accidentes, el riesgo de contagio de enfermedades infecciosas, etcétera.

Debes conocer...

Existe otro concepto relacionado con la prevención de riesgos, que frecuentemente se confunde con el concepto de riesgo. Es el término «peligro».

El peligro es la propiedad o aptitud intrínseca de algo para ocasionar daños.

▶ CONDICIONES DE TRABAJO	
Condiciones de seguridad	**Características generales de locales e instalaciones:** orden y limpieza, escaleras, etcétera. **Útiles y herramientas:** ordenadores, máquinas, equipos de transporte, etcétera.
Condiciones medioambientales	Hacen referencia a las características de los agentes presentes en el ambiente de trabajo y los procedimientos de utilización de estos. Distinguimos 3 grupos: • **Agentes físicos:** ruido, radiaciones, vibraciones, temperatura e iluminación. • **Agentes químicos:** sustancias y preparados químicos. • **Agentes biológicos:** virus, bacterias, hongos, protozoos, etcétera.
Condiciones ergonómicas	**Carga física de trabajo:** esfuerzos físicos, posturas inadecuadas y manipulación de cargas. **Carga mental del trabajo:** cantidad de información utilizada, rapidez en la toma de decisiones, responsabilidad, etcétera.
Condiciones psicosociales	**Organización del trabajo:** turnos, ritmo de trabajo, falta de descanso, mala organización, etcétera. **Características personales:** motivación, perfeccionismo, percepción del riesgo, etcétera.

Actividades propuestas

7.1. Enumera las condiciones de trabajo que pueden ocasionar riesgos laborales en tu sector profesional.

7.2. Pedro trabaja en una carpintería con sierras, taladros, afiladoras, cuchillas, lijadoras, encoladoras, etcétera. Además, cada vez que viene un camión con maderas o cualquier otro material, tiene que descargarlas y almacenarlas para usos futuros. El local siempre está sucio, desordenado, con polvo y con herramientas esparcidas por todos los sitios. La madera puede tener astillas que, además de un corte, pueden provocar una infección. Realiza una clasificación de las condiciones de trabajo de Pedro que pueden suponer un riesgo para su salud.

7.2. Los daños derivados del trabajo

El **daño laboral** es una consecuencia de los riesgos presentes en el entorno de trabajo. Se puede definir como la materialización de un riesgo concreto que ocasiona un deterioro en la salud del trabajador y que es provocado por el propio trabajo.

Existen diferentes daños profesionales que podemos clasificar atendiendo al origen de la patología:

▶ PATOLOGÍAS ESPECÍFICAS: existe una relación directa entre el daño y la actividad laboral

- Los accidentes de trabajo.
- Las enfermedades profesionales.

▶ PATOLOGÍAS INESPECÍFICAS: el daño está relacionado con el trabajo, pero en su aparición han influido factores no laborales

- La fatiga física y mental.
- La insatisfacción laboral.
- El estrés.
- El envejecimiento prematuro.

▶ PATOLOGÍAS EMERGENTES: se incluyen en este grupo los nuevos daños a la salud relacionados con el trabajo y provocados por una serie de circunstancias abiertas y muy complejas de analizar

- El *mobbing*.
- El síndrome del *burnout* (quemado).

En el caso práctico inicial

En el trabajo de Lorena existen numerosos riesgos para la salud de los trabajadores:

- Local pequeño.
- Falta de orden y limpieza.
- Riesgos biológicos por exposición a sangre y otros fluidos corporales.
- Postura inadecuada de trabajo, etcétera.

Sabías que...

En 2003, la OIT instituyó el 28 de abril como Día Mundial de la Seguridad y la Salud en el Trabajo para destacar la necesidad de prevención de enfermedades y accidentes laborales.

7.2.1. El accidente de trabajo

Sabías que...

Un accidente no es un hecho fortuito y casual. Un accidente es evitable si se aplican medidas preventivas.

Desde un punto de vista legal, la Ley General de la Seguridad Social en su art. 156 define el accidente de trabajo (AT) como toda **lesión corporal** que sufre el trabajador por cuenta ajena con ocasión del trabajo que realiza. También se considerarán accidentes de trabajo los siguientes:

- Accidentes sufridos como consecuencia del desempeño de un **cargo sindical,** así como los ocurridos al ir o volver del lugar en que se realizan estas funciones.
- Accidentes que suceden al realizar **tareas correspondientes a un grupo profesional diferente** en cumplimiento de las órdenes del empresario.
- Accidente de trabajo **en misión:** se producen en los desplazamientos para cumplir las órdenes del empresario o los requerimientos y las funciones del puesto de trabajo.
- Accidentes que ocurren en actos de salvamento cuando tengan conexión con el trabajo.
- **Enfermedades profesionales** no incluidas en el cuadro de enfermedades profesionales del Real Decreto 1299/2006 y que se produzcan exclusivamente por el trabajo que se realiza.
- **Patologías padecidas con anterioridad** por el trabajador que se agraven como consecuencia del accidente.
- Las consecuencias del accidente que resulten modificadas en su naturaleza, duración o gravedad debido a **enfermedades** causadas por complicaciones derivadas del proceso patológico causado por el propio accidente o por **afecciones adquiridas** en el lugar donde el paciente se está recuperando. Por ejemplo, un trabajador que está hospitalizado debido a las lesiones producidas en un AT y sufre una trombosis o bien contrae una enfermedad por contagio de un virus en dicho hospital.
- Accidentes debidos a **imprudencias profesionales** como consecuencia de un exceso de confianza del trabajador en la realización de la tarea.
- Se presume, salvo que exista prueba de lo contrario, que son accidentes de trabajo todas las **lesiones** que sufra el trabajador durante el tiempo y en el lugar de trabajo.
- **Accidente in itínere:** podríamos definirlo como aquel accidente que tiene lugar al ir o al volver del lugar de trabajo, en el tiempo inmediato o razonablemente próximo a la hora de entrada o salida del trabajo, siempre que el accidente tenga lugar en el trayecto usual u ordinario desde un domicilio habitual, sin desvíos para realizar otras actividades que no sea volver al domicilio, y siempre que el medio de transporte empleado sea racional o adecuado.

  Por su especial importancia, haremos un análisis en profundidad de este.

  Históricamente también distintas sentencias han venido considerando como accidentes laborales in itínere los acaecidos en las siguientes circunstancias:

  — Caídas en las zonas comunes de un edificio de viviendas (pasillos, escaleras, garajes), siempre y cuando el accidentado ya hubiera abandonado su propio domicilio para ir a trabajar o todavía no hubiera cruzado la puerta de este a la vuelta del trabajo.

  — Accidentes ocurridos durante el desvío en el trayecto para cobrar la nómina o para efectuar una última gestión de carácter laboral. También el accidente acaecido no al concluir propiamente el trabajo, sino tras una fiesta de despedida de un compañero. Igualmente han tenido la misma consideración los accidentes sufridos al finalizar la cena de Navidad de la empresa.

Actualmente, y tras una sentencia del Tribunal Supremo de 2013, se considera que existe igualmente accidente laboral in itínere cuando la salida o retorno se realiza desde el domicilio habitual o de fin de semana, o desde una segunda residencia, siempre que la finalidad principal del viaje esté determinada por el trabajo.

Debes conocer...

Se puede considerar domicilio habitual el del fin de semana o como trayecto habitual el camino no utilizado a diario por el trabajador por estar el habitual cortado por obras, huelgas, accidentes, etcétera.

Por ejemplo: la nueva sentencia del Supremo considera in itínere el accidente que sufrió un trabajador un domingo por la noche sobre las 21:00 horas cuando se desplazaba desde la localidad donde el trabajador pasaba los fines de semana hacia el domicilio donde residía durante la semana, por razones de trabajo, que está a 15 km de su centro de trabajo. Entre su lugar de residencia de fin de semana y su domicilio a efectos laborales hay una distancia de 350 km.

El accidente se produjo a las 21:15 horas del domingo, cuando la jornada de trabajo comenzaba a las 8:00 horas del lunes, por lo que se aprecia que el desplazamiento a esa hora era una opción adecuada para incorporarse a su puesto tras descansar en el segundo domicilio.

No se consideran accidentes de trabajo:

- Los accidentes debidos a **imprudencia temeraria del trabajador.** Se considera imprudencia temeraria cuando el accidentado ha actuado de manera contraria a las normas, instrucciones u órdenes dadas por el empresario de forma reiterada y clara en materia de seguridad e higiene. Si coinciden riesgo manifiesto, innecesario y grave, la jurisprudencia viene entendiendo que existe imprudencia temeraria; si no, será una imprudencia profesional.
- Los accidentes debidos a **fuerza mayor extraña al trabajo,** es decir, que no guarde relación alguna con el trabajo realizado en el momento de sobrevenir el accidente. En ningún caso se considerará fuerza mayor extraña al trabajo la insolación, el rayo y otros fenómenos análogos de la naturaleza.
- Accidentes debidos a **dolo del trabajador** accidentado. Se considera que existe dolo cuando el trabajador, consciente, voluntaria y maliciosamente, provoca un accidente para obtener las prestaciones que se derivan como consecuencia del propio accidente.

Desde un **punto de vista técnico,** el accidente de trabajo es un suceso imprevisto, no esperado ni deseado, que interrumpe el proceso normal del trabajo y que ha producido o ha podido producir una lesión. Ocurre al contactar con un elemento del ambiente como una máquina, sustancia, instalación, etc. (por ejemplo, chocar contra una máquina).

El término accidente puede confundirse con el de incidente; por eso, vamos a aclarar la diferencia entre ellos:

- **Incidente o accidente blanco:** suceso anormal no querido ni deseado que se presenta de forma repentina o inesperada y que interrumpe la actividad normal, sin producir lesiones (por ejemplo, el escape de agua por rotura de una tubería).
- **Accidente:** suceso inesperado que afecta a la integridad física del trabajador (por ejemplo, la caída de una carga suspendida por una grúa que golpea a un trabajador).

▶ ACCIDENTE	▶ INCIDENTE
Suceso inesperado	Suceso inesperado
Produce lesión	No produce lesión

Se deben tratar los incidentes y los accidentes de forma relacionada, ya que todos ellos son indicadores significativos de la existencia de riesgos y nos pueden permitir intervenir a tiempo antes de que se produzcan daños para la salud de los trabajadores.

Las causas de los accidentes de trabajo se pueden atribuir a los siguientes factores:

▶ CAUSAS DE LOS ACCIDENTES	
Factor humano	Imprudencias, ignorancia, descuidos, falta de formación e información.
Factor técnico	Defectos en instalaciones, máquinas, dispositivos de seguridad, procedimientos y condiciones ambientales.

Sabías que...

A lo largo del tiempo juzgados y tribunales han considerado que no existía accidente in itínere en supuestos como los siguientes:

- El que sucede durante los desplazamientos realizados desde una vivienda no habitual, como por ejemplo el domicilio de los suegros, el de la novia o el de los abuelos.
- El que sucede cuando el trabajador abandona el centro de trabajo antes de finalizar la jornada y sin permiso del empresario, o los que se producen cuando en el trayecto el trabajador realiza gestiones personales, aunque sea con conocimiento y consentimiento empresarial.
- El que sucede si el trabajador se ha desviado de su ruta usual para dirigirse al colegio de sus hijos o al centro de trabajo del compañero sentimental.
- El accidente que sobreviene en el propio domicilio del trabajador o en lugar cerrado. Tampoco el que tiene lugar en las escaleras, o incluso el garaje, cuando la vivienda es unifamiliar.

Concepto clave

Imprudencia temeraria: el Tribunal Supremo define la imprudencia temeraria como «aquella actuación del trabajador, que aun consciente de la situación en que se encuentra, acepta por su sola voluntad la realización de un acto arriesgado, innecesario y grave para su actividad laboral y que, además, lleva a cabo con total menosprecio de su vida y de cualquier cuidado que le aconsejase su evitación».

Concepto clave

Dolo: del latín *dolus*. Es un fraude o engaño, e implica la intención de producir un daño mediante una acción u omisión.

Sabías que...

Según la OIT, de los factores que producen los accidentes laborales, el 85 % es atribuible al factor humano y el 15 % al factor técnico.

En el caso práctico inicial

Lorena ha sufrido un accidente de tráfico cuando se dirigía del laboratorio a casa y tiene varias lesiones, algunas graves. Se trata de un accidente laboral in itínere.

Sabías que...

En la actualidad, se permite a los trabajadores autónomos cotizar y, por lo tanto, disfrutar de la cobertura social derivada de enfermedad profesional.

Actividades resueltas

7.1. De los siguientes accidentes, indica cuáles pueden ser considerados como accidentes de trabajo desde un punto de vista legal:

a) Marta se cae por las escaleras de su casa cuando iba al trabajo.

b) Esteban se ha cortado los dedos de la mano derecha cuando cortaba un tablero en la carpintería.

c) Estefanía es maestra. Cuando andaba entre las mesas revisando el trabajo de los alumnos, ha tropezado con una mochila, se ha caído y se ha fracturado el brazo derecho.

d) Alberto sufre un accidente de tráfico cuando se dirigía a la casa de un cliente para revisar la instalación eléctrica.

e) Felipe es guardacostas y ha sufrido una insolación.

Solución:

a) Marta: no es accidente laboral al producirse dentro de casa; si hubiera sido en la calle sí sería accidente in itínere.

b) Esteban: sí es accidente laboral. Se trata de una imprudencia no temeraria derivada del exceso de confianza por conocer bien el trabajo.

c) Estefanía: sí es accidente de trabajo. Se presume, salvo que exista prueba de lo contrario, que son accidentes de trabajo todas las lesiones que sufra el trabajador durante el tiempo y en el lugar de trabajo.

d) Alberto: sí es accidente laboral, al tratarse de un accidente en misión.

e) Felipe: sí es accidente laboral, la insolación no se considera una fuerza mayor extraña al trabajo.

7.2. Pablo trabaja como encargado de grúa en la empresa constructora MARTINCA, SA. Es la hora del bocadillo, tiene prisa por ir a descansar y deja la grúa parada con la carga suspendida, sin comprobar si está bien asegurada. A los 10 minutos se oye un estruendo; la carga se ha desplomado, pero afortunadamente ningún trabajador ha resultado herido.

a) Clasifica este suceso desde el punto de vista técnico.

b) Señala las posibles causas del suceso.

Solución:

a) Se trata de un incidente o accidente blanco, pues es un suceso anormal no querido ni deseado que se presenta de forma inesperada y no ha producido lesiones.

b) La causa de este incidente es humana, por la imprudencia y las prisas del trabajador.

7.2.2. La enfermedad profesional

Desde el **punto de vista legal,** la Ley General de la Seguridad Social en su art. 157 define la **enfermedad profesional** como la contraída a consecuencia del trabajo realizado por cuenta ajena en las actividades que se especifican en el cuadro legal del Real Decreto

1299/2006, de 10 de noviembre, y que esté provocada por la acción de los elementos o las sustancias que en dicho cuadro se indiquen para cada enfermedad profesional. El Real Decreto 1299/2006 clasifica las enfermedades profesionales en 6 grupos:

▶ CUADRO DE ENFERMEDADES PROFESIONALES DEL REAL DECRETO 1299/2006

Grupo	Clasificación	Ejemplo
1	Enfermedades profesionales causadas por agentes químicos.	Saturnismo, producido por el plomo.
2	Enfermedades profesionales causadas por agentes físicos.	Síndrome del dedo blanco, producido por aparatos vibratorios.
3	Enfermedades profesionales causadas por agentes biológicos.	Virus del VIH, que produce el sida.
4	Enfermedades profesionales causadas por inhalación de sustancias y agentes no comprendidos en otros apartados	Asbestosis, producida por inhalar polvo de amianto.
5	Enfermedades profesionales de la piel causadas por sustancias y agentes no comprendidos en alguno de los otros apartados.	Dermatitis, producida por contacto con detergentes.
6	Enfermedades profesionales causadas por agentes carcinogénicos.	Cáncer profesional, producido por inhalar amianto.

Desde el punto de vista técnico, se considera enfermedad profesional al deterioro lento y paulatino de la salud del trabajador, producido por una exposición crónica a situaciones adversas para la salud, sean estas producidas por el ambiente en el que se desarrolla el trabajo o por la forma en que este se encuentra organizado. Puede aparecer después de varios años de exposición a la condición peligrosa y sus efectos suelen ser irreversibles.

Es importante destacar las múltiples diferencias existentes entre una enfermedad profesional y un accidente de trabajo, como podemos observar en el siguiente esquema:

▶ ACCIDENTE LABORAL	▶ ENFERMEDAD PROFESIONAL
Surge de forma súbita	Es un proceso lento y progresivo
Es un suceso inesperado	Es un suceso esperado
No es previsible	Es previsible

Actividad resuelta

7.3. Sonia es profesora y desde hace unos meses tiene molestias en la garganta y padece frecuentes afonías. La revisión médica que le han realizado ha detectado que tiene nódulos en las cuerdas vocales. ¿Se trata de una enfermedad profesional?

Solución:

Veamos si se cumplen las 3 condiciones para ser enfermedad profesional:

- ¿Es una enfermedad contraída a consecuencia del trabajo ejecutado por cuenta ajena? Sí.
- ¿Está recogida en el listado del Real Decreto 1299/2006 y está producida por los elementos o sustancias que allí se indican? Sí.
- ¿Se ha contraído por realizar alguna de las actividades que se mencionan en el listado del Real Decreto 1299/2006? Sí.

Se trata pues de una enfermedad profesional.

En el caso práctico inicial

Las molestias que siente Lorena en la espalda, ¿podrían ser una enfermedad profesional?

Veamos si se cumplen las tres condiciones para ser enfermedad profesional:

a) ¿Es una enfermedad contraída a consecuencia del trabajo ejecutado por cuenta ajena? **(SÍ).**

b) ¿Está recogida en el listado del RD 1299/2006 y está producida por los elementos o sustancias que allí se indican? **(NO).**

c) ¿Se ha contraído por realizar alguna de las actividades que se mencionan en el listado del RD 1299/2006? **(NO).**

Conclusión: no se trata de una enfermedad profesional.

7.2.3. Otras patologías

El trabajo puede ocasionar otras patologías de origen psicológico o social (que desarrollaremos en profundidad en la siguiente unidad), como son:

- **La fatiga profesional:** consiste en un agotamiento de la persona, tanto a nivel físico como mental, que tiene su origen en el hecho de hacer de forma continuada una tarea sin haber efectuado un descanso compensatorio adecuado al esfuerzo realizado.

Sabías que...

El estrés es el segundo daño a la salud más común en Europa (28 %) después del dolor de espalda (30 %).

En el caso práctico inicial

Lorena tiene problemas con Alberto, el jefe del laboratorio, pues juzga su trabajo de manera ofensiva y la ridiculiza ante los demás con comentarios despectivos hacia su trabajo. Podría tratarse de un caso de *mobbing*.

- **La insatisfacción laboral:** se produce cuando las expectativas del trabajador, en cuanto a las compensaciones de todo tipo que pudiera recibir, se ven mermadas y no compensadas con el esfuerzo personal y profesional que realiza en su puesto de trabajo.
- **El estrés:** se experimenta cuando las demandas del medio ambiente de trabajo superan las capacidades del trabajador para hacerles frente. Produce sensación de impotencia, ansiedad, agresividad, frustración, etcétera.
- **Envejecimiento prematuro:** el envejecimiento se puede acelerar debido al trabajo, sobre todo en aquel que requiere un gran esfuerzo físico o psíquico, una exposición a altas temperaturas, etcétera.
- ***Mobbing* o acoso laboral:** se produce cuando en el trabajo una persona o un grupo de personas ejercen una violencia psicológica extrema sobre otra persona, de forma sistemática y durante un tiempo prolongado.
- ***Burnout* o síndrome del quemado:** es un tipo de estrés laboral que suele producirse en las profesiones que mantienen un trato constante y directo con el público. El trabajador se siente poco realizado y agotado emocionalmente. Es habitual que padezcan este síndrome, entre otros, los médicos y profesores.

Actividades propuestas

7.3. Julio trabaja como conductor de camiones para la empresa TRANSPORTES CRESPO, SA. Cuando se dirigía conduciendo su coche hacia el lugar donde estaba estacionado el camión de la empresa con el que debía trabajar, sufrió un infarto de miocardio y como consecuencia de este un accidente de tráfico que le ocasionó la muerte. ¿Se trata de un accidente de trabajo?

7.4. Álvaro sufrió una caída cuando bajaba las escaleras de la oficina y se fracturó el pie. Los antiinflamatorios y los analgésicos que está tomando para el dolor le han producido una úlcera de estómago. ¿Puede considerarse la úlcera como un accidente de trabajo? Razona tu respuesta.

7.5. Marga ha estado unos días de baja como consecuencia de un resfriado contraído en la oficina, debido al aire acondicionado que se encuentra regulado a una temperatura muy baja. ¿Se trata de una enfermedad profesional?

7.6. Berta es enfermera y tiene dermatitis en las manos debido al constante uso de los guantes de látex. ¿Se trata de una enfermedad profesional?

7.7. Verónica trabaja en una oficina de auxiliar administrativa. La empresa va a trasladarse a un nuevo edificio porque el actual está casi en ruinas. Hace unos días se desprendió un trozo de escayola del techo y le golpeó en el brazo, lo que le produjo varios hematomas. ¿Se trata de un accidente laboral?

7.3. Marco normativo básico

El desarrollo normativo en España en materia de prevención de riesgos laborales nace de lo establecido en la Constitución española y el Derecho Comunitario. El artículo 40.2 de la Constitución española dispone que los poderes públicos velarán por la seguridad e higiene en el trabajo. Por otra parte, la Unión Europea ha desarrollado y publicado numerosa legislación para intentar igualar y mejorar las condiciones de seguridad y salud en los centros de trabajo de todos los Estados miembros. Entre la normativa de la UE es necesario destacar la Directiva 89/391/CEE, cuyo objetivo principal es unificar la normativa de seguridad e higiene en el trabajo y cuya aplicación en el derecho español da lugar a la Ley 31/1995, de 8 de noviembre, de Prevención de Riesgos Laborales (LPRL).

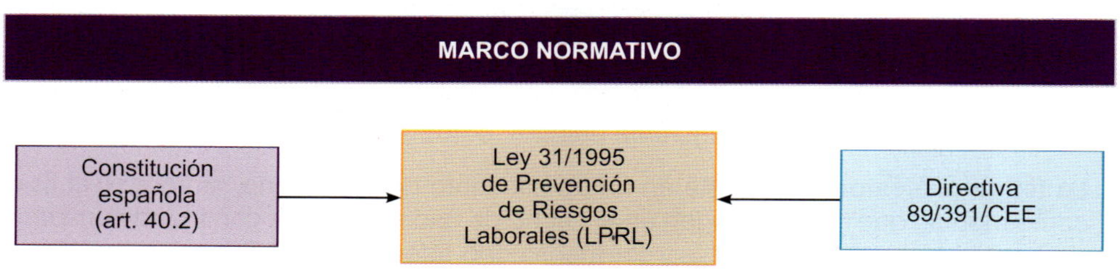

La Ley 31/1995, de 8 de noviembre, de Prevención de Riesgos Laborales tiene por objeto promover la seguridad y salud de los trabajadores mediante la aplicación de medidas y el desarrollo de las actividades necesarias para la prevención de riesgos derivados del trabajo con la finalidad de actuar antes de que se produzcan los daños.

Por otro lado, esta ley se ha ido desarrollando a lo largo del tiempo a través de diferentes normativas nacionales que han concretado detalladamente aspectos específicos en relación con la prevención de riesgos laborales. Entre las más destacables se encuentran:

- Real Decreto 39/1997, de 17 de enero, por el que se aprueba el Reglamento de los Servicios de Prevención.
- Real Decreto 486/1997, de 14 de abril, por el que se establecen las disposiciones mínimas de seguridad y salud en los lugares de trabajo.
- Real Decreto 485/1997, de 14 de abril, sobre disposiciones mínimas en materia de señalización de seguridad y salud en el trabajo.

7.4. Derechos y obligaciones en materia de prevención de riesgos laborales

En este apartado nos centraremos en el estudio de las principales obligaciones en materia preventiva del empresario y de los trabajadores, definidas en la Ley 31/1995 de Prevención de Riesgos Laborales. Conforme a ello, el empresario debe proteger la seguridad y salud de sus trabajadores, con todos los medios a su alcance y en todos los aspectos relacionados con el trabajo y, de manera específica, cumplir con las obligaciones que se recogen expresamente en la normativa de prevención. Por otro lado, corresponde a cada trabajador velar, según sus posibilidades y mediante el cumplimiento de las medidas de prevención que en cada caso sean adoptadas, por su propia seguridad y salud en el trabajo y por la de aquellas otras personas a las que pueda afectar su actividad profesional.

7.4.1. Obligaciones de la empresa

El artículo 14 de la LPRL establece el derecho de los trabajadores a una protección eficaz en materia de seguridad y salud en el trabajo, lo que supone una serie de obligaciones para el empresario que tendrán como objetivo conseguir la protección eficaz de los trabajadores frente a los riesgos laborales.

Las obligaciones que debe cumplir la empresa en materia de prevención son las siguientes:

▶ INFORMAR A LOS TRABAJADORES (ART. 18 LPRL)

- El empresario adoptará las medidas adecuadas para que los trabajadores reciban todas las informaciones necesarias en relación con:
  - — Los riesgos existentes en su centro de trabajo y, en concreto, en su puesto de trabajo.
  - — Las medidas de protección y prevención.
  - — Las medidas o planes de emergencia.
- Para cumplir con la obligación de información, la empresa entregará a todo trabajador, en el momento de su contratación, una copia del **manual de prevención de riesgos laborales** en el que se explicarán los aspectos de gestión y organización de la empresa en dicho tema. También se le entregará una copia del **plan de emergencia** y las **normas generales de la empresa.**
- Además, el mando directo deberá informar al trabajador de los riesgos específicos del puesto de trabajo que ocupa. Para ello, para cada puesto de trabajo se redactará un **documento** en el que se indiquen claramente los riesgos del puesto y las medidas y normas de seguridad que se deberán adoptar en cada situación. Este documento será actualizado anualmente o cuando se produzcan cambios en la maquinaria, los equipos o los métodos de trabajo que modifiquen sustancialmente las condiciones de seguridad.

Sabías que...

Otra normativa destacable que podemos encontrar en materia de prevención es la siguiente:

- Real Decreto 485/1997, de 14 de abril, sobre disposiciones mínimas en materia de señalización de seguridad y salud en el trabajo.
- Real Decreto 773/1997, de 30 de mayo, sobre disposiciones mínimas de seguridad y salud relativas a la utilización por los trabajadores de equipos de protección individual.
- Real Decreto 1215/1997, de 18 de julio, por el que se establecen las disposiciones mínimas de seguridad y salud para la utilización por los trabajadores de los equipos de trabajo.
- Real Decreto 1299/2006, de 10 de noviembre, por el que se aprueba el cuadro de enfermedades profesionales en el sistema de la Seguridad Social y se establecen criterios para su notificación y registro.
- Real Decreto 393/2007, de 23 de marzo, por el que se aprueba la Norma Básica de Autoprotección de los centros, establecimientos y dependencias dedicados a actividades que puedan dar origen a situaciones de emergencia.

▶ FORMAR A LOS TRABAJADORES (ART. 19 LPRL)

- El empresario deberá garantizar que cada trabajador reciba formación teórica y práctica, suficiente y adecuada, en materia preventiva, centrada en el puesto de trabajo o las funciones de cada trabajador:
  - — En el momento de su contratación, cualesquiera que sean su duración y la modalidad del contrato.
  - — Cuando se produzcan cambios en las funciones del trabajador o se introduzcan nuevas tecnologías o cambios en los equipos de trabajo.
- La formación tendrá la consideración de tiempo de trabajo y se realizará dentro de la jornada laboral o, si no fuera posible, fuera de esta, pero descontándose de las horas de trabajo. El coste de la formación será a cargo de la empresa.

▶ PROPORCIONAR A LOS TRABAJADORES EQUIPOS DE PROTECCIÓN INDIVIDUAL (EPI) (ART. 17 LPRL)

Los equipos de protección individual deberán ser entregados gratuitamente por la empresa y ser adecuados para el desempeño de sus funciones. En la Unidad 9 analizaremos en gran profundidad todo lo referente a los EPI.

Actividad resuelta

7.4. Felipe acaba de ser contratado por la empresa constructora DERRIBOS, SA como peón. El primer día de trabajo su supervisor le enseña las instalaciones, le entrega los EPI necesarios para su trabajo (arnés de seguridad anticaídas, casco, guantes, calzado de seguridad, gafas protectoras, etc.), un plano de evacuación en caso de emergencias y le indica que se dirija hacia los vestuarios para cambiarse y ponerse a trabajar de inmediato. Tres días después, Felipe sufre un grave accidente al caer de una altura de 5 metros por no haberse puesto ni el arnés ni la sujeción fija de este correctamente.

a) ¿Ha cumplido correctamente la empresa con su obligación de informar a Felipe en materia de prevención?

b) ¿Ha realizado correctamente la empresa su obligación de formar a Felipe en materia de prevención de riesgos?

c) ¿Cuál ha sido el principal motivo del accidente sufrido por Felipe? ¿Crees que podría haberse evitado?

Solución:

a) No, ya que la empresa debería haber informado a Felipe sobre los riesgos existentes en su centro de trabajo y, en concreto, en su puesto de trabajo, las medidas de protección y prevención y las medidas o planes de emergencia. Para ello, debería haberle entregado el manual de prevención de la empresa (que informe sobre la organización y gestión general de la prevención en la empresa), una copia del plan de emergencias y un documento que especifique los riesgos concretos de su puesto de trabajo y las medidas o normas de seguridad que se deben adoptar en él. A cambio, la empresa lo único que entrega a Felipe es un plano de evacuación que bajo ningún concepto es suficiente para cumplir con la obligación de información por parte de la empresa en materia de prevención de riesgos.

b) No, la empresa debería haber impartido formación teórica y práctica adecuada y suficiente de los riesgos del puesto de trabajo de Felipe en el momento de su contratación. La empresa no ha ofertado a Felipe formación alguna en materia de prevención.

c) El principal motivo del accidente ha sido la mala utilización del arnés de seguridad y la incorrecta sujeción fija a este. Sin duda alguna, el accidente podría haberse evitado si el trabajador hubiese recibido la información y formación adecuadas a su puesto de trabajo, donde hubiese aprendido la manera correcta de ponerse el arnés y de realizar correctamente la sujeción a este.

▶ CONSULTAR Y PERMITIR A LOS TRABAJADORES PARTICIPAR EN CUALQUIER ASPECTO REFERENTE A LA SEGURIDAD Y SALUD EN EL TRABAJO (ART. 18 LPRL)

- El empresario deberá consultar a los trabajadores, y permitir su participación, en todas las cuestiones que afecten a la seguridad y a la salud en el trabajo.
- Los trabajadores tendrán derecho a participar efectuando propuestas al empresario, así como a los delegados de prevención y al comité de seguridad y salud (órgano de representación de los trabajadores en materia de seguridad y salud que estudiaremos en unidades posteriores), dirigidas a la mejora de los niveles de protección de la seguridad y la salud en la empresa.

▶ ACTUAR EN CASO DE RIESGO GRAVE E INMINENTE (ART. 21 LPRL)

- Se considera un riesgo grave e inminente cuando la exposición al riesgo se pueda producir de forma inmediata y suponga un daño grave para la salud de los trabajadores.
- Cuando los trabajadores estén o puedan estar expuestos a un riesgo grave e inminente con ocasión de su trabajo, el empresario estará obligado a informar lo antes posible a los trabajadores afectados de la existencia del riesgo, así como las medidas que se deben adoptar. Además, el empresario también podrá ordenar que los trabajadores interrumpan su actividad y, si fuera necesario, que abandonen de inmediato el lugar de trabajo.
- Si el empresario no adopta o no permite la adopción de las medidas necesarias para garantizar la seguridad y la salud de los trabajadores, los representantes legales de estos podrán acordar la paralización de la actividad de los trabajadores afectados por dicho riesgo. También podrán paralizar la actividad por decisión mayoritaria los delegados de prevención cuando no dé tiempo a que se reúna el comité de empresa.
- Por otro lado, el trabajador también tendrá derecho a interrumpir su actividad y abandonar el lugar de trabajo, en caso necesario, cuando considere que dicha actividad entraña un riesgo grave e inminente para su vida o su salud. Siempre que sea posible, el trabajador debe comunicárselo a un superior jerárquico para que adopte las medidas oportunas.
- Los trabajadores o sus representantes no podrán sufrir sanción alguna por la paralización de la actividad, a menos que hubieran obrado de mala fe o cometido negligencia grave.

▶ FACILITAR A LOS TRABAJADORES EQUIPOS DE TRABAJO ADECUADOS (ART. 17 LPRL)

El empresario deberá proporcionar equipos de trabajo adecuados para el trabajo que deba realizarse, y convenientemente adaptados a tal efecto, de forma que garanticen la seguridad y la salud de los trabajadores al utilizarlos.

▶ PLANIFICAR LA PREVENCIÓN DE RIESGOS (ART. 16 LPRL)

Principalmente, mediante la elaboración de un plan de prevención obligatorio, cuyo objetivo es conseguir la integración de la prevención de riesgos laborales en la empresa. Debido a su gran importancia, se estudiará en profundidad y con gran detalle en la Unidad 10.

▶ PLANIFICAR Y ADOPTAR MEDIDAS PARA SITUACIONES DE EMERGENCIAS (ART. 20 LPRL)

- El empresario deberá analizar las posibles situaciones de emergencia y adoptar las medidas necesarias en materia de primeros auxilios, lucha contra incendios y evacuación de los trabajadores.
- En las empresas que estén obligadas a realizarlas, las medidas y actuaciones ante situaciones de emergencia se reflejarán en el plan de autoprotección y el plan de emergencias, dos documentos cuyos objetivos son dar una respuesta adecuada a las posibles situaciones de emergencia y que, debido a su gran importancia, desarrollaremos en profundidad en la Unidad 10.

Actividad resuelta

7.5. Luis está realizando la instalación de las tejas de una vivienda de tres plantas cuando el supervisor le pide que le preste el arnés de seguridad que está utilizando para realizar los trabajos, para entregárselo a otro trabajador que lo necesita durante un par de horas. Luis le advierte al supervisor de que sin arnés no seguirá realizando el trabajo y abandona su puesto de trabajo. La empresa decide sancionarlo por abandonarlo.

a) ¿Es correcta la actuación de Luis?

b) ¿Puede la empresa sancionarlo por el abandono del puesto de trabajo?

Solución:

a) Sí, ya que Luis considera que existe un riesgo grave e inminente de caída en altura, al quitarle el supervisor el arnés que le protege de una muy probable caída al no disponer del equipo de protección necesario, con consecuencias muy graves, dada la gran altura a la que está trabajando.

b) No, los trabajadores o sus representantes no podrán sufrir sanción alguna por la paralización de la actividad, a menos que hubieran obrado de mala fe o cometido negligencia grave. En este caso, Luis ha obrado de buena fe y de manera correcta al valorar adecuadamente el riesgo y comunicárselo a su supervisor, por lo que en ningún caso podrá ser sancionado.

▶ VIGILAR DE MANERA PERIÓDICA LA SALUD DE LOS TRABAJADORES (ART. 22 LPRL)

¿Qué es? →

La vigilancia de la salud es una actividad preventiva que permite el control y seguimiento del estado de la salud del trabajador y, así, en función de las tareas, las condiciones y los riesgos a los que está expuesto, adoptar las medidas necesarias dirigidas a evitar posibles daños en la salud del trabajador. Vigilar la salud de los trabajadores supone estar alerta para evitar que esta se vea dañada por las condiciones de trabajo.

¿Cómo se realiza? →

Es una obligación del empresario realizar la vigilancia de la salud de los trabajadores de forma periódica en función de los riesgos de su puesto de trabajo.
La vigilancia de la salud habitualmente se lleva a cabo mediante reconocimientos médicos o exámenes de la salud. Aunque también se pueden utilizar otro tipo de pruebas como encuestas de salud, controles biológicos, estudios de absentismo, estadísticas de accidentes y enfermedades profesionales, etcétera.

¿Cuándo es obligatoria? →

Los reconocimientos médicos serán voluntarios para los trabajadores y solo podrán llevarse a cabo cuando la persona trabajadora dé su consentimiento.
Sin embargo, hay tres situaciones excepcionales donde los reconocimientos médicos serán obligatorios:

- Cuando la realización de reconocimientos sea imprescindible para evaluar las repercusiones de las condiciones de trabajo sobre la salud de los trabajadores (por ejemplo: para comprobar los efectos que un agente químico produce en el trabajador).
- Cuando la realización de reconocimientos sea imprescindible para verificar si el estado de salud del trabajador puede constituir un peligro para él mismo, para los demás trabajadores o para terceros (por ejemplo: para comprobar si un transportista tiene una enfermedad que pueda provocar pérdida de conocimiento). Cuando se establezca en alguna disposición legal relacionada con la protección de riesgos específicos y actividades de especial peligrosidad.

¿Cuándo se realiza? →

Los reconocimientos médicos se deben realizar:

- Cuando el trabajador se incorpora por primera vez a su puesto de trabajo o después de asignarle nuevas tareas con riesgo para la salud.
- De manera periódica.
- Al reincorporarse al trabajo después de una ausencia prolongada por motivos de salud.

¿Cuáles son sus características? →

Las medidas de la vigilancia de la salud de los trabajadores recogidas por el art. 22 de la LPRL se llevarán a cabo de manera:

- **Proporcional al riesgo.** Se realizarán las pruebas que causen menores molestias al trabajador y que sean proporcionales al riesgo que se pretende valorar o controlar.
- **Específica.** La vigilancia se diseñará en función de los riesgos a los que está sometida la persona trabajadora en el lugar de trabajo.
- **No discriminatoria.** Los datos relativos a la vigilancia de la salud no podrán usarse con fines discriminatorios ni en perjuicio del trabajador.
- **Prolongada.** Cuando la naturaleza de los riesgos lo haga necesario, se prolongará la vigilancia de la salud más allá de la finalización de la relación laboral.
- **Gratuita.** El coste económico de cualquier medida relativa a la seguridad y salud en el trabajo lo asumirá el empresario.
- **Confidencial.** La vigilancia de la salud se llevará a cabo respetando el derecho a la intimidad y dignidad de la persona y la confidencialidad de toda la información relacionada con el estado de salud del trabajador. Salvo consentimiento expreso del trabajador, los resultados solamente pueden ser conocidos por el personal médico y sanitario, el trabajador y las autoridades sanitarias competentes.
  Las medidas de vigilancia y control de la salud las llevará a cabo **personal sanitario con competencia técnica, formación y capacitación acreditadas.**
  El trabajador recibirá **información** detallada de todos los resultados de los reconocimientos médicos o exámenes de la salud. Se incluyen consejos dirigidos a mejorar su estado de salud, así como recomendaciones preventivas específicas para el desempeño de su puesto de trabajo. Estos informes son confidenciales y la empresa no puede tener acceso a ellos.
  El empresario y los representantes de los trabajadores, en su caso, solo podrán conocer las **conclusiones** del informe final sobre el examen de salud donde únicamente aparecerán los términos **apto** o **no apto** para el puesto de trabajo.

Actividad resuelta

7.6. La empresa ROSCOU, SL, dedicada al transporte de productos químicos de alto riesgo (actividad considerada por la ley como especialmente peligrosa), ha comunicado que durante la próxima semana todos los trabajadores deberán realizar los reconocimientos médicos anuales. Dos trabajadores se han puesto en contacto con el gerente para comunicarle que no quieren pasar el reconocimiento.

a) ¿Pueden negarse ambos trabajadores a pasar el reconocimiento médico? ¿Por qué?

b) ¿Puede realizarles el empresario personalmente el reconocimiento?

c) ¿Puede el empresario conocer los datos y resultados concretos del reconocimiento?

Solución:

a) No, los trabajadores deben realizar el reconocimiento médico de manera obligatoria, al tratarse de una actividad especialmente peligrosa.

b) No, en ningún caso el empresario podrá realizar reconocimientos médicos a sus trabajadores. Los exámenes de la salud o reconocimientos médicos deben llevarse a cabo por personal sanitario con competencia técnica, formación y capacitación acreditadas.

c) No, bajo ningún concepto el empresario puede conocer los datos o resultados del reconocimiento médico del trabajador. Los reconocimientos se llevarán a cabo respetando el derecho a la intimidad y dignidad de la persona y la confidencialidad de toda la información relacionada con el estado de salud del trabajador. Salvo consentimiento expreso del trabajador, los resultados solamente pueden ser conocidos por el personal médico y sanitario, el propio trabajador y las autoridades sanitarias competentes.

El empresario y los representantes de los trabajadores, en su caso, solo podrán conocer las conclusiones del informe final sobre el examen de salud donde únicamente aparecerán los términos «apto» o «no apto» para el puesto de trabajo.

▶ PROTEGER A LOS TRABAJADORES ESPECIALMENTE SENSIBLES A DETERMINADOS RIESGOS, A TRABAJADORAS EN SITUACIÓN DE MATERNIDAD Y A MENORES DE EDAD

Trabajadores especialmente sensibles

Son aquellos trabajadores que por sus propias características o estado biológico (por ejemplo: que sufren discapacidades físicas, psíquicas o sensoriales, intolerancias, alergias, enfermedades crónicas, etc.) son especialmente sensibles a los riesgos derivados del trabajo.

Obligaciones del empresario:
- Realizar una evaluación de los riesgos del puesto de trabajo que puedan afectar a los trabajadores especialmente sensibles.
- No pueden ser empleados en aquellos puestos de trabajo en los que, a causa de sus características, se puedan poner ellos mismos, los demás trabajadores u otras personas relacionadas con la empresa en situación de peligro.

Maternidad y lactancia

La realización de determinados trabajos puede afectar negativamente sobre el embarazo o la lactancia.

Obligaciones del empresario:
- Realizar una evaluación de los riesgos específicos del puesto de trabajo que puedan afectar negativamente a las trabajadoras en situación de maternidad o lactancia.
- Adaptar las condiciones de su puesto de trabajo o jornada si la evaluación de riesgos revelase un riesgo para la seguridad y la salud o una posible repercusión sobre el embarazo o la lactancia. Cuando resulte necesario, se prohibirá la realización de trabajo nocturno o de trabajo a turnos.
- Si no se pudiese adaptar el puesto de trabajo, se asignará otro puesto de trabajo o función compatible con su estado.
- Si no se puede asignar otro puesto de trabajo o función, su contrato de trabajo se suspenderá por riesgo durante el embarazo.

Menores de edad

Se les garantiza una especial protección debido a su falta de experiencia o formación para identificar los riesgos de su trabajo.

Obligaciones del empresario:
- Evaluar los riesgos del puesto de trabajo del menor de 18 años que se va a incorporar a la empresa.
- Informar a estos jóvenes y a sus padres o tutores de los posibles riesgos y de las medidas adoptadas para la protección de su seguridad y salud.
- Los menores de edad no podrán realizar trabajos nocturnos, peligrosos, nocivos, insalubres y penosos en general.

Actividad resuelta

7.7. Manuel Barroso, de 17 años de edad, con el consentimiento de sus padres, ha formalizado un contrato de trabajo como auxiliar administrativo con la empresa FILIOS, SL, dedicada a la fabricación de ropa y calzado deportivo. El jefe de departamento de administración lo recibe el día de su incorporación y le enseña la oficina donde trabajará. Le advierte de que tenga cuidado con los cables de los equipos informáticos que hay por el suelo para no tropezar y tener algún accidente.

a) ¿Está considerado por la LPRL Manuel como un trabajador especialmente sensible? ¿Por qué?
b) ¿Ha cumplido la empresa con sus obligaciones en materia de prevención para este tipo de trabajadores?

Solución:

a) La LPRL considera a Manuel como un trabajador especialmente sensible a determinados riesgos al ser menor de edad. Se le garantiza una especial protección debido a su falta de experiencia o formación para identificar los riesgos de su trabajo.

b) No, ya que la empresa tiene una serie de obligaciones adicionales en materia de seguridad y salud con los menores edad que son:

- Evaluar los riesgos del puesto de trabajo de los menores de 18 años que se van a incorporar a la empresa.
- Informar a estos jóvenes y a sus padres o tutores de los posibles riesgos y de las medidas adoptadas para la protección de su seguridad y salud.

La empresa no ha cumplido con ninguna de estas obligaciones. Solamente se advierte a Manuel de manera simple sobre el riesgo de tropiezo con los cables.

Actividades propuestas

7.8. María, de 17 años de edad, ha sido contratada por una asesoría fiscal y laboral, tras finalizar el ciclo formativo de grado medio de Gestión Administrativa. El gerente le enseña las instalaciones y le entrega un manual de prevención de riesgos en la oficina. A continuación, María comienza a trabajar rápidamente. ¿Es correcta la actuación del gerente respecto a la obligación de la empresa de informar y formar en materia de prevención? ¿Por qué?

7.9. El servicio de prevención de un hospital cita a todo el personal sanitario que ha estado en contacto con pacientes contagiados por la COVID-19, una enfermedad grave y altamente contagiosa, para realizarles un análisis y comprobar que no han contraído dicha enfermedad. Un enfermero se ha negado a que le hagan el análisis. ¿Puede negarse el trabajador a realizar esta prueba diagnóstica? ¿Por qué?

7.10. Carla va a comenzar a trabajar en una empresa farmacéutica. El gerente le recomienda que realice por su cuenta un curso sobre prevención de riesgos en su puesto que imparte un centro de formación cercano al centro de trabajo tras finalizar la jornada laboral. ¿Está actuando correctamente la empresa con su obligación de formar a los trabajadores en materia de prevención?

7.4.2. Obligaciones de los trabajadores

A los trabajadores les corresponde velar en el trabajo tanto por su propia seguridad como por la de aquellas personas a las que pueda afectar su actividad, de acuerdo con su formación y con las instrucciones del empresario.

Concretamente, los trabajadores, con arreglo a su formación y siguiendo las instrucciones del empresario, deberán:

▶ OBLIGACIONES DE LOS TRABAJADORES EN MATERIA DE PREVENCIÓN

- Usar adecuadamente, de acuerdo con su naturaleza y los riesgos previsibles, las máquinas, los aparatos, las herramientas, las sustancias peligrosas, los equipos de transporte y, en general, cualesquiera otros medios con los que desarrollen su actividad.
- Utilizar correctamente los medios y equipos de protección facilitados por el empresario, de acuerdo con las instrucciones recibidas de este.
- No poner fuera de funcionamiento y utilizar correctamente los dispositivos de seguridad existentes o que se instalen en los medios relacionados con su actividad o en los lugares de trabajo en los que esta tenga lugar.
- Informar de inmediato a su superior jerárquico directo y a los trabajadores designados para realizar actividades de protección y de prevención o, en su caso, al servicio de prevención, acerca de cualquier situación que, a su juicio, entrañe, por motivos razonables, un riesgo para la seguridad y la salud de los trabajadores.
- Contribuir al cumplimiento de las obligaciones establecidas por la autoridad competente con el fin de proteger la seguridad y la salud de los trabajadores en el trabajo.
- Cooperar con el empresario para que este pueda garantizar unas condiciones de trabajo que sean seguras y no entrañen riesgos para la seguridad y la salud de los trabajadores.

Actividades resueltas

7.8. Moisés trabaja en la sección de charcutería de una gran superficie. Es 24 de diciembre y la afluencia de clientes es enorme. Su jefe acaba de encargarle un gran pedido de todo tipo de chacina que debe estar preparado en apenas una hora. Para ir más rápido, Moisés decide quitar los protectores de dedos y manos de la máquina cortadora. ¿Qué obligación de los trabajadores en materia de prevención está incumpliendo Moisés?

Solución:

Moisés ha incumplido la obligación de todo trabajador de usar adecuadamente, de acuerdo con su naturaleza y los riesgos previsibles, las máquinas, los aparatos, las herramientas, las sustancias peligrosas, los equipos de transporte y, en general, cualesquiera otros medios con los que desarrollen su actividad.

7.9. Patricio acaba de finalizar su trabajo como peón en una obra y ha observado que una parte de la barandilla de acceso a una de las plantas superiores del edificio se ha desprendido, lo que supone un grave riesgo de caída. Por otro lado, también acaba de percatarse de que una de las redes que protege de las caídas al exterior también está parcialmente desprendida. Patricio tiene muchísima prisa, ya que llega tarde a recoger a su hijo al colegio, por lo que decide que el próximo día comunicará dichos peligros al jefe de obra. Por la tarde, uno de sus compañeros sufre un grave accidente al desprenderse la barandilla defectuosa. ¿Ha incumplido Patricio alguna de sus obligaciones como trabajador en materia de prevención?

Solución:

Sí, Patricio no ha cumplido su obligación de:

- Informar de inmediato a su superior jerárquico directo y a los trabajadores designados para realizar actividades de protección y de prevención o, en su caso, al servicio de prevención, acerca de cualquier situación que, a su juicio, entrañe, por motivos razonables, un riesgo para la seguridad y la salud de los trabajadores.
- Cooperar con el empresario para que este pueda garantizar unas condiciones de trabajo que sean seguras y no entrañen riesgos para la seguridad y la salud de los trabajadores.

Actividades propuestas

7.11. Indica cuáles de las siguientes obligaciones en materia de prevención de riesgos corresponden al trabajador y cuáles al empresario:

a) Utilizar correctamente los medios y equipos de protección.

b) Vigilancia de la salud.

c) Formar e informar en materia de prevención.

d) Facilitar los equipos de protección individual.

e) Proteger a los trabajadores especialmente sensibles a determinados riesgos.

f) No poner fuera de funcionamiento y utilizar correctamente los dispositivos de seguridad existentes.

7.12. Luis ha desconectado los dispositivos de seguridad que evitan el sobrecalentamiento de las máquinas en la cadena de producción sobre la que trabaja para finalizar antes el número de productos fijados para la semana. ¿Es correcta la actuación de Luis? ¿Por qué?

En el caso práctico inicial

La empresa ha incumplido sus obligaciones en materia de prevención. Es cierto que Alberto le informa sobre posibles riesgos y le entrega los equipos de protección, pero lo hace de una manera rápida, poco detallada y no indica ni siquiera el funcionamiento de los equipos de protección que debe utilizar Lorena (mascarillas, guantes, etcétera). Además, ni siquiera le comenta las medidas que se deben adoptar en caso de emergencia ni los riesgos específicos de su puesto de trabajo. Por otro lado, la vigilancia de la salud es prácticamente inexistente, al no detectar los problemas de salud que están apareciendo en Lorena (dolor de espalda).

7.5. Organismos públicos en materia de prevención

Hoy en día, existen multitud de organismos que realizan aportaciones a la prevención de riesgos laborales, tanto de ámbito nacional como internacional.

7.5.1. Organismos públicos de ámbito internacional

Los organismos internacionales más relevantes en materia de seguridad y salud son los siguientes:

Agencia Europea para la Seguridad y la Salud en el Trabajo

Con el objeto de fomentar la mejora de la salud y la seguridad en el medio de trabajo, la Comunidad Europea creó la Agencia Europea para la Seguridad y la Salud en el Trabajo, con sede en Bilbao.

Su objetivo es: «proporcionar a los organismos comunitarios, a los Estados miembros y a los medios interesados toda la información técnica, científica y económica útil en el ámbito de la seguridad y de la salud en el trabajo».

Para conseguir dicho objetivo se ha creado una red de información europea, según un sistema de centros de referencia nacionales y redes de información nacional. En España el centro de referencia nacional es el Instituto Nacional de Seguridad, Salud e Higiene en el Trabajo.

Sabías que...

La Unión Europea cuenta con un comité consultivo para la seguridad y salud en el trabajo.

Este comité consultivo permanente se encarga de asistir a la Comisión Europea en la preparación y la aplicación de las decisiones tomadas en el ámbito de la seguridad y la salud en el trabajo. Su cometido también consiste en facilitar la cooperación en materia de prevención entre las administraciones nacionales y las organizaciones sindicales y patronales.

Fundación Europea para la Mejora de las Condiciones de Vida y de Trabajo (EUROFOUND)

EUROFOUND tiene por misión contribuir al establecimiento de mejores condiciones de vida y de trabajo, mediante medidas encaminadas a desarrollar y difundir los conocimientos adecuados para hacer posible dicha mejora.

En relación con la mejora del medio de vida y de las condiciones de trabajo, la fundación se encarga de manera especial de las cuestiones siguientes:

- Las condiciones de trabajo, incluida la organización del trabajo, los horarios de trabajo, la flexibilidad y el control de los cambios de las condiciones de trabajo.
- Las condiciones de vida, es decir, todos los aspectos que influyen en la vida cotidiana de los ciudadanos europeos, incluido el equilibrio entre la vida profesional y familiar, la puesta a disposición de servicios públicos sociales y la promoción de la integración en el mundo del trabajo.
- Las relaciones laborales, entre ellas, los cambios industriales y las reestructuraciones de empresas, la participación de los trabajadores en la toma de decisiones y la europeización de las relaciones laborales.

Eurofound

La fundación fomenta el intercambio de información y experiencias: facilita los contactos entre las universidades, las Administraciones y las organizaciones encargadas de la vida económica y social y promueve acciones concertadas. Organiza cursos, conferencias y seminarios, y toma parte en estudios. Además, pone a disposición de los Gobiernos, los empresarios, las organizaciones sindicales y la Comisión Europea datos y dictámenes procedentes de investigaciones independientes y comparativas.

7.5.2. Organismos públicos de ámbito nacional

Los organismos públicos de ámbito nacional más destacables son los siguientes:

Instituto Nacional de Seguridad, Salud y Bienestar en el Trabajo (INSSBT)

El INSSBT es el órgano científico técnico especializado de la Administración General del Estado que tiene como misión el análisis y estudio de las condiciones de seguridad y salud en el trabajo, así como la promoción y el apoyo a la mejora de estas. Para ello, establecerá la cooperación necesaria con los órganos de las comunidades autónomas con competencias en esta materia.

inssbt
Instituto Nacional de Seguridad, Salud y Bienestar en el Trabajo

Su principales funciones son:

- Asesoramiento técnico en la elaboración de la normativa legal y en el desarrollo de la normalización normativa, tanto a nivel nacional como internacional.
- Prestar asesoramiento técnico específico en materia de seguridad y salud en el trabajo a empresas de hasta 25 trabajadores.
- Promoción y, en su caso, realización de actividades de formación, información, investigación, estudio y divulgación en materia de prevención de riesgos laborales, con la adecuada coordinación y colaboración, en su caso, con los órganos técnicos en materia preventiva de la comunidades autónomas en el ejercicio de sus funciones en esta materia.
- Apoyo técnico y colaboración con la Inspección de Trabajo y Seguridad Social en el cumplimiento de su función de vigilancia y control en el ámbito de la Administración Pública.
- Colaboración con organismos internacionales y desarrollo de programas de cooperación internacional en el ámbito de la seguridad y salud laboral, facilitando la participación de las comunidades autónomas.

Inspección de Trabajo y Seguridad Social

Es el órgano técnico de la Administración Pública cuyo principal objetivo es la vigilancia y el control del cumplimiento de la normativa laboral y de prevención de riesgos laborales. Por lo tanto, corresponde a la Inspección de Trabajo y Seguridad Social la función de la vigilancia y el control de la normativa sobre prevención de riesgos laborales.

En cumplimiento de esta misión, desarrolla las siguientes funciones:

- Vigilar el cumplimiento de la normativa sobre prevención de riesgos laborales, así como de las normas jurídico-técnicas que incidan en las condiciones de trabajo en materia de prevención, aunque no tuvieran la calificación directa de normativa laboral, proponiendo a la autoridad laboral competente la sanción correspondiente cuando comprobase una infracción a la normativa sobre prevención de riesgos laborales.
- Asesorar e informar a las empresas y a los trabajadores sobre la manera más efectiva de cumplir las disposiciones legales en materia de seguridad y salud.
- Elaborar los informes solicitados por los Juzgados de lo Social en las demandas presentadas ante estos sobre los procedimientos de accidentes de trabajo y enfermedades profesionales.
- Informar a la autoridad laboral sobre los accidentes de trabajo mortales, muy graves o graves, y sobre aquellos otros en que, por sus características o por los sujetos afectados, se considere necesario dicho informe, así como sobre las enfermedades profesionales en las que concurran dichas particularidades y, en general, en los supuestos en que la autoridad laboral lo solicite respecto del cumplimiento de la normativa legal en materia de prevención de riesgos laborales.
- Comprobar y favorecer el cumplimiento de las obligaciones de los servicios de prevención.
- Ordenar la paralización inmediata de trabajos cuando, a juicio del inspector, se advierta la existencia de riesgo grave e inminente para la seguridad o salud de los trabajadores.

Comisión Nacional de Seguridad y Salud en el Trabajo (CNSST)

La Comisión Nacional de Seguridad y Salud en el Trabajo es un órgano asesor de la Administración Pública en la formulación de las políticas de prevención y órgano de participación institucional en materia de seguridad y salud en el trabajo.

Los acuerdos se adoptan por mayoría, disponiendo cada representante de la Administración Pública (Administración General del Estado y comunidades autónomas) de 1 voto y de 2 los de las organizaciones empresariales y sindicales.

Reúne a todos los agentes responsables e implicados en la mejora de las condiciones de trabajo y de la calidad de vida laboral y se configura como un instrumento privilegiado de participación en la formulación y el desarrollo de la política en materia de prevención.

En el caso práctico inicial

La situación de Lorena es insostenible. El acoso psicológico al que está siendo sometida por parte de Alberto está afectando a su salud de manera importante, llegando a provocar accidentes. Lorena debería denunciar su situación a la Inspección de Trabajo presentando el escrito de denuncia correspondiente. Además, tendría que denunciar la situación de dejadez absoluta de la empresa respecto a la prevención de riesgos laborales, que implica situaciones de iluminación inadecuadas (áreas de trabajo muy poco iluminadas), material usado altamente contaminante abandonado (gasas, jeringuillas, botes químicos, etc.), falta de orden y limpieza y equipos de protección inadecuados e incluso inexistentes.

ACTIVIDADES FINALES

1. Trabajo y salud

7.1. Identifica dentro de qué grupo se encuadran las siguientes condiciones de trabajo:

Condición de trabajo	Grupo
Ordenadores	Útiles y herramientas
Ruidos	
Bajas temperaturas	
Gases tóxicos	
Monotonía	
Suciedad	
Vibraciones	
Iluminación	
Falta de descanso	
Parásitos	

2. Daños derivados del trabajo

7.2. Álvaro y José Ángel trabajan como operarios en un taller de chapa y pintura. Continuamente se están gastando bromas en el trabajo. En una ocasión, cuando Álvaro realizaba operaciones de soldadura en una chapa, José Ángel le gastó una broma y Álvaro se quemó la mano con la pistola de soldadura y debe estar de baja. ¿Ante qué tipo de accidente nos encontramos? Razona tu respuesta.

7.3. Lee atentamente los siguientes supuestos y responde a las preguntas:

- Marta trabaja en una peluquería. Para conseguir las prestaciones de la mutua, aplica los tintes en el pelo de las clientas sin guantes; esto le produce eccemas y úlceras en las manos debido a una dermatosis por contacto que la mantendrá 15 días de baja laboral.
- Pedro es auxiliar administrativo. Cuando se dirige del trabajo a su casa en una moto de la empresa, se detiene en un semáforo en rojo; antes de que se ponga verde se pone en marcha y atraviesa la avenida principal, siendo arrollado por un turismo que le produce lesiones medulares y traumatismo craneoencefálico.

a) ¿Estas situaciones pueden considerarse accidentes laborales? Razona tu respuesta.

b) ¿Observas alguna diferencia o similitud entre ambos casos?

7.4. María Ramírez trabaja como socorrista en la playa de Valdelagrana. Debido a las altas temperaturas sufre una insolación y tiene que ser atendida de urgencia. ¿Se trata de un accidente laboral? Razona tu respuesta.

7.5. Santiago trabajaba como analista programador en una empresa de informática. El día 1 de julio, se levantó con dolor en el pecho y, estando sentado en su trabajo, perdió el conocimiento y cayó al suelo. Fue trasladado al servicio de urgencias de un hospital y falleció 9 horas después, con diagnóstico de infarto cardiaco isquémico. ¿Estamos ante un accidente de trabajo? Razona tu respuesta.

7.6. Busca y señala cuáles son los principales tipos de accidentes que se producen en tu sector profesional.

7.7. Identifica cuál ha sido el factor que ha producido el accidente en los siguientes supuestos:

a) Un trabajador se cae de un andamio por no llevar puesto el arnés de seguridad.

b) Una máquina secciona la mano de un trabajador al no funcionar los dispositivos de seguridad.

7.8. Jorge trabaja como auxiliar administrativo en una editorial. El director le encarga hacer unas fotocopias urgentes. Cuando Jorge conecta la fotocopiadora, esta no funciona. En lugar de avisar al responsable de mantenimiento, para ganar tiempo, decide intentar arreglarla él mismo y prueba a revisar la conexión. Cuando toca el cable recibe una descarga eléctrica, cae hacia atrás y se fractura la muñeca de la mano derecha en la caída. La empresa no lo considera accidente laboral, porque el trabajador no estaba realizando tareas propias de su puesto de trabajo. ¿Tiene razón la empresa? Razona tu respuesta.

7.9. Pedro es electricista y con mucha frecuencia debe trabajar en cuclillas de manera prolongada. Desde hace 5 meses tiene molestias en la rodilla derecha y el médico le ha dicho que tiene roto el menisco, por lo que tendrán que operarle. Averigua si se trata de una enfermedad profesional contestando a las siguientes preguntas:

a) ¿Es una enfermedad contraída a consecuencia del trabajo ejecutado por cuenta ajena?

b) ¿Está recogida en el listado del RD 1299/2006 y provocada por los elementos o sustancias que allí se indican?

c) ¿Se ha contraído por realizar alguna de las actividades listadas en el RD 1299/2006?

7.10. Relaciona cada una de las situaciones siguientes con el concepto adecuado:

Situación	Concepto
• Quemaduras sufridas por el trabajador al apagar un incendio de una papelera en su puesto de trabajo. • Accidente de tráfico sufrido por un trabajador al dirigirse a su puesto de trabajo desde su domicilio. • Explosión de una caldera sin que haya heridos. • Lesiones del menisco asociadas a posturas forzadas. • Un soldador sin gafas de protección sufre lesiones en la córnea por el arco eléctrico.	• Incidente. • Accidente común. • Accidente de trabajo. • Accidente in itínere. • Enfermedad profesional.

7.11. Señala cuáles son las principales enfermedades profesionales propias de tu sector profesional e indica qué agentes las causan.

7.12. Ernesto trabaja como teleoperador para una empresa del sector de la telefonía móvil desde hace 8 meses, con un contrato temporal de 12 meses. Su jornada laboral es intensiva y a turnos rotativos, 8 horas por la mañana, por la tarde o por la noche, según el turno que le asignen. El salario no es muy alto, 800 € al mes; por eso, Ernesto quiere cambiar de trabajo, pero no encuentra otra cosa. Además, se siente muy cansado y cada vez rinde menos, siente dolores de cabeza, mareos e insomnio y su familia dice que está al borde de la depresión. Además, como tiene que estar hablando constantemente, desde hace un tiempo viene notando ciertas molestias en la garganta. Ha consultado con el médico especialista, que le ha diagnosticado nódulos en las cuerdas vocales y posiblemente necesite un tratamiento quirúrgico.

a) ¿Se considera una enfermedad profesional? Justifica tu respuesta teniendo en cuenta la definición legal de enfermedad profesional.
b) ¿Qué otros tipos de riesgos están presentes en el puesto de trabajo de Ernesto y qué daños pueden producirle?

7.13. Federico trabaja como comercial para una multinacional y su jornada es de 10 horas diarias. Aunque su trabajo le gusta mucho y en la empresa cada vez le asignan tareas de más responsabilidad, ha empezado a encontrarse mal, cree que no va a poder abarcarlo todo y se ha vuelto muy agresivo. ¿Se trata de una enfermedad profesional?

7.14. Busca el listado de enfermedades profesionales que aparece en el RD 1299/2006 y completa la siguiente tabla siguiendo el ejemplo:

Código	Grupo	Agente	Subagente	Actividad
1A0106	1 - E. P. causadas por agentes químicos	A - Metales	01 - Arsénico y sus compuestos	06 - Conservación de pieles
1E0119				
2A0113				
2D0201				
3B0111				
4C0104				
5A0105				
6A0110				

7.15. Señala qué otros tipos de daños, además del accidente o la enfermedad profesional, son propios de tu sector.

3. Derechos y obligaciones en materia de prevención

7.16. Señala cuáles son obligaciones del empresario y cuáles obligaciones de los trabajadores en materia de prevención de riesgos laborales:

a) Ser formado y recibir formación sobre la prevención de riesgos en su puesto de trabajo.
b) Facilitar a los trabajadores los equipos de trabajo y los medios de protección adecuados.
c) Hacer uso de los equipos de protección (EPI) de forma correcta.
d) Proteger a los trabajadores especialmente sensibles a determinados riesgos.
e) No poner fuera de funcionamiento y utilizar correctamente los dispositivos de seguridad en los lugares de trabajo.
f) Vigilar la salud de los trabajadores con la realización de reconocimientos médicos periódicos.
g) Cooperar con el empresario para que este pueda garantizar que las condiciones de trabajo no suponen un riesgo para la seguridad y salud de los trabajadores.

7.17. Mercedes acaba de ser contratada como administrativa en una asesoría fiscal del pueblo donde reside. Tras 6 meses, la empresa le comunica que el próximo viernes deberá someterse al reconocimiento médico anual que esta realiza a todos sus trabajadores, para hacer efectivo el derecho a la vigilancia periódica de la salud de estos. Mercedes se niega y la empresa le sanciona suspendiéndole de empleo y sueldo una semana.

a) ¿Debería someterse Mercedes obligatoriamente al reconocimiento?

7.18. María, técnica de emergencias sanitarias de la empresa dedicada al servicio privado de ambulancias THE LIGHT, SL, es la mujer más feliz del mundo. Acaba de conocer los resultados de su test de embarazo y el resultado ha sido positivo. En su primera revisión en el ginecólogo, este le indica la necesidad de cambiar las funciones que actualmente desarrolla dentro de la empresa por otras que conlleven menores riesgos. María le advierte de que la empresa lleva una política de prevención de riesgos excepcional y cumple con todos los requisitos establecidos por la ley. Su ginecólogo le recuerda que hay riesgos propios de la naturaleza de su trabajo que jamás se pueden eliminar, que suponen un riesgo de daño muy importante para el feto, como las cargas excesivas, las posturas forzadas, las caídas, los riesgos biológicos, químicos, las situaciones de alto estrés, la violencia de terceros, las lesiones musculares, los accidentes de tráfico, etcétera.

Al día siguiente, María llega muy temprano al trabajo para intentar hablar con Diego, su jefe de emergencias. Diego le recibe en su despacho y María le informa de las indicaciones que le ha prescrito su ginecólogo.

Su jefe se niega en rotundo al cambio de funciones y le indica a María que jamás ha pasado nada antes y que además no hay personal en la empresa actualmente para poder cubrir su puesto.

a) ¿Está incumpliendo la empresa sus obligaciones en materia de prevención? En caso afirmativo, indica cuáles.

b) ¿Crees que Diego está obligado a cambiar de funciones a María?

7.19. Indica cuál de los siguientes colectivos merece una especial protección según la LPRL:

- Trabajadores discapacitados.
- Futbolistas profesionales.
- Alpinistas.
- Trabajadoras embarazadas.
- Trabajadores mayores de 60 años.
- Trabajadores de centrales nucleares.
- Trabajadores menores de edad.

7.20. Cristina acaba de firmar un contrato indefinido con la empresa DISTIBU, SA, dedicada a la distribución de productos alimenticios. Durante la primera semana de trabajo la empresa le va a impartir un curso de formación teórico-práctica en prevención de los riesgos específicos de su puesto de trabajo durante toda la jornada laboral. A final de mes Cristina recibe la nómina, donde observa que le han deducido 350 € por el coste del curso recibido.

a) ¿Deberá recuperar Cristina los 7 días durante los que ha recibido el curso y no ha trabajado?

b) ¿Puede la empresa cobrar de la nómina de los trabajadores el coste del curso?

7.21. Julia acaba de ser contratada por un hotel situado en la Costa del Sol como animadora. El responsable de prevención le ha entregado el manual de prevención de la empresa, donde se informa sobre los riesgos generales del centro de trabajo y cómo se integra y organiza la prevención de riesgos laborales en la empresa. Por otro lado, le ha entregado los equipos de protección individual (cascos para actividades de *karts* o rutas de bici, arnés de seguridad para las actividades de escalada, etc.) necesarios para realizar alguna de las actividades que oferta el hotel y que impartirá Julia. El responsable le comenta que los equipos de protección pertenecían a la trabajadora que antes se encargaba de realizar estas actividades y que ya no trabaja en el hotel. ¿Qué obligaciones en materia de prevención está incumpliendo la empresa? ¿Por qué?

7.22. José María ha sido contratado por un taller mecánico de Barcelona como ayudante de taller. La empresa le ha citado 2 días antes de comenzar a trabajar en una clínica de la ciudad para realizarle un reconocimiento médico. Igualmente, se le ha indicado que el coste de dicho reconocimiento será de 200 € que deberá pagar a la finalización de este.

Al llegar a la clínica, le sorprende que el gerente del taller también se encuentra junto al personal médico que va realizar el reconocimiento para supervisar todo el proceso, incluso las exploraciones físicas que le realizan. Una vez concluido, el gerente le informa de que le enviarán un informe con los datos completos a su domicilio y que deberá entregarle para revisarlo. ¿Se han respetado las características o los principios que deben seguirse para realizar el reconocimiento médico? Razona la respuesta.

7.23. Melisa, que trabaja como moza de almacén realizando la carga y descarga de camiones, acaba de comunicar a la empresa que está embarazada. El gerente le ha felicitado y comentado que tenga cuidado con no cargar o descargar materiales de mucho peso. El ginecólogo que realiza su seguimiento le ha informado de que las labores de carga y descarga continua de los camiones que llegan al almacén suponen un riesgo para la salud del feto.

a) ¿Ha sido correcta la actuación de la empresa en materia de prevención de riesgos tras comunicarle Melisa que está embarazada?

b) ¿Qué medidas de seguridad y salud debería haber adoptado?

c) ¿Tiene derecho Melisa a que la cambien de puesto de trabajo?

d) ¿Qué ocurriría si la empresa no pudiese asignarle otro puesto de trabajo o función?

4. Organismos públicos en materia de prevención

7.24. Helena lleva observando durante muchísimo tiempo cómo la empresa incumple repetidamente sus obligaciones en materia de prevención de riesgos laborales: los trabajadores se compran sus equipos de protección, el empresario no informa sobre las medidas que se deben adoptar en materia de prevención, no se realiza vigilancia alguna sobre la salud de los trabajadores, la mayoría de la maquinaria está defectuosa y carece de las medidas de protección básicas, etcétera. Cansada de esta situación, decide denunciar la situación.

a) ¿Ante qué organismo o institución debería presentar la denuncia Helena?

b) Busca en Internet el modelo de denuncia que debería presentar Helena y los datos que debe contener.

7.25. Indica qué organismo público en materia de prevención lleva a cabo cada una de las siguientes funciones:

- Vigilar el cumplimiento de la normativa sobre prevención de riesgos laborales.
- Ordenar la paralización inmediata de trabajos cuando, a juicio del inspector, se advierta la existencia de riesgo grave e inminente para la seguridad o salud de los trabajadores.
- Asesoramiento técnico en la elaboración de la normativa legal y en el desarrollo de la normalización, tanto a nivel nacional como internacional.
- Promoción y, en su caso, realización de actividades de formación, información, investigación, estudio y divulgación en materia de prevención de riesgos laborales
- Colaboración con organismos internacionales y desarrollo de programas de cooperación internacional en este ámbito, facilitando la participación de las comunidades autónomas.

REPASANDO...

La salud laboral

Íñigo va a comenzar a trabajar en un famoso restaurante de San Sebastián como ayudante de cocina. En el momento de la firma del contrato, el gerente le comunica que deberá someterse a un reconocimiento médico en una clínica cercana una semana antes de comenzar a trabajar. Llegado el momento, Íñigo acude a la clínica y le envían a una sala donde el personal médico está realizando los reconocimientos a otros tres trabajadores simultáneamente. Cuando finaliza, el personal de la clínica le indica que el precio del reconocimiento es de 150 €, que Íñigo desembolsa. Además, le informan de que le enviarán los resultados completos en una semana y deberá llevárselos al gerente para que los consulte.

a) ¿Se han realizado los reconocimientos por el personal adecuado?

b) ¿Ha realizado la empresa correctamente los reconocimientos médicos? ¿Qué características o principios de la vigilancia de la salud ha incumplido la empresa?

Por fin, ha llegado su primer día de trabajo. El jefe de cocina le recibe, le enseña las instalaciones y le entrega sus utensilios de trabajo. Además, le indica que los tres primeros días de trabajo recibirá un curso teórico-práctico durante su jornada laboral, cuyo coste de 100 € debe pagar Íñigo, sobre la prevención de riesgos laborales en su puesto de trabajo.

c) ¿Ha cumplido correctamente la empresa con su obligación de formar a los trabajadores en materia de prevención?

d) ¿Debe recuperar Íñigo los tres días del curso realizado durante su jornada laboral?

Entre los utensilios que el jefe de cocina entregó a Íñigo, se encuentra un guante de malla metálica para el despiece y corte de la carne. Íñigo va a utilizarlo por primera vez y al ponérselo se da cuenta de que es pequeño y apenas puede introducir la mano, por lo que decide quitarlo para realizar el despiece de la carne que le encargó urgentemente el jefe de cocina.

e) ¿Qué obligación en materia preventiva no ha cumplido la empresa?

f) ¿Qué obligación de los trabajadores en materia preventiva ha incumplido Íñigo?

Mientras realiza el despiece de la carne se le resbala el cuchillo, lo que le produce la amputación del dedo índice a la altura de la primera falange.

g) ¿Puede considerarse un accidente laboral? Razona tu respuesta.

SALA DE PRENSA

Calificación de un asesinato como accidente de trabajo

Se estudia en esta sentencia la calificación o no como accidente de trabajo del fallecimiento por asesinato de un profesional cuando sale del trabajo. Se discute si se trata de un accidente in itínere, dada la participación en el triste suceso de un tercero ajeno al empleado y a la relación laboral.

El empleado abandonó su puesto al terminar su jornada y se dirigió a la parada del autobús para trasladarse a su domicilio. Mientras esperaba se le acercó una persona que le disparó, produciéndole la muerte. La empresa reconoció el fallecimiento como accidente laboral in itínere, mientras que la mutua negaba tal carácter por no guardar la agresión relación alguna con el trabajo que desempeñaba el fallecido.

La dificultad en la calificación se encuentra en la redacción del artículo 115 de la Ley de Seguridad Social, que establece que se podrá considerar un accidente como de trabajo cuando exista culpabilidad civil o criminal del empresario, de un compañero del accidentado o de un tercero, salvo que no guarde relación alguna con el trabajo.

La interpretación de este último apartado puede dar lugar a entender que la agresión sufrida por el trabajador en este caso no guardaba relación alguna con el trabajo, que fue algo fortuito y, por tanto, no debía ser un accidente laboral. Esto es lo que defendía la mutua. Sin embargo, indica el Tribunal Supremo que solo cuando la agresión que sufre el trabajador por parte de un tercero sea en el lugar de trabajo o in itínere obedece a razones personales entre agresor y agredido, el resultado lesivo no puede calificarse como accidente de trabajo.

El Tribunal Supremo concluye que en este caso sí se dan las circunstancias para considerar el «accidente» como de trabajo debido a:

- En primer lugar, porque el suceso se produjo en hora contigua al fin de la jornada, en un lugar cercano al centro de trabajo, para la utilización de un medio de transporte normal, como es el autobús de línea. Es evidente que no existía desviación del camino habitual de vuelta a su domicilio, ni en cuanto al tiempo, ni al lugar, ni al medio de transporte, como ocurre en otras muchas circunstancias, lo que supondría romper la unión entre el accidente y el trabajo y por tanto la no calificación del accidente como laboral.
- Por otra parte, si el fallecimiento producido por un accidente de carretera o por una simple caída son indemnizables, es absurdo que si la muerte se produce por un crimen no se considere de igual forma. Por lo que se concluye calificando el accidente como de trabajo.

Fuente: *www.expansionyempleo.es.*

a) ¿Cuáles son las condiciones que deben darse para que un determinado accidente se considere accidente in itínere?

b) ¿Crees que se dan esas condiciones en este caso?

c) ¿Qué circunstancias habrían determinado que el Tribunal Supremo no calificara este crimen como accidente laboral?

La gestión de la prevención en la empresa

8

Contenidos

Objetivos

- Identificar y comprender los elementos que conforman la gestión de la prevención.
- Determinar el contenido básico del plan de prevención de riesgos laborales.
- Evaluar los riesgos laborales en función de su análisis y valoración.
- Conocer los principios básicos de la prevención de riesgos laborales.
- Diferenciar entre medidas de prevención y medidas de protección.
- Identificar las medidas de protección individual y colectiva.
- Conocer y diferenciar las diferentes formas de organizar la prevención de la empresa.
- Conocer y analizar la representación de los trabajadores en la empresa en materia de prevención.

Cuestiones

a) ¿Crees que los accidentes y las enfermedades profesionales se pueden prevenir?

b) ¿Piensas que es importante realizar una evaluación de riesgos en la empresa?

c) ¿Es lo mismo prevenir que proteger?

d) ¿Conoces algún equipo de protección individual (EPI)?

e) ¿Puedes explicar el significado de alguna señal de seguridad?

f) ¿Crees que cualquier trabajador puede ser nombrado representante de los trabajadores en materia de prevención de riesgos? ¿Por qué?

Caso práctico inicial

Vicente trabaja desde hace más de 2 años como ayudante de cocina en un afamado restaurante de Madrid que cuenta con una plantilla de 35 trabajadores. Desde el principio, Vicente se ha mostrado muy crítico con la política de prevención de riesgos que lleva a cabo la empresa. Solo en el último mes, se han producido tres accidentes como consecuencia de tropiezos y resbalones provocados por la falta de orden y limpieza de los suelos de la cocina. Precisamente, la empresa acaba de entregar unas botas antideslizantes a los trabajadores para evitar que se produzcan más caídas por resbalones. También el jefe de cocina ha entregado guantes de malla metálica para proteger de los cortes a los 2 encargados de utilizar la vieja máquina cortafiambres, que no posee el marcado CE, y tiene roto el protector de seguridad. Es habitual ver el suelo lleno de líquidos, botellas de aceite repartidas por todas partes, cuchillos abandonados por cualquier lugar, etcétera. Varias veces lo ha comunicado a los tres delegados de personal, pero no han hecho caso alguno a sus observaciones. La semana próxima se van a elegir los delegados de prevención de la empresa y Vicente ha decidido presentarse para intentar mejorar la política de prevención de riesgos en la empresa.

Es domingo y el restaurante está completamente lleno. Juan, uno de los ayudantes de cocina, ha hecho un pequeño descanso para fumarse un cigarrillo y se ha dirigido a un patio cercano a la cocina, donde se almacenan los productos de limpieza en grandes cajas y otro tipo de maquinaria que no se utiliza actualmente. De pronto, escucha cómo el jefe de cocina lo llama dando grandes voces y bastante enfadado. Rápidamente, Juan lanza su cigarrillo sin apagar y se dirige hacia la cocina. Al cabo de unos minutos, un denso humo comienza a entrar en la cocina y se escucha una pequeña explosión. El cigarrillo de Juan ha provocado un incendio en el patio donde estaban almacenados los productos de limpieza, la mayoría de los cuales son muy inflamables. Afortunadamente, solo hay dos heridos leves por intoxicación de humo.

Después de lo sucedido, el gerente ha decidido realizar una detallada evaluación de riesgos para mejorar la prevención de riesgos en la empresa y evitar que se vuelvan a producir graves accidentes. Después de la evaluación de riesgos se han detectado 4 riesgos valorados como tolerables, 8 riesgos moderados y 2 riesgos importantes.

8.1. La gestión de la prevención en la empresa

El artículo 14 de la Ley 31/1995, de 8 de noviembre, de Prevención de Riesgos Laborales (LPRL) establece que el empresario está obligado a adoptar todas las medidas que sean necesarias para garantizar la seguridad y salud de los trabajadores.

Dichas medidas se llevarán a cabo a través de la implantación de la **prevención de riesgos** en la empresa, entendida como «el conjunto de actividades o medidas adoptadas o previstas, **en todas las fases de la actividad de la empresa,** con el fin de evitar o disminuir los riesgos derivados del trabajo». De la definición anterior podemos concluir que:

- La prevención es un **proceso integral,** es decir, debe estar presente en todas las fases de la actividad de la empresa. La acción preventiva ha de estar integrada en el proceso productivo y en la organización de la empresa. Todos, cada uno en la medida que le corresponde, deben desempeñar un papel en el sistema de prevención de la empresa. Han de participar en la prevención desde la dirección hasta cualquier trabajador, pasando por toda la cadena de los diferentes mandos intermedios.

  Para ello, como establece la LPRL, la prevención de riesgos laborales deberá integrarse en el sistema general de gestión de la empresa, tanto en el conjunto de sus actividades como en todos los niveles jerárquicos de esta, a través de la elaboración, implantación y aplicación de un **plan de prevención de riesgos laborales.**

- El objetivo de la prevención es **evitar o disminuir los riesgos derivados del trabajo.** Para ello, se llevarán a cabo las siguientes fases:

1. **Evaluación de riesgos:** consistirá en la detección de todos los riesgos existentes en la empresa y su clasificación según su gravedad y la probabilidad de que se produzcan. Si no conocemos los riesgos que existen nunca sabremos sobre qué tenemos que actuar.
2. **Planificación de la actividad preventiva:** una vez identificados los riesgos, se planificarán las acciones preventivas necesarias para eliminar todos los riesgos evitables que sea posible, o en su caso, reducir al máximo y controlar aquellos riesgos que no se pueden evitar (por ejemplo: el trabajo en altura en la construcción).
3. **Ejecución:** durante esta etapa se llevarán a cabo las acciones necesarias establecidas en la fase de planificación para alcanzar los objetivos establecidos en materia de prevención.
4. **Control:** esta etapa tiene como finalidad comprobar que, en primer lugar, las actividades se han desarrollado tal y como se habían previsto y, en segundo lugar, que se han conseguido los objetivos establecidos.

De no alcanzarse los objetivos fijados en la etapa de planificación, deberán analizarse las causas que lo han provocado, establecer propuestas de mejora e iniciar de nuevo todo el proceso.

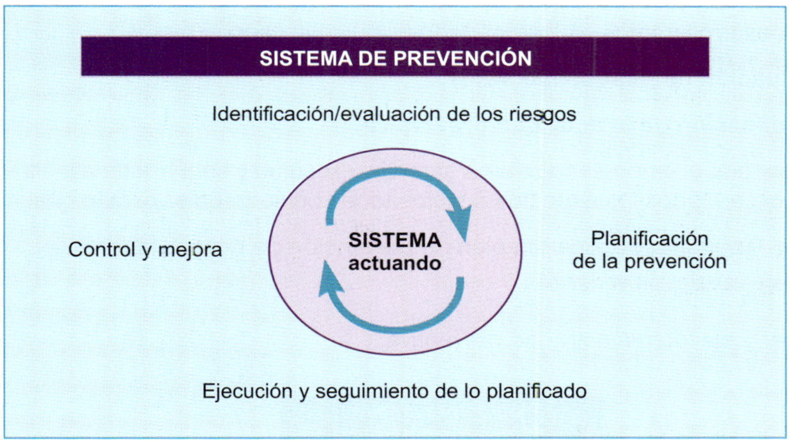

8.2. El plan de prevención de riesgos laborales

Tal como hemos comentado anteriormente, el **plan de prevención** es el documento mediante el cual se lleva a cabo la integración de la actividad preventiva dentro del sistema general de gestión de la empresa, estableciendo la política de prevención de riesgos laborales de esta.

Así, en cada actividad o decisión que se tome o lleve a cabo en la empresa, se debe tener en cuenta el aspecto preventivo, tanto por los responsables empresariales como por los propios trabajadores, ya que estos forman parte esencial de una buena integración.

Por lo tanto, el plan de prevención de riesgos laborales se configura como un primer paso para la integración de la prevención en el sistema general de gestión de la empresa, que luego deberá ser complementado con la evaluación de riesgos laborales y la planificación de la actividad preventiva.

El plan de prevención de riesgos laborales debe ser aprobado por la dirección de la empresa, asumido por toda su estructura organizativa, en particular por todos sus niveles jerárquicos, y conocido por todos sus trabajadores. Además, deberá conservarse a disposición de la autoridad laboral, de las autoridades sanitarias y de los representantes de los trabajadores, e incluirá los siguientes elementos:

▶ **CONTENIDO DEL PLAN DE PREVENCIÓN**

1. **Identificación de la empresa y sus características más relevantes para la prevención de riesgos** (número de trabajadores, actividad de la empresa y características de los centros de trabajo).
2. **Política, objetivos y metas en materia preventiva,** identificando los recursos humanos, técnicos, materiales y económicos disponibles. La política preventiva se inicia mediante una declaración formal de principios y compromisos de lo que la empresa pretende ser y hacer en materia de prevención de riesgos laborales. Son esencialmente los valores sobre los que se asienta el sistema preventivo. Tal declaración debería establecerse por escrito y de forma clara y sencilla, divulgándose a todos los miembros de la organización y pudiendo resultar interesante que su difusión llegue incluso a otras entidades externas a la empresa, como pueden ser clientes y proveedores, con el fin de conseguir que todos conozcan dicha política.

   Un segundo punto clave sería establecer un modo de actuación, es decir, de estructurar y organizar la prevención en la empresa, lo cual significa establecer las funciones y responsabilidades que tiene cada miembro de la empresa sobre esta materia, los recursos asumidos y el establecimiento de unas metas y unos objetivos adaptados a las circunstancias de la empresa.
3. **Organización de la estructura jerárquica:** funciones y responsabilidades en materia de prevención de riesgos laborales.
4. **Organización de la producción:** identificación de las prácticas, los procesos técnicos y los procedimientos existentes en la empresa en relación con la prevención de riesgos laborales.
5. **Organización de la prevención en la empresa:** modalidad organizativa elegida y órganos de representación de los trabajadores en materia de seguridad y salud (que serán objeto de estudio más adelante).

Los instrumentos esenciales para la gestión y aplicación del plan de prevención de riesgos, que desarrollaremos en los apartados siguientes, son:

- La **evaluación de riesgos laborales.**
- La **planificación de la actividad preventiva.**

De esta manera, el empresario deberá garantizar la salud y seguridad de los trabajadores a su servicio en todos los aspectos relacionados con su trabajo, para lo cual habrá de:

- Elaborar, implantar y aplicar un plan de prevención de riesgos laborales.
- Evaluar los riesgos.
- Planificar y ejecutar la actividad preventiva.

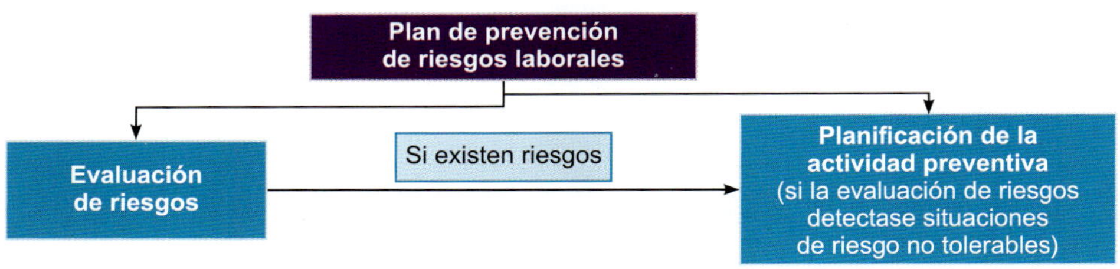

En el caso práctico inicial

La gestión de la prevención en el restaurante es prácticamente inexistente: no existe política alguna de prevención. No hay planificación de la actividad preventiva: no se establecen medidas para eliminar, minimizar o controlar los riesgos existentes. No se toma ningún tipo de medidas preventivas en el restaurante ante los riesgos claramente existentes y los accidentes que se están produciendo (líquidos en el suelo, falta de orden, etcétera).

8.3. La evaluación de riesgos

La evaluación de riesgos es la actividad fundamental que la ley establece que debe llevarse a cabo inicialmente y cuando se efectúen determinados cambios, para poder detectar los riesgos que puedan existir en todos y cada uno de los puestos de trabajo de la empresa y que puedan afectar a la seguridad y salud de los trabajadores.

El objetivo fundamental de la evaluación es minimizar y controlar debidamente los riesgos que no han podido ser eliminados, estableciendo las medidas preventivas pertinentes y las prioridades de actuación en función de la **severidad de las consecuencias** que tendría su materialización y de la **probabilidad** de que se produjeran.

La evaluación de riesgos es una actividad que debe ser realizada por personal debidamente cualificado. Deberá llevarse a cabo en todos y cada uno de los puestos de trabajo de la empresa, teniendo en cuenta:

- Las condiciones de trabajo existentes o previstas.
- La posibilidad de que el trabajador que lo ocupe sea especialmente sensible, por sus características personales o estado biológico conocido, a alguna de dichas condiciones.

La reglamentación establece que la evaluación de riesgos inicial deberá ser revisada ante cualquiera de las siguientes circunstancias:

- Al inicio de la actividad.
- Cuando se introduzca algún cambio en las condiciones de trabajo, tanto en la organización como en la introducción de nuevas tecnologías, productos, preparados o sustancias, equipos, etcétera.
- Cuando se produzcan daños en la salud de los trabajadores o se aprecie que las medidas de prevención son inadecuadas o insuficientes.
- La incorporación de un trabajador cuyas características personales o estado biológico conocido lo haga especialmente sensible a las condiciones del puesto.
- Cuando así lo establezca una disposición específica, convenio colectivo o acuerdo entre empresario y representantes de los trabajadores.

En todo caso, es aconsejable que periódicamente (cada 2 o 3 años) se proceda a su actualización.

En sentido general y admitiendo un cierto riesgo tolerable, mediante la evaluación de riesgos se ha de dar respuesta a la siguiente pregunta: «¿Es segura la situación de trabajo analizada?».

El proceso de evaluación de riesgos debe quedar reflejado en un documento y se compone de 2 fases:

- Análisis del riesgo.
- Valoración de los riesgos.

8.3.1. Análisis del riesgo

Para llevar a cabo la identificación de peligros hay que preguntarse 3 cosas:

- ¿Existe una fuente de daño?
- ¿Quién (o qué) puede ser dañado?
- ¿Cómo puede ocurrir el daño?

De esta forma, el **análisis del riesgo** se lleva a cabo a través de las siguientes fases:

- **Identificar el peligro:** se entiende por peligro toda fuente o situación con capacidad de daño en términos de lesiones, daños a la propiedad, daños al medio ambiente o una combinación de ambos.
- **Estimar el riesgo:** valorando conjuntamente la probabilidad de que se produzca el daño y la severidad de las consecuencias.
  - La **probabilidad** de que ocurra el daño se puede graduar, desde baja hasta alta, con el siguiente criterio:
    - » **Probabilidad alta:** el daño ocurrirá siempre o casi siempre.
    - » **Probabilidad media:** el daño ocurrirá en algunas ocasiones.
    - » **Probabilidad baja:** el daño ocurrirá raras veces.
  - La **severidad** del daño, clasificada en:
    - » **Ligeramente dañino** (dolores de cabeza, magulladuras, cortes, irritaciones, molestias, etcétera).
    - » **Dañino** (fracturas menores, quemaduras, conmociones, torceduras importantes, sordera, asma, etcétera).
    - » **Extremadamente dañino** (amputaciones, intoxicaciones, fracturas mayores, lesiones fatales o múltiples, cáncer, etcétera).

En el caso práctico inicial

En el restaurante no se ha realizado ninguna evaluación de riesgos que permita identificar y valorar estos. Una correcta evaluación hubiese detectado los siguientes riesgos en la empresa:

- Falta de limpieza en el suelo de la cocina que provoca caídas y traumatismos de manera constante.
- Falta de orden en la cocina: botellas de aceite cerca del fuego, objetos cortantes sin guardar, etc., que pueden producir accidentes como cortes o incluso incendios.
- Máquinas (cortafiambres) sin mecanismos de protección ni marcado CE.
- Lugares con productos inflamables sin señalizar.

Tras producirse el incendio y tras los múltiples accidentes registrados en el restaurante se lleva a cabo una evaluación de riesgos. En función de la valoración de los riesgos detectados, la empresa deberá desarrollar las siguientes acciones:

- 4 riesgos valorados como tolerables. No se necesita mejorar la acción preventiva. Sin embargo, se deben considerar soluciones más rentables o mejoras que no supongan una carga económica importante.
- 8 riesgos moderados. Se deben hacer esfuerzos para reducir el riesgo, determinando las inversiones precisas.
- 2 riesgos importantes. No debe comenzarse el trabajo hasta que se haya reducido el riesgo.

El INSST ha diseñado un método simple para estimar el riesgo conforme a su probabilidad y las posibles consecuencias o la severidad según la siguiente tabla:

▶ RIESGO CONFORME A SU PROBABILIDAD Y LAS POSIBLES CONSECUENCIAS O LA SEVERIDAD

Estimación del riesgo		Severidad de las consecuencias		
		Ligeramente dañino	Dañino	Extremadamente dañino
Probabilidad	Baja (B)	Riesgo trivial (T)	Riesgo tolerable (TO)	Riesgo moderado (MO)
	Media (M)	Riesgo tolerable (TO)	Riesgo moderado (MO)	Riesgo importante (I)
	Alta (A)	Riesgo moderado (MO)	Riesgo importante (I)	Riesgo intolerable (IN)

8.3.2. Valoración del riesgo: decidir si los riesgos son tolerables

Los niveles de riesgo indicados en el cuadro anterior se tomarán como referencia para decidir si se requiere adoptar medidas de prevención, mejorar los controles existentes o implantar unos nuevos, así como la temporalización de las acciones. Así pues, en función de la valoración del riesgo se deberán desarrollar las siguientes acciones:

▶ VALORACIÓN DEL RIESGO

Riesgo	Acción y temporalización
Trivial (T)	No requiere acción específica.
Tolerable (TO)	No se necesita mejorar la acción preventiva. Sin embargo, se deben considerar soluciones más rentables o mejoras que no supongan una carga económica importante. Se requieren comprobaciones periódicas para asegurar que se mantiene la eficacia de las medidas de control.
Moderado (MO)	Se deben hacer esfuerzos para reducir el riesgo, determinando las inversiones precisas. Las medidas para reducir el riesgo deben implantarse en un periodo determinado.
Importante (I)	No debe comenzarse el trabajo hasta que se haya reducido el riesgo. Puede que se precisen recursos considerables para controlarlo. Cuando el riesgo corresponda a un trabajo que se está realizando, hay que actuar inmediatamente.
Intolerable (IN)	No se debe comenzar ni continuar el trabajo hasta que se reduzca el riesgo. Si no es posible reducir el riesgo, incluso con recursos ilimitados, debe prohibirse el trabajo.

8.4. La planificación de la actividad preventiva

La planificación de la actividad preventiva consiste en la organización de todas aquellas actividades preventivas necesarias para eliminar o reducir y controlar los riesgos laborales. Es el instrumento básico, junto a la evaluación de riesgos estudiada anteriormente, para la gestión y aplicación del plan de prevención.

Si los resultados de la evaluación de riesgos pusiesen de manifiesto situaciones no tolerables de riesgo, la empresa, para eliminar o reducir y controlar dichos riesgos, planificará:

- Las medidas de prevención necesarias para eliminar o reducir y controlar los riesgos. Se pueden incluir también las medidas de protección dirigidas a limitar los riesgos o sus consecuencias en caso de accidentes o emergencias. Así pues, las **medidas de prevención,** de esta manera, son el conjunto de acciones que tratan de **eliminar los riesgos,** mientras que las **medidas de protección** son el conjunto de acciones que tratan de **proteger** a los trabajadores de aquellos **riesgos que no se han podido eliminar.**

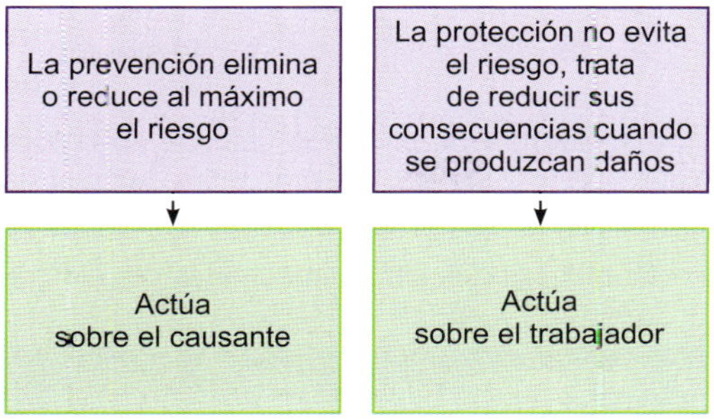

- Las medidas de prevención que eliminan o disminuyen la probabilidad de materialización de los riesgos serán prioritarias respecto a las medidas de protección, cuyo objetivo es minimizar sus consecuencias.
- Acciones de información y formación para lograr comportamientos seguros y fiables de los trabajadores respecto a los riesgos a los que potencialmente puedan estar expuestos.
- Procedimientos para el control de los riesgos a fin de mantenerlos en niveles tolerables a lo largo del tiempo. Constituyen un conjunto de actividades para el control periódico de las condiciones de trabajo y de la actividad de los trabajadores, así como de su estado de salud (revisiones periódicas, control de riesgos higiénicos, control de riesgos ergonómicos, vigilancia de la salud, etcétera).

Para cada actividad o medida planteada se deberá establecer:

- El plazo para llevarla a cabo.
- La designación de responsables.
- Los recursos humanos y materiales necesarios para su ejecución.

La planificación de la prevención deberá estar integrada en todas las actividades de la empresa y deberá implicar a todos los niveles jerárquicos. Las prioridades para llevar a cabo las actividades preventivas se establecerán en función de la magnitud de los riesgos y del número de trabajadores expuestos a estos.

A continuación, en los próximos apartados, nos vamos a limitar exclusivamente a estudiar las medidas de prevención y protección encaminadas a eliminar y reducir riesgos.

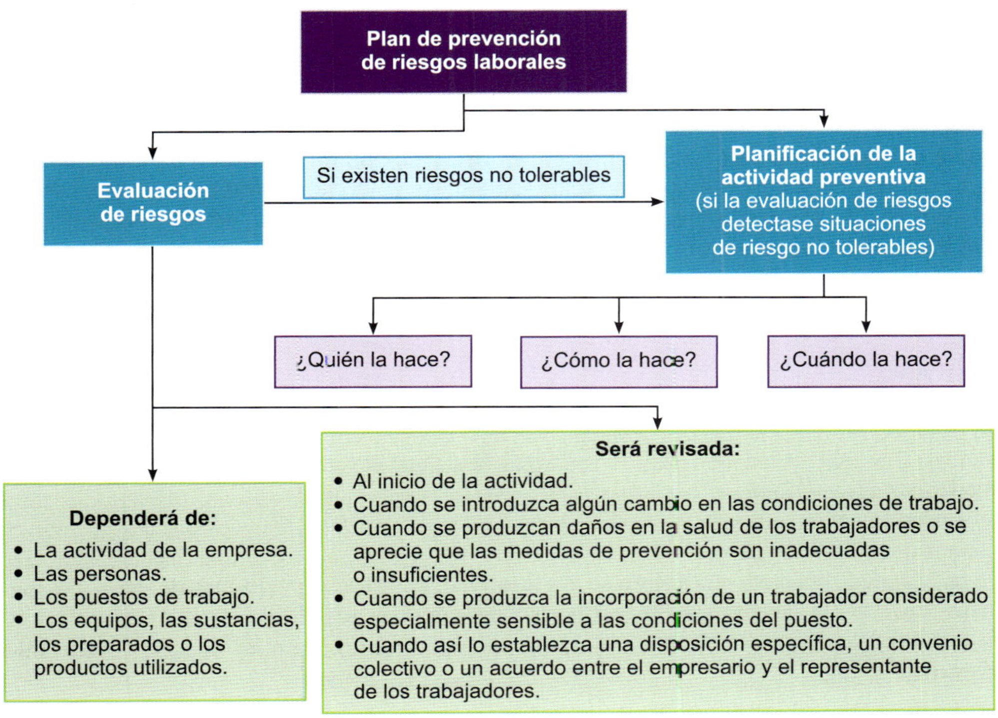

Actividad propuesta

8.1. Pilar trabaja como auxiliar de enfermería geriátrica en una residencia de ancianos ubicada en la localidad donde vive. La empresa está realizando una evaluación de riesgos pero aún está incompleta, tal como refleja la tabla siguiente.

a) Completa la tabla valorando el riesgo, conociendo la probabilidad de que se produzca y la severidad de las consecuencias.

b) Propón algunas medidas de prevención y protección que piensas que serían adecuadas para los riesgos que consideres oportunos.

Evaluación de riesgos

Riesgos detectados	Probabilidad			Consecuencias			Valoración del riesgo				
	B	M	A	LD	D	ED	T	TO	M	I	IN
Caídas al mismo nivel por desorden y presencia de objetos diversos en el suelo		X		X							
Estrés por impaciencia de los pacientes		X		X							
Sobreesfuerzos por movilización de enfermos			X		X						
Agresiones por parte de pacientes	X				X						
Atrapamiento de dedos entre objetos	X			X							
Golpes durante la movilización de enfermos		X		X							
Incendios/explosiones por la presencia de oxígeno medicinal		X				X					
Contagios de enfermedades infecciosas			X		X						
Fatiga muscular por sobreesfuerzos		X		X							
Cortes y pinchazos con utensilios sanitarios		X			X						

8.5. Medidas de prevención

El empresario deberá adoptar las medidas de prevención necesarias en todas las fases de actividad de la empresa con el fin de evitar o disminuir los riesgos derivados del trabajo.

8.5.1. Principios básicos de la prevención

Como estudiamos anteriormente, la planificación recogerá las medidas de prevención y protección que debe adoptar la empresa. Para la selección de estas medidas, deben aplicarse los principios de la acción preventiva establecidos en la LPRL. Los principios de la acción preventiva son recomendaciones relativas a «cómo» se ha de prevenir y elegir correctamente el tipo de medidas que se van a adoptar. La LPRL, en su artículo 15, los enumera de la siguiente forma:

▶ PRINCIPIOS BÁSICOS DE LA PREVENCIÓN

- Evitar los riesgos.
- Evaluar los riesgos que no se puedan evitar.
- Combatir los riesgos en su origen.
- Adaptar el trabajo a la persona, en particular en lo que respecta a la concepción de los puestos de trabajo, así como a la elección de los equipos y los métodos de trabajo y de producción, con miras, en particular, a atenuar el trabajo monótono y repetitivo y a reducir los efectos de este en la salud.
- Tener en cuenta la evolución de la técnica.
- Sustituir lo peligroso por lo que entrañe poco o ningún peligro.
- Planificar la prevención, buscando un conjunto coherente que integre en ella la técnica, la organización del trabajo, las condiciones de trabajo, las relaciones sociales y la influencia de los factores ambientales en el trabajo.
- Adoptar medidas que antepongan la protección colectiva a la individual.
- Dar las debidas instrucciones a los trabajadores.

Actividad resuelta

8.1. La empresa PANSABROSO, SL, dedicada a la fabricación de pan artesanal, ha detectado varias quejas de los trabajadores que realizan su trabajo en una máquina con un nivel de ruido excesivo. Para evitar posibles daños auditivos en los trabajadores, la empresa ha entregado a cada uno de ellos protectores auditivos.

Teniendo en cuenta los principios básicos de la prevención, ¿crees que es correcta la actuación de la empresa? ¿Crees que en base a estos principios podría haber actuado la empresa de una manera más correcta?

Solución:

No, la empresa aplica directamente medidas de protección, cuando debería haber aplicado, en primer lugar, medidas preventivas encaminadas a eliminar totalmente el riesgo si fuese posible actuando sobre él.

Por otro lado, en este caso, y según la aplicación de los principios de prevención, la empresa no combate los riesgos en su origen, en la máquina que provoca el ruido excesivo, sino que lo evita donde se produce el daño, es decir, en los trabajadores. Por otro lado, la empresa tampoco antepone la protección colectiva sobre la individual, sino todo lo contrario, solo protege de manera individual a los trabajadores que utilizan la máquina, pero no al resto de trabajadores que sin utilizarla puedan estar en contacto con ella. Lo correcto hubiese sido intentar insonorizar directamente la máquina que provoca el ruido, o sustituir la maquinaria si fuese posible por otra no ruidosa, combatiendo así el riesgo en el origen y protegiendo a cualquier trabajador que estuviese en contacto con ella (anteponiendo de esta forma la protección colectiva sobre la individual).

Actividades propuestas

8.2. Una empresa utiliza para producir sus productos una sustancia tóxica. Una importante investigación científica ha descubierto una sustancia totalmente inocua que podría utilizar la empresa y sustituir a la actual. La empresa ha decidido sustituir la sustancia tóxica actual por la nueva e inofensiva, eliminando así totalmente el riesgo. ¿Qué principios básicos de la prevención ha aplicado la empresa para eliminar el riesgo?

8.3. En la construcción de una vivienda de tres plantas, el jefe de obra ha entregado a los obreros que trabajan en altura un casco y un arnés de seguridad para evitar las caídas. ¿Es correcta la actuación en la empresa teniendo en cuenta los principios básicos de la prevención de riesgos laborales?

En el caso práctico inicial

La forma de actuar desde el punto de vista preventivo ha sido totalmente inadecuada. La empresa ha incumplido los siguientes principios básicos de la acción preventiva:

- Evitar los riesgos. No se evitan los riesgos derivados del orden y la limpieza, ni los derivados de la utilización de la maquinaria, ni los generados por la mala señalización.
- Combatir los riesgos en su origen. La empresa entrega botas de seguridad antideslizantes, en lugar de combatir el riesgo en su origen, eliminando la suciedad del suelo que está provocando los accidentes.
- Sustituir lo peligroso por lo que entrañe poco o ningún peligro. La máquina cortafiambres no tiene el marcado CE, por lo que no cumple las condiciones de seguridad mínimas. Carece además de los protectores de seguridad (de dedos y manos). La empresa debería haber sustituido dicha máquina por otra con el marcado CE que cumpla con todas las condiciones de seguridad exigidas.
- Adoptar medidas que antepongan la protección colectiva a la individual. El jefe de cocina entrega equipos de protección individual (guantes de malla) en lugar de instalar los protectores de seguridad que protegerían a todos los trabajadores que utilicen dicha maquinaria.

8.5.2. Técnicas de prevención

Como ya hemos comentado en los apartados anteriores, para eliminar o reducir los factores de riesgo laboral se aplican diversas medidas de prevención y protección que son aplicadas por las denominadas **técnicas de prevención,** que tradicionalmente se han agrupado en dos categorías: técnicas médicas (medicina del trabajo) y no médicas (seguridad, higiene, ergonomía y psicosociología aplicada).

Medicina del trabajo

Su ejercicio mediante la actividad sanitaria se realiza dentro del servicio de prevención propio de las empresas, con la estructura y los medios adecuados o, en su caso, a través de los servicios de prevención ajenos o las entidades especializadas y las mutuas de accidentes de trabajo y enfermedades profesionales.

La medicina del trabajo no se centra única y exclusivamente en la realización de reconocimientos médicos específicos, sino que supone una vigilancia concreta y específica de las capacidades físicas y psíquicas del trabajador en función del desempeño del puesto de trabajo, detectando así la aptitud o no para desarrollar las actividades propias de su profesión.

Para llevar a cabo de una manera eficaz las tareas preventivas, la medicina laboral desarrolla las siguientes acciones preventivas:

- Investigación epidemiológica.
- Vigilancia de la salud.
- Promoción de la salud (educación sanitaria).
- Programas de vacunación.
- Técnicas curativas y reparadoras.
- Formación e información sanitaria.

Seguridad en el trabajo

La seguridad en el trabajo constituye el conjunto de técnicas y procedimientos que tienen por objeto eliminar o disminuir el riesgo de que se produzcan los accidentes de trabajo.

La seguridad, como disciplina organizada, pone en juego, para conseguir sus objetivos, toda una serie de estrategias y de acciones a las que se denominan técnicas de seguridad, con las que se pretende:

- Detectar los riesgos que puedan producir accidentes de trabajo y establecer las medidas necesarias para evitarlos.
- Determinar las causas de los accidentes, implantar las medidas necesarias para que no se repitan y fijar un control estadístico de estos.
- Eliminar las causas de los accidentes mediante la aplicación de medidas preventivas encaminadas a la formación e información de los trabajadores sobre los riesgos existentes en su entorno laboral y establecer los dispositivos necesarios de seguridad sobre los equipos.

Higiene industrial

La higiene industrial es la técnica que tiene como finalidad prevenir la aparición de enfermedades profesionales, estudiando, valorando y modificando convenientemente el medio ambiente físico, químico o biológico del trabajo mediante el control de la presencia de agentes ambientales contaminantes (físicos, químicos y biológicos).

La higiene industrial **identifica, mide, valora** y **controla** los agentes contaminantes. En función de la medición realizada, se valorará el nivel de contaminante, para decidir si nos encontramos ante una situación segura o ante una situación peligrosa.

Si se decide que estamos ante una situación segura, se llevará a cabo un control periódico para determinar las posibles variaciones producidas y la situación en la que nos encontramos. Si, por el contrario, se decide que la situación es peligrosa, se tendrá que actuar sobre los contaminantes mediante el establecimiento de las medidas correctoras adecuadas y el control ambiental sobre los factores de riesgo.

Ergonomía

La ergonomía trata de adecuar las condiciones del puesto de trabajo al hombre para evitar la aparición de carga física o mental.

Los puestos de trabajo se han de diseñar de forma que se adapten a las características fisiológicas y psicológicas de la mayoría de las personas y eviten que los requerimientos del puesto sobrepasen la capacidad del trabajador, pudiendo esto dar lugar a la aparición de factores de carga, que pueden causar fatiga, inadaptación del trabajador, etcétera.

En el caso práctico inicial

La falta de orden y limpieza, la utilización de la máquina sin marcado CE ni dispositivos de seguridad y la no señalización del almacén de los productos de limpieza suponen un riesgo importante para la seguridad de los trabajadores y provocan accidentes de manera continua. Por tanto, deben ser tratados por la seguridad en el trabajo, cuya finalidad es eliminar o disminuir el riesgo de que se produzcan los accidentes de trabajo.

Psicosociología

La psicosociología es la técnica que intenta evitar que el trabajador sufra daños psicológicos como consecuencia del trabajo y de sus formas de organización.

Por lo tanto, esta disciplina preventiva tiene por objeto abordar los aspectos relacionados con el contenido y la organización del trabajo capaces de originar daños psicológicos en el trabajador.

Estudia la relación entre el contenido del trabajo (ritmo de trabajo, monotonía, etc.), el medio ambiente en el que se desarrolla (iluminación, ruido, etc.) y las condiciones de organización (estilo de mando, tiempo de trabajo, autonomía, etc.) por una parte y las características personales del trabajador (motivación, personalidad, formación, etc.) y su situación personal fuera del trabajo por otra; es decir, todo aquello que puede influir en la salud, el rendimiento y la satisfacción en el trabajo.

Actividad resuelta

8.2. Indica la técnica de prevención que estudia cada una de las siguientes situaciones:

a) Isabel es una auxiliar de enfermería que ha contraído el virus del ébola tras haber atendido a un paciente con dicha enfermedad.

b) Manuel es mozo de almacén. Desde hace algún tiempo está sufriendo fuertes dolores de espalda, piernas y brazos.

c) Se lleva a cabo una campaña de educación sanitaria en un laboratorio farmacéutico.

d) Miriam ha visto incrementado su volumen de trabajo enormemente tras haberle encargado su jefe realizar el trabajo de su compañera que estará de baja durante 2 meses. Después de 5 semanas, Miriam comienza a padecer insomnio, su carácter se ha vuelto muy irritable, no tiene apenas ganas de comer y sufre fuertes dolores de cabeza.

e) Julián ha sufrido una caída al precipitarse desde la escalera sobre la que trabajaba y se ha fracturado la pierna.

Solución:

a) La higiene industrial, que es la técnica cuyo objetivo es prevenir la aparición de enfermedades profesionales estudiando, valorando y modificando el medio ambiente físico, químico y biológico (del que formaría parte el virus). Una vez que Isabel ha contraído la enfermedad será la medicina del trabajo la que se encargue de atender a Isabel mediante su función curativa, asistiendo a la trabajadora una vez que se ha producido el daño y aplicando el tratamiento adecuado.

b) La ergonomía, que se encarga de adaptar el puesto de trabajo a las condiciones fisiológicas y psicológicas del trabajador, haciéndolo más confortable y seguro. Manuel realiza continuos esfuerzos y soporta cargas físicas. Si la manipulación de las cargas se hace de manera incorrecta puede provocar trastornos musculoesqueléticos como los que sufre el trabajador.

c) La medicina del trabajo. La promoción de la salud, por ejemplo mediante programas de educación sanitaria, es una de las acciones preventivas de mayor importancia que desarrolla esta disciplina.

d) La psicosociología, encargada de analizar los aspectos relacionados con el contenido y la organización del trabajo que puedan originar daños psicológicos al trabajador. En el caso de Miriam, está sufriendo un claro cuadro de estrés como consecuencia de una gran carga de trabajo, lo que le provoca los síntomas habituales: insomnio, irritabilidad, etcétera.

e) La seguridad en el trabajo, cuya finalidad principal es evitar que se produzcan accidentes de trabajo, así como controlar los accidentes que ya han tenido lugar, estudiar sus causas, tomar las medidas adecuadas para que no vuelvan a repetirse y realizar un control estadístico de estos.

8.6. Medidas de protección

El principio básico de la prevención es la eliminación total del riesgo, pero, a veces, esto no es posible debido a la naturaleza del propio riesgo (por ejemplo: el trabajo en altura en la construcción) o a cualquier otra causa que hace imposible su total desaparición. Es en estos casos cuando deben aplicarse las medidas de protección.

Dentro de las medidas de protección podemos distinguir entre medidas de protección colectiva y medidas de protección individual.

Reflexiona

«Lo esperado no sucede, es lo inesperado lo que acontece».

Ernesto Sábato

8.6.1. Medidas de protección colectiva

Se entiende por protección colectiva aquella técnica de seguridad cuyo objetivo es la protección simultánea de varios trabajadores expuestos a un determinado riesgo.

El artículo 15 de la LPRL especifica que, dentro de las medidas que se deben realizar respecto a la prevención de riesgos, hay que adoptar medidas que antepongan la protección colectiva a la individual. Una vez adoptadas estas medidas, y como complemento, se pueden utilizar medidas de protección individual para uso exclusivo de una persona.

Las medidas de protección colectiva más comunes y destacables son las siguientes:

▶ MEDIDAS DE PROTECCIÓN COLECTIVA
Barandillas: evitan la caída de objetos y personas a plantas inferiores. Deben tener una altura mínima de 90 cm.
Redes de seguridad: evitan la caída de objetos. Tradicionalmente se utilizan en la construcción.
Resguardos: son elementos que se utilizan para proteger a los trabajadores del contacto con las partes peligrosas de una máquina, evitando así cortes, golpes o atrapamientos.
Ventilación: sistema cuya finalidad es la renovación del aire contaminado por aire limpio.
Señalización: consistente en el uso de señales visuales, luminosas o acústicas que alertan a los trabajadores de posibles riesgos, peligros, prohibiciones u obligaciones.
Viseras: evitan y protegen sobre la caída a niveles inferiores de personas u objetos.
Interruptores diferenciales: dispositivos de seguridad que evitan el contacto con la corriente eléctrica desconectando de manera automática la instalación eléctrica para evitar daños en los trabajadores.

Actividades propuestas

8.4. En un laboratorio de ciencias se utiliza un ácido que emite vapores tóxicos, y el responsable del laboratorio duda entre instalar una campana de extracción que aspire ese vapor o la utilización de una mascarilla para cada uno de los operarios.

a) Identifica el tipo de medidas de protección colectivas e individuales que piensas que van a ser llevadas a cabo en este laboratorio.

b) ¿Cuál de esas medidas es más efectiva desde el punto de vista preventivo?

8.5. Dos alumnos que acaban de finalizar el ciclo de técnico superior en Automoción deciden establecerse por su cuenta y abren un taller de chapa y pintura. Se instalan en un pequeño garaje propiedad de un familiar con dos pequeñas ventanas por las que entra un poco de luz natural, lo ordenan y le dan un pequeño «lavado de cara».

a) ¿Qué medidas de protección individual y colectiva crees que son necesarias?

b) ¿Cuáles crees que serán las más efectivas?

8.6.2. Medidas de protección individual

Sabías que...

La normativa de aplicación específica en materia de adquisición y uso de EPI está constituida, respectivamente, por el Reglamento de la UE 2016/425 del Parlamento Europeo de 9 de marzo de 2016 que regula los requisitos de diseño y fabricación de los EPIS, y por el Real Decreto 773/1997, de 30 de mayo, sobre disposiciones mínimas de seguridad y salud relativas a la utilización por los trabajadores de estos equipos.

Un **equipo de protección individual (EPI)** es cualquier equipo destinado a ser llevado o sujetado por el trabajador para que le proteja de uno o varios riesgos que puedan amenazar su seguridad o su salud en el trabajo, así como los componentes intercambiables y los sistemas de conexión a dispositivos o estructuras externas.

Estos equipos se deben utilizar cuando los riesgos no se puedan evitar o limitar lo suficiente con medios técnicos de protección colectiva o con procedimientos de organización del trabajo, por lo que constituyen el **recurso final de la cadena preventiva,** es decir, suponen un **medio de protección complementario** y, en la medida de lo posible, **temporal.**

Los EPI forman parte de la cultura más elemental de la prevención de riesgos laborales y son una parte importante de la estrategia de seguridad que se aplica en las empresas, por eso, conviene recordar que una buena gestión y uso de los EPI es fundamental para que cumplan con su función correctamente. Una protección puede perder eficacia, e incluso generar otros riesgos, si no cumple los requisitos de fabricación necesarios (certificación), si no se utiliza correctamente o no se adapta a los usuarios.

Los EPI se pueden clasificar en función de la parte del cuerpo que están destinados a proteger. De este modo, distinguimos:

▶ EQUIPOS DE PROTECCIÓN INDIVIDUAL

Protectores de la cabeza: cascos de seguridad, cascos de protección contra choques e impactos, gorros o sombreros para proteger la cabeza, cascos protectores del fuego y de productos químicos, etcétera.

Protectores de manos y brazos: guantes protectores de perforaciones, cortes y vibraciones; guantes contra las agresiones químicas, biológicas, térmicas o eléctricas; manoplas, manguitos y mangas.

Protectores del oído: tapones, orejeras, cascos antirruido, etcétera.

Protectores de pies y piernas: calzado de seguridad, calzado y cubrecalzado de protección contra el calor o el frío, protectores amovibles del empeine, rodilleras, etcétera.

Protectores de los ojos y de la cara: gafas de montura universal, pantallas faciales y pantallas para soldadura.

Protectores del tronco y el abdomen: chalecos, chaquetas y mandiles de protección contra las agresiones mecánicas y contra las agresiones químicas, chalecos salvavidas, chalecos termógenos, mandiles de protección contra los rayos X, cinturones de sujeción del tronco, fajas y cinturones antivibraciones.

Protectores de las vías respiratorias: mascarillas o equipos filtrantes: de partículas, de gases y vapores, frente a agentes biológicos; y equipos aislantes de aire libre, con suministro de aire.

Protección total del cuerpo: equipos de protección contra las caídas de altura, arneses, cinturones de sujeción, ropa de protección contra las agresiones mecánicas y químicas, ropa de protección frente a proyecciones de metales en fusión, ropa protectora contra radiaciones infrarrojas, contaminación radiactiva y térmica y ropa de señalización.

Para que los EPI cumplan con la finalidad para la que han sido diseñados, deberán cumplir unas determinadas características y utilizarse de una manera adecuada, tal como se describe a continuación:

▶ NORMAS DE SELECCIÓN Y UTILIZACIÓN DE LOS EPI

- Se usarán cuando se agoten las otras vías prioritarias de seguridad, como son las organizativas o las de protección colectiva.
- Deben dar una protección eficaz, por lo que cumplirán con los requisitos legales de fabricación (marcado CE).
- La empresa está obligada a determinar los puestos de trabajo que deben utilizar EPI, seleccionarlos y proporcionarlos gratuitamente a los trabajadores.
- Su uso no ocasionará riesgos adicionales. En lo posible, no deberá interferir en el proceso productivo y se adaptarán a las condiciones de salud y ergonómicas de cada usuario.
- Su uso es individual y antes de utilizarlos, cada usuario debe recibir información y formación sobre los equipos que se le entregan, así como en qué momento deben utilizarse.
- Cada persona trabajadora tiene la obligación de seguir las instrucciones del fabricante que le han sido entregadas sobre la utilización, el mantenimiento, el almacenamiento, la limpieza, la desinfección, etc., de los EPI, así como su colocación en el lugar indicado después de usarlos.
- Los trabajadores informarán de inmediato a su superior jerárquico sobre cualquier defecto, anomalía o daño apreciable en los EPI.
- Es imprescindible la intervención del servicio o del técnico de prevención en el proceso de selección de los EPI, al igual que la participación de los trabajadores afectados.

Debes conocer...

No se considera EPI:

- La ropa de trabajo corriente y los uniformes que no estén destinados a proteger la salud o la integridad física del trabajador.
- Los equipos de los servicios de socorro y salvamento.
- Los equipos de protección individual de los militares, policías y las personas dedicadas al mantenimiento del orden.
- El material de deporte.
- Los aparatos portátiles para la detección y señalización de los riesgos.

Sabías que...

El uso de EPI no certificados, modificados de forma no prevista por el fabricante, caducados o en mal estado equivale a no llevar nada, es decir, a estar expuesto al riesgo.

En el caso práctico inicial

En el restaurante las medidas de prevención y protección se aplican en un orden totalmente incorrecto. Se establecen en primer lugar medidas de protección individual, como es el caso de las botas de seguridad antideslizantes, en lugar de aplicar en primer lugar medidas de prevención, de orden y limpieza, que hubiesen eliminado totalmente el riesgo.

Por otro lado, se llevan a cabo medidas de protección individual entregando a los trabajadores las mallas de metal, en lugar de establecer medidas de prevención sustituyendo la máquina por otra con el marcado CE y con todos los dispositivos de seguridad exigidos.

Actividad resuelta

8.3. En una carpintería del sector de la madera han contratado a Roberto. El empresario le ha informado sobre una gran cantidad de medidas de protección. Ahora se encuentra algo confuso y no recuerda qué medidas son de protección colectiva y cuáles son individuales. ¿Puedes ayudarle a clasificarlas?

a) Cinta de delimitación de zona de trabajo.
b) Gafas de seguridad antiproyecciones.
c) Botas de seguridad.
d) Sierras circulares con carcasa de protección.
e) Señales óptico-acústicas de vehículos en obra.
f) Redes de seguridad o pescantes de sustentación.
g) Casco de protección con marcado CE.

Solución:

Medidas de protección colectiva	Medidas de protección individual
• Cinta de delimitación de zona de trabajo. • Sierras circulares con carcasa de protección. • Señales óptico-acústicas de vehículos en obra. • Redes de seguridad o pescantes de sustentación.	• Gafas de seguridad antiproyecciones. • Botas de seguridad. • Casco de protección con marcado CE.

Actividades propuestas

8.6. Luis es jardinero y trabaja en el ayuntamiento de su localidad con un contrato temporal. Su jefe le ha indicado los equipos de protección que necesita para su trabajo y le entrega unos guantes ya usados y unas gafas nuevas pero caducadas. ¿Qué puede hacer el trabajador en esta situación?

8.7. Alberto es electricista autónomo. Para realizar su trabajo utiliza guantes de látex y un casco de protección que le ha prestado su primo, que es albañil. ¿Son adecuados los EPI utilizados por Alberto?

8.8. Una fábrica de abonos no sabe si debe instalar una ventilación general de la nave o proporcionar a los trabajadores mascarillas con filtro. ¿Qué principio de acción preventiva debe aplicarse?

8.7. Señalización de seguridad

La señalización de seguridad permite identificar peligros presentes en el entorno laboral, reduciendo así el riesgo. Es una herramienta de prevención **complementaria** que no elimina el riesgo y su aplicación no debe excluir la adopción de otras medidas preventivas.

La señal funciona como un estímulo que produce una determinada respuesta en el trabajador, con la antelación suficiente para evitar el riesgo.

El **Real Decreto 485/1997,** de 14 de abril, establece como obligación general del empresario «adoptar las medidas necesarias para que en los lugares de trabajo exista una señalización de seguridad y salud que cumpla con lo establecido».

La señalización de seguridad se utiliza para indicar situaciones de riesgo que no se han podido eliminar o reducir suficientemente e intenta conseguir los siguientes objetivos:

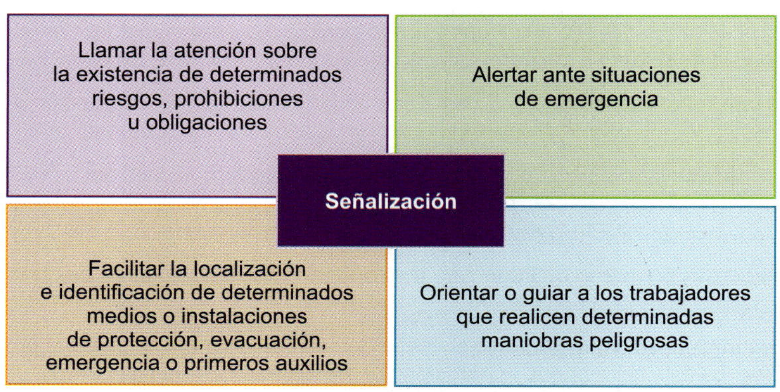

Debes conocer...

En este enlace encontrarás una guía útil sobre señalización de seguridad en el trabajo:

https://www.insst.es/documents/94886/203536/Guia+tecnica+sobre+señalización+de+seguridad+y+salud+en+el+trabajo/973e7bd4-65de-4c46-8d6e-c181ffedb80a

Sabías que...

La señalización:

- Siempre será una medida complementaria y no sustitutoria de otras medidas de prevención técnicas u organizativas.
- Tampoco es sustitutoria de la formación e información a los trabajadores.
- Se debe tener en cuenta que la señalización por sí sola no elimina el riesgo.

Existen distintos tipos de señales:

► TIPOS DE SEÑALES

Tipo	Descripción
Panel	Es una señal que combina formas geométricas, colores y símbolos o pictogramas. Proporciona una determinada información que debe ser visible y fácil de interpretar.
Luminosa	Es una señal emitida por medio de un dispositivo formado por materiales transparentes o translúcidos, iluminados desde atrás o desde el interior, de tal manera que aparezca por sí misma como una superficie luminosa.
Acústica	Es una señal sonora codificada, emitida y difundida por medio de un dispositivo apropiado, sin intervención de voz humana o sintética.
Verbal	Es un mensaje verbal predeterminado, en el que se utiliza voz humana o sintética.
Gestual	Es un movimiento o una disposición de los brazos o de las manos en forma codificada para guiar a las personas que están realizando maniobras que constituyan un riesgo o peligro para los trabajadores.
Olfativa	Indica aditivos olorosos que se añaden a los gases tóxicos inodoros, para detectar su escape.

Las señales en forma de panel son las más usuales. En la siguiente tabla se recogen los diferentes tipos de señales de este tipo:

► SEÑALES EN FORMA DE PANEL

Tipo	Forma	Color	Significado
Prohibición	Círculo	• Bordes: rojos. • Fondo: blanco. • Pictograma: negro.	Prohíbe un comportamiento susceptible de provocar un peligro.
Obligación	Círculo	• Fondo: azul. • Pictograma: blanco.	Obliga a un comportamiento determinado.
Advertencia	Triángulo	• Bordes: negros. • Fondo: amarillo. • Pictograma: negro.	Advierte de un riesgo o peligro.
Salvamento	Rectángulo	• Fondo: verde. • Pictograma: blanco.	Proporciona indicaciones relativas a las salidas de socorro, a los primeros auxilios o a los dispositivos de salvamento.
Indicativa	Cuadrado	• Fondo: rojo. • Pictograma: blanco.	Proporciona otras informaciones, como por ejemplo sobre incendios.
Desniveles		Rayas amarillas y negras, con una inclinación de 45 grados.	Señaliza desniveles, obstáculos, caídas de personas, objetos, choques o golpes.

Para que la señalización sea eficaz, es necesario:

- Evitar la sobreabundancia de señales.
- Evitar la interferencia de señales por excesiva proximidad en el espacio o en el tiempo.
- Asegurar que la visibilidad sea óptima.
- Realizar el mantenimiento adecuado para garantizar su perfecto estado.

Se debe señalizar todo elemento o situación que pueda constituir un riesgo para la salud o la seguridad, especialmente en:

- Lugares de almacenamiento de sustancias y productos peligrosos, y recipientes y tuberías que contengan estos productos.
- Lugares peligrosos, obstáculos y vías de circulación.
- Riesgos específicos como radiaciones ionizantes, riesgo biológico, eléctrico, etcétera.
- Salidas de emergencia.
- Equipos de lucha contra incendios.
- Maniobras peligrosas y situaciones de emergencia.

Señales de prohibición

Prohibido a los vehículos de manutención · Prohibido fumar y encender fuego · Prohibido pasar a los peatones · Prohibido apagar con agua · Entrada prohibida a personas no autorizadas · Agua no potable · Prohibido fumar · No tocar

Señales de obligación

Vía obligatoria para peatones · Obligación general · Protección obligatoria de la cabeza · Protección obligatoria del oído · Protección obligatoria para las vías respiratorias · Protección obligatoria de la vista · Protección obligatoria de las manos · Protección obligatoria del cuerpo

Señales de advertencia

Baja temperatura · Materias peligrosas para el medioambiente · Caída a distinto nivel · Materias corrosivas · Peligro de explosión · Radiaciones láser · Materias comburentes

Riesgo eléctrico · Vehículos de manutención · Cargas suspendidas · Materias radiactivas · Materias tóxicas · Materias inflamables · Riesgo biológico · Peligro general

Señales de salvamento o socorro

Primeros auxilios · Teléfono de salvamento y primeros auxilios · Ducha de seguridad · Camilla · Lavado de los ojos · Dirección que debe seguirse · Salida en caso de emergencia

Señales relativas a los equipos de lucha contra incendios

Manguera contra incendios · Escalera de mano · Teléfono para la lucha contra incendios · Extintor · Dirección que debe seguirse

Actividades propuestas

8.9. En una oficina se están realizando unas obras de ampliación. Los operarios han tirado algunos tabiques y abierto un hueco para poner el ascensor. En una de las salas han apilado botes de pintura y productos altamente inflamables. La empresa no ha colocado ninguna señal de seguridad y los extintores se han retirado hasta que la obra termine. ¿Es correcta la actuación de la empresa? ¿Por qué? ¿Qué señales serían adecuadas? Dibújalas.

8.10. Los alumnos de FOL deben realizar un trabajo sobre la aplicación de los colores de seguridad en su instituto. Han observado que en el centro ocurre lo siguiente:

- Los botiquines están señalizados en color rojo para que resalten y sean fáciles de localizar.
- El lavaojos del laboratorio de química está señalizado en color amarillo.
- Los carteles que indican las salidas de emergencia están en color azul.
- Los pulsadores de alarma están pintados de color verde.
- El lugar donde se encuentran los extintores está marcado en color rojo.

¿Está el instituto correctamente señalizado? ¿Por qué?

En el caso práctico inicial

La no existencia de señalización de seguridad en el lugar donde se almacenan los productos de limpieza ha sido la causa principal del incendio en el restaurante, además del descuido de Juan, que seguramente desconocía el peligro de fumar y las sustancias que allí se almacenaban. Se debería haber señalizado la zona con una señal de prohibido fumar y una señal de advertencia de materias inflamables. Estas hubiesen permitido identificar los peligros presentes en el entorno laboral, y reducir así el riesgo.

8.8. La organización de la prevención en la empresa

La LPRL obliga a las empresas a organizar la prevención de riesgos laborales e incluir la modalidad organizativa elegida en el plan de prevención de riesgos laborales. Para ello, las empresas pueden elegir entre las 5 modalidades que establece el RD 39/1997, de 17 de enero (texto consolidado):

a) Asunción personal por el empresario de la actividad preventiva.
b) Designación de trabajadores.
c) Servicio de prevención propio.
d) Servicio de prevención mancomunado.
e) Servicio de prevención ajeno.

La elección de la modalidad organizativa deberá ser consultada a los representantes de los trabajadores.

8.8.1. Asunción personal por el empresario de la actividad preventiva

Esta modalidad está pensada para pequeñas empresas, organizaciones en las que, habitualmente, un mismo trabajador cubre diferentes roles o realiza tareas distintas.

Para optar por esta modalidad, se tienen que cumplir los siguientes requisitos:

- Que se trate de empresas de menos de 10 trabajadores, o empresas de hasta 25 trabajadores, siempre y cuando la empresa disponga de un único centro de trabajo.
- Que las actividades desarrolladas en la empresa no estén incluidas en el anexo I del Reglamento de los Servicios de Prevención (actividades consideradas como especialmente peligrosas).
- Que desarrolle de manera habitual su actividad profesional en el centro de trabajo.
- Que tenga capacidad (formación necesaria de nivel básico) correspondiente a las funciones preventivas que va a desarrollar.

En cualquier caso, aquellas actividades o especialidades preventivas que no puedan ser asumidas por el empresario (entre ellas, y de forma obligada, la vigilancia de la salud) podrán ser contratadas con un servicio de prevención ajeno.

El Ministerio de Empleo y Seguridad Social y el Instituto Nacional de Seguridad, Salud y Bienestar en el Trabajo, en colaboración con las CC. AA. y los agentes sociales, facilitarán el asesoramiento técnico necesario a empresas de hasta 25 trabajadores para que puedan cumplir de forma simplificada con sus obligaciones preventivas.

Sabías que...

Existen 3 niveles de formación y capacitación en prevención de riesgos laborales:

- Nivel básico. Entre 30 y 50 h.
- Nivel intermedio. Se obtiene con el ciclo formativo de grado superior en Prevención de Riesgos Laborales.
- Nivel superior. Para el desempeño de las funciones denominadas de nivel superior es preciso contar con titulación universitaria (licenciado, ingeniero, arquitecto o diplomado universitario) y/o el título del máster o curso superior en Técnico Superior de Prevención de Riesgos Laborales.

Sabías que...

La normativa establece como actividades especialmente peligrosas:

- Exposición a radiaciones ionizantes.
- Exposición a agentes tóxicos, cancerígenos y mutagénicos.
- Actividades con productos químicos de alto riesgo.
- Trabajos con agentes biológicos.
- Fabricación, manipulación y utilización de explosivos.
- Trabajos propios de minería a cielo abierto y de interior, sondeos, etcétera.
- Actividades de inmersión bajo el agua.
- Actividades en obras de construcción, excavaciones, túneles, etcétera.
- Actividades en la industria siderúrgica y en la construcción naval.
- Producción de gases comprimidos, licuados o disueltos.
- Trabajos que produzcan concentraciones elevadas de polvo silíceo.
- Trabajos con riesgos eléctricos de alta tensión.

En el caso práctico inicial

La empresa tiene 35 trabajadores y realiza actividades consideradas como especialmente peligrosas, por lo que lo más adecuado es la designación de algún trabajador para desarrollar las labores en materia preventiva.

Si la designación de trabajadores se considera insuficiente, se podría optar por un servicio de prevención ajeno.

8.8.2. Designación de trabajadores

La empresa puede designar trabajadores para desarrollar las funciones en materia preventiva cuando no haya optado o no haya podido optar por cualquier otra modalidad.

Ante su designación, ha de tener en cuenta lo siguiente:

- El número de trabajadores será suficiente para desarrollar adecuadamente las funciones que deben realizar.
- Contarán con la capacitación adecuada al tipo de actividades que deben realizar. Dicha capacitación implica que los trabajadores deberán tener la formación adecuada, que dependerá de la complejidad de las funciones en materia de prevención de riesgos que deban realizar en la empresa.
- Dispondrán de tiempo de dedicación y medios suficientes.

Aquellas actividades que no puedan ser asumidas por el trabajador designado podrán ser contratadas con un servicio de prevención ajeno o propio.

8.8.3. Servicio de prevención propio (SPP)

Esta modalidad implica la disposición de medios materiales y humanos de la empresa dedicados exclusivamente a la prevención de riesgos laborales, por lo que nace con el espíritu de ser implantada en las medianas y grandes empresas. El servicio de prevención propio debe implantarse obligatoriamente en alguno de los siguientes supuestos:

- Empresas de más de 500 trabajadores.
- Empresas de 250-500 trabajadores, pero que desarrollen actividades consideradas de especial peligrosidad.
- Cuando así lo decida la autoridad laboral por la peligrosidad de la actividad, salvo que se acuda a la modalidad de servicio de prevención ajeno.

El servicio de prevención propio deberá cubrir al menos 2 de las 5 especialidades preventivas. Aquellas especialidades o actividades que no pueda realizar podrán ser contratadas con un servicio de prevención ajeno.

8.8.4. Servicio de prevención mancomunado (SPM)

Aunque es una modalidad especial del servicio de prevención propio, en realidad está funcionando más con el espíritu de un servicio de prevención ajeno. Su finalidad es dar cobertura a diferentes empresas, que deberán cumplir las siguientes particularidades:

1. Ser empresas que desarrollen simultáneamente actividades en un mismo centro de trabajo, edificio o centro comercial.
2. Ser empresas pertenecientes a un mismo sector productivo o grupo empresarial.
3. Ser empresas que desarrollen sus actividades en un polígono industrial o área geográfica limitada. Aquellas actividades o especialidades que no puedan ser cubiertas por el SPM podrán ser contratadas por la empresa a un servicio de prevención ajeno (SPA).
4. Solo se podrá formar en empresas que no estén obligadas a formar un servicio de prevención propio.

La posibilidad de constituir un servicio de prevención mancomunado deberá debatirse en el seno del comité de seguridad y salud. Los servicios de prevención mancomunados deben cubrir un mínimo de 3 especialidades preventivas.

8.8.5. Servicio de prevención ajeno (SPA)

Podremos optar por el SPA cuando se dé alguna de las siguientes circunstancias:

1. Cuando la designación de trabajadores sea insuficiente y no concurran las circunstancias que obligan a constituir un servicio de prevención propio.

2. Cuando habiendo decidido la autoridad laboral la obligación de constituir un servicio de prevención propio, se opte por la contratación de uno ajeno.
3. Cuando el empresario o los trabajadores designados no puedan asumir ciertas actividades preventivas.

Los SPA deben estar acreditados en las 5 especialidades preventivas: seguridad en el trabajo, higiene industrial, ergonomía, psicosociología aplicada y medicina del trabajo.

Actividad resuelta

8.4. Señala qué modalidades de organización de la prevención pueden elegir las siguientes empresas:

a) Un restaurante de 7 trabajadores.
b) Una empresa de producción de productos químicos de alto riesgo (considerada como una actividad de especial peligrosidad) de 275 trabajadores.
c) Una empresa de fabricación textil de 700 trabajadores.
d) Una empresa de 280 trabajadores dedicada a la prestación de servicios financieros con un único centro de trabajo.

Solución:

a) Al tener hasta 10 trabajadores y no realizar ninguna actividad considerada de especial peligrosidad, el propio empresario puede asumir la actividad preventiva, siempre y cuando tenga al menos una formación básica en prevención de riesgos.
b) Al tratarse de una empresa que realiza actividades consideradas como de alto riesgo y que cuenta con más de 250 trabajadores, deberá constituir un servicio de prevención propio.
c) Se trata de una empresa de más de 500 trabajadores, por lo que deberá constituir un servicio de prevención propio.
d) Se trata de una empresa con más de 250 trabajadores pero que no desarrolla una actividad de especial peligrosidad, por lo que no está obligada a constituir un servicio de prevención propio. Por lo tanto, al tener más de 25 trabajadores, podrá elegir entre designar uno o varios trabajadores capacitados para desarrollar actividades de prevención de riesgos, constituir un servicio de prevención propio o contratar un servicio de prevención ajeno.

Actividad propuesta

8.11. Señala en cada situación la modalidad o las modalidades de organización de la actividad preventiva adecuadas.

a) Empresa con 800 trabajadores.
b) Laboratorio biológico (que realiza una actividad considerada especialmente peligrosa) con 300 trabajadores.
c) Una empresa con 8 trabajadores, donde el empresario no tiene formación en materia de prevención de riesgos laborales y una trabajadora es técnica superior en prevención de riesgos.
d) Empresa de venta de productos informáticos con 18 trabajadores.

8.9. La representación de los trabajadores en materia de prevención

Los trabajadores tienen derecho a participar en la empresa en las cuestiones relacionadas con la prevención de riesgos en el trabajo.

En las empresas o los centros de trabajo que cuenten con 6 o más trabajadores, la participación de estos se canalizará a través de sus representantes (delegados de personal) y de la representación especializada mediante la designación de delegados de prevención o la constitución del comité de seguridad y salud.

8.9.1. Los delegados de prevención

Los **delegados de prevención** son los representantes de los trabajadores con funciones específicas en materia de prevención de riesgos laborales. Son elegidos por y entre los representantes de personal (excepto si se establece otra fórmula en el convenio colectivo), de acuerdo a la siguiente tabla:

Sabías que...

La Ley 35/2014 prohibió que las Mutuas colaboradoras con la Seguridad Social puedan realizar funciones como Servicios de Prevención Ajenos.

Trabajadores	Delegados de prevención
Hasta 30	1, será el delegado de personal
31-49	1, elegido por y entre los delegados de personal
50-100	2
101-500	3
501-1.000	4

Trabajadores	Delegados de prevención
1.001-2.000	5
2.001-3.000	6
3.001-4.000	7
4.001 en adelante	8

En empresas de menos de 50 trabajadores que no cuenten con un comité de seguridad y salud por no alcanzar el número mínimo de trabajadores establecido al efecto, las competencias atribuidas a dicho comité serán ejercidas por los delegados de prevención.

La Ley de Prevención de Riesgos Laborales define en el artículo 36 sus competencias y facultades. Para poder llevar a cabo sus competencias, los delegados de prevención podrán ejercer una serie de facultades, tal como establece la siguiente tabla:

▶ COMPETENCIAS	▶ FACULTADES
Colaborar con la dirección de la empresa en la mejora de la acción preventiva.	• Acompañar a los técnicos en las evaluaciones de carácter preventivo del medio ambiente de trabajo. • Proponer al órgano de representación de los trabajadores (delegados de personal o comité de empresa) la paralización de actividades cuando los trabajadores estén expuestos a un riesgo grave e inminente y el empresario no adopte o no permita la adopción de las medidas necesarias para garantizar la seguridad y la salud de los trabajadores. El acuerdo podrá ser adoptado por decisión mayoritaria de los delegados de prevención cuando no sea posible reunir con la urgencia requerida al órgano de representación del personal.
Promover y fomentar la cooperación de los trabajadores en la ejecución de la normativa sobre prevención de riesgos laborales.	Tener acceso, siempre que se respete la confidencialidad, a la información y documentación relativa a las condiciones de trabajo.
Ser consultados por el empresario, con carácter previo a su ejecución, acerca de determinadas decisiones en materia preventiva (art. 33 LPRL).	Ser informados por el empresario sobre los daños producidos en la salud de los trabajadores una vez que aquel hubiese tenido conocimiento de ellos.
Ejercer una labor de vigilancia y control sobre el cumplimiento de la normativa de prevención de riesgos laborales.	• Recibir del empresario las informaciones obtenidas por este procedentes de las personas o los órganos encargados de las actividades de protección y prevención en la empresa. • Realizar visitas a los lugares de trabajo para ejercer una labor de vigilancia y control del estado de las condiciones de trabajo. • Recabar del empresario la adopción de medidas de carácter preventivo para la mejora de los niveles de protección de la seguridad y la salud de los trabajadores.

El tiempo dedicado por los delegados de prevención para el desempeño de sus funciones será considerado como tiempo de ejercicio de sus funciones de representación, por lo que dispondrán de un número de horas retribuidas de su jornada para la realización de dichas funciones (el número de horas dependerá del número de trabajadores de la empresa).

Debes conocer...

Es recomendable separar las problemáticas de corte laboral tratadas por los delegados de personal o el comité de empresa (salarios, vacaciones, jubilaciones, etc.) de los temas ligados a la prevención de riesgos laborales, que serán trabajados con los delegados de prevención o con el comité de seguridad y salud.

8.9.2. El comité de seguridad y salud

En aquellas empresas o centros de trabajo con más de 50 trabajadores, se constituirá un comité de seguridad y salud, que estará formado por los delegados de prevención y por los representantes de la empresa. Es un órgano paritario y colegiado de participación destinado a la consulta regular y periódica de las actuaciones de la empresa en materia preventiva. El comité está formado por los delegados de prevención, por una parte, y por el empresario y/o sus representantes en número igual al de los delegados de prevención, por la otra.

El número de delegados de prevención que conforman el comité de seguridad de un centro de trabajo es variable de acuerdo con las dimensiones de la plantilla de personal, tal como establecimos en la tabla anterior.

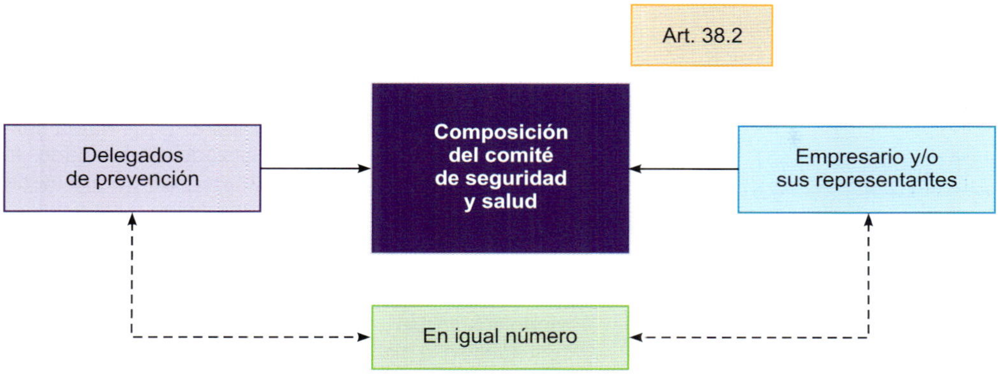

No obstante, habrá cabida en el comité de seguridad y salud para otras figuras, que participarán con voz pero sin voto, pero que podrán aportar información relevante: técnicos de prevención, especialistas en una determinada materia, delegados sindicales, etcétera.

El comité de seguridad y salud se reunirá ordinariamente cada trimestre y, de forma extraordinaria, siempre que sea solicitado por alguna de las representaciones (la de la empresa o la de los trabajadores). Sus normas de funcionamiento serán decididas por el propio comité.

Para poder llevar a cabo sus competencias, el comité de seguridad y salud podrá ejercer una serie de facultades, tal como establece la siguiente tabla:

En el caso práctico inicial

El restaurante tiene una plantilla de 35 trabajadores, por lo que le corresponderá un delegado de prevención que deberá ser elegido por y entre los delegados de personal.

▶ COMPETENCIAS	▶ FACULTADES
Participar en la elaboración, puesta en práctica y evaluación de los planes y programas de prevención de riesgos en la empresa.	Conocer directamente la situación relativa a la prevención de riesgos en el centro de trabajo, realizando a tal efecto las visitas que estime oportunas.
Promover iniciativas sobre métodos y procedimientos para la efectiva prevención de los riesgos, proponiendo a la empresa la mejora de las condiciones o la corrección de las deficiencias existentes.	• Conocer cuantos documentos e informes relativos a las condiciones de trabajo sean necesarios para el cumplimiento de sus funciones, así como los procedentes de la actividad del servicio de prevención, en su caso. • Conocer y analizar los daños producidos en la salud o en la integridad física de los trabajadores, al objeto de valorar sus causas y proponer las medidas preventivas oportunas. • Conocer e informar la memoria y programación anual de los servicios de prevención.

Actividades propuestas

8.12. ¿Qué representación de los trabajadores en materia de prevención tendrá una empresa con 650 trabajadores? ¿Y con 40 trabajadores?

8.13. El representante de los trabajadores en materia de prevención de la empresa DILUVIUS, SA, dedicada a la fabricación de muebles y que cuenta con una plantilla de 39 trabajadores, ha visitado durante una hora de su jornada a todos los trabajadores de la fábrica para comprobar si se han entregado por parte de la empresa y se están utilizando los equipos de protección adecuados. Al día siguiente, el gerente les envía un burofax, informándoles de que les será restada una hora de trabajo de su próxima nómina, ya que sus competencias en prevención deben realizarlas fuera del horario laboral. Por otro lado, también les niega el envío de las estadísticas sobre los accidentes de trabajo del último año realizadas por el servicio de prevención de la empresa, por tratarse, según el empresario, de datos de los trabajadores de carácter privado.

a) ¿Qué tipo de representación de los trabajadores en materia de prevención de riesgos debe tener la empresa? ¿Cuál será el número de representantes que le corresponderá?

b) ¿Es correcta la actuación del empresario? ¿Por qué?

8.14. Una empresa del sector turístico tiene una plantilla de 350 trabajadores. ¿Cuántos delegados de prevención le corresponden a la empresa y cuántos miembros tendrá el comité de seguridad y salud?

ACTIVIDADES FINALES

1. Medidas de prevención

8.1. Ordena las siguientes medidas según la prioridad con la que deban aplicarse:

- Medidas de protección individual.
- Medidas de prevención.
- Medidas de protección colectiva.

8.2. Señala cuáles de las siguientes acciones preventivas pertenecen a la medicina del trabajo:

- Manipulación de cargas.
- Vigilancia de la salud.
- Análisis de los riesgos químicos existentes y los niveles de exposición a trabajadores.
- Educación sanitaria.
- Mantenimiento de equipos de trabajo.
- Técnicas curativas y reparadoras.
- Formación e información sanitaria.

8.3. Señala la técnica o las técnicas de prevención que se encargan de cada uno de los siguientes casos:

- Marcos es programador informático y desde hace tiempo sufre fuertes dolores de espalda y cansancio visual.
- Javier ha tropezado con un tablón de madera en la carpintería en la que trabaja, lo que le ha provocado un fuerte golpe en la cabeza y una fractura en el brazo derecho.
- Cristina es enfermera del Hospital de La Paz en la sección de trastornos respiratorios, donde se encuentra ingresada tras ser contagiada por uno de sus pacientes.
- Inés ha sido ingresada de urgencia tras la inhalación de un producto químico tóxico con el que rociaba las plantas de invernadero donde trabaja, que le ha producido asfixia y daños en algunos órganos internos.
- Enrique está agotado, son las cuatro de la mañana y aún no ha terminado el informe sobre la fusión que la empresa pretende realizar con su máxima competidora. Enrique lleva ya más de un mes en la misma situación: apenas duerme, realiza hasta 14 horas de trabajo al día, ha perdido 6 kilos en apenas 30 días y ha notado que está perdiendo pelo de manera muy rápida. Además, su carácter se ha vuelto muy irritable, lo que le ha supuesto continuos enfrentamientos con su familia y amigos.

2. Medidas de protección

8.4. Indica cuáles de las siguientes medidas de protección son individuales y cuáles son colectivas:

- Señal de peligro biológico.
- Cascos antirruidos.
- Botas de seguridad.
- Red de seguridad instalada en un edificio en construcción.
- Interruptor diferencial.
- Mascarilla protectora.

8.5. Señala qué norma básica de utilización de los EPI no se respeta en cada caso:

- Una empresa de construcción decide entregar un arnés a cada obrero para evitar que se produzcan caídas cuando suben las escaleras, para dirigirse de un piso a otro de la casa que están rehabilitando.
- Una empresa acaba de recibir los EPI que había solicitado de una empresa especializada. El delegado de prevención comprueba que tengan las garantías de seguridad y el marcado CE. Comprobaron que no era así en varios casos, pero valoraron que los equipos estaban «pasables» y decidieron que los utilizarían igualmente.
- Andrés trabaja como pintor de maquinaria industrial utilizando sustancias irritantes que le han provocado daños continuos en la piel y episodios de asfixia. Ha tenido que comprar una mascarilla y unos guantes que le protejan de dichos daños.
- Alex va a comenzar su nuevo trabajo como enfermero en la unidad de enfermedades altamente infecciosas en una clínica privada de Barcelona. Antes de comenzar el trabajo le entregan todo el equipo de protección necesario (guantes, mascarillas, etcétera). Antes de entrar en la sala de aislamiento se pone la mascarilla y comprueba que no se la puede ajustar, ya que le queda grande.
- La empresa de soldadura industrial donde trabaja Juan acaba de adquirir unas pantallas de protección junto con el folleto informativo para su utilización. Juan decide consultar el folleto para colocarla de una manera adecuada, pero descubre que las instrucciones de uso se encuentran en chino.

8.6. Señala el equipo de protección individual más adecuado para los siguientes casos:

- Caída de objetos sobre la cabeza.
- Inhalación de gases tóxicos.
- Técnico de laboratorio de análisis clínicos.
- Jardinero que realiza la poda de una palmera.
- Aplicar un tinte en una peluquería.
- Carga y descarga de camiones.
- Técnico en radiodiagnóstico cuando realiza una radiografía.

8.7. Relaciona cada EPI con la parte del cuerpo que protege:

EPI	Zona protegida
Arnés	Pies
Manguitos	Todo el cuerpo
Polainas	Abdomen
Ropa de señalización	Ojos y cara
Pantallas de soldadura	Brazos
Botas contra impactos	Todo el cuerpo
Cinturón antivibración	Piernas
Orejeras	Cabeza
Casco contra impactos	Oídos

8.8. Bernardo empieza a trabajar como mecánico en un taller. El jefe le indica los equipos de protección que necesitará llevar mientras realice el trabajo y le facilita la dirección de una empresa que vende artículos de protección individual para que vaya y se los compre. ¿Tiene obligación Bernardo de comprar los EPI? ¿Qué debe hacer?

3. Señalización de seguridad

8.9. Relaciona el color y la forma de las señales con su significado:

Color	Significado	Forma
Azul	Prohibición	Triángulo
Amarillo	Obligación	Círculo
Rojo	Salvamento	Rectángulo
Verde	Advertencia	Círculo

8.10. Indica el tipo de señal y su significado en los siguientes casos:

8.11. Investiga en Internet e indica las señales de seguridad más utilizadas en tu sector profesional.

4. El plan de prevención de riesgos laborales

8.12. María está cursando el módulo de FOL del ciclo de grado superior de Proyectos de Obra Civil y su profesor le ha solicitado que rellene la siguiente tabla para entender y asimilar mejor el plan de prevención de riesgos laborales:

El plan de prevención de riesgos laborales	
¿Qué es?	
¿Cuál es su contenido?	
¿Cuáles son los instrumentos esenciales para aplicarlo?	

5. La evaluación de riesgos

8.13. Indica la severidad de las consecuencias de los siguientes daños en la siguiente tabla:

	Ligeramente dañino	Dañino	Extremadamente dañino
Pequeño corte			
Amputación de una pierna			
Dolor de cabeza			
Asma			
Cáncer de pulmón			
Fractura de tibia y peroné			
Irritación en los ojos por polvo			
Dermatitis			
Fractura de un dedo del pie			
Lumbago			

8.14. Luisa ha sido designada por el empresario para la organización de la actividad preventiva de la agencia de viajes TRAVELFREE, SA donde trabaja. Luisa ha comenzado a realizar la evaluación de riesgos de la oficina donde desarrolla la actividad la empresa, tal como refleja la tabla. Ayuda a Luisa a completar la tabla valorando el riesgo, conociendo la probabilidad de que se produzca cada riesgo y la severidad de las consecuencias, en caso de que se produzcan.

Evaluación de riesgos											
Riesgos detectados	Probabilidad			Consecuencias			Valoración del riesgo				
	B	M	A	LD	D	ED	T	TO	M	I	IN
Sobrecargas musculares por mala higiene postural, manejo de cargas y desplazamientos		X			X						
Caídas de objetos por desplome o derrumbamiento	X				X						
Caídas al mismo nivel	X			X							
Choques contra objetos inmóviles		X			X						
Carga mental: efectos psicológicos de horarios y turnos		X		X							
Golpes y cortes por objetos y herramientas		X		X							
Riesgos derivados de la utilización de pantallas de visualización de datos (falta de apoyo de muñecas, giros de cabeza, etc.)		X			X						
Temperatura (calor y frío)		X		X							
Atrapamiento por o entre objetos	X			X							
Contactos eléctricos indirectos	X			X							
Ruido		X		X							
Iluminación: reflejos en la pantalla			X	X							

8.15. Une, mediante flechas, el nivel de riesgo con las medidas que deben adoptarse:

Valoración del riesgo	Medidas
Importante (I)	No requiere acción específica.
Trivial (T)	No se necesita mejorar la acción preventiva.
Moderado (MO)	Se deben hacer esfuerzos para reducir el riesgo, determinando las inversiones precisas.
Tolerable (TO)	No debe comenzarse el trabajo hasta que se haya reducido el riesgo. Cuando el riesgo corresponda a un trabajo que se está realizando, hay que actuar inmediatamente.

8.16. Napo es un divertido personaje que nos introduce en la prevención de riesgos a través de sencillos vídeos, donde se reflejan aspectos básicos de la prevención de riesgos. A través de una de sus películas, intentaremos visualizar y profundizar sobre la importancia de la evaluación de los riesgos en el puesto de trabajo. En este caso, la película describe los peligros y riesgos en el puesto de trabajo, así como la necesidad de actuar a partir de los hechos constatados para conseguir puestos de trabajo más sanos y seguros. En la película se examinan algunos de los riesgos más habituales, así como la necesidad de «pararse, pensar y actuar» para reducir el número de accidentes laborales y la incidencia de los problemas de salud en el trabajo. Podrás visualizar el vídeo a través de cualquiera de estas vías:

- **http://www.napofilm.net/es/napos-films/multimedia-film-episodes-listing-view?filmid=napo-009-risky-business**
- **http://media.osha.europa.eu/napo9/Napo9.wmv**
- **https://www.youtube.com/watch?v=bTbonpb6hZE**
- Introduciendo en el buscador Google la expresión: «Napo y la evaluación de riesgos».

Una vez visualizado el vídeo, contesta a las siguientes cuestiones:

a) Identifica los riesgos a los que se enfrenta Napo.

b) Realiza una posible estimación de cada uno de los riesgos, indicando la probabilidad de que ocurra y la severidad de sus consecuencias.

c) Señala las medidas de prevención realizadas por Napo para eliminar los riesgos.

6. La organización de la prevención en la empresa

8.17. Inés González quiere consultar las medidas de prevención que la empresa ha adoptado para solucionar los problemas de ruido que están sufriendo en la panificadora donde trabaja tras la instalación de una maquina nueva. La panificadora cuenta con 55 trabajadores.

a) ¿A quién podría Inés realizar su consulta?

b) ¿Le corresponde a la empresa constituir un comité de seguridad y salud? En caso afirmativo, ¿cómo estaría compuesto?

c) ¿Podría estar obligada la empresa a tener un servicio de prevención propio? ¿Y uno de prevención ajeno?

8.18. José Luis trabaja en una mina de extracción de cobre. La empresa tiene una plantilla de 280 trabajadores. ¿Cuál será la modalidad que debe adoptar la empresa para la organización de la prevención de riesgos laborales?

8.19. Una fábrica de producción de bebidas refrescantes cuenta con una plantilla de 625 trabajadores.

a) ¿Cómo se organizará la prevención de riesgos laborales?

b) ¿Cuál será la representación de los trabajadores en materia de prevención?

8.20. Marta va a inaugurar su nueva tienda de ropa con 4 trabajadores. Tras realizar un curso de prevención de riesgos básico de 50 horas, ha decidido ser ella misma quien se encargue de la actividad preventiva en la empresa. Pedro, uno de sus trabajadores, también realizó el año pasado dicho curso.

a) ¿Puede Marta asumir personalmente la organización de prevención de riesgos en la empresa?

b) ¿Podría haber optado por otra modalidad de organización de la prevención?

8.21. La empresa GOLOSINAS, SL, dedicada a la fabricación y venta de caramelos, tiene una plantilla de 80 trabajadores. Señala qué modalidades de organización de la prevención puede escoger.

7. La representación de los trabajadores en materia de prevención

8.22. Indica qué representación de los trabajadores en materia de prevención correspondería a cada empresa y especifica la composición del comité de seguridad y salud en los casos en que se tuviese que constituir:

- Empresa de organización de eventos con 80 trabajadores.
- Empresa que presta servicios de animación deportiva con 4 trabajadores.
- Empresa que presta servicios de telecomunicaciones con una plantilla de 308 trabajadores.
- Empresa instaladora de placas solares que cuenta con 46 trabajadores.

8.23. La empresa PREVENTION, SL, con 60 trabajadores, tiene actualmente constituido un comité de empresa. El director general, tras una comunicación recibida por el comité en la que le informa de que va a proceder a nombrar representantes específicos en materia de prevención, se encuentra un poco confuso, ya que desconoce si puede nombrarlos o no.

a) ¿Debe tener la empresa un comité de seguridad y salud? En caso afirmativo, ¿cuántos delegados de prevención le corresponderían y cuántos miembros tendrá el comité de seguridad y salud?

b) ¿Cuáles son las competencias del comité de seguridad y salud?

c) Señala las facultades del comité de seguridad y salud.

8.24. Clasifica las siguientes competencias y facultades en materia de prevención según pertenezcan a los delegados de prevención o al comité de seguridad y salud.

a) Participar en la elaboración, puesta en práctica y evaluación de los planes y programas de prevención de riesgos en la empresa.

b) Realizar visitas a los lugares de trabajo para ejercer una labor de vigilancia y control del estado de las condiciones de trabajo.

c) Conocer y analizar los daños producidos en la salud o en la integridad física de los trabajadores, al objeto de valorar sus causas y proponer las medidas preventivas oportunas.

d) Promover y fomentar la cooperación de los trabajadores en la ejecución de la normativa sobre prevención de riesgos laborales.

e) Ejercer una labor de vigilancia y control sobre el cumplimiento de la normativa de prevención de riesgos laborales.

8.25. Lucas tiene una empresa de 9 trabajadores, dedicada a la producción de sustancias químicas (considerada como especialmente peligrosa según el anexo I del Reglamento de los Servicios de Prevención). ¿Puede asumir Lucas personalmente la actividad preventiva de su empresa?

REPASANDO...

La gestión de la prevención en la empresa

La empresa BILDIN, SA, dedicada a la construcción de edificios de oficinas, tiene un total de 281 trabajadores. Manuel, que trabaja desde hace 12 años en la empresa, es delegado de personal y acaba de ser elegido como delegado de prevención.

a) ¿Cuántos delegados de prevención le corresponden a la empresa?

b) ¿Deberá constituir la empresa un comité de seguridad y salud? En caso afirmativo, ¿cuántos miembros debería tener?

c) ¿Qué modalidad de organización de la actividad preventiva deberá adoptar la empresa?

Para poder evaluar el cumplimiento en materia de prevención de riesgos de la empresa, Manuel decide visitar una de las obras que se están realizando y, mientras se entrevista con el encargado, comprueba con asombro que no hay ningún tipo de señalización en la obra y que las condiciones en las que la empresa de construcción está llevando a cabo su actividad son muy peligrosas.

No se han instalado aún por falta de tiempo redes de seguridad para evitar caídas de personas u objetos, ni barandillas. El andamio que están utilizando, de una altura aproximada de 8 metros se balancea, los arneses de seguridad no están anclados a ningún lugar y no se han entregado cascos a todos los trabajadores.

d) ¿Qué competencias como delegado de prevención está llevando a cabo Manuel?

e) Desde el punto de vista de los principios básicos de la prevención, ¿ha aplicado el supervisor dichos principios correctamente? Razona la respuesta.

f) ¿Qué técnica de prevención sería la encargada de estudiar dicha situación?

g) Indica los EPI que se le entregan a los trabajadores y de qué riesgos protegen.

h) ¿Debería estar señalizada la obra? ¿Qué señal sería la más adecuada?

Después de las graves deficiencias en materia de prevención observadas en la empresa, el servicio de prevención ha decidido realizar una evaluación de riesgos. Después de la evaluación de riesgos se han detectado 4 riesgos valorados como tolerables, 8 riesgos moderados, 2 riesgos importantes y 1 riesgo intolerable.

i) ¿Qué tipo de medidas deberá adoptar la empresa según la valoración de cada riesgo?

SALA DE PRENSA

Si la empresa consiente el incumplimiento de las medidas de seguridad, el despido es nulo

Una sentencia del Tribunal Superior de Justicia de Valladolid califica como nulo un despido porque determina que hubo consentimiento por parte de la empresa sobre el incumplimiento de las medidas de seguridad de una trabajadora, cuando realizaba unas maniobras con una carretilla elevadora.

Los hechos ocurrieron en un pequeño municipio leonés durante la jornada de trabajo de una empleada que manejaba una carretilla elevadora cargando una torre de palés, «permitiendo el paso de peatones durante la maniobra de carga, provocando un riesgo grave de accidente», según consta en la sentencia.

La operaria recibió la formación del plan de seguridad vial de la compañía y, por tanto, conocía cómo se debía proceder durante la realización de aquellos trabajos para evitar posibles accidentes. Además, la empleada y el resto de los trabajadores habían sido informados sobre un accidente ocurrido por otro trabajador de la misma empresa por la realización de una maniobra parecida, que le acarreó una fuerte sanción.

La empresa vio que esta trabajadora incumplió las medidas de seguridad, además, el convenio laboral califica esta actuación como «falta muy grave». Como consecuencia de estos sucesos, la empresa optó por despedir disciplinariamente a la mujer, que presentó una demanda contra la empresa.

La Justicia se ha puesto de parte de la mujer por la tolerancia de la empresa ante el incumplimiento de los estándares de seguridad durante la realización de los trabajos. En efecto, la operaria no seguía los requisitos pedidos sobre seguridad y su actuación podía derivar en un serio accidente de los paseantes en la calle.

Sin embargo, el responsable de la empresa, aun viendo la irresponsabilidad de la empleada, no la amonesta y permite que continúe haciendo sus labores. Se limitó simplemente a tomar fotografías de su actuación, pero en ningún momento le impidió que siguiera con su trabajo, ni advertirle del peligro de sus maniobras. En resumen, el TSJ de Valladolid ve un claro consentimiento por parte de la compañía y, en consecuencia, declara nulo el despido de la trabajadora.

Fuente: *www.Expansión.com.*
María José G. Serranillos.
Madrid, 1 de noviembre de 2019.

a) ¿Qué técnica o técnicas de prevención crees que deben encargarse de la prevención y protección en esta situación?

b) ¿Tiene en cuenta la empresa los principios básicos de la prevención de riesgos laborales para el desarrollo de este trabajo?

c) ¿Ha empleado la empresa alguna medida preventiva?

Los riesgos profesionales

9

Contenidos

Objetivos

- Detectar e identificar los riesgos que pueden existir en un puesto de trabajo.
- Clasificar los riesgos en función de las condiciones que los generan.
- Conocer y relacionar los efectos de los diferentes riesgos laborales sobre la salud.
- Valorar positivamente la importancia de conocer los factores de riesgo del puesto de trabajo para evitar daños sobre la salud.
- Identificar las medidas preventivas y protección adecuadas para evitar daños laborales en función del riesgo.

Cuestiones

a) **¿Puede el trabajo originar riesgos para la salud?**

b) **¿Todos los riesgos son iguales? ¿Conoces alguna clase de riesgos específicos?**

c) **¿Piensas que podrían evitarse los riesgos para la salud en el trabajo? ¿Cómo?**

Caso práctico inicial

Luis es técnico en emergencias sanitarias. Trabaja en un hospital privado como conductor de ambulancias y además estudia Enfermería por las mañanas. Está muy cansado, lleva tres semanas haciendo el turno de noche y estudiando para los exámenes y apenas ha dormido.

De pronto, suena la alarma y sale rápidamente para atender un accidente de automóvil que acaba de producirse con un herido grave. Revisa la ambulancia, comprueba que los compartimentos están cerrados y que el oxígeno y el resto del material están preparados.

Sube a la ambulancia con Alberto, el médico, que le dice que se ponga el cinturón de seguridad, pero Luis le contesta que está trazando la ruta y que después lo hará. Conecta la sirena para abrirse paso en un atasco, el ruido es insoportable y da igual que cierre la ventanilla. Recorren varios kilómetros a bastante velocidad, la amortiguación de la ambulancia y del asiento del conductor no funcionan bien y prácticamente van botando en el asiento.

Cuando llegan al lugar del accidente y antes de bajar de la ambulancia se colocan los chalecos reflectantes; está lloviendo y hace un frío tremendo. El herido se encuentra en un lugar de difícil acceso, por lo que el traslado es complicado y tienen que transportarlo prácticamente en cuclillas.

Cuando dejan al paciente en urgencias, Luis limpia la ambulancia; está todo lleno de sangre y hay jeringuillas usadas por el suelo. Las recoge sin ponerse los guantes y las mete en el contenedor. En las tareas de limpieza utiliza un potente desinfectante que le produce irritación en los ojos y en las vías respiratorias, con las prisas ha olvidado ponerse la mascarilla.

Luis no puede más. Está agotado tiene que hacer horas extras, pues el hospital no cubre las bajas de los compañeros. Los días se le hacen interminables, está cansado, irritado y ha empezado a sufrir fuertes dolores de espalda y de cabeza. Para relajarse, enciende un cigarrillo junto a la ambulancia y lo había dejado pero otra vez ha vuelto a fumar.

—¡Apaga eso que vamos a saltar por los aires!; —le dice uno de sus compañeros.

En el caso práctico inicial

Luis y Alberto están sometidos a numerosos riesgos en sus respectivos trabajos: vibraciones, golpes, productos químicos, virus, estrés, posturas inadecuadas, etcétera.

9.1. Los riesgos laborales

No todos los trabajadores desarrollan su labor en las mismas condiciones. Esto significa que en cada trabajo se dan diferentes condiciones laborales que pueden originar distintos riesgos. Así pues, entenderemos por **riesgo laboral** la posibilidad de que un trabajador sufra un determinado daño derivado de las condiciones de trabajo.

Por lo tanto, existe una gran relación entre las condiciones de trabajo y el riesgo laboral, que se define como la posibilidad que tiene un trabajador de sufrir un determinado daño derivado de su trabajo (art. 4.2 LPRL). De esta manera, los diversos riesgos a los que está expuesto un trabajador estarán en función de los diferentes grupos de condiciones laborales (estudiados en la Unidad 7) y, en caso de materializarse, provocarán distintos daños, tal y como se describe en el siguiente gráfico.

▶ CONDICIONES LABORALES			
Condiciones de seguridad	Condiciones medioambientales	Condiciones ergonómicas	Condiciones psicosociales
▶ RIESGOS LABORALES			
• Lugares de trabajo • Equipos de trabajo	• Agentes físicos • Agentes químicos • Agentes biológicos	• Carga física • Carga mental	• Organización del trabajo • Características personales
▶ DAÑO LABORAL			
Accidente laboral	Enfermedad profesional	• Fatiga física • Fatiga mental	• Insatisfacción laboral • Estrés • *Mobbing* • Síndrome de *burnout*

El hecho de que exista un riesgo no implica que se vaya a producir un daño a la salud, pero es necesario saber valorarlo y tenerlo localizado en un **mapa de riesgos.**

La LPRL en su artículo 4.2 indica dos variables a tener en cuenta a la hora de valorar un riesgo:

1. **La probabilidad de que se produzca.**
2. **La severidad de sus consecuencias.**

De entre todos los riesgos existentes debemos recordar por su especial importancia el calificado como **grave e inminente,** entendido como aquel «que resulta racionalmente probable que se materialice en un futuro inmediato provocando un daño grave en la salud de los trabajadores, aunque ese daño no se manifieste de forma inmediata» (art.4.4 LPRL).

Recuerda, tal como desarrollamos en la Unidad 7, que la paralización de la actividad ante un riesgo grave e inminente debe ser inmediata y puede llevarse a cabo de distintas maneras y en los términos que ya explicamos en dicha unidad.

Concepto clave

Mapa de riesgos: es una representación gráfica a través de símbolos de uso general o adoptado, de los factores de riesgos presentes en el entorno laboral, con el cual se facilita el control y seguimiento de estos, mediante la implantación de programas de prevención.

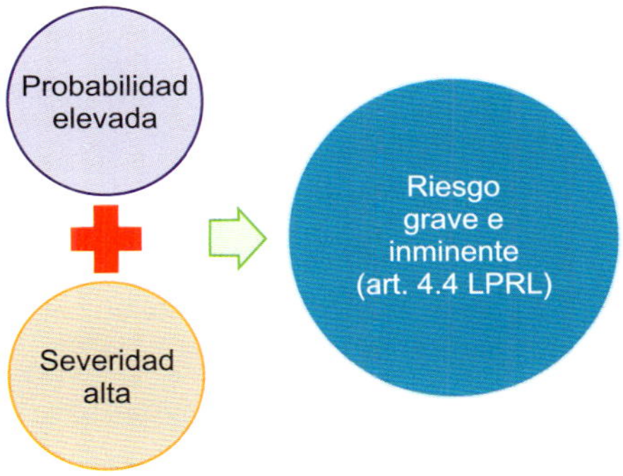

Por último, es necesario tener en cuenta que los riesgos están relacionados con las **características personales** del trabajador, como la edad, el estado de salud, el nivel de formación y la experiencia profesional, que pueden aumentar la probabilidad de que se produzca el daño.

Actividad propuesta

9.1. En un banco se están llevando a cabo unas obras de reparación en el interior del edificio sin interrumpir su actividad normal. Las condiciones en las que la empresa de construcción está llevando a cabo su actividad son las siguientes:

- El andamio que se está utilizando, de una altura aproximada de 10 metros, no está amarrado y se balancea.
- Las barandillas no tienen la altura reglamentaria.
- Los trabajadores tienen los arneses de seguridad amarrados al endeble andamiaje.
- Las herramientas de corte no cumplen con las protecciones mínimas de seguridad.

¿Se trata de una situación de riesgo grave e inminente? ¿Qué pueden hacer los trabajadores en estos casos? Consulta lo desarrollado en la Unidad 7 respecto a la actuación en caso de riesgo grave e inminente si lo consideras necesario.

9.2. Riesgos derivados de las condiciones de seguridad

Las condiciones de seguridad inadecuadas originan riesgos que pueden producir **accidentes laborales.**

Los principales riesgos derivados de las condiciones de seguridad son los siguientes:

▶ RIESGOS DERIVADOS DE LAS CONDICIONES DE SEGURIDAD			
• Lugares de trabajo.	• Manejo de equipos de trabajo.	• Instalaciones eléctricas.	• Incendios.

9.2.1. Riesgos en los lugares de trabajo

Los **lugares de trabajo** son todas las áreas de trabajo a las que accede el trabajador durante la realización de este. Se incluyen también las áreas de tránsito y descanso, los aseos y los locales de primeros auxilios. La utilización de estos lugares no debe originar riesgos para la seguridad y salud de los trabajadores, por lo que deberán cumplir las disposiciones establecidas en el **Real Decreto 486/1997** en cuanto a sus condiciones constructivas, orden y limpieza, etcétera.

De entre la gran cantidad de condiciones mínimas que deben cumplir los lugares de trabajo en materia de prevención, según la normativa establecida, podemos destacar las siguientes:

Sabías que...

De los accidentes con baja que se producen, casi un 10 % son debidos a caídas al mismo nivel, en las que juegan un papel muy importante los resbalones, que pueden deberse a un tipo de suelo inadecuado o desgastado, a las actividades que se realizan o a la suciedad.

▶ CONDICIONES CONSTRUCTIVAS	
Estructuras y suelos	• Estructuras: deben ser sólidas y resistentes. • Suelos: estables, antideslizantes, sin pendientes ni rampas muy inclinadas.
Espacios de trabajo	• Mínimo de 3 metros de alto. • 2 m^2 de área y 10 m^3 de volumen libres por cada trabajador.
Barandillas	Altura mínima de 90 cm.
Escaleras, pasillos y puertas	• Escaleras: anchura mínima de 1 m. • Pasillos: anchura de 1 m. • Puertas: anchura mínima de 80 cm.
Salidas de emergencia	Deben estar despejadas, señalizadas y disponer de iluminación de seguridad, con puertas que abran hacia afuera.

Los riesgos derivados de los lugares de trabajo pueden originar los siguientes daños:

Reflexiona

«Mirar es una cosa, ver lo que se está mirando, otra. Llegar a aprender de lo que se entiende, es algo más. Pero llegar a actuar en base a lo que se ha aprendido, es lo que realmente importa».

Winston Churchill

▶ PRINCIPALES DAÑOS ASOCIADOS

- Caídas al mismo y a distinto nivel de personas.
- Choques contra objetos móviles e inmóviles.
- Atropellos de vehículos.
- Caídas de objetos.

Es necesario destacar, que resulta muy eficaz para la prevención de riesgos en los lugares de trabajo establecer un procedimiento de mantenimiento del orden y la limpieza periódico, en el que participen los propios trabajadores de la empresa, para que se sientan así más responsables de su conservación.

Además, para impedir la aparición de los riesgos derivados de los lugares de trabajo, se deben llevar a cabo las siguientes medidas preventivas y de protección:

▶ MEDIDAS PREVENTIVAS Y DE PROTECCIÓN

- **Retirar inmediatamente materiales y residuos utilizando contenedores** adecuados al tipo de residuo para facilitar así su posterior reciclado.
- Utilizar lugares adecuados de **almacenamiento de materiales y herramientas**.
- Mantener los **suelos y** las **áreas de tránsito limpias y libres de obstáculos.**
- Utilizar **calzado antideslizante.**
- Almacenar las **sustancias nocivas en recipientes adecuados** e **identificados** con etiquetas.
- **Separar adecuadamente equipos y máquinas,** para que las operaciones de limpieza y mantenimiento en general puedan realizarse sin riesgo y en condiciones óptimas.
- Utilizar redes de seguridad y arneses anticaídas.

Actividad resuelta

9.1. Federico trabaja como calibrador en un almacén de naranjas de Gandía (Valencia). Su trabajo consiste en separar las naranjas de un determinado calibre y depositarlas en cajas. Es frecuente que se caigan algunas al suelo, por lo que este suele estar pegajoso y resbaladizo.

Por el almacén circulan continuamente carretillas elevadoras que van retirando las cajas que están llenas para llevarlas al camión. Más de una vez han estado a punto de atropellarlo.

a) ¿Qué riesgos existen en el trabajo de Federico?

b) ¿Cómo pueden evitarse?

Solución:

a) Los principales riesgos que hay en el trabajo de Federico son caídas de trabajadores al mismo nivel, atropellos de vehículos, golpes con las cajas y caídas de objetos.

b) Podrían evitarse retirando inmediatamente las naranjas que caen al suelo, y mantener este y las áreas de tránsito limpias y libres de obstáculos. También se debería utilizar calzado antideslizante, así como organizar las áreas de trabajo de tal forma que las carretillas no circulen por la zona donde están los trabajadores o bien utilizar señalización acústica o visual, como sirenas o luces intermitentes.

9.2.2. Riesgos en los equipos de trabajo

Se considera equipo de trabajo cualquier máquina, herramienta, instalación o vehículo de transporte utilizado en el trabajo. Se clasifican en dos grupos:

- **Máquinas:** son equipos con, al menos, una parte móvil y que no pueden ser trasladados por el trabajador. Por ejemplo, una fotocopiadora.
- **Herramientas:** son los instrumentos que utiliza el trabajador de forma individual y que puede trasladar de un lugar a otro. Por ejemplo, un martillo.

▶ EQUIPOS DE TRABAJO	
Máquinas	• **Fijas:** tornos, fotocopiadoras, cintas transportadoras, etcétera.
	• **Móviles:** carretillas, vehículos de transporte, máquinas de soldadura, etcétera.
	• **De elevación:** montacargas, ascensores, grúas, etcétera.
Herramientas	• **Manuales:** martillos, destornilladores, tijeras, etcétera.
	• **Mecánicas:** taladro, motosierra, etcétera.

Los riesgos derivados de la utilización de los equipos de trabajo pueden originar los siguientes daños en la salud de los trabajadores:

▶ PRINCIPALES DAÑOS ASOCIADOS

- Choques contra objetos móviles.
- Contactos eléctricos.
- Proyección de partículas y gases.
- Amputaciones
- Atrapamientos, cortes y golpes.
- Quemaduras.
- Sordera.
- Daños en la vista, como cataratas, irritación y fatiga visual.
- Incendios.

Para impedir la aparición de los riesgos derivados de los equipos de trabajo se deben adoptar las siguientes medidas preventivas y de protección:

Debes conocer...

Las máquinas con fecha de fabricación anterior a 1995 que carezcan del marcado CE deberán adecuarse a lo prescrito en el RD 1215/1997 que marca los requisitos mínimos de seguridad aplicables a los equipos de trabajo.

En el caso práctico inicial

Luis es conductor de una ambulancia. Tiene un claro riesgo de sufrir accidentes de tráfico y golpes con otros vehículos. El mantenimiento del vehículo es importantísimo. También es importante respetar las normas de circulación y el uso del cinturón de seguridad. Luis debe utilizar un vestuario adecuado y reflectante, sobre todo en las salidas nocturnas. Otros riesgos son: caídas al mismo y a distinto nivel, choques contra objetos móviles, etcétera.

Para prevenir caídas es importante que los suelos de las ambulancias sean antideslizantes e impermeables y utilizar las escaleras y asideros para bajar correctamente al usuario de la ambulancia.

▶ MEDIDAS PREVENTIVAS Y DE PROTECCIÓN

- Tener el marcado CE, es decir, que hayan superado los requisitos de seguridad y calidad establecidos por la Unión Europea (RD 1644/2008, de 10 de octubre).
- Seguir las instrucciones del fabricante respecto a su instalación, utilización y mantenimiento.
- Emplear resguardos y dispositivos de seguridad en las máquinas.
- Dotar a las instalaciones de iluminación y señalización adecuadas.
- Evitar las ropas holgadas, el pelo suelto, etcétera.
- Utilizar equipos de protección individual (EPI).
- Formar e informar a los trabajadores.
- Realizar un mantenimiento adecuado de máquinas y herramientas.
- Almacenar correctamente las herramientas.
- Respetar la carga máxima de las máquinas.

Actividad resuelta

9.2. Gonzalo trabaja en PETROQUÍMICA GASOIL, SA. Realiza tareas de montaje y soldadura de tuberías, depósitos y estructuras. La técnica de soldadura que emplea es el arco eléctrico, que consiste en la fusión de un metal a temperatura elevada utilizando una determinada intensidad de corriente eléctrica, que puede ser continua o alterna.

El arco eléctrico que se genera no es más que una corriente eléctrica que salta, a través del aire o de un gas, entre dos cuerpos conductores llamados electrodos. La descarga eléctrica que se produce se caracteriza por su elevada intensidad de corriente (35-170 A), su bajo potencial o voltaje (20-30 V) y su gran brillo y aporte de calor. Este calor es intenso y está muy localizado en el punto de soldadura. Llega a alcanzar los 4.000 °C.

En determinados tipos de soldaduras, además, es necesario proporcionar protección al arco eléctrico rodeándolo con un gas de protección, como el argón o el helio.

A pesar de lo dicho, la máquina soldadora que utiliza Gonzalo no es peligrosa, siempre que se adopten las debidas precauciones.

a) ¿Podrías identificar al menos cuatro daños asociados al uso de la máquina de soldar que utiliza Gonzalo?

b) ¿Qué medidas preventivas y de protección se podrían adoptar?

Solución:

a) Quemaduras, cataratas, proyección de partículas y gases, inhalación de humos y gases tóxicos, incendios, riesgo de contacto eléctrico directo e indirecto y problemas auditivos.

b) Las medidas que se podrían adoptar son las siguientes:

- Realizar un mantenimiento y almacenamiento adecuado de la máquina.
- Formar al trabajador en el uso de esta.
- Utilizarla según las normas del fabricante.
- Asegurarse de que está homologada y tiene el marcado CE.
- Mantener el material inflamable lejos de la zona de soldadura.
- Utilizar los EPI adecuados, como botas aislantes, pantallas de seguridad, máscaras protectoras, gorro para soldador, mandil y guantes.

9.2.3. Riesgos en instalaciones eléctricas

Se produce un riesgo eléctrico siempre que una corriente eléctrica atraviesa el cuerpo humano produciendo daños a la salud de diversa gravedad. Los riesgos derivados del contacto eléctrico son los siguientes:

▶ RIESGOS DE UNA INSTALACIÓN ELÉCTRICA

Contacto directo: cuando la persona entra en contacto con una parte activa de la instalación como un enchufe, un cable, etcétera.

Contacto indirecto: cuando el contacto se produce sobre elementos accidentalmente puestos en tensión como la carcasa de una máquina.

Incendios: producidos por un cortocircuito en la instalación eléctrica.

La gravedad de los daños producidos por los riesgos derivados de una instalación eléctrica está relacionada con las propiedades físicas fundamentales de la corriente eléctrica, que son: la **intensidad,** la **tensión** o **voltaje** y la **resistencia.**

En función de dichas propiedades, los daños derivados de la exposición a una corriente eléctrica pueden ser:

▶ PRINCIPALES DAÑOS ASOCIADOS EN FUNCIÓN DE LAS PROPIEDADES DE LA CORRIENTE ELÉCTRICA	
Intensidad	Es la cantidad de corriente que pasa por un determinado conductor por unidad de tiempo. Es la causa fundamental de los daños que se producen por la electricidad. • A partir de 10 mA se presentan contracciones musculares y dificultad para respirar. • Entre 25 y 50 mA hay una fuerte tetanización muscular, quemaduras y asfixia. • A partir de 1 A sobreviene la fibrilación ventricular que desemboca en paro cardiaco con alto riesgo de muerte.
Voltaje o tensión	Es la diferencia de potencial entre dos puntos. A partir de 1.000 voltios se considera alto voltaje. • Cuando el accidente se produce por **corriente alterna,** el músculo se tetaniza y el accidentado no puede soltarse del contacto eléctrico. • Cuando el accidente se produce por la **corriente continua** (una batería de un coche), provoca una sola contracción de la musculatura, pero tan intensa, que el accidentado sale despedido.
Resistencia	Es la oposición que presenta el cuerpo al paso de la corriente. Se mide en ohmios. La resistencia del cuerpo humano no es muy elevada, se localiza en la piel y varía dependiendo de la superficie de contacto, la humedad, el tipo de calzado, la edad, el peso, etcétera.

Los efectos del contacto eléctrico también pueden variar según los siguientes factores:

- **Tiempo de exposición o contacto:** a mayor tiempo de exposición más graves serán los daños.
- **Trayectoria** seguida por la corriente eléctrica dentro del cuerpo humano y los órganos que puedan verse afectados (corazón, cerebro o pulmones).
- **Características individuales:** la edad, el sexo o el estado emocional.

Los riesgos derivados del uso de las instalaciones eléctricas pueden ser evitados con la adopción de medidas preventivas y de protección como las siguientes:

▶ MEDIDAS DE PREVENCIÓN Y PROTECCIÓN	
Sobre instalaciones y equipos	• Alejar los cables y las conexiones de los lugares de paso y de trabajo. • Revisar periódicamente la instalación eléctrica por especialistas. • Utilizar interruptores diferenciales y puesta a tierra. • Cubrir con elementos aislantes las partes en tensión • Usar tensiones de seguridad inferiores a 24 voltios. • Separar circuitos y recubrir las masas con material aislante. • Colocar señales indicativas de riesgo eléctrico.
Sobre las herramientas eléctricas	• Comprobar periódicamente el correcto funcionamiento de las protecciones. • No tirar del cable para desconectar la máquina. • Utilizar clavijas adecuadas y aislar correctamente los cables. • Asegurarse de que están provistas de toma de tierra.
Sobre los trabajadores	• Utilizar EPI aislantes como cascos, guantes y botas. • Utilizar herramientas aislantes como pértigas, banquetas, etcétera. • Informar y formar al trabajador. • Comprobar la ausencia de tensión antes de iniciar cualquier trabajo con la electricidad.

Actividad resuelta

9.3. Gonzalo, el soldador de la Actividad resuelta 9.2, está subido en una escalera de mano efectuando una soldadura, que trabaja con una intensidad de corriente entre 35 A y 170 A, dentro de un depósito. Como hace mucho calor y le sudan las manos, decide quitarse los guantes de protección. Reinicia las operaciones de soldadura con las manos húmedas y, al coger la pinza portaelectrodos, recibe una fuerte descarga eléctrica que le hace perder el equilibrio y caer de la escalera. En su caída se suelta de la pinza y queda tendido en el suelo inconsciente. ¿Qué daños ha podido sufrir Gonzalo?

Solución:

Como Gonzalo trabaja con una intensidad de corriente entre 35-170 A, el daño más grave que ha podido sufrir es una fibrilación ventricular. Si no se aplican inmediatamente los primeros auxilios, puede desembocar en un paro cardiaco con alto riesgo de muerte. Además, con toda seguridad, tendrá quemaduras en las manos de diversa gravedad y lesiones traumáticas debidas a la caída.

9.2.4. Riesgo de incendio

El fuego es una reacción química resultado de la combinación del oxígeno con una sustancia combustible y acompañada por la liberación de grandes cantidades de energía en forma de luz y calor, además de una gran cantidad de gases. Para que se produzca un incendio es necesario que estén presentes 4 elementos. Se trata de la teoría del **tetraedro del fuego,** representada en la siguiente figura.

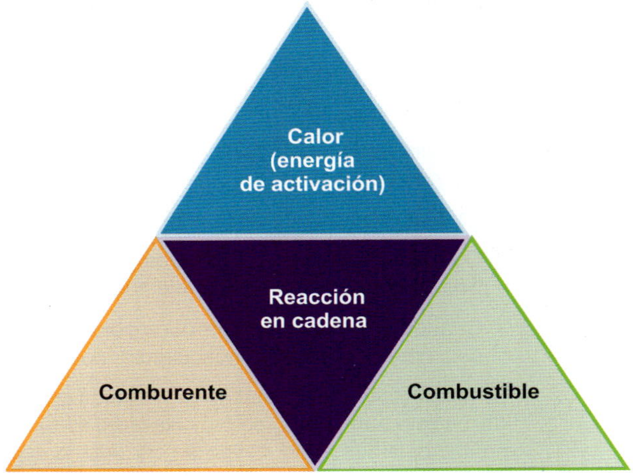

Esos cuatro elementos son los siguientes:

- **Combustible:** es la materia que arde al aplicar el calor.
- **Comburente:** por lo general es el oxígeno presente en el aire.
- **Energía de activación:** es la cantidad mínima de energía (calor) que permite iniciar el proceso de ignición del material combustible.
- **Reacción en cadena:** permite la continuidad y la propagación del fuego siempre que se mantenga el aporte de combustible, el comburente y la fuente de calor.

Un incendio se clasifica teniendo en cuenta el tipo de combustible que lo ha causado. Esta circunstancia es muy importante para saber el tipo de extintor que se puede utilizar.

▶ CLASES DE FUEGOS		▶ TIPO DE EXTINTOR
Clase A	**Sólidos:** generalmente son de naturaleza orgánica y su combustión deja residuos sólidos como madera, papel, carbón, etcétera.	• Polivalente. • De agua pulverizada. • De espuma.
Clase B	**Líquidos:** son sustancias inflamables o sólidos licuables como gasolina, aceite, acetona, cera, etcétera.	• Polivalente. • De CO_2. • De espuma.
Clase C	**Gases inflamables:** como el butano, propano, gas ciudad, etcétera.	• Polivalente. • De CO_2. • De agua pulverizada.
Clase D	**Metales o productos químicos reactivos:** como el litio, circonio, potasio, etcétera.	Extintores a base de polvos especiales.

Una vez producido el incendio, se pueden utilizar básicamente tres métodos para la extinción de este:

- **Sofocación:** se actúa sobre el oxígeno evitando el contacto de este con el combustible, por ejemplo utilizando un extintor.

- **Enfriamiento:** se actúa sobre el calor reduciendo la temperatura del combustible, por ejemplo utilizando agua. El calor se consume intentando evaporar el agua.
- **Dilución:** se actúa sobre el combustible dispersándolo y evitando que pueda ser alimentado, por ejemplo cubriéndolo con productos químicos.

Por otro lado, entre los principales riesgos derivados de un incendio podemos incluir los siguientes:

▶ PRINCIPALES DAÑOS ASOCIADOS

- **Vapores tóxicos:** pueden producir asfixia.
- **Humo y gases calientes:** pueden provocar quemaduras y formar atmósferas explosivas.
- **Pánico:** altera el comportamiento normal de las personas. Puede producir avalanchas humanas e incluso el suicidio.

Algunas de las medidas preventivas y de protección que se pueden poner en práctica en los lugares de trabajo para evitar la aparición de incendios son las siguientes:

▶ MEDIDAS DE PREVENCIÓN Y PROTECCIÓN

- Mantener el orden y la limpieza.
- Alejar cualquier combustible de las fuentes de calor.
- Almacenar los productos inflamables en recipientes cerrados y en ambientes ventilados y frescos.
- No fumar y apagar cualquier aparato que produzca calor cuando no se utilice.
- Mantener en buen estado las instalaciones eléctricas y no sobrecargar la red.
- Desconectar la energía eléctrica de los equipos al acabar el trabajo.

En el caso práctico inicial

En el trabajo de Luis también existe riesgo de incendio. Tanto la gasolina o el gasóleo que lleva el vehículo, como los gases medicinales que lleva dentro almacenados, pueden originarlo. Por eso es necesario:

- Ordenar y limpiar periódicamente el lugar de trabajo. No fumar en presencia de oxígeno y en los lugares donde esté prohibido.
- Comprobar que tanto la nave como la oficina y las ambulancias están dotadas de extintores y exigir su revisión de forma periódica.
- Comprobar que las botellas de oxígeno están debidamente señalizadas y etiquetadas.

Actividad resuelta

9.4. Un incendio arrasó la fábrica de CAMPOFRÍO en Burgos y obligó a desalojar a 400 vecinos por la nube tóxica que se extendió por los alrededores. El incendio no se podía controlar debido a la presencia de material inflamable en la fábrica. El denso humo provocó la colisión de dos camiones, por la escasa visibilidad. La planta tiene una plantilla de unos 1.000 trabajadores, pero en el momento del incendio solo había un vigilante de seguridad y unos pocos empleados de mantenimiento, al no haberse producido durante la jornada laboral. El origen, parece ser, fue un cortocircuito.

a) Indica los principales riesgos asociados a este incendio.

b) ¿Cuál fue el origen del accidente? ¿Se podía haber evitado? ¿Cómo?

Solución:

a) El principal riesgo es el de asfixia por la nube tóxica. Existe también el peligro de explosión por los gases calientes.

b) El origen es un cortocircuito. Se podía haber evitado manteniendo en buen estado las instalaciones eléctricas, no sobrecargando la red y desconectando la energía eléctrica de los equipos al acabar el trabajo.

Actividades propuestas

9.2. En un taller de reparación de vehículos, los trabajadores dejan habitualmente las herramientas en cualquier parte. El suelo está lleno de grasa y objetos y la mesa elevadora no funciona correctamente, por lo que han colocado un destornillador para evitar que se cierre. Uno de los mecánicos fuma mientras trabaja y deja el cigarrillo encendido al borde de una mesa sobre la que hay productos altamente inflamables. Otro de los mecánicos utiliza un taladro que tiene el cable de alimentación en muy mal estado y cada vez que lo desenchufa recibe una pequeña descarga.

a) Indica si en este taller existen condiciones inseguras que puedan generar riesgos para la salud de los trabajadores.

b) Propón alguna medida preventiva que se pueda adoptar.

9.3. Busca información sobre las principales causas de accidentes de trabajo en tu sector profesional derivadas del empleo de equipos de trabajo y de las condiciones de los lugares de trabajo.

9.4. En una fábrica de fundición de aluminio se ha producido un incendio. El fuego, que no causó heridos, se ha iniciado en unos pastos cercanos que el propietario estaba quemando y se ha extendido hasta afectar a la fábrica.

a) ¿Qué elementos han intervenido en la generación del incendio?

b) ¿Qué tipo de incendio es?

c) ¿Qué agente extintor debemos utilizar?

9.3. Riesgos derivados de las condiciones medioambientales

Sabías que...

Por «vía de circulación» se debe entender cualquier lugar de trabajo destinado a la circulación de personas o vehículos, ya sea en interiores o en exteriores.

A continuación profundizaremos en los diferentes riesgos laborales asociados a las condiciones medioambientales de los lugares de trabajo y que son los siguientes: **riesgos físicos, químicos y biológicos.**

9.3.1. Riesgos físicos

Los riesgos físicos son aquellos provocados por la exposición a agentes físicos, presentes tanto en nuestra vida cotidiana como en los lugares de trabajo, que pueden provocar daños por sí solos o combinados con otros factores. A continuación, analizaremos 5 de ellos: iluminación, vibración, ruido, temperatura y radiación.

Iluminación

La iluminación es un factor de riesgo que puede producir consecuencias negativas en los trabajadores, tanto por defecto como por exceso, si no es adecuada a la actividad que se está desarrollando. Una inadecuada iluminación puede provocar fatiga visual, dolores de cabeza, mareos, irritabilidad o falta de concentración, incrementando así la posibilidad de errores o accidentes. También se pueden producir accidentes como consecuencia de una iluminación deficiente en las vías de circulación, escaleras y otros lugares de paso.

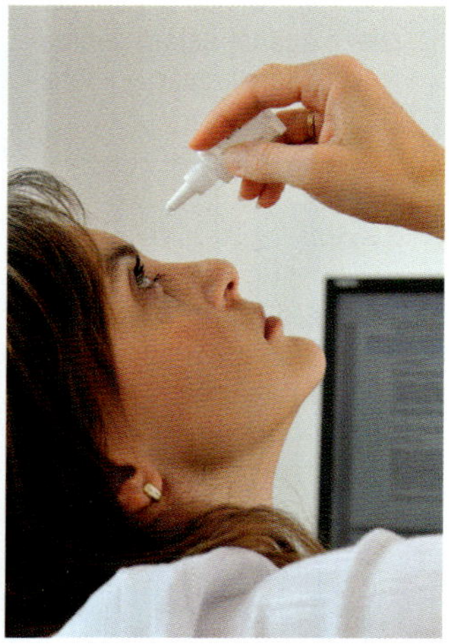

El nivel de iluminación se mide en lux y debe adaptarse a la actividad que se realice. Los **niveles mínimos de iluminación** establecidos por el RD 486/1997, de 14 de abril, por el que se establecen las disposiciones mínimas de seguridad y salud en los lugares de trabajo son los siguientes:

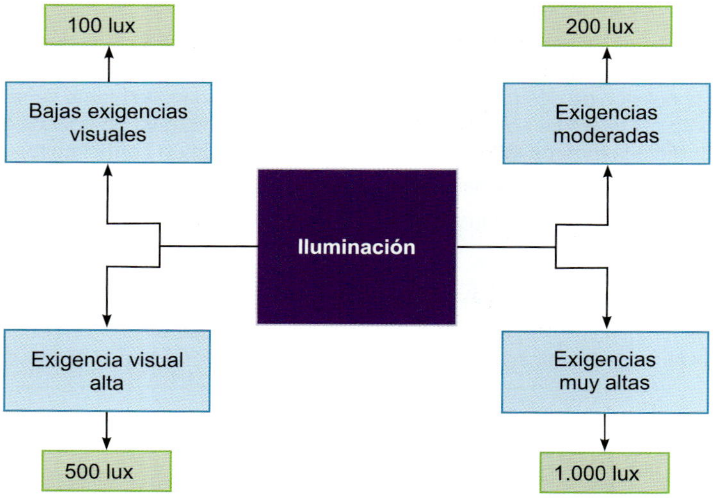

Concepto clave

Frecuencia de un movimiento oscilatorio: número de veces por segundo que se realiza el ciclo completo de oscilación.

El RD 486/1997 también recoge las medidas preventivas que deben aplicarse para una correcta iluminación en los lugares de trabajo:

- La iluminación natural se utilizará preferentemente sobre la artificial, salvo en los casos en que la iluminación natural no garantice una visibilidad adecuada.
- La iluminación utilizada deberá evitar deslumbramientos, brillos, reflejos y luces intermitentes, será uniforme y con una intensidad adecuada.
- En aquellos lugares en los que un fallo en la iluminación normal suponga un riesgo para la seguridad de los trabajadores, se dispondrá de una iluminación de emergencia.
- Cuando se utilice iluminación localizada en algún puesto o alguna zona de trabajo, es necesario proporcionar también una iluminación general, destinada a evitar desequilibrios de luz en el entorno visual.

Actividad resuelta

9.5. Establece el nivel mínimo de iluminación necesario para cada una de las siguientes tareas:

a) Un pintor que está realizando un boceto a lápiz en su estudio.

b) Un mecánico que está reparando un vehículo.

c) El trabajador de un taller mecánico que realiza el lavado de varios vehículos.

d) Un cirujano que lleva a cabo una operación.

e) Un mozo de almacén que realiza la descarga de un camión.

Solución:

a) Se trata de una tarea que requiere una exigencia visual muy alta, por lo tanto el nivel de iluminación deberá ser de al menos 1.000 lux.

b) Se trata de una tarea que requiere una exigencia visual alta, por lo tanto el nivel de iluminación deberá ser de al menos 500 lux.

c) Se trata de una tarea que requiere una exigencia visual moderada, por lo tanto el nivel de iluminación deberá ser de al menos 200 lux.

d) Se trata de una tarea que requiere una exigencia visual muy alta, por lo tanto el nivel de iluminación deberá ser de al menos 1.000 lux. En este caso, esta tarea es una de las que mayor exigencia visual requiere, al tratarse de un trabajo que exige una gran precisión y agudeza visual.

e) Se trata de una tarea que requiere una exigencia visual moderada, por lo tanto el nivel de iluminación deberá ser de al menos 200 lux.

Vibraciones

Las vibraciones son movimientos de vaivén de las partículas de un cuerpo sólido que se transmiten al cuerpo humano.

La frecuencia de la vibración, entendida como el número de veces por segundo que se produce la oscilación, se mide en hercios (Hz).

Según el tipo de frecuencia podemos distinguir los siguientes tipos de vibraciones:

Vibración	De muy baja frecuencia (menos de 2 Hz)	Provoca alteraciones en el sentido del equilibrio, provocando mareos, náuseas y vómitos	Movimiento de aviones, barcos autobuses, coches, etc.
	De baja frecuencia (de 2 a 20 Hz)	Afecta sobre todo a la columna vertebral y al aparato digestivo	Movimiento de tractores, autobuses, *bulldozer*, camiones, etc.
	De alta frecuencia (de 20 a 1.000 Hz)	Puede producir quemaduras por rozamiento y problemas locomotores	Movimiento de martillos neumáticos, pulidoras, motosierras, lijadoras, etc.

Debes conocer...

Las vibraciones se pueden transmitir al cuerpo humano de diferentes formas:

- **Sistema mano-brazo:** se produce cuando los dedos o las manos entran en contacto con un objeto que genera vibraciones (por ejemplo: un taladro, una pulidora o martillos neumáticos).
- **Sistema de cuerpo completo:** se produce cuando se transmiten vibraciones desde un objeto a todo el cuerpo (por ejemplo: el asiento de un autobús).

Sabías que...

Uno de los daños que pueden producirse por una exposición inadecuada a las vibraciones es el síndrome del dedo blanco o Raynaud, con el que se pierde sensibilidad y movilidad en los dedos. Se acompaña de una decoloración de estos.

Las medidas preventivas y de protección que podrán adoptarse para evitar los riesgos derivados de las vibraciones serán las siguientes:

- Establecer otros métodos de trabajo que reduzcan la necesidad de exponerse a vibraciones mecánicas.
- Elegir un equipo de trabajo adecuado, bien diseñado desde el punto de vista ergonómico y generador del menor nivel de vibraciones posible, teniendo en cuenta el trabajo al que está destinado.
- Elegir el equipo de protección individual adecuado (EPI) al trabajo que se esté realizando con el fin de reducir los riesgos de lesión por vibraciones, por ejemplo, asientos antivibratorios en vehículos, cinturones lumbares, calzado aislante, amortiguadores u otros sistemas que reduzcan o disminuyan eficazmente las vibraciones transmitidas al cuerpo entero y asas, mangos, muñequeras, guantes antivibraciones o cubiertas que reduzcan las vibraciones transmitidas al sistema mano-brazo.
- Establecer programas apropiados de mantenimiento y revisión de los equipos de trabajo, del lugar de trabajo y de los puestos de trabajo.
- Informar y formar adecuadamente a los trabajadores sobre el manejo correcto y de forma segura del equipo de trabajo, para así reducir al mínimo la exposición a vibraciones mecánicas.
- Reducir al máximo la duración e intensidad de la exposición.

Actividad resuelta

9.6. Clasifica las siguientes máquinas según el tipo de vibraciones que producen: tren, pulidora, martillo neumático, tractor, motosierra, barco, motocicleta, camión, lijadora, hormigonera.

Solución:

Tren, barco, motocicleta	Vibraciones de muy baja frecuencia (menos de 2 Hz)
Tractor, camión	Vibraciones de baja frecuencia (de 2 a 20 Hz)
Pulidora, martillo neumático, motosierra, lijadora, hormigonera	Vibraciones de alta frecuencia (de 20 a 1.000 Hz)

Ruido

El ruido se define como un sonido molesto y no deseado que puede provocar daños en la salud. El ruido es uno de los riesgos más extendidos en el ambiente laboral y uno de los que más siniestralidad ocasiona.

El ruido se caracteriza por:

- **La frecuencia:** determina si el tono es agudo o grave y se mide en hercios (Hz).
- **La intensidad:** es el volumen y se mide en decibelios (dB).
- **La duración:** puede ser continua, discontinua o de impacto (se produce de manera súbita e inesperada). En general, cuanto mayor sea el tiempo de exposición, mayor es el riesgo de sufrir daños en el sistema auditivo; aunque un ruido de corta duración pero de intensidad elevada puede producir lesiones irreversibles.

Concepto clave

Hipoacusia: es la pérdida auditiva de superficial a moderada en uno o ambos oídos.

Los niveles máximos de ruido no deben sobrepasar los 80 dBA de media al día en los centros de trabajo, o los 135 dBC como niveles de pico en momentos aislados. Si se superasen estos niveles la empresa deberá tomar **medidas técnicas u organizativas** para disminuir lo máximo posible el nivel de ruido. En todo caso, los niveles de ruido nunca deben superar los 87 dBA de exposición media diaria o 140 dBC de pico.

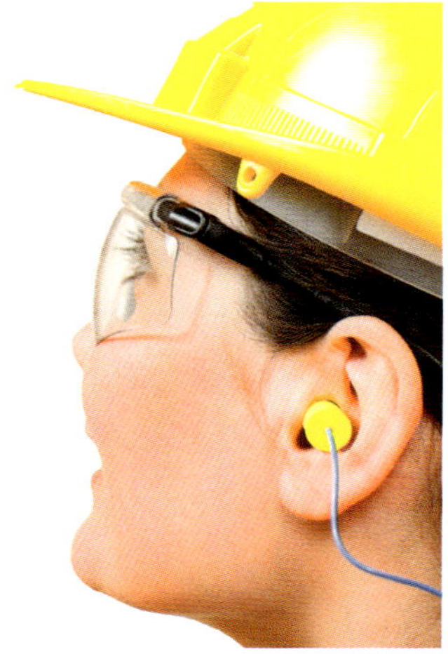

Sabías que...

El nivel de decibelios (dB) se puede medir en:

- **Nivel de decibelios A (dBA):** se calcula para un solo tipo de ruido, al que se considera que el trabajador está expuesto diariamente.
- **Nivel de decibelios C (dBC):** mide los picos que se pueden alcanzar en un momento dado.

En función de los valores obtenidos y del resultado de la evaluación de riesgos, se determinarán y ejecutarán las acciones preventivas más adecuadas para eliminar o minimizar el riesgo de exposición al ruido.

Además de dificultar la actividad laboral, los niveles no tolerables de ruido pueden producir importantes daños como:

- **Alteraciones auditivas:** podrán ser irreversibles (hipoacusia o sordera) o temporales que desaparecen con el descanso (fatiga auditiva).
- **Efectos físicos:** dolores de cabeza, hipertensión, problemas digestivos, aceleración del ritmo cardiaco, insomnio, cansancio, etcétera.
- **Efectos sociales:** problemas de comunicación y aislamiento.
- **Efectos psicológicos:** estrés, irritabilidad, síntomas depresivos, disminución de la atención y la concentración, etcétera.

Concepto clave

Audiometría: la audiometría es una prueba que evalúa el funcionamiento del sistema auditivo. Permite determinar la capacidad de una persona para escuchar los sonidos y la fase del proceso de audición que está alterada o dañada.

Los riesgos derivados de la exposición al ruido deberán eliminarse en su origen o reducirse al nivel más bajo posible. En caso contrario, algunas de las medidas de prevención y protección que podrían adoptarse se muestran a continuación:

- **Medidas técnicas y organizativas:**
  - Realizar controles médicos periódicos con audiometrías a los trabajadores expuestos.
  - Disminuir el tiempo (por ejemplo, mediante la rotación de trabajadores entre diferentes puestos de trabajo, modificaciones de diseño que permitan evitar operaciones ruidosas, etc.) y la intensidad de exposición de los trabajadores al ruido (por ejemplo: no tener en funcionamiento aparatos de radio, sistemas con hilo musical, etc., en el puesto de trabajo).
  - Señalización de zonas ruidosas.
  - Elección de los equipos de trabajo que, a igualdad de características técnicas, ofrezcan los niveles más bajos de emisión de ruido.
  - Mantenimiento y revisión de la maquinaria y los equipos (engrasado, alineado, equilibrado, etcétera).
  - Reducción del ruido aislando o insonorizando las máquinas o los equipos que emitan el ruido mediante pantallas acústicas, cabinas insonorizadas, amortiguadores, etcétera.
- **Medidas sobre los trabajadores:**
  - Proporcionar la información y la formación adecuadas para enseñar a los trabajadores a utilizar correctamente el equipo de trabajo con el objetivo de reducir al mínimo su exposición al ruido.
  - A partir de 80 dBA o picos mayores de 135 dBC, la empresa debe entregar EPI (orejeras, tapones, cascos antirruido, etc.) a los trabajadores, siendo su uso voluntario. En niveles mayores de 85 dBA o picos mayores de 137dBC los trabajadores deberán usar obligatoriamente los EPI.

Sabías que...

El acúfeno consiste en percibir un sonido que no existe en el entorno. Es descrito a menudo como un «zumbido», un «pitido», un «ruido», etcétera. Puede ser percibido en un oído, en ambos y en la cabeza. La percepción del acúfeno es más intensa y constante en el silencio de la noche, en ausencia de actividades y de otros sonidos o ruidos ambientales que pueden enmascararlo o atenuarlo. El 50% de la población en algún momento de su vida ha tenido un acúfeno; de ellos el 10% tiene un ruido persistente las 24 horas del día.

Actividad resuelta

9.7. Juan Luis trabaja en una fábrica de muebles y realiza, principalmente, trabajos de corte mediante una sierra circular. El nivel ambiental de ruido alcanzado en la fábrica, según la última evaluación, es de 84 dBA, pero en el puesto de trabajo de Juan Luis, el nivel diario equivalente es de 98 dBA. Los niveles pico que se alcanzan en la fábrica son de 120 dBC, mientras que Juan Luis soporta niveles de hasta 125 dBC.

a) ¿Debería la empresa tomar medidas para reducir los niveles de ruido? ¿Por qué?

b) ¿Está obligado Juan Luis a utilizar EPI? ¿Y el resto de trabajadores según los niveles de ruido generales medidos en la fábrica?

c) ¿Se encuentran los niveles de ruido generales de la fábrica de muebles entre los niveles tolerables?

Solución:

a) Sí, ya que las empresas deben adoptar medidas técnicas u organizativas para disminuir al máximo posible el nivel de ruido cuando se superan los 80 dBA de media al día en los centros de trabajo, o los 135 dBC como niveles de pico en momentos aislados. La fábrica soporta niveles de 84 dBA de media, por lo que deberá adoptar medidas inmediatamente.

b)
- Sí, Juan Luis está obligado a utilizar EPI, ya que a partir de niveles de ruido superiores a 85 dBA o picos mayores de 137 dBC los trabajadores deberán usarlos obligatoriamente. Juan Luis soporta 98 dBA de media, por lo que la empresa deberá facilitarle los EPI adecuados (orejeras, tapones, cascos antirruido, etc.) y este utilizarlos obligatoriamente.
- Respecto al resto de trabajadores, no deberán utilizarlos obligatoriamente, ya que soportan niveles de 84 dBA de media y 120 dBC de pico. Aunque, a partir de niveles superiores a 80 dBA o picos mayores de 135 dBC, la empresa debe entregar EPI (orejeras, tapones, cascos antirruido, etc.), siendo su uso voluntario.

c) Sí, ya que los niveles de ruido nunca deben superar los 87 dBA de exposición media diaria o 140 dBC de pico. La fábrica se encuentra entre niveles de 84 dBA de media y 120 dBC de pico. Donde no es tolerable el nivel de ruido es en el puesto de trabajo de Juan Luis, que supera ampliamente el máximo tolerable de 87 dBA de media.

Temperatura

La temperatura puede suponer un riesgo para la salud cuando alcanza valores extremos, tanto de calor como de frío. El ser humano posee mecanismos autorreguladores (sudor, temblores, aumento o disminución del flujo sanguíneo, etc.) para afrontar condiciones térmicas adversas, pero pueden producirse efectos negativos para la salud cuando los mecanismos naturales del hombre son insuficientes, pudiendo sufrirse **estrés térmico** por exceso de calor o de frío.

Es importante recordar que la exposición a las condiciones térmicas no solo depende de la temperatura, sino también de la existencia de otros factores que hacen que la incidencia sea diferente en cada persona y que son:

- La vestimenta utilizada.
- La exigencia física de la actividad.
- Las condiciones ambientales de temperatura, humedad y velocidad del aire.

Sabías que...

Para conservar la vida, el ser humano necesita mantener una temperatura corporal interna de 37 °C. El límite superior de supervivencia se encuentra en 44 °C y el inferior está en 24 °C.

Sabías que...

En caso de permanecer en cámaras frigoríficas, debemos considerar los descansos de recuperación que se establecen en la siguiente tabla:

RD 1561/95 SOBRE JORNADAS ESPECIALES DE TRABAJO	
Temperatura de la cámara	**Descansos de recuperación**
Entre 0 y –5 °C	10 minutos por cada 3 horas.
Entre –6 y –18 °C	15 minutos por cada hora.
A partir de –18 °C	15 minutos por cada 45 minutos.
Los descansos están referidos a tiempo de trabajo ininterrumpido en cámara.	

Debes conocer...

Algunas de las actividades con mayor probabilidad de sufrir estrés térmico por frío son las siguientes:

- Trabajos en el exterior.
- Actividades agroalimentarias, mataderos, trabajos en cámaras de congelación y refrigeración, etcétera.

Los **daños** que puede producir el estrés térmico por calor o frío son los siguientes:

▶ DAÑOS	
Por exceso de calor	• Los daños más habituales provocados por el estrés térmico por calor son la deshidratación, la lipotimia o el síncope de calor, los calambres y el golpe de calor. • El efecto más grave de la exposición a situaciones de calor intenso es el llamado «golpe de calor», que se caracteriza por una elevación incontrolada de la temperatura corporal. Los síntomas son taquicardia, respiración rápida y débil, tensión arterial elevada o baja, falta de sudoración, irritabilidad, confusión y desmayos. Incluso en los casos más graves puede provocar la muerte.
Por exceso de frío	• Las consecuencias de una exposición de los trabajadores al exceso de frío son la deshidratación, el entumecimiento, los escalofríos, enfermedades respiratorias (como amigdalitis, faringitis, resfriados, etc.), y en casos extremos, la congelación y la hipotermia. • La hipotermia debida a la pérdida de calor corporal comienza con la manifestación de escalofríos, adormecimiento y fatiga, pérdida de coordinación, confusión y desorientación. Si no se interrumpe el proceso de pérdida de calor, la piel se torna azulada, las pupilas se dilatan y disminuye el ritmo respiratorio. En último término podría sobrevenir la pérdida de consciencia, e incluso la muerte del trabajador.

Para evitar que se produzcan daños por exceso de calor o frío se pueden adoptar las siguientes **medidas de prevención y protección:**

▶ MEDIDAS DE PREVENCIÓN Y PROTECCIÓN	
Por exceso de calor	• Llevar ropa adecuada (amplia, ligera, de color claro y transpirable) y beber agua frecuentemente. • Evitar beber alcohol o bebidas con cafeína, ya que deshidratan el cuerpo y aumentan el riesgo de sufrir enfermedades debidas al calor. Igualmente es recomendable evitar las comidas pesadas (ricas en grasas) y calientes. • Evitar la exposición directa al sol utilizando ropa, casco, gorras o sombreros, según sea el trabajo realizado, y cremas de alta protección solar. • Realizar las tareas de mayor esfuerzo físico durante las horas menos calurosas del día. • Autorregular los descansos en el trabajo y, en caso de malestar, descansar en un lugar fresco. • Informar y formar a los trabajadores, antes de realizar un esfuerzo físico en un ambiente caluroso, sobre los riesgos del estrés térmico por calor.
Por exceso de frío	• Usar la ropa adecuada, protegiendo especialmente las extremidades, y sustituir inmediatamente la ropa húmeda. • Consumir líquidos, incrementar la ingestión de bebidas templadas dulces, sin cafeína y no alcohólicas para evitar la deshidratación. • Reducir la exposición al frío, permitiendo descansos en lugares calientes y secos, con el fin de recuperar la pérdida de calor. • Evitar y controlar la exposición a las corrientes de aire y la humedad. • Informar y formar a los trabajadores sobre los riesgos del estrés térmico por frío.

Debes conocer...

Algunas de las actividades con mayor probabilidad de sufrir estrés térmico por calor son:

- Los trabajos que se realizan en el exterior, como actividades agrícolas, de la construcción, en autopistas, canteras, reparación de calles, etcétera.
- Los trabajos en fundiciones, lavanderías, cementeras, minas, invernaderos, etcétera.

Actividad resuelta

9.8. José Luis trabaja en Sevilla como peón, desde hace 4 años, en la empresa de construcción LOMAN, SA. Con la llegada del verano, el horario de la empresa es solo de mañana, evitando así las horas más calurosas del día. Juan tolera bastante bien el calor y nunca ha tenido problemas. Además, la empresa entrega a los trabajadores información que indica que beban frecuentemente agua.

Es 28 de julio y la ciudad se encuentra en alerta roja por calor. Se esperan temperaturas de hasta 44 °C. Juan está especialmente contento, ya que mañana comenzarán sus vacaciones, por lo que ha llevado un par de litros de cerveza para beberlos junto con sus 2 compañeros durante el descanso para el bocadillo. A las 12 horas, la temperatura es ya de 39 °C y Juan tiene mucho calor, por lo que decide quitarse la camiseta y el casco. Una hora después, la temperatura es de 41 °C y Juan siente una quemazón muy fuerte en la espalda. Además, comienza a notar que se acelera su ritmo cardiaco y respira aceleradamente. Al cabo de un rato empieza a sentirse mareado y algo confuso, aunque cree que se debe a que ha pasado muy mala noche y apenas ha logrado dormir, por lo que continúa con su trabajo. De pronto, Juan cae al suelo, se golpea fuertemente en la cabeza y comienza a sangrar abundantemente. Los compañeros asustados no saben qué le ocurre ni qué hacer, por lo que llaman rápidamente a los servicios de emergencias.

a) ¿Ha respetado Juan las medidas preventivas básicas exigidas para trabajos en ambientes muy calurosos?

b) ¿Cuáles han sido los efectos del comportamiento de Juan?

Solución:

a) No, Juan no ha respetado prácticamente ninguna de las medidas de prevención y protección que deberían aplicarse a este tipo de trabajos. Es importantísimo destacar que en este caso parece evidente que la falta de formación e información por parte de la empresa en prevención de riesgos en ambientes muy calorosos (una obligación de la empresa), que se resume en una simple recomendación de beber agua frecuentemente, es determinante para que Juan desconozca completamente qué medidas de prevención se deben tomar y los riesgos a los que se expone. Las medidas preventivas que no ha llevado a cabo correctamente Juan son:

- Evitar beber alcohol o bebidas con cafeína, ya que deshidratan el cuerpo y aumenta el riesgo de sufrir enfermedades debidas al calor. Juan bebe alcohol en plena jornada laboral con temperaturas de extremo calor.
- Evitar la exposición directa al sol utilizando ropa, casco, gorras o sombreros, según sea el trabajo realizado, y cremas de alta protección contra el sol. Juan no utiliza ningún tipo de cremas protectoras y se expone directamente al sol al quitarse el casco y su camiseta.
- Autorregular los descansos en el trabajo y, en caso de malestar, descansar en un lugar fresco. Juan se siente indispuesto y no se toma un descanso para dejar de exponerse al sol y disminuir su temperatura corporal.

b) Parece evidente que Juan ha sufrido estrés térmico por calor. El efecto más grave del estrés térmico por calor es el golpe de calor que ha podido sufrir Juan, cuyos síntomas son mareos, confusión, dificultad respiratoria, etcétera. La deshidratación o la lipotimia también tienen síntomas parecidos, por lo que serán los servicios médicos los que evalúen definitivamente los daños sufridos por Juan. Por otro lado, parece que Juan ha sufrido importantes quemaduras en la piel por la sobreexposición al sol y la falta de cremas de protección, que le provocan esa fuerte quemazón en su espalda.

Radiaciones

La radiación consiste en la propagación de energía en forma de ondas (radiaciones electromagnéticas) o partículas subatómicas (radiaciones corpusculares) de un punto a otro a través del espacio. La peligrosidad para el ser humano dependerá del tipo de radiación y del tiempo de exposición.

Las radiaciones se clasifican en:

- **Radiaciones ionizantes:** son ondas de alta frecuencia con gran poder energético, invisible y muy perjudicial para la salud.

▶ RADIACIONES	▶ TIPOS	▶ ACTIVIDADES	▶ DAÑOS
Ionizantes	Rayos X Rayos gamma (γ) Partículas alfa (α) y beta (β) Neutrones	• Medicina nuclear • Radiología • Radioterapia • Producción de energía (centrales nucleares) • Esterilización de alimentos	**A corto plazo** • Náuseas • Vómitos • Diarreas • Pérdida de cabello • Hemorragias • Muerte (en exposiciones más intensas) **A largo plazo** • Cáncer de piel, huesos y pulmón • Esterilidad • Malformaciones genéticas hereditarias • Leucemia

- **Radiaciones no ionizantes:** son muy variadas y entre ellas se encuentran las radiaciones ultravioleta, la luz visible, los infrarrojos, las radiofrecuencias, las microondas y los rayos láser. Hoy en día su utilización es muy frecuente, debido al éxito de los productos electrónicos que usan o emiten este tipo de radiaciones.

▶ RADIACIONES	▶ TIPOS	▶ ACTIVIDADES	▶ DAÑOS
No ionizantes	Ultravioleta	Lámparas de bronceado, fotocopiadoras, fluorescentes, etc.	• Quemaduras • Daños en piel y ojos • Cáncer • Alteraciones en la reproducción, el sistema nervioso, el circulatorio y el digestivo
	Visible	Exposición solar, lámparas artificiales, tubos de neón, etc.	
	Infrarroja	Llamas, cuerpos a temperaturas altas, hornos, lámparas de infrarrojos, etc.	
	Radiofrecuencia	Ondas de radio, televisión, soldadora de plásticos, etc.	
	Microondas	Hornos microondas, teléfonos móviles, etc.	
	Láser	Rayos cósmicos, cirugía, impresoras, depilación, etc.	

Para evitar que se produzcan estos riesgos derivados de la emisión de radiaciones, se pueden establecer, entre otras, las siguientes medidas de prevención y protección:

- Utilizar equipos de protección individual adecuados: gafas, pantallas con filtros especiales, calzado y ropas de trabajo adecuados, etcétera.
- Proporcionar formación e información a los trabajadores sobre las radiaciones.
- Señalizar las zonas de riesgo teniendo en cuenta el riesgo de exposición.
- Realizar controles médicos frecuentes.
- Controlar periódica y frecuentemente los niveles de exposición a la radiación de los trabajadores.
- Realizar una meticulosa limpieza personal.

Actividad resuelta

9.9. Indica el tipo de radiación que emite cada uno de los siguientes elementos:
Microondas / Central nuclear / Teléfono móvil / Máquina de rayos X.

Solución:

Hornos microondas: radiaciones no ionizantes.
Teléfono móvil: radiaciones no ionizantes.
Central nuclear: radiaciones ionizantes.
Máquina de rayos X: radiaciones ionizantes.

Actividades propuestas

9.5. Rocío lleva acudiendo 3 días a un centro de estética para recibir sesiones de rayos uva. La monitora le entrega unas gafas para la protección de los ojos, un gorro para el pelo y le advierte de que su tiempo de exposición no debe ser mayor a 15 minutos, tras el estudio previo de su tipo de piel. Rocío hace caso omiso a las recomendaciones y realiza sesiones de 30 minutos, además cree que las gafas le dejarán marca y no las utiliza. Al cabo de una semana de sesiones comienza a notar un fuerte escozor en los ojos unido a una sensación de picor e irritación de la piel. Preocupada, decide acudir al médico.

a) ¿A qué tipo de riesgos está expuesta Rocío?

b) ¿Qué daños pueden producir?

c) ¿Cuáles crees que son las causas que han provocado los efectos notados por Rocío en ojos y piel?

9.6. Valle ha comenzado a trabajar en un taller textil de la localidad donde reside. El local donde trabaja es bastante pequeño y solo recibe iluminación de una ventana por la que apenas entra luz natural. Al cabo de cierto tiempo, Valle comienza a tener mareos, dolores de cabeza y una fuerte fatiga visual.

a) ¿A qué tipo de riesgo se está exponiendo Valle?

b) ¿Qué medidas preventivas deberían adoptarse?

En el caso práctico inicial

Luis se expone a innumerables riesgos físicos. Por un lado, está expuesto a un riesgo derivado del ruido que generan las sirenas. Una sirena de ambulancia puede alcanzar los 100 dB. Los daños provocados por el ruido pueden generar dificultad en la comunicación verbal (a partir de 40 dB), interrupción del sueño (45 dB), fuerte malestar e irritabilidad (55 dB) y pérdida de audición a largo plazo (75 dB). Así pues, los niveles de ruido que alcanza la sirena son totalmente inadecuados y pueden provocar una pérdida auditiva a largo plazo.

Por otro lado, el mal estado de la amortiguación y del asiento está provocando vibraciones de baja frecuencia que podrían afectar a la columna vertebral y al aparato digestivo.

Además, Luis no lleva ropa adecuada a la temperatura exterior. El tremendo frío y la lluvia, unidos a la ropa inadecuada podrían producir enfermedades respiratorias (anginas, faringitis, resfriado, tos, afonía, etcétera).

Debes conocer...

El RD 374/2001 regula la protección contra agentes químicos en el lugar de trabajo.

9.3.2. Riesgos químicos

El riesgo químico es aquel riesgo susceptible de ser producido por una exposición no controlada a agentes químicos que puede producir efectos agudos o crónicos y la aparición de enfermedades. Entendemos por contaminante químico toda sustancia orgánica e inorgánica, natural o sintética, que durante su fabricación, manejo, transporte, almacenamiento o uso, puede incorporarse al ambiente en forma de polvo, humo, gas o vapor, con efectos perjudiciales para la salud de las personas que entran en contacto con ella.

Los contaminantes químicos se pueden clasificar según el efecto que producen en el organismo como:

▶ TIPOS	▶ EJEMPLOS
Irritantes: provocan, por contacto breve, prolongado o repetido con la piel o las mucosas, una reacción inflamatoria.	Ácido sulfúrico, amoniaco, formol, ácido nítrico, etcétera.
Asfixiantes: evitan la llegada de oxígeno a los tejidos.	Monóxido de carbono, ácido sulfhídrico (en fosas sépticas), nitrógeno, etcétera.
Anestésicos: producen alteraciones en el sistema nervioso.	Cloroformo, cetonas, etcétera.
Corrosivos: en contacto con los tejidos humanos, pueden ejercer una acción destructiva contra ellos.	Ácidos, fluoruros, etcétera.
Tóxicos: en pequeña o muy pequeña cantidad, pueden provocar efectos agudos o crónicos o incluso la muerte.	Metales pesados, etcétera.
Sensibilizantes: pueden ocasionar una reacción de hipersensibilización o reacciones alérgicas.	Fibras sintéticas o vegetales, compuestos de níquel, medicamentos, etcétera.
Carcinogénicos: causan cáncer o potencian su desarrollo.	Amianto, benceno, mercurio, plomo, etcétera.
Mutagénicos: producen alteraciones genéticas.	Cadmio, mercurio, etcétera.
Teratogénicos: causan malformaciones en el feto.	Tabaco, alcohol, antibióticos, cocaína, etcétera.

Los daños que pueden producir los agentes químicos dependerán del tipo de contaminante, del nivel de concentración y del tiempo de exposición a dicho contaminante. Una vez que el agente químico se introduce en el organismo produce enfermedades que suelen aparecer tras un largo periodo de exposición.

Las vías de entrada de los agentes químicos en el organismo son las siguientes:

- **Vía respiratoria:** es la vía de penetración de sustancias químicas más importante en el medio ambiente de trabajo, ya que se respira aire donde se podrían encontrar todo tipo de sustancias: sólidos en forma de polvo, líquidos en forma de vapor y gases que se mezclan directamente con el aire.
- **Vía digestiva:** es una vía de penetración poco corriente, ya que las sustancias con las que se trabaja no se llevan a la boca ni se ingieren. De todas formas, hay posibilidad de penetración por vía digestiva cuando se come en el puesto de trabajo, se fuma, se bebe o no se lleva una adecuada higiene.
- **Vía dérmica:** existen sustancias capaces de atravesar la piel, sin provocar alteraciones en ella. Estas pasan a la sangre, que las distribuye por todo el organismo.
- **Vía parenteral:** se llama parenteral a la entrada de sustancias a través de una herida o llaga preexistente o provocada por un accidente, como un pinchazo o un corte.

Para eliminar o reducir al mínimo los riesgos derivados del contacto con agentes químicos se podrán llevar a cabo las siguientes medidas de prevención y protección:

- Sustituir el agente químico contaminante por otro producto que no suponga peligro alguno, sea menos peligroso o reduzca al mínimo necesario las cantidades de agentes químicos peligrosos.
- Asegurar el adecuado mantenimiento de los equipos utilizados para trabajar con agentes químicos peligrosos.
- Adoptar medidas higiénicas adecuadas, tanto personales como de orden y limpieza (limpiar regularmente equipos y superficies).
- Reducir al mínimo el número de trabajadores expuestos o que puedan estar expuestos.
- Tomar medidas adecuadas de ventilación general y de extracción localizada para la eliminación del contaminante (por ejemplo: mediante la instalación de campanas extractoras).
- Utilizar EPI adecuados al tipo de contaminante químico (mascarillas autofiltrantes, guantes, protección de traje entero, máscaras enteras con filtros específicos, etcétera).
- Proporcionar a los trabajadores información y formación en relación con los riesgos por agentes químicos.
- Reducir al mínimo el tiempo y la intensidad de la exposición.
- Establecer los procedimientos de trabajo adecuados, incluidas las medidas para la manipulación, el almacenamiento y el traslado en el lugar de trabajo, en condiciones seguras, de los agentes químicos peligrosos y de los residuos que contengan tales agentes.
- Señalizar las zonas de riesgo de forma adecuada y específica, en función del tipo de contaminante químico.

En el caso práctico inicial

El uso y contacto con sustancias químicas irritantes ha producido en Luis daños en las vías respiratorias y los ojos.

Actividad resuelta

9.10. María José trabaja como camarera de piso desde hace un par de semanas en un hotel de la ciudad de Santiago de Compostela. Todavía no está familiarizada con su trabajo y no ha recibido formación ni información en materia de prevención de riesgos. La supervisora le ha encargado la limpieza esta semana de la nueva planta que acaba de inaugurar el hotel. Cuando María José se dispone a limpiar los cuartos de baño de las nuevas habitaciones, se encuentra con que tienen una enorme suciedad incrustada como consecuencia de las obras realizadas por la constructora: cemento, yeso, grasa, polvo, etcétera. María José cree que con el producto con el que limpia habitualmente, que no es tóxico, será imposible quitar tanta suciedad, por lo que piensa que si mezcla lejía y amoniaco se sumarán la acción desinfectante y la de limpieza y podrá limpiar mucho mejor. María José comienza a limpiar y pronto observa que la suciedad desaparece rápidamente. Después de 4 horas, María José ha finalizado y se marcha a casa. Al llegar, comienza a sentir escozor en los ojos y nariz, lagrimeo constante, dolor fuerte de garganta, tos irritativa, opresión en el pecho, dolores de cabeza y sensación de falta de aire. De pronto empieza a toser sangre y tener fuertes mareos, por lo que llama a los servicios de emergencias y es ingresada en un hospital por intoxicación de cloramina.

a) ¿Qué tipo de riesgo crees que ha provocado la intoxicación de María José?

b) ¿Cuál ha sido la vía de entrada más probable?

c) ¿Qué medidas de prevención o protección crees que hubiesen evitado la intoxicación de María José?

Solución:

a) María José se ha expuesto a un riesgo químico, provocado por dos agentes irritantes: el amoniaco y la lejía. Ambos por separado son peligrosos, y cuando se mezclan se produce un gas denominado gas de cloramina, altamente peligroso, que en exposiciones prolongadas puede provocar una intoxicación grave que conlleve incluso la muerte. El gas de cloramina es sustancialmente tóxico para los humanos y se utilizó incluso como una poderosa arma química durante la Segunda Guerra Mundial.

b) La vía de entrada más probable es la respiratoria, mediante la inhalación de los gases que ha producido la mezcla. Si no ha utilizado guantes, el contacto por vía dérmica ha podido también ser la vía de entrada del agente químico.

c) Una vez más, la información y la formación, en este caso sobre los riesgos químicos de su puesto de trabajo, parece que hubiesen sido las medidas más efectivas. Si la trabajadora las hubiese recibido adecuadamente hubiese conocido la peligrosidad de realizar la mezcla de lejía y amoniaco. Adicionalmente, otras medidas preventivas eficaces hubiesen sido:

- Sustituir el agente químico contaminante (lejía y amoniaco) por otro producto que no suponga peligro alguno. El producto con el que limpiaba habitualmente la trabajadora no era tóxico.
- Tomar medidas adecuadas de ventilación general y de extracción localizada para la eliminación del contaminante.
- Utilizar EPI adecuados al tipo de contaminante químico (mascarillas autofiltrantes, guantes, máscaras enteras con filtros específicos, etcétera).
- Reducir al mínimo el tiempo y la intensidad de la exposición.

Actividades propuestas

9.7. Manuel es un gran aficionado a la pesca y acude a un pequeño riachuelo recomendado por un amigo. Al llegar, observa una señal de peligro por vertidos químicos tóxicos. Manuel comprueba que el agua está bastante cristalina y decide hacer caso omiso. Al cabo de unas horas su paciencia da sus frutos y captura una carpa de más de 12 kilos. Al volver a casa decide celebrar tan magnífica captura comiéndosela en una suculenta cena junto a su amigo. Al cabo de apenas 20 minutos empiezan a notar fuertes dolores abdominales y pérdida de visión, por lo que deciden llamar al servicio de emergencias.

a) ¿A qué tipo de riesgo se ha expuesto Manuel?

b) ¿Cuál piensas que ha sido la vía de transmisión?

9.8. Carlos trabaja como mecánico y para ello utiliza el garaje de su propia casa. Mario, su hermano, le ha acercado el coche para que le eche un vistazo, debido a un extraño ruido que aparece al arrancarlo. Una vez que Mario introduce el coche en el garaje, Carlos cierra la puerta y comienza a examinarlo con el motor encendido. Tras unos minutos, Mario comienza a sentir que le cuesta respirar y de pronto se desmaya. Carlos se da cuenta de lo que está ocurriendo y aunque siente ya fuertes mareos y síntomas de asfixia logra abrir la puerta del garaje y arrastrar a su hermano a la calle.

a) ¿A qué tipo de riesgo han estado expuestos Carlos y su hermano?

b) ¿Cuál ha sido la vía de transmisión del riesgo?

c) ¿Qué medidas de prevención o protección pueden adoptarse para evitar lo sucedido?

9.3.3. Riesgos biológicos

Los contaminantes biológicos son organismos con un determinado ciclo de vida que, al penetrar en el hombre, producen en él un efecto adverso para su salud, distinto en cada caso según el agente que lo provoca.

También se consideran contaminantes biológicos las sustancias y/o secreciones procedentes de estos seres vivos.

Los contaminantes biológicos, al contrario que los contaminantes físicos y químicos, son seres vivos, capaces de reproducirse, que al penetrar en el hombre causan enfermedades de tipo infeccioso o parasitario.

Existen varios tipos de agentes biológicos como **virus, bacterias, bacilos, protozoos, hongos** y **parásitos.**

Las vías de entrada en el cuerpo humano pueden ser: dérmica (a través de la piel), parenteral (a través de cortes, erosiones, llagas, mordeduras, etc.), digestiva (mediante la comida, bebida, etc.), respiratoria (por tos, estornudos, etc.) u ocular. De todas ellas la vía respiratoria es la más probable.

Sabías que...

Una reciente resolución de la Dirección General de Ordenación de la Seguridad Social entiende que los periodos de aislamiento preventivo de los trabajadores por la gripe del virus AH1 N1 son considerados como incapacidad temporal derivada de enfermedad común.

Durante este tiempo, tienen derecho a las correspondientes prestaciones en los términos establecidos por el régimen de la Seguridad Social en que se encuentren.

Los agentes biológicos se clasifican, en función del riesgo de infección, en cuatro grupos:

CLASIFICACIÓN DE LOS AGENTES BIOLÓGICOS

Grupo de riesgo	Riesgo infeccioso	Riesgo de propagación a la colectividad	Tratamiento eficaz	Ejemplo
1	Poco probable que causen enfermedad.	No	Innecesario	Virus del mosaico del tabaco
2	Pueden causar una enfermedad y suponer un peligro para los trabajadores.	Poco probable	Generalmente existe	Gripe, legionela, etcétera.
3	Pueden causar una enfermedad grave y suponer un serio peligro para los trabajadores.	Probable	Generalmente existe	Tuberculosis, dengue, fiebre amarilla, malaria, hepatitis C, rabia, etcétera.
4	Provocan una enfermedad grave y un serio peligro para los trabajadores.	Muy probable	Generalmente no existe	Ébola, viruela, etcétera.

Entre las medidas preventivas y de protección más importantes de los riesgos biológicos se encuentran:

- Establecer procedimientos de trabajo y medidas técnicas para evitar o minimizar la liberación de agentes biológicos (por ejemplo: cabinas de seguridad biológica, recintos de contención, etcétera).
- Reducir al mínimo posible el número de trabajadores expuestos.
- Reducir al mínimo posible el tiempo y la intensidad de la exposición.
- Utilizar medidas de higiene personal que eviten o dificulten la dispersión del agente biológico fuera del lugar de trabajo (por ejemplo: cubrir cortes y heridas con apósitos impermeables, cubrir lesiones cutáneas con guantes, retirar anillos y otras joyas, etcétera).
- Disponer de taquillas separadas para la «ropa de la calle» y la ropa de trabajo.
- Establecer planes de emergencia para hacer frente a accidentes de los que puedan derivarse exposiciones a agentes biológicos.
- Utilizar EPI adecuados al riesgo como: guantes, gafas, ropa de trabajo, mascarillas autofiltrantes, protección de traje entero, etcétera.
- Señalizar las zonas de trabajo con riesgo biológico y el control de acceso al personal no autorizado.
- Prohibir que los trabajadores coman o beban en las zonas de trabajo donde exista el riesgo.
- Establecer planes de limpieza, desinfección o mantenimiento de instalaciones y equipos.
- Proporcionar formación e información a los trabajadores sobre los riesgos biológicos a los que estén expuestos.
- Adoptar programas de gestión de residuos que establezcan la recogida, el almacenamiento y la evacuación de residuos biopeligrosos.

Actividad resuelta

9.11. Indica la posible vía de entrada del agente químico o biológico para cada situación:

a) Un médico sufre un corte al atender a un paciente.
b) Un mecánico sufre un desfallecimiento por el monóxido de carbono de un coche en marcha que estaba reparando.
c) Un agricultor bebe agua de un pequeño arroyo donde se han vertido fertilizantes.
d) Una trabajadora de limpieza que manipula amoniaco mezclado con agua.

Solución:

a) Vía parenteral, a través de la herida provocada por el corte (agente biológico).
b) Vía respiratoria, a través de la inhalación del monóxido de carbono (agente químico).
c) Vía digestiva, al beber del arroyo intoxicado (agente químico).
d) Vía respiratoria, mediante la inhalación de los gases que desprende el amoniaco; o dérmica, a través del contacto directo con el agente químico.

Actividades propuestas

9.9. María José trabaja en un laboratorio farmacéutico de alta tecnología dedicado a la investigación de vacunas. Los virus con los que trabaja son de nivel 3 y 4, por lo que las medidas de prevención y protección son muy rigurosas. María José está bastante presionada por su jefe, ya que en 2 días deben presentar el resultado de una revolucionaria vacuna para el virus ébola.

Cuando se dispone a entrar en el laboratorio, percibe que el traje de aislamiento tiene una pequeña rotura a la altura de la pierna. «¡Tardarán al menos 3 días en reponerlo! ¡No podría terminar las investigaciones a tiempo!» , exclamó María José. Ante la urgencia, decide tapar la rotura con una cinta adhesiva.

a) ¿A qué riesgos está expuesta María José?
b) ¿Es adecuada la medida para reparar el traje desde el punto de vista de la prevención de riesgos? ¿Qué consecuencias podría tener?

9.10. Indica a qué grupo de riesgo biológico pertenece cada una de estas enfermedades, señalando el riesgo infeccioso, el riesgo de propagación y el tratamiento eficaz:

a) Ébola. b) Legionela. c) Dengue. d) Fiebre amarilla.

9.4. Riesgos derivados de las condiciones ergonómicas

La **ergonomía** es el conjunto de conocimientos científicos aplicados para que el trabajo, los sistemas, productos y ambientes se adapten a las capacidades y limitaciones físicas y mentales del trabajador. De esta manera, la ergonomía se centrará en prevenir, eliminar o reducir al máximo los riesgos derivados de la carga física y mental de los trabajadores en su lugar de trabajo.

La ergonomía busca cómo adaptar el puesto de trabajo y las condiciones de este a la persona, analizando el entorno de trabajo y las capacidades de las personas, para crear condiciones laborales más confortables y seguras, mejorando así el rendimiento y la productividad.

Por lo tanto, la ergonomía deberá actuar sobre tres pilares básicos: el trabajador, el lugar de trabajo y el diseño del puesto de trabajo.

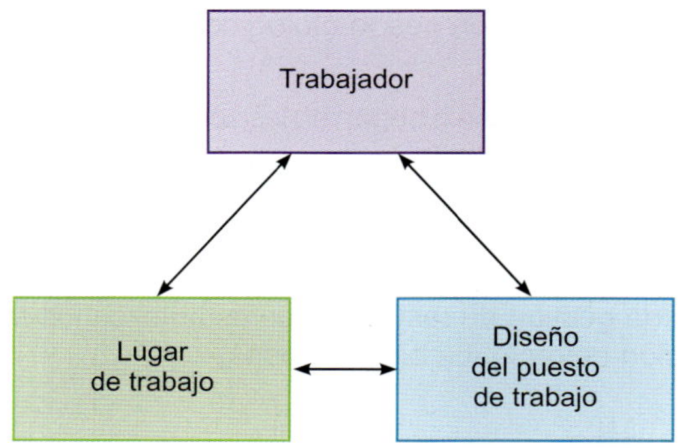

9.4.1. Riesgos derivados de la carga de trabajo

La **carga de trabajo** es el esfuerzo que se realiza durante la actividad laboral. Se define como el conjunto de requerimientos psicofísicos a los que se ve sometida la persona a lo largo de su jornada laboral. Cuando el trabajo requiere de un esfuerzo muscular se habla de carga física; si por el contrario supone un mayor esfuerzo intelectual, hablaríamos de carga mental.

Carga física

La carga física es el conjunto de requerimientos físicos a los que se ve sometido el trabajador a lo largo de su jornada laboral. Los principales riesgos derivados de la carga física son los siguientes:

▶ RIESGOS ASOCIADOS A LA CARGA FÍSICA	
Esfuerzos físicos	• **Estáticos:** los músculos se contraen durante mucho tiempo sin mover la articulación (por ejemplo: el peluquero que mantiene los brazos en alto o la persona que trabaja en un espacio muy reducido). • **Dinámicos:** se producen tensiones y relajaciones sucesivas de los músculos (por ejemplo: subir o bajar por una escalera o andar).
Manipulación manual de cargas	Se producen riesgos cuando se levantan objetos muy pesados, se empujan o arrastran, ejerciendo fuerzas muy intensas sobre los tejidos óseos y musculares afectados. Pueden provocar fallos del aparato locomotor.
Posturas de trabajo	• **Movimientos repetitivos** (por ejemplo: escribir en el teclado del ordenador, usar el ratón, etcétera). • **Posturas forzadas** (por ejemplo: trabajar de rodillas o en cuclillas). • **Posturas inadecuadas** (por ejemplo: trabajar con los brazos por encima de los hombros puede ocasionar alteraciones musculo-esqueléticas).

La carga física puede originar los siguientes daños:

▶ PRINCIPALES DAÑOS ASOCIADOS

Fatiga física	Es la disminución de la capacidad física del individuo después de haber realizado un trabajo, durante un tiempo determinado. Sus efectos son los siguientes: • Disminución de la capacidad de trabajo y del rendimiento. • Realización de movimientos corporales más lentos, dificultad en la coordinación de estos, menores reflejos y, por consiguiente, un mayor riesgo de sufrir accidentes. • Disminución de la calidad del trabajo realizado que conlleva la sensación de malestar e insatisfacción. Existen dos tipos de fatiga física: • **Fatiga recuperable:** desaparece completamente con los periodos de descanso habituales. • **Fatiga crónica:** se produce tras la sucesiva exposición a periodos de fatiga sin que exista recuperación completa. Algunos de los síntomas son sensación de malestar, generalmente de carácter emocional, comportamientos antisociales, depresión, falta de energía, etcétera.
Trastornos músculo-esqueléticos (TME)	Son procesos que afectan al aparato locomotor: a las articulaciones, los huesos, los músculos, los nervios y los tendones —sobre todo en las manos, los pies y la espalda—, y provocan importantes daños como hernias de disco, lumbalgias, síndrome del túnel carpiano, cervicalgias, tendinitis, bursitis, etcétera.

Para impedir la aparición de los riesgos derivados de la carga física, se deben llevar a cabo las siguientes medidas preventivas y de protección:

- **Esfuerzo físico:**
  - — Lo recomendable es que predomine el esfuerzo dinámico sobre el estático.
  - — Es necesario que exista un equilibrio entre los periodos de actividad física y los de recuperación.
  - — Deben evitarse tanto los esfuerzos excesivos como los de nivel demasiado bajo.
- **Manipulación manual de cargas:**
  - — Se evitará la manipulación manual de cargas y se sustituirá por su manejo mecánico.
  - — No se deben transportar cargas manualmente si sobrepasan los 25 kg de peso y siempre se tendrán en cuenta las características personales del trabajador (edad, sexo, etcétera).
  - — Las mujeres, menores y personas de edad avanzada no deben manejar cargas superiores a 15 kg. En el caso de las mujeres embarazadas el máximo son 10 kg, aunque lo recomendable son 5 kg.
  - — Se proporcionará la formación previa necesaria sobre técnicas de manipulación de cargas.
  - — Se utilizarán guantes de protección en la manipulación de cargas con aristas y botas de seguridad.
- **Postura de trabajo:**
  - — En el diseño de los puestos de trabajo se evitarán las posturas indeseables y aquellas cuya prolongación provoque fatiga, por lo que se facilitarán los cambios de postura.
  - — La posición sentada es preferible a la de pie como postura de trabajo principal.
  - — Se proporcionarán los medios técnicos necesarios para evitar la fatiga.
  - — Se realizarán descansos.
  - — Diseño ergonómico del puesto de trabajo: sillas, mesas, teclados de ordenador, etcétera.

Sabías que...

En los países industrializados, un tercio de las bajas laborales se producen por dolencias en el aparato locomotor, de las cuales el 60 % son lesiones en la espalda.

Debes conocer...

En el siguiente enlace podrás consultar la nota técnica NTP 139 sobre el trabajo con pantallas de visualización:

https://www.insst.es/documents/94886/326801/ntp_139.pdf/d432d6f6-cbba-4a12-8615-01eefce6865e

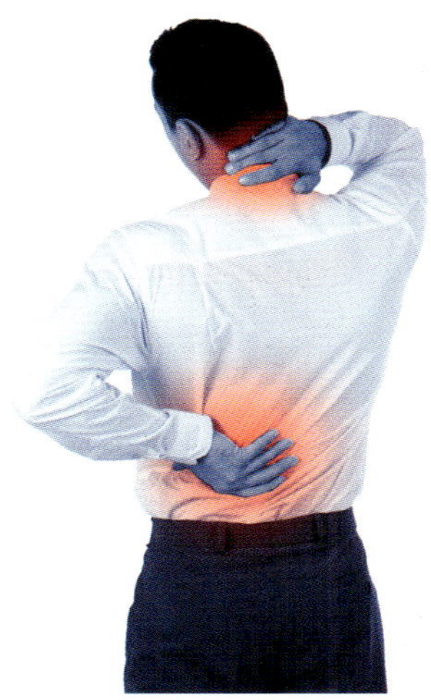

En el caso práctico inicial

Luis está soportando numerosos riesgos asociados a la carga de trabajo, tanto física como mental. Entre ellos destacamos:

- Carga física: Luis conduce la ambulancia y debe permanecer mucho tiempo sentado. Las posturas incorrectas hacen que el trabajo sea más pesado y desagradable. Por eso debe:
  - — Exigir que los asientos sean antivibratorios, anatómicos y regulables.
  - — Evitar giros y torsiones innecesarios.
- Carga mental: Luis está en estado constante de alerta, ya que son muchas las decisiones que debe tomar en pocos minutos. Trabaja a turnos, lo cual es inevitable, pero sí debe:
  - — Exigir que los turnos de noche y de tarde nunca sean más largos que los de la mañana.
  - — No trabajar en turno de noche más de dos semanas seguidas.
  - — Recordar que los turnos deberán respetar al máximo el ciclo de sueño.
  - — Sobreesfuerzos: en ocasiones el traslado de accidentados puede ser complejo, en este caso Luis ha tenido que cargar con un gran peso y en cuclillas. Debe:
    - » Exigir formación e información sobre la correcta manipulación de enfermos.
    - » Manipular las camillas junto a uno o varios compañeros, nunca solo.

Todo esto ha supuesto que Luis comience a dar los primeros síntomas de fatiga física y mental (cansancio, dolores de cabeza, carácter irritable, etc.) y de trastornos musculo-esqueléticos (fuertes dolores de espalda).

Cuando el trabajo se realice de pie o sentado se tendrá en cuenta lo siguiente:

▶ TRABAJO DE PIE	▶ TRABAJO SENTADO
• Ajustar la superficie de trabajo a la altura del trabajador y a las distintas tareas que deba realizar. • Facilitar una banqueta o taburete para ayudar a reducir la presión sobre la espalda. • Colocar una estera para evitar que el trabajador no tenga que estar de pie sobre una superficie dura. • Utilizar zapatos con empeine reforzado y tacones bajos.	• Establecer un diseño adecuado del puesto de trabajo y del mobiliario: silla regulable, reposapiés, etcétera. • Nivelar la mesa a la altura de los codos. • Mantener la espalda recta. • Formar a los trabajadores acerca de los riesgos de esa postura de trabajo. • Facilitar los cambios de posición en el mismo puesto de trabajo.

Carga mental

La carga mental se define como el conjunto de requerimientos psíquicos a los que se ve sometido el trabajador en su trabajo diario.

Los riesgos que influyen en la aparición de la carga mental son, generalmente:

▶ RIESGOS ASOCIADOS A LA CARGA MENTAL
Exigencia de la tarea: respecto a la cantidad, calidad, complejidad, precisión, minuciosidad o el nivel de atención que exige la tarea. Cuanto mayor sea el número y la exigencia de estos factores en la tarea, mayor será la carga mental soportada por el trabajador.
Entorno organizativo: tiempo disponible para realizar el trabajo. Cuanto menor sea el tiempo del que dispone el trabajador para finalizar la tarea, mayor será la carga mental generada en él.
Entorno físico: la temperatura, la iluminación y la humedad.
Condiciones laborales: el salario, la temporalidad, etcétera.
Características personales: la edad, la experiencia, la capacidad intelectual, etcétera.

Cuando las exigencias de atención, presión temporal, complejidad, minuciosidad, precisión, análisis y control del trabajo son excesivas, el trabajador puede sufrir **fatiga mental.**

La fatiga mental se manifiesta como una progresiva disminución de la capacidad de respuesta, atención, memoria, etcétera. Sus principales consecuencias son las siguientes:

- Cuando el trabajador está fatigado desde el comienzo de la jornada y se mantiene así a lo largo de los días, independientemente de lo que descanse, la fatiga es **crónica.**
- Los síntomas de la fatiga mental son: dolores de cabeza habituales, insomnio, depresión, ansiedad, agresividad, irritabilidad, etcétera.

Para impedir la aparición de los riesgos derivados de la carga mental se deben llevar a cabo las siguientes medidas preventivas y de protección:

▶ MEDIDAS DE PREVENCIÓN Y PROTECCIÓN
Organizativas: eliminar ruidos, adquirir mobiliario adecuado y ubicarlo correctamente, tratar adecuadamente la información, eliminar jornadas de trabajo muy largas, flexibilizar los horarios de trabajo, eliminar cualquier forma de presión psicológica, etcétera.
Individuales: una alimentación saludable, la práctica regular de ejercicio físico moderado y un buen patrón de descanso influyen positivamente no solo en la propia salud, sino también en la capacidad de resistencia a la fatiga.

Actividad resuelta

9.12. Alberto cursó el ciclo superior de Desarrollo de Aplicaciones Web y trabaja como diseñador web *freelance*. Pasa casi todo el tiempo sentado frente a un ordenador. Está contento, pues se trata de un trabajo donde hay libertad de horarios, elige los proyectos y no tiene jefes. Pero también tiene inconvenientes, pues trabaja solo, tiene que llevar la contabilidad, tratar con los clientes (algo que no soporta), los horarios de trabajo son interminables (más de 40 horas semanales) y a veces piensa que por más que estudie no va a ser capaz de mantener el ritmo de actualización que exige su trabajo.

a) Señala los riesgos derivados de la carga de trabajo a los que está expuesto Alberto.

b) Indica los posibles daños que pueden derivarse y cómo puede prevenirlos.

Solución:

a) Carga física: Alberto realiza un trabajo estático, pues pasa mucho tiempo sentado frente al ordenador; además, adopta posturas inadecuadas cuando escribe en el teclado y realiza continuos movimientos repetitivos cuando utiliza el teclado del ordenador o cuando usa el ratón.

Carga mental: Alberto tiene que manejar gran cantidad de datos y muy complejos, que requieren un alto grado de concentración y una formación permanente. Además, al ser autónomo, son muchas las horas que dedica a esta actividad.

b) Daños derivados de la carga física: sobre todo trastornos musculo-esqueléticos en la zona de la espalda y en las manos. Se pueden prevenir con cambios de postura y descansos periódicos dentro de la jornada cada 15 minutos. La silla, el teclado, el ratón y la pantalla deben tener un diseño ergonómico y adaptarse a las características antropométricas del trabajador.

Daños derivados de la carga mental: puede desarrollar a la larga fatiga mental, que se manifiesta como una progresiva disminución de la capacidad de respuesta, atención, memoria, etcétera. Se puede prevenir mediante un tratamiento adecuado de la información, así como mediante la eliminación de jornadas de trabajo muy largas y de cualquier forma de presión psicológica, una alimentación sana y la práctica de algún deporte.

Actividades propuestas

9.11. Señala el riesgo de carga física o mental que pueden tener los siguientes trabajadores:

- Una cajera de un supermercado.
- Un fontanero que está agachado arreglando una tubería.
- Un juez.
- Un arquitecto.
- Un recepcionista de un hotel.

9.12. Santiago tiene 48 años y es conductor de tranvías. Trabaja entre 6 y 8 horas en intervalos de 2 horas seguidas y lo hace en una posición forzada. Siente molestias muy importantes en el cuello y en los trapecios, que mejoran con tratamiento de fisioterapia; el médico de la empresa no le ha dado mucha importancia. En verano es peor, pues el aire acondicionado está encima de su cabeza y le da directamente en el cuello. Con los nuevos vehículos la situación empeora, ya que tienen ruedas rígidas y la espalda se resiente en las curvas; además, no llega a los pulsadores del control de mandos.

a) ¿Tiene en cuenta la empresa los riesgos ergonómicos?

b) ¿Cuáles son los principales factores de riesgo en el trabajo de Santiago?

c) ¿Qué daños le pueden producir en su salud?

9.5. Riesgos derivados de las condiciones psicosociales

La psicosociología es una técnica que se ocupa del estudio de la conducta interpersonal para evitar los daños psicológicos que puede sufrir el trabajador como consecuencia del trabajo y de sus formas de organización.

Los riesgos psicosociales laborales se definen como aquellas condiciones que se encuentran presentes en una situación laboral y que están directamente relacionadas con la organización, el contenido del trabajo y la realización de la tarea, y cuyas consecuencias pueden afectar tanto al desarrollo del trabajo como a la salud del trabajador (física, psíquica o social).

Los riesgos psicosociales dentro de una organización vienen determinados por el ambiente laboral o entorno objetivo y por las condiciones subjetivas o características personales del trabajador:

▶ RIESGOS ASOCIADOS A LAS CONDICIONES PSICOSOCIALES

Riesgos derivados del entorno objetivo de la empresa:

- **Relativos al ambiente físico:** iluminación, ruido, vibraciones, temperatura, humedad, ambientes contaminados, etcétera.
- **Relativos a la organización:** un clima de comunicación inadecuado, un estilo de mando autoritario y falta de descansos.
- **Relativos al contenido de las tareas:** la falta de autonomía y un trabajo repetitivo y monótono pueden generar insatisfacción, depresión, etcétera.

Riesgos derivados de las características personales del trabajador: son aquellos factores que generan peligros concretos para la salud del trabajador según la percepción que este tenga de ellos y de su capacidad para hacerles frente. Estos factores dependen fundamentalmente de las características de la persona y de sus relaciones interpersonales.

Los riesgos psicosociales pueden generar los siguientes daños a la salud del trabajador:

▶ PRINCIPALES DAÑOS ASOCIADOS A LOS RIESGOS PSICOSOCIALES

Insatisfacción laboral

Insatisfacción laboral: es un fenómeno que se caracteriza por el rechazo hacia el trabajo por parte del trabajador, que afecta tanto a su salud como a la productividad, y que está ocasionado por factores derivados de una inadecuada organización del trabajo, como:

- Sobrecarga de trabajo.
- Estilo de mando autocrático.
- Falta de comunicación.
- Factores personales.
- Factores extralaborales.

Burnout

Desgaste profesional o síndrome de *burnout*: es aquel que produce en el trabajador síntomas de agotamiento emocional, cansancio físico y psicológico, junto con la sensación de ineficacia, es decir, de no ser un profesional capaz de atender las tareas laborales de forma adecuada.

Afecta preferentemente a trabajadores de ciertos sectores: sanitarios, docentes, personal de seguridad, servicios sociales, etc., donde los destinatarios de su tarea son personas a los que prestan un servicio asistencial. Son consideradas profesiones que llevan implícito poner en el trabajo una alta implicación emocional.

Las características que lo definen son las siguientes:

- **Desgaste emocional:** el trabajador se siente agotado para tratar directamente con el usuario.
- **Despersonalización:** se vuelve poco a poco frío y distante con las personas que atiende.
- **Falta de realización personal:** el trabajador valora negativamente lo que hace.
- **Síntomas de estrés físico:** cansancio, malestar general, problemas somáticos, etcétera.
- **Síntomas de estrés psíquico:** depresión, ansiedad, irritabilidad, etcétera.

Estrés laboral

Estrés laboral: el trabajador sufre estrés cuando las exigencias del entorno de trabajo exceden la capacidad propia para hacerles frente o controlarlas. En un primer momento se emplean todas las fuerzas para cumplir con la tarea. Si esta situación se mantiene, sobreviene el agotamiento físico y mental, y puede aparecer algunos de los síntomas como insomnio, irritabilidad, taquicardias, pequeños mareos, úlcera de estómago, etcétera.

Las causas del estrés pueden estar relacionadas con las situaciones que se exponen a continuación.

Situaciones generadoras de estrés	
Características de la tarea	• Sobrecarga de trabajo: cuando el trabajo no se puede realizar en el tiempo disponible y sobrepasa la capacidad del trabajador. • Infracarga de trabajo: cuando el trabajador quiere trabajar y no se le proporcionan tareas. • Repetitividad: cuando el trabajo es monótono y rutinario. • Ritmo de trabajo: cuando el ritmo de trabajo lo marca la máquina. • Responsabilidad: cuando el trabajador debe tomar decisiones importantes. • Libertad de decisión: cuando el trabajador no participa en la toma de decisiones. • Formación requerida: falta de entrenamiento previa al desempeño.
Estructura de la organización	• Ambigüedad del rol: el trabajador no sabe cuáles son sus funciones ni lo que se espera de él. • Conflicto de rol: se produce cuando hay demandas, exigencias en el trabajo que son entre sí contradictorias o incompatibles para realizar el trabajo. • Falta de participación: la empresa restringe la consulta a los trabajadores, etcétera.
Falta de comunicación	• Estilo de mando: generan estrés tanto los estilos autoritarios como los permisivos. • Relaciones interpersonales: por aislamiento social o físico, conflictos con los compañeros o jefes, falta de apoyo en el trabajo, etcétera.
Características del empleo	• Precariedad del trabajo: inseguridad en el empleo, bajos salarios, etcétera. • Las condiciones físicas del trabajo: trabajar en situaciones térmicas extremas, ruido ambiental continuo, vibraciones, etcétera. • Riesgos de la integridad física del trabajador. • Organización del tiempo de trabajo: jornada, trabajo a turnos, trabajo nocturno, entre otros, por su repercusión en las relaciones sociales y familiares.

Mobbing o acoso moral

Mobbing: se denomina acoso moral o *mobbing* al hecho de que una persona o grupo de personas ejerzan una violencia psicológica extrema, de forma sistemática y durante un tiempo prolongado, sobre otra persona en el lugar de trabajo, produciendo en las víctimas un daño psicológico y físico que, a menudo, conlleva bajas laborales continuadas y en ocasiones el fin anticipado de su vida laboral. Esta forma de acoso siempre es intencionada y pretende conseguir algunos de estos objetivos:

- Desequilibrar psicológicamente a la víctima.
- Conseguir que se vaya voluntariamente de la organización para evitar la indemnización por despido o evitar un competidor profesional.
- Canalizar la agresividad del acosador con alguna persona que él considere más débil o vulnerable.

Las consecuencias que se derivan del *mobbing* no solo afectan al propio acosado, sino a todos aquellos que le rodean y al propio ámbito laboral.

Consecuencias del *mobbing*	
Para el acosado	• Trastornos del sueño: dificultades para conciliarlo o mantenerlo. • Alteraciones del sistema nervioso: palpitaciones, arritmias, sensación de ahogo, etcétera. • Alteraciones cognitivas: fallos de atención, infravaloración de sí mismo, etcétera. • Síntomas psicosomáticos: vómitos, pesadillas, mareos, llanto fácil, etcétera. • Síntomas de estrés crónico: dolor de cabeza y dolores musculares. • En casos extremos, depresiones e incluso el suicidio.
Para la organización del trabajo	• Reducción de la cantidad y la calidad del trabajo resultante. • Deterioro de la comunicación y del compañerismo. • Aumento del número de bajas laborales. • Importantes pérdidas económicas.
Para la familia	• Deterioro de las relaciones familiares, al sufrir el problema y sus consecuencias. • Necesidad de ayuda profesional para ayudar al acosado.
Para la sociedad	• Costes asistenciales sanitarios públicos: bajas, pensiones de invalidez, jubilaciones anticipadas, prestaciones por desempleo, etcétera. • Pérdida de fuerzas de trabajo.

Las medidas preventivas más recomendables son de carácter global, organizativas y colectivas, más que medidas particulares sobre el trabajador.

Las medidas de prevención sobre el trabajador serán posteriores o complementarias a las actividades de prevención organizacional. Algunas pautas pueden ser las siguientes:

▶ MEDIDAS DE PREVENCIÓN Y PROTECCIÓN

Sobre la **organización:**

- Modificar la organización del trabajo: enriqueciendo y ampliando tareas, rotando tareas y puestos, dando mayor autonomía, delegando responsabilidades, etcétera.
- Mejorar el medio ambiente de trabajo: controlando los riesgos profesionales, adecuando el ambiente físico, la temperatura, la iluminación o los colores.
- Modificar el espacio: estableciendo medidas para evitar el hacinamiento o el aislamiento en los lugares de trabajo.
- Racionalizar el tiempo de trabajo: estableciendo pausas y descansos adecuados.
- Suministrar información sobre los procesos de trabajo: informando anticipadamente de los cambios tecnológicos.
- Favorecer la participación de los trabajadores en las medidas organizativas, en la toma de decisiones, etcétera.

Sobre el **individuo:**

- Cambio de conducta.
- Apoyo social.
- Alivio del estrés.
- Mejora del autocontrol .
- Mejora de la eficacia personal.

Actividad resuelta

9.13. Marta ha terminado el ciclo de grado medio de Comercio y está trabajando de dependienta en una tienda de ropa con un contrato en prácticas de 6 meses. Gana 500 € netos al mes. Durante todo el día, en el local hay mucho ruido, la música es muy estridente y la tienen puesta a un volumen muy alto. La iluminación es demasiado intensa, llegándole a producir dolores de cabeza. Otro problema es que la ventilación es muy mala y hay un desagradable olor a bajante cada vez que llueve. La temperatura del local deja mucho que desear, en invierno hace un calor insoportable debido a la calefacción y en verano hace demasiado frío. La dueña es sumamente autoritaria y constantemente le dice lo que tiene que hacer, no la deja descansar ni un momento. A Marta, que trabaja de cara al público, cada día le cuesta más mostrarse amable, se irrita con mucha facilidad y está agotada tanto física como psicológicamente.

a) ¿Qué le ocurre a Marta?

b) ¿Cómo se le puede ayudar?

Solución:

a) Marta está estresada, debido a la excesiva carga de trabajo, al estilo de mando y a las deficiencias del local en el que trabaja. Además, recibe un salario claramente insuficiente y unas inestables condiciones laborales.

b) Se le puede ayudar si se mejora el medio ambiente de trabajo y se toman las siguientes medidas:
   - Control de los riesgos profesionales, adecuando el ambiente físico: ruidos, temperatura, ventilación e iluminación.
   - Racionalización del tiempo de trabajo: estableciendo pausas y descansos adecuados.
   - Mejora de las condiciones laborales con un salario digno y una estabilidad en el empleo.

En el caso práctico inicial

En su trabajo Luis está expuesto a riesgos psicosociales. Algunos de los factores que están presentes son debidos a la organización del trabajo: trabajo nocturno, horas extras, cambios de turno y jornadas de trabajo intensas y prolongadas.

Otros factores son debidos a las características de la tarea: ritmo de trabajo y trabajo en exceso; así como a la situación personal de Luis, como son los estudios, exámenes, etcétera.

Manifiesta síntomas que podrían estar indicando un síndrome de *burnout* o estar quemado.

Actividades propuestas

9.13. Mónica es auxiliar administrativa y lleva 23 años trabajando en una empresa constructora. Después de estar una semana de baja por una gripe, cuando regresa al trabajo se encuentra con que la han cambiado de lugar y la han destinado a un pequeño habitáculo de apenas 6 metros cuadrados completamente aislado, mal amueblado, lleno de polvo, sin teléfono, ni material de oficina, ni calefacción y con apenas iluminación. Mónica siempre tiene frío y va muy abrigada, aunque sea verano, y todos se mofan de ella, sobre todo el jefe.

Su trabajo desde hace varios meses consiste en reordenar archivos de facturas de años anteriores. El nuevo dueño de la empresa quiere presionarla y que abandone su puesto de trabajo voluntariamente.

a) ¿Cuál es el problema?

b) ¿Cómo puede afectar a la salud de Mónica?

c) ¿Tiene solución?

9.14. Pablo trabaja en una agencia de viajes desde hace 10 años y está frustrado; en la agencia nunca tienen en cuenta sus sugerencias para mejorar el servicio que prestan a sus clientes, y recibe posteriormente las quejas de estos. Las semanas se le hacen interminables y las consigue superar gracias a sus aficiones de fin de semana. El domingo es el peor día de la semana, porque significa que está próximo el comienzo de otra semana más. Lo han trasladado ya seis veces de oficina y ha conocido a 12 nuevos compañeros. Cada traslado ha ido a peor, en el último apenas puede respirar. Es un local muy pequeño y la calefacción está al máximo; para colmo, está situado en un polígono lejos de la ciudad y entran pocos clientes. Nadie le ha preguntado qué le ocurre. Le dicen que si está mal, que se vaya. Ya no le ilusiona su trabajo y todo le da igual.

a) ¿Qué le ocurre a Pablo?

b) ¿Cuáles son las características del ambiente laboral y personales que han favorecido la aparición de este problema?

c) ¿Cuáles son las consecuencias para la empresa?

d) ¿Puede hacer algo la agencia para mejorar la situación?

1. Condiciones de seguridad

9.1. Luisa trabaja como técnico de laboratorio. El autoclave se le ha averiado cuando estaba en funcionamiento. Para evitar parar el trabajo, decide repararlo sin esperar al técnico de mantenimiento e intenta hacerlo sin detener la máquina ni desconectarla previamente. ¿Crees que es arriesgado lo que hace Luisa? ¿Qué puede sucederle? ¿Hay un modo mejor de hacerlo?

9.2. Cita tres ejemplos de riesgos graves e inminentes.

9.3. En una empresa química de Almería, una máquina para la elaboración de bobinas de plástico ha ocasionado ya siete accidentes por atrapamiento de miembros superiores. Se trata de una máquina obsoleta, no homologada y sin marcado CE, a la que el empresario ha incorporado un dispositivo consistente en unos carros con raíles para desplazar las bobinas con mayor rapidez. Dichos carros dificultan el acceso de los trabajadores, y les obligan a usar su mano izquierda para accionar un pestillo, en vez de la derecha como hacían con anterioridad, y esto aumenta el riesgo de atrapamientos. El empresario se niega a comprar una máquina nueva. ¿Qué riesgos existen en esta situación? ¿Es correcta la actuación del empresario? ¿Qué pueden hacer los trabajadores?

9.4. Identifica los tipos de fuego que pueden producir las siguientes sustancias y cuál es el tipo de extintor que puede utilizarse.

Sustancia	Clase de fuego	Tipo de extintor
Papel		
Aluminio		
Gasóleo		
Cera		
Madera		
Gas butano		
Plástico		
Mercurio		
Gas ciudad		

9.5. Completa la siguiente tabla:

Profesión	Condición laboral	Riesgo laboral	Daño laboral
Electricista			
Curtidor de pieles			
Profesor			
Minero			

2. Condiciones medioambientales

9.6. José Manuel trabaja en una constructora que está realizando un novedoso e importante tramo de autovía. En un reciente reconocimiento médico le detectan hipoacusia (pérdida de audición). José Manuel soporta un nivel medio de ruido de 86 dBA y no utiliza ningún tipo de EPI. Además, en determinados momentos, el ruido alcanza picos de 138 dBC. El trabajador informa a su jefe, pero cree que no es necesario tomar medidas preventivas, ya que, según su criterio, los momentos de alta exposición al ruido son muy aislados y puntuales.

a) ¿Tienen derecho los trabajadores a que se apliquen medidas preventivas adecuadas? ¿Cuáles?

b) ¿Debería la empresa facilitar y obligar a José Manuel a utilizar EPI? En caso afirmativo, señala algún EPI que podría utilizar para reducir su exposición al ruido.

9.7. Especifica a qué tipo de riesgos se enfrentan los siguientes trabajadores, el tipo de daño que pueden producir y algunas medidas preventivas o de protección que se deben aplicar:

a) Una administrativa trabajando en una oficina.

b) Un trabajador de una central nuclear.

c) Una trabajadora de un laboratorio de investigación biológica.

d) Un pulidor de suelos de mármol y terrazo.

e) Un miembro del personal de tierra de un aeropuerto.

9.8. Clasifica las siguientes situaciones según su nivel de exigencia visual:

a) Pasillo de uso habitual.

b) Talleres de relojería.

c) Carpintería.

d) Taller textil.

e) Trabajos de joyería.

f) Oficina.

g) Garaje.

h) Almacén.

9.9. Marina trabaja en un taller de corte y confección y hace 2 días la luz del fluorescente que ilumina su mesa de trabajo comenzó a parpadear e iluminar de manera intermitente. Su compañera le ha comentado que se lo comunique al gerente para que le cambien el fluorescente. Marina no le presta atención y continúa con su trabajo. Al cabo de una semana, Marina comienza a sentir fuertes dolores de cabeza. Además, a veces se le nubla la vista y no es capaz de centrar la mirada, lo que le ha provocado que haya cometido errores en el corte de algunos patrones de vestidos.

a) ¿Qué riesgo crees que está provocando las diversas molestias y daños que está sufriendo Marina?

b) ¿Cuáles crees que han sido los daños que han provocado en la trabajadora la exposición a dicho riesgo?

c) ¿Qué medidas preventivas se deben adoptar para eliminar el riesgo?

9.10. Elsa acaba de ser contratada para formar parte del servicio de radiología de un hospital.

a) ¿A qué tipo de radiaciones estará expuesta?

b) ¿Cuáles pueden ser las consecuencias para su salud si no toma las medidas oportunas?

c) Indica alguna de las medidas de prevención, que a tu juicio, se deberían llevar a cabo para que no sufra daños en su salud.

9.11. Ana, arquitecta de la constructora DEC, SL, acaba de ser diagnosticada como enferma de gripe A.

a) ¿Qué tipo de riesgo ha provocado la enfermedad de Ana?

b) Describe cuál es la vía de entrada al organismo y el riesgo infeccioso y de propagación al resto de personas.

c) ¿Existe un tratamiento eficaz?

3. Condiciones ergonómicas

9.12. Identifica las causas que pueden producir riesgos ergonómicos en el sector profesional relacionado con el ciclo que estas cursando.

9.13. Elena trabaja en la recepción de paquetes en una empresa de mensajería. Además, debe contestar al teléfono y atender a los clientes que llegan al local, por lo que muchas veces se le acumula tanto trabajo que se forman colas que la ponen muy nerviosa.
¿Qué le está sucediendo a Elena? ¿A qué es debido? ¿Cómo puede prevenirse?

9.14. ¿Crees que las mujeres tienen más riesgo que los hombres de padecer lesiones músculo-esqueléticas? Busca información en Internet y razona tu respuesta.

9.15. Enumera al menos 5 actividades profesionales en las que existan riesgos de trastornos músculo-esqueléticos.

9.16. Paco trabaja en una escuela taller. En su clase tiene un alumno parapléjico que va en silla de ruedas. La escuela tiene ascensor, pero es muy antiguo y se avería constantemente, por lo que debe subir al alumno con ayuda del conserje a la primera planta de la escuela. La última vez se hizo daño en la espalda y estuvo 15 días de baja.
¿A qué tipo de riesgo está sometido Paco? ¿Cuál es la causa? ¿Cómo se puede prevenir?

9.17. Margarita es secretaria administrativa. El 60% de su tiempo de trabajo lo pasa sentada ante el ordenador. La mesa es bastante baja y tiene poco espacio, por lo que el teclado queda prácticamente al borde de esta. También utiliza mucho tiempo el teléfono y recibe información por vía telefónica a la vez que toma notas en su ordenador, por lo que debe sujetar el auricular sobre el hombro mientras escribe. La luz en la oficina es escasa y tiene que acercarse mucho a la pantalla del ordenador y a los documentos que maneja. Cuando termina el día le escuecen los ojos y le duele mucho el cuello y la espalda.

Señala al menos tres riesgos a los que está expuesta Margarita y las posibles soluciones.

4. Condiciones psicosociales

9.18. Identifica las causas que pueden producir riesgos psicosociales en el sector profesional relacionado con el ciclo que estas cursando.

9.19. Relaciona cada situación de riesgo con la profesión que la produce:

Vigilante	Carga mental
Relojero	Ritmo de trabajo
Albañil	Jornada por turnos
Controlador aéreo	Trabajo repetitivo
Juez	Iluminación
Cajera	Trabajo nocturno
Enfermera	Esfuerzos físicos

9.20. Federico trabaja en una compañía de seguros, en la que trabajan un total de 60 personas. Es el jefe del departamento de atención telefónica al cliente de seguros del hogar. En su departamento hay dos equipos de 8 personas y un coordinador por cada equipo, que también atiende el teléfono. La mayoría son chicas con edades en torno a los 25 años, diplomadas, licenciadas o con formación profesional. Su tarea consiste en atender por teléfono al cliente, verificar los datos de la póliza en el ordenador, registrar la incidencia que el cliente le comenta y comunicarla al perito para que contacte con el cliente.

Cada trabajador recibe un promedio de 15 llamadas a la hora, por lo que pueden dedicar poco tiempo a cada cliente, con las consiguientes quejas. El curso de formación sobre prevención se imparte a los trabajadores sobre la marcha el primer día. Lo hacen los propios compañeros y el coordinador. Ante este ritmo de trabajo, las trabajadoras aguantan poco y se marchan. Además, cuando Federico ve las llamadas en espera se pone a gritar y lo paga con Rosalía Macías, la empleada más antigua. Federico se queja de que para esto no lo contrataron y se ve sin preparación ni formación para afrontar estos problemas; además la empresa cuestiona muchas de sus decisiones, por lo que no se siente valorado. Los empleados no se comunican con él porque tienen miedo a ser despedidos.

¿Cuál es el problema principal de esta empresa? ¿Qué factores de riesgo asociados a la organización del trabajo se detectan? ¿Qué consecuencias puede tener para la empresa? ¿Cuál sería la primera medida preventiva que se debe tomar?

REPASANDO...

Los riesgos profesionales

CLINICAL es un centro médico dedicado a la realización de análisis clínicos y estudios por imagen en el que trabajan, entre otros, Jesús, Pablo, Ana y Laura.

Jesús trabaja en el almacén del centro médico clasificando y colocando el material que recibe el hospital en cajas que va amontonando en altas estanterías. Está bastante aislado, pues trabaja solo en el almacén, un lugar en el que no hay luz natural ni calefacción y en un ambiente muy seco, por lo que se le reseca la garganta constantemente.

a) ¿Qué riesgos puedes identificar en el trabajo de Jesús? ¿Qué daños puede sufrir? ¿Qué medidas preventivas debe adoptar?

Como está solo todo el día, le encanta que su jefe le ordene ayudar a los otros compañeros a colocar muestras de sangre y de orina.

b) ¿Qué tipo de riesgos corre Jesús cuando ayuda a manipular las muestras de sangre y de orina? ¿Cómo podrá evitar dichos riesgos?

Jesús es muy amigo de Ana, la técnica en radiodiagnóstico, que trabaja en una consulta haciendo radiografías, separada del resto por un simple biombo, sin ninguna señalización especial.

c) ¿Cuáles son los principales riesgos que asume Ana en su trabajo? ¿Qué precauciones se deben tomar?

Pablo es el recepcionista y trabaja en el mostrador de la entrada, donde introduce en el ordenador los datos de los pacientes que van entrando en la clínica. Pablo es bajo de estatura; su mesa y su silla quedan a una altura muy incómoda e inadecuada. Ninguna de las dos se puede regular en altura, por lo que le resulta bastante difícil trabajar. Además, la pantalla está frente a la cristalera, lo que produce muchos deslumbramientos.

d) ¿A qué riesgos está expuesto Pablo? ¿Cómo se podrían mejorar sus condiciones laborales?

Laura es técnica de laboratorio. Es la encargada de analizar las muestras en el laboratorio utilizando agentes reactivos químicos; le cuesta encontrarlos porque no están bien etiquetados y a veces cuando se gasta un bote se rellena con el mismo o con otro producto y se olvida etiquetarlo.

e) ¿A qué riesgos está expuesta Laura? ¿Qué habría que mejorar en la organización del laboratorio?

La carga de trabajo es muy grande y se pasa muchas horas sin moverse y sin cambiar de postura. A veces siente dolores en la espalda y le están saliendo varices en las piernas. Es muy buena en su trabajo, además de una trabajadora incansable, por eso el jefe se aprovecha y no duda en pedirle que haga horas extras, pero lleva así tres meses y ya no puede más.

f) ¿Qué condiciones se podrían mejorar en el puesto de trabajo de Laura?

SALA DE PRENSA

India recuerda su mayor tragedia industrial: el desastre de Bhopal

La madrugada del 3 de diciembre de 1984, la fábrica de pesticidas de la empresa Union Carbide de la ciudad de Bhopal sufrió una potente fuga de gases tóxicos: en total, 42 toneladas de isocianato de metilo (MIC) escaparon en forma de gas de la fábrica estadounidense, que se llevó la vida de prácticamente todo aquel que encontraba a su paso. Mucha gente estaba durmiendo a esa hora y no tuvo tiempo de escapar. Otros miles de ciudadanos de Bhopal se echaron aterrados a las calles para huir del gas y alcanzar los hospitales, aunque los centros médicos se vieron pronto superados por la situación y muchas personas agonizaron durante horas mientras el aire tóxico penetraba en sus pulmones.

Según las cifras oficiales del Gobierno, murieron 5.000 personas. Las asociaciones que dan apoyo a las víctimas suben esa cantidad a 25.000 y hablan de 500.000 afectados con distintas incapacidades.

Un total de 150.000 personas siguen pagando sus consecuencias. La fábrica, ahora abandonada y en manos del Gobierno, es un esqueleto oxidado entre vegetación salvaje. Trescientas toneladas de residuos tóxicos anidan todavía en su interior. El agua de muchos barrios continúa contaminada desde que Union Carbide vertiese restos químicos en estanques mal diseñados que filtraron el líquido al subsuelo y al suministro de agua de las zonas más pobres de la ciudad. Ese agua es utilizada por miles de familias para beber, cocinar o lavar la ropa. Su consumo ha provocado enfermedades crónicas como desórdenes alimenticios y menstruales, malformaciones físicas, problemas respiratorios y de estómago o parálisis.

Las nuevas generaciones no se salvan. Y ya van tres. «Hace un mes nació un niño sin un brazo y sin una oreja. Murió nada más nacer. Hasta el día de hoy siguen naciendo con defectos de nacimiento porque sus padres estuvieron y están expuestos al agua contaminada y no hay facilidades médicas para ellos», afirma a este diario Rachna Dhingra, del Grupo de Información y Acción de Bhopal, una de las organizaciones que dan asistencia a las víctimas.

En muchos casos sus padres sufren alguna discapacidad física por el gas, de modo que no pueden trabajar. «No tienen dinero suficiente porque no tienen ingresos y deben elegir entre medicarse o comer», añade esta activista. Según las asociaciones de afectados, el 93 % de los supervivientes recibió en 1989 unos 300 euros de compensación, la única ayuda hasta ahora.

Fuente: *www.elmundo.es.* Víctor Olazábal. Bhopal (India), 3 de diciembre de 2014.

a) ¿A qué tipo de riesgo fueron expuestos los habitantes de Bhopal? ¿Qué consecuencias produjo?

b) ¿Cuál fue la vía de entrada principal en el organismo humano? ¿Hubo otras?

c) ¿Qué medidas preventivas pueden adoptarse para evitar las consecuencias de este tipo de riesgos?

Actuación frente a emergencias: el plan de autoprotección y los primeros auxilios

10

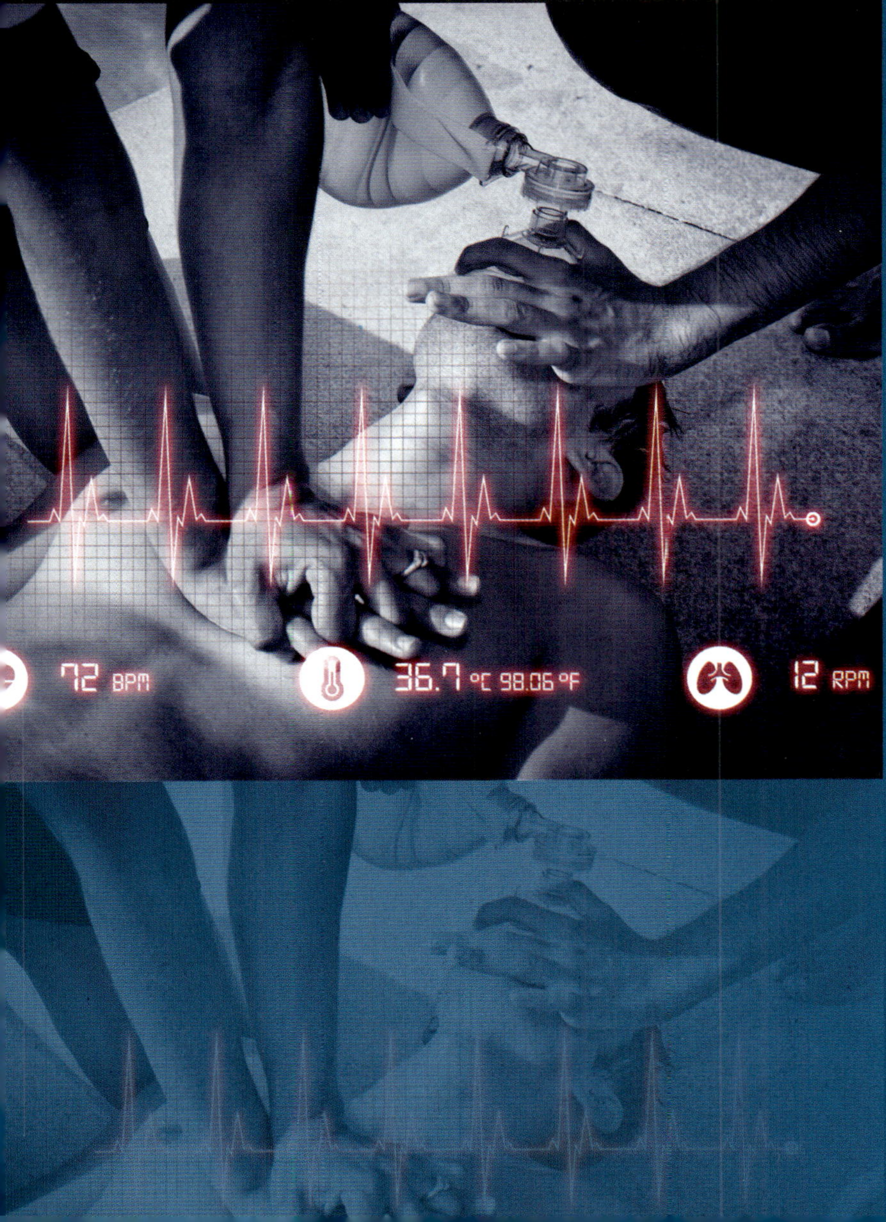

Contenidos

Objetivos

- Conocer los componentes esenciales del plan de autoprotección de la empresa, así como analizar los protocolos de actuación en caso de emergencia.
- Valorar y reconocer la importancia del conocimiento de las técnicas de primeros auxilios en caso de accidente.
- Aplicar eficazmente el soporte vital básico.
- Identificar y aplicar de manera adecuada las técnicas básicas de primeros auxilios en el lugar del accidente.
- Conocer las técnicas básicas de transporte de accidentados y el contenido del botiquín de primeros auxilios.

Cuestiones

a) ¿Has realizado algún simulacro de emergencias?

b) ¿Conoces alguna actuación que nunca debe realizarse cuando se está evacuando un centro?

c) ¿Has presenciado algún accidente? ¿Qué ocurrió? ¿Qué hiciste?

d) ¿Sabes qué son los primeros auxilios?

e) ¿Conoces alguna técnica de primeros auxilios? ¿Te gustaría saber aplicarlas?

Caso práctico inicial

Carmen trabaja en una fábrica de chacinas cuando, de pronto, suena la alarma de emergencias y por la megafonía informan de que se ha producido un incendio y se debe evacuar el centro de trabajo. Carmen no sabe muy bien cómo actuar, ya que desde que comenzó a trabajar nadie le ha dado información ni formación sobre emergencias. Además, nunca se ha realizado ningún simulacro. De pronto aparece Manuel, del equipo de primera intervención de emergencias, que le comenta que debe salir al pasillo y seguir las indicaciones de Lisa, del equipo de alarma y evacuación. Lisa le indica el punto de concentración y la guía hacia la salida de emergencias más cercana. Carmen llega a la salida pero no puede abrir la puerta; algo la bloquea, por lo que debe dar la vuelta, y al fin se encuentra con un compañero que la lleva al punto de concentración.

En el lugar de concentración se encuentra Sergio, un trabajador que forma parte del equipo de primeros auxilios, que realiza una primera valoración de las víctimas.

Sentada en la carretera ve a Elvira. La trabajadora tiene la pierna colocada en posición anómala, hinchada y amoratada. Con el humo no vio los peldaños de la escalera y cayó rodando; la trasladaron dos compañeros a la «sillita de la reina». Al lado, tendido bocarriba, está Alberto, otro trabajador. Se encuentra consciente pero respira con bastante dificultad y sufre quemaduras muy profundas en la cabeza y en ambos brazos.

Un poco más allá, dos compañeros dejan a Marina, una trabajadora que sufre una parada cardiorrespiratoria. Está inconsciente y no respira ni tiene pulso. Junto a ella está Luisa, una compañera, que sangra abundantemente por una herida en el antebrazo. La sangre es de un color rojo intenso y fluye abundantemente.

Sergio colabora con los servicios sanitarios en la aplicación de maniobras de soporte vital básico y, tras estabilizar a los accidentados, los trasladan al hospital según su estado de gravedad.

10.1. La actuación frente a emergencias en la empresa

La LPRL, en su artículo 20, establece que el empresario, ante posibles situaciones de emergencia, teniendo en cuenta el tamaño y la actividad de la empresa, así como la posible presencia de personas ajenas a la misma, deberá:

- Analizar las posibles situaciones de emergencia y adoptar las medidas necesarias en materia de primeros auxilios, lucha contra incendios y evacuación de los trabajadores.
- Designar al personal encargado de poner en práctica estas medidas y comprobar periódicamente, en su caso, su correcto funcionamiento. El citado personal deberá poseer la formación necesaria, ser suficiente en número y disponer del material adecuado, en función de las circunstancias antes señaladas.
- Organizar las relaciones que sean necesarias con servicios externos a la empresa, en particular en materia de primeros auxilios, asistencia médica de urgencia, salvamento y lucha contra incendios, de forma que quede garantizada la rapidez y eficacia de estas.

Para dar respuesta a las posibles situaciones de emergencia, las empresas elaborarán el plan de autoprotección, dentro del cual se incluirá el plan de emergencias. Dicho plan, junto con las medidas de primeros auxilios para atender a un posible accidentado o enfermo hasta que se obtenga una asistencia médica profesional, forman los 2 elementos claves de actuación de la empresa frente a una situación de emergencia y que desarrollaremos durante esta unidad.

10.2. El plan de autoprotección

El plan de autoprotección es el documento que establece el marco orgánico y funcional previsto para un centro de trabajo, un establecimiento, un edificio, una instalación o una dependencia, con el objeto de prevenir y controlar los riesgos sobre las personas y los bienes y dar una respuesta adecuada a las posibles situaciones de emergencia, integrando estas actuaciones con el sistema público de protección civil.

El plan de autoprotección se mantendrá adecuadamente actualizado y se revisará, al menos, con una periodicidad no superior a 3 años. Dicho plan tendrá, al menos, el siguiente contenido mínimo:

A. Información y evaluación del «riesgo»

1. **Identificación de los titulares y del emplazamiento de la actividad.** Este capítulo tiene como objetivo proporcionar la información básica necesaria que permita identificar o localizar el edificio (plano de situación, dirección, etc.) y a los interlocutores válidos. En concreto, se deberán identificar el propietario del edificio donde se desarrolla la actividad, los titulares de la empresa y los responsables del plan de autoprotección (teléfonos, nombre, dirección, etcétera).
2. **Descripción detallada de la actividad y del medio físico en el que se desarrolla.** Tiene como objetivo proporcionar la información relativa a las características de su emplazamiento y de su entorno más inmediato. Entre otras informaciones recoge, por ejemplo, la actividad principal y las posibles actividades secundarias que se desarrollan (descripción de la actividad principal y de las actividades secundarias o de servicio como cafetería, comedor, aparcamientos, etc.), la descripción del centro de trabajo (número de plantas, superficie total, altura...), etcétera.
3. **Inventario, análisis y evaluación de riesgos.** Tiene como objetivo tener a disposición de los responsables del edificio o centro de trabajo la información de los riesgos que puedan precisar en relación con el análisis de una situación de emergencia y en la toma de decisiones para su resolución. Entre otras informaciones, recoge, por ejemplo, los riesgos inherentes al propio edificio (tipo de estructura, tipo de cubierta, zonas de riesgo especial: almacenes, archivos, laboratorios, ascensores, etc.), los riesgos propios de la actividad (incendio, explosión, etc.) o el número de personas que pueden estar en el edificio en las condiciones más desfavorables o de máxima ocupación, que supone un dato muy importante que se debe considerar en todo plan de autoprotección.

B. Medios de protección disponibles

4. **Inventario y descripción de las medidas y los medios de autoprotección del plan de emergencia.** Tiene como objetivo tener conocimiento de los medios y los recursos de protección disponibles para el control de las situaciones de emergencia que puedan presentarse. Entre otros datos, recoge, por ejemplo, los medios humanos y materiales, para controlar los riesgos y enfrentarse a situaciones de emergencia (medios de protección contra incendios, medios de primeros auxilios y salvamento —botiquines, camillas, sillas de ruedas, etc.—, medios de evacuación: condiciones de las escaleras, de las salidas, etcétera).

C. Plan de emergencia

5. **Plan de actuación ante emergencias.** Su objetivo es definir las acciones que hay que desarrollar para el control de la emergencia en su fase inicial, asegurando la alarma, la evacuación y el socorro, que analizaremos en el siguiente apartado de manera independiente por su gran importancia.

D. Implantación

6. **Programa de mantenimiento de instalaciones.** Deberá recoger el mantenimiento preventivo de las instalaciones de riesgo, el mantenimiento de instalaciones y los medios de protección y las inspecciones de seguridad.
7. **Integración del plan de autoprotección.** Contendrá, entre otras informaciones:
   - Los **protocolos de notificación de la emergencia.** La solicitud de «ayuda externa» se realizará de forma telefónica llamando al 112, siguiendo el siguiente protocolo de información:

Debes conocer...

La coordinación con la «ayuda externa» se realizará a través del jefe de emergencias. Una vez llegue la «ayuda externa», serán ellos los que dirijan las actuaciones de intervención que corresponda llevar a cabo.

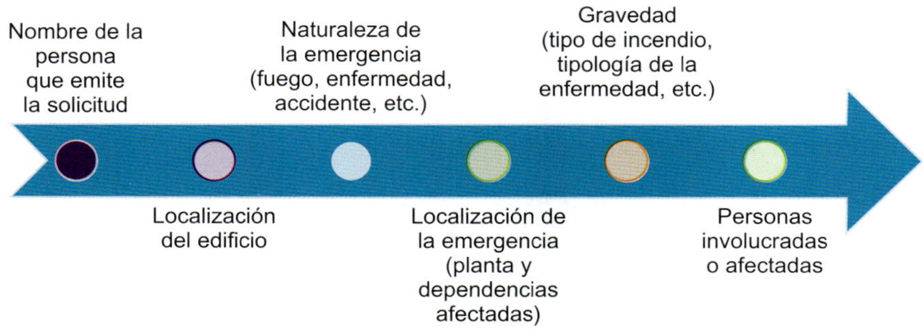

Concepto clave

Simulacro: acción que se realiza imitando un suceso real para tomar las medidas necesarias de seguridad en caso de que ocurra realmente.

8. **Implantación del plan de autoprotección.** Se trata de uno de los capítulos más importantes dentro del plan de autoprotección, ya que supone la puesta en marcha de este, mediante la información a todos los interesados. Entre otros datos, recogerá:

   - El **programa de formación y capacitación para el personal con participación activa en el plan de autoprotección.** Al menos, un curso al año dirigido a los miembros de los equipos de emergencias.
   - El **programa de formación e información de todo el personal.** Se realizarán sesiones informativas de carácter general, al menos, 1 vez al año. Deberá entregarse un folleto con instrucciones generales, las cuales se referirán al menos a las:

Instrucciones que hay que seguir en caso de alarma.
Instrucciones que hay que seguir en los distintos supuestos de emergencia.
Instrucciones que hay que seguir en caso de alarma general.

   - La **señalización** y las **normas de actuación.** Se dispondrán señales o pictogramas y planos con el mensaje «**Ud. está aquí**», con la descripción de las instrucciones de actuación de carácter general que se deben tener en cuenta en caso de emergencia:
     — Las vías de evacuación y las salidas.
     — El itinerario de salida más próximo que corresponde a su área.
     — La localización de los medios de detección, alarma y extinción.

9. **Mantenimiento de la eficacia y actualización del plan de autoprotección.** Entre otros datos, podemos encontrar como elemento más destacable:

   - El **programa de ejercicios y simulacros.** Sirve para poner en práctica las instrucciones de actuación recibidas en la implantación del plan de autoprotección y para medir la eficacia. El simulacro se realiza de acuerdo con un supuesto previamente diseñado y los objetivos que hay que perseguir son, entre otros, los siguientes:
     — El entrenamiento.
     — La detección de anomalías.
     — La comprobación del correcto funcionamiento.
     — El control de tiempos.
     — La medición de la eficacia.

   La realización de simulacros periódicos debe programarse, al menos, 1 vez al año. Finalizado el «ejercicio», se reúnen todos los intervinientes y se elabora un informe para recoger, como mínimo: la cronología del ejercicio, el análisis del desarrollo de este y las propuestas de mejora.

Actividad resuelta

10.1. Luisa, auxiliar administrativa, se encuentra trabajando cuando, de pronto, suena una ensordecedora sirena. Se encuentra confusa porque, aunque supone que se trata de una alarma de emergencia, no sabe cómo actuar. Pregunta a su compañera, pero también se encuentra en la misma situación y nadie viene a informarles. De repente, observan que comienza a entrar humo por la oficina, por lo que deciden salir rápidamente. ¿Debería Luisa haber recibido información y formación en situaciones de emergencia? ¿En qué debe consistir? ¿Cada cuánto tiempo debe realizarse?

Solución:

Sí, todo el personal debería haber recibido sesiones informativas sobre actuación en caso de emergencias de carácter general, realizadas, al menos, 1 vez al año. Deberá recibir un folleto con instrucciones generales, las cuales se referirán al menos a las:

- Instrucciones que hay que seguir en caso de alarma.
- Instrucciones que hay que seguir en los distintos supuestos de emergencia.
- Instrucciones que hay que seguir en caso de alarma general.

Además, se dispondrán carteles con instrucciones para informar a los usuarios y visitantes del establecimiento. Se establecerán señales o pictogramas y planos con el mensaje **«Ud. está aquí»,** con la descripción de las instrucciones de actuación de carácter general que se deben tener en cuenta en caso de emergencia:

- Las vías de evacuación y las salidas.
- El itinerario de salida más próximo que corresponde a su área.
- La localización de los medios de detección, alarma y extinción.

10.3. El plan de emergencias

El plan de emergencias es el documento, que forma parte del plan de autoprotección, que establece cómo debe actuarse para hacer frente a las situaciones de emergencia que puedan producirse, así como los medios de protección necesarios.

El contenido mínimo del plan de emergencia deberá ser al menos, el siguiente:

- Clasificación de las emergencias.
- Equipos de emergencias que deben intervenir.
- Procedimiento de actuación ante una emergencia.

10.3.1. Clasificación de las emergencias

Una vez confirmada la alarma, se procede a declarar, en función de la situación existente o previsible, el tipo de emergencia:

Conato de emergencia	La situación afecta a una zona concreta de la empresa y es perfectamente controlable por los equipos de primera intervención.
Emergencia parcial	• La situación afecta a una zona amplia de la empresa y a equipos e instalaciones críticas y puede preverse una evolución desfavorable del suceso con consecuencias limitadas. • La situación es controlable por los equipos de segunda intervención y puede requerir una evacuación parcial de los trabajadores.
Emergencia general	• La situación afecta a todo el centro de trabajo y/o instalaciones críticas y se prevé una evolución desfavorable del suceso con consecuencias importantes. • La situación desborda a los equipos de segunda intervención y puede requerir la evacuación general de toda la empresa.

En el caso práctico inicial

El plan de autoprotección obliga a establecer un programa de formación e información de todo el personal. Carmen no ha recibido formación e información alguna en emergencias, por lo que se encuentra confusa y sin saber qué debe hacer. Todo el personal debería haber recibido sesiones informativas sobre actuación en caso de emergencias de carácter general, realizadas, al menos, 1 vez al año. Deberá entregarse un folleto con instrucciones generales, las cuales se referirán al menos a las:

- Instrucciones que hay que seguir en caso de alarma.
- Instrucciones que hay que seguir en los distintos supuestos de emergencia.
- Instrucciones que hay que seguir en caso de alarma general.

Además, se dispondrán carteles con instrucciones para informar a los usuarios y visitantes del establecimiento. Se establecerán señales o pictogramas y planos con el mensaje «Ud. está aquí» con, al menos:

- Las vías de evacuación y las salidas.
- El itinerario de salida más próximo que corresponde a su área.
- La localización de los medios de detección, alarma y extinción.

10.3.2. Los equipos de emergencia

Es importante señalar que, para la puesta en funcionamiento del plan de emergencias, la empresa tiene que establecer una estructura organizativa y jerarquizada dentro de la organización, constituida por empleados especialmente formados y fijando las funciones y responsabilidades de sus miembros en situaciones de emergencia. Estos responsables son los siguientes:

▶ RESPONSABLE	▶ FUNCIONES
Jefe de emergencias	Persona con autoridad y capacidad de gestión. Activa el plan de emergencias, dirige y coordina la actuación en la emergencia. Contactará con los servicios externos en caso de necesitar su intervención para controlar la emergencia.
Jefe de intervención	Depende del jefe de emergencias y le mantiene informado. Se encuentra en el lugar de la emergencia y dirige a los equipos de intervención.
Centro de control	Normalmente es el personal de recepción. Centraliza toda la información y da los avisos de alarma.
Equipo de primera intervención (EPI)	Personas que intervienen de forma inmediata en la emergencia para controlarla, con los medios de que dispongan (extintores, etc.), y evitar que se extienda.
Equipo de segunda intervención (ESI)	Personas externas o internas a la empresa, especialmente entrenadas en resolver una emergencia concreta. Actúan cuando los EPI no consiguen controlar o eliminar la emergencia.
Equipo de alarma y evacuación (EAE)	Dirige la evacuación hacia el punto de encuentro.
Equipo de primeros auxilios (EPA)	Presta los primeros auxilios antes de que llegue la asistencia sanitaria.
Equipo de apoyo	Presta ayuda especializada a los diferentes equipos.

En el caso práctico inicial

- Manuel pertenece al equipo de primera intervención, que debe intervenir inmediatamente en la emergencia para controlarla o evitar que se extienda.
- Lisa pertenece al equipo de alarma y evacuación, que dirige la evacuación al punto de encuentro, por lo que guía a Carmen hacia la salida de emergencia y le indica el punto de encuentro más cercano.
- Sergio pertenece al equipo de primeros auxilios, por lo que presta los primeros auxilios antes de la llegada de la ayuda externa.

10.3.3. Procedimiento de actuación ante una emergencia

En ciertas ocasiones, debido a la gravedad de las emergencias (emergencia general) o por otras causas, se impone la necesidad de efectuar el desalojo de un centro de trabajo como único medio de salvaguardar la integridad física de sus ocupantes. La parte del plan de emergencias que hace referencia a la evacuación del edificio, es decir, a la salida organizada de las personas de un edificio, es el plan de evacuación. Este plan desarrollará aspectos tales como:

- La emisión de la señal de alarma.
- El orden en la evacuación.
- Las vías de evacuación.
- Las salidas de emergencia.
- La actuación de los equipos de emergencias.
- El lugar de concentración o punto de encuentro.

Debes conocer...

Sea cual sea la señal de alarma, es importante que todo el mundo la identifique perfectamente. Si la señal acústica va acompañada de una señal visual, como por ejemplo, una luz roja intermitente, es mucho más efectiva, porque los estímulos visuales siempre son más fáciles de captar que los auditivos.

En el caso práctico inicial

La alarma de emergencias de la fábrica es una señal acústica perfectamente identificable. Junto con la señal de alarma se informa sobre el riesgo y se da la orden verbal de evacuación del edifico.

▶ PROCEDIMIENTO DE ACTUACIÓN ANTE UNA EMERGENCIA	
Detección y alerta	• El sistema de detección de la emergencia debe contar con sistemas de detección automática frente a incendios, escapes, etc., y detección humana para el resto de casos. • La alerta se transmitirá por medios técnicos (por ejemplo: la alarma) y por el personal asignado.
Mecanismos de alarma	• La alarma constituye el aviso de la situación de emergencia a todas las personas del centro y la evacuación de las zonas de peligro. • El jefe de emergencias debe dar la alarma y comunicarse, si fuese preciso, con las ayudas externas: bomberos, protección civil, policía, etcétera. Es importante que el edificio disponga de un sistema de comunicación general con el cual se pueda transmitir la señal de evacuación, que debe darse simultáneamente a todo el edificio. Los diferentes medios pueden ser: una sirena o campana continua, una sirena o campana con una secuencia determinada o un mensaje pregrabado o por megafonía.
Mecanismos de respuesta frente a la emergencia	• Deberán seguirse las instrucciones del equipo de alarma y evacuación. • Los equipos de primeros auxilios atenderán a los heridos y ayudarán en la evacuación. • El equipo de primera intervención controlará la emergencia con los medios disponibles y colaborará con las ayudas exteriores si se han solicitado.
Evacuación y/o confinamiento	• Al oír la señal de evacuación, todos los ocupantes del centro tienen que salir rápidamente, pero de manera ordenada sin correr ni volver hacia atrás, por las vías de evacuación designadas hacia un espacio exterior fijado previamente que sea seguro **(punto de encuentro o concentración),** en el que se efectuará el recuento de las personas que hayan abandonado el edificio. Nunca debe utilizarse el ascensor en el caso de una emergencia. • Los responsables de cada planta deben asegurarse de que todas las personas a su cargo han sido evacuadas. • Las vías de evacuación estarán señalizadas, dispondrán de iluminación de emergencia y se mantendrán libres de obstáculos (mobiliario, cajas, material de trabajo, etc.) que impidan el paso fluido de las personas. Las puertas de salida que dan acceso a una vía de evacuación deben ser anchas, abrirse en el sentido de la circulación y localizarse con facilidad. Para cada zona de seguridad del edificio se establecerán dos vías de evacuación, una principal y otra alternativa. En el caso de tener que utilizar la alternativa, el jefe de emergencias lo comunicará por megafonía.
Prestación de las primeras ayudas	Los trabajadores que forman parte de los equipos de emergencias (EPA, EPI, etc.) deberán prestar las primeras ayudas hasta que lleguen las ayudas externas.
Recepción de las ayudas externas	El jefe de emergencias recibirá a las ayudas externas, les entregará un plano de cada planta y se pondrá a su disposición.

En el caso práctico inicial

Las vías de evacuación deberán estar libres de obstáculos. Marina se encuentra con la salida de emergencia bloqueada y debe buscar otra salida para llegar al punto de encuentro, lo que podría haber puesto en peligro su integridad física.

Debes conocer...

En caso de incendio se deben llevar a cabo las siguientes actuaciones adicionales:

- No abrir una puerta caliente.
- Cerrar las puertas, pero no bajo llave.
- Si hay humo, bajar la cabeza o caminar agachado y situar un pañuelo húmedo bajo la nariz y la boca.
- Si se incendia la ropa, se debe rodar por el suelo para sofocarlo y nunca se debe correr ni apagarla con agua.

10.3.4. Confinamiento

Se entiende por **confinamiento** permanecer organizadamente dentro de un edificio en el caso de que se produzca un peligro externo (fuego alrededor del edificio, grandes nevadas, etcétera).

Básicamente, lo que debemos hacer en estos casos es encerrarnos dentro del edificio, situarnos en el lugar más alejado del peligro externo, comunicar a las ayudas externas la incidencia y esperar sus instrucciones.

Actividad resuelta

10.2. Ordena las siguientes actuaciones frente a emergencias:

a) El equipo de alarma y evacuación da las instrucciones a los trabajadores para que realicen el recorrido previsto.
b) Se detecta un incendio en el laboratorio químico de la empresa.
c) El jefe de emergencias de la empresa activa la alarma y avisa al personal de la necesidad de realizar la evacuación.
d) El equipo de primera intervención comprueba que no hay ningún trabajador en la zona del incendio.
e) El equipo de primeros auxilios atiende a los heridos.
f) El jefe de emergencias declara el fin de esta.

Solución:

1. Se detecta un incendio en el laboratorio químico de la empresa.
2. El jefe de emergencias de la empresa activa la alarma y avisa al personal de la necesidad de realizar la evacuación.
3. El equipo de primera intervención comprueba que no hay ningún trabajador en la zona del incendio.
4. El equipo de alarma y evacuación da las instrucciones a los trabajadores para que realicen el recorrido previsto.
5. El equipo de primeros auxilios atiende a los heridos.
6. El jefe de emergencias declara el fin de esta.

Actividad propuesta

10.1. Paula trabaja en una empresa de producción de material informático y va a realizar un simulacro para comprobar el funcionamiento del plan de emergencias. El jefe de emergencias activa la alarma y los trabajadores se dirigen con calma a las vías de evacuación indicadas. Paula se encuentra en el segundo piso y después de toda una jornada de trabajo se encuentra cansada, por lo que decide coger el ascensor. Una vez que llega a la planta baja, se dirige a una de las puertas de salida y comprueba que hay un tremendo tumulto que espera salir. Observa que en la otra salida no hay nadie, ya que el pasillo en el que se encuentra está muy oscuro y las luces de emergencia no funcionan. Paula quiere salir lo más rápido posible y se dirige hacia ella con mucho cuidado, ya que en el pasillo en el que se encuentra la visibilidad es prácticamente nula. De pronto, Paula grita bruscamente; ha tropezado con algo y se ha dado un fuerte golpe en el suelo. Varios compañeros acuden rápidamente y logran sacarla al exterior. ¿Se ha realizado correctamente la evacuación? ¿Qué ha fallado?

10.4. Concepto de primeros auxilios

Los **primeros auxilios** son un conjunto de técnicas para atender a un accidentado y gestionar la urgencia en los primeros momentos del siniestro, mientras llega la asistencia sanitaria profesional. La rápida actuación ante un accidente puede salvar una vida.

Los recursos materiales y humanos necesarios en materia de emergencias y primeros auxilios tiene que establecerlos obligatoriamente la empresa, atendiendo a diversas circunstancias, como:

- Su siniestralidad.
- El tipo de actividad.
- El número de empleados.
- Los factores de riesgo más comunes.

El personal debe tener la **formación básica en primeros auxilios,** para que sepa actuar ante una pérdida de conocimiento, una hemorragia, una asfixia o un estado de *shock.* El socorrista laboral deberá tener una formación específica sobre los riesgos de la empresa, ejercerá sus funciones de forma voluntaria y será designado previa consulta a los delegados de prevención.

La intervención del socorrista debe seguir unas pautas que se conocen como **método PAS** (proteger, avisar, socorrer):

- **Proteger:** antes de actuar, hemos de tener la seguridad de que tanto el accidentado como nosotros mismos estamos fuera de todo peligro. Por ejemplo, no atenderemos a un electrocutado sin antes desconectar la corriente causante del accidente, pues de lo contrario nos accidentaríamos nosotros también.

Sabías que...

En la nota técnica NTP 605 del Instituto Nacional de Seguridad, Salud y Bienestar en el Trabajo puedes encontrar todo lo referente a las técnicas de primeros auxilios.

Debes conocer...

Para evitar errores en la intervención, un socorredor debe:

- Mantener la calma.
- Actuar con rapidez.
- Tranquilizar al accidentado.
- No mover al herido, a menos que sea estrictamente necesario.
- No dar de beber a una persona que esté inconsciente.
- Arropar al herido para mantenerlo caliente.
- No dejar solo al accidentado.

- **Avisar:** siempre que sea posible daremos aviso a los servicios sanitarios (112) de la existencia del accidente, y así activaremos el sistema de emergencia, para inmediatamente empezar a socorrer en espera de ayuda.
- **Socorrer:** después se actuará sobre el accidentado, efectuando en primer lugar una **evaluación primaria,** que consiste en reconocer los signos vitales, **consciencia – respiración – pulso,** siempre por este orden. Una vez se comprueba la presencia de consciencia o de respiración, se iniciará la **evaluación secundaria** mediante el reconocimiento de sus signos no vitales.

Debes conocer...

El orden de exploración en la evaluación secundaria es el siguiente:

cabeza – cuello – hombros – – tórax – abdomen – – extremidades inferiores – – extremidades superiores.

Sabías que...

El **triaje** es un método para clasificar heridos en función de su pronóstico vital. Establece la prioridad en la evacuación mediante la asignación de tarjetas de un determinado color:

- **Rojo:** prioridad uno. Inconsciencia, parada cardiorrespiratoria, hemorragia arterial, quemaduras y fracturas muy graves.
- **Amarillo:** lesiones menos peligrosas, traumatismos dorsales, craneoencefálicos, pequeñas hemorragias, etcétera.
- **Verde:** para lesiones de poca importancia, esguinces, fracturas menores, etcétera.
- **Negra o gris:** para personas fallecidas, que serían las últimas en evacuarse.

La cadena de socorro quedaría así establecida:

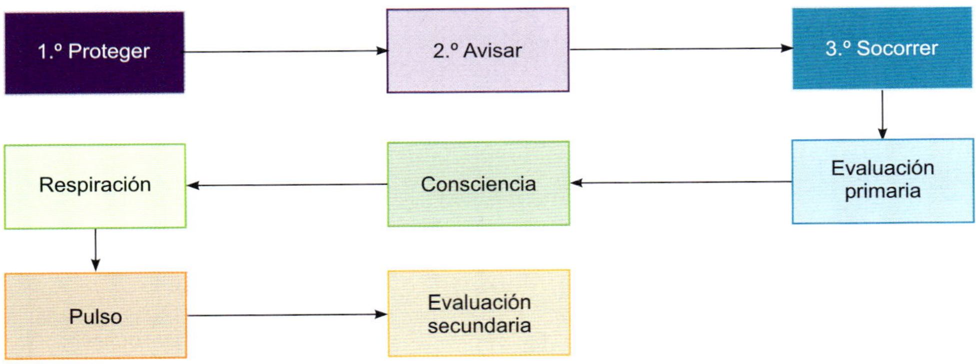

Cuando existen varios heridos a consecuencia de un accidente, hay que establecer un orden de atención, que será el siguiente:

1. Accidentado inconsciente, sin respiración o sin pulso.
2. Heridos graves, por ejemplo, una hemorragia abundante.
3. Personas en estado de *shock.*
4. Quemaduras graves.
5. Lesiones oculares.
6. Accidentados con fracturas abiertas y graves.
7. Resto de accidentados.

Actividad resuelta

10.3. Mario es electricista. Reparando una instalación eléctrica, su compañero sufre una descarga eléctrica que le produce una parada cardiorrespiratoria. ¿Qué puede hacer Mario?

Solución:

1. Proteger y desconectar la corriente.
2. Avisar al 112.
3. Socorrer al compañero. Realizar una evaluación primaria y después una evaluación secundaria.

10.4.1. Soporte vital básico (SVB)

Las medidas de soporte vital básico son el conjunto de actuaciones que se deben realizar ante una situación de emergencia, como una parada cardiorrespiratoria, que incluyen la detección de la emergencia, la llamada al sistema de emergencias (112) y el inicio de la reanimación cardiopulmonar inmediata (RCP).

El protocolo del soporte vital básico, según las recomendaciones del European Resuscitation Council (2018), es el siguiente:

Concepto clave

DEA: desfibrilación automática.

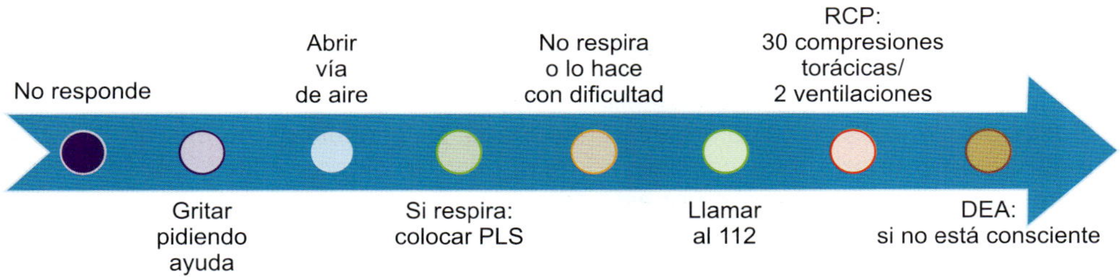

Debes conocer...

Las mujeres embarazadas siempre se colocarán en PLS sobre el costado izquierdo para no comprimir la vena cava inferior y evitar cortar la circulación sanguínea.

Sabías que...

El 112 es el número de teléfono de emergencias europeo establecido por decisión del Consejo de la Unión Europea el 29 de julio de 1991. Sirve para contactar con los servicios de emergencia (ambulancias, bomberos y policía) en cualquier país de la Unión Europea. Se puede marcar desde teléfonos fijos, incluyendo cabinas o teléfonos móviles y las llamadas son gratuitas. Funciona las 24 horas del día, los 7 días de la semana.

En la aplicación del soporte vital básico se comienza evaluando el estado de conciencia del accidentado. Para comprobarlo, le preguntamos cómo se encuentra: gritar y sacudir.

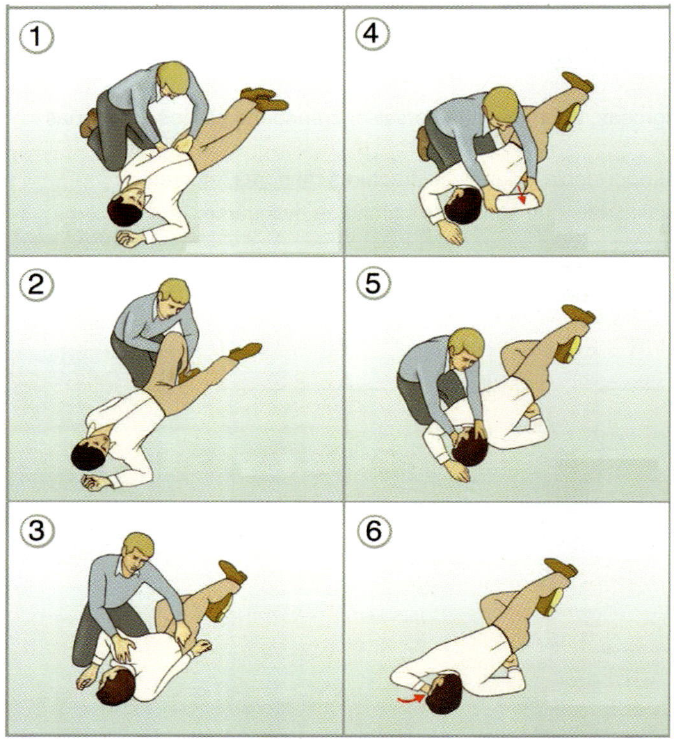

POSICIÓN LATERAL DE SEGURIDAD (PLS)

1. El socorrista se coloca de rodillas junto al accidentado a la altura de su cintura. Este debe vaciarle los bolsillos para facilitar que pueda rodar. Debe colocar las piernas estiradas y el brazo más alejado en ángulo recto con el cuerpo, con la palma de la mano hacia arriba. El otro brazo se coloca en paralelo al cuerpo del accidentado.
2. Flexionamos la pierna más próxima al socorredor.
3. Giramos el cuerpo hacia el socorredor.
4. Fijamos la posición colocando en ángulo recto el brazo que estaba estirado debajo del cuerpo.
5. Colocamos correctamente la cabeza.
6. Colocamos el dorso de la mano del brazo que no hemos flexionado bajo la cabeza del accidentado.

Puede suceder que responda o que no responda; de esta respuesta dependerá la actuación del socorredor. En la siguiente tabla podemos observar los mecanismos de actuación en cada una de esas situaciones:

► ¿ESTÁ CONSCIENTE?

Sí	No
1.° Tranquilizar al herido y dejarlo en la misma posición, siempre que no exista algún peligro.	1.° Comprobar **la respiración:** **Respira:** se coloca en posición lateral de seguridad, para evitar que se ahogue con posibles vómitos. **No respira:** abrir las vías respiratorias y recuperar la respiración (respiración artificial).
2.° Observar si existe alguna hemorragia sobre la que actuar.	2.° Comprobar **el pulso:** **Tiene pulso:** continuamos solo con la respiración artificial. **No tiene pulso:** trataremos de restablecer la circulación mediante un masaje cardiaco externo combinado con la respiración artificial (RCP).
3.° Si existiese alguna fractura, proceder a la inmovilización.	3.° Si el accidentado está **inconsciente,** pero **respira y tiene pulso,** se colocará en **posición lateral de seguridad (PLS),** siempre que no existan lesiones en la columna vertebral.
4.° Tratar las quemaduras.	4.° **Verificar** si hay hemorragias, fracturas, heridas o quemaduras y actuar de igual manera que si se tratase de un caso de consciencia.
5.° Observar con regularidad.	

El SVB debe aplicarse antes de transcurridos 4 minutos y su objetivo es mantener una mínima oxigenación del cerebro mientras llega la ayuda especializada.

Las recomendaciones de 2015 del Consejo Europeo de Reanimación hacen hincapié en comenzar las compresiones torácicas ante la más mínima duda de parada cardiorrespiratoria, sin perder mucho tiempo en comprobaciones (comprobar el pulso y la respiración simultáneamente en 10 segundos).

10.4.2. Reanimación respiratoria

Como hemos visto anteriormente, la forma de actuar cuando el accidentado está inconsciente y no respira es abrir las vías respiratorias y reanudar la respiración mediante la respiración artificial.

El proceso que debemos seguir es el siguiente:

A) Abrir las vías respiratorias: maniobra frente-mentón

1. Colocamos al accidentado boca arriba sobre un plano duro, con los brazos a lo largo del cuerpo. Aflojamos las ropas que puedan oprimirle el tórax o la garganta (cinturón, corbata, etc.) y extraemos posibles cuerpos extraños del interior de la boca (dentadura postiza, chicles, etcétera).
2. Desplazamos la cabeza hacia atrás colocando una mano sobre la frente del accidentado, mientras con las yemas de los dedos bajo el reborde del mentón elevamos su barbilla para abrir la vía aérea.
3. No se realizará esta maniobra si hay sospecha de lesión cervical o maxilofacial.

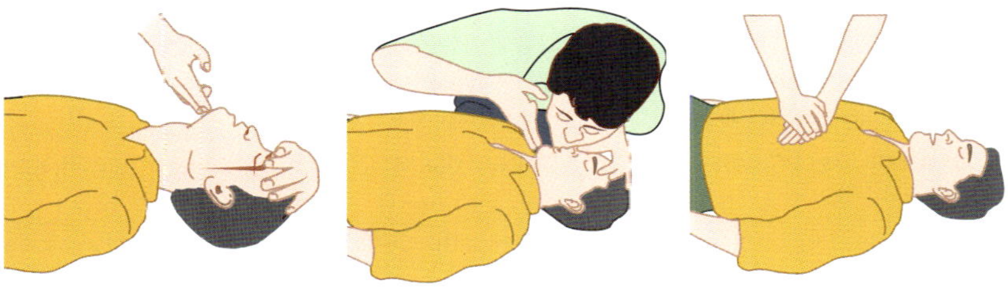

B) Comprobar la respiración: ver, oír y sentir

Durante 10 segundos, observamos si el pecho se eleva; también podemos escuchar o sentir si sale aire acercando nuestra cara a la del accidentado. Si no hay respiración, o si esta no es normal, pedimos ayuda y comenzamos a ventilar.

C) Practicar la respiración de rescate: boca a boca

1. Sujetando la frente con una mano, pinzamos la parte blanda de la nariz de la persona, para que la insuflación de aire cause la correcta elevación del pecho del accidentado.
2. Soplamos de manera constante dentro de la boca, mientras se observa la elevación del tórax durante aproximadamente 1 segundo. Lo normal es repetir la operación de insuflación a un ritmo de unas 10 veces por minuto.
3. Una vez realizado el procedimiento anterior, hay que verificar si hay o no pulso cada 2 minutos. En caso de que exista pulso pero no respiración, se debe continuar con la respiración artificial.

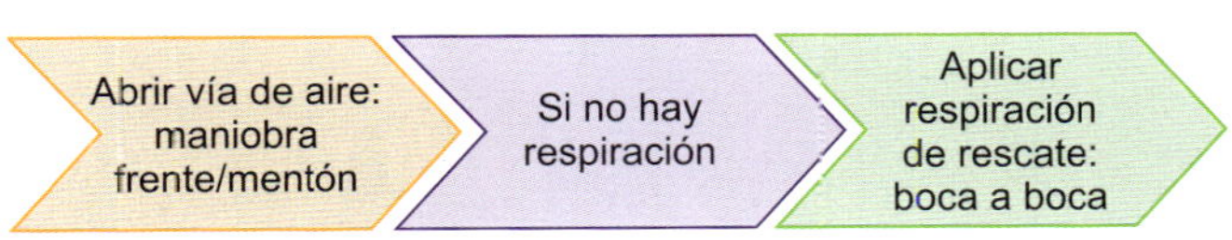

Si tras varias comprobaciones periódicas advertimos que no hay pulso, procederemos a la reanimación cardiopulmonar (RCP).

Sabías que...

En este enlace encontrarás un vídeo explicativo sobre cómo realizar la posición lateral de seguridad (PLS):

https://www.youtube.com/watch?v=gbsa_uMjHIQ

Actividad resuelta

10.4. El compañero de Mario tiene una parada cardiorrespiratoria. ¿Qué pasos básicos debe seguir Mario para auxiliarle?

Solución:

1. Ver si está consciente. Preguntarle su nombre y cómo se encuentra.
2. Abrir vía de aire con la maniobra frente-mentón.
3. Comprobar brevemente si respira y llamar al 112.
4. Comprobar rápidamente el pulso en la arteria carótida.
5. Realizar el masaje cardiaco.
6. Realizar 30 compresiones torácicas y 2 insuflaciones boca a boca. Repetir 30:2.

Concepto clave

Insuflación: introducción de aire con la boca en el cuerpo del accidentado.

Sabías que...

La falta de oxígeno puede ocasionar la muerte en 8 o 10 minutos; por eso un paro cardiaco es una situación de máxima urgencia.

Sabías que...

En el siguiente enlace encontrarás un interesantísimo simulador de RCP básico, donde podrás realizar prácticas sobre RCP:

http://madridsalud.es/area-interactiva/

Concepto clave

Compresión: es la presión que se ejerce sobre el esternón durante el masaje cardiaco.

Sabías que...

Seguir mentalmente el ritmo de la canción «Macarena» mejora la calidad de las compresiones en las compresiones en la RCP.

En el caso práctico inicial

¿Qué se puede hacer en una situación así?

Lo primero que debe hacer Sergio es transmitir calma a los heridos y después evaluar el entorno, para ver si hay otros peligros.

Seguidamente, realizará una valoración primaria de las víctimas: hay una, Marina, que está inconsciente. La tocará en el hombro preguntándole cómo está. Si no responde, deberá comprobar si respira y si tiene pulso, en ese orden. Aplicará la respiración de rescate o la RCP, respectivamente. Si recupera la respiración y el pulso, la colocará en la PLS (si no hay fractura de columna) y valorará otras lesiones (evaluación secundaria).

Después atenderá a Alberto. Si respira, lo colocará en la PLS. Después socorrerá a la mujer que sangra en el brazo y finalmente a la trabajadora con la pierna rota.

10.4.3. Reanimación cardiopulmonar (RCP)

La **reanimación cardiopulmonar** (RCP) tiene como finalidad la oxigenación de los órganos cuando la circulación sanguínea se paraliza, lo que se conoce como parada cardiorrespiratoria o cardiopulmonar (PCR).

Para comprobar el pulso, se colocan los dedos índice y corazón en el lado izquierdo del cuello (a la altura de la nuez) y se presiona ligeramente.

Si no hay pulso, se procede a aplicar la RCP inmediatamente:

▶ MASAJE CARDIACO

- Colocar al accidentado boca arriba sobre una superficie dura.
- El socorredor se coloca de rodillas junto al brazo derecho del accidentado.
- Abrir vía de aire: maniobra frente/mentón.
- Colocar el talón de una mano sobre la mitad inferior del esternón (por encima del apéndice xifoideo); la otra mano se apoyará de la misma forma sobre la que está en contacto con el tórax.
- Con los dedos estirados y los brazos perpendiculares al punto de contacto, presionar el tórax hasta que descienda no más de 5 centímetros y relajar.
- Es recomendable realizar una media de entre 100 a 120 compresiones por minuto en víctimas adultas.

El masaje cardiaco siempre va a ir acompañado de la respiración boca a boca, con la siguiente frecuencia:

▶ UN SOCORREDOR	▶ DOS O MÁS SOCORREDORES
Iniciar la RCP con 30 compresiones torácicas seguidas de 2 ventilaciones (30:2).	Iniciar la RCP con 15 compresiones torácicas seguidas de 2 ventilaciones (15:2).

- La interrupción de las compresiones torácicas para dar las dos ventilaciones no debe superar los 10 segundos.
- Si no es capaz de dar ventilaciones de rescate continúe la RCP solo con compresiones torácicas.
- Permitir la descompresión total del tórax después de cada compresión.
- Aplicar la RCP hasta que llegue la asistencia médica o hasta que la víctima comience a moverse.
- Una vez que el accidentado respire y tenga pulso, colocarlo en PLS.

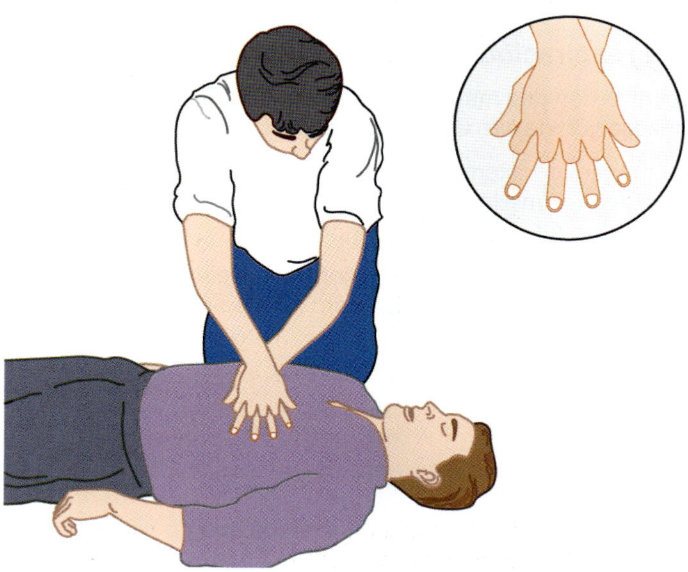

Actividades propuestas

10.2. Dos trabajadores están limpiando una fosa séptica. Uno de ellos va al servicio y, cuando vuelve, ve que su compañero yace inconsciente en el suelo, posiblemente por la emanación de gases tóxicos. Indica las acciones que debe seguir según el método PAS.

10.3. En una empresa se ha producido un incendio y durante la evacuación del local varios trabajadores han resultado lesionados: Pedro tiene una fractura abierta en la pierna, Gema sufre quemaduras en el 40 % del cuerpo, Rocío sangra abundantemente por la nariz y Luis, que está inconsciente, no respira ni tiene pulso. Indica cuál deberá ser el orden de atención de los heridos y organiza la evacuación según las reglas del triaje.

10.4. Jesús está trabajando con un taladro muy estropeado; tiene el cable deshilachado y cogido con cinta aislante. Al ir a desenchufarlo, tiró del cable y le dio una fuerte descarga. Su compañero fue a auxiliarlo, pero antes desconectó la corriente y avisó al 112. Como Jesús está inconsciente, no responde a ningún estímulo, pero tiene pulso, por lo que su compañero decide aplicarle el boca a boca.

a) ¿Es correcta esta secuencia?

b) ¿Cómo debe realizarse el boca a boca?

10.5. En la playa, una bañista sufre un desmayo con parada cardiorrespiratoria. Hay dos personas para auxiliarle. ¿Cómo deben hacerlo?

10.5. Técnicas de primeros auxilios en función de las lesiones

Cuando ocurre un accidente, las lesiones más comunes que se producen son las contusiones o las heridas, así como las fracturas, las luxaciones y los esguinces. Por eso, todos los trabajadores deberían tener unos conocimientos mínimos para saber cómo actuar ante este tipo de accidentes.

10.5.1. Heridas

Una **herida** es una lesión de la piel o de un órgano, producida por corte, desgarro, rasguño, contusión, etcétera.

Por la forma de producirse, las heridas pueden ser:

- **Incisas:** originadas por objetos cortantes.
- **Contusas:** originadas por objetos romos. Suelen producir hemorragias internas.
- **Especiales:** incisocontusas, punzantes, por mordedura o con arrancamiento.

El tratamiento que se debe seguir irá en función del tipo de herida:

Heridas simples	• Lavarse las manos con agua y jabón. • Limpiar la herida, partiendo del centro al exterior, con jabón o líquido antiséptico. • Colocar apósito o vendaje compresivo. No utilizar algodón, alcohol o pomadas.
Heridas graves	• Taponar la herida con gasas limpias o con compresas estériles si se dispone de ellas. • Aplicar una venda sobre la herida, más o menos apretada, cuidando de no interrumpir la circulación sanguínea. • Si es un miembro superior, colocar un cabestrillo.
Heridas del tórax	• Colocar al herido sentado o acostado sobre el lado herido, con la cabeza y los hombros algo incorporados, evacuándolo de esta manera. • Cubrir la herida con varias capas de compresas grandes, a ser posible estériles. No dar de beber ni comer.
Heridas del abdomen	• Cuando son pequeñas, se debe poner una compresa grande y sujetarla con esparadrapo. Si es ancha, no poner compresas. • Si el intestino sale, no intentar meterlo y si algún objeto permanece clavado (cuchillo, etc.), no quitarlo y evacuar al herido, moviéndolo lo menos posible. • No dar de beber ni comer.

Concepto clave

Incisocontusas: son heridas producidas por objetos cortantes con bordes nítidos, producidas con un fuerte impacto.

10.5.2. Quemaduras

Una **quemadura** es una lesión de la piel o de otro tejido, provocada por diferentes causas como el calor, la electricidad, los productos químicos, etcétera. La gravedad de una quemadura depende de varios factores: extensión, profundidad, edad del paciente y antecedentes patológicos. Se clasifica según diversos criterios:

Por su profundidad	• **Quemadura de primer grado:** la piel está enrojecida (eritema). • **Quemadura de segundo grado:** la parte interior de la piel (dermis) se quema, formándose ampollas (flictena) llenas de un líquido claro. • **Quemadura de tercer grado:** la piel está carbonizada y los músculos, vasos y huesos pueden estar afectados.
Por su extensión	• Se emplea la regla de Wallace o regla de los nueves: – Cabeza y cuello: 9 %. – Tronco anterior: 18 %. – Tronco posterior: 18 %. – Extremidades superiores: 9 % × 2 = 18 %. – Extremidades inferiores: 18 % × 2 = 36 %. – Genitales: 1 %.

Estos 2 criterios se utilizan para clasificar las quemaduras en función de su pronóstico o gravedad. Se consideran quemaduras graves que requieren ingreso hospitalario:

- Las quemaduras que afectan a una extensión superior al 10% de la superficie corporal (5% - 8% en niños o ancianos).
- Las quemaduras en sitios especiales (manos, pies, cara y perineo).
- Las quemaduras de tercer grado con extensión mayor al 2%.
- Cualquiera que sea la zona quemada, si supera el 15%.

▶ PROTOCOLO DE ACTUACIÓN ANTE QUEMADURAS GRAVES

- Eliminar o suprimir la causa apagando el fuego, desconectando la corriente si la quemadura la provoca un contacto eléctrico o retirando el producto químico.
- Enfriar la quemadura con abundante agua a una temperatura entre 10 y 20 °C, durante 10 o 15 minutos.
- Cubrir las quemaduras con sábanas limpias o con compresas estériles.
- Cubrir al herido con una manta o similar para evitar el enfriamiento general.
- Posición horizontal del quemado. Generalmente, de espaldas o en posición lateral si tiene quemada la espalda o boca abajo si tiene quemados los costados y la espalda.
- No dar de beber ni comer al quemado grave.
- Avisar a los servicios de urgencias.
- Evacuar inmediatamente.

También debemos tener en cuenta el agente que ha provocado la quemadura, porque las medidas de actuación varían considerablemente:

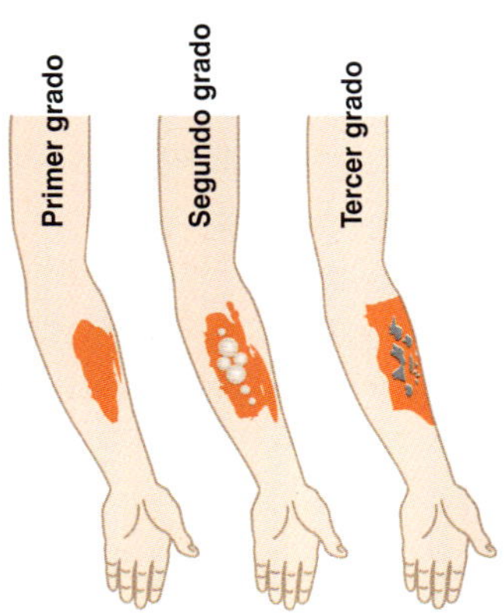

▶ AGENTE	▶ ACTUACIÓN
Fuego	• Sofocar el fuego con una manta o hacer que la persona ruede sobre sí misma. • Refrigerar con agua.
Electrocución	• Desconectar la corriente. • Separar al accidentado con un palo o pértiga aislante. • Realizar la RCP. • Cubrir las quemaduras con unas gasas estériles y trasladar al hospital.
Sustancias inflamables (gasóleo, alcohol)	• Nunca utilizar agua para apagar el fuego. • Sofocar con una manta no acrílica. • Utilizar el extintor.
Sustancias corrosivas (ácidos)	• Aplicar abundante agua en la zona afectada durante 20-30 minutos. • Quitar la ropa impregnada. • Cubrir la zona afectada y trasladar al hospital.

Actividad resuelta

10.5. En un almacén de ropa se ha producido un incendio, provocado al derramarse un bote de alcohol de limpieza sobre un radiador. Tres trabajadores que se encontraban en su interior han sufrido quemaduras de diversa gravedad. Sergio y Pedro, almacenistas, el primero se ha quemado los dos brazos al intentar sofocar el fuego con una manguera de agua y el segundo se ha quemado las dos manos al intentar rescatar a su compañero. La tercera trabajadora es Ana, la limpiadora. Al ver el incendio se asustó y se derramó en las piernas un bote de sosa cáustica que estaba utilizando para limpiar los baños. ¿Cómo debe actuarse ante esta situación? ¿Actuó Sergio correctamente?

Solución:

Sergio no lo hizo bien, ya que nunca se debe utilizar agua para apagar el fuego producido por líquidos inflamables, pues lo que hace es extender el fuego. Debería haber utilizado el extintor o ropa no sintética para apagarlo. Las quemaduras que sufren los dos trabajadores son graves y requieren ingreso hospitalario; en el caso de Sergio porque la extensión de la zona quemada supera el 15 % y en el caso de Pedro porque se ha quemado las manos, que es un sitio especialmente peligroso.

Seguidamente, habría que enfriar la quemadura con abundante agua a una temperatura entre 10 °C y 20 °C durante 10 o 15 minutos. Además, habría que cubrir las quemaduras con sábanas limpias o con compresas estériles, cubrir a los heridos con una manta o similar para evitar el enfriamiento general, ponerlos en posición horizontal del quemado, de espaldas, no darles de beber ni comer, avisar a los servicios de urgencias y evacuarlos inmediatamente.

En el caso de Ana, se debería aplicar abundante agua en la zona afectada durante 20-30 minutos. Además, habría que quitar la ropa impregnada, cubrir la zona afectada y trasladarla al hospital.

10.5.3. Hemorragias

Las funciones que se llevan a cabo en el organismo dependen del adecuado e ininterrumpido aporte sanguíneo, así que es obvio que casi cualquier tipo de herida en el aparato circulatorio puede ser peligrosa.

Una **hemorragia** es una salida de sangre fuera o dentro del organismo como consecuencia de la rotura accidental o espontánea de uno o varios vasos sanguíneos.

Las hemorragias se pueden clasificar:

▶ SEGÚN SU NATURALEZA	▶ SEGÚN SU PROCEDENCIA
• **Externas:** la sangre sale al exterior. • **Internas:** la sangre se aloja en una cavidad interna (por ejemplo, el estómago) y puede o no salir al exterior.	• **Arterial:** la sangre tiene un color rojo brillante y sale conforme a las pulsaciones del corazón. • **Venosa:** su salida es continua en forma de escurrimiento y tiene un color rojo oscuro. • **Capilar:** escasa salida de sangre, es común en heridas abrasivas.

Ante cualquier hemorragia debemos tumbar al accidentado en posición horizontal con los miembros inferiores elevados, arroparle y evitar cualquier movimiento y **avisar al servicio de urgencias.**

▶ HEMORRAGIAS EXTERNAS

- Realizar una compresión local en el punto que sangra, con uno o dos dedos o con la palma de la mano, en función de la extensión de la herida.
- Si la hemorragia cesa, procederemos a colocar un vendaje compresivo.
- Si no se detiene y dependiendo de dónde esté la hemorragia, habrá que hacer una compresión a distancia en un punto determinado: **cuello** → carótida / **hombro** → retroclavicular / **brazo** → arteria humeral (cara interna del brazo) / **muslo** → arteria femoral (ingle) / **pierna** → arteria poplítea.
- Aplastar siempre la arteria o vena contra el hueso lo más cerca posible de la herida.
- No aflojar nunca el punto de compresión y mantener al herido echado horizontalmente.
- Como último recurso se puede recurrir al torniquete. Se coloca por encima del codo o por encima de la rodilla, entre el corazón y la herida. Una vez colocado no debe aflojarse nunca y debe permanecer a la vista, colocándole un rótulo indicando nombre, hora y minuto de colocación.

En las hemorragias internas lo único que se puede hacer es vigilar al accidentado para detectar signos de colapso como palidez, sed, ansiedad, frío o taquicardia. Debemos tenderlo horizontalmente, abrigarlo, tranquilizarlo hasta que llegue la asistencia especializada y **evacuarlo con extrema urgencia.**

Debes conocer...

El torniquete solo se utilizará cuando el socorrista esté solo y deba atender a otros accidentados de extrema gravedad o en caso de miembros seccionados o aplastados.

Proceso de realización de un torniquete

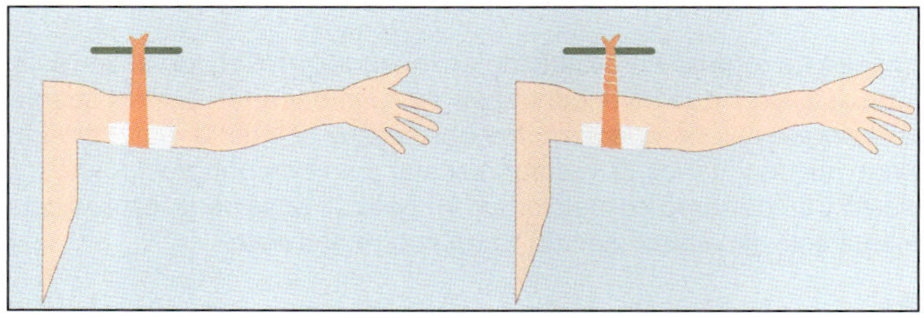

Actividad resuelta

10.6. Patricia trabaja en la carnicería de un supermercado. Los sábados a mediodía tiene que preparar muchos pedidos y para ir más rápido suele quitarse los guantes de malla, por lo que en un descuido, cortando unos huesos, se le desvió el cuchillo y se hizo un profundo corte en la mano. Patricia sufre un desmayo y su compañero, Luis, acude a socorrerla. Cuando ve la herida, observa que la sangre sale de forma continua y tiene un color rojo oscuro. ¿Cómo puede Luis socorrerla?

Solución:

Primero Luis debe comprimir la herida con una gasa o un pañuelo limpio, presionando en el punto de sangrado, y elevar la mano por encima del corazón. Al tratarse de una hemorragia venosa, por la forma de fluir la sangre y por el color rojo oscuro, previsiblemente con la compresión será suficiente.

Si pasados 10 minutos ve que ha parado de sangrar, sin retirar las gasas, procederá al vendaje y posterior traslado al hospital.

Si no para de sangrar, entonces pasaría a comprimir la arteria humeral. Esta arteria tiene su trayecto por debajo del músculo bíceps del brazo, por lo que Luis comprimirá esta zona con las yemas de los dedos. Deberá mantener la compresión hasta la llegada de la ambulancia o el ingreso en urgencias hospitalarias.

Si la hemorragia persiste, entonces hará un torniquete, adoptando todas las precauciones.

10.5.4. Fracturas

Una fractura es la rotura de un hueso. Los síntomas suelen ser: dolor, impotencia funcional, chasquido o crepitación, hinchazón-tumefacción y/o amoratamiento. Las fracturas pueden ser abiertas o cerradas.

- **Fractura cerrada** es aquella en la que no se produce rotura de la piel.
- **Fractura abierta** es aquella que está complicada con una herida.

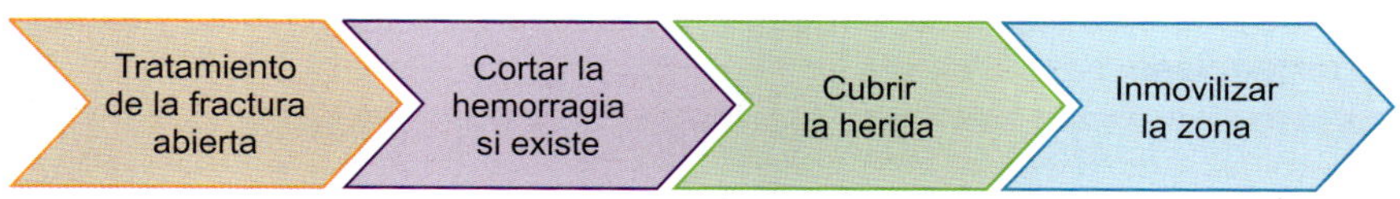

Cuando se produce una fractura, se procederá a la inmovilización de la zona afectada utilizando una **férula que abarque** las articulaciones más próximas, por encima y por debajo de la lesión.

Debes conocer...

La inmovilización se improvisa con:

- Férulas de madera.
- Bastones, flejes, ramas de árboles, tablillas, revistas, etc., sujetos con vendas, tiras de sábanas, cintas, ligas, pañuelos, cinturones, cuerda, etcétera.
- En fracturas de miembro inferior puede servir de férula el miembro sano extendido y atado o vendado juntamente con el lesionado.
- En fracturas de brazo puede servir el tronco fijándolo a este con vendas, bufandas, etcétera.

FRACTURAS EN LAS EXTREMIDADES

- Antebrazo: desde la raíz de los dedos a la axila, codo a 90° y muñeca en extensión.
- Codo: utilizar cabestrillo cuando el codo está flexionado y férula si está extendido. Mantener en la misma posición tras la fractura.
- Muñeca: desde la raíz de los dedos al codo y muñeca en extensión.
- Dedos de la mano: desde la punta de los dedos a la muñeca y dedos en semiflexión.
- Fémur y pelvis: desde la raíz de los dedos a las costillas, cadera y rodillas en extensión y tobillo a 90°.
- Tibia y peroné: desde la raíz de los dedos a la ingle, rodilla en extensión y tobillo a 90°.
- Tobillo y pie: desde la raíz de los dedos a la rodilla y tobillo a 90°.
- Hombro: sujetar con cabestrillo el brazo contra el tórax.

▶ FRACTURAS EN EL TRONCO, COLUMNA VERTEBRAL Y CUELLO

- No mover al lesionado, dejarlo tendido en el suelo y trasladarlo de inmediato al hospital.
- El traslado se hará en plano duro, evitando que flexione la columna vertebral.
- Fractura de cráneo: se instala al herido en PLS si está inconsciente.

En el trabajo es muy frecuente que se produzcan luxaciones y esguinces debidos a caídas, golpes, contusiones, etcétera.

Un **esguince** es una distensión o desgarro del ligamento, mientras que la **luxación** es el desplazamiento de un extremo del hueso que forma la articulación.

Los síntomas son: dolor, hinchazón y amoratamiento de la zona. En el esguince hay movilidad de la zona, en la luxación no se puede mover y pueden aparecer deformidades en la parte afectada. En ambos casos se debe inmovilizar la zona y, en el caso de que sea un esguince, se puede aplicar hielo.

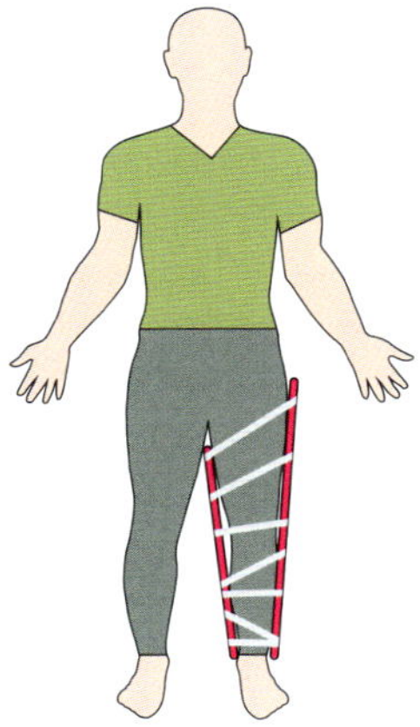

Actividad resuelta

10.7. Leticia es auxiliar administrativa en un banco. Cuando bajaba las escaleras con unas carpetas de documentos, ha pisado mal y se ha caído. En la caída se ha torcido el tobillo; siente mucho dolor, está bastante hinchado pero puede moverlo. También se queja de dolor en el codo, pues se lo ha golpeado al caer; tiene el brazo flexionado y si intenta moverlo le duele muchísimo. Su jefe, Antonio, acude en su ayuda. ¿Qué puede hacer Antonio para ayudar a Leticia?

Solución:

La lesión del tobillo puede ser un esguince; hay que aplicar hielo e inmovilizar la zona con un vendaje compresivo. En cuanto al codo, por los síntomas, puede que se trate de una fractura cerrada. Habría que inmovilizar el brazo en flexión utilizando un cabestrillo y seguidamente trasladarla a un centro hospitalario.

10.5.5. Atragantamientos

Se denomina **atragantamiento** a la obstrucción de la vía aérea por un cuerpo extraño, provocando un cuadro repentino de asfixia, que si no se resuelve puede producir pérdida de consciencia, seguida de parada cardiorrespiratoria y muerte.

Para intentar resolver esta grave situación, se deben realizar una serie de maniobras, cuyo objetivo es lograr la expulsión del cuerpo extraño. Existen varias opciones:

▶ OBSTRUCCIÓN PARCIAL

- Si el accidentado está consciente, el socorredor debe animarle a toser o bien inclinarlo hacia adelante, ponerle la mano en el pecho y darle 5 golpes seguidos en la espalda.
- Si la dificultad respiratoria empeora o se deteriora el nivel de consciencia, se procederá como si la obstrucción fuese completa.

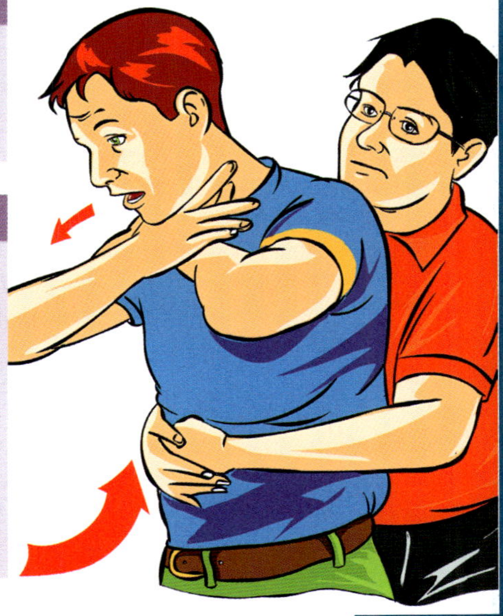

▶ OBSTRUCCIÓN TOTAL

- Despejar la boca y la faringe, dejándolas libres de cuerpos extraños mediante un barrido con el dedo.
- Seguidamente, se debe realizar la maniobra de Heimlich.
- Si está consciente: el reanimador se sitúa por detrás del paciente, rodeando con sus brazos el abdomen de este; acto seguido cerrará una mano sobre la otra a la altura del epigastrio del paciente y realizará 3 o 4 compresiones de forma rápida y ascendente.
- Si está inconsciente: se colocará al paciente tendido boca arriba sobre el suelo. Despejar la boca de cuerpos extraños con el dedo. El reanimador se situará a horcajadas sobre los muslos del paciente. Colocará el puño sobre el epigastrio del paciente, cubriéndolo con la otra mano. Por último, presionará de modo rápido y ascendente varias veces.

En el caso práctico inicial

Los primeros auxilios que hay que practicar con las víctimas conscientes serían los siguientes: En el caso de la trabajadora que sangra en el brazo, comprimiríamos la herida; si no deja de sangrar, practicaríamos un torniquete, pero como último recurso. En el caso de Alberto, vigilaríamos la respiración. Sobre las quemaduras por su extensión (27 % del cuerpo, según la regla de Wallace), trataríamos la quemadura siguiendo el protocolo. Por último, en el caso de la trabajadora con la pierna rota, le inmovilizaríamos la pierna colocándole una férula o bien utilizando la otra pierna como férula.

Actividad resuelta

10.8. Benito y Gonzalo son electricistas. Están en sus 15 minutos de descanso dentro de su jornada laboral y ambos disfrutan de un buen desayuno mientras charlan animadamente. De pronto, Benito empieza a toser; parece que se ha atragantado con un trozo de fiambre. Gonzalo, asustado, empieza a practicarle la maniobra de Heimlich. ¿Ha hecho lo correcto?

Solución:

No, porque Benito está consciente. Lo que tiene que hacer Gonzalo es animarle a toser o bien inclinarlo hacia adelante, ponerle la mano en el pecho y darle 5 golpes seguidos en la espalda.

Solo si la dificultad respiratoria empeora o se deteriora el nivel de consciencia, entonces sí habría que aplicar la maniobra de Heimlich.

Actividades propuestas

10.6. Estás en un restaurante y el señor de la mesa de al lado se atraganta y pierde el conocimiento. ¿Qué técnica le aplicarías?

10.7. Luisa es cocinera en un restaurante y se ha quemado con aceite hirviendo en ambas manos. Su compañera le ha metido las manos debajo del grifo de agua fría y le ha puesto una pomada. ¿Ha actuado correctamente? Según la regla de Wallace, ¿qué tipo de quemadura es?

10.8. Nuria se ha hecho un corte en la mano con un cuchillo de cocina mientras cocinaba. El corte es muy profundo y se ha puesto un paño de cocina comprimiendo la herida. Viendo que no se cortaba, se lo ha quitado y se ha puesto otro limpio. Al quitarlo, la sangre empezó a salir de una forma asombrosa. ¿Es correcta esta actuación? ¿Cómo podría detener la hemorragia?

10.6. Transporte de accidentados

Un herido grave solo debe ser movido en caso de extrema necesidad, si no es posible que reciba atención médica en el lugar donde se encuentra y necesite ser trasladado al hospital, o en el caso de que exista algún peligro (por ejemplo, cuando rescatamos a alguien de un incendio, inundación, etc.); en estos casos se debe verificar que al trasladar al paciente no se le ocasionan daños mayores.

El traslado puede realizarlo 1 sola persona o varias:

▶ UN SOCORREDOR

- Si la distancia es larga: se pasarán los brazos por debajo de la axila y se llevará de espaldas. Si está inconsciente, se cargará sobre el hombro o en brazos.
- Si la distancia es corta: se le puede arrastrar tirando de los tobillos.
- Estas técnicas se emplearán si no hay lesión de columna.

▶ VARIOS SOCORREDORES

- Si no hay lesión de columna: se puede trasladar a la «sillita de la reina», entrelazando ambos socorristas las manos.
- Si hay lesión de columna: se utilizará la técnica del puente. 3 socorristas se colocan con el herido tendido entre sus piernas y lo levantan a la vez en bloque. Un cuarto socorrista coloca una camilla debajo.

En el caso práctico inicial

En el caso de Elvira, los compañeros que se encargaron del traslado lo hicieron correctamente a la «sillita de la reina», pues la trabajadora no tenía lesión de columna.

10.7. Botiquín de primeros auxilios

Todas las empresas están obligadas por ley a tener un botiquín de primeros auxilios. Su contenido va a depender de los riesgos que existan en la empresa y de la facilidad de acceso al centro de asistencia. El contenido mínimo viene regulado en el Real Decreto 486/1997. Básicamente es el siguiente:

▶ INSTRUMENTAL BÁSICO

- Tijeras y pinzas.

▶ MATERIAL DE CURAS

- 20 apósitos estériles adhesivos, en bolsas individuales y dos parches oculares.
- 6 triángulos de vendaje provisional y gasas estériles de distintos tamaños, en bolsas individuales.
- Celulosa, esparadrapo y vendas.

▶ MATERIAL AUXILIAR

- Guantes, manta termoaislante y mascarilla de reanimación cardiopulmonar.

▶ OTROS

- Bolsas de hielo sintético.
- Agua o solución salina al 0,9 % en contenedores cerrados desechables, si no existen fuentes lavaojos.
- Toallitas limpiadoras sin alcohol, de no disponer de agua y jabón.
- Bolsas de plástico para material de primeros auxilios usado o contaminado.

Sabías que...

El botiquín debe colocarse en un lugar seco y lejos del calor. Debe estar accesible y ser fácilmente transportable.

Este contenido mínimo ha de ampliarse siempre que existan riesgos particulares, reponerse cuando algo se gaste y se deben verificar las fechas de caducidad.

Es recomendable que incluya un listado con teléfonos de emergencias.

Se ha de calibrar la necesidad de disponer de una o varias camillas y de ciertas prendas de protección como delantales, batas, mascarillas, etcétera. Este material no debería estar en el botiquín de primeros auxilios, sino en otro lugar y siempre al cuidado del personal que sepa utilizarlo.

No se deberían olvidar tampoco los «botiquines de viaje», en el caso de trabajadores cuya tarea se desarrolle fuera de la empresa.

Actividades propuestas

10.9. José es jardinero. Está podando un árbol, tenía mal apoyada la escalera y se ha caído de espaldas. Siente dolor en la zona lumbar y hormigueo en las piernas. Los compañeros acuden corriendo a socorrerle. Uno de ellos, con formación en primeros auxilios, les grita: «¡No lo movais!». ¿Es correcta esta actuación?

10.10. ¿Qué técnica deben utilizar para trasladar a José entre varios compañeros?

ACTIVIDADES FINALES

1. El plan de emergencias

10.1. Relaciona adecuadamente cada responsable con su función:

Responsable	Funciones
Jefe de emergencias	Depende del jefe de emergencias y le mantiene informado. Se encuentra en el lugar de la emergencia y dirige los equipos de intervención.
Jefe de intervención	Persona con autoridad y capacidad de gestión. Activa el plan de emergencias, dirige y coordina la actuación en la emergencia.
Centro de control	Dirige la evacuación total, hacia los puntos de encuentro.
Equipo de primera intervención (EPI)	Presta ayuda especializada a los diferentes equipos.
Equipo de segunda intervención (ESI)	Personas externas o internas a la empresa, especialmente entrenadas en resolver una emergencia concreta. Actúa cuando los EPI no consiguen controlar o eliminar la emergencia.
Equipo de alarma y evacuación (EAE)	Normalmente es el personal de recepción. Centraliza toda la información y da los avisos de alarma.
Equipo de primeros auxilios (EPA)	Personas que intervienen de forma inmediata en la emergencia para eliminarla o evitar que se extienda.
Equipo de apoyo	Presta los primeros auxilios antes de que llegue la asistencia sanitaria.

10.2. Ordena las siguientes actuaciones para realizar correctamente la actuación ante emergencias:

- Detección de la alarma.
- Transmisión de la emergencia mediante la activación de los mecanismos de alarma.
- Evacuación o confinamiento.
- Fin de la emergencia.
- Prestación de las primeras ayudas.
- Ayuda exterior.
- Poner en marcha los mecanismos de respuesta frente a la emergencia.

10.3. Son las 9:30 h de la mañana y Leticia se dirige hacia la fotocopiadora. Por el camino se encuentra a Alejandro, que acompaña a un nuevo empleado a la cafetería. «Aún no conoce bien el edificio» —dice Alejandro a Leticia—. Esta sonríe y prosigue su camino. Unos minutos más tarde suena, para el asombro de todos, una señal acústica. Va seguida de una orden: «Por favor, salgan del edificio». Alertada, Leticia observa la reacción de sus compañeros. Unos dejan los papeles sobre la mesa y sin más salen corriendo, otros vuelven al despacho a recoger con rapidez sus pertenencias, algunos corren en dirección contraria a las salidas de emergencia y otros dan órdenes sobre cuál es la puerta de emergencia más cercana.

En cambio, otros se quedan congelados y son incapaces de dar un paso. Con las prisas, ni siquiera se han parado a mirar los planos del edificio que cuelgan de las paredes de la oficina. Leticia deja las copias sobre una mesa y, con ligereza, se dirige hacia las vías de evacuación más próximas. Sabe que no debe utilizar los ascensores y junto a un grupo de compañeros se dirige a la calle.

En el camino se encuentra al nuevo empleado que está desorientado, asustado y permanece inmóvil en un rincón de la escalera de servicio. «¿No te han dado información sobre el plan de evacuación y emergencias al entrar al edificio?» —pregunta Leticia algo nerviosa—. «¿Te refieres a este papel?» —le contesta el nuevo empleado mostrándole un papel arrugado—. Leticia lo mira con sorpresa. Levantando al nuevo empleado del suelo, caminan ligeros hacia la salida utilizando las escaleras. Algunos compañeros esperan a otros en las inmediaciones del edificio. Leticia les avisa que lo mejor que pueden hacer es caminar hacia el lugar indicado como punto de encuentro.

Hacen falta más de 40 minutos para que todos los empleados del edifico se encuentren en el punto de encuentro.

Todo ha sido una falsa alarma, se trataba de un simulacro. La evacuación no ha tenido éxito, el personal ha tardado más tiempo del que se esperaba.

a) ¿Qué es lo que debía haber leído el empleado nuevo al entrar en el edificio? ¿Está obligada la empresa a dar información o formación sobre cómo actuar frente a emergencias?

b) ¿Es obligatorio que la empresa realice simulacros de emergencias?

c) ¿Cuáles crees que pueden ser los motivos por los que los empleados han tardado en evacuar el edificio?

d) Identifica cuáles han sido las acciones erróneas que han cometido los empleados e indica cuál hubiese sido la manera correcta de actuar frente a la emergencia.

2. Primeros auxilios

10.4. Francisco y Dolores trabajan como teleoperadores en una empresa de telecomunicaciones y ambos son socorristas laborales. Uno de los compañeros ha sufrido una parada cardiorrespiratoria. Mientras un compañero avisa al 112, ambos intentan reanimarlo practicando una RCP.

a) ¿Qué comprobaciones deberán realizar en primer lugar?

b) ¿Cómo deberán hacer la RCP?

c) ¿Por qué hay que aplicar el SVB antes de 4 minutos?

10.5. En la fábrica donde trabaja Miguel se ha producido un incendio y un compañero se ha desmayado a consecuencia del humo. Miguel comprueba que no respira. En la fábrica estaban los dos solos ese día, por lo tanto, deberá arreglárselas solo.

a) ¿Qué sistema puede emplear Miguel para trasladar al compañero?

b) ¿Cómo aplicará la respiración artificial?

10.6. Luis iba de su casa al trabajo, cuando dos coches chocaron delante de él y resultaron siete personas heridas. Después de avisar al 112 por el móvil, va a socorrerlos. ¿En qué orden deberá ir atendiéndolos?

Síntomas	Número de orden
Joven de 20 años con un cristal clavado en el ojo.	
Niño de 7 años con un brazo fracturado, que grita mucho.	
Mujer inconsciente, que no respira y no tiene pulso.	
Hombre de 40 años con varios cortes superficiales en la cara.	
Anciano con quemaduras en ambas manos.	
Anciana en estado de *shock*.	
Mujer de 50 años con una epistaxis (hemorragia nasal).	

10.7. Pedro se hace un lío con los pasos de la cadena de socorro. ¿Le puedes indicar cuál es el orden correcto?

socorrer - pulso - evaluación primaria - respiración - evaluación secundaria - consciencia - avisar - proteger.

1.°	
2.°	
3.°	
4.°	
5.°	
6.°	
7.°	
8.°	

10.8. Completa la secuencia del SVB según el organismo European Resuscitation Council (2018).

3. Quemaduras y hemorragias

10.9. Ramón trabaja en la construcción. Se ha caído del andamio y tiene una herida abierta en el abdomen. Su compañero Tomás intenta ayudarlo y le da a beber un poco de agua para que se calme. ¿Es correcta esta actuación? ¿Cómo puede ayudarle?

10.10. Julio trabaja en la cocina de un restaurante. Hoy se ha hecho una herida en la mano cortando jamón y no para de sangrar. El jefe de cocina viene con algunas cosas que ha encontrado en el botiquín y le echa un poco de alcohol en la herida, pues el antiséptico está caducado. Después, le pone un algodón para taparlo.

a) ¿Es correcto el tratamiento aplicado a Julio?

b) ¿Es adecuado el contenido del botiquín?

10.11. Antonio trabaja en una carpintería. Es su primer día de trabajo y quiere hacerlo todo bien y rápido. No pregunta nada, para que nadie piense que no sabe hacer las cosas. Al ir a cortar un tablón con la sierra, se ha producido una herida en el brazo muy profunda; sangra abundantemente, la sangre tiene un color oscuro y sale de forma continua. Los compañeros, alarmados, acuden en su ayuda y le hacen un torniquete.

a) ¿Qué tipo de hemorragia tiene Antonio?

b) ¿Es correcta la actuación de los compañeros? ¿Por qué?

10.12. Berta trabaja como cocinera en un restaurante. Esta mañana había mucha actividad en la cocina, se puso muy nerviosa y volcó una cacerola con agua hirviendo. El agua le cayó encima, quemándole el abdomen y ambas piernas. Las quemaduras son bastante profundas.

a) Determina la gravedad de las quemaduras, teniendo en cuenta la regla de Wallace.

b) Indica los primeros auxilios que deben practicarle.

4. Fracturas y atragantamientos

10.13. Pablo y Jorge están instalando una grúa. Una de las piezas se ha soltado, provocando la caída de ambos desde cuatro metros de altura. Pablo ha caído boca arriba y tiene un dolor muy agudo en el cuello. Jorge ha caído de pie y se ha roto la pierna derecha a la altura del muslo. Enseguida, llega el socorrista laboral y te pide que le ayudes a aplicar los primeros auxilios.

a) ¿Qué tendréis que hacer en primer lugar?

b) ¿Cómo pueden ser trasladados al hospital?

10.14. Berta ha resbalado esta mañana en el laboratorio. Cree que se ha roto el codo, ya que tiene el brazo doblado y le duele mucho. La compañera que fue a auxiliarla le ha estirado el brazo y le ha puesto una férula. Berta se ha desmayado del dolor. ¿Ha actuado correctamente la auxiliadora?

10.15. Jesús y Alicia están en la oficina en la hora del desayuno. Jesús se atraganta con la comida y no puede respirar, aunque está consciente. Alicia se pone muy nerviosa y comienza a gritar. Acude un compañero y le pone a Jesús la mano en el pecho, y con la otra mano le propina un golpe en la espalda.

a) ¿Es correcta esta actuación?

b) Si no consiguen que respire, ¿qué otra alternativa hay? ¿Y si pierde la consciencia?

10.16. Busca información en Internet sobre cómo se puede improvisar una camilla.

10.17. En este enlace encontrarás un interesante simulador en el que puedes practicar los primeros auxilios: **http://recursostic.educacion.es/fprofesional/simuladores/web/index.php?xml=f-servicios&xsl=familia**

REPASANDO...

Los primeros auxilios

Esther y Sara tienen una empresa de mantenimiento y diseño de jardines con su propio vivero. En la empresa trabaja Mario, con un contrato temporal, que se encarga del traslado de materiales, el mantenimiento de las instalaciones, las tareas de poda, el tratamiento de plagas, etcétera.

En el vivero tienen una pequeña caseta, destinada a almacén y vestuario. Allí se recogen todo tipo de herramientas, el combustible y los productos fitosanitarios. Mario está subido a una escalera haciendo una soldadura en un estante. De pronto entra Sara, que da un buen empujón a la puerta y golpea la escalera en la que está Mario. Este cae sobre un bidón de gasóleo que se derrama por completo dentro de la caseta y que, al contacto con el soplete, arde inmediatamente.

Mario está tendido en el suelo, inconsciente. Se ha golpeado la cabeza y sangra abundantemente por un corte profundo que tiene en el antebrazo, producido por una sierra al caer. Sara empieza a gritar llamando a Esther, mientras intenta sacar a rastras a Mario cogiéndolo por las axilas, pero no puede pues Mario pesa mucho y Sara no tiene la fuerza suficiente. Todo está lleno de humo irrespirable y hay un grave riesgo de explosión. Cuando llega Esther, entre las dos sacan a Mario de la caseta, lo dejan en un lugar seguro y Esther llama al 112.

a) ¿Se ha efectuado correctamente la cadena de socorro? ¿Por qué?

Sara está sentada en el suelo con quemaduras en las manos y en la cara, tiene un tobillo muy hinchado y le duele al moverlo. Mario está a su lado sangrando, inconsciente y con síntomas de parada cardiorrespiratoria.

b) ¿A quién debe atender Esther en primer lugar? ¿Qué auxilios deberá aplicar en cada caso? Realiza un esquema con los pasos que hay que seguir.

SALA DE PRENSA

Una niña salvó a su amiga atragantada gracias a Bob Esponja

«Realizó la maniobra de Heimlich que vio en un capítulo del dibujo animado».

Una niña de 12 años de Long Island le dio las gracias a Bob Esponja por haberle enseñado cómo ayudar a su amiga atragantada.

Miriam Starobin y su mejor amiga, Allyson Golden, se encontraban el martes en clase de Música cuando Allyson comenzó a ahogarse con su chicle. Allyson se puso roja y comenzó a patalear. Miriam recordó algo que vio en *Bob Esponja*, corrió a ayudarla y realizó la maniobra de Heimlich. Y el chicle salió.

En un episodio de la serie animada de Nickelodeon, Bob Esponja recupera un clarinete atascado en la garganta de Calamardo. En otro, Patricio revive a Calamardo después de que este se tragara un tenedor.

Miriam dijo que también le gusta ver series sobre medicina como *Anatomía de Grey,* pero que nunca había tenido entrenamiento formal en la técnica.

Para realizar la maniobra de Heimlich, cuyo fin es eliminar de las vías respiratorias un cuerpo extraño que provoca asfixia, la persona se sitúa de pie detrás de la víctima, le rodea la cintura con los brazos y le aplica compresiones rápidas en el abdomen en dirección craneal.

Fuente: *www.eluniverso.com,*
23 de abril de 2010.

a) ¿Qué técnica de primeros auxilios ha utilizado Miriam?

b) ¿Qué otra técnica podría haber utilizado?

c) ¿Qué hubiera ocurrido si Allyson hubiera estado inconsciente?

d) ¿Crees que los primeros auxilios deberían enseñarse en los centros educativos?

Los equipos de trabajo

11

Contenidos

Objetivos

- Identificar las diferentes clases de equipos de trabajo, sus características y sus etapas.
- Distinguir las características de un equipo de trabajo eficaz con respecto a los equipos ineficaces.
- Diferenciar y valorar positivamente la existencia de diferentes roles y opiniones de los componentes de un equipo de trabajo.
- Conocer y valorar las ventajas del trabajo en equipo.
- Aplicar y comprender las diferentes técnicas de dinámica de grupos en los equipos de trabajo.

Cuestiones

a) **¿Has trabajado alguna vez en equipo? ¿Cómo calificarías la experiencia?**

b) **¿Crees que cualquier grupo de personas que trabaja o se reúne conjuntamente es un equipo de trabajo? ¿Por qué?**

c) **¿Piensas que el trabajo en equipo tiene más ventajas que el trabajo individual? ¿Por qué?**

d) **¿Sabes decir «no» cuando te proponen algún tipo de actividad y no puedes, no quieres o no te apetece hacerla?**

e) **¿Has realizado alguna vez una dinámica de grupos? ¿Cuál era su objetivo?**

Caso práctico inicial

Hace 3 años que Mario, Sofía y Carmen recibieron una beca para trabajar en un prestigioso hospital de Londres, en el que realizan importantes investigaciones sobre el cáncer. Cada uno desarrolla su trabajo individualmente y, aunque han obtenido avances, ninguno de ellos ha obtenido los resultados esperados. La carga de trabajo y de responsabilidad se hace cada vez más pesada, e incluso Mario se ha tomado unos días de descanso por prescripción médica debido al alto nivel de estrés que sufre.

Mario es una persona muy concienzuda, tiene que terminar el trabajo en el plazo establecido y, si no lo consigue, se preocupa hasta llegar a obsesionarse. Carmen es extrovertida y comunicativa. Es muy buena buscando recursos para financiar el proyecto, pero suele perder el interés por las cosas. Sofía es muy apacible y diplomática. Siempre trata de evitar los enfrentamientos en el grupo y, a veces, le cuesta tomar decisiones.

Gonzalo, el director de proyectos del hospital, está contento con el trabajo que en estos tres años han realizado sus tres trabajadores, pero ha pensado crear un equipo de trabajo para que puedan poner en común todos sus datos y así obtener resultados conjuntos.

Gonzalo los reúne y les explica los objetivos del grupo y el plazo de ejecución. Parece que los tres están bastante entusiasmados e ilusionados por poder compartir y acceder a la información de sus compañeros y por este nuevo reto que se les presenta. Después de un par de días los problemas empiezan a surgir, ya que no se ponen de acuerdo respecto a la utilización de los equipos y a las vías prioritarias de investigación.

Mario está muy enfadado porque el material que necesitan no llega y el trabajo se retrasa. Carmen trata de tranquilizarlo y le dice que adelante todo el trabajo para el que no necesite el nuevo material. Sofía prefiere no intervenir. Cuando están calmados, les recuerda que ahora deben planificar el trabajo e intentar llegar a algún acuerdo. Cuatro semanas después, el grupo está adaptado perfectamente y comienzan a obtener resultados positivos de una manera mucho más rápida a la que lo hacían antes. Todos han mejorado su vida personal y profesional gracias a la menor carga de trabajo, pues este se reparte entre todos.

Sofía y Mario han observado con preocupación que Carmen ya no participa tan activamente y que prácticamente ha dejado de hacer aportaciones. Además, ahora casi no opina sobre los resultados que se van obteniendo cuando antes su capacidad de crítica había sido muy positiva para el equipo. Mario y Sofía creen que puede que esté fallando la comunicación en el equipo. Para motivarla, Sofía convoca una reunión para organizar la próxima campaña de «lucha contra el cáncer». Para hacer la reunión más amena, participativa y creativa, utilizan una dinámica de trabajo que consiste en que cada uno tiene que decir lo primero que se le ocurra, por muy disparatado que parezca. Finalmente, Carmen se anima y vuelve a participar.

11.1. Los equipos de trabajo

La agrupación de personas para la satisfacción de sus necesidades es una característica natural del ser humano. Las empresas, como organizaciones sociales, están integradas por personas que colaboran, se comunican e interactúan entre sí para la consecución de sus fines.

Hoy en día, las empresas han superado la visión tradicional de estructuradas jerarquizadas y con poca participación del trabajador, pasando a modelos de gestión basados en el trabajo en equipo, dando un mayor peso y participación a los empleados y valorando la importancia y las enormes ventajas de la creación de equipos de trabajo.

Pero, es necesario recordar y destacar que todos los equipos de trabajo están conformados por un grupo de personas, aunque **no todos los grupos de trabajo que se conforman en una organización pueden ser considerados equipos de trabajo.** Un directivo puede poner juntos a un grupo de personas pero nunca construir un equipo de trabajo. Extensas investigaciones en los centros de trabajo han confirmado que hay importantes diferencias entre equipos y grupos. El concepto de **equipo** implica trabajar para lograr un objetivo común o una misión compartida, mientras que dentro de un **grupo** las personas trabajan para conseguir sus objetivos individuales.

Concepto clave

Sinergia: unión de varias fuerzas, causas, etc., para lograr una mayor efectividad.

Por ejemplo, se puede decir: «la sinergia de nuestras reivindicaciones doblegó a la patronal».

Las diferentes características que definen un equipo de trabajo son las siguientes:

- **Responsabilidad colectiva.** En un equipo de trabajo la responsabilidad de los resultados es asumida por todos los miembros del equipo, mientras que en un grupo de trabajo cada cual se responsabiliza de sus resultados.
- **Organización conjunta.** Los equipos de trabajo establecen unas normas de funcionamiento concretas y una organización básica que les permita alcanzar el objetivo común, mientras que los miembros del grupo trabajan generalmente de manera independiente.
- **Reparto de tareas flexible.** El equipo de trabajo lleva a cabo un conjunto de tareas o actividades para conseguir el objetivo común, que se reparten entre los miembros según sus habilidades, capacidades y motivaciones, mientras que los grupos de trabajo desarrollan tareas para alcanzar sus objetivos individuales.
- **Liderazgo compartido.** Los miembros de un grupo de trabajo tienen un líder fuerte y jerarquizado, mientras que un equipo de trabajo tiene roles de liderazgo compartidos. Existe un coordinador del equipo que motiva, coordina y facilita el trabajo del equipo y no impone su opinión o parecer en ningún momento. Los equipos se caracterizan por la igualdad, donde no hay individuos «estrellas» y cada cual suprime su ego individual para el bienestar de todos.
- **Sinergias de los resultados.** Uno de los grandes beneficios de los equipos de trabajo se encuentra en la sinergia producida, es decir, supone que los resultados de un equipo de trabajo pueden ser superiores a la suma de los esfuerzos y las capacidades de cada uno de los miembros de este. Por eso, la sinergia se representa del siguiente modo: **1 + 1 = 3.**
- **Decisiones consensuadas.** La toma de decisiones y los conflictos que surgen se solucionan de manera consensuada.

En resumen, las diferencias entre un grupo de trabajo y un equipo de trabajo son las siguientes:

Actividad propuesta

11.1. Indica si las siguientes situaciones describen un grupo o un equipo de trabajo:

- Los corredores de relevos de la selección de EE. UU. en el Campeonato Mundial de Atletismo.
- Los cirujanos, enfermeros y auxiliares en una operación.
- Los trabajadores de una empresa agrícola que recogen las fresas en la campaña y cobran 0,9 € por kilo recogido.
- Los miembros del proyecto de la NASA encargado de enviar una misión tripulada a Marte.
- Los jugadores de la selección española de tenis que van a disputar la final de la Copa Davis.
- Los jugadores españoles de tenis que representan a España en una olimpiada.

▶ DIFERENCIAS ENTRE UN GRUPO DE TRABAJO Y UN EQUIPO DE TRABAJO

Grupos de trabajo	Objetivos	Equipos de trabajo
Objetivos individuales		Objetivos compartidos
Conjunto de personas que colaboran unidas por un interés común, trabajando de manera autónoma y personal y respondiendo de manera individual de los resultados.	Concepto	Grupo de personas que consensuan la forma de trabajar, compartiendo a su vez el liderazgo y las responsabilidades, para alcanzar unos objetivos comunes.
La responsabilidad es individual.	Responsabilidad	La responsabilidad es conjunta.
Los miembros trabajan y se organizan de manera independiente.	Organización	Los miembros se organizan de manera conjunta.
Igualitario, en partes iguales.	Reparto de tareas	Flexible, según las habilidades, capacidades y motivaciones de cada miembro.
Existe un líder fuerte.	Liderazgo	El liderazgo está compartido entre los componentes del equipo.
Los resultados conseguidos se consideran la suma del trabajo individual (1 + 1 = 2).	Sinergia de los resultados	Su gran logro se encuentra en la sinergia producida, obteniéndose así un mayor beneficio que el obtenido con la suma de las contribuciones individuales (1 + 1 = 3).
La toma de decisiones y los conflictos que surgen se solucionan generalmente de manera impositiva.	Decisiones consensuadas	La toma de decisiones y los conflictos que surgen se solucionan de manera consensuada.
La comunicación entre los miembros del grupo es prácticamente inexistente. Todos opinan pero no se escuchan entre sí.	Comunicación	La comunicación entre los componentes del equipo es constante, flexible y variada. El intercambio de opiniones es continuo y ayuda a tomar decisiones claras para todos.

Actividad resuelta

11.1. Indica si las siguientes situaciones describen un grupo o un equipo de trabajo:

a) La clase de un ciclo de Farmacia y Parafarmacia del IES El Ciprés se encuentra reunida en el aula 14 para realizar un examen.

b) Un equipo de fútbol va a disputar la final de la Champions League.

c) Un avión sufre un retraso de 4 horas y reúnen a todos los pasajeros en una sala habilitada especialmente para hacer más cómoda la espera.

d) 3 alumnos del ciclo formativo de Automoción participan en un concurso nacional y se reúnen por las tardes para practicar y establecer estrategias conjuntas.

Solución:

a) En este caso se trata de un grupo de trabajo. Cada uno busca su objetivo individual: aprobar.

b) Se trata de un equipo de trabajo, en el que cada uno de los miembros se pone al servicio del colectivo para conseguir un objetivo común: ganar la competición. Se busca alcanzar el título para todo el equipo y no para nadie de manera individual.

c) Los pasajeros forman un grupo de trabajo, en el que intentan alcanzar su objetivo: llegar a su destino, de manera individual.

d) En este caso, se trata de un equipo de trabajo, en el que todos tienen un objetivo común: ganar la competición.

11.1.1. Ventajas e inconvenientes del trabajo en equipo

El trabajo en equipo tiene múltiples ventajas sobre la organización frente al trabajo individual. Las ventajas y los inconvenientes se pueden establecer a través de la siguiente tabla:

▶ VENTAJAS	▶ INCONVENIENTES
• **Mayor productividad:** el trabajo en equipo obtiene siempre mayores resultados que los que se obtienen con el trabajo individual. • **Comunicación más eficaz:** el trabajo en equipo logra una mayor eficacia en la comunicación al establecerse sistemas de comunicación más directos, abiertos, participativos y sinceros. • **Mejora de la creatividad:** la aportación de un mayor número de opiniones y propuestas, así como más variadas, hacen que la creatividad también sea mayor en la resolución de los problemas. • **Mayor compromiso y responsabilidad:** la participación en el establecimiento de los objetivos y el incremento de la responsabilidad de cada miembro hacen que el grado de compromiso también sea mayor. • **Mayor satisfacción:** la posibilidad de tomar parte en la toma de decisiones, la colaboración con otros compañeros y el aumento de la autoestima mejoran la motivación y satisfacción de los trabajadores. • **Mejora del clima laboral:** el aumento de las relaciones entre los miembros del equipo aumenta el grado de conocimiento entre ellos, mejorando así las relaciones interpersonales y el clima laboral. • **Mejora de la comunicación:** junto con los canales de comunicación verticales que siguen la estructura jerárquica de la empresa, dentro del equipo nacen canales de comunicación horizontales y verticales entre sus miembros. • **Mejora de la resolución de problemas:** permite a los miembros del equipo solucionar problemas de manera conjunta.	• **Holgazanería social:** hay personas que diluyen su esfuerzo y rendimiento dentro del equipo, esperando así que los demás realicen el trabajo o dejándose llevar por los demás. • **Asunción de mayores riesgos:** algunos miembros del equipo pueden llegar a asumir excesivos riesgos bajo la creencia de que tanto la responsabilidad como las consecuencias se repartirán entre todos los miembros del equipo si algo sale mal. • **Reducción de la capacidad de crítica:** el miedo a ser rechazados por el resto del equipo disminuye la capacidad de crítica de los miembros de este. • **Mayor lentitud y dificultad en la adopción de acuerdos:** el trabajo en equipo requiere un mayor tiempo para tomar acuerdos, debido fundamentalmente a que hay que someter los resultados a la opinión del resto del grupo, debatirlos, analizarlos y consensuarlos. • **Mayor riesgo de control y manipulación:** hay cierto riesgo de que alguno o varios de los individuos creen subgrupos de control y manipulación del resto de individuos.

En el caso práctico inicial

El equipo de investigación creado en el hospital reúne las características propias de un equipo de trabajo:

- Objetivo compartido: investigación sobre el cáncer.
- Liderazgo compartido entre Mario, Sofía y Carmen.
- Responsabilidad conjunta en los resultados obtenidos.
- Resultados: en apenas unas cuantas semanas la sinergia producida por el equipo hace que obtengan resultados mayores y más rápidos que los obtenidos en años anteriores de manera individual.
- Los conflictos se solucionan en equipo: los problemas con el «aislamiento» de Carmen, los problemas iniciales con el material, etcétera.

Actividad resuelta

11.2. Señala las ventajas y los inconvenientes del trabajo en equipo que se observan en las siguientes situaciones:

a) Clara siempre ha sido una trabajadora que ha aportado mucho al departamento de la empresa donde trabaja habitualmente por sus acertadas opiniones y sugerencias. Hace un mes ha pasado a formar parte de un equipo de trabajo creado por la empresa con trabajadores de varios departamentos. Desde entonces, Clara prácticamente no muestra sus opiniones al equipo, ni aporta sugerencias. Parece que su espíritu crítico ha desaparecido.

b) Enrique forma parte desde hace dos meses de un equipo de trabajo especial creado por la empresa donde trabaja con 5 miembros más de varios departamentos. Últimamente ha tenido varios conflictos con otro de los componentes del equipo: Ricardo. Desde entonces, Enrique ha ido convenciendo al resto de componentes de la necesidad de no valorar el trabajo de Ricardo para poder avanzar. Poco a poco, Ricardo se encuentra cada vez más aislado del resto del equipo.

Solución:

a) Reducción de la capacidad de crítica: el miedo a ser rechazados por el resto del equipo disminuye la capacidad de crítica de los miembros del grupo. Clara siempre había destacado en la empresa por su carácter crítico y sus opiniones, sin embargo, al formar parte del nuevo equipo de trabajo, Clara teme que sus opiniones no sean tenidas en cuentas o rechazadas.

b) Mayor riesgo de control y manipulación: hay cierto riesgo de que alguno o varios de los individuos creen subgrupos de control y manipulación del resto de individuos. Enrique ha tenido varios enfrentamientos con Ricardo y desde entonces ha intentado aislarlo del equipo hasta que lo ha conseguido, manipulando al resto de componentes y pudiendo así controlar a su antojo el trabajo del equipo.

En el caso práctico inicial

Las ventajas del trabajo en equipo se hacen evidentes:

- Mayor productividad: han conseguido en unas semanas mejores y mayores resultados que los obtenidos en años de trabajo individual.
- Mayor compromiso y responsabilidad: los miembros se sienten muy motivados con la creación del grupo, lo cual aumenta su compromiso.
- Mayor satisfacción: no solo por la colaboración con otros compañeros, los resultados, etc., sino por la mejora de su vida personal y familiar, al poder disfrutar de un mayor tiempo libre desde la creación del equipo.
- Mejora del clima laboral.

Por otro lado, también aparecen ciertos inconvenientes:

- Reducción de la capacidad crítica de Carmen.
- Holgazanería social de Carmen, que ha empezado a dejarse llevar por el grupo, disminuyendo su esfuerzo y rendimiento.

11.1.2. Tipos de equipos de trabajo

Se puede establecer una clasificación de los diferentes equipos de trabajo atendiendo a los siguientes criterios:

▶ TIPOS DE EQUIPOS

Criterio	Tipo	Descripción
Duración en el tiempo	Permanentes	Realizan una función de forma permanente en el tiempo y están integrados en la estructura organizativa de la empresa (por ejemplo: el equipo directivo de una empresa).
	Temporales	Se crean con una finalidad concreta y, conseguida esta, desaparecen (por ejemplo: un equipo de información sobre la gripe A).
Grado de formalidad	Formales	Creados por la propia empresa con un objetivo concreto, ya sea permanente o temporal.
	Informales	Surgen espontáneamente de entre los miembros de la empresa para atender necesidades concretas (por ejemplo: un equipo creado en solidaridad con una causa).
Jerarquización de sus miembros	Horizontales	Son equipos integrados por empleados de un mismo nivel jerárquico (por ejemplo: un equipo directivo).
	Verticales	A diferencia del anterior, lo integran trabajadores de diferentes niveles jerárquicos.
Finalidad o función	De solución de conflictos	Su misión es resolver conflictos concretos que puedan surgir y que afecten a la marcha normal de la empresa.
	De toma de decisiones	Encargados de adoptar decisiones relevantes para la marcha de la empresa (por ejemplo: un equipo directivo).
	De producción	Equipos formados por trabajadores de la empresa que se crean para realizar un trabajo concreto. Mediante la creación de estos equipos se busca motivar a los trabajadores, haciéndoles sentir parte de la empresa.

Actividad resuelta

11.3. Señala qué tipos de equipos de trabajo se observan en la siguiente situación:

Una empresa de alta tecnología ha reunido a tres trabajadores del departamento comercial para formar un equipo de trabajo que organizará el evento para presentar su nuevo *smartphone* «estrella». Un directivo comercial formará parte del equipo como responsable y coordinador de este.

Solución:

Se podrían distinguir los siguientes tipos de equipos:

- Según su finalidad, se trataría de un equipo de producción, ya que se crea para realizar un trabajo en concreto: organizar un evento.
- Según la jerarquización de sus miembros, se trataría de un equipo vertical, que estaría formado por empleados de distinto nivel jerárquico: trabajadores del departamento comercial y un directivo del mismo departamento.
- Según el grado de formalidad, sería un equipo formal, puesto que ha sido creado por la empresa con un objetivo concreto.
- Según la duración en el tiempo, deberíamos hablar de un equipo temporal, que desaparecerá una vez conseguido el objetivo fijado.

Actividad propuesta

11.2. Indica a qué tipo de equipo de trabajo corresponden cada una de las siguientes situaciones:

- Una empresa crea un equipo de trabajo exclusivamente para decidir si venden sus productos en otros países.
- Los miembros que forman el comité de empresa de un centro de trabajo.
- Los jugadores de un equipo de baloncesto.
- Los trabajadores de una empresa organizan un equipo para jugar al pádel en esta.
- Una empresa crea un equipo de trabajo exclusivamente para decidir si lanzan una oferta de compra por una de sus empresas competidoras.

En el caso práctico inicial

El equipo de trabajo del hospital se puede definir como temporal (finalidad concreta), formal (creado por el gerente, Gonzalo) y horizontal (todos los miembros tienen el mismo rango jerárquico).

11.1.3. Fases de desarrollo de un equipo de trabajo

Para establecer las fases por las que pasa un equipo de trabajo durante su vida, nos basaremos en el modelo de Bruce W. Tuckman, que establece cinco fases o etapas:

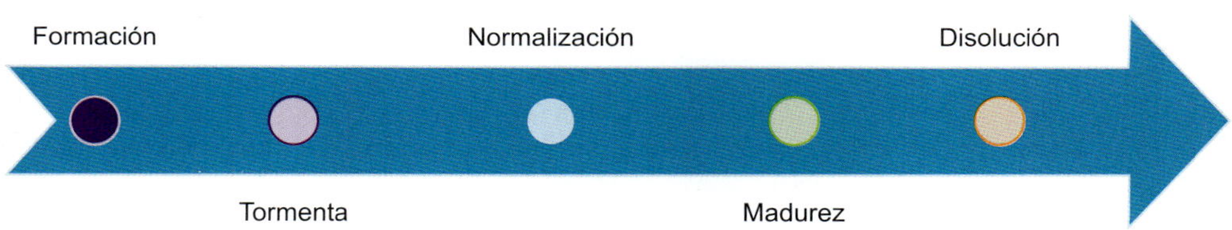

Formación

En esta fase los miembros del equipo tienen su primera toma de contacto. El líder del equipo reúne a los componentes para que se conozcan, fomentando en todo momento un clima cordial. En este primer momento, generalmente, los participantes se muestran ilusionados, colaboradores y optimistas por haber sido elegidos para la realización de un nuevo proyecto. No suelen aparecer conflictos, siendo las relaciones totalmente amables. Por otro lado, existe una cierta ansiedad e inquietud, al no tener apenas información sobre el proyecto que deben desarrollar. Por este motivo, es muy importante informar a los integrantes del equipo sobre el proyecto que van a realizar, los objetivos que deben conseguir y cualquier otra cuestión fundamental para su buen funcionamiento (por ejemplo: responsabilidades, plazos de ejecución, grado de autonomía, etcétera).

Tormenta

En esta fase aparecen los primeros enfrentamientos y conflictos. Los miembros del equipo rivalizan entre sí para adquirir posiciones mientras tratan de establecer por sí mismos relaciones con otros miembros del equipo y con su líder, quien podrá recibir retos de los miembros del equipo. Se forman agrupaciones y pueden aparecer luchas de poder. El equipo debe mantenerse centrado en sus metas para evitar distracciones causadas por las relaciones entre los miembros y por asuntos emocionales y pueden surgir discrepancias entre los objetivos personales de cada miembro y los objetivos del equipo.

Es la fase más incómoda de la vida del grupo, como la «adolescencia» de este. Las decisiones no se realizan fácilmente dentro del grupo. Es fundamental durante el desarrollo de esta etapa estimular el sentimiento de compromiso y pertenencia al grupo.

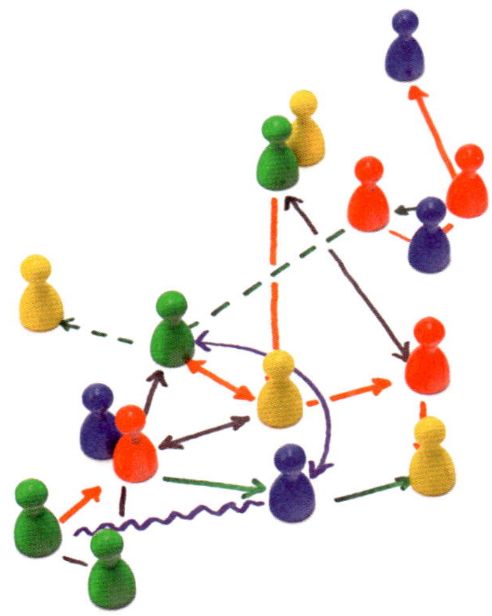

Normalización

Se empiezan a establecer reglas, valores, conductas y procedimientos de trabajo. Se asignan los roles a cada componente del grupo. Se comienza a llegar a acuerdos con facilidad, superando así las diferencias que hayan podido surgir en etapas anteriores. El equipo comienza a ganar eficacia y sus miembros se encuentran cada vez más motivados. El papel del líder se centra básicamente en facilitar la participación.

Madurez

El equipo ya conoce qué tiene que hacer, para qué lo está haciendo y cómo hacerlo. El equipo tiene una visión compartida y está capacitado para funcionar por su propia cuenta sin apenas intervención o participación del líder. Hay un enfoque en lograr resultados y el equipo toma decisiones por sí mismo. Además, el equipo tiene un alto grado de autonomía.

Los desacuerdos ocurren, pero ahora son resueltos positivamente dentro del equipo y los cambios necesarios al proceso y a la estructura son realizados por este.

El equipo está ahora capacitado para alcanzar los objetivos propuestos y también para atender los asuntos de relaciones, estilos y procesos a lo largo del proyecto. Es la fase más productiva de la vida del equipo.

En el caso práctico inicial

Como cualquier equipo de trabajo, el creado por Carmen, Mario y Sofía pasa por una serie de fases. En este caso se identifican claramente:

- Etapa de formación. Gonzalo crea el grupo, presenta a sus miembros entre sí, les informa de los objetivos, etcétera. Los componentes se encuentran ilusionados y motivados por este nuevo reto.
- Etapa de tormenta. Aparecen los primeros conflictos y enfrentamientos: los problemas con el uso de los materiales, la llegada de los materiales o las vías prioritarias de investigación.
- Etapa de normalización. El equipo ya se ha afianzado y ha superado los conflictos iniciales, el clima es bueno y comienzan a obtenerse los primeros resultados. Los roles están perfectamente definidos.

Disolución

En esta fase el equipo contempla su disolución. La desintegración del equipo se produce cuando la tarea se completa exitosamente y su objetivo es alcanzado. La motivación disminuye y aumentan la inseguridad y la incertidumbre sobre el futuro del equipo. La pérdida de motivación e ilusión conlleva también la caída del rendimiento. Es un buen momento para que todos sus miembros se dirijan hacia nuevos retos, sintiéndose satisfechos por lo que han conseguido.

▶ FORMACIÓN	▶ TORMENTA	▶ NORMALIZACIÓN	▶ MADUREZ	▶ DISOLUCIÓN
• ¿Cómo encajo? • ¿Quiénes somos?	• ¿Cuál es mi objetivo? • ¿Cuál es el objetivo del equipo?	• ¿Cuál es mi papel?	• ¿Cómo puedo ejecutar mi papel?	• ¿Qué sigue?
• ¿Por qué estamos?	• ¿Por qué luchamos?	• ¿Quién hará qué y cómo lo hará?	• ¿Podemos realizar el trabajo?	• ¿Podemos ayudarnos?

Actividad resuelta

11.4. Cinco trabajadores (dos del departamento comercial, dos del departamento de recursos humanos y uno del departamento financiero) de una empresa van a reunirse con Manuel, el director general de la empresa que coordinará los trabajos, que les ha citado para formar parte de un equipo de trabajo. Todos los componentes se muestran muy nerviosos e inquietos, ya que no conocen el motivo de la reunión. Manuel les informa de que formarán un equipo que tendrá como objetivo establecer un plan para introducir los productos de la empresa, por primera vez, en los mercados asiáticos (China, Tailandia, Japón, etcétera). Además, les informa sobre el plazo para presentar el plan, la autonomía que tendrán y otros aspectos importantes. Los componentes se presentan y se muestran muy ilusionados y tremendamente motivados ante este nuevo reto.

Han pasado ya los 3 meses de plazo que la empresa dio al equipo para finalizar el proyecto y ya tienen preparados los resultados. Una vez que los entreguen, cada trabajador volverá a su puesto de trabajo habitual.

a) Señala qué fases de desarrollo de un equipo de trabajo puedes identificar.

b) Indica de qué tipo de equipo de trabajo se trata.

Solución:

a) En el equipo de trabajo podemos observar claramente 2 fases de desarrollo:

- Fase de formación. En esta fase los miembros del equipo tienen su primera toma de contacto. El coordinador o líder reúne al equipo para informarles de los objetivos de este, los plazos de ejecución, etcétera. Los miembros se muestran inquietos, ya que aún no poseen información detallada. Una vez que tienen información precisa, los participantes se muestran muy motivados e ilusionados con el proyecto.
- Fase de disolución. En esta fase el equipo contempla su disolución. El objetivo del equipo se ha cumplido, han elaborado el plan que se les encargó y para el que se creó el equipo de trabajo. Una vez entregados los resultados, cada componente vuelve a su puesto de trabajo anterior.

b) Se podrían distinguir los siguientes tipos de equipos:

- Según su finalidad, se trataría de un equipo de producción, ya que se crea para realizar un trabajo en concreto: elaborar un plan para introducir a la empresa en los mercados asiáticos.
- Según la jerarquización de sus miembros, se trataría de un equipo vertical, ya que lo integran trabajadores de diferentes niveles jerárquicos. En este caso, el equipo lo conforman el director general y 5 trabajadores de diferentes departamentos.
- Según el grado de formalidad, sería un equipo formal, puesto que ha sido creado por la empresa con un objetivo concreto.
- Según la duración en el tiempo, deberíamos hablar de un equipo temporal, que desaparece una vez conseguido el objetivo fijado.

11.2. La comunicación en un equipo de trabajo

La comunicación es el acto por el cual un individuo establece con otro un contacto que le permite transmitir una información. En la comunicación intervienen diversos elementos. Son los siguientes:

- **Emisor:** es quien emite el mensaje.
- **Receptor:** es quien recibe el mensaje.
- **Mensaje:** es el contenido de la información que se envía.
- **Canal:** es el medio por el que se envía el mensaje.
- **Código:** son las reglas y los signos empleados para enviar el mensaje.
- **Contexto:** es la situación en la que se produce la comunicación.
- **Retroalimentación o *feedback*:** se entiende por retroalimentación la respuesta que transmite el receptor al emisor, basada en el mensaje recibido. Dentro del proceso de comunicación, la retroalimentación comunicativa es la cualidad que permite mantener la comunicación activa y que favorece que el emisor cambie o modifique su mensaje en función de las respuestas recibidas del receptor. De manera general, la retroalimentación nos permite afrontar y superar tres situaciones que dificultan la comunicación, como son: la falta de comprensión entre emisor y receptor, la falta de atención durante la comunicación y la mala interpretación del mensaje transmitido.

Teniendo en cuenta todos sus elementos, podemos representar el proceso de comunicación mediante el siguiente esquema:

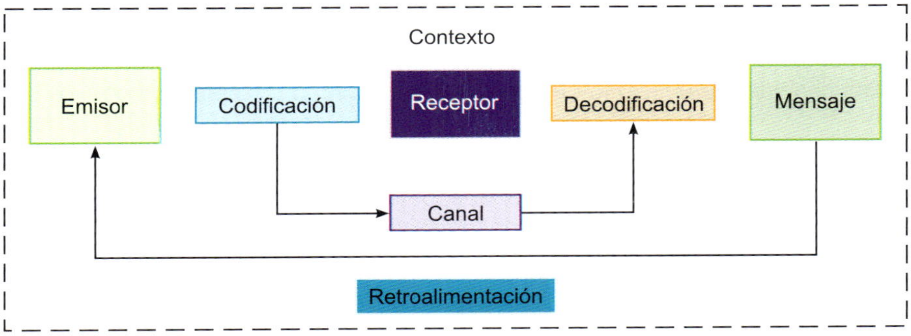

La comunicación será **eficaz** cuando el receptor interprete el mensaje en el sentido que pretende el emisor.

En los equipos de trabajo son frecuentes los problemas de comunicación, presentándose generalmente debido a la personalidad y emotividad de cada uno de sus integrantes. Estas dificultades individuales y grupales deben ser identificadas por el líder y analizadas por todo el equipo, ya que gran parte de su éxito dependerá de que exista una buena comunicación entre sus miembros. Por ello, es recomendable emplear técnicas comunicativas que puedan contribuir a mejorar la comunicación dentro del equipo de trabajo. A continuación desarrollaremos algunas de las más destacables.

11.2.1. La escucha activa

La **escucha activa** se refiere a la habilidad de escuchar no solo lo que la persona está expresando directamente, sino también los sentimientos, las ideas o los pensamientos que subyacen a lo que se está diciendo. La escucha activa será mucho más eficiente si se establece cierta empatía, es decir, si sabemos ponernos en el lugar de la otra persona.

Entre las múltiples ventajas de la escucha activa debemos destacar principalmente dos de ellas:

1. Permite **conocer los intereses reales** de la otra persona y proponer soluciones relevantes para los intereses de ambos.
2. Prepara **para ser escuchados.** Si la persona siente que ha sido escuchada y comprendida, estará lista para escucharnos.

En la siguiente tabla se muestran algunas normas para efectuar una adecuada escucha activa:

▶ EVITAR

- Interrumpir o contradecir al otro, porque le impide sentirse comprendido.
- Intentar resolver el problema antes de tiempo, pues distrae la atención y puede llevar a proponer soluciones poco acertadas.
- Dar la razón al otro, ceder, pues pondría final a la conversación sin llegar a ningún resultado.
- Escuchar, de forma parcial, solo detalles o palabras, porque no se comprende el mensaje que el orador trata de comunicar.
- Criticar, aconsejar o juzgar en exceso; esto pone a la gente a la defensiva.

▶ HACER

- Eliminar las distracciones ambientales y crear un buen ambiente.
- Retroalimentar: expresar lo que se ha entendido del mensaje, parafrasear, cuidar los silencios, preguntar lo que sea necesario, tomar notas, mirar a los ojos, utilizar expresiones como «claro», «sí», asentir con gestos, etcétera.
- Mostrar empatía con el interlocutor, tratar de ponerse en su lugar, comprender y aceptar sus sentimientos.
- Cuidar la comunicación no verbal: expresión facial, gestos, posición del cuerpo, etcétera.
- Dejar hablar: seguir la técnica IPR (Intervención-Pausa-Respuesta) y dejar pasar unos segundos entre la intervención y la respuesta.

Debes conocer...

Existen dos formas de comunicación:

- **Comunicación verbal:** son las palabras que pronunciamos y el tono de voz que utilizamos.
- **Comunicación no verbal:** es el conjunto de gestos y movimientos que realizamos cuando nos comunicamos, como la mirada, mover las manos, la postura, el distanciamiento, etcétera.

Normalmente le damos mucha importancia a lo que decimos (comunicación verbal), pero entre el 65 % y el 80 % del total de nuestra comunicación con los demás la realizamos a través de canales no verbales.

Muchas dificultades en la comunicación se producen cuando nuestros gestos contradicen lo que decimos.

Para comunicarse eficazmente, los mensajes verbales y no verbales deben coincidir y ser coherentes entre sí.

Reflexiona

«Antes de hablar, piensa lo que vas a decir; la lengua, en muchos, precede a la reflexión».

Isócrates

Sabías que...

Otras de las ventajas de la escucha activa son las siguientes:

1. Genera confianza en el otro y favorece la sinceridad.
2. Elimina tensiones.
3. La persona que habla se siente valorada.
4. Fomenta las buenas relaciones.
5. Permite llegar al fondo de los problemas.
6. Logramos el respeto de quien nos habla.

Debes conocer...

Las técnicas de escucha activa están indicadas en situaciones de mucha tensión o con frecuentes interrupciones.

Reflexiona

«Para hacerte comprender, lo que hay que hacer con la gente es hablarle a los ojos».

Napoleón

11.2.2. Eliminar barreras en la comunicación

Las **barreras en la comunicación** son circunstancias que dificultan el proceso de comunicación y pueden hacer que esta pierda su eficacia. Podemos distinguir 3 tipos de barreras:

a) **Barreras personales:** son causadas por las emociones humanas, los malos hábitos de escucha y la personalidad de los participantes. Algunos ejemplos son los siguientes:

- La **percepción selectiva:** el receptor selecciona la parte de la información que le interesa (por ejemplo, el trabajador que, para proteger su autoestima, rechaza cualquier comunicación que le recuerda tareas inacabadas, errores, defectos, etcétera).
- El **pensamiento polarizado:** se produce cuando la persona tiende a considerar que las cosas son buenas o malas y no existe término medio.
- La **búsqueda de culpables** o hacer a otros responsables.
- La **agresividad.**
- **No** saber **escuchar.**
- Los **estereotipos** y los **prejuicios.**
- La **posición jerárquica** en la empresa.
- **Exigir** a los demás un determinado **comportamiento** y, si no es así, rechazarlos.

b) **Barreras físicas:** se trata de interferencias existentes en el ambiente y que dificultan la comunicación. Producen incomodidad, distracción, ansiedad, fatiga, desconfianza, etcétera. Las más habituales son:

- Los ruidos.
- Las interferencias.
- La excesiva distancia o los obstáculos entre los interlocutores.
- La deficiente iluminación.
- El funcionamiento defectuoso de los aparatos utilizados en la comunicación.
- Una temperatura inadecuada.

c) **Barreras semánticas:** cuando existe una errónea interpretación del significado de los símbolos, del idioma o de las palabras utilizadas. Las más frecuentes son:

- Utilizar palabras ambiguas o con muchos significados o demasiado técnicas.
- Proporcionar un exceso de información.
- Añadir u omitir parte de la información.
- Desconocer el idioma del emisor.

Debes conocer...

Para superar las barreras en la comunicación es recomendable:

- Enviar mensajes claros.
- Mantener la concordancia entre el lenguaje verbal y no verbal.
- Escuchar con atención.
- Eliminar ruidos e interferencias.
- Utilizar la retroalimentación.
- Ponerse en el lugar del otro.
- Evitar los prejuicios.
- Controlar las emociones.

Actividad resuelta

11.5. Ángel trabaja como agente en una compañía de seguros y es jefe de equipo. Debido a la fuerte competencia en el sector, la directiva le ha indicado que se debe aumentar el objetivo de ventas o este año perderán la paga de beneficios. Para comunicárselo a su equipo, elige el momento del descanso mientras desayunan en la cafetería, que está llena de clientes, todos hablando a la vez y con la televisión a un volumen altísimo. Ángel está muy enfadado con esta exigencia de la empresa, y de una manera algo agresiva les comunica la información a los miembros de su equipo, pero sin decirles que está en juego la paga de beneficios. Los compañeros empiezan a hacerle preguntas, mientras Ángel se niega a aclarar sus dudas, contestándoles que deberán acatar sus órdenes, les guste o no. Para evitar tener que dar más explicaciones, se levanta, paga su café y se marcha. Los compañeros apenas se han enterado de lo que Ángel ha querido decirles, pero su actitud no les ha gustado nada.

a) ¿Es eficaz esta forma de comunicación? ¿Qué barreras en la comunicación has detectado?

b) ¿Se puede decir que Ángel ha escuchado activamente a los miembros de su grupo? ¿Por qué?

c) ¿Cómo puede mejorar su escucha activa?

Solución:

a) La comunicación en este caso no es eficaz, pues existen muchas barreras que lo impiden.
- Barreras personales: Ángel no sabe escuchar, se muestra agresivo y se vale de su posición jerárquica dentro del equipo.
- Barreras físicas: el ruido del local, producido por los clientes y el aparato de televisión.
- Barreras semánticas: Ángel ha omitido parte de la información, que es muy relevante.

b) No, porque interrumpe y no deja hablar a sus compañeros. Les impone sus criterios sin valorar los del resto y esto les hace adoptar una actitud defensiva.

c) Algunas de las medidas que mejorarían la escucha activa son las siguientes:
- Elegir otro lugar para reunirse y tratar un tema como este, ya que la cafetería no es el lugar más adecuado. De esta manera, se podrían eliminar las distracciones ambientales y se intentaría crear un ambiente que favorezca la escucha activa.
- Mostrar cierta empatía con el resto del equipo, tratar de ponerse en su lugar, comprender y aceptar sus sentimientos.
- Mejorar la retroalimentación para mantener la comunicación activa y mejorar la escucha activa.
- Seguir la técnica IPR (Intervención-Pausa-Respuesta) y dejar pasar unos segundos entre la intervención y la respuesta.

11.2.3. La asertividad

Las personas podemos tener diferentes formas de expresarnos y comunicarnos. Básicamente, existen **3 estilos de conducta** interpersonal a la hora de expresarnos o comunicarnos:

- **Estilo agresivo.** Trata de imponer el criterio propio sin considerar las ideas de los demás. Por ejemplo, la acusación, la amenaza y en general todas aquellas actitudes que signifiquen agredir a los demás sin tener para nada en cuenta sus sentimientos. Provoca cólera y resentimiento en los demás.
- **Estilo pasivo.** No defiende sus intereses y hace todo lo que le dicen sin importar lo que piense al respecto. Raramente recibe un rechazo por parte de los demás; pero estos se aprovechan de él y eso le produce irritación y resentimiento.
- **Estilo asertivo.** La persona defiende sus intereses, expresa sus opiniones libremente y es respetuoso con la forma de pensar y de sentir de los demás. Algunas de las siguientes características son propias de las personas asertivas:

Reflexiona

«Siempre hay tiempos para soltar las palabras, pero no para retirarlas».

Baltasar Gracián

Debes conocer...

Existe un sistema general para expresar deseos u opiniones, llamado DESC:

- **Describir:** la situación que nos desagrada, sin descalificar.
- **Expresar:** los sentimientos personales en primera persona, evitando acusar al otro.
- **Sugerir:** un cambio de conducta.
- **Consecuencias:** positivas de la solución propuesta.

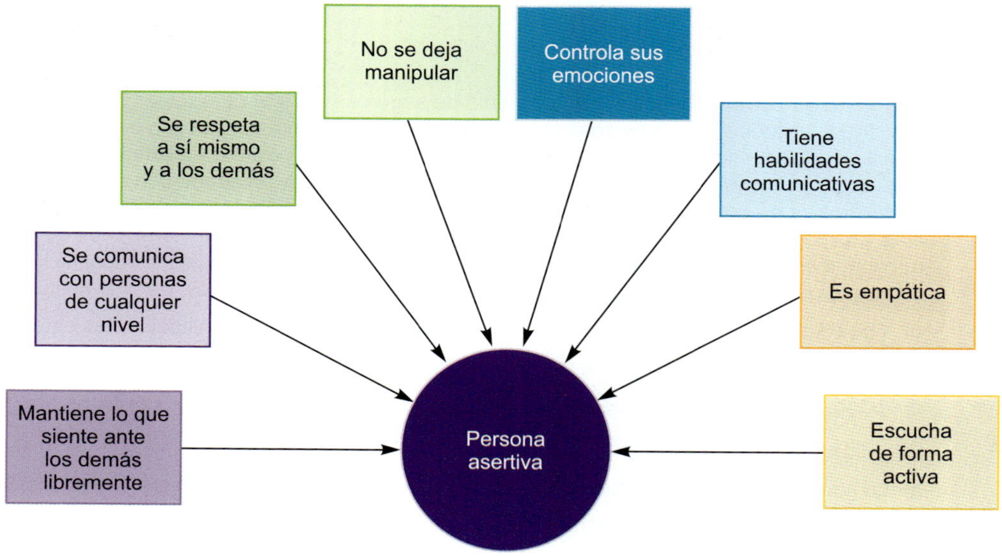

Ser asertivo no significa tener siempre la razón, sino expresar lo que se siente sin miedo a cometer errores. Por otro lado, las personas no asertivas presentan los siguientes rasgos:

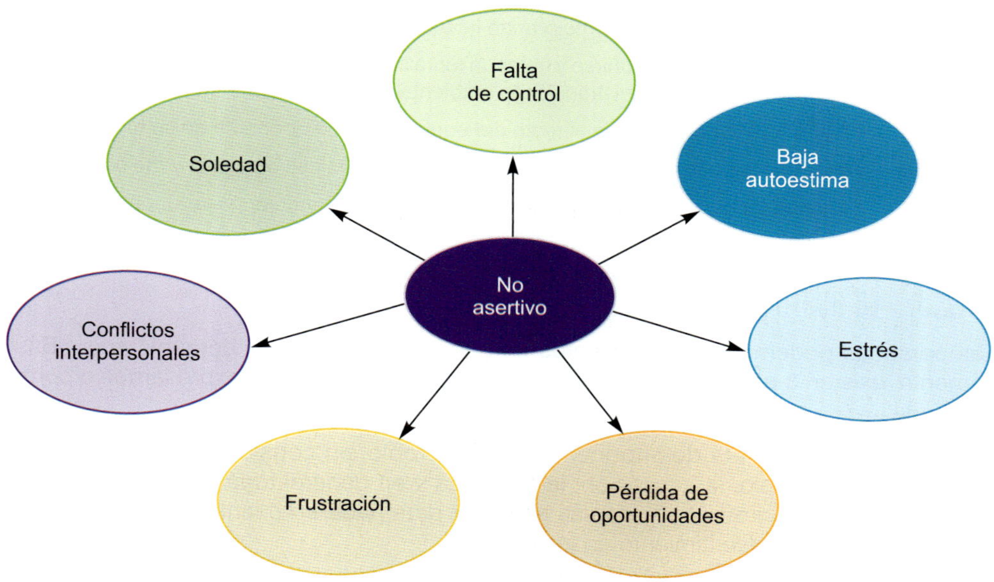

Sabías que...

Se conoce por lenguaje corporal asertivo:

- Mantener contacto ocular con el interlocutor.
- Mantener una posición erguida del cuerpo.
- Hablar de forma clara, audible y firme.
- No hablar en tono de lamentación.
- Para dar mayor énfasis a las palabras, utilizar los gestos y las expresiones del rostro.

Concepto clave

Asertividad: es una forma de expresión consciente y equilibrada para comunicar ideas y sentimientos sin herir a otras personas.

Con frecuencia necesitamos expresar conductas asertivas, por ejemplo, cuando hay que decir «no» o comunicar algo desagradable o ante expresiones humillantes, etcétera. Se puede aprender a ser asertivo poniendo en práctica algunas de las siguientes técnicas:

▶ **TÉCNICAS ASERTIVAS**

Técnica	Objetivo	Ejemplos de frases
Disco rayado	Repetir nuestro punto de vista con tranquilidad, sin dejarse ganar por aspectos irrelevantes.	• Sí, pero… • Sí, lo sé, pero mi punto de vista es… • Estoy de acuerdo, pero…
Técnica de la claudicación simulada o banco de niebla	Mostrarse de acuerdo con el argumento de la otra persona pero sin cambiar de postura.	• Es posible que tengas razón, seguramente podría ser más generoso. • Quizá no debería mostrarme tan duro, pero…
Técnica del acuerdo asertivo	Responder a la crítica admitiendo que se ha cometido un error, pero separándolo del hecho de ser una buena o mala persona.	• Sí, me olvidé de la cita que teníamos para comer. • Por lo general, suelo ser más responsable.
Técnica de la pregunta asertiva	Incitar a la crítica para obtener información sobre el problema, que podrá ser útil en nuestra argumentación.	• Entiendo que no te guste el modo en que actué la otra noche en la reunión. • ¿Qué es lo que te molesta de mí que hace que no te guste? • ¿Qué hay en mi forma de hablar que te desagrada?
Técnica del aplazamiento asertivo	Aplazar la respuesta a la afirmación que intenta desafiarnos hasta que nos sintamos tranquilos y capaces de responder a ella apropiadamente.	• Prefiero reservarme mi opinión al respecto… • No quiero hablar de eso ahora.

En el caso práctico inicial

- La actitud de Mario es agresiva cuando responde a Carmen.
- Carmen es asertiva. Le responde, sin ponerse nerviosa, que es posible que el material se retrase, pero hasta que llegue hay mucho trabajo que se puede ir adelantando.
- Sofía prefiere no intervenir, tiene una actitud pasiva.

Actividad resuelta

11.6. Imagina que estás en una parada esperando el autobús, que viene con retraso porque está lloviendo mucho y hay atasco. Cuando llega, una persona que está detrás de ti en la fila te da un empujón para subir antes que tú. Le respondes:

a) Entiendo que el autobús viene con retraso, pero podemos subir todos sin necesidad de dar empujones.

b) Pasa, que viene con retraso y llegaremos tarde.

c) Eh, eh, eh, tú, tranquilo, que yo estaba antes. Si tienes tanta prisa, haber salido antes de casa.

De estas tres posibles respuestas, señala cuál es la pasiva, la asertiva y la agresiva y explica el porqué.

Solución:

a) Es asertiva, ya que defiendes el hecho de que no hace falta que te empujen, pero respetas en todo momento a la otra persona, incluso intentando entender el hecho de que te empujen, en este caso, el retraso del autobús.

b) Es pasiva, ya que dejas pasar el hecho del empujón y le concedes la razón de querer subir antes que tú.

c) Es agresiva, ya que reaccionas ante una conducta agresiva del mismo modo y sobrepones tu interés y derecho de forma verbal.

Actividades resueltas

11.7. Enrique es el jefe del departamento en el que trabaja Pedro. Cuando entraban en la oficina, Enrique le dijo a Pedro que fuera a su despacho a las 12:00 horas. Pedro se ha retrasado un poco y llega a las 12:15 horas; cuando entra en el despacho se produce la siguiente conversación:

Enrique: Siempre igual, tú no sabes lo que es un reloj, nunca puedes llegar a tiempo.

Pedro: Veo que ahora estás muy nervioso y no quiero que discutamos, mejor hablamos luego.

Enrique: Sí, claro, ahora te quieres ir para que no te diga que eres un informal.

Pedro: Te aseguro que no es por eso, he llegado tarde y tienes razón, pero lo que yo quiero es que podamos hablarnos sin discutir, sin gritar y sin hacernos daño el uno al otro. Por eso, mejor, cuando estés tranquilo, hablamos.

¿Qué técnica asertiva está utilizando Pedro?

Solución:

Pedro está utilizando la técnica del aplazamiento asertivo: aplazar la respuesta a la afirmación que intenta desafiarnos hasta que nos sintamos tranquilos y capaces de responder a ella apropiadamente.

11.8. Se acerca la Navidad y en la empresa de Pedro, como es tradición, los compañeros se reúnen para celebrar juntos un almuerzo, pero a él no le apetece ir.

Enrique: El día 19 es el almuerzo de Navidad en el mesón «Casa Pepe».

Pedro: No me apetece ir a ese almuerzo.

Enrique: ¡Venga, hombre! ¡Que se come muy bien!

Pedro: Sé que se come muy bien y en otra ocasión iré, pero hoy no me apetece.

Enrique: Pues va a ir todo el mundo y lo vamos a pasar fenomenal.

Pedro: Sé que lo pasaréis fenomenal, pero hoy no quiero ir.

Enrique: ¡Pues tú te lo pierdes!

Y se marcha enfadado.

¿Qué técnica asertiva está utilizando Pedro?

Solución:

Pedro está utilizando la técnica del disco rayado, que consiste en repetir nuestro punto de vista con tranquilidad, sin dejarse ganar por aspectos irrelevantes.

11.2.4. La inteligencia emocional

El término **inteligencia emocional** (IE) se refiere a la capacidad humana de sentir, entender, controlar y modificar estados emocionales en uno mismo y en los demás. Se desarrolla a partir de las experiencias propias, por lo que puede aprenderse en el transcurso de la vida.

Según Daniel Goleman, la inteligencia emocional se expresa en **2 niveles** de competencias:

1. **Las competencias o aptitudes personales.** Determinan el modo en que nos relacionamos con nosotros mismos y el conocimiento de uno mismo, y dependerán de las siguientes capacidades:

   - **Autoconocimiento:** capacidad para identificar nuestras emociones, fortalezas y debilidades y su influencia en el comportamiento.

   - **Autocontrol:** capacidad para manejar adecuadamente las emociones y los impulsos que puedan resultarnos perjudiciales, asumir la responsabilidad de nuestras acciones y tener flexibilidad para afrontar los cambios.

   - **Automotivación:** tenacidad para la consecución de los objetivos a pesar de los obstáculos y contratiempos a los que tengamos que enfrentarnos.

2. **Las competencias o aptitudes sociales.** Determinan el modo en que nos relacionamos con los demás, cómo manejamos las relaciones sociales, y están constituidas por las siguientes capacidades:

Reflexiona

«Cualquiera puede ponerse furioso... Eso es fácil. Pero, ponerse furioso con la persona correcta, en la intensidad correcta, en el momento correcto, por el motivo correcto y de la forma correcta... Eso no es fácil».

Aristóteles

- **Empatía:** es la capacidad de entender los pensamientos y las emociones ajenas, de ponerse en el lugar de los demás y compartir sus sentimientos e interesarnos activamente por las cosas que les preocupan.
- **Habilidades sociales:** capacidades para inducir en los demás las respuestas deseables. Incluyen la capacidad para la persuasión, para escuchar activamente y transmitir mensajes claros y convincentes, para manejar situaciones de conflicto, negociar y resolver desacuerdos, para el liderazgo, para el trabajo en equipo, etcétera.

Las personas emocionalmente inteligentes son realistas respecto a las metas que se trazan y consiguen el equilibrio interno apoyándose en las fortalezas y minimizando las debilidades y amenazas. Son personas constructivas, capaces de aprovechar aquello que se les ofrece y de superar los obstáculos que se les presenten.

No se trata de reprimir el sentimiento o la emoción que no nos gusta, ya que esto puede conducir a desajustes de la personalidad, sino de adecuar la expresión emocional al contexto.

Actividades propuestas

11.3. Un amigo acaba de llegar a cenar una hora tarde. No te ha llamado para avisarte de que se retrasaría. Te sientes irritado por la tardanza y le dices:

a) ¡Entra, la cena está en la mesa!

b) He estado esperando durante una hora. Me hubiera gustado que me hubieras avisado de que llegabas tarde.

c) Me has puesto muy nervioso llegando tarde. Es la última vez que te invito.

¿Cuál sería el comportamiento pasivo, el agresivo y el asertivo?

11.4. Un compañero de trabajo te entrega constantemente sus tareas para que las realices y quieres acabar con esta situación. Cuando te vuelve a pedir que lleves a cabo algo de su trabajo, puedes contestarle:

a) Estoy bastante ocupado. Pero si no consigues hacerlo, te puedo ayudar.

b) Olvídalo. Casi no queda tiempo para hacerlo. Me tratas como a un esclavo. Eres un desconsiderado.

c) No. No voy a hacer nada más de tu trabajo. Estoy cansado de hacer, además de mi trabajo, el tuyo.

Indica en cada opción qué tipo de conducta es: pasiva, agresiva o asertiva.

Ante estas situaciones, ¿qué técnica asertiva es más adecuada?

11.5. Indica el tipo de barrera que se produce en las siguientes circunstancias:

a) Mientras chateamos, se produce un corte en el suministro de la luz.

b) Un argentino y un español están hablando y hay palabras que interpretan de forma diferente.

c) Nos presentan a una persona y no nos gusta cómo va vestida.

11.6. Si quieres saber si eres asertivo, realiza el test que puedes encontrar en el siguiente enlace: https://www.psicoactiva.com/test/test-de-asertividad-de-rathus.htm

11.3. Características de un equipo de trabajo eficaz

Un **equipo de trabajo eficaz** es aquel que consigue coordinar de manera óptima el esfuerzo de sus componentes obteniendo el máximo rendimiento. En los equipos de trabajo eficaces se suelen observar ciertas características diferenciadoras:

- **Objetivos comunes:** estos deben ser específicos (S), medibles (M), alcanzables (A), realistas (R) y delimitados en el tiempo (T) (SMART). Se consiguen uniendo los esfuerzos individuales.
- **Pensamiento positivo:** permite que las ideas fluyan libremente en el grupo sin temor a las críticas. Se asumen riesgos y los errores son considerados como oportunidades de crecimiento y aprendizaje.

Debes conocer...

Los **obstáculos** a la participación en el equipo de trabajo son los siguientes:

- Miedo al grupo. Timidez. Problemas de relación y comunicación con los demás.
- Desconocimiento de cómo funciona un equipo de trabajo.
- Miedo al cambio.
- Falta de respeto a las normas de educación.
- Sentimiento de pérdida de tiempo.
- Temor por la calidad de los resultados.
- Miedo a ser juzgado por los demás miembros.
- Conformismo ante la opinión predominante.
- Envidia, celos, egocentrismo, orgullo, desmotivación, individualismo, etcétera.

- **Medios humanos y técnicos** suficientes: se sienten **capaces y confían** en poder superar los diferentes obstáculos que se van a encontrar en su camino.
- **Comunicación abierta:** es el medio básico para que el equipo funcione. En un equipo eficaz, sus integrantes se sienten libres para poder expresar su opinión, sus pensamientos y sentimientos sin ningún temor.
- **Flexibilidad:** capacidad de sus miembros para asumir diferentes funciones según las demandas del entorno. Esta adaptabilidad no es solo técnica, sino que engloba cuestiones como el liderazgo, la cohesión, la motivación y el apoyo en el día a día del grupo.
- **Normas de funcionamiento** claras y aceptadas por todos.
- **Liderados** por un directivo capaz de resolver conflictos.
- **Colaboración constante entre sus miembros** para afrontar las dificultades que se puedan plantear.
- **Reconocimiento y aprecio:** es clave para la motivación. El equipo debe ser reconocido por sus esfuerzos y resultados. El líder del equipo, así como el resto de integrantes de este, reconocen frecuentemente los éxitos individuales y colectivos.
- **Evaluación periódica:** para mejorar es necesario realizar una valoración periódica de la situación en la que se encuentra el equipo.

Actividad resuelta

11.9. Elena, Lourdes y Rafa trabajan con una beca de investigación en un laboratorio estudiando una vacuna contra la malaria. Curro es bioquímico y director del proyecto. Todos los viernes, a última hora, convoca una reunión para planificar el trabajo de la siguiente semana. Normalmente las reuniones se alargan media hora sobre el horario de salida, y se terminan fijando objetivos como «tenemos que esforzarnos más». Cada miembro del grupo elige la tarea que va a realizar cada semana. El que tiene suerte y acaba pronto es el primero en elegir tarea la siguiente semana y se marcha antes a casa.

Curro está casi siempre en su despacho y no quiere que lo molesten, a menos que se trate de una urgencia; mientras, el resto del equipo se centra en su trabajo individual y apenas se relacionan. A diario hay que hacer cambios en la planificación, que deben ser autorizados por Curro.

Elena está muy desmotivada, porque lleva 7 meses trabajando y todavía no le ha llegado el dinero de la beca; le han dicho que falta la firma del director del proyecto para que libren el dinero.

¿Crees que este equipo de investigación es un equipo eficaz? ¿Por qué?

Solución:

No, ya que no reúne las características propias de este tipo de equipo debido a que:

- Los objetivos no son específicos, no se pueden medir, no son alcanzables, ni son realistas, aunque tienen una delimitación temporal (semanal).
- La asignación de tareas es aleatoria.
- El director da indicaciones contradictorias, es controlador (quiere que todo se le consulte) pero a la vez realiza dejación de funciones (no realiza los trámites para que Elena pueda cobrar la beca).
- Se fomenta y se premia el trabajo individual, no el trabajo colaborativo.
- Hay poca relación entre los miembros del grupo y la falta de motivación de Elena puede repercutir negativamente en los resultados del equipo.

11.4. Los roles en el equipo de trabajo

Dentro de cada equipo los individuos adoptan un papel o rol diferente que puede tener importantes consecuencias sobre el comportamiento global del equipo y su eficacia.

Podemos definir el **rol** como una tendencia a comportarse, contribuir e interrelacionarse con los demás de una determinada manera dentro de un equipo, aunque debemos tener en cuenta que una misma persona puede desarrollar varios roles diferentes al mismo tiempo. Es importante identificar los roles que desempeña cada individuo dentro de un equipo y el efecto que tendrán en el resultado final de su trabajo, para garantizar la eficiencia del trabajo en equipo. De hecho, en la mayoría de las ocasiones, la diferencia entre el éxito y el fracaso de los equipos depende del comportamiento que adopten sus miembros.

Existen multitud de teorías y clasificaciones sobre los roles de equipo, aunque nos centraremos en la desarrollada por el Dr. Meredith Belbin, ampliamente extendida en el mundo empresarial. Según esta clasificación, un individuo puede identificarse con los siguientes roles:

▶ **CLASIFICACIÓN DEL INDIVIDUO SEGÚN LOS ROLES**

Finalidad	Roles	Aspectos positivos	Aspectos negativos
Roles mentales (orientados a la toma de decisiones)	Cerebro (CE)	• Es creativo e imaginativo. • Soluciona problemas complejos.	• Falta de atención. • Comunicación poco eficaz. • Ignora los incidentes. • Absorto en sus pensamientos.
	Especialista (ES)	• Se centra en una sola materia cada vez. • Aporta conocimientos y cualidades específicas.	• Falta de interés por aquello que no es de su especialidad. • Utiliza muchos tecnicismos.
	Monitor evaluador (ME)	• Es serio, perspicaz y estratega. • Es objetivo y juzga los hechos con exactitud.	Falta de iniciativa y habilidad para inspirar a otros.
Roles sociales (orientados a las personas del equipo)	Coordinador (CO)	• Es maduro y está seguro de sí mismo. • Tiene capacidad para delegar. • Promueve la toma de decisiones.	• Puede percibirse por los demás como un manipulador. • Se libera de su trabajo a costa de los demás.
	Investigador (IR)	• Es sociable, entusiasta y comunicativo. • Es un buscador de oportunidades.	• Es excesivamente optimista. • Pierde el interés progresivamente una vez pasado el entusiasmo inicial.
	Cohesionador (CH)	• Es apacible, diplomático, escucha e impide los enfrentamientos. • Tiene capacidad de cooperación y trabajo en equipo.	Indeciso en situaciones vitales.
Roles de acción (orientados al desarrollo de tareas)	Implementador (ID)	• Es disciplinado, fiel y eficiente. • Tiene capacidad para poner en práctica las ideas.	Inflexible y muy lento en la toma de decisiones.
	Finalizador (FI)	• Tiene una gran capacidad de esfuerzo y trabajo. • Busca los errores y las omisiones y entrega las tareas en el plazo marcado.	• Tiende a preocuparse en exceso. • Es reacio a delegar.
	Impulsor (IM)	• Es retador y dinámico. • Tiene capacidad para superar situaciones difíciles. • Trabaja bien bajo presión.	• Puede llegar a ofender los sentimientos de la gente. • Tiende a provocar.

Podemos establecer que el rol clave es el de coordinador, pues es el que garantiza la cohesión y el buen funcionamiento del equipo.

Frente a los roles positivos anteriormente desarrollados, hay otros roles individuales o destructores, que dificultan la dinámica del equipo y provocan conflictos. Los más significativos son:

- **Agresor:** actúa con prepotencia.
- **Chivo expiatorio:** se echa la culpa de todo lo malo.
- **Bloqueador:** nunca está de acuerdo con nada.
- **Manipulador:** intenta influir sobre los más débiles.
- **Indeciso:** es una persona insegura e incapaz de tomar decisiones.

Conocer los propios roles nos ayudará a comprender mejor nuestros puntos fuertes y débiles y a trabajar de manera más eficaz dentro del equipo.

Sabías que...

El pensamiento lateral es un tipo de pensamiento creativo y perceptivo que nos permite ver los problemas con otra perspectiva. Esta es una habilidad mental que se adquiere con la práctica.

La técnica de los seis sombreros para pensar trata de estimular este tipo de pensamiento.

En el caso práctico inicial

- Mario es una persona muy concienzuda. Tiene que terminar el trabajo en el plazo establecido y si no lo hace se preocupa hasta llegar a obsesionarse. Su rol en el equipo es el de finalizador.
- Carmen es extrovertida y comunicativa. Es muy buena buscando recursos para financiar el proyecto, pero suele perder el interés por las cosas. Su rol en el equipo es el de investigadora de recursos.
- Sofía es muy apacible y diplomática. Siempre trata de evitar los enfrentamientos en el grupo, pero a veces le cuesta tomar decisiones. Su rol en el equipo es el de cohesionadora.

Actividad resuelta

11.10. Cuando contrataron a Mario para que se integrase en el equipo del departamento comercial de PUBLIK, SA, acababa de terminar el ciclo superior de Gestión Comercial y *Marketing.* Es una persona muy tímida y apenas participa en el equipo de trabajo; asume las tareas que se le encomiendan, pero nunca aporta ideas ni opina, en parte por su timidez y en parte por la inexperiencia que tiene.

En cambio, Victoria siempre está animando al equipo, estimulando a sus compañeros y compañeras en momentos difíciles y aportando algunas ideas muy creativas.

El equipo siempre está atento a las opiniones y aportaciones de Berto, al que siempre se le consideró un especialista en publicidad. El equipo también cuenta con Ricardo, que siempre se muestra muy dinámico. Le encantan las situaciones de tensión y es el más valiente cuando hay que tomar decisiones difíciles.

En los pocos conflictos que se han producido, Sara ha tenido un papel negociador básico, ayudando a aquellos que discutían sin graves consecuencias para el ambiente de trabajo.

De acuerdo con la teoría de los roles de equipo de Belbin, explica cuáles son los roles que desempeñan en el equipo de trabajo Mario, Victoria, Berto, Ricardo y Sara.

Solución:

Mario. Rol de monitor evaluador: carece de iniciativa y de habilidad para inspirar a otros.

Victoria. Rol de cerebro: creativa, imaginativa y resuelve problemas difíciles.

Berto. Rol de especialista: centrado en una sola materia, aporta conocimientos específicos.

Ricardo. Rol de impulsor: dinámico, con iniciativa y trabaja bien bajo presión.

Sara. Rol de coordinadora: madura, muy segura, sabe delegar y toma decisiones.

11.5. Técnicas de dinámicas de trabajo en equipo

Las **técnicas** para trabajar en equipo son **muy diversas** y su aplicación va a depender de la composición del grupo, del tamaño, de la homogeneidad de los miembros, del grado de madurez y, fundamentalmente, de los objetivos y las metas que el equipo se haya fijado.

La diversidad de técnicas existentes se dirigen a la consecución de diferentes **objetivos** como: motivar, integrar, diagnosticar, fomentar la productividad y la creatividad del equipo, favorecer la participación, tomar decisiones o evaluar al grupo.

Las dinámicas más habituales para trabajar en equipo se muestran en la siguiente tabla.

TÉCNICAS DE DINÁMICAS DE TRABAJO EN EQUIPO

Técnica	Características	Finalidad
Brainstorming o tormenta de ideas	• Consiste en aportar, durante 5 o 15 minutos, cuantas ideas y sugerencias se nos ocurran respecto a un determinado tema o problema, sin analizar si son o no válidas y sin temor al ridículo (fase de producción). • Posteriormente, esas ideas serán analizadas y evaluadas para seleccionar aquellas respuestas más originales o más útiles (fase de evaluación). • Se realiza con equipos pequeños.	• Se utiliza para el desarrollo de la creatividad y la búsqueda de soluciones a problemas. • Se trata de conocer la opinión de los miembros del grupo respecto a un tema.
Phillips 6/6	• Se divide el equipo en subgrupos de 6 miembros cada uno, que discuten durante 6 minutos un tema. • Cada subgrupo nombra un secretario, que se encarga de anotar, resumir y presentar las opiniones del grupo. • Se leen todos los informes, el coordinador los sintetiza y se extraen las conclusiones.	• Su objetivo principal es lograr la participación activa de los miembros de un gran grupo. • Permite conocer las opiniones de todos los participantes en un corto periodo de tiempo y llegar a una conclusión y toma de decisiones de síntesis y de concentración. • Estimula la participación activa de todos los miembros y el sentido de la responsabilidad.

Role-playing (juego de roles)	• Se basa en la transferencia de vivencias. • Se realiza una escenificación de la situación y los participantes desempeñan papeles distintos a los que tienen asignados en la situación real.	• Permite asumir un rol (ponerse en el lugar de alguien) para comprender los problemas que conlleva. • Trabaja la empatía.
Método del caso	• Consiste en efectuar una presentación escrita de un caso real o simulado, que represente una situación con datos y detalles suficientes para que los miembros del grupo puedan analizar los diferentes problemas. • El caso debe ser lo más verosímil y cercano posible a los participantes. • Primero se estudian individualmente y luego se comentan en equipo las posibles soluciones. • El coordinador recapitula todas las soluciones propuestas. • Se realiza con grupos pequeños.	Las conclusiones extraídas se pueden aplicar a situaciones parecidas.
Seis sombreros para pensar	• Se reparten seis sombreros de diferentes colores entre los participantes. Cada color representa una forma de pensar y comportarse diferente: — **Blanco:** trabaja con datos, hechos e informaciones concretas. — **Rojo:** trabaja con emociones, intuiciones y valoraciones. — **Verde:** trabaja con la creatividad y pone en práctica las ideas. — **Azul:** organiza, coordina, sintetiza y ordena las ideas. Ejerce el papel de moderador. — **Negro:** es crítico y trabaja con desventajas y errores. — **Amarillo:** trabaja con ventajas.	• Facilita la resolución y el análisis de problemas desde distintos puntos de vista. • Se intenta la apertura de los participantes a otros enfoques y que los sientan como propios.

Actividad resuelta

11.11. Indica la dinámica de grupo más adecuada para cada caso:

a) En una clase de 30 alumnos del ciclo superior de Gestión Comercial y Marketing, el profesor propone debatir en poco tiempo sobre estos dos temas:
- ¿Qué características presentan las nuevas tendencias de escaparates?
- ¿Qué factores intervienen en la decisión de compra de un coche?

b) En un pequeño comercio de electrodomésticos con tres empleados se plantean recoger multitud de ideas sobre cómo podría la empresa aumentar sus ventas.

Solución:

a) La dinámica que se debe aplicar es la Phillips 6/6. Su objetivo es lograr la participación activa de un gran grupo.

b) La dinámica que se debe utilizar es el *brainstorming* o tormenta de ideas. Se realiza con grupos pequeños y se generan muchas ideas respecto a un tema sin analizar si son o no válidas y sin temor al ridículo.

Actividades propuestas

11.7. Utilizando el cuadro de roles de equipo de Belbin, escribe en un papel el rol con el que te identificas y sus características. A continuación, identifica el rol que crees que corresponde a tu compañero o compañera de mesa y escríbelo en el papel. En ningún momento el compañero puede ver lo que has escrito. Después, cada uno lee su papel y se ve el grado de coincidencia.

11.8. Federico trabaja como vendedor en unos grandes almacenes y a veces se ausenta del trabajo para salir a fumar un cigarrillo. Los demás compañeros están muy molestos porque tienen que hacerse cargo de los clientes cuando Federico no está. La jefa de su sección está muy preocupada por el mal ambiente que se está creando. ¿Qué técnica asertiva podría ser adecuada en esta situación? Explícala.

En el caso práctico inicial

La técnica que utiliza Sofía para la campaña publicitaria es la tormenta de ideas o *brainstorming* para favorecer la participación de todo el equipo.

1. Los equipos de trabajo

11.1. Identifica cuáles de las siguientes características pertenecen a un equipo de trabajo y cuáles a un grupo de trabajo:

Grupo de trabajo

Equipo de trabajo

- Resultados = suma delos resultados individuales
- Objetivos compartidos
- Responsabilidad conjunta
- Comunicación entre los miembros flexible y constante
- Los conflictos se solucionan de manera impositiva
- Objetivos individuales

11.2. Mario, director general de la empresa CEATRIX, SL, ha reunido a 10 de sus empleados para crear un equipo que mejore la relación con sus clientes. Tras exponerles el objetivo por el que el equipo ha sido creado, Mario observa que la idea no parece entusiasmar mucho a los trabajadores, por lo que decide describirles detalladamente las grandes ventajas que supone el trabajo en equipo. ¿Cómo y cuáles son las ventajas de los equipos de trabajo que Mario debería explicar a sus trabajadores?

11.3. La empresa SOUTH, SL reúne a 8 de sus empleados para explicarles la creación de un equipo de trabajo que va a desarrollar la modificación del envase de su producto estrella, una bebida refrescante de gran consumo mundial. Para ello, la empresa conforma un equipo con 6 personas pertenecientes a los departamentos de *marketing* y producción, entre los que se encuentran tanto operarios como directivos. ¿De qué tipo de equipo de trabajo se trata?

11.4. Indica la fase de trabajo en la que se encuentra el equipo en cada una de las situaciones siguientes:

- Los integrantes del equipo experimentan un sentimiento de pérdida.
- El equipo ha realizado con éxito sus habilidades y disfruta de un gran nivel de coordinación.
- El equipo trabaja con un alto grado de autonomía.
- Hay una mejora de los conocimientos y las habilidades y se perciben con mayor facilidad los objetivos del equipo.
- Los miembros del equipo se muestran ilusionados y expectantes e intentan evitar conflictos.
- Aparecen los primeros conflictos y discrepancias.
- Se asignan los roles a cada miembro del equipo.
- Se informa al equipo sobre las metas que se deben alcanzar.
- Existen diferencias entre los objetivos personales y los objetivos del equipo.

11.5. Si aplicáramos el modelo propuesto por Bruce W. Tuckman para establecer las fases de desarrollo de un equipo de trabajo a un equipo de fútbol profesional, podríamos encontrar muchas situaciones que cotidianamente ocurren que corresponden a cada una de las fases descritas anteriormente.

Analiza un equipo de fútbol profesional y describe las fases de desarrollo de trabajo en equipo que podríamos identificar.

11.6. Juan acaba de incorporarse a su puesto de trabajo en el laboratorio de control de calidad alimenticia de la empresa BURGMAC, SL. El equipo que trabaja en el laboratorio acaba de ser creado y lo forman 4 personas (María, Álvaro, Juan y Francisco). Francisco, el responsable y coordinador del grupo, les explica el funcionamiento y el objetivo de este, así como la tarea que le corresponde a cada uno de ellos. Francisco les deja claro que el éxito del equipo depende del trabajo de todos, ya que cualquier error supondría que un producto defectuoso se pudiese vender en el mercado, con las desastrosas consecuencias que podría tener para la empresa y los consumidores.

El tiempo pasa y parece que las cosas no marchan bien en el grupo. María, que en su antiguo puesto en la empresa era reconocida por su capacidad crítica e interesantes aportaciones, parece no querer opinar sobre las cuestiones importantes y deja que otros tomen estas sin aportar nada. Por otro lado, Álvaro está muy influenciado por Francisco, con quien ha hecho una buena amistad, y sus actuaciones «conjuntas» hacen difícil en ocasiones tomar una decisión por parte del grupo.

Pero no todo parece negativo en el grupo. Pasados 2 meses, los resultados han sido mejores de lo esperado, ya que han identificado un 20 % más de productos defectuosos que cuando el control de calidad era realizado por una sola persona.

a) ¿Qué problemas han surgido en el funcionamiento del equipo de trabajo?

b) ¿Puedes identificar alguna ventaja?

c) ¿En qué fase de desarrollo crees que se encuentra el equipo de trabajo?

11.7. Susana está desesperada. Lleva investigando durante más de 3 años una posible vacuna contra un virus tropical tremendamente peligroso y mortífero. Su investigación ha llegado a un punto muerto y se encuentra irritable y malhumorada. De pronto, su jefe le comunica que va a formar parte de un equipo junto con 4 investigadores de varios hospitales que también han estado estudiando dicho virus. Tras una semana de trabajo con el equipo, Susana está exultante de alegría. Tras poner en común todos los investigadores sus estudios, han solucionado el problema que les había impedido avanzar en la cura durante meses. El ambiente de trabajo es realmente bueno y Susana se muestra de nuevo amable y feliz.

Señala las ventajas del trabajo en equipo que se pueden observar.

2. La comunicación de un equipo de trabajo

11.8. Determina cuáles de estas comunicaciones pueden no ser eficaces:

a) Celebran la reunión de la comunidad en el portal del edificio a la hora de la cena.

b) Paco ha discutido con su novia por teléfono, su jefe lo ha oído y no obstante lo manda a una reunión con clientes importantes.

c) Pedro va a dar un discurso a la universidad, teniendo en cuenta la formación de los alumnos que van a asistir.

d) El profesor comienza a explicar un nuevo tema dos minutos antes de que toque el timbre para salir al recreo.

e) Luisa telefonea a Rebeca aunque sabe que en ese momento está en clase.

11.9. Indica el tipo de barrera que se produce en las siguientes circunstancias:

a) Hemos comprado un televisor y el manual de instrucciones es muy extenso.

b) Dos personas negocian un contrato de trabajo con mucho ruido de fondo; el móvil de una de ellas suena continuamente, la secretaria entra constantemente en el despacho para hacer alguna consulta, se escucha una conversación de fondo y a veces hay que elevar mucho la voz.

c) Vamos a una consulta y el médico nos explica el diagnóstico en términos técnicos que no entendemos.

11.10. ¿Cuál es la barrera para la comunicación en las siguientes situaciones?

a) Dos amigos hablan en una discoteca.

b) Una persona te hace una pregunta en alemán, idioma que desconoces.

c) Un compañero de clase está muy concentrado estudiando para un examen y no te hace caso cuando le haces una pregunta.

11.11. Señala los tipos de barreras para la comunicación que se observan en las frases siguientes y explica cómo podrían eliminarse:

a) «Vendo una bicicleta usada para mujer, de dos años de antigüedad, en buen estado».

b) «Se venden sombreros para hombres de fieltro».

c) «Próximamente, el restaurante «El Guiso» servirá a sus clientes comidas por teléfono».

11.12. Marta ha conseguido un nuevo empleo y desea conocer a sus compañeros de trabajo. Para lograrlo puede:

a) Esperar a que ellos se presenten.

b) Mostrar indiferencia y hacerse la dura.

c) Presentarse con educación y entablar una conversación con cada uno.

¿Cuál sería el comportamiento pasivo, el agresivo y el asertivo?

11.13. Clasifica como agresivos, asertivos o pasivos los siguientes comportamientos:

Comportamientos	Tipo
Bajar la mirada	
Elevar mucho la voz	
Contactar visualmente con el interlocutor	
Hacer comentarios sarcásticos	
Utilizar un tono de voz modulado	
Tener las manos nerviosas y los hombros caídos	

11.14. Julia es una estudiante muy responsable. Ha trabajado mucho realizando un trabajo para la clase de FOL, que debe entregar el próximo día. Una amiga, que no ha hecho el trabajo, le pide a Julia que se lo deje para copiarlo. Julia no quiere, pues teme que el profesor se dé cuenta y le suspenda el trabajo.
¿Cómo puede responderle Julia? Señala una respuesta pasiva, otra agresiva y otra asertiva.

11.15. Una persona va a dormir a un hotel. En la habitación de al lado hay un ruido tremendo que le impide descansar, y a la mañana siguiente tiene una importante reunión de trabajo. Identifica las siguientes reacciones con el estilo de persona:

a) No decir nada y no dormir en toda la noche.

b) Armar un gran escándalo en recepción y amenazar entre insultos con no volver al hotel.

c) Llamar a recepción y solicitar que controlen el ruido de la otra habitación y solucionen el problema.

11.16. Crees que mereces un aumento de sueldo y deseas pedírselo al jefe. Para lograrlo:

a) Tratas de forzar que te den el aumento con exigencias.

b) Expones de manera respetuosa las razones por las cuales crees ser merecedor del aumento e insistes si a la primera no obtienes los resultados deseados.

¿Cuál de las dos conductas es asertiva?

11.17. En esta actividad, deberás extraer los aspectos más relevantes sobre la comunicación, elemento clave en el entorno laboral, y sacar tus propias conclusiones al respecto, que te servirán como herramienta básica para tu propio desarrollo profesional.

Apartado 1 (individual)

Realizarás un test, a partir del cual podrás descubrir tu manera de comunicarte y aquellos aspectos mejorables en el proceso. En un documento de Microsoft Word, presentarás las conclusiones a las que llegues tras analizar y reflexionar sobre los resultados obtenidos en el test. Una vez realizado y valorado, reflexionarás sobre el resultado obtenido y redactarás un documento de Microsoft Word en el que concretarás 3 habilidades y 3 carencias en tu repertorio a la hora de comunicarte. Puedes hacerlo a través de ejemplos, basándote en tu propia experiencia. La redacción no debe extenderse más de medio folio.

Para realizar este apartado deberás entrar en la siguiente página web y realizar el test:

https://www.psicoactiva.com/tests/test-comunicacion.htm

Apartado 2 (individual)

Presentarás en Microsoft PowerPoint un caso práctico de un proceso de comunicación en una organización (oral o escrita), en el que deberás incluir todos los elementos que intervengan en este. Concretarás los sistemas de comunicación que se utilizan y analizarás si son o no efectivos, justificando las razones.

Para realizar este apartado:

1. Busca información sobre la comunicación en Internet o en tu libro, señala qué elementos y barreras pueden afectar al proceso comunicativo y selecciona aquellas que consideres más relevantes.
2. Inventa un caso práctico, real o posible, en el que incluirás gran parte de los elementos encontrados en el apartado anterior.
3. Detecta posibles barreras que puedan existir en el proceso de comunicación y plantea al menos una solución que la mejore.
4. Presenta el trabajo en un documento de Microsoft PowerPoint a los compañeros.
5. Comenta en grupo, sacando conclusiones al respecto.

11.18. A continuación, proponemos un ejercicio de escucha activa. La clase se dividirá en grupos de 5 alumnos y durante cinco minutos cada uno hablará de un tema que le interese (vacaciones, viajes, música, etcétera). Los demás escucharán y cuando finalice la exposición, cada uno anotará en un papel el resumen de lo que ha escuchado.

3. Los roles en el equipo de trabajo

11.19. Relaciona cada característica con el rol que le corresponda:

Cerebro creativo	Se explaya en tecnicismos
Coordinador	Es reacio a delegar
Especialista	Ignora los incidentes
Finalizador	Es demasiado optimista
Impulsor	Se descarga de trabajo a costa de otros
Investigador	Es propenso a provocar

4. Técnicas de dinámicas de trabajo en equipo

11.20. Para aplicar la técnica de Phillips 6/6, el profesor dividirá la clase en grupos de 6.

Cada grupo dedica unos minutos a elegir un secretario/portavoz que anota las aportaciones, controla el tiempo y fomenta la participación.

El tema que hay que debatir es el siguiente: «Imagina que pudieras elegir la empresa para realizar las prácticas, ¿qué características debería tener?».

Cada uno de los miembros del grupo hace sus aportaciones durante 6 minutos, 1 minuto por persona.

Después, el portavoz pone en común todas las aportaciones y se abre un debate. Se realiza un listado reducido con la síntesis de las diferentes aportaciones.

11.21. Aplica la técnica del *role-playing* en el siguiente tema: «La intervención del Estado en la regulación de la relación laboral».

Se divide la clase en grupos: unos actúan como empresarios, otros son los trabajadores, otros como personas discapacitadas o representantes de colectivos de exclusión social, otros son los políticos, otros como representantes sindicales, etcétera. Cada grupo expone las ventajas y los inconvenientes de la intervención del Estado desde el punto de vista del colectivo al que representa.

El profesor selecciona los grupos para realizar cada *role-playing,* proporcionando todos los datos necesarios para la representación y los personajes que intervienen. Cada participante asume el papel de un personaje concreto y prepara el diálogo que refleje la situación. A continuación, se representa ante el resto del grupo, que actúa como observador.

Después, los observadores analizan la situación y los participantes explican cómo se han sentido al interpretar su papel.

11.22. El pensamiento lateral se utiliza para resolver problemas de forma creativa. Intenta resolver estos acertijos desde otro punto de vista.

- **El ascensor.** Un hombre vive en el décimo piso de un edificio. Todos los días, cuando va a trabajar, utiliza el ascensor para llegar hasta la planta baja. Sin embargo, cuando vuelve de la oficina, solo sube en ascensor hasta la mitad del edificio. El resto del recorrido hasta su ático lo hace a pie, excepto cuando llueve. ¿Por qué?
- **El interruptor.** Hay tres interruptores fuera de un cuarto que está cerrado con llave. Dentro del cuarto hay tres lámparas. Puedes encender y apagar los interruptores cuantas veces quieras, siempre y cuando la puerta del cuarto permanezca cerrada. Entonces, debes entrar una sola vez al cuarto y determinar qué interruptor le corresponde a cada lámpara.
- **Las gafas.** Una abuela estaba desayunando y en un descuido las gafas se le cayeron en la taza de café, pero no se mojaron. ¿Cómo es posible que no se hayan mojado?

REPASANDO...

Los equipos de trabajo

La empresa VIRIUS, SA ha creado un equipo de trabajo formado por tres de sus trabajadores, Miriam, Sofía y Lorenzo, cuyo objetivo es diseñar una campaña de *marketing* para un nuevo producto que va a ser lanzado. El equipo estará supervisado por Sergio, director comercial de la empresa. Sergio les explica claramente los objetivos que se deben conseguir, así como el plazo de duración del equipo, que será de tres meses. Los tres se encuentran entusiasmados y tremendamente motivados ante este nuevo proyecto y se presentan antes de comenzar con el trabajo.

a) Señala de qué tipo de equipo de trabajo se trata.

b) ¿En qué fase de desarrollo se encuentra el equipo de trabajo?

Sofía es reconocida en la empresa por su carácter abierto y crítico, y ha realizado grandes aportaciones por sus sugerencias y aportaciones en el departamento en el que trabaja habitualmente; aunque, desde que comenzó a trabajar con el nuevo equipo, apenas opina sobre las decisiones clave y se muestra pasiva sin opinar apenas sobre los temas o problemas que se plantean, como si tuviese miedo de expresar sus opiniones. Mientras tanto, Lorenzo, que siempre ha sido un trabajador bastante prudente y cauto a la hora de asumir algún riesgo en sus decisiones, desde que forma parte del nuevo equipo plantea propuestas que Sofía considera demasiado arriesgadas y que, en caso de no cumplirse, podrían generar importantes pérdidas para la empresa. Ha pasado ya un mes y Lorenzo y Miriam se muestran ya bastante preocupados con la actitud de Sofía. Ya no solo evita y se muestra temerosa de dar su opinión, sino que ahora no muestra apenas interés en el trabajo, ha bajado enormemente su rendimiento y parece que espera a que el equipo avance por sí solo.

c) ¿Podrías señalar qué inconvenientes de los equipos de trabajo pueden haberse producido?

d) ¿Puede decirse que este equipo de trabajo es eficaz? ¿Por qué?

e) ¿Es Sofía una persona asertiva? ¿Por qué?

Miriam es una persona creativa e imaginativa y siempre trata de solucionar los problemas por muy complejos que sean. Ha propuesto realizar una dinámica de grupo para mejorar la comunicación entre los miembros del equipo.

f) ¿Cuál es el rol de Miriam dentro del equipo?

g) ¿Qué dinámica de grupo será la más adecuada para aplicar en este caso?

SALA DE PRENSA

Cómo convertir en un éxito el trabajo en equipo

Cuando Rolands Mesters y Roberts Bernans fundaron Nordigen, una empresa de Tecnología Financiera con sede en Riga, la capital de Letonia en 2016, se comprometieron a que la compañía fuera abierta e inclusiva, un lugar en el que todo el mundo pudiera proponer ideas y estas se escucharan con respeto. Más tarde comenzaron a contratar a vendedores de grandes compañías y su cultura cambió. A los nuevos fichajes lo único que les importaba era vender, no hacían ningún esfuerzo por conocer al resto de empleados y rechazaban cualquier sugerencia sobre cómo comercializar su tecnología. Aunque eran buenos vendedores, como compañeros dejaban mucho que desear, y consiguieron que los demás se reservaran sus ideas en lugar de compartirlas. Mesters y Bernans tomaron una medida que en principio no encajaba con su compromiso de hacer de la empresa un lugar inclusivo.

Introdujeron un test de idoneidad cultural: «Tras la primera ronda de entrevistas invitamos a empleados, elegidos al azar, a conocer al candidato», explica Mesters. «Cuando veíamos que la persona era 'uno de los nuestros' la contratábamos», añade.

Muchos estudios apuntan a que los equipos formados por personas con distintas experiencias vitales, identidades y formas de pensar suelen ser mejores en la resolución de problemas. Otras investigaciones apuntan a que los equipos que abordan los problemas desde distintos ángulos superan a los grupos en los que sus miembros piensan parecido. Aun así, la diversidad tiene sus desventajas. Como descubrieron en Nordigen, confiar en la gente con prioridades distintas al final genera más división que beneficios. Las distintas creencias culturales pueden dificultar la integración en los equipos y llevar a malentendidos, obstaculizando el logro de objetivos.

Fuente: *www.expansion.com.*
Alicia Clegg. 30 de mayo de 2019.

a) ¿Tiene Nordigen las características propias de un equipo de trabajo eficaz? ¿Por qué?

b) ¿Es beneficioso para los equipos de trabajo que existan personas heterogéneas con diferentes identidades? ¿Este es el caso de Nordigen?

La gestión del conflicto

12

Contenidos

Objetivos

- Conocer el concepto de conflicto.
- Identificar los tipos de conflictos y sus características.
- Valorar la importancia de la negociación como método de resolución de conflictos.
- Conocer y comprender las distintas fases de un proceso de negociación.
- Aplicar los métodos de resolución de conflictos más adecuados a cada situación.

Cuestiones

a) ¿Sabrías definir qué es un conflicto?

b) ¿Crees que un conflicto puede evitarse?

c) ¿Conoces algún método de resolución de conflictos?

Caso práctico inicial

Rafa es técnico superior en animación de actividades físicas y deportivas. Desde hace tres meses trabaja en el polideportivo de su ciudad como monitor de tenis. Hace unos días, resbaló en una de las pistas y se torció un tobillo; había llovido y la pista estaba muy húmeda, pero él decidió no suspender las clases. Lourdes, su compañera de trabajo, lo llevó después a urgencias y el médico le diagnosticó un esguince. Tras ponerle una férula, le recomienda 15 días de reposo.

Llama al trabajo para comunicar lo sucedido y Charo, la directora, se enfada y le exige que se incorpore inmediatamente, pues no es posible encontrar un sustituto para tan poco tiempo, y lo amenaza con despedirlo si no lo hace. Rafa sabe que no puede despedirle por este motivo, pero podrían presionarle en cualquier otro sentido. A pesar de todo, hace caso al médico y guarda reposo durante los días prescritos.

Cuando se incorpora al trabajo, tras recibir el alta médica, la directora lo recibe con mucho desagrado. No lo despide, pero continuamente está haciendo comentarios negativos sobre su trabajo delante de los compañeros y de los clientes. Comenta en público que Rafa es muy desordenado, que deja todo por el medio y que incluso su dejadez y desorden han llegado a provocar accidentes. Por si fuese poco, le informa de que falta mucho al trabajo y se niega a pagarle la nómina de los 15 días que ha estado de baja.

Rafa está desesperado y se plantea dimitir, pero Lourdes, que es delegada sindical, le aconseja que antes vaya a la asesoría jurídica del sindicato y se informe. Decide seguir su consejo y el asesor le recomienda que denuncie la situación ante el Juzgado de lo Social, puesto que la negociación no parece posible.

Rafa intenta con la intervención del asesor llegar a un acuerdo con Charo. Para su sorpresa, la directora le dice que está cansada de este asunto y lo quiere solucionar de la mejor forma posible para ambas partes, y que está abierta al diálogo con el asesor.

12.1. El conflicto

Un **conflicto** es un proceso de enfrentamiento entre dos o más partes, ocasionado por un choque de intereses, valores o acciones.

En el conflicto se pueden distinguir **tres elementos:**

▶ PERSONAS IMPLICADAS

- Son las partes enfrentadas en el conflicto.
- Por ejemplo, empresarios y trabajadores.

▶ ASUNTO

- Es el tema sobre el que se discute.
- Por ejemplo, la negociación de un nuevo convenio.

▶ CAUSA

- La posición mantenida por cada una de las partes que impide llegar a un acuerdo y origina el conflicto.
- Por ejemplo, la falta de acuerdos en la negociación puede conducir a una huelga.

Concepto clave

Huelga: es la interrupción colectiva de la actividad laboral por parte de los trabajadores, para reivindicar mejoras en sus condiciones laborales o exigir el reconocimiento de algún derecho.

En el caso práctico inicial

En el caso de Rafa y Charo, existe un conflicto de intereses que produce el enfrentamiento entre ambos.

Reflexiona

«El hombre se descubre cuando se mide con un obstáculo».

Antoine de Saint-Exupéry

Por otro lado, podemos resumir las características más representativas de un conflicto en el siguiente gráfico:

▶ CARACTERÍSTICAS DEL CONFLICTO

- Es inevitable, debido a los diferentes intereses que puede haber dentro de una organización.
- Es inherente a cualquier organización, debido a los desacuerdos que se producen en la interacción constante.
- Pueden ser internos o externos a la organización.
- Pueden tener consecuencias positivas o negativas.
- Se pueden minimizar utilizando estrategias adecuadas.
- Pueden ser útiles para lograr los objetivos.

12.1.1. Causas del conflicto

La aparición de los conflictos en la empresa se puede deber a múltiples causas, por ejemplo, por las diferencias de objetivos entre los departamentos de una organización.

Identificar la causa de un conflicto suele ser un problema importante, debido a la dificultad que suelen tener las personas para reconocer su existencia.

Con independencia de la forma en que se manifieste, las causas que pueden producir los conflictos pueden ser muy variadas; aunque solo especificaremos las más habituales:

- Las diferencias de objetivos entre los departamentos de una organización.
- La distinta interpretación de la información recibida.
- Las perspectivas relativas al tiempo: las fechas tope influyen sobre las prioridades y la importancia que los grupos asignan a las distintas actividades.
- Las percepciones inexactas llevan a que un grupo cree estereotipos acerca de los demás.
- El reparto desigual de tareas.
- La rivalidad personal o profesional.
- Los cambios en la estructura organizativa.
- La falta de coordinación entre grupos o personas que dependen entre sí.
- Los recursos insuficientes para realizar el trabajo.
- Los choques de intereses entre trabajadores, o entre estos y la empresa.
- La incapacidad para llegar a acuerdos.
- Los fallos en la comunicación.
- El liderazgo poco eficaz.
- La desconfianza entre los miembros del grupo.

12.1.2. Clases de conflictos

Todos los conflictos no son iguales, aunque pueden estar relacionados. Por eso, existen diferentes puntos de vista a la hora de clasificar un conflicto:

- Según el grado de **apreciación:**
  - **Latente:** el conflicto está oculto, pero se percibe que algo no funciona.
  - **Manifiesto:** el conflicto se muestra y se percibe claramente.
- Según sus **efectos sobre la organización:**
  - **Funcional:** es positivo para el rendimiento de la organización.
  - **Disfuncional:** perjudica a la organización o impide que esta alcance sus objetivos.

Reflexiona

«Un problema irresoluble es un problema mal planteado».

Albert Einstein

Actividad resuelta

12.1. En la empresa COMERCIAL LUX, SA se están produciendo una serie de conflictos. ¿Sabrías decir cuáles son sus causas?

a) Debido a la crisis económica, la empresa quiere aumentar la jornada sin aumentar los salarios. Los trabajadores no están de acuerdo, quieren que se les compense proporcionalmente.

b) En el departamento financiero, dos trabajadores pugnan por ocupar la vacante del jefe del departamento, que se va a jubilar.

c) Ana, la auxiliar administrativa, se queja de que hace casi todo el trabajo del departamento, mientras que su compañera Gema realiza una mínima parte de la carga de trabajo y ganan lo mismo.

d) El departamento comercial se queja del escaso presupuesto que le han asignado para la preparación de la campaña publicitaria.

Solución:

a) Choque de intereses.

b) Rivalidad profesional.

c) Reparto desigual de tareas.

d) Recursos insuficientes.

En el caso práctico inicial

En el caso de Rafa, el conflicto está causado por un choque de intereses entre el trabajador y la directora, que está impidiendo que se llegue a un acuerdo.

En el caso práctico inicial

En este caso estaríamos ante un conflicto:

- **Manifiesto:** ambas partes han manifestado intereses contrapuestos.
- **Interpersonal:** es un conflicto entre dos personas, Rafa y Charo.
- **Individual:** no se respeta el derecho del trabajador a causar baja por accidente laboral.
- **Disfuncional:** afecta negativamente a la organización, pues está causando malestar entre los demás trabajadores.
- **Vertical:** entre la directora y su subordinado.
- **Agresivo:** la confrontación y el acoso moral son fórmulas agresivas de resolución de un conflicto.

- Desde un punto de vista **jurídico:**
  - **Individual:** hay un desacuerdo entre un trabajador y el empresario por la reclamación de un derecho individual.
  - **Colectivo:** hay un desacuerdo entre varios trabajadores y el empresario por la reclamación de derechos colectivos.
- Teniendo en cuenta **dónde se originan:**
  - **Interpersonal:** afecta a varias personas. Se produce por discrepancias en la asignación de recursos o funciones, desacuerdos sobre objetivos o valores, comparaciones con los demás, fallos en la comunicación y diferencias de caracteres, entre otros.
  - **Intrapersonal:** afecta a una sola persona y se suele producir por la frustración generada cuando no se alcanza un objetivo, el conflicto entre los roles que desempeñamos (familia-trabajo) y conflictos de intereses que obligan a realizar elecciones entre diferentes alternativas.
  - **Intergrupal:** afecta a varios grupos dentro de una misma organización. Se produce por la colisión entre los objetivos que persiguen.
  - **Intragrupal:** afecta a la dinámica del grupo por choques entre sus miembros.
  - **Interorganizativo:** se produce como consecuencia de la competencia con otras organizaciones y lleva al desarrollo de nuevos productos, a la utilización de nuevas tecnologías, etcétera.
- Según el **nivel jerárquico:**
  - **Horizontal:** se produce entre trabajadores de un mismo nivel jerárquico.
  - **Vertical:** se produce entre trabajadores de diferente nivel jerárquico.
- Según los **recursos utilizados** para su resolución:
  - **Pacíficos:** cuando se utilizan medios no violentos de resolución, como la negociación.
  - **Agresivos:** se utilizan medios violentos para su resolución, como los piquetes, que impiden por la fuerza el acceso al trabajo.

Actividad resuelta

12.2. Clasifica los siguientes conflictos planteados:

a) Leticia se queja constantemente de que cobra menos y tiene peor horario que sus compañeros.

b) Un jefe de sección se enfrenta a un auxiliar de su departamento porque ha bajado su rendimiento en los últimos meses. Han hablado del problema y han llegado al siguiente acuerdo: si mejora el rendimiento, obtendrá un plus de productividad.

c) El comité de empresa decide presentar una reclamación ante el Juzgado de lo Social contra la empresa por la interpretación que esta realiza sobre la distribución irregular de la jornada establecida en el convenio colectivo. El Juzgado de lo Social resuelve dando la razón a los trabajadores.

d) Dos técnicos de mantenimiento piensan que el reparto de tareas que hace la empresa es injusto.

Solución:

a) Es un conflicto manifiesto, individual, intrapersonal, disfuncional y pacífico.

b) Es un conflicto manifiesto, individual, interpersonal, vertical, funcional y pacífico.

c) Es un conflicto manifiesto, colectivo, interpersonal, vertical, disfuncional y pacífico.

d) Es un conflicto latente, horizontal, interpersonal, disfuncional y pacífico.

12.1.3. Fases del conflicto

En casi todos los grupos humanos es normal que en alguna ocasión se haya generado algún conflicto. Pero lo importante no es el conflicto en sí, sino la falta de capacidad para gestionarlo. Esto puede conllevar a la desaparición del grupo.

Un conflicto pasa por varias fases, que nos van a servir de base para analizarlo y buscar sus posibles soluciones. Estas fases son:

- **Fase inicial:** el conflicto está latente. Si persiste, puede tener consecuencias negativas para la organización.
- **Fase de concienciación:** el conflicto se hace patente y se vuelve agresivo. Surgen enfrentamientos y tensiones entre los miembros del grupo, la comunicación se deteriora y surgen conductas autoritarias, descalificaciones personales, distorsiones de la información y sentimientos de superioridad e inferioridad.
- **Fase de intervención:** se analiza el conflicto y se proponen diferentes soluciones. Si la estrategia es inadecuada, el conflicto no se solucionará y puede degenerar en enfrentamientos de diversos grados de violencia. Por el contrario, estrategias como la negociación o la mediación suelen llevar a soluciones satisfactorias, y el conflicto entrará en su fase final.
- **Fase final:** se ponen en práctica los acuerdos alcanzados. Si el conflicto persiste, habrá que comenzar de nuevo.

12.1.4. Consecuencias del conflicto

Las consecuencias de un conflicto no siempre son destructivas, sino que también puede generar resultados positivos.

Consecuencias positivas

- Aumenta la cohesión del grupo: cualquier tipo de amenaza externa suele traducirse en que los miembros del grupo olvidan sus diferencias personales y cierran filas para defenderse. La comunicación se vuelve más auténtica.
- Pone a prueba la estructura de poder dentro de la organización.
- Aumenta la valoración de la actividad que se realiza, y se intenta hacer de la mejor manera posible; por lo tanto, se estimula la creatividad y se mejoran los resultados.
- El grupo se centra más en el trabajo, disminuye la tolerancia hacia los que holgazanean, así como la preocupación por satisfacer a cada uno de los miembros que lo integran.
- Aumenta la lealtad hacia el grupo. Las normas por las que se rige el grupo cobran mayor importancia en una situación conflictiva.
- Es un motor para el cambio, el crecimiento y el aprendizaje de las personas y de las empresas.
- Pone al descubierto problemas en la organización que estaban ocultos y hace posible que se puedan afrontar y resolver.

Consecuencias negativas

- Se produce una distorsión de las percepciones de los miembros del grupo. Algunos se consideran superiores a los otros en cuanto a rendimiento y entienden que son más importantes para la supervivencia de la organización que todos los demás.
- Los conflictos muy largos polarizan a las personas y a los grupos, destruyendo la cooperación y el trabajo del grupo.
- Aumenta la desconfianza y pueden producirse sabotajes, daños materiales y robos o se restringe la información que se debe compartir.
- Prevalece el interés personal sobre los intereses del grupo y se llegan a adoptar decisiones equivocadas.
- Desciende la motivación hacia el trabajo y el rendimiento, se presta más atención al conflicto que al trabajo y pueden aparecer síntomas del síndrome *burnout.*
- Surgen tensiones dentro del grupo que pueden desencadenar comportamientos violentos, insultos, difamaciones, *mobbing,* etcétera.
- Esta tensión puede ocasionar el deterioro, tanto físico como psíquico de los trabajadores. Y, en algunos casos, se pueden generar gastos judiciales.

En el caso práctico inicial

En el conflicto entre Rafa y Charo no se han empleado las estrategias adecuadas y se ha convertido en un conflicto negativo, que ha derivado en una confrontación entre ambos. La directora debería haber utilizado la negociación en lugar de la confrontación para llegar a una resolución positiva del conflicto.

Sabías que...

La existencia de un conflicto se suele presentar como algo negativo, pues implica una diferencia que genera tensión entre las partes.

Si se logra identificar, analizar y gestionar adecuadamente, el conflicto puede convertirse en una oportunidad de mejora y de cambio.

En el caso práctico inicial

Las consecuencias del conflicto entre Rafa y Charo son negativas. Han surgido tensiones, amenazas y se ejerce *mobbing* contra Rafa, que, lógicamente, no desea seguir trabajando en un clima de hostilidad permanente que pueda ocasionarle problemas de salud.

Si Rafa se marcha, a Charo le va a resultar difícil sustituirlo, por lo que el conflicto seguirá envenenando el clima de trabajo y pueden producirse polarizaciones dentro de la empresa entre compañeros que tomen partido a favor de Rafa. Se destruye así la cooperación de los trabajadores y aparecen el malestar, la desgana y un descenso generalizado en la calidad del servicio. Si esta situación se mantiene puede llevar, incluso, a la pérdida de clientes y ocasionar gastos judiciales si Rafa presenta una demanda.

Actividades propuestas

12.1. En la secretaría de un centro escolar, una de las auxiliares está todo el tiempo atendiendo el teléfono, la ventanilla y archivando documentación. Sus dos compañeros están metiendo datos en el ordenador a un ritmo muy lento, y esto provoca frecuentes discusiones entre los tres auxiliares. El secretario les ha dicho, bastante enfadado, que a este ritmo la matriculación de todo el alumnado no va a efectuarse en el plazo establecido. ¿Existe conflicto? ¿Cuál sería la causa? ¿Cómo se podría solucionar?

12.2. Clasifica los siguientes conflictos:

a) Ramón y Gonzalo trabajan en el mismo departamento y tienen que elegir un mes para disfrutar de las vacaciones. Los dos quieren el mes de agosto, pero el director les ha dicho que deben ponerse de acuerdo. Ninguno quiere ceder.

b) Luisa y su jefe han discutido porque este le obliga a realizar horas extraordinarias y la trabajadora no está de acuerdo.

c) Una empresa constructora tiene problemas con la empresa que le provee de materiales de construcción, porque no se ponen de acuerdo con los plazos para efectuar los pagos.

d) María está muy preocupada porque se ha quedado embarazada y teme que el empresario la despida cuando se entere. Esto hace que esté muy distraída y cometa errores en su trabajo.

e) El comité de empresa de una multinacional ha iniciado un procedimiento de conflicto colectivo ante la falta de acuerdo en la negociación del nuevo convenio colectivo.

12.2. Procedimientos de resolución de conflictos

De entre todos los procedimientos que pueden ser empleados para la resolución de conflictos, parece evidente que la solución perfecta pasa por que las partes se sienten juntas y expresen sus diferencias con la intención de llegar a un acuerdo beneficioso para todos. Así pues, la **negociación** aparece como el proceso esencial para la resolución de cualquier conflicto, sea cual sea la causa que lo originó.

Por otro lado, no podemos olvidar que no todas las negociaciones finalizan con acuerdo, por lo que lo más adecuado sería la búsqueda de métodos o procesos alternativos que ayuden a solucionar el conflicto.

Los procedimientos que se utilizan para la solución de los conflictos de trabajo, más allá de la negociación, son muchos y variados, pero, entre todos ellos, los más utilizados en la práctica son la **conciliación,** la **mediación** y el **arbitraje.** La intervención de terceras personas neutrales es el elemento diferenciador clave entre unos y otros.

Reflexiona

«Nuestro desafío no consiste en eliminar el conflicto, sino en transformarlo».

William Ury

Actividad resuelta

12.3. La empresa UBRIQUE.COM, SL se dedica a la fabricación de artículos de piel. Cuenta con una plantilla de 120 personas y tiene un solo centro de trabajo. La empresa ha despedido hace poco a Francisco Javier, jefe de producción, alegando falta de rendimiento.

Los demás trabajadores de la empresa creen que detrás del despido existen otras razones, como que Francisco Javier resulta un problema para la empresa, pues pertenecía al comité de empresa y continuamente estaba presentando ante la dirección las quejas de sus compañeros. La última ha sido por la organización de los turnos de trabajo, en la que no se ha tenido en cuenta lo indicado en el convenio colectivo. Como consecuencia de este despido, se ha convocado una huelga para exigir la inmediata readmisión del trabajador.

a) Realiza una clasificación de este conflicto según los diferentes criterios que has visto en la unidad.

b) Indica la fase en la que se encuentra el conflicto.

c) Analiza las consecuencias del conflicto para los trabajadores y para la empresa.

d) ¿Qué procedimientos podrían aplicarse para resolver este conflicto?

Solución:

a) Es un conflicto manifiesto, disfuncional, colectivo, intergrupal, vertical y agresivo.

b) Este conflicto se encuentra en su fase de concienciación, es decir, el conflicto se ha hecho patente y se ha vuelto agresivo.

c) Las tensiones que se han generado pueden desencadenar comportamientos violentos y terminar en una huelga. Esta tensión puede ocasionar el deterioro de la relación laboral, y posiblemente llegue a generar importantes gastos judiciales si la empresa sigue incumpliendo el convenio.

d) Indudablemente, la negociación es el mejor método para resolver un conflicto, independientemente de la causa que lo originó. Pero, si esta falla, se podría recurrir a la conciliación, la mediación o el arbitraje.

12.3. La negociación como método de solución de conflictos

Ya sea el acuerdo sobre un contrato, la discusión sobre las posibles soluciones a un conflicto laboral, un problema económico, un conflicto familiar o el plazo de finalización de una casa, las personas realizamos diariamente múltiples negociaciones.

Quizás esto lo hagamos de forma natural, es decir, sin necesidad de una formación o un entrenamiento previo, ya que la negociación es algo consustancial al ser humano. De hecho, negociamos de forma inconsciente desde el instante mismo de nuestro nacimiento: a un bebé nadie le ha enseñado a intercambiar llanto por comida, y sin embargo lo hace, luego podríamos decir que ya está negociando. Esta negociación tan primaria es pronto seguida por otras menos influenciadas por una necesidad de supervivencia y así, de igual forma, no tardamos mucho en aprender a intercambiar sopa por juguetes, aprobado por bicicleta, trabajo por dinero, etcétera. Con lo que diríamos que siempre, y de manera natural a lo largo de nuestra vida, estamos produciendo intercambios negociados.

El ámbito laboral no es una excepción. Actualmente, todos asumimos el conflicto como un elemento que forma parte de la vida de la organización. Todo ello nos debe conducir a pensar en la necesidad de que las personas conozcan los elementos clave de una negociación, desde las fases que la constituyen, hasta los tipos, las estrategias, etcétera.

Sabías que...

La posición es la parte superior del conflicto (lo que vemos). Pero lo importante es descubrir los intereses de la otra parte porque ahí se encuentra el punto de acuerdo.

12.3.1. Tipos de negociación

La forma más común de negociar es la que denominaríamos **negociación por posiciones.** En ella, cada parte toma una posición sobre el tema tratado —consistente, por ejemplo, en estimar un precio para la compraventa de un determinado bien o presentar la solución a un determinado conflicto— y trata de convencer a la otra para que acepte su propuesta.

Para lograr esta aceptación, los negociadores argumentarán y discutirán las ventajas de cada una de sus soluciones particulares y los inconvenientes de la propuesta de la parte contraria, haciendo concesiones recíprocas, y tratarán, con ello, de alcanzar un acuerdo.

En este sencillo proceso, vamos a considerar que existen dos formas extremas de «posicionarse»: una dura y poco transigente, en la que cada negociador defenderá su idea y atacará con vehemencia la idea del contrario, y otra más flexible y condescendiente que tratará, no tanto de conseguir la victoria para una de las partes, sino de encontrar la mejor solución posible para ambas partes al conflicto planteado.

Estos dos tipos de actitudes extremas a la hora de negociar dan lugar a dos tipos de negociaciones, que denominaremos en lo sucesivo **negociaciones competitivas** (yo gano / tú pierdes) y **negociaciones colaborativas** (yo gano / tú ganas).

En el cuadro siguiente se relacionan las características que definen los dos tipos señalados:

Negociación competitiva	Negociación colaborativa
• Los participantes son adversarios. • El objetivo es la victoria. Una parte gana y la otra pierde. • Se desconfía del otro. • Se emplean tácticas duras y se amenaza. • Se contrarrestan con argumentos. • Se intentan sacar los mayores beneficios. • Se exigen ganancias para llegar al acuerdo.	• Los participantes son «amistosos». • El objetivo es incrementar los beneficios para las partes. • Las dos partes pueden ganar. • Se confía en el otro. • Se insiste en el acuerdo. • Se intentan cubrir las necesidades de la otra parte.

Debes conocer...

Un acuerdo de calidad debe cumplir cuatro requisitos:

- Que sea favorable para ambas partes.
- Que ambas partes se sientan satisfechas con el acuerdo.
- Que un observador neutral lo valore como justo y equitativo.
- Que favorezca futuras relaciones entre las partes.

12.3.2. Estrategias y tácticas de negociación

Alcanzar los objetivos fijados por las partes en una negociación dependerá, en gran parte, de las estrategias y tácticas que apliquen durante esta cada una de las partes. La estrategia es el conjunto de acciones que se van a llevar a cabo durante la negociación para alcanzar los objetivos fijados. Es el **qué** se hará, es decir, un plan de acción donde se van a utilizar un conjunto de tácticas.

Por otro lado, las tácticas constituyen el **cómo** se realizará, es decir, son aquellas maniobras enfocadas a corto plazo para alcanzar las metas. Son opciones dentro de una estrategia.

Estrategias de negociación

La elaboración y la elección de la estrategia se realizan con gran desconocimiento de la situación real de la otra parte, por lo que solo en el encuentro entre los negociadores se puede comprobar la efectividad de esta y si es necesario revisarla.

Según Pruitt, hay 4 estrategias posibles que pueden utilizar los negociadores, en función del interés por los propios resultados y por los resultados del otro. En ocasiones, se presentan mezcladas, sobre todo las tácticas específicas de cada estrategia.

Estas 4 estrategias son las siguientes:

▶ ESTRATEGIAS POSIBLES

Tipos de estrategias	Interés por los resultados del otro	Interés por los propios resultados
Resolutiva	Alto	Alto
Rivalidad	Bajo	Alto
Complaciente	Alto	Bajo
Inacción	Bajo	Bajo

a) Estrategia resolutiva. Es una estrategia conciliadora y cooperativa. Implica un esfuerzo por encontrar una alternativa mutuamente aceptable y que reconcilie a ambas partes, y cuyo resultado sea beneficioso para todos.

Las principales tácticas para desarrollar esta estrategia son:

- Ampliar los aspectos beneficiosos sobre los que se puede negociar y reducir el coste que supone para la otra parte hacer concesiones.
- Recompensar las concesiones del oponente.
- Hacer concesiones en aspectos no prioritarios para uno mismo. Se realizan concesiones unilateralmente de carácter menor con una frecuencia moderada y se acompañan de una invitación a la reciprocidad en la otra parte.
- Desarrollar nuevas opciones mutuamente satisfactorias.

Si estas tácticas son utilizadas solo por una parte son arriesgadas, pero si ambas partes las utilizan, es factible un beneficio mutuo. Es fácil adoptar este enfoque cuando hay intereses relativamente comunes y complementarios, o cuando los intereses de las partes no son excesivamente altos.

b) Estrategia de rivalidad. Se preocupa de convencer a la otra parte para que acepte una alternativa que favorezca sus propios intereses. Cada una de las partes trata de imponerse a la otra.

Las tácticas para desarrollar esta estrategia son:

- Realizar peticiones inaceptables.

En el caso práctico inicial

Charo ha decidido solucionar el conflicto con Rafa de una manera negociada a través del asesor jurídico del sindicato. Las intenciones de Charo respecto a la negociación parecen claras: quiere solucionarlo de la mejor forma posible para ambas partes. Por lo tanto, parece sentar las bases de una negociación colaborativa. Así pues, la estrategia lógica que se debería utilizar sería una estrategia resolutiva que implique un esfuerzo por encontrar una alternativa mutuamente aceptable que reconcilie a ambas partes, y cuyo resultado sea beneficioso para todos.

Las principales tácticas que podrá aplicar con esta estrategia son:

- Ampliar los aspectos beneficiosos sobre los que se puede negociar y reducir el coste que supone para la otra parte hacer concesiones.
- Recompensar las concesiones del oponente.
- Hacer concesiones en aspectos no prioritarios para uno mismo.
- Desarrollar nuevas opciones mutuamente satisfactorias.

Por otro lado, también podría utilizar una estrategia complaciente o flexible, que implica una importante reducción de las aspiraciones básicas propias. Es ventajosa cuando se quiere acabar rápidamente una negociación, por la presión del tiempo o la escasa importancia de los problemas.

- Mantenerse y no alterar las proposiciones propias. Las posiciones irrevocables con frecuencia se asocian con la amenaza de romper la negociación si no es aceptada. La efectividad de esta táctica depende de las consecuencias que tenga la ruptura para la otra parte.
- Amenazar a la otra parte y castigarla por no hacer concesiones. Las amenazas deben ser creíbles para ser efectivas (una parte tiene que pensar que la otra tiene suficiente poder para ejercerla). Las amenazas fuerzan la voluntad y generan resentimiento.
- Actuar con la presión temporal.
- Persuadir a la otra parte de que hacer concesiones va en su propio beneficio.

Cuando ambas partes optan por esta estrategia, los resultados son poco gratificantes. Solo si una de las partes utiliza esta estrategia puede conseguir un gran beneficio. Pero, habitualmente, esta rivalidad genera la misma reacción en la otra parte, por lo que es poco recomendable para el proceso global de negociación, aunque resulta útil en determinados momentos, especialmente en los iniciales.

c) Estrategia complaciente o flexible. Implica una importante reducción de las aspiraciones básicas propias. Es ventajosa cuando se quiere acabar rápidamente una negociación, por la presión del tiempo o la escasa importancia de los problemas.

Es peligrosa si la otra parte no sigue la misma estrategia o si los dos oponentes son excesivamente flexibles, pues puede que no lleguen a una solución con la que obtengan beneficios mutuos. Se puede entender, más que como una estrategia, como una actitud a lo largo de la negociación.

d) Estrategia de inacción. Se da una mínima actividad negociadora, se malgasta el tiempo y se puede llegar a suspender o romper la negociación. Es muy poco frecuente y no hay que confundirla con momentos de estancamiento de la negociación por dificultades para llegar a un acuerdo.

Sabías que...

Un buen negociador:

- Nunca improvisa.
- Se prepara y estudia el negocio.
- Es cortés, educado y colabora con ideas.
- Está alerta a las prácticas negativas de la otra parte.
- Es firme y objetivo.
- Tiene una actitud colaborativa (ganar-ganar).

Actividad resuelta

12.4. Indica qué tipo de estrategia de negociación se está empleando en las siguientes situaciones:

a) Luisa ha puesto en venta uno de los inmuebles que posee en Madrid para adquirir un ático en el centro de la ciudad. Mario ha visitado la vivienda y se ha mostrado muy interesado en su compra, y le hace una primera oferta ofreciéndole a Luisa una importante cantidad de dinero más una impresionante vivienda que posee en pleno centro de la ciudad. Luisa rechaza la oferta y le comenta a Mario que solo aceptará dinero. A continuación, Mario le presenta otra oferta doblando la cantidad de dinero anterior y Luisa la rechaza alegando que le parece insuficiente. Entonces, Mario decide entregarle un cheque en blanco para que Luisa escriba la cantidad que desee. Luisa le está muy agradecida pero le comenta que ha decidido no vendérsela.

b) Un comité de empresa negocia con la empresa una mejora de las condiciones salariales del 3%. La empresa está dispuesta a llegar a un acuerdo y le ofrece al comité de empresa una subida del 2,5% y un incremento del 0,5% si se logran aumentar los beneficios del ejercicio en más del 10%, lo que supondría una mejora importantísima para que la empresa pudiera obtener fondos para acometer importantes inversiones.

c) Juan ha sido despedido disciplinariamente y ha demandado a la empresa al no estar conforme con el despido. En el acto de conciliación, la empresa intenta llegar a un acuerdo negociando una indemnización, pero Juan solo acepta la máxima indemnización posible.

Solución:

a) Luisa adopta una estrategia de inacción. Realiza una mínima negociación, malgastando el tiempo. Realmente no quiere negociar y no le interesa conseguir nada, ni que la otra parte consiga sus objetivos.

b) En este caso se utiliza una estrategia resolutiva. Es una estrategia conciliadora y cooperativa. Implica un esfuerzo por encontrar una alternativa mutuamente aceptable y que reconcilie a ambas partes, y cuyo resultado sea beneficioso para todos. Los trabajadores conseguirían sus objetivos con la propuesta de la empresa, que también se vería beneficiada.

c) En esta situación se adopta una estrategia de rivalidad. Se preocupan de persuadir a la otra parte para que acepte una alternativa que favorezca los intereses propios. Cada una de las partes trata de imponerse a la otra.

12.3.3. Fases del proceso negociador

Todo proceso de negociación se desarrolla en distintas fases, aunque su evolución y, en consecuencia, la conducta de los negociadores, no son iguales en todos los casos.

La negociación se mueve desde una fase **competitiva** a una fase **colaborativa.** En un principio, se definen los límites y el contenido de la negociación con un clima defensivo, después se tantean las posibilidades de ambas partes y se trata de tomar posiciones y, por último, se realiza la presentación de propuestas. Resulta fácil detallar estas etapas, aunque en la práctica no es sencillo hacerlo. Las fases de una negociación podemos resumirlas como sigue:

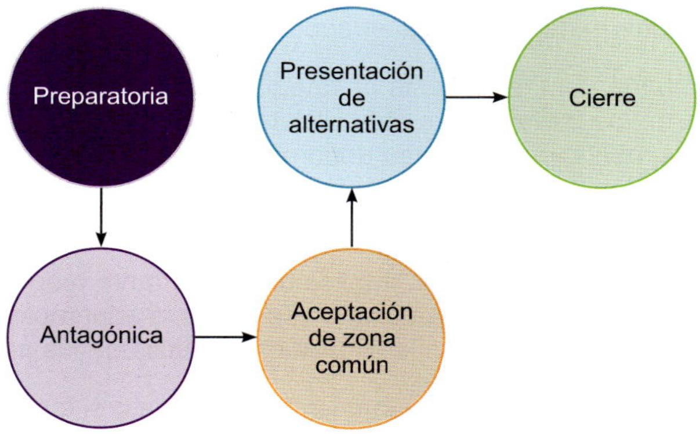

Reflexiona

«No hay malos negocios, solo buenos o malos negociantes».

Mark McCormack

a) **Fase preparatoria.** Es la primera etapa del proceso de negociación, previa al propio proceso, ya que en esta fase no hay aún contacto entre las partes, es decir, en esta etapa se planificará y organizará la negociación, que posteriormente se llevará a cabo durante las siguientes fases. Cada una de las partes deberá analizar y planificar, al menos, los siguientes aspectos:

   - La **naturaleza del conflicto.** Se establece un diagnóstico del conflicto, fijando sus variables, su importancia y el poder de ambas partes.
   - Los **objetivos de la otra parte,** tanto los prioritarios como los límites, a partir de los cuales ya no es interesante continuar con la negociación.
   - La **estrategia** y las **tácticas** de ambas partes.

b) **Fase antagónica o de tanteo.** Se trata de la primera parte de la negociación propiamente dicha, ya que supone el comienzo de los contactos entre las partes. Si en la fase anterior se trata de averiguar la conducta de la otra parte, en esta, el objetivo es tantear si nuestras previsiones se ajustan a la realidad.

   Se establecen los límites y objetivos de la negociación. Al comienzo de esta etapa existe una gran distancia entre las partes, ya que cada una de ellas plantea argumentos para defender sus intereses y atacar la posición de la otra parte. Es una etapa competitiva, cuyo objetivo es demostrar la firmeza y la fuerza de las posiciones. Aparecen pocas conductas concesivas y se adoptan posiciones muy firmes, que se van abandonando en el transcurso de la negociación. Como criterios generales, en esta fase es interesante:

   - No dar toda la información al principio; dosificarla a lo largo del proceso.
   - Dejar claras las expectativas globales, sin comprometerse en aspectos concretos.
   - Enfatizar en el interés de llegar a acuerdos y de mantener una postura de flexibilidad, y manifestar la esperanza de que la otra parte también lo haga así.

c) **Presentación de alternativas y/o soluciones.** Después del tanteo anterior, puede ocurrir que una de las partes ceda unilateralmente, acortando distancias, aunque si ambas se mantienen firmes, dado que la meta de la negociación es llegar a un acuerdo, las presiones excesivas pueden conducir a la ruptura. Por ello, las posiciones tienden a buscar un lugar de entendimiento, una zona común de diálogo donde se desarrollen

Debes conocer...

La venta de Alaska está considerada por muchos como una de las peores negociaciones de la historia.

En 1867, Rusia vendió el territorio que hoy es el estado de Alaska a Estados Unidos por alrededor de 93 millones de dólares. El zar de la época, Alejandro II, tenía algunos apuros económicos y logró solventarlos con esa suma. Por otra parte, el secretario de estado norteamericano William H. Seward fue tildado de loco por concretar esta compra. Sin embargo, lo que parecía un acto sin razón, pronto se convirtió en una de las mejores inversiones de Estados Unidos: tiempo después, al finalizar el siglo XIX, se descubrió oro y petróleo en la zona.

las estrategias de la negociación y, por ello, los negociadores empiezan a dar muestras de flexibilidad y comienzan a presentar las propuestas y contrapropuestas.

El panorama de la negociación ha cambiado, ya que los negociadores han puesto en juego sus recursos con el propósito de influir y convencer a los oponentes y las posiciones de partida han sufrido modificaciones. Se trata ahora de generar alternativas y posibles soluciones, para que puedan ser discutidas y seleccionadas hasta llegar a un posible acuerdo.

d) **Acuerdo y cierre.** El cierre puede venir determinado porque se ha llegado a un acuerdo entre ambas partes, o bien se cierra porque no hay acuerdo o porque ha finalizado el tiempo de negociación establecido.

Por último, una vez admitido el cierre, a veces se hace necesario establecer un modo de vigilar que se cumpla lo pactado en el acuerdo.

Actividad resuelta

12.5. En la empresa MONEY, SA se está negociando la subida salarial para el próximo año. Los representantes de la empresa se reúnen con el comité de empresa. Señala a qué fase de negociación corresponden las siguientes situaciones:

a) Los trabajadores piensan que la empresa quiere ofrecer un 1 % de subida salarial, mientras que los trabajadores no están dispuestos a aceptar menos del 1,5 %. Por otro lado, saben que la empresa no puede permitirse una huelga, ya que se encuentra en una fase clave de expansión internacional, y esta le supondría unas pérdidas económicas y de imagen irreparables.

b) La empresa ofrece un 0,75 % de subida salarial para el año próximo. Los trabajadores quieren el 1,5 %. Ninguna de las partes se muestra dispuesta a flexibilizar sus condiciones, aunque muestran un cierto interés en llegar a un acuerdo en los próximos encuentros.

c) Tras tres reuniones, la empresa decide ofrecer un 1 % de subida, mientras que los trabajadores están dispuestos a acordar el 1,25 % como mínimo. Las partes no llegan a un acuerdo, pero en el siguiente encuentro los trabajadores aceptan la subida del 1 % ofrecida por la empresa, a cambio de recuperar los 3 días de asuntos propios que se suprimieron hace unos años. La empresa ofrece a los trabajadores definitivamente el 1 % de subida salarial más la devolución de 2 días de asuntos propios. Finalmente, los trabajadores han aceptado la última oferta de la empresa, consistente en una subida del 1 % y la aprobación de 2 días de asuntos propios.

d) La empresa y el comité de empresa firman los acuerdos alcanzados.

Solución:

a) Fase preparatoria. Se analizan los objetivos de la otra parte y se establecen los propios. Se fijan las estrategias y se busca toda la información posible sobre el conflicto que hay que negociar.

b) Fase antagónica o de tanteo. El objetivo es tantear si nuestras previsiones se ajustan a la realidad. Generalmente, se realizan pocas concesiones y se adoptan posturas muy inflexibles.

c) Presentación de alternativas y/o soluciones. Se materializan las propuestas y contrapropuestas. El propósito en esta fase colaborativa es alcanzar los intereses de ambas partes en favor del acuerdo.

d) Fase de cierre. Supone la firma de los acuerdos y el establecimiento de un sistema de seguimiento, si se considera necesario, para vigilar el cumplimiento de lo pactado.

12.4. Otros métodos para la resolución de conflictos

Aunque, como ya hemos indicado a lo largo de la unidad, la **negociación** surge como el proceso esencial para la resolución de cualquier conflicto, es necesario recordar que no todas las negociaciones finalizan con acuerdo, por lo que lo más correcto será la búsqueda de métodos o procesos alternativos que ayuden a solucionar el conflicto.

Los procedimientos que se aplican para la solución de los conflictos de trabajo, alternativos a la negociación, más utilizados en la práctica son la **conciliación,** la **mediación** y el **arbitraje.** Como desarrollaremos a continuación, será la forma de intervención de terceras personas neutrales el elemento diferenciador clave entre unos y otros.

12.4.1. La conciliación

Es un medio alternativo y extrajudicial que evita que las partes tengan como única opción el proceso judicial. Les brinda la ventaja de encontrar una solución de forma rápida, eficaz y económica.

Es un proceso de negociación asistida por un tercero neutral, denominado **conciliador,** que ayuda a que las partes encuentren una solución consensuada que satisfaga sus intereses. Hay que tener en cuenta que la solución final siempre será la que determinen las propias partes del conflicto.

12.4.2. La mediación

En un procedimiento de mediación, un tercero neutral, el **mediador,** ayuda a las partes a solucionar su controversia de manera mutuamente satisfactoria. Cualquier acuerdo al que lleguen las partes se formaliza en un contrato o convenio.

La mediación es un modo eficaz y económico de alcanzar ese resultado que mantiene, y en ocasiones mejora, la relación entre las partes.

En una mediación, no se puede imponer una decisión a las partes. A diferencia del árbitro o el juez, el mediador no toma decisiones. La función del mediador consiste en ayudar a que las partes lleguen a un acuerdo sobre la solución de la controversia.

Es más, aun cuando las partes hayan convenido en someter un conflicto a la mediación, no están obligadas a continuar el procedimiento de mediación tras la primera reunión, si consideran que la continuación del procedimiento va en contra de sus intereses.

No obstante, cuando han decidido recurrir a la mediación, las partes suelen participar activamente en ella.

En el caso práctico inicial

La intervención del asesor jurídico, como único interlocutor válido para Charo en la negociación que van a comenzar para solucionar el conflicto con Rafa, no se podría considerar como mediador, sino únicamente como un intermediario válido para ambas partes.

Las fases por las que transcurre el proceso de mediación son las siguientes:

Presentación	• Se prepara un clima adecuado. • El mediador se presenta y establece las reglas básicas del proceso.
Escucha	• Las partes explican su perspectiva del conflicto. • El mediador no valora ni juzga, y anima a que participen lo máximo posible.
Situación	• Las partes exponen sus intereses. • El mediador guía e incentiva el debate.
Propuestas	Se presentan las posibles propuestas de solución.
Acuerdo	El acuerdo, si se alcanzase, deberá realizarse por escrito, mediante contrato, y firmado por las partes.

12.4.3. El arbitraje

Se trata de un método para resolver extrajudicialmente conflictos, mediante el cual las partes acuerdan someter la solución de determinados conflictos que hayan surgido o puedan surgir entre ellos a la voluntad de un tercero.

Por lo tanto, mediante el arbitraje, un tercero, denominado árbitro, tiene facultades propias de un juez; en tal sentido, puede actuar y valorar las pruebas que le permitan resolver el problema mediante una decisión denominada **laudo.** El laudo es de obligatorio cumplimiento para las partes.

1. El conflicto

12.1. Indica cómo actuarías en las siguientes situaciones conflictivas (trabajo individual).

Después, en grupos de 5 personas, se expondrán las ideas de cada uno y se irán anotando aquellas que parezcan más eficaces. A continuación, se expondrán al resto de la clase y se abrirá un debate.

Situación conflictiva	Comportamiento adecuado
Alguien se ha apropiado de una idea tuya y la utiliza en su propio beneficio.	
Personas que siempre culpan a otras.	
Personas que siempre interrumpen cuando otro está hablando.	
Alguien te ridiculiza a ti o a otros.	
Un compañero no hace el trabajo que le corresponde.	
Un compañero va contando chismes de todos los compañeros.	

12.2. Clasifica los siguientes conflictos que ocurren en una empresa de transportes desde los diferentes puntos de vista estudiados:

Conflicto	Clasificación
Juan, encargado del control de entrada, tiene continuas discusiones políticas con Bernardo, uno de los transportistas.	
Seis trabajadores de la empresa se ponen en huelga para reivindicar una subida salarial, acorde con la subida del IPC, antes de la firma del convenio colectivo.	
La empresa negocia la forma de pago con uno de sus clientes principales y no se ponen de acuerdo.	
A Luisa, auxiliar administrativa, le han ofrecido un trabajo más cerca de su casa, pero en su actual empresa gana más.	

12.3. Indica cuál es la causa de los siguientes conflictos:

a) Patricia y Miguel trabajan en el mismo departamento. Eran pareja y no se dirigen la palabra desde que han roto, y para comunicarse lo hacen a través de un compañero.

b) En la empresa donde trabaja Marta, con motivo de la crisis, ha habido un recorte presupuestario, y a los trabajadores les han reducido la jornada laboral de forma temporal, reduciéndoles proporcionalmente el sueldo.

c) Dos compañeros tienen que terminar un proyecto en dos semanas, pero uno de ellos no cumple los plazos.

d) Una empresa de transporte de pasajeros tiene por norma no contratar trabajadoras para conducir los autobuses.

e) Dos compañeros están intentando conseguir el ascenso al mismo puesto.

f) En una empresa textil, acaban de contratar a un nuevo jefe de departamento que no se lleva bien con los trabajadores, pues es muy pasivo.

12.4. En los supuestos de la actividad anterior, indica las posibles consecuencias de cada uno de los conflictos.

12.5. El profesor dividirá la clase en grupos de 5 personas. Cada grupo buscará noticias relacionadas con un conflicto colectivo de actualidad (trabajo en grupo).

a) El grupo analizará las distintas fases que se han ido sucediendo en este conflicto y en cuál de esas fases se encuentra actualmente.

b) Se analizarán las consecuencias del conflicto.

12.6. Clasifica el siguiente conflicto e identifica las sucesivas etapas:

Mónica trabaja en un laboratorio de análisis clínicos. Últimamente se están produciendo más accidentes laborales de lo normal. El servicio de prevención ha detectado que los trabajadores no utilizan las medidas de protección obligatorias y además el laboratorio tiene deficiencias estructurales importantes.

Según la empresa, la responsabilidad recae sobre los trabajadores y los ha sancionado a todos con tres días de suspensión de empleo y sueldo.

Los representantes de los trabajadores lo achacan a la temporalidad en la contratación y a las deficiencias de las instalaciones, y se han reunido en asamblea y han redactado un documento con sus reivindicaciones.

A la empresa le han parecido abusivas, y eso ha originado fuertes enfrentamientos entre los representantes de los trabajadores y el director del laboratorio, que ha dicho en tono amenazante: «Quien no utilice los medios de protección personal será sancionado en el grado máximo que permita la ley».

La situación en la empresa se hace insostenible; el director se ha negado a reunirse con los trabajadores y los vigila todo el tiempo para ver cómo cumplen lo que él unilateralmente ha ordenado. Ante esta situación, los trabajadores han decidido realizar un paro de dos días y no descartan la posibilidad de hacer huelga si no se negocia lo que han solicitado.

Después de unos días, el director acepta con cierta desgana reunirse con los representantes de los trabajadores.

12.7. Los controladores aéreos y la empresa AENA sellan la paz tras cinco meses de conflictos, ya que han llegado a un acuerdo.

Se ha fijado un salario medio de 200.000 euros al año y turnos de un máximo anual de 1.670 horas. El Gobierno, mediante un decreto, ha intentado solucionar este conflicto y los controladores han reaccionado con una huelga en plena temporada turística. El documento firmado por el presidente de AENA y el del sindicato mayoritario USCA abre las puertas a la negociación definitiva del segundo convenio colectivo del sector.

a) Señala los elementos del conflicto.

b) Clasifícalo de acuerdo con las categorías estudiadas.

c) Señala en qué fase se encuentra este conflicto.

2. Procedimientos de resolución de conflictos

12.8. Identifica las principales diferencias entre conciliación y mediación.

12.9. La empresa DISCUT, SL va a comenzar la negociación de un nuevo convenio colectivo.

Representantes de la empresa y de los trabajadores han tenido una reunión inicial muy poco satisfactoria. La empresa se niega a aceptar a ninguna de las propuestas presentadas por los trabajadores, mientras que los trabajadores consideran inaceptables e insultantes las propuestas en materia de contratación y salarial por parte de DISCUIT, SL.

Pasados unos días, las dos partes retoman la negociación; las posturas se endurecen aún más y no llegan a ningún punto de encuentro. Las propuestas de los trabajadores son rechazadas sistemáticamente por la empresa e, indignados, deciden romper la negociación y amenazan con una convocatoria de huelga.

Finalmente, los trabajadores convocan una huelga indefinida. Tras 5 días de huelga, la empresa presenta una propuesta, aceptando alguna de las reivindicaciones principales de los trabajadores, e invita a sus representantes a reanudar la negociación.

Las conversaciones se retoman y ambas partes ofrecen nuevas propuestas, que son discutidas, y se comienza a llegar a acuerdos en determinadas materias. Definitivamente, las dos partes ceden en sus pretensiones iniciales y logran cerrar un acuerdo, donde los trabajadores aceptan el 65 % de las propuestas de la empresa, mientras que esta acepta el 50 % de las presentadas por los trabajadores.

a) ¿Qué tipos de estrategias de negociación puedes identificar en la negociación?

b) ¿Qué tácticas de negociación han utilizado las partes?

c) Identifica las fases del proceso de negociación.

12.10. Se ha producido un desastre nuclear en el mundo que asolará la Tierra durante 6 meses, borrando todo rastro de vida humana. Afortunadamente, en el pueblo donde vives existe un búnker que podrá manteneros con vida hasta que los niveles de radiación hayan bajado lo suficiente para poder sobrevivir en el exterior. La capacidad del búnker es de solo 6 personas y, sin embargo, son 10 personas las que han quedado sin refugio, por lo que 4 deberán ser expulsadas al exterior, donde les esperará una muerte segura.

La información básica de la que se dispone de las personas del grupo es la siguiente:

- Tamara: bióloga, de 31 años. Experta de renombre mundial sobre la ecología de la Amazonia y los posibles efectos de un invierno nuclear. Durante su trabajo de campo, desarrolló conocimientos acerca de la reproducción animal. Se mueve en silla de ruedas como consecuencia de un accidente de helicóptero.
- Luis: alumno negro, de 25 años. Realizaba estudios de posgrado en Metalurgia en la Universidad de Londres. Su jefe en el trabajo no tiene ninguna duda de que puede completar el curso.
- Pablo: trabajador agrícola, de 59 años y viudo. Sufre de reumatismo y tiene una pérdida auditiva. Posee gran experiencia y buen conocimiento de la agricultura.
- Pedro: ingeniero mecánico, chino, de 34 años. Estaba revisando el sistema de ventilación del búnker cuando ocurrió la emergencia. Tiene un gran conocimiento de los sistemas de control informatizado.
- Ricardo: dentista, australiano, de 25 años. Está en buena forma física. Su prueba del VIH fue positiva.
- María: cocinera, de 46 años y divorciada. Trabaja en un restaurante cercano y tiene una amplia experiencia en alimentación. Después del divorcio, una serie de romances la llevaron al alcoholismo.
- Cristóbal: vigilante de seguridad privada, negro, de 29 años. Fue expulsado del ejército con deshonra por tener relaciones sexuales con otros soldados, después de ser condecorado por su valentía en la guerra. Armado con una pistola.
- Lorena: psicóloga, de 57 años. Tiene un gran prestigio y reconocimiento en su profesión y es ciega.
- Gerardo: médico, de 31 años. Trabaja en una clínica para enfermedades de transmisión sexual. A pesar de una visión liberal del papel de la mujer, quiere que sus hijos reciban la educación islámica.
- Alicia: profesora, de 27 años. Trabajó con niños de todas las edades. Está recuperada recientemente de una sobredosis de drogas y actualmente está tomando antidepresivos.

Los alumnos que compongan la clase se dividirán en grupos de 10. En cada grupo, y de manera aleatoria, cada alumno escogerá a una de las 10 personas que han quedado fuera del refugio, y deberá convencer y negociar con el resto para intentar que le dejen ocupar una de las 6 plazas del búnker.

Durante 15 minutos cada grupo discutirá hasta acordar qué 6 personas deben ocupar el búnker.

Cada miembro del grupo indicará qué estrategias y tácticas han utilizado en la negociación para intentar ocupar una plaza en el búnker.

Cada grupo escogerá un portavoz que expondrá al resto de la clase qué 6 personas han decidido que entren en el búnker y por qué.

La gestión del conflicto

La plantilla de la empresa SKIP, SA, que agrupa dos importantes estaciones de esquí, ha convocado doce días de huelga (entre los días 26 de diciembre y 6 de enero) para reclamar la equiparación salarial y laboral con los trabajadores de las otras estaciones gestionadas por la misma empresa concesionaria, INVERSPORT, SA.

a) ¿Coincide esta situación con la definición de conflicto que has estudiado? Razona tu respuesta.

INVERSPORT, SA asumió la gestión de las dos estaciones hace tres temporadas, lo cual supuso la subrogación de los contratos vigentes con la anterior empresa y todas las condiciones contractuales, incluyendo el Convenio colectivo de Comercio de empresas y subsectores sin convenio del año 2019.

La asamblea de trabajadores y el comité de empresa consideran «inadmisible» el agravio comparativo que sufren los empleados de SKIP, SA, ya que, pese a realizar el mismo trabajo y pertenecer a la misma empresa, no tienen las mismas condiciones laborales y económicas (cobran un 25% menos que los trabajadores de las otras estaciones realizando el mismo trabajo). Sus condiciones laborales y económicas son diferentes a las de los compañeros que trabajan a poco menos de 100 kilómetros de distancia por el simple hecho de tratarse de estaciones de esquí situadas en una comarca con menos densidad de población y por la falta de infraestructuras y servicios públicos en toda la región, por lo que los trabajadores dicen sentirse doblemente maltratados.

b) Realiza una clasificación de este conflicto según los diferentes criterios que has visto en la unidad.

La huelga, que afectaría a alrededor de 60 trabajadores, provocará, en caso de no ser desconvocada, importantes pérdidas económicas para dos estaciones que, como las otras del grupo, son deficitarias. Los días elegidos para realizar la protesta son días con una alta ocupación del calendario de esquí.

c) Indica los elementos de este conflicto y la fase en la que se encuentra.

d) Analiza las consecuencias del conflicto para los trabajadores y para la empresa.

Los representantes de los trabajadores y la empresa ya han tenido una reunión, donde han manifestado que su exigencia de igualarse salarial y laboralmente a los trabajadores de las otras estaciones es inamovible, mientras que la empresa señala que no está dispuesta a ofrecer mejora salarial alguna, aunque sí propone una pequeña e insignificante mejora de los permisos.

Dos días después tienen una segunda reunión, donde los representantes de los trabajadores proponen que la equiparación salarial y laboral se realice durante los próximos 5 años. La empresa ve con buenos ojos la propuesta y ofrece igualar las condiciones laborales en 3 años, pero solo ofrece una subida salarial del 8% en 2 años para reducir la diferencia salarial con los trabajadores de las otras estaciones. Los trabajadores no aceptan y deciden reunirse al día siguiente, y proponen a la empresa una subida salarial del 15% en 5 años y desconvocar automáticamente la huelga. La empresa acepta la oferta.

Dos días después, firman el acuerdo.

e) Identifica las diferentes fases de la negociación que se pueden observar.

f) ¿Qué métodos alternativos para solucionar el conflicto hubiesen podido buscar las dos partes en caso de que no hubiesen llegado a un acuerdo en las negociaciones?

SALA DE PRENSA

La audiencia avala que las empresas amplíen la jornada por el registro horario

Así lo establece en una sentencia, que afecta a la aseguradora Zurich en el conflicto que planteó UGT contra el acuerdo que alcanzó la empresa con CCOO por el que se consensuó la ampliación de la jornada diaria de los trabajadores en media hora. El incremento se planteó en el marco del acuerdo sobre el registro horario, con lo que no pasó el trámite del convenio, necesario a juicio del sindicato recurrente. Se trata de uno de los primeros conflictos colectivos que ha suscitado el registro horario, que entró en vigor el 12 de mayo.

El fallo no juzga si el sistema concreto de registro utilizado es o no ajustado a la norma, sino si el acuerdo alcanzado para su aplicación entre Zurich y CCOO (sindicato con más del 70 % de representatividad) implica una modificación general de horarios del convenio colectivo y, por tanto, se debería haber acudido a un proceso de descuelgue y/o acuerdo de la comisión negociadora del convenio.

La sentencia concluye que el acuerdo es lícito y no supone una modificación general de las condiciones de trabajo y del horario porque en el mismo la empresa se compromete a no utilizar este registro horario como medida disciplinaria cuando dé como resultado una jornada inferior a lo concertado con el empleado, mediante la deducción de salario, amonestaciones, sanciones o incluso el despido. ¿Qué gana entonces la empresa? Pues al consignar media hora más de jornada diaria de sus trabajadores, la aseguradora se blinda ante las horas extra y evita tener que pagar estos 30 minutos de más cada día como hora extra, que pueden ascender a dos horas y media a la semana. El sindicato firmante del acuerdo consigue, a cambio de esta media hora más, que la empresa no fiscalice las paradas y descansos que realizan los trabajadores, que quedarían cubiertos y además no se les podría sancionar ni despedir.

Fuente: *www.expansion.com.*
Mercedes Serraller.
Madrid, 26 de noviembre de 2019.

a) Clasifica este conflicto desde los diferentes puntos de vista estudiados.

b) ¿Cuál es la causa del conflicto?

c) ¿Qué tipo de negociación se ha efectuado entre la empresa Zurich y el sindicato CCOO? Razona tu respuesta.

La carrera profesional

13

Contenidos

Objetivos

- Comprender el funcionamiento del mercado laboral, así como identificar sus principales componentes e indicadores.
- Conocer la estructura de la formación profesional en España.
- Analizar las diferentes opciones académicas y profesionales que existen al finalizar un ciclo formativo.
- Identificar las capacidades, las aptitudes, las actitudes y los intereses requeridos para la actividad profesional.
- Realizar y valorar positivamente la realización de un proyecto profesional como instrumento clave para alcanzar tus objetivos profesionales.

Cuestiones

a) **¿Cuál es tu objetivo profesional?**

b) **¿Sabes qué opciones formativas tienes cuando termines este ciclo?**

c) **¿Qué posibles salidas profesionales tiene el ciclo formativo que estás estudiando?**

d) **¿Sabes cómo realizar tu proyecto profesional?**

Caso práctico inicial

Clara tiene 18 años y acaba de finalizar el bachillerato de Humanidades y Ciencias Sociales. Quiere seguir estudiando para conseguir su objetivo profesional: trabajar en un empleo relacionado con la administración de empresas.

Tiene bastantes dudas sobre el camino que debe seguir. Sus padres le aconsejan que estudie el grado en Administración y Finanzas, pero ella no lo tiene claro; por eso, decide acudir al departamento de orientación de su centro. Carmen, la orientadora, le explica que tiene varias opciones.

Para Carmen, tener claro su objetivo profesional (puesto de trabajo ideal) supone un gran paso a la hora de diseñar su itinerario formativo. Por otro lado, le comenta que debe elaborar su proyecto profesional, que le permitirá llevar a cabo las acciones necesarias para lograr dicho objetivo profesional.

Después de ver todas las opciones, Clara se decide por cursar un ciclo formativo de grado superior en Administración y Finanzas, ya que desea incorporarse cuanto antes al mercado laboral.

El tiempo ha pasado rápido y Clara está terminando la formación en el centro de trabajo. En ese momento, la profesora de FOL la llama para comunicarle que ha ganado el concurso de emprendedores al que presentó su proyecto empresarial durante este curso y que tiene como premio el acceso a la financiación para poner en marcha el negocio, asesoramiento gratuito por parte de un centro de apoyo al desarrollo empresarial y una suma de tres mil euros para la compra de productos informáticos.

Esta sorpresa le hace dudar en la elección de las posibles opciones profesionales una vez que finalice el ciclo, ya que había desechado prácticamente el autoempleo por la enorme dificultad que supone conseguir financiación para montar cualquier negocio, debido a la fuerte crisis económica que atraviesa el país. Ahora, gracias al concurso, se le abre la posibilidad de cumplir uno de sus sueños: crear su propia empresa.

13.1. El mercado laboral

Las decisiones del individuo sobre la profesión que desea ejercer van a depender en gran medida de las características, de la situación del mercado laboral y de las oportunidades que este ofrezca.

De forma genérica, puede entenderse el **mercado de trabajo** como el «lugar» en el que confluyen las ofertas y demandas de trabajo. Por lo tanto, puede analizarse el mercado de trabajo analizando la oferta y la demanda. La oferta de empleo está conformada por las empresas y la Administración Pública, mientras que los demandantes de empleo son todas aquellas personas en edad de trabajar (16 o más años) que desean acceder a un puesto de trabajo o cambiar a otro diferente al que realizan.

Las variaciones en el entorno socioeconómico afectan y modifican la situación del mercado de trabajo produciéndose desajustes como consecuencia de los desequilibrios entre las ofertas o los servicios que se necesitan cubrir y la cantidad de personas que demandan empleo.

13.1.1. La composición del mercado de trabajo

El conocimiento sobre la situación del mercado de trabajo es fundamental a la hora de tomar una decisión acertada sobre la profesión que se quiere ejercer. La **Encuesta de Población Activa (EPA)** proporciona información sobre la situación del mercado laboral. Se trata de una investigación continua y de periodicidad trimestral dirigida a las familias. Su finalidad principal es obtener datos de la población en relación con el mercado de trabajo: ocupados, activos, parados e inactivos.

La EPA se realiza sobre una muestra de 65.000 familias al trimestre o, lo que es lo mismo, unas 200.000 personas. Su objetivo es obtener datos de las distintas categorías en que se divide el mercado laboral (activos, inactivos, ocupados y parados).

La EPA clasifica la población en activos e inactivos, dividiéndose los activos, a su vez, en ocupados o parados:

- **Activos:** son aquellas personas de 16 o más años que, durante la semana de referencia (la anterior a aquella en que se realiza la entrevista), están disponibles o en condiciones de incorporarse a un trabajo. A su vez, se dividen en:
  - **Ocupados:** son las personas de 16 o más años que, durante la semana de referencia, han estado trabajando durante al menos 1 hora a cambio de una retribución en dinero o en especie o quienes teniendo trabajo han estado temporalmente ausentes de este por enfermedad, vacaciones, etcétera.

    Los ocupados se subdividen en trabajadores por cuenta propia (empleadores, empresarios sin asalariados y trabajadores independientes) y asalariados (públicos o privados).
  - **Parados:** son las personas de 16 o más años que, durante la semana de referencia, han estado sin trabajo, disponibles para trabajar y buscando activamente empleo.

    También se consideran parados las personas que ya han encontrado un trabajo y están a la espera de incorporarse a él.
- **Inactivos:** recibe esta consideración la población de 16 o más años no incluida en las categorías anteriores (estudiantes, jubilados, personas que realizan labores del hogar, etcétera).

13.1.2. Los indicadores del mercado de trabajo

Los indicadores del mercado laboral son utilizados para analizar el estado y las características del mercado de trabajo. De entre los múltiples indicadores existentes podemos destacar los siguientes:

- La **tasa de actividad** representa el porcentaje de personas activas (ocupados más desempleados) respecto al total de personas de 16 o más años. Se calcula así:

$$\text{Tasa de actividad} = \frac{\text{Población activa}}{\text{Población de más de 16 años}} \times 100$$

- La **tasa de paro** es el resultado de dividir el número de parados entre el número de activos:

$$\text{Tasa de paro} = \frac{\text{Número de parados}}{\text{Población activa}} \times 100$$

Reflexiona

«La educación ayuda a la persona a aprender a ser lo que es capaz de ser».

Hesíodo

Actividades propuestas

13.1. Los resultados de la EPA, referentes al cuarto trimestre de 2018 en España, son los siguientes:

Población de 16 años o más		**39.019.500**
Activos		**22.868.900**
Ocupados	19.564.600	
Parados	3.304.300	
Inactivos		**16.150.600**

a) Calcula la tasa de actividad.

b) Calcula la tasa de paro.

13.2. Realiza un esquema de la división de la población que establece la EPA.

En el caso práctico inicial

Mientras Clara siga estudiando será incluida en la categoría de población inactiva. Una vez que consiga una titulación y comience a buscar trabajo activamente (a través de una oficina del Servicio Público de Empleo Estatal, al realizar una entrevista de selección, etc.), pasará a incluirse en la categoría de parados.

13.2. La formación profesional en España

La formación profesional comprende el conjunto de acciones formativas que capacitan para el desempeño cualificado de las diversas profesiones, el acceso al empleo y la participación activa en la vida social, cultural y económica.

La formación profesional, en el ámbito del sistema educativo, tiene como finalidad la preparación de los alumnos para la actividad en un campo profesional y proporcionar una formación polivalente que les permita adaptarse a las modificaciones laborales que pueden producirse a lo largo de su vida. Por lo tanto, la formación profesional debe tener como premisa fundamental la incorporación del alumnado a la vida activa, bien mediante la inserción en el mercado laboral o bien creando su propio puesto de trabajo a través de la actividad emprendedora que desemboca en el desarrollo de un proyecto empresarial.

La formación profesional en el sistema educativo está formada por ciclos formativos de grado medio y grado superior, agrupados en 26 familias profesionales, sobre los que profundizaremos en los apartados siguientes.

13.3. Los itinerarios formativos

El **itinerario formativo** es el conjunto de actividades que deben realizarse para adquirir la formación académica necesaria para desempeñar una profesión. Por otro lado, el **itinerario profesional** es el plan compuesto por todas las iniciativas y acciones necesarias para lograr realizar el proyecto profesional.

Los 2 itinerarios están relacionados entre sí, aunque la vida laboral puede, en ocasiones, seguir un camino muy diferente al que se había previsto al realizar el itinerario formativo. Habitualmente, nos encontramos con muchas personas que desempeñan trabajos que poco o nada tienen que ver con los conocimientos y las competencias que adquirieron durante su formación académica.

Así pues, un itinerario formativo consiste en buscar la manera de adquirir la preparación adecuada para desempeñar la ocupación elegida, analizar las posibilidades de acceso a esta y conocer las diferentes conexiones y convalidaciones de estudios.

Los alumnos pueden elegir entre diversas ofertas formativas del sistema educativo y las posibles vías para continuar su formación. Los pasos necesarios para la realización de un itinerario formativo son los siguientes:

- Fijar un objetivo profesional.
- Analizar el mapa del sistema educativo y diseñar los diferentes caminos que pueden llevar al objetivo marcado.
- Valorar cada una de las alternativas y analizar aspectos como el coste económico asociado, el tiempo necesario, la disponibilidad, las preferencias sobre los contenidos, etcétera.
- Tomar una decisión estudiada, informada y realista.
- Llevar a cabo la decisión tomada.

Se exponen a continuación los principales **itinerarios-tipo** formativos posibles que nacen a partir de cualquiera de los títulos de formación profesional, de acuerdo con la ordenación vigente del sistema educativo.

13.3.1. Itinerarios formativos a partir de los ciclos formativos de formación profesional de grado medio

Los ciclos formativos de grado medio están organizados en distintos módulos y asociados a una familia profesional. Para poder cursar un ciclo formativo de grado medio o superior es necesario reunir una serie de requisitos. Concretamente, las distintas formas de acceder a un ciclo de grado medio son las que se describen a continuación:

Reflexiona

«Nunca consideres el estudio como una obligación, sino como una oportunidad para penetrar en el bello y maravilloso mundo del saber».

Albert Einstein

Sabías que...

Los ciclos de Formación Profesional Básica son ciclos formativos de una duración de 2 años académicos (2000 horas) y están destinados a personas que no han finalizado la ESO y quieren proseguir sus estudios hacia un campo de la Formación Profesional. Esta etapa educativa es de oferta obligatoria y gratuita.

El acceso a los ciclos de Formación Profesional Básica requerirá el cumplimiento simultáneo de las siguientes condiciones:

1. Tener cumplidos quince años, o cumplirlos durante el año natural en curso, y no superar los diecisiete años de edad en el momento del acceso o durante el año natural en curso.
2. Haber cursado el primer ciclo de Educación Secundaria Obligatoria o, excepcionalmente, haber cursado el segundo curso de la Educación Secundaria Obligatoria.
3. Haber propuesto el equipo docente a los padres, madres o tutores legales la incorporación del alumno o alumna a un ciclo de Formación Profesional Básica.

Al superar un Ciclo de Formación Profesional Básica se obtiene el título de **Técnico Profesional Básico** de la familia correspondiente, equivale a una **cualificación de nivel 1** del Catálogo Nacional de las Cualificaciones Profesionales. Este título tiene los mismos efectos laborales que el título de Graduado en ESO para el acceso a empleos públicos y privados.

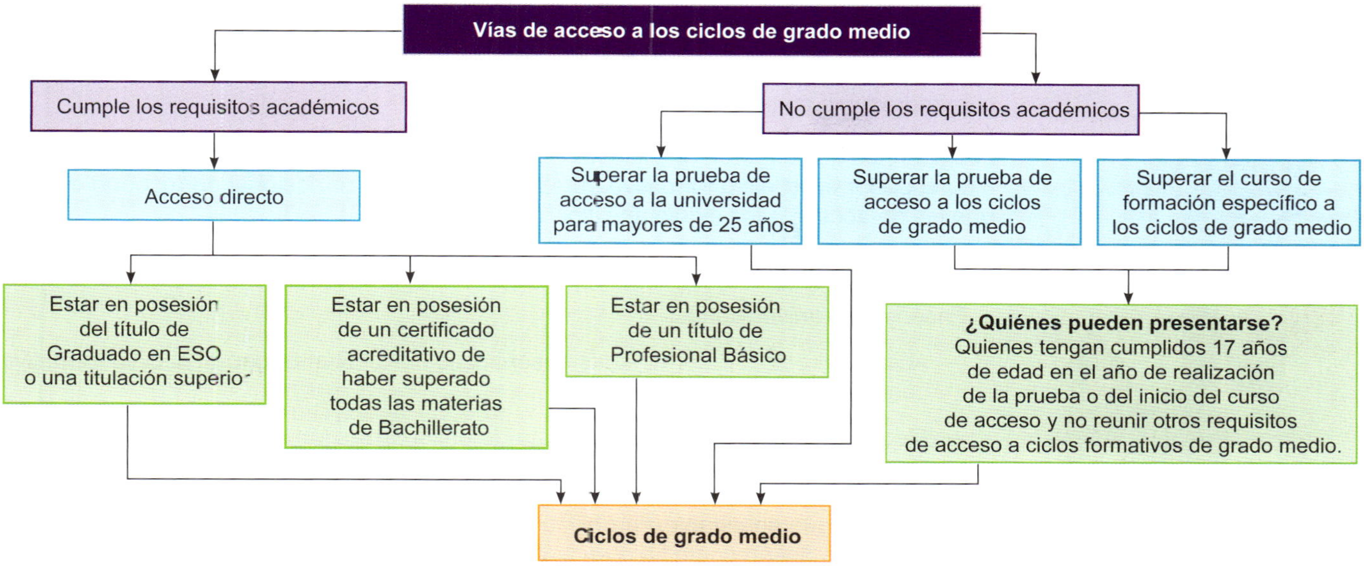

Los alumnos que superen un ciclo formativo de grado medio obtendrán el título de técnico en el ciclo formativo cursado de la familia profesional correspondiente, que les permite acceder a alguno de los siguientes itinerarios:

- Otro ciclo formativo de grado medio.
- Bachillerato.
- Un ciclo formativo de grado superior.

13.3.2. Itinerarios formativos a partir de los ciclos formativos de formación profesional de grado superior

Los ciclos formativos de grado superior están organizados en distintos módulos y asociados a una familia profesional. Las distintas formas de acceder a un ciclo de grado superior son las que se describen a continuación:

Reflexiona

«La meta final de la verdadera educación es no solo hacer que la gente haga lo que es correcto, sino que disfrute haciéndolo; no solo formar personas trabajadoras, sino personas que amen el trabajo; no solo individuos con conocimientos, sino con amor al conocimiento; no solo seres puros, sino con amor a la pureza; no solo personas justas, sino con hambre y sed de justicia».

John Ruskin

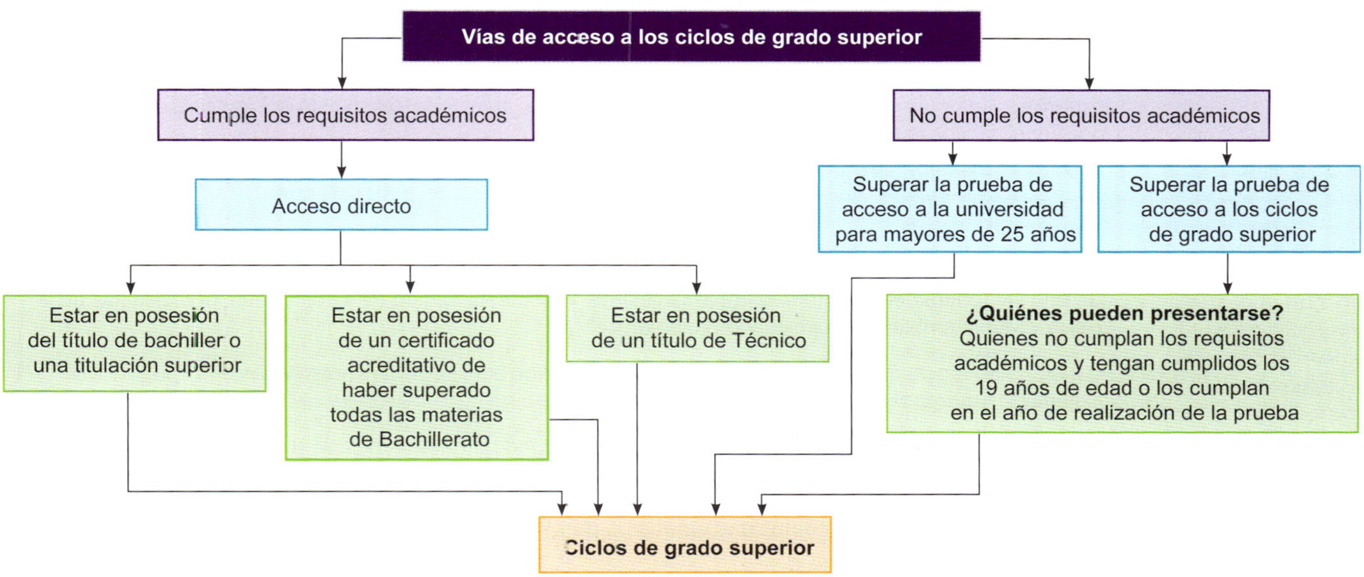

Por su especial importancia, consideramos esencial que los alumnos que hayan cursado un ciclo de grado medio conozcan en mayor profundidad los requisitos y contenidos de la prueba de acceso para acceder a un ciclo de grado superior y que desarrollamos en la primera tabla de la página siguiente.

Los alumnos que superen un ciclo formativo de grado superior obtendrán el título de técnico superior en el ciclo formativo cursado de la familia profesional correspondiente, lo que les da acceso a los siguientes itinerarios:

- Otro ciclo formativo de grado superior.
- Enseñanzas universitarias:
  - — Acceso directo a determinadas enseñanzas universitarias, según el ciclo formativo cursado.
  - — Mediante prueba de acceso, al resto de enseñanzas universitarias. A fecha de cierre de la edición de este libro, aún no se había desarrollado la estructura final de la nueva prueba de evaluación de Bachillerato para acceso a la Universidad. Por ello, una vez que se establezca definitivamente, se actualizará dicha información en la ficha web del presente libro en www.paraninfo.es.

▶ ACCESO A CICLOS DE GRADO SUPERIOR MEDIANTE PRUEBA DE ACCESO	
Requisitos	Pueden presentarse a la realización de la prueba de acceso a un ciclo formativo de grado superior quienes no posean los requisitos académicos exigidos para acceder directamente a un ciclo formativo de grado superior (es decir, que no posean el título de bachillerato) y cumplan alguna de las siguientes condiciones: • Quienes hayan cumplido 19 años o los cumplan en el año de realización de la prueba. • Quienes hayan realizado un ciclo formativo de grado medio de la misma familia profesional y hayan cumplido 18 años o los cumplan en el año de celebración de la prueba.
Estructura y contenido de la prueba	Es importantísimo aclarar que la prueba de acceso siempre consta de 2 partes, aunque el contenido de cada una de ellas generalmente varía entre las diferentes comunidades autónomas, por lo que recomendamos consultar la información específica de la prueba de acceso en la Consejería o Departamento de Educación de la comunidad autónoma donde se vaya a realizar la prueba. A modo de ejemplo, vamos a desarrollar el contenido de cada una de las 2 partes de la prueba de acceso a ciclos de grado superior que se realiza en Andalucía: • **Parte común.** Lengua castellana y literatura; Lengua extranjera (Inglés/Francés) y Matemáticas (por ejemplo, en el País Vasco esta parte se conforma con Lengua castellana o vasca y Literatura, Matemáticas y Lengua extranjera (Inglés/Francés)). • **Parte específica.** Según el ciclo al que se desee acceder, el alumno tendrá que elegir entre 3 opciones. Cada opción está formada por 3 materias, entre las que cada alumno deberá elegir 2 de ellas. — **Opción A.** Está formada por 3 materias, Geografía, Economía de la empresa y una segunda Lengua extranjera, entre las que se deberán elegir 2 (por ejemplo, en el País Vasco esta opción está compuesta por Economía de la empresa, Filosofía y/o Geografía). — **Opción B.** Está formada por 3 materias, Tecnología industrial, Física y Dibujo técnico, entre las que se deberán elegir 2 (por ejemplo, en el País Vasco esta opción está compuesta por Dibujo técnico, Tecnología industrial y/o Física). — **Opción C.** Está formada por 3 materias, Medio ambiente, Biología y Ciencias de la Tierra y Química, entre las que se deberán elegir 2 (por ejemplo, en el País Vasco esta opción está compuesta por Ciencias de la Tierra y Medio ambiente, Química y/o Biología).
Temario y pruebas	Las pruebas de años anteriores y el temario (así como sus soluciones) podrás encontrarlos en la página web de la Consejería de Educación de tu comunidad autónoma.
Exención de la prueba	La exención de la prueba, total o en parte, supone que el alumno no deberá realizar la prueba, total o en parte. Los requisitos para quedar exento de realizar la prueba, en su totalidad o en parte las establecen las Administraciones educativas de cada comunidad autónoma. Por ello, debes consultar en el Departamento o Consejería de Educación de la comunidad autónoma donde vayas a realizar la prueba, las exenciones establecidas para la misma.

En el caso práctico inicial

Clara ha trazado un itinerario formativo coherente con su objetivo profesional: trabajar en la administración de empresas. Una vez finalizado el bachillerato tiene dos itinerarios posibles que le llevan a los estudios relacionados con la administración de empresas: acceder a la universidad o a un ciclo formativo de grado superior. El deseo de Clara de acceder cuanto antes al mercado laboral hace que se decida por la formación profesional.

Una vez finalizado el ciclo formativo de grado superior, tiene la posibilidad de continuar su itinerario formativo a través del acceso a la universidad.

Actividad propuesta

13.3. Indica, para cada uno de los siguientes casos, cuáles son los posibles itinerarios formativos:

a) Carlos, de 17 años, sin título de la ESO, aunque ha cursado el primer ciclo de la ESO (1.°, 2.° y 3.° de la ESO).

b) María, de 18 años, con el título de la ESO.

c) Mario, de 20 años, con un título de grado medio en Farmacia y Parafarmacia, pero que no posee el título de bachillerato.

d) Celia, de 21 años, que acaba de finalizar su título de grado superior en Proyectos de Edificación.

Actividad resuelta

13.1. Luis Miguel Pérez, de 18 años de edad, acaba de finalizar el ciclo de grado medio de Cocina y Gastronomía y desea continuar sus estudios realizando el ciclo de grado superior de Dirección de Cocina. Luis Miguel, que tiene únicamente el título de la ESO, está desorientado y no sabe si puede acceder o no al ciclo de grado superior directamente.

¿Puede Luis Miguel acceder directamente al ciclo de grado superior? ¿Por qué?

Solución:

Sí, Luis Miguel puede acceder directamente a cualquier ciclo formativo de grado superior al poseer un título de Técnico.

Sabías que...

La **educación a distancia** pretende dar respuesta a un sector de la población que necesita cualificarse pudiendo compatibilizar su trabajo y su situación personal y familiar con el estudio.

Este tipo de enseñanza se puede cursar por módulos profesionales, según el itinerario personalizado a las necesidades de cada alumno, contando con un material específico adecuado a la modalidad a distancia. Las personas matriculadas podrán disfrutar de las ventajas de la formación e-learning, gracias al acceso a una plataforma virtual, a través de Internet, que les permite seguir con comodidad la formación y comunicarse eficazmente con los tutores y los compañeros del aula virtual.

Los Títulos que se obtienen al cursar un Ciclo Formativo de Grado Medio o de Grado Superior en esta modalidad tienen carácter oficial y la misma validez académica y profesional en todo el territorio nacional, con independencia de que los estudios se realicen en una comunidad autónoma o en el ámbito del Ministerio de Educación y Formación Profesional.

Sabías que...

La formación no tiene edad, ya que en cualquier momento puedes reciclarte y aprender una nueva profesión. No importa la edad que tengas. Siempre es momento de «empezar de nuevo», de reciclarse o de especializarse.

▶ **PROYECTO PROFESIONAL**

- Elección de la opción profesional
- Conocimiento del mercado de trabajo

▶ **OBJETIVO PROFESIONAL**

- Selección del objetivo profesional
- Elección de la opción profesional

▶ **ELECCIÓN DE LA PROFESIÓN**

- Análisis de la información
- Identificación de posibles opciones
- Elección de la mejor opción
- Puesta en práctica

13.4. El proyecto profesional

La planificación del proyecto profesional comienza mucho antes de terminar los estudios; sin embargo, nos centraremos en la tarea de planificar el proyecto profesional una vez finalizado el itinerario académico y tomada la decisión de iniciar la búsqueda de empleo.

Las oportunidades de empleo cambian continuamente y algunas profesiones quedan obsoletas, al tiempo que aparecen otras nuevas. Por ello, es necesario adquirir los conocimientos necesarios y dirigirnos a aquellos sectores que ofrecen más oportunidades. Esto conlleva la necesidad de **formarse a lo largo de toda la vida.**

Los cambios profesionales también están motivados por factores psicológicos; por ejemplo, realizar una misma actividad durante muchos años puede producir sensación de estancamiento.

Por estas razones, el proyecto profesional debe planificarse teniendo en cuenta que puede haber alguna variación en el futuro debido a posibles cambios de la sociedad, del mundo laboral y de uno mismo. La planificación del proyecto profesional debe hacerse teniendo en cuenta 2 aspectos importantes: el **conocimiento de uno mismo** y del **mercado de trabajo,** aspectos que después nos ayudarán a elaborar un plan de acción que nos ayude a conseguir los objetivos marcados.

El proyecto profesional es un documento activo, que implica cuestionarse constantemente la propia identidad personal y profesional en interacción con el medio. De ahí que podamos definir el proyecto como un documento revisable, elaborado por la propia persona y que le servirá de guía en su recorrido laboral.

13.4.1. El autoconocimiento

Conocer los rasgos de la personalidad puede ser de gran ayuda en la orientación profesional, ya que dichos rasgos influyen en los comportamientos laborales y, por tanto, en las posibilidades de éxito y satisfacción en determinadas profesiones. Para conocer quiénes somos a nivel personal y qué podemos ser a nivel profesional, es preciso que conozcamos de nosotros mismos los siguientes aspectos:

- **Rasgos personales:** son predisposiciones internas que hacen que el individuo piense, sienta y actúe de una manera que le es característica. Los rasgos de personalidad más interesantes con relación al mundo laboral son los siguientes:

▶ **RASGOS PERSONALES**

Rasgos de personalidad		Preguntas relacionadas
Introversión (retraimiento)	Extroversión (sociabilidad)	¿Me cuesta relacionarme con personas desconocidas?
Reserva (seriedad)	Expresividad (optimismo)	¿Generalmente expreso mis emociones?
Sumisión (modestia)	Ascendencia (liderazgo)	¿Hago normalmente lo que quieren los demás?
Tolerancia (transigencia)	Agresividad (competitividad)	¿Me gusta competir?
Realismo (sencillez)	Intelectualismo (sofisticación)	¿Suelo pensar en el porqué de las cosas?
Mucho control emocional	Poco control emocional	¿Cómo reacciono cuando algo me sale mal?
Prudencia (reflexión)	Impulsividad (espontaneidad)	¿Pienso antes de actuar?
Cerebral (frialdad)	Afectivo (bondad)	¿Me emociono fácilmente?
Conformidad	Ambición	¿Cuáles son mis metas en la vida?
Individualismo	Espíritu de equipo	¿Prefiero trabajar solo o en equipo?

La respuesta a esas preguntas nos puede orientar sobre los principales rasgos de nuestra personalidad relacionados con el trabajo.

- **Competencias profesionales:** se definen como un conjunto de comportamientos que hacen eficaces a los profesionales en determinadas situaciones en las que se mezclan el saber, el saber hacer y el querer hacer, es decir, los conocimientos, las habilidades y las actitudes. Estas competencias pueden adquirirse mediante la formación académica correspondiente o a través de la experiencia laboral.

  Por ejemplo, la competencia para «conducir un coche» se compone de los siguientes elementos:

  1. Conocimientos: saber cómo funciona un coche y conocer el código de circulación.
  2. Habilidades: coordinar los movimientos para cambiar las marchas, acelerar, frenar, aparcar, etcétera.
  3. Actitudes: respetar las normas y procurar mantener la integridad física de uno mismo, de otros conductores y de los peatones.

  Las empresas evalúan en los candidatos distintas competencias en función del perfil del puesto que se quiere cubrir. Las competencias más demandadas por las empresas en la actualidad son las siguientes:

En el caso práctico inicial

Clara, como cualquier persona de su edad, se plantea una cuestión muy importante: decidir su futuro profesional.

Al igual que otros compañeros de estudios, está desorientada sobre el camino que debe seguir tras finalizar sus estudios de bachillerato; por eso hace lo correcto, acudir a profesionales de la orientación para solicitar información y consejo sobre cómo plantear su proyecto profesional.

▶ COMPETENCIAS MÁS DEMANDADAS ACTUALMENTE

- Gestión orientada al cliente.
- Gestión de recursos.
- Programar y planificar.
- Autocontrol y confianza en uno mismo.
- Adaptabilidad y flexibilidad.
- Innovación y creatividad.
- Iniciativa y optimismo.
- Resolución de conflictos y resistencia al estrés.
- Responsabilidad.
- Capacidad de aprendizaje.
- Motivación por el logro.
- Habilidades de comunicación.
- Trabajo en equipo y cooperación.

Tenemos que reflexionar sobre cuáles son nuestras competencias profesionales. Aunque no tengamos experiencia profesional, sin duda alguna poseemos competencias adquiridas en otros contextos, por ejemplo, en trabajos no remunerados, tareas de voluntariado, ayuda en el negocio familiar, organización de actividades con nuestros compañeros de clase, etcétera. Para identificar nuestras competencias profesionales podemos utilizar un esquema como el que aparece en la siguiente tabla:

Reflexiona

«Debemos buscar aquellos trabajos en los que se valoren nuestras competencias más relevantes».

Peter Drucker

▶ EJEMPLO DE ESQUEMA PARA IDENTIFICAR NUESTRAS COMPETENCIAS PROFESIONALES

Actividad	Cuidar niños.
Objetivo	Cuidado de niños de 0 a 5 años.
Conocimientos	Preparar alimentos adecuados, realizar actividades de entretenimiento, protección, aseo, etcétera.
Habilidades	Hábitos de orden y limpieza, ayuda con las tareas escolares, preparación de alimentos, comportamiento adecuado, etcétera.
Actitudes	Ser paciente, tener habilidades de comunicación, ser alegre, simpático, ordenado, constante, etcétera.

Actividades propuestas

13.4. Identifica tus principales rasgos de personalidad relacionados con el empleo: lee atentamente las preguntas que aparecen en el esquema anterior y confecciona un listado con las respuestas que más se adapten a tu situación personal.

13.5. Contrasta los resultados de la actividad anterior comentándolos con un compañero del aula.

13.6. Visita la siguiente página web y evalúa tus competencias:

http://www.quieroempleo.com/web/common/competences/competenceLevel.aspx

A continuación, recopila toda la información para ir elaborando tu proyecto profesional.

13.7. Visita la siguiente página web, realiza el test de personalidad y escribe 5 rasgos positivos de tu personalidad:

http://www.psicologia-online.com/test/test_personalidad_16_factores/index.php

Sabías que...

Las empresas buscan competencias personales más allá de excelentes calificaciones. Entre las más importantes está saber trabajar en equipo.

Sabías que...

Las competencias son transferibles. Por ejemplo, si hemos organizado un viaje de final de curso, eso significa que hemos mantenido reuniones con otras personas, que hemos tenido que poner de acuerdo a personas con criterios muy dispares, que hemos conseguido los fondos necesarios y los permisos correspondientes, que hemos negociado con proveedores, que hemos tenido que programar y planificar, etcétera.

Reflexiona

«Casi todas las personas invierten parte de sus vidas intentando mostrar cualidades que no tienen».

Samuel Johnson

Debes conocer...

Sentarse a pensar o hacer una lista sobre los logros más importantes que se han conseguido es una excelente práctica para mejorar la autoestima.

Actividades propuestas

13.8. Elige una actividad profesional o no profesional que hayas realizado y haz un esquema similar al del ejemplo de la tabla anterior, con las competencias adquiridas en dichas actividades.

13.9. Consulta la normativa por la que se desarrolla el currículo correspondiente a tu ciclo formativo y confecciona un listado con las competencias profesionales que se alcanzan con el estudio de este.

13.10. Visita la siguiente página web y realiza el test para ver cuáles son tus principales competencias personales para el empleo: **http://orientacion.gijon.es/autoanalisis/inicio.aspx**

13.11. ¿Cuáles son tus competencias personales y profesionales? Realiza un cuadro resumen con los resultados de las Actividades propuestas 13.8, 13.9 y 13.10.

- **Intereses profesionales:** hacen referencia al tipo de trabajo que más nos motiva. La satisfacción o insatisfacción de una persona en su trabajo dependerá, en gran medida, de los intereses profesionales que tenga.

  El profesor John Holland estudió los diferentes ambientes laborales existentes en la sociedad y elaboró una clasificación de la persona según sus intereses profesionales, agrupándolos en las siguientes categorías:

▶ **REALISTA**
Prefiere actividades que impliquen trabajar con objetos, máquinas, animales, plantas y al aire libre. Posee destreza física y manual. Elige profesiones como: aviador, electricista, deportista, etcétera.
▶ **SOCIABLE**
Establece fácilmente relaciones personales, tiene facilidad de palabra y le gusta trabajar con la gente. Elige profesiones como: psicólogo, abogado, profesor, médico, etcétera.
▶ **INTELECTUAL**
Prefiere lo racional a la acción y rehúye los contactos personales. Elige profesiones como: físico, antropólogo, matemático, etcétera.
▶ **CONVENCIONAL**
Es muy controladora y le gusta trabajar con datos y en tareas que exigen detalle. Busca profesiones como: banquero, cajero, contable, funcionario, etcétera.
▶ **EMPRENDEDOR**
Es muy hábil con el uso del lenguaje que utiliza para manipular o persuadir y le gusta el poder y la posición social. Suele ser vendedor, político, publicista, etcétera.
▶ **ARTÍSTICO**
Está orientada al arte, es emotiva, con poco autocontrol, introvertida y asocial. Suele elegir profesiones como: poeta, músico, dramaturgo, escultor, etcétera.

- **Logros profesionales:** un logro consiste en alcanzar un objetivo que nos hemos propuesto y que nos produce gran satisfacción. Todos, sin excepción, hemos tenido experiencias de las que estamos satisfechos y en las que hemos alcanzado el objetivo propuesto, tanto en lo personal como en lo profesional. Algunos ejemplos de logros son: aprender a nadar, a cocinar, a conducir, a utilizar el ordenador, terminar los estudios, etcétera.

  En la búsqueda de empleo resulta muy útil conocer cuáles han sido esos logros. El procedimiento que se muestra en el siguiente esquema puede ayudarnos a concretarlos:

Logros personales y profesionales

↓

Realizar un listado con un mínimo de 4 logros personales o profesionales

↓

Describir cada logro indicando el objetivo que hay que alcanzar, los recursos disponibles y las limitaciones (tiempo, dinero, personas, tecnología, etcétera)

↓

Señalar los conocimientos, las experiencias y las habilidades personales que permitieron conseguir el objetivo

↓

Localizar las competencias personales más que las técnicas relacionadas con la consecución del objetivo

Es recomendable hacer este listado en días diferentes y ayudados por alguien que nos conozca lo suficiente.

Actividad resuelta

13.2. Ramiro tiene claro que su objetivo profesional es conseguir un trabajo relacionado con la actividad física y el deporte. Por eso, ha pensado estudiar el ciclo superior de Animación de Actividades Físicas y Deportivas.

a) ¿Qué rasgos personales son los más adecuados para este tipo de trabajo?

b) Según la terminología de Holland, ¿cómo se clasificaría Ramiro según sus intereses profesionales?

c) ¿Qué competencias profesionales puede adquirir por la vía formativa?

Solución:

a) Algunas cualidades personales que debería tener Ramiro para realizar este tipo de trabajo, que requiere un constante trato con un público de diferentes edades e intereses, son las siguientes: extroversión, expresividad, espíritu de equipo, prudencia y realismo.

b) En la terminología de Holland, Ramiro sería una persona realista.

c) Las competencias profesionales que puede adquirir por la vía formativa, según el Real Decreto 2048/1995, de 22 de diciembre, por el que se establece el título de formación profesional de técnico superior en Animación de Actividades Físicas y Deportivas, son las siguientes:

1. Enseñar y dinamizar actividades físicas recreativas.
2. Enseñar y dinamizar juegos y actividades físico-deportivas individuales.
3. Enseñar y dinamizar actividades físico-deportivas de equipo.
4. Enseñar y dinamizar actividades físico-deportivas con implementos.
5. Enseñar y dinamizar actividades básicas de acondicionamiento físico.
6. Organizar y gestionar una pequeña empresa de actividades de tiempo libre y socioeducativas.

13.4.2. Conocimiento del mercado de trabajo

Si ya hemos realizado el trabajo de conocernos a nosotros mismos, es el momento de buscar información sobre el mercado de trabajo, entendido como el contexto donde vamos a desempeñar nuestra profesión. En función del conocimiento que tengamos de este, nos moveremos con más soltura y tendremos más posibilidades de éxito.

Para conocer el mercado de trabajo específico de nuestra profesión, podemos estudiar las ofertas que aparecen en la prensa, Internet, boletines, tablones, etc., y analizar, según las ocupaciones, lo que se exige, lo que valoran y lo que ofrecen. La información conseguida puede ser registrada en una tabla similar a la del siguiente ejemplo:

En el caso práctico inicial

Clara tiene un interés profesional bien definido: quiere realizar un trabajo relacionado con la administración de empresas. En la terminología de Holland, sería una persona convencional. Como se ha decidido a realizar el ciclo superior de Administración y Finanzas, las competencias profesionales que puede adquirir por la vía formativa son las siguientes:

- Administrar y gestionar el aprovisionamiento de existencias.
- Administrar y gestionar la financiación, el presupuesto y la tesorería.
- Administrar y gestionar los recursos humanos.
- Realizar y analizar las operaciones contables y fiscales.
- Realizar y supervisar operaciones de asesoramiento, negociación, reclamación y venta de productos y servicios.
- Informar, administrar y gestionar en la Administración Pública.
- Realizar las gestiones de un servicio de auditoría.

Para completar el conocimiento de sí misma, podría realizar test de personalidad para definir y concretar sus rasgos de personalidad más destacados desde el punto de vista de la empleabilidad.

Actividad propuesta

13.12. Para ver cuál es tu aptitud vocacional, visita la siguiente página web y realiza el test basado en el método Holland: **http://www.proyectosalonhogar.com/que_estudiar/testvoc3.HTML**
A continuación, utiliza la información obtenida para completar tu proyecto profesional.

▶ INFORMACIÓN PARA CONOCER EL MERCADO DE TRABAJO ESPECÍFICO DE NUESTRA PROFESIÓN	
Ocupación	Auxiliar administrativo.
N.° de anuncios	3.
¿Qué piden?	• Experiencia de al menos 2 años. • Capacidad de trabajo, adaptabilidad, ganas de trabajar y orientación al cliente. • Formación profesional de grado medio o superior (o experiencia demostrable en labores administrativas). • Conocimiento a nivel usuario de Microsoft Office. • Residir en la provincia del puesto vacante. • Disponibilidad para trabajar cubriendo una sustitución. • Disponibilidad de incorporación inmediata. • Imprescindible nivel medio de inglés.
¿Qué valoran?	• Nivel alto de inglés. • Aspiraciones de desarrollo profesional (curiosidad intelectual, iniciativa, etcétera). • Orientación práctica y estructurada a la hora de abordar cuestiones complejas. • Vocación por el trabajo en equipo. • Buena presencia y capacidad para comunicar y desarrollar relaciones personales. • Alta capacidad de organización. Además, se valorarán las competencias siguientes: • Conocimientos avanzados de Microsoft Excel (tablas dinámicas, macros, etcétera).
¿Qué ofrecen?	• Contrato de 4 meses con posibilidad de prórroga y posibilidad de incorporación a la plantilla de la empresa. • Horario de lunes a jueves de 09:00 a 19:00 horas y viernes de 08:30 a 17:30 horas. • Salario de 15.000 € brutos/año.

En el caso práctico inicial

Las posibles salidas profesionales que tiene Clara al finalizar sus estudios son las siguientes:

- En empresas de todos los sectores económicos y en organismos públicos.
- Realizar funciones de gestión y asesoramiento en las áreas de aprovisionamiento, comercialización, personal, contabilidad y administración en empresas grandes y medianas, aunque es en la pequeña empresa donde puede realizar las funciones gestoras con la máxima responsabilidad.
- Puede ser trabajadora por cuenta ajena o por cuenta propia, efectuando la gestión de su propia empresa o a través del ejercicio libre de una actividad económica (asesora financiera, estudios de mercado, proyectos empresariales, etcétera).

Actividad propuesta

13.13. Busca tres ofertas de empleo relacionadas con tu ciclo formativo y completa la siguiente tabla:

Ocupación	
¿Qué piden?	
¿Qué valoran?	
¿Qué ofrecen?	

13.4.3. Objetivo profesional

Después de realizar y desarrollar todas las cuestiones planteadas en los apartados anteriores, ya estamos en condiciones de hacer un balance sobre lo que queremos, sabemos y podemos hacer, y lo que nos pide el mercado de trabajo. El siguiente paso será marcarnos un objetivo profesional: tenemos que saber qué es lo que buscamos. Si no tenemos claro nuestro objetivo, entonces no sabremos exactamente qué buscar y nuestra búsqueda de empleo será ineficaz.

Definir el objetivo profesional es explicar el tipo de trabajo que nos gustaría hacer. No debe confundirse con la formación que queremos realizar; esta última es el camino para conseguir la profesión deseada.

Intentemos concretar lo máximo posible. Por ejemplo, decir que queremos ser comerciales es más genérico e impreciso que decir que queremos ser comerciales en una tienda de nuestra ciudad.

Si la profesión a la que nos vamos a dedicar no está en consonancia con nuestros valores, el trabajo puede producir una gran insatisfacción personal. Por eso, al establecer nuestro objetivo profesional, debemos basarnos en la evaluación de nuestra formación, experiencia, nuestros intereses, nuestras aptitudes y nuestras competencias profesionales y sociales.

Se trata de que reflejemos lo mejor posible nuestra personalidad y nuestro perfil laboral; esto será muy útil para orientarnos en la búsqueda de empleo y para seleccionar aquellas empresas susceptibles de acoger a un profesional de nuestras características. Este objetivo debe ser alcanzable y cumplir unas determinadas condiciones:

- **Ser realista:** que se pueda conseguir.
- **Ser flexible:** que se pueda adaptar a posibles cambios en nuestra situación personal, profesional y del mercado de trabajo.
- **Ser positivo:** que nos genere buenas sensaciones y optimismo.

Para conseguirlo, puede que tengamos que elegir un determinado itinerario profesional que supondrá organizar y seleccionar las opciones de formación (ciclos formativos, estudios universitarios, cursos de idiomas, otra formación complementaria, etc.) que resulten más adecuadas para desempeñar el trabajo elegido, además de tener en cuenta nuestra situación personal y familiar. Las siguientes cuestiones pueden servirnos de guía:

- ¿Qué nos acerca al objetivo profesional?
- ¿Qué nos separa del objetivo profesional?
- ¿Qué tendríamos que hacer para conseguirlo?

Solo **después de haber definido** nuestro objetivo profesional, podremos empezar el proceso de **búsqueda de empleo** y desarrollar las herramientas necesarias para ello, como por ejemplo, el **currículum vítae** y nuestra **carta de presentación.**

Actividad resuelta

13.3. María no tiene estudios, pero cree que podría ser una buena cocinera. Se ha planteado el objetivo profesional de convertirse en ayudante de cocina en un plazo de 12 a 24 meses.

a) ¿Está bien definido el objetivo profesional de María?

b) ¿Qué puede hacer María para conseguir su objetivo profesional en ese espacio de tiempo?

Solución:

a) Sí, está bien definido. Es realista, flexible y positivo.

b) Para conseguirlo, deberá realizar algunas actividades como las siguientes:

- Realizar un curso de cocina de unos 5 meses.
- Acceder a un ciclo formativo de grado medio de Cocina y Gastronomía.
- Buscar empresas donde podría comenzar a hacer prácticas y empezar a trabajar.
- Leer libros relacionados con la cocina.
- Ayudar a cocinar en su casa.

Sabías que...

Si ya tenemos unos estudios y nos interesa un campo profesional determinado, es importante especializarse.

Debemos elaborar una lista de las posibles especialidades o actividades más concretas que podríamos realizar.

Reflexiona

«Cuando el trabajo es un placer la vida es bella. Pero cuando nos es impuesto la vida es una esclavitud».

Máximo Gorki

En el caso práctico inicial

Clara debe concretar más su objetivo profesional y realizar todas las actuaciones que sean necesarias para conseguirlo.

Actividad propuesta

13.14. Para ayudarte a definir tu objetivo profesional, accede a la siguiente página web y realiza la siguiente aplicación:

https://wwwc.oficinadetreball.gencat.cat/socweb/export/sites/default/socweb_es/ciutadans/orientacioTrobarFeina/cloe.html

Consulta los datos recopilados hasta ahora sobre tu proyecto profesional y los resultados de la aplicación que acabas de realizar y márcate 3 objetivos profesionales:

Objetivo 1	
Objetivo 2	
Objetivo 3	

Concepto clave

Autoempleo: es una actividad profesional ejercida por el propio individuo, que dirige dicha actividad y obtiene ganancias por ello. Se denominan autónomos o trabajadores por cuenta propia.

13.4.4. Opciones profesionales

Una vez establecido el objetivo profesional y terminados nuestros estudios de formación profesional, se nos abre un amplio abanico de posibles opciones profesionales en el mundo laboral. Deberemos decidir si deseamos realizar un trabajo por cuenta ajena, para empresas privadas o públicas, o bien crear nuestra propia empresa.

Cada opción tiene sus ventajas e inconvenientes, que debemos valorar antes de tomar una decisión:

▶ VENTAJAS E INCONVENIENTES SEGÚN LAS OPCIONES PROFESIONALES

Opciones profesionales	Ventajas	Inconvenientes
Autoempleo	• Estabilidad en el empleo, independencia y autonomía. • Satisfacción personal al defender y trabajar nuestras ideas, nuestra forma de trabajar, etcétera. • Prestigio social y posibilidad de mayores ingresos. • Estímulo de la propia creatividad.	• Dedicación máxima y ausencia de horarios fijos. • Gran esfuerzo y dedicación (sobre todo en las fases iniciales). • Incertidumbre y riesgo económico. • Inestabilidad y futuro incierto en función del mercado, la competencia, la economía, etcétera.
Función pública	• Trabajo indefinido. • Posibilidades de promoción, formación dentro de esta y, en ocasiones, en distinta Administración. • No hay discriminación por motivos de sexo, edad, religión, etcétera.	• Es muy complejo y requiere de un gran esfuerzo y sacrificio acceder a la Administración Pública. • Requiere constancia y es una inversión en tiempo y dinero. • La posibilidad de promoción suele ser más lenta que en la empresa privada. • Hay menor posibilidad de autonomía e iniciativa profesional y personal. • Horarios fijos.
Empresa privada	• Mayor oferta de empleo. • Incentivos a la producción. • Mayor autonomía. • Más facilidad para la promoción. • Horarios flexibles.	• Los contratos suelen ser temporales. • Mayor disponibilidad horaria. • Falta de estabilidad en el empleo. • Mayor riesgo de discriminación por razones de sexo, edad, religión, etcétera. • Precariedad en el empleo.

Reflexiona

«Las decisiones rápidas son decisiones inseguras».

Sófocles

En la figura de la página siguiente, proponemos las opciones que se adaptan mejor a un ciclo de formación profesional, en función de las ofertas de empleo asociadas a la titulación que vamos a finalizar.

El itinerario profesional propuesto es la opción más adecuada para el alumnado que haya cursado la formación profesional y que opte por la inserción en la empresa privada o el autoempleo, principios básicos de la formación profesional, pero no los únicos. Sin embargo, existe otra opción, la inserción profesional en el ámbito de la Administración Pública, con la realización de la correspondiente oposición. El Estatuto Básico del Empleado Público establece las titulaciones necesarias para los distintos cuerpos y las distintas escalas a los que se pretende acceder:

▶ TITULACIONES NECESARIAS PARA SER EMPLEADO PÚBLICO

Grupos y escalas		Titulación exigida
Grupo A	A1	Titulación universitaria de grado.
	A2	
Grupo B	B1	Título de técnico superior (CF grado superior).
	B2	
Grupo C	C1	Título de bachiller o técnico (CF grado medio).
	C2	Graduado en ESO.

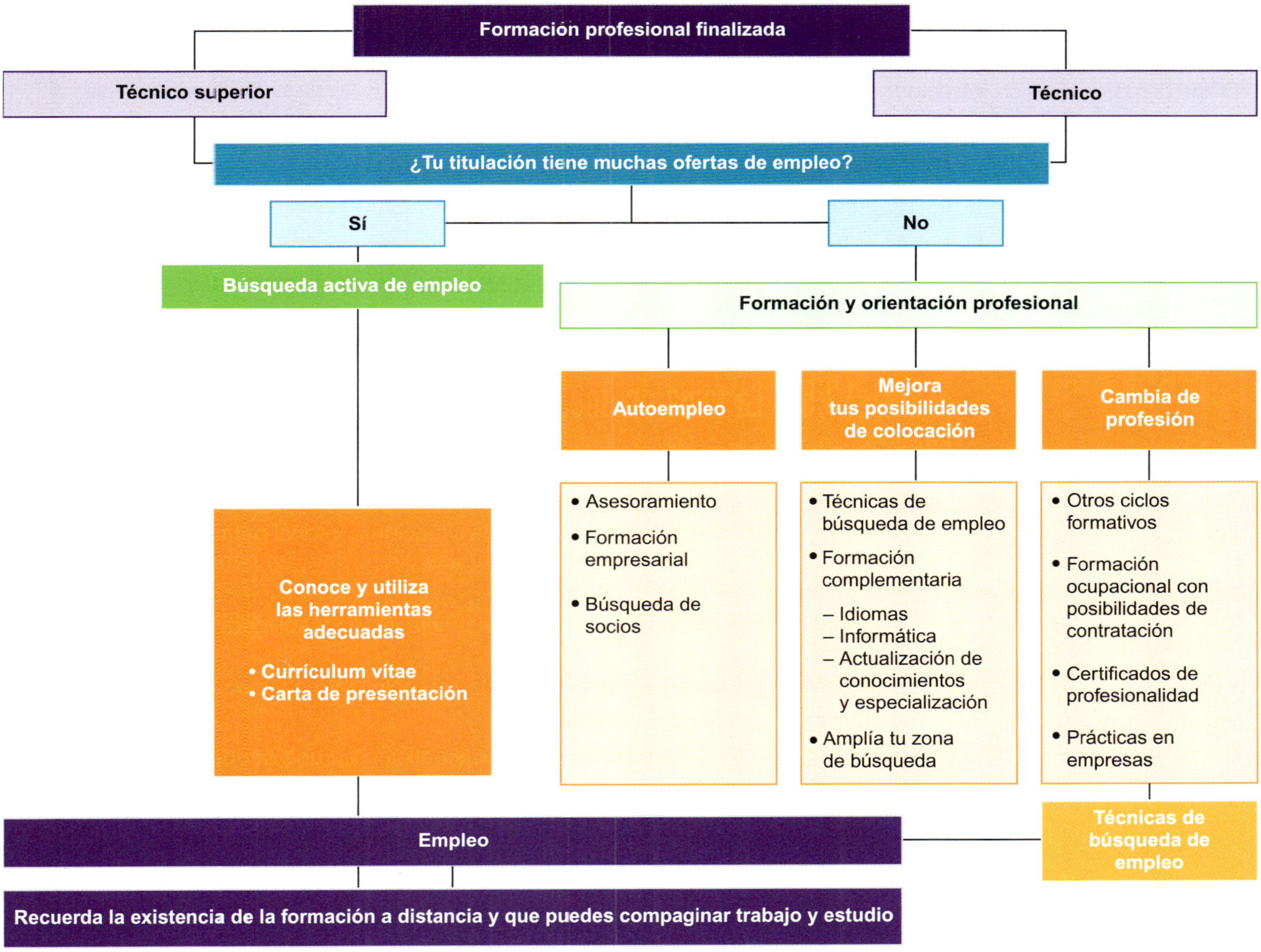

La clasificación de los cuerpos y las escalas en cada subgrupo estará en función del nivel de responsabilidad de las funciones que hay que desempeñar y de las características de las pruebas de acceso.

La selección se deberá realizar, tal y como señala la Constitución española, con base en los principios de **igualdad, mérito y capacidad.** Para ello, el proceso de selección se realizará a través de una convocatoria pública, donde figurarán los plazos, los requisitos de los candidatos, las pruebas, etcétera. Las ofertas de empleo público deben ser publicadas en el *Boletín Oficial* correspondiente (Estado, comunidad autónoma, etcétera).

Debes conocer...

Si realizamos cursos «por hacer algo y estar ocupados», debemos intentar que sirvan para nuestro objetivo profesional. Hacer cursos por hacerlos puede afectar a nuestro tiempo y a nuestro bolsillo.

Actividad propuesta

13.15. Busca 3 ocupaciones relacionadas con los 3 objetivos profesionales que has establecido:

Con la información recopilada, elabora un cuadro como el siguiente para una de las ocupaciones incluidas en tus objetivos profesionales:

Ocupación	
Tareas (actividades que debe realizar este profesional)	
Condiciones laborales (lugares de trabajo, horarios, esfuerzos, salarios, etcétera)	
Competencias profesionales (conocimientos, habilidades, aptitudes y actitudes exigidos)	

Actividades propuestas

13.16. Con la información que has ido reuniendo hasta ahora, completa la siguiente tabla y concreta tu objetivo profesional:

Objetivo profesional		**Lo que me separa del objetivo**	
Entorno profesional		**Lo que puedo realizar para conseguirlo**	
Lo que me acerca al objetivo			

13.17. Indica, para cada una de las siguientes situaciones, cuáles son las posibles opciones profesionales:

- Fabián, de 21 años, con un título de grado medio en Farmacia y Parafarmacia, pero que no posee el título de bachillerato.
- Nuria, de 22 años, que acaba de finalizar su título de grado superior en Proyectos de Edificación.

13.5. La toma de decisiones

Las decisiones no se adoptan únicamente sobre la base de nuestros intereses; normalmente, están condicionadas por el entorno. Por eso, antes de afrontar la búsqueda de empleo, hay que analizar todos los elementos que puedan condicionar la elección profesional. Es imprescindible tener en cuenta la situación personal para enfocar la búsqueda de empleo desde una perspectiva realista. Las circunstancias personales que hay que tener en cuenta pueden ser las siguientes:

- **Situación personal:** edad, lugar de residencia, responsabilidades familiares y estado de salud.
- **Formación:** estudios y cursos realizados, conocimiento de idiomas y habilidades.
- **Experiencia profesional previa.**
- **Aficiones:** muchas personas convierten su afición en una ocupación (viajar, música, deportes, etcétera).
- **Relaciones sociales y pertenencia a clubes o asociaciones:** indican los intereses de la persona y su capacidad para establecer contactos que pueden ser útiles a la hora de buscar empleo.
- **Condicionantes familiares:** profesiones desempeñadas por los miembros de nuestra familia.
- **Condicionantes sociales:** opinión de los amigos o de la pareja; sin duda, la gente de nuestro entorno influye en la toma de decisiones.
- **Condicionantes educativos:** posibilidad para acceder a determinadas profesiones (pruebas de acceso, nota de selectividad, etcétera).

En el caso práctico inicial

Una vez finalizados los estudios de formación profesional, Clara podría continuar sus estudios en la universidad; pero quiere incorporarse al mercado laboral, por lo que se le plantean dos opciones profesionales principales: el trabajo por cuenta propia o el trabajo por cuenta ajena (en el ámbito de la Administración Pública o en el sector privado). En el caso de Clara, recibir el premio por su proyecto profesional hace que recapacite sobre la posibilidad de abrir su propio negocio.

Podemos ver un ejemplo en la siguiente tabla:

Condicionante	Causa	Valoración (de 0 a 10)	Decisión
No quiero cambiar de residencia.	Hijos en edad escolar. Es importante no cambiarles de colegio, amigos y entorno en general.	8 puntos.	Acudir a la entidad local para ver ofertas de empleo.

También es importante, a la hora de tomar una decisión, saber dónde se quiere llegar, lo que se quiere hacer y en qué condiciones; por ejemplo, el dinero que se quiere ganar, la estabilidad en el empleo, el prestigio, etcétera. Posteriormente, hay que establecer las estrategias necesarias para conseguir el objetivo marcado: actividades que se van a realizar, con qué periodicidad y cuánto tiempo se les va a dedicar a cada una de ellas. Para llevar un control de lo que se ha realizado, se puede utilizar la siguiente tabla:

Actividades	Periodicidad	Tiempo	Control
Leer ofertas de empleo en la web.	4 veces por semana.	4 horas.	Controlar las respuestas a las candidaturas.
Seleccionar empresas de trabajo temporal.	Enviar 5 currículos.	2 horas.	Llamar a estas empresas si no se recibe respuesta en una semana.

En el caso práctico inicial

Finalmente, Clara deberá seleccionar, entre las distintas alternativas y a partir de un profundo análisis de los datos disponibles, la opción que más se aproxime a su trabajo ideal, y tendrá que tomar una decisión en relación con su futuro profesional.

1. El mercado laboral

13.1. Del estudio del mercado laboral de un determinado país se desprenden los siguientes resultados:

Población de 16 años o más	40.312.675 personas.
Población inactiva	16.836.765 personas.
Población ocupada	20.678.987 personas.

a) Calcula la tasa de actividad.
b) Calcula la tasa de paro.

13.2. Localiza el catálogo de ocupaciones de difícil cobertura en la página web del Servicio Público de Empleo Estatal (**www.sepe.es**) y señala cuáles son las ocupaciones que tienen más dificultades para ser cubiertas.

Busca si existen ocupaciones de difícil cobertura en tu provincia. En caso afirmativo, señala si alguna de ellas está relacionada con el perfil profesional de tu ciclo formativo.

2. Itinerarios formativos

13.3. María, de 19 años de edad, obtuvo hace 2 años el título de ESO. Ahora, ha decidido realizar el ciclo formativo de grado superior de Estética Integral y Bienestar.

a) ¿Puede acceder directamente al ciclo de Estética Integral y Bienestar? ¿Por qué?
b) ¿Debe realizar María la prueba de acceso a los ciclos de grado superior para acceder a este? En caso afirmativo, ¿podría presentarse?
c) ¿Cuántas partes componen la prueba de acceso a los ciclos de grado superior? ¿Tendría María que realizar todas?

3. Proyecto profesional

13.4. Busca en Internet «La guía de nuevas profesiones de Educaweb» en la siguiente dirección: **http://www.educastur.princast.es/fp/hola/ocupaciones/index.htm**
Localiza 3 nuevas profesiones relacionadas con tu ciclo formativo y completa la siguiente tabla:

Profesión	Descripción	Funciones	Formación complementaria	Vías de acceso

13.5. Trabajo en grupo. Se forman grupos de 3 personas y se elabora el perfil profesional de una profesión relacionada con el ciclo que estás cursando. Puedes obtener información consultando la orden que regula el currículo del título y seleccionando ofertas de empleo relacionadas. Con la información obtenida, cumplimenta la siguiente tabla:

Perfil profesional	
Competencia general	
Tareas	
Clasificación profesional	
Formación exigida	
Experiencia laboral previa	
Entorno de trabajo	

13.6. Consulta una orden de convocatoria de empleo público estatal, autonómica o local, para funcionario o personal laboral, a la que puedas acceder una vez finalizado este ciclo formativo. Después de leer la convocatoria, completa la siguiente información:

Puesto de trabajo	
Órgano administrativo convocante	
Lugar	
N.° de plazas libres	
N.° de plazas restringidas	
Requisitos de acceso	
Temario	
Tipos de pruebas	
Fechas	

13.7. Se organizan grupos de 3 personas que deberán buscar la siguiente información:

a) ¿Qué es un carné profesional?
b) ¿Hay alguno relacionado con tu ciclo formativo?
c) ¿El ciclo que estás cursando te habilita directamente para el ejercicio profesional regulado en el correspondiente carné?
d) De no existir habilitación directa, señala el procedimiento que deberías seguir para su obtención.

Después, se hará una puesta en común de toda la información obtenida.

REPASANDO...

El proyecto profesional

Realiza tu proyecto profesional

Ha llegado el momento de recopilar en un documento toda la información que has ido obteniendo sobre ti mismo y el mercado laboral a lo largo de las actividades que has realizado en esta unidad. Los datos obtenidos puedes incorporarlos a la siguiente tabla:

PROYECTO PROFESIONAL			
Autoconocimiento	Rasgos personales:		Intereses profesionales:
	Competencias profesionales:		Logros profesionales:
	Competencias personales:		Logros personales:
	Aptitud vocacional:		
Conocimiento del mercado laboral	Oferta de empleo	Se pide:	
		Se valora:	
		Se ofrece:	
Objetivo profesional			
Entorno profesional			
Itinerario profesional para conseguir ese objetivo	Formación requerida reglada y no reglada:		Situación familiar:
	Tiempo necesario para completar la formación:		Costes económicos y personales:

EN SALA DE PRENSA

¿Cómo trabajaremos cuando llegue la próxima pandemia?

Pocos podían imaginar, cuando comenzaba este 2020 que transformará muchas cosas, que lo que estaba haciendo alguien en un pequeño mercado perdido en China, a miles de kilómetros de cualquier parte del planeta, iba a influir tanto en la vida, la salud, la economía y también en el trabajo de millones de personas en todo el mundo.

El acelerón espectacular del teletrabajo es apenas una muestra de lo que viene: nuevas formas de trabajar; una manera diferente de ser valorados y recompensados; una relación nunca vista con nuestras empresas, empleadores y jefes; fórmulas de control adaptadas a los nuevos modelos de actividad por proyectos, de trabajar sin ir al trabajo, de diferentes portfolios de carreras, de empleos híbridos, etcétera.

En la presente crisis provocada por el coronavirus hemos comprobado que médicos, enfermeras y profesionales sanitarios, científicos que investigan sobre vacunas, transportistas, agricultores, ganaderos y pescadores; reponedores y cajeras son algunas de las profesiones esenciales que mantienen viva la economía en pleno confinamiento, en una época de economía del conocimiento y transformación digital. Por eso hay quien se pregunta si esta vuelta a ciertos perfiles tradicionales no debería hacernos cuestionar el futuro de muchos perfiles tecnológicos. Pero lo cierto es que sin la tecnología esta crisis sanitaria y económica estaría siendo muchísimo peor, y sus efectos se multiplicarían por 50. Las empresas que ya estaban preparadas en comercio electrónico y plataformas antes de que surgiera esta crisis, están sufriendo mucho menos sus embates.

Por otro lado, la relación entre empleado y empleador no tendrá nada que ver con la que conocemos hoy. La frontera difusa entre el empleo y la vida personal implicará dificultades para comprobar cuándo se realiza efectivamente el trabajo. Habrá que tener en cuenta nuevos métodos de control y analizar el derecho a la intimidad y a la privacidad. Se plantearán cuestiones sobre el equilibrio perfecto para controlar y medir a los trabajadores.

Es posible que entre las transformaciones en el mundo laboral que traiga la próxima pandemia esté el hecho de que veamos a un verdadero jefe robot con capacidad para tomar decisiones sobre nuestro trabajo y valorar nuestra actividad. Y que este juicio tenga consecuencias en la recompensa que recibimos y en el desarrollo de nuestra carrera profesional.

Fuente: *www.expansion.com.*
Tino Fernández. Madrid, 27 de marzo de 2020.

a) **¿Consideras que la crisis del Covid-19 hará que muchas personas cambien su proyecto profesional enfocándolo a otras profesiones? En caso afirmativo, enumera cuáles consideras.**

b) **¿Qué métodos propondrías para controlar que los trabajadores cumplen su horario laboral mediante teletrabajo?**

La búsqueda de empleo

14

Contenidos

Objetivos

- Identificar y diferenciar las diferentes fuentes de información para la búsqueda activa de empleo.
- Conocer y valorar la importancia de Internet como fuente de información básica para la búsqueda de empleo.
- Identificar las oportunidades de aprendizaje y empleo en otros países.
- Conocer y comprender las distintas herramientas para la búsqueda de empleo.
- Identificar y analizar las diferentes pruebas de selección existentes.
- Establecer los criterios de comportamiento correctos ante una entrevista.

Cuestiones

a) ¿Piensas que el proceso de búsqueda de empleo debe planificarse?

b) ¿Sabes dónde se pueden buscar ofertas de empleo?

c) ¿Sabrías definir qué es un currículum vítae o una carta de presentación? ¿Los has elaborado en alguna ocasión?

d) ¿Has realizado una entrevista de trabajo alguna vez?

Caso práctico inicial

Joaquín es técnico superior en gestión de alojamientos turísticos y tiene muy claro cuál es la situación del sector turístico en nuestro país, su perfil profesional y los posibles itinerarios formativos profesionales. Joaquín sabe lo que quiere y va a poner en marcha un plan de búsqueda activa de empleo.

Realiza una detallada lista de posibles lugares donde encontrar ofertas de empleo relacionadas con su título. Visita organizaciones relacionadas con la localización de ofertas de empleo y también busca en Internet. Finalmente, se decide a redactar su currículum vítae y una carta de presentación.

Pasadas un par de semanas, Joaquín no ha recibido ninguna respuesta a las candidaturas presentadas, aunque su ánimo sigue siendo tan bueno como el primer día. Sabe que la búsqueda de empleo es una carrera de fondo que necesita paciencia, y que los frutos se obtienen a medio plazo.

Hoy está algo cansado y decide hacer un pequeño descanso. Para relajarse contacta con sus amigos a través de Facebook y aprovecha para informar a sus contactos sobre su situación de búsqueda de empleo. Uno de ellos le recomienda que se registre en alguna de las redes profesionales que existen en España, ya que así fue como él encontró empleo.

Por fin, su insistencia da sus frutos y lo citan para realizar una entrevista de trabajo en la empresa TRAVELLING, SL, el próximo jueves a las 17:00 horas.

El día de la entrevista Joaquín llega acalorado y 25 minutos tarde, debido a un atasco. El entrevistador, no obstante, decide hacerle la entrevista. Joaquín está tan nervioso que se olvida de apagar el móvil y este suena en el transcurso de la entrevista. Cuando concluye, le informan de que no ha sido seleccionado. Aun así, Joaquín está contento por la entrevista realizada pero triste, porque está seguro de que en el resultado han influido sus nervios, la llamada de teléfono y su retraso a la cita.

14.1. El proceso de búsqueda de empleo

Durante la unidad anterior hemos estudiado y desarrollado cómo elaborar nuestro proyecto profesional estableciendo nuestro **objetivo profesional,** es decir, la profesión que deseamos conseguir, en función de lo que queremos, sabemos y podemos hacer (a través del autoconocimiento) y de lo que nos exige el mercado (mediante el conocimiento del mercado de trabajo). Así pues, solo después de haber definido nuestro objetivo profesional podremos empezar el proceso de búsqueda de empleo: localizar ofertas de trabajo, desarrollar técnicas adecuadas o elaborar todos aquellos instrumentos necesarios para la búsqueda de empleo.

La búsqueda activa de empleo es el proceso mediante el cual las personas intentan lograr su inserción en el mercado laboral para conseguir su objetivo profesional (el trabajo deseado), con la finalidad no solo de obtener beneficios de tipo económico, sino también profesionales y personales.

En el caso práctico inicial

Joaquín ha llevado a cabo cada una de las fases de la búsqueda activa de empleo. En primer lugar, ha definido su objetivo profesional (puesto de trabajo ideal). Una vez establecida la meta que desea alcanzar se pone en marcha para localizar ofertas de empleo (fuentes de información) relacionadas con dicho objetivo. Tras encontrar y seleccionar las ofertas de empleo, Joaquín contacta con los oferentes a través de los instrumentos de presentación (currículum vítae y carta de presentación) para lograr formar parte de algún proceso de selección. Por último, Joaquín es citado a una entrevista de trabajo para acceder al puesto de trabajo.

Las fases del proceso de la búsqueda activa de empleo podemos resumirlas en las siguientes:

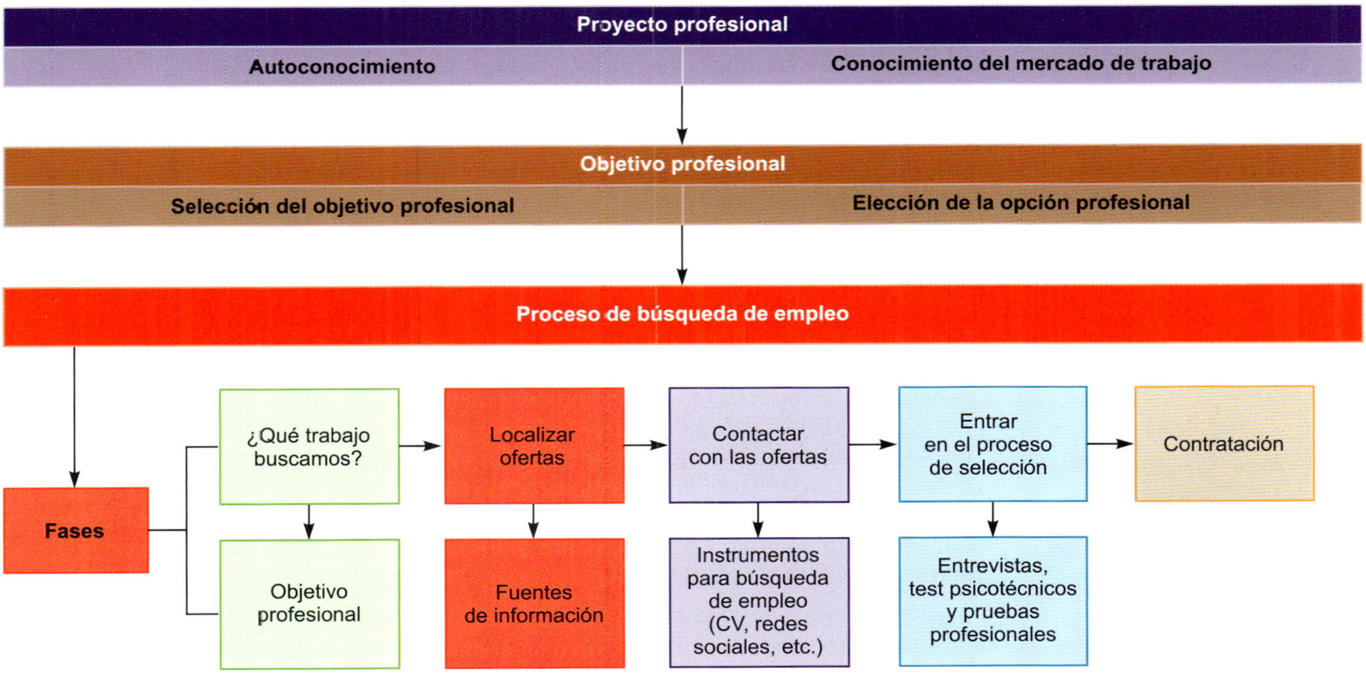

14.1.1. Fuentes de información para la búsqueda de empleo

La búsqueda de empleo requiere el conocimiento de las fuentes de información donde se pueden localizar las distintas ofertas de empleo. Entre las fuentes de información más importantes para la búsqueda de empleo se encuentran las siguientes:

- **Prensa.** Se puede buscar a través de la prensa dominical de ámbito nacional (*El País, El Mundo, ABC*), autonómico o local, que suelen publicar ofertas de empleo generalmente en el suplemento dominical dedicado a la economía y el empleo. También se puede buscar en prensa especializada en anuncios de empleo, que suele tener una periodicidad variable (quincenal o mensual).

  A la hora de contestar a una oferta de empleo, se debe tener en cuenta lo siguiente:

▶ PARTES DE UNA OFERTA PUBLICADA

1. Empresa o entidad que ofrece el trabajo: nombre, sector profesional, localización geográfica, tipo de empresa, etcétera.
2. Datos del puesto de trabajo que se oferta: nombre del puesto, funciones, posición en el organigrama empresarial, responsabilidades, etcétera.
3. Requisitos que debe reunir el candidato: formación académica, formación complementaria, informática, idiomas, experiencia, edad, sexo, etcétera.
4. Condiciones de trabajo: tipo de contrato, jornada, salario, beneficios sociales, etcétera.
5. Forma de contacto: correo electrónico, correo ordinario, teléfono, fax y visita personal.

▶ PASOS QUE SE DEBEN SEGUIR PARA ANALIZAR LA OFERTA DE EMPLEO

1. Delimitar muy bien cuáles son las características específicas del puesto de trabajo (denominación del puesto, tipo de empresa, condiciones laborales, etcétera).
2. Averiguar cuáles son los requisitos generales y específicos que definen el perfil profesional ideal para el puesto.
3. Intentar obtener información no evidente sobre la oferta.
4. Elaborar la contestación a la oferta, mediante carta de presentación o llamada telefónica.
5. Se adjuntarán los documentos que se soliciten en el anuncio. Si no piden nada especial, es aconsejable enviar solo el currículum vítae y la carta de presentación según el modelo de respuesta a un anuncio.

▶ FALSOS ANUNCIOS

En algunas ocasiones aparecen en la prensa anuncios que ofertan trabajos que no son tales:

- Trabajos que son cursos: prometen un puesto de trabajo, pero para acceder a él hay que realizar un curso de formación que el candidato tiene que costear.
- Trabajos en los que hay que comprar algo: prometen ingresos elevados, y se le propone al candidato seleccionado que adquiera un producto que luego puede revender a un mayor precio.

- **Televisión y radio.** En algunos espacios publicitarios y programas de estos medios se pueden encontrar ofertas de empleo.
- **Los servicios públicos de empleo.** Dependen de la Administración Pública. En España existe un Servicio Público de Empleo Estatal (SEPE), al que hay que añadir los servicios autonómicos (en Madrid se denomina Servicio Regional de Empleo; en Galicia, Servicio Público de Empleo de Galicia; en Andalucía, Servicio Andaluz de Empleo; en Aragón, Instituto Aragonés de Empleo, etcétera). El Servicio Público de Empleo Estatal es el organismo de la Administración española encargado de la intermediación laboral, es decir, de poner en contacto a empresas y trabajadores con el objetivo de conseguir un contrato de trabajo para el trabajador y ayudar a las empresas a cubrir sus necesidades de plantilla, atendiendo así las necesidades de ambos.

  Para ello, pone a disposición de los usuarios una serie de servicios, como la formación de los desempleados, la orientación en técnicas de búsqueda de empleo, la posibilidad de inscribirse como demandante de empleo y, en definitiva, todos aquellos que sitúen al trabajador en las mejores condiciones para acceder con éxito al mercado de trabajo.
- **Centros de información dependientes de ayuntamientos u otras entidades locales.** En muchos ayuntamientos existe un centro de información juvenil que puede informar, facilitar el acceso a cursos de formación sobre búsqueda de empleo y asesorar para el desarrollo de iniciativas de autoempleo.
- **Centros de orientación e información de empleo (COIE), dependientes de las universidades.** El COIE es un servicio especializado dentro de cada universidad, cuya misión fundamental es ayudar y asesorar a los graduados universitarios en la búsqueda de empleo. Los estudiantes del último curso pueden inscribirse gratuitamente en las oficinas de su COIE correspondiente, que realiza la tramitación de la demanda de empleo. También informan sobre becas, cursos y estudios en el extranjero.
- **Agencias de selección.** A ellas acuden cada vez más las empresas medianas y grandes para la selección del personal que precisan. Estas agencias no son oficinas de contratación, sino meras intermediarias entre los empleadores (empresas) y las personas que buscan empleo. La captación de sus candidatos suele realizarse a través de anuncios en la prensa. En el anuncio exponen el conjunto de características del puesto de trabajo y los requisitos que debe poseer el candidato, así como la forma de entrar en contacto con ellos. Una vez que los consultores de empresa reciben los currículum vítae, realizan la preselección de estos en función de las exigencias del cliente. Los candidatos preseleccionados son contactados con objeto de citarlos para una entrevista posterior.
- **Agencias privadas de colocación.** Las agencias de colocación son empresas privadas que, sin ánimo de lucro, colaboran con los servicios públicos de empleo en la política de intermediación y se encargan de poner en contacto al empresario —que necesita empleados— y al trabajador —que busca un empleo—.
- **Empresas de trabajo temporal (ETT).** Su actividad consiste en poner a disposición de otra empresa usuaria, con carácter temporal, trabajadores por ella contratados. Son empresas con ánimo de lucro, cuya finalidad es satisfacer temporalmente las necesidades de personal imprevistas y urgentes de otras empresas.
- **Asociaciones o colegios profesionales.** Muchas profesiones cuentan con asociaciones o colegios que prestan distintos servicios, entre otros, ofrecen información sobre el sector, las ocupaciones, etcétera. Algunos tienen bolsa de empleo. En general, hay que estar asociado o colegiado para conseguir asesoramiento.

En el caso práctico inicial

Joaquín utiliza diversas fuentes de información en la búsqueda de empleo. Informa a sus contactos personales a través de Facebook y utiliza todo el potencial de Internet a través de la búsqueda en portales de empleo y en páginas web. Asimismo, hace uso de las redes profesionales en Internet.

- **Contactos personales.** La búsqueda de empleo requiere desplegar todos los contactos personales posibles (amigos, familiares, antiguos compañeros de estudios, profesores, etcétera). Se trata de informar a las personas que nos rodean de nuestro deseo de encontrar un empleo, del objetivo y del grado de disponibilidad que tenemos. Se puede confeccionar una relación de todas las amistades y todos los conocidos. En esta relación se debe establecer, además del nombre, la dirección, el teléfono y la profesión, la clase de relación que se tiene (amistad, familiar o conocido), la fecha de contacto y las observaciones.

  A pesar de la gran evolución que se ha producido en materia de colocación, todavía las amistades y los contactos personales siguen siendo una de las fuentes de inserción profesional más importantes; parece que, en muchos casos, el empleador confía más en la persona que le ha recomendado un amigo, un conocido o un pariente, que en un tercero desconocido.

- **Internet.** Por su especial importancia hoy en día como fuente de información e instrumento para la búsqueda de empleo lo analizaremos ampliamente en el siguiente apartado.

14.2. La búsqueda de empleo a través de Internet

Internet se está consolidando como herramienta de búsqueda de empleo. Gracias a su accesibilidad y fácil manejo, permite interactuar y proporciona al instante una gran cantidad de servicios y ofertas que van del ámbito local al internacional. A través de este medio, muchas empresas podrán consultar nuestros currículos. Existe también la posibilidad de recibir en nuestro buzón de correo electrónico aquellas ofertas que respondan a nuestros intereses y muchas posibilidades más. También encontramos información acerca de recursos formativos, becas, ayudas, prácticas y convocatorias de interés, a los que podemos acceder para completar nuestro perfil profesional. Podemos buscar empleo en Internet principalmente a través de los portales de empleo, las páginas de las empresas de trabajo temporal o de las empresas de selección de personal o los espacios específicos de empleo de las propias empresas (empresas como BBVA, FERROVIAL, etc., poseen en sus páginas corporativas bolsas o portales de empleo).

14.2.1. Los portales de empleo

Un **portal de empleo** es un sitio web especializado que integra la oferta y la demanda laboral existente en el mercado. El objetivo principal de este espacio, que puede ser de pago o gratuito, es ofrecer a sus usuarios un servicio de búsqueda de trabajo en línea, de manera rápida y simple.

En un portal de empleo podemos encontrar generalmente la siguiente información y realizar las siguientes acciones:

- Ofertas de empleo más recientes y un buscador para todas las ofertas del portal.
- Posibilidad de realizar la inscripción y contestar a las ofertas directamente.
- Ingresar nuestra carta de presentación o nuestro currículum vítae (en formato electrónico).
- Suscripción a un boletín para recibir las ofertas por *e-mail* o SMS (canales RSS).
- Ofrecer nuestro trabajo personalmente, elaborando así nuestros propios anuncios de empleo.
- Información de carácter laboral para el trabajador (consejos para elaborar un currículum vítae, la carta de presentación, etc.) y para la creación de empresas.
- Buscador de cursos de formación, becas, ayudas, etcétera.

Por parte de las empresas que desean cubrir sus vacantes, un portal de empleo les permite:

- Publicar de manera permanente sus ofertas de empleo.
- Tener acceso a miles de currículos para futuras búsquedas.
- Elegir los perfiles más idóneos para el puesto de trabajo entre cientos de candidatos.

Actividad propuesta

14.1. Pon en práctica la utilización de la prensa como instrumento de búsqueda de empleo a través de las siguientes actividades:

a) Localiza, selecciona y analiza dos ofertas de empleo aparecidas en la prensa que se ajusten lo más posible al perfil del título que estás cursando. Deberás recortar y pegar en un folio cada oferta y analizarla indicando:
   - La empresa o entidad que ofrece el trabajo.
   - Los datos del puesto de trabajo que se oferta.
   - Los requisitos que debe reunir el candidato.
   - Las condiciones de trabajo.
   - La forma de contacto.

b) Localiza una oferta de empleo que consideres que pueda tratarse de un anuncio falso. Recórtala y pégala en el mismo folio que las del apartado anterior.

Podemos clasificar los **portales de empleo** entre **generalistas,** que contienen ofertas de empleo pertenecientes a cualquier sector profesional; **especializados,** que contienen ofertas de empleo de un determinado sector profesional (por ejemplo: un portal de empleo para ofertas de trabajo del sector farmacéutico) o algún colectivo específico (deportistas, informáticos, etc.); o **portales de empleo público.**

A continuación, describiremos los principales portales de empleo:

Portales generalistas

Se trata de los portales de empleo más extendidos y populares entre los usuarios de la búsqueda de empleo a través de Internet. A continuación, presentamos algunos de los más destacados:

▶ PORTALES GENERALISTAS	
www.infojobs.net	www.infoempleo.com
https://empleate.gob.es/	www.monster.es
www.trabajos.com	

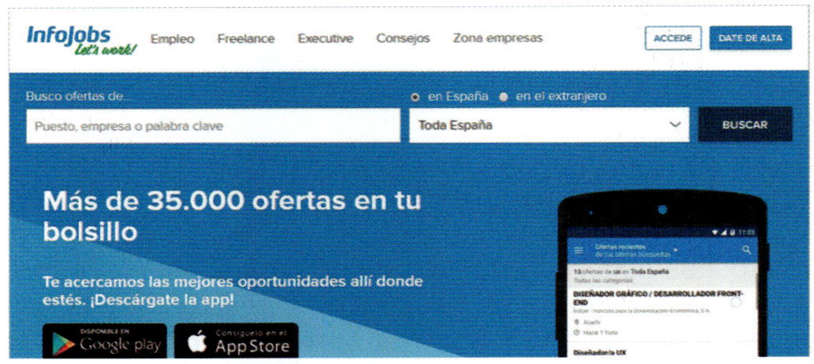

Portales de empleo especializados

Se trata de portales de empleo que se dirigen a un sector profesional o a un colectivo determinado. Su funcionamiento no suele diferir del de los portales de empleo genéricos, tanto en los servicios a empresas como los que van dirigidos a los candidatos.

Aquí te presentamos algunos de los más importantes:

- **www.enviroo.com:** primer portal de empleo verde en España donde encontraremos, por ejemplo, ofertas de empleo de ingeniero agrónomo, peón de residuos, técnico en energía solar, eólica, etcétera.
- **www.ticjob.es:** portal de empleo para profesionales de la informática que se divide en subsectores para agilizar la búsqueda y que permite realizar selecciones en función de las competencias del candidato.
- **www.tecnoempleo.com:** portal de empleo especializado en informática y telecomunicaciones.
- **www.turijobs.com:** portal de empleo y formación especializado en turismo y hostelería. Turijobs es el referente en el sector turístico, ofrece ofertas de empleo, cursos de formación y noticias a sus más de 200.000 candidatos en el mundo.
- **www.primerempleo.com:** portal de empleo dirigido a estudiantes y titulados sin experiencia laboral. Actualmente, se ha convertido en la primera bolsa de empleo en España especializada en contratos de primer empleo joven, becas y prácticas para candidatos sin experiencia laboral, etcétera.

Portales de empleo público

El empleo público aglutina una gran variedad de profesiones, ocupaciones, tareas y carreras laborales que, según nuestro nivel formativo y de estudios, nos presentan un abanico de posibilidades enorme. Por este motivo, la información en este ámbito tiene un gran valor. Tenemos que saber movernos con rapidez y en el momento preciso hacia aquellas plazas que encajan con nuestros intereses profesionales, nuestro nivel formativo y nuestra disponibilidad geográfica.

Los portales relacionados con este ámbito son bastante homogéneos y no aportan diferencias sustanciales en cuanto a los contenidos. Por tanto, la elección de uno u otro estará determinada por nuestros criterios o gustos personales.

Algunos de los portales públicos de empleo más destacables son:

www.administracion.gob.es	www.empleopublico.net	www.buscaoposiciones.com

14.2.2. Presentación de autocandidaturas

Otra de las formas tradicionales de búsqueda de empleo en Internet es la que se realiza a través de la **presentación de autocandidaturas.** Es un procedimiento por el cual nos podemos inscribir en espera de una oferta o de un nuevo proceso de selección de personal. El objetivo es tratar de crear la necesidad al empresario de concedernos una entrevista. Se puede realizar principalmente a través de:

- Directamente, en la **página web de las empresas** que se hayan seleccionado previamente. Normalmente, las empresas con página web disponen de un espacio donde podemos contactar y enviar el currículo por *e-mail* o a través de la web.
- **Páginas web de las empresas de selección de personal.** Se trata de empresas que son contratadas por otras para realizar el proceso de reclutamiento y selección de profesionales. Suelen insertar anuncios donde convocan los puestos que van a seleccionar, aunque en otras ocasiones recurren a su archivo o a bases de datos, por lo que no llegan a anunciarse. Por este motivo, es interesante enviar el currículo a estas empresas para futuras selecciones en las que se pudiera encajar. Se pueden encontrar en los buscadores más utilizados y a través de los anuncios que publican en la prensa.
- **Páginas web de las empresas de trabajo temporal.** Actualmente, suponen un gran nicho de búsqueda de ofertas de empleo a través de Internet, donde podrás ingresar tu currículo.

Para realizar la autocandidatura, es recomendable hacer una lista con aquellas empresas en las que deseamos trabajar e intentar conseguir la dirección en Internet. La dirección se puede conseguir fácilmente a través de cualquier buscador (Google, Yahoo, Páginas Amarillas, Terra, etcétera). Una vez localizada su página web, se debe encontrar el vínculo que permite contactar con esta.

Páginas web corporativas de empresas o instituciones

Muchas empresas ya utilizan directamente la red en sus procesos de captación y selección de personal. Dentro de su página de empresa, incluyen un espacio relacionado con los recursos humanos donde podremos insertar el currículo y, en muchos casos, informarnos de las ofertas y los perfiles demandados en su empresa.

La información que ofrecen las propias empresas a través de sus páginas es de gran valor para los potenciales candidatos. En sus páginas podemos documentarnos sobre estrategias, servicios, productos, proyectos, datos financieros, resúmenes de prensa, etcétera. Este es uno de los elementos diferenciales más evidentes respecto a otros métodos tradicionales de búsqueda de empleo. Hoy en día, no deberíamos presentarnos a una entrevista sin haber visitado la página web de la empresa a la que nos vamos a dirigir.

A continuación, enumeramos algunas de las páginas web donde podremos presentar nuestra candidatura:

www.bbva.es	www.santander.es	www.cepsa.es	www.repsol.com	www.elcorteingles.es	www.iberdrola.es	www.ferrovial.es

Las empresas de trabajo temporal

Las **ETT** también han sabido buscar su espacio en la red para informar sobre su funcionamiento, los ámbitos en los que desarrollan su actividad y anunciar sus ofertas.

Uno de los activos más importantes de una ETT es la cantidad y calidad de los profesionales disponibles en su base de datos para ofrecer a las empresas que habitualmente requieren sus servicios.

Algunas se orientan claramente hacia sectores especializados. La tendencia es que los sitios web de las ETT cada vez se parezcan más a pequeños portales de empleo.

De entre los sitios web de las diferentes ETT podemos destacar:

www.randstad.es	www.adecco.es	www.synergie.es	www.activa-ett.com
www.eurofirms.es	www.flexiplan.eulen.com	www.imancorp.es	www.manpower.es

En el caso práctico inicial

Una de las fuentes de información principales que utiliza Joaquín para la búsqueda de empleo es Internet. Actualmente, Internet se presenta como la fuente de mayor potencial en la búsqueda de empleo. Joaquín debería acudir a los portales de empleo (generalistas, especializados o de empleo público) y a las páginas corporativas de las empresas o de las empresas de trabajo temporal.

Actividad propuesta

14.2. Las ETT pueden ser un buen recurso para identificar el nivel profesional que se posee para el desempeño de la ocupación, ya que la mayoría realizan pruebas profesionales de evaluación como paso previo a la inscripción en sus ficheros. Por este motivo, entre otros, es positivo que utilices las ETT en la búsqueda de empleo.

Localiza al menos tres ofertas de empleo de ETT a través de Internet que se ajusten al perfil profesional del título que estás cursando. De cada oferta deberás indicar:

1. La denominación del puesto.
2. Las funciones que hay que desempeñar.
3. La localidad.
4. Los requisitos de los candidatos.
5. Las condiciones de trabajo.

14.3. Trabajar en Europa (la búsqueda de empleo en Europa)

La incorporación de España a la Comunidad Económica Europea, primero, y el nacimiento del Mercado Único Europeo, después, transformaron a los ciudadanos españoles en europeos de pleno derecho.

La integración en la Unión Europea (UE) conllevó la aparición, entre otras libertades, de la libertad de poder trabajar en cualquier Estado miembro en las mismas condiciones y con los mismos derechos que los nacionales de esos países.

Para encontrar empleo en otro país de la UE es imprescindible seguir los mismos pasos que realizamos cuando la búsqueda es en España, aunque teniendo en cuenta las características específicas del país donde se desarrolle la búsqueda. Por ello, es importante tener en cuenta la situación económica, los requisitos de acceso (tanto en la empresa privada como en la Administración Pública), el conocimiento del idioma y las peculiaridades del país donde se desee trabajar.

Con el objetivo de facilitar la movilidad de los trabajadores e impedir que aparezcan problemas que pudieran obstaculizar la práctica efectiva de este derecho, las instituciones europeas desarrollan dos iniciativas: la red EURES y el sistema Europass, complementados además con el portal PLOTEUS.

Debes conocer...

Toda la información sobre la red EURES la encontrarás en: **https://ec.europa.eu/eures/page/homepage?lang=es**

14.3.1. Red EURES

EURES (European Employment Services, Servicios Europeos de Empleo) es una red de cooperación formada por los servicios públicos de empleo. Los sindicatos y las organizaciones patronales también participan como socios. El objetivo de la red EURES es facilitar la libre circulación de los trabajadores dentro del Espacio Económico Europeo (EEE), que está formado por los 27 miembros de la Unión Europea, más Noruega, Liechtenstein, Islandia y Suiza.

EURES va dirigida, tanto a los solicitantes de empleo, interesados en trasladarse a otro país a trabajar o a estudiar, como a los empresarios, que desean contratar personal de otros países.

La red EURES está compuesta por una red de consejeros que suministra información, ayuda y orienta a los solicitantes de empleo y a los empresarios mediante un contacto personal. Los consejeros EURES son especialistas formados que prestan los tres servicios básicos de EURES de información, orientación y colocación, tanto a los solicitantes de empleo como a los empresarios interesados en el mercado laboral europeo.

El portal EURES no solamente ofrece información sobre ofertas de empleo en el Espacio Económico Europeo y en Suiza, sino también información sobre las tendencias del mercado de trabajo de todos los países y regiones del Espacio Económico Europeo, información práctica sobre condiciones de vida y de trabajo en Europa, así como una base de datos en línea con currículos de solicitantes de empleo.

Las ofertas de empleo en EURES abarcan una amplia gama de trabajos e incluyen oportunidades permanentes y temporales.

Además, todos los usuarios pueden acceder a EURES, incluso si no están registrados. Sin embargo, el registro para obtener una cuenta en EURES ofrece más servicios:

- Se puede introducir nuestro CV, y tener así la posibilidad de ser contactados por empresarios en el futuro.
- Se puede crear un CV en una lengua comunitaria, que podrá ser traducido fácilmente en otras lenguas.
- Se puede definir y guardar nuestro perfil EURES y recibir avisos por correo electrónico cuando se disponga de puestos de trabajo que se ajusten a nuestro perfil.

14.3.2. El sistema Europass

El sistema Europass está formado por un conjunto de documentos utilizados para presentar de una manera normalizada una candidatura laboral en cualquier país de la Unión Europea. El principal objetivo es facilitar la movilidad de trabajadores y estudiantes en todos los países de la Unión Europea y del Espacio Económico Europeo (EEE). Actualmente, los documentos que conforman Europass son cinco:

▶ DOCUMENTOS EUROPASS

Currículum vítae Europass

Se trata de un modelo de currículo con la peculiaridad y ventaja de que, al ser común, facilita los procesos de selección cuando los candidatos tengan distintas nacionalidades. Así pues, el currículum vítae Europass pone a disposición de los ciudadanos un formulario para presentar de modo sistemático, cronológico y flexible sus capacidades, competencias, titulaciones y certificaciones.

Pasaporte de lenguas Europass

El CV Europass se complementa principalmente con el pasaporte de lenguas Europass, formulario que cumplimenta cada interesado y que permite una clara presentación y descripción de los conocimientos lingüísticos, se hayan adquirido o no en el marco de la enseñanza formal. Permite reconocer la aptitud en las diferentes competencias lingüísticas (hablar, leer, escribir y escuchar) en cualquier país.

Debes conocer...

Toda la información sobre Europass la encontraremos en el siguiente enlace: **https://europass.cedefop.europa.eu/es**

Documento de movilidad Europass

Es un documento que registra las capacidades y los conocimientos adquiridos en otros países europeos. Por ejemplo, el periodo de aprendizaje puede incluir:

- Las prácticas de trabajo en una empresa.
- Un curso académico como parte de un programa de intercambio.
- Un trabajo voluntario temporal en una ONG.
- La realización de la FCT en otro Estado miembro mediante el programa Leonardo Da Vinci (para alumnos de grado medio) o del programa Erasmus (para alumnos de grado superior).

Suplemento Europass al título de técnico o certificado de profesionalidad

El suplemento Europass al título de técnico o al certificado de profesionalidad es un documento adjunto a un título de formación profesional de grado medio o a un certificado de profesionalidad, destinado a facilitar la comprensión a terceros, en particular a empleadores o instituciones de otro país, del significado del certificado en términos de las competencias adquiridas por su titular.

El suplemento Europass al título de técnico o al certificado de profesionalidad describe las capacidades y competencias profesionales obtenidas, la gama de profesiones que pueden ejercerse, los organismos de titulación y acreditación, el nivel del título o certificado, las diferentes vías de formación para obtener el certificado o título y los requisitos para el ingreso y las oportunidades para acceder a una formación en el siguiente nivel educativo.

Suplemento Europass al título superior

El suplemento Europass al título superior es un documento adjunto a un título oficial de enseñanza superior universitaria o de formación profesional de grado superior, destinado a facilitar la comprensión a terceros, en particular a empleadores o instituciones de otro país, del significado del título en términos de las competencias adquiridas por su titular.

Describe las capacidades y competencias profesionales obtenidas, la gama de profesiones que pueden ejercerse, los organismos de titulación y acreditación, el nivel del título o certificado, las diferentes vías de formación para obtener el certificado y los requisitos para el ingreso y las oportunidades para acceder a una formación en el siguiente nivel educativo.

Obtención de documentos Europass

Todos los documentos Europass pueden obtenerse fácilmente en la dirección **www.europass.cedefop.europa.eu**

Actividad propuesta

14.3. Luis, después de meditar mucho su decisión, ha decidido buscar trabajo en un país de la Unión Europea. Finalmente, se ha decantado por Noruega, pero le gustaría conocer mejor las condiciones de vida y de trabajo en el país, antes de tomar la decisión definitiva. ¿Dónde podría localizar Luis información sobre las condiciones de vida y de trabajo en Noruega?

europass Curriculum vitae

INFORMACIÓN PERSONAL Torres Garrido Paula

Plaza de Manises, 20, 46003 Valencia (España)
665000222
paulatorres.blogspot.com
WhatsApp

Sexo Femenino | Fecha de nacimiento 14/11/1977 | Nacionalidad Española

PUESTO SOLICITADO Técnica en farmacia

EXPERIENCIA PROFESIONAL

01/02/2014–08/04/2016 Técnica en farmacia
Farmacia Soler SL
Gran Vía de Ramón y Cajal, 5, 46007 Valencia (España)
www.farmasol.es
Atención al público en oficina de farmacia
Sector de actividad Farmacéutico

16/09/2016–30/06/2019 Representante comercial
Farmamax SA
Calle del Naranjo, 7, 46520 Sagunto (España)
www.farmax.es
Venta de productos farmacéuticos
Sector de actividad Actividades comerciales farmacéuticas

EDUCACIÓN Y FORMACIÓN

16/09/2012–30/06/2014 Técnica en farmacia y parafarmacia — Nivel 4 EQF-MEC
IES Llanes
C/ Escultor Francisco Buiza s/n, 41008 Sevilla (España)
www.iesllanes.net
- Dispensación y venta de productos.
- Oficina de farmacia.
- Dispensación de productos farmacéuticos.
- Operaciones básicas de laboratorio.
- Formulación magistral.
- Promoción de la salud.
- Primeros auxilios.
- Anatomofisiología y patología básicas.
- Formación y Orientación Laboral.
- Empresa e iniciativa emprendedora.

COMPETENCIAS PERSONALES

Lengua materna español

24/3/20 © Unión Europea, 2002-2020 | http://europass.cedefop.europa.eu Página 1 / 5

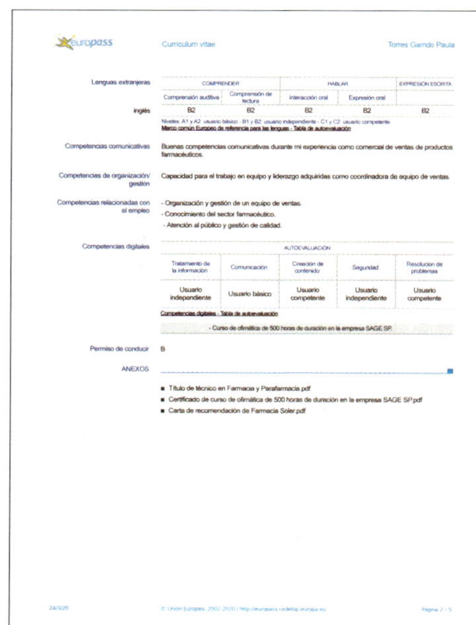
europass Curriculum vitae Torres Garrido Paula

Lenguas extranjeras

	COMPRENDER		HABLAR		EXPRESIÓN ESCRITA
	Comprensión auditiva	Comprensión de lectura	Interacción oral	Expresión oral	
inglés	B2	B2	B2	B2	B2

Niveles: A1 y A2: usuario básico - B1 y B2: usuario independiente - C1 y C2: usuario competente
Marco común Europeo de referencia para las lenguas - Tabla de autoevaluación

Competencias comunicativas: Buenas competencias comunicativas durante mi experiencia como comercial de ventas de productos farmacéuticos.

Competencias de organización/gestión: Capacidad para el trabajo en equipo y liderazgo adquiridas como coordinadora de equipo de ventas.

Competencias relacionadas con el empleo:
- Organización y gestión de un equipo de ventas.
- Conocimiento del sector farmacéutico.
- Atención al público y gestión de calidad.

Competencias digitales

AUTOEVALUACIÓN				
Tratamiento de la información	Comunicación	Creación de contenido	Seguridad	Resolución de problemas
Usuario independiente	Usuario básico	Usuario competente	Usuario independiente	Usuario competente

Competencias digitales - Tabla de autoevaluación

- Curso de ofimática de 500 horas de duración en la empresa SAGE SP.

Permiso de conducir B

ANEXOS

- Título de técnico en Farmacia y Parafarmacia.pdf
- Certificado de curso de ofimática de 500 horas de duración en la empresa SAGE SP.pdf
- Carta de recomendación de Farmacia Soler.pdf

24/3/20 © Unión Europea, 2002-2020 | http://europass.cedefop.europa.eu Página 2 / 5

14.4. Herramientas tradicionales para la búsqueda de empleo

Las herramientas tradicionalmente utilizadas para responder a las ofertas de trabajo seleccionadas son principalmente la carta de presentación y el currículum vítae.

Tanto la **carta de presentación** como el **currículo** son dos herramientas básicas para la persona en la búsqueda de empleo, que deberán utilizarse para reflejar las características propias de su perfil, así como sus objetivos profesionales. No existen normas fijas para su elaboración, aunque sí determinadas pautas que tienen que ser tenidas en cuenta, ya que pueden ser muy válidas y pueden ayudar a conseguir un puesto de trabajo.

Correctamente desarrollados, ambos documentos pueden convertirse en los mejores aliados para la búsqueda de empleo. Es importante recordar la necesidad de adaptar y actualizar dichos documentos constantemente incluyendo la experiencia y formación que se vayan adquiriendo, para adecuarlos así a las características del puesto de trabajo que se desee conseguir.

La carta de presentación

La carta de presentación supone nuestra tarjeta de visita ante la empresa a la que va dirigida. La carta de presentación es el documento que acompaña al currículum vítae y que informa de los aspectos más relevantes de nuestro perfil en función del puesto de trabajo.

La finalidad de dicha carta es:

- Captar la atención del receptor.
- Despertar su interés.
- Conseguir ser incluidos en un proceso de selección.

Existen dos tipos de cartas de presentación:

- Carta de respuesta a una oferta de empleo, cuyo principal objetivo es indicar que se cumplen las condiciones requeridas para el puesto de trabajo y que se desea ser incorporado en el proceso de selección.
- Carta de autocandidatura, en la que se exponen las causas del envío del currículum vítae, pese a no existir una oferta previa de empleo.

Estructura

Una carta de presentación debe exponer de manera concisa y clara las aptitudes o habilidades del candidato, junto con los motivos que justifiquen que debería ser incorporado en los procesos de selección. Las partes que debe incluir una carta de presentación para conseguir dicho objetivo son las siguientes:

▶ ESTRUCTURA DE LA CARTA DE PRESENTACIÓN
Encabezamiento
• Datos del candidato: nombre, apellidos, dirección, teléfono y correo electrónico. • Datos del destinatario: nombre, apellidos, cargo que ostenta, nombre de la empresa y domicilio.
Lugar y fecha
• Deberá indicarse la localidad, el día, el mes y el año en el que se escribe la carta.
Referencia del anuncio
• Deberá constar la referencia de la oferta de empleo, en caso de contestar a un anuncio.
Saludo inicial
• Deberá realizarse el saludo inicial con un tratamiento hacia el destinatario respetuoso y acorde al cargo que ocupe en la empresa.

En el caso práctico inicial

Joaquín ha centrado su búsqueda de empleo en España, por lo que, en principio, no se ha planteado la búsqueda de empleo en el extranjero. Si decide ampliar su abanico de búsqueda a los países extranjeros, lo idóneo sería que eligiese un país de la Unión Europea, gracias a la libertad de circulación de trabajadores entre los países miembros. Para facilitar la búsqueda de empleo en países de la Unión Europea, Joaquín podría utilizar la red EURES para localizar ofertas de empleo de los países miembros. Además, el sistema Europass le permitirá realizar el currículum vítae Europass, documento común utilizado para los procesos de selección en países de la UE.

Sabías que...

El suplemento Europass al título de técnico o al certificado de profesionalidad es expedido por el centro de formación o, en su caso, por la Administración responsable de emitir el certificado o título original.

Primer párrafo. Presentación
• Debe hacer referencia a la oferta de empleo si se responde a un anuncio, indicando el puesto de trabajo al que se aspira, el medio a través del cual conocimos la oferta y la fecha en la que se localizó. • En el caso de tratarse de una autocandidatura, el candidato debe presentarse e intentar despertar el interés de la empresa a la que va dirigida.
Segundo párrafo. Adecuación al puesto de trabajo
• Se deben mencionar aquellos aspectos formativos y/o profesionales que son más destacables para el puesto al que se opta y que pueden ayudar a conseguir una entrevista. • Se debe hacer referencia a las características personales, sin exagerar, que pueden favorecer el desempeño del puesto de trabajo.
Tercer párrafo. Solicitud de inclusión en el proceso de selección
• Se debe realizar una solicitud para ser incluido en el proceso de selección de personal que realiza la empresa. • Se podrá también solicitar una entrevista.
Despedida y firma
• Se debe utilizar una despedida cordial y sencilla, y asegurar al destinatario estar a la espera de sus noticias.

▶ RECOMENDACIONES PARA LA ELABORACIÓN DE UNA CARTA DE PRESENTACIÓN
Presentación
• Debe tener una extensión de un folio como máximo, por una sola cara. • Se debe utilizar una hoja de papel blanco tamaño DIN A4. • El tipo de letra debe ser el mismo que el empleado en el currículum vítae y el sobre que lo contenga. • Debe ser escrita por ordenador, salvo que se solicite de manera expresa realizarla de manera manuscrita. Esta exigencia suele hacerse en los casos en los que se vaya a proceder a realizar un análisis grafológico de los candidatos. • Los márgenes recomendados son 2,5 cm para los márgenes inferior y superior y de 3 cm para los márgenes izquierdo y derecho.
Redacción
• Debe ser clara, breve y concisa. • Es fundamental evitar las faltas ortográficas y gramaticales, así como las tachaduras. • El lenguaje utilizado tiene que ser sencillo, lo más claro y directo posible y que evite un uso técnico o grandilocuente.
Contenido
• Solicitar la inclusión en el proceso de selección. • Hacer mención al currículum vítae, que deberá acompañar a la carta. • Resaltar aquellos aspectos (formativos, profesionales o personales) que se ajustan mejor al puesto que se oferta o al que se desea optar. • Dejar claras las motivaciones que nos llevan a solicitar el puesto, los estímulos y por qué queremos trabajar en esa empresa. • Dejar claro que se cumplen todas las condiciones exigidas para el puesto.

Sabías que...

El suplemento Europass al título de técnico o al certificado de profesionalidad es expedido por el centro de formación o, en su caso, por la Administración responsable de emitir el certificado o título original.

Datos de la persona que escribe la carta (candidato)	Juan Carlos Pérez Luján c/ Marte, 8 28045 Madrid Teléfono: 634568876 jcperez@gmail.com
Datos de la empresa	Sr. D. Luis Pérez Rodríguez Director de Recursos Humanos SEABLUE, SA c/ Graham Bell, 36
Lugar y fecha	Madrid, a 15 de marzo de 2020
Referencia del anuncio al que se contesta	Referencia: 34/77
Saludo inicial	Estimado Sr. Pérez:
Oferta de empleo	Le escribo en relación con su anuncio, publicado el sábado 5 de marzo en el periódico *El Sol*, en el que solicita un puesto de auxiliar administrativo.
Aspectos destacables y currículo	Como podrá comprobar, tengo una dilatada formación y larga experiencia en tareas administrativas, tal y como se puede observar en mi currículum vítae que adjunto. He realizado en los últimos años tanto tareas de contabilidad como administrativas, en las que he destacado por mi eficiencia y buena disposición.
Solicitud de inclusión en los procesos de selección	Por todo lo anterior, y con el fin de poder demostrar mi aptitud para el puesto de trabajo, le ruego me incluya en el proceso de selección que realiza su empresa. Le agradecería, asimismo, que me concediese la oportunidad de defender mi candidatura mediante una entrevista personal.
Despedida	En espera de su respuesta, le saluda atentamente, Juan Carlos Pérez Luján
Firma	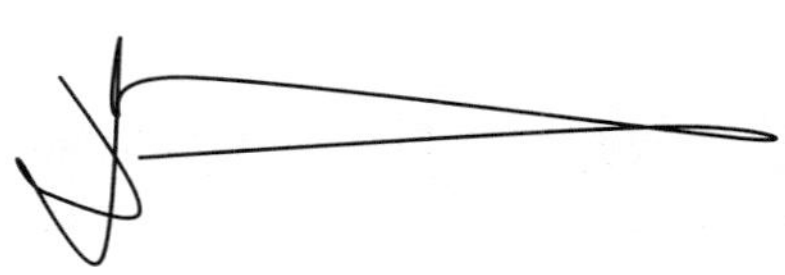

El currículum vítae

El currículum vítae es un documento que debe recoger de forma clara y concisa los datos personales, la formación y la experiencia laboral del candidato a un puesto de trabajo.

El objetivo principal de un currículo es conseguir una entrevista de trabajo con el empleador. Teniendo en cuenta dicho objetivo, las funciones que debe cumplir un currículum vítae son las siguientes:

- Presentar al aspirante.
- Remarcar aquellos aspectos de su trayectoria formativa y laboral sobre los que se incidirá en la entrevista personal.
- Tras la entrevista, permitir al empleador tener acceso a los datos y a las características más importantes del candidato.

Tipos

A continuación, enumeramos los tipos de currículos utilizados en la actualidad:

- **Cronológico:** este tipo de currículum vítae, como su propio nombre indica, es aquel que organiza la información cronológicamente. Parte de los logros más antiguos y llega hasta los más recientes. Esto permite a la empresa que realiza la selección conocer la evolución ascendente de la carrera profesional del aspirante.

  El punto positivo de este tipo de currículo es que pone de relieve, si cabe, la estabilidad y la evolución ascendente de la carrera profesional. Es importante destacar la **promoción,** el **aumento de tareas** o las **subidas en la escala profesional.**

  No obstante, también deja patente a simple vista si ha habido algún periodo de inactividad o si se han producido cambios frecuentes del lugar de trabajo. Esto obliga, habitualmente, a dar muchas explicaciones o incluso a rellenar los huecos con información que no tiene importancia para el trabajo al que se aspira.

  Por ello, este tipo de currículo es recomendable si se dispone de una buena experiencia laboral, si no se ha cambiado demasiado de trabajo y si no se han producido grandes periodos de tiempo en los que no se ha trabajado. También es interesante si conviene destacar alguna empresa reconocida en la que se haya trabajado.

  El currículum vítae cronológico también puede presentarse en el orden inverso, es decir, destacando en primer lugar los últimos logros y la ocupación más reciente, para ir después avanzando en la experiencia anterior. La principal ventaja del modelo inverso es que resalta las experiencias más recientes que, indudablemente, son las que más interesan a los empleadores.

- **Funcional:** a diferencia del currículum vítae cronológico, el funcional distribuye la información por temas. De esta forma, permite proporcionar un conocimiento rápido de la formación y experiencia en un ámbito determinado. Además, al no seguir una progresión cronológica, permite **seleccionar** los **puntos positivos, destacar** las **habilidades propias y** los **logros conseguidos,** al tiempo que se omiten o difuminan los no deseados: periodos de desempleo, cambios frecuentes de trabajo sin haber promocionado, etcétera.

  Por todo ello, el modelo funcional es conveniente cuando se quiere acceder a un sector profesional totalmente diferente, para el cual no es relevante la experiencia laboral anterior, sino las habilidades, capacidades y la forma de trabajar. Se debe escoger este tipo de currículo si, por ejemplo, se lleva tiempo sin trabajar y se va a volver a realizar la incorporación al mundo laboral, si se acaba de terminar un título y no se tiene apenas experiencia que acreditar o si se cambia frecuentemente de puesto de trabajo. También es el más adecuado si se ha trabajado como empresario o autónomo.

- **Mixto:** es el más completo de los tres modelos, aunque, por ello, también es el más complejo de elaborar. A grandes rasgos, el currículum vítae mixto es una mezcla del cronológico y del funcional. Parte siempre del modelo funcional, ya que organiza la información por áreas temáticas o profesionales, para llegar después a la organización en el tiempo. De esta forma se destacan las habilidades que se poseen, al tiempo que se reflejan la experiencia y la formación.

Estructura

Estas son las diferentes partes con las que un currículum vítae siempre debe contar, y normalmente en este orden:

▶ ESTRUCTURA DEL CURRÍCULUM VÍTAE

Título

«Currículum vítae de... (nombre y apellidos del aspirante)» o simplemente «Currículum vítae».

Datos personales

Nombre y apellidos, DNI, fecha y lugar de nacimiento, domicilio, número de teléfono de contacto (preferiblemente dos) y dirección de correo electrónico.

Formación académica

Estudios oficiales o enseñanza reglada realizados. Se deben poner solo los títulos de mayor nivel. Hay que indicar, en este orden: título, centro, ciudad y fechas de inicio y de fin.

Formación complementaria

Estudios y cursos realizados complementarios, así como jornadas o seminarios relacionados con el puesto solicitado. Se debe indicar el título, la duración, el centro y el lugar donde fueron realizados y las fechas de inicio y de fin. No hay que abusar de la inclusión de cursos breves, poco recientes o irrelevantes.

Idiomas

Se debe señalar de cada idioma, de forma realista, el grado de dominio (bajo, medio o alto), así como el grado de comprensión y el nivel hablado y escrito. Se incluirán también los títulos acreditativos reconocidos de los que se dispone. Ejemplo: First Certificate, en idioma inglés.

Informática

Hay que señalar aquellos conocimientos informáticos que se posean: sistemas operativos, procesadores de texto, hojas de cálculo, bases de datos, diseño gráfico, Internet, etc., así como el nivel de manejo.

Experiencia profesional

Relacionada con los estudios realizados o relevante para el puesto. Se debe incluir: la denominación del puesto, el nombre de la empresa, las funciones realizadas y las fechas de permanencia.

Otros datos de interés (opcional)

Aquí se pueden incluir otros datos interesantes que no se han podido encuadrar en los apartados anteriores (carné de conducir, indicando la categoría; vehículo propio; disponibilidad; movilidad, etcétera). No se deben incluir *hobbies* y aficiones.

▶ RECOMENDACIONES PARA ELABORAR UN BUEN CURRÍCULUM VÍTAE

Presentación

La presentación de un **currículum vítae limpio, atractivo** y **bien estructurado** es esencial para ofrecer una imagen profesional. Hay que cuidar la imagen (papel, tipografía, etc.) y todo debe estar muy claro y ordenado.

- No exceder de dos páginas.
- Cuidar el estilo y evitar los errores de ortografía. Repasar o varias veces.
- Prestar especial atención a la estructura, con cada dato perfectamente localizado en el apartado correspondiente para facilitar su interpretación por parte del empleador.
- Si se opta por incluir fotografía adjunta (no es necesaria a no ser que la exijan) esta ha de ser reciente y de tamaño carné. Se deben evitar las fotocopias (aunque sean en color).
- Utilizar papel blanco y de buena calidad (DIN A4 consistente).
- Cuidar el diseño. Respetar los márgenes (deben ser amplios), las sangrías y los espacios.
- Evitar manchas y tachaduras.
- Redactarlo con un procesador de texto en ordenador (salvo si expresamente lo piden manuscrito).

CURRÍCULUM VÍTAE CRONOLÓGICO INVERSO

DNI:
28657432F

Fecha y lugar de nacimiento:
27 de noviembre de 1982, Madrid

Domicilio:
Avenida Luis Montoto, 65, 41018, Sevilla

Teléfonos de contacto:
954798321
664232123

Correo electrónico:
adria@gmail.com

FERMÍN LÓPEZ ADRIÁ

FORMACIÓN ACADÉMICA

- Técnico superior en Dirección de Servicios de Restauración en el IES Heliópolis de Sevilla. Septiembre de 2009 a junio de 2011.
- Bachillerato de Humanidades y Ciencias Sociales en el IES Heliópolis de Sevilla. Septiembre de 2007 a mayo de 2009.

FORMACIÓN COMPLEMENTARIA

- Curso de inglés comercial, de una duración de 200 horas, impartido por la Cámara de Comercio de Sevilla. De marzo a julio de 2012.
- Curso de especialista sumiller, de una duración de 360 horas, impartido por la Escuela Superior de Hostelería de Sevilla. De julio de 2011 a febrero de 2012.

IDIOMAS

Inglés:

Comprensión: Alta

Hablado: Medio

Escrito: Alto

INFORMÁTICA

- Manejo a nivel usuario del sistema operativo Windows 8.
- Utilización a nivel usuario de los programas Microsoft Word, PowerPoint, Access y Excel.

EXPERIENCIA PROFESIONAL

- Ayudante de jefe de sala en el restaurante CHICS, SL, de Madrid. Gestión de bodega y de la oferta de bebidas existentes, además de la organización del plan de mantenimiento y aprovechamiento de las instalaciones, los equipos, los útiles y las herramientas. De julio de 2012 a enero de 2013.
- Prácticas en el restaurante Casa Robles de Sevilla. Ayudante de cocina y encargado de bodega. De enero de 2011 a junio de 2011.

Expresión y redacción

La **brevedad** y **concisión** son los rasgos más importantes de todo currículo.

- Esquematizar el lenguaje; no hay que emplear más palabras de las necesarias. Por ejemplo, no se debe escribir: «Mi función como jefe de cocina es...», sino: «Jefe de cocina. Funciones: ...». Las palabras «mi función» y «como» no aportan nada.
- No utilizar frases redundantes, superfluas o inútiles, de las que se pueda prescindir sin alterar el contenido. Por ejemplo, no se debe escribir: «Cuando llegué no había un plan de mantenimiento preventivo y debí ocuparme de su desarrollo e implantación», sino: «Desarrollo e implantación del plan de mantenimiento preventivo». 17 palabras frente a 8 para expresar lo mismo.
- Evitar frases hechas. Por ejemplo: «Quiero poner en su conocimiento que...».

Contenidos

- Es importante **adaptar el currículo** al trabajo ofertado. Un currículum vítae debe estar enfocado al puesto al que se aspira, por lo que no es recomendable crear un currículo «multiuso» que pretenda recoger todos nuestros datos y servirnos para cualquier puesto ofertado. En cualquier caso, podemos crear uno «básico» o «general» y luego modificarlo, seleccionando o remarcando todos aquellos aspectos que indiquen que se reúnen las exigencias del puesto.
- Indicar solo los títulos de nivel más alto, se sobreentienden los inferiores.
- No incluir pretensiones económicas (se tratarán en la entrevista).
- Someterlo a una lectura crítica por parte de terceros antes de enviarlo.

Actividad propuesta

14.4. A continuación, vamos a realizar una actividad que te ayudará a cumplimentar todos los documentos necesarios para la búsqueda de empleo. Te ayudará además a resumir y estructurar los contenidos básicos vistos durante la unidad.

a) Sigue el modelo de carta de presentación facilitado en la unidad y redacta la carta de presentación que acompañará a tu currículum vítae para ser enviado a una empresa real a la que puedas ofrecer tus servicios como trabajador de esta.

b) Elabora tu propio currículum vítae cronológico basado en el modelo de currículo que aparece en la unidad.

c) Elige la página web de uno de los portales de empleo o de una de las empresas de trabajo temporal (ETT) estudiadas e introduce el currículum vítae que has realizado en el apartado b).

14.5. Nuevas herramientas para la búsqueda de empleo: Currículum 2.0

No podemos finalizar nuestro estudio sobre las herramientas para la búsqueda de empleo sin hacer mención a la forma más actual de llevar a cabo dicha tarea: el currículum 2.0. Los tiempos han cambiado, las nuevas tecnologías siguen en su imparable evolución y hoy en día es más fácil llegar a cualquier lugar y darse a conocer de forma inmediata a través de las redes sociales o Internet en general, y estas son precisamente las ventajas de las que se «aprovecha» el currículum 2.0. Para comprenderlo mejor, el currículum 2.0 no es más que un currículum vítae *online*, hecho por y para ser visto en Internet, a través de una pantalla y, por lo tanto, el currículum 2.0 ha de dar un giro todavía más creativo e innovador de lo que ya de por sí es necesario en un currículum vítae tradicional de formato papel.

A la hora de hacer un currículum 2.0, es muy importante marcar la diferencia con el diseño y la forma de distribuir tu información personal. Piensa que son cada vez más las personas que realizan una versión de su currículum 2.0 y tienes que buscar la manera de destacar. Existen numerosos programas para elaborar un currículum 2.0, por lo que no tendrás problemas para encontrar algún programa ideal que te permita realizar tu currículum 2.0. Con este tipo de programas, puedes convertir tu currículum vítae tradicional

En el caso práctico inicial

Para poder contestar a las ofertas de trabajo, Joaquín elabora su carta de presentación y el currículum. Al carecer de experiencia laboral sería más adecuado realizar un currículum funcional, donde podrá destacar sus habilidades y logros. En cualquier caso, también podría realizar un currículum cronológico, opción menos recomendable al no tener experiencia laboral previa.

en un currículum 2.0, con gráficos, estadísticas, infografías, realizar presentaciones multimedia, enlaces a tus redes sociales profesionales, etcétera.

La forma de presentarte a través de los programas y páginas web que realizan el currículum 2.0 incluye nuevos apartados que no se tenían tan en cuenta en el currículum vítae tradicional, como por ejemplo secciones como el «perfil de talento», donde puedes especificar con detalle tus habilidades artísticas, o el «perfil de expectativas» para añadir también cuáles son tus perspectivas laborales, etcétera.

Algunas de estas páginas y programas para elaborar currículum 2.0 también nos dan la posibilidad de compartir nuestro currículum vítae a través de las redes sociales, haciendo así que llegue al máximo número de personas posible. Analiza todas las posibilidades y todos los programas disponibles para tal efecto y elige el que más se adapte a la imagen que quieres transmitir a través de tu currículum 2.0, una nueva forma de entender el currículum vítae que, gracias a las nuevas tecnologías, ha supuesto un enorme avance, permitiendo elaborar un documento más personalizado que nunca.

Es conveniente que incluyas en tu currículum 2.0 (y también en el tradicional), enlaces a tus perfiles de LinkedIn (hoy en día se valora mucho que tengas perfil profesional y tu propia red de contactos visible), así como tu blog, tu cuenta de Twitter o tu videocurrículum, si los tienes. En definitiva, se trata de crear una personalidad marcada a través de la red, y el currículum 2.0 ha de ser el espejo, el cristal en el que se refleje toda esa presencia en Internet que, por supuesto, también es muy importante para que, quien se interese en ti, tenga una imagen mucho más amplia a través de tu actividad en las redes sociales, opiniones, forma de relacionarte, etc. Sin embargo, el perfil de Facebook no es necesario ni conveniente que lo incluyas en tu currículum vítae, ya que es una parcela en la que también se incluyen amistades, actividades y comentarios que pertenecen a tu esfera «privada» (tal como explicaremos de forma detallada en el apartado referente a las redes sociales).

No existe una única forma ni un único esquema para realizar tu currículum 2.0. Con una intención didáctica hemos agrupado las diferentes posibilidades en cuatro apartados:

- El primero de ellos parte de la utilización de diferentes webs que nos facilitan aplicaciones o plantillas sencillas para dar un formato atractivo a nuestro currículum vítae tradicional.
- En segundo lugar, nos referiremos al currículum visual. Mostraremos aquí dos estilos de currículum: el infocurrículum y el currículum multimedia. Mediante el infocurrículum puedes transformar el currículum en elementos visuales y gráficos que ilustren los aspectos más relevantes de nuestro perfil, o en un esquema en el que resalten datos competenciales. También es posible incorporar imágenes y/o vídeos que aporten información sobre nosotros o que ilustren el fruto de nuestro trabajo: el currículum multimedia.
- En tercer lugar, merece una mención especial la manera más multimedia de dar a conocer nuestro currículum, el videocurrículum, entendido como una breve presentación personal acerca de los diferentes aspectos de tu perfil personal y profesional.
- En último lugar, desarrollaremos las tarjetas de presentación *online.* Si nuestra presencia en redes empieza a ser destacada conviene organizarla y establecer el punto de inicio más adecuado para quien quiera saber de nosotros y nuestro perfil profesional. Para ello, las tarjetas de presentación *online* se configuran como el espacio web de partida, el lugar donde nos mostramos brevemente, identificamos nuestros intereses profesionales y derivamos a quien nos vea a otros sitios webs de interés (web personal, redes profesionales, blog, etc.).

Debemos tener presente que las opciones anteriores son complementarias, es decir, lo ideal es realizar junto con tu currículum vítae tradicional, tu infocurrículum, tu videocurrículum, crear tu blog o desarrollar una tarjeta de presentación *online* para organizar todos tus recursos para la búsqueda de empleo en Internet, e incorporar un enlace a tu perfil en las redes profesionales a cada uno de los elementos anteriores.

14.5.1. Currículum tradicional a través de la web

Hay diferentes webs que te facilitan la elaboración del currículum aportando formatos atractivos, manteniendo una estructura clásica y permitiendo su salida a través de diferentes formatos (.doc, .pdf e incluso como alojamiento web). Además, casi siempre disponen de opciones complementarias de gran interés: difusión a través de redes, puesta a disposición del CV a empresas, modelos para elaboración de cartas de presentación, etc.

Las siguientes páginas, aunque en la mayoría de los casos suponen un pequeño coste para descargar o compartir currículums o exigen el registro gratuito, suponen opciones muy interesantes para la realización de currículums: **www.micvideal.es**, **www.editarcurriculum.com**, **www.onlinecv.es**, **www.ayudacv.es**, **www.livecareer.es** o **www.app.cv-maker.es**.

14.5.2. Currículum visual

Internet ha hecho que el currículum tradicional empiece a quedar algo desplazado por formatos mucho más visuales que, jugando con nuestros datos, permiten mostrar a la empresa de manera más impactante nuestro informe de vida. Hay aplicaciones sencillas con las que podrás obtener buenos resultados. En todos ellos el texto deja el protagonismo a la imagen, los gráficos y, en definitiva, lo visual.

A continuación, se comenta una aplicación web que te permitirá realizar tu currículum visual: **canva.**

Canva es una aplicación para realizar diseños de todo tipo, desde currículums a posters, tarjetas de visitas, infografías, marca páginas, logos, calendarios, portadas de libro, horarios escolares, invitaciones, etc.

Aunque nosotros, obviamente, nos vamos a centrar en la realización de currículums, el potencial de la aplicación es espectacular, con más de 50.000 plantillas y todo tipo de elementos. Os permitirá de esta manera personalizar vuestro currículum con todo tipo de plantillas donde, además, podrás incluir una enorme variedad de elementos visuales como dibujos, fotos, texto, combinación de fuentes, fondos, o subir cualquier elemento propio e incluso vídeos interactivos si nuestra intención es compartir el currículum en línea o a través de Internet.

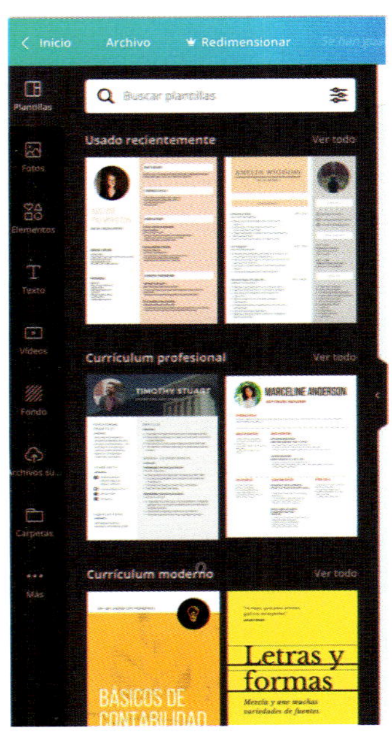

De igual manera, también podrás descargar el currículum en PDF estándar o de alta calidad. Aunque algunos elementos son de pago (por ejemplo, las fotos) la gran mayoría son gratuitos y serán suficientes para realizar un currículum tremendamente visual o, si lo prefieres, subir tus propios elementos. Recuerda que, una vez te dirijas a **www.canva.com** es recomendable para acceder a todas las funcionalidades hacerlo a través de una cuenta Google o de Facebook.

14.5.3. Tarjetas de presentación *online*

Supongamos que eres una persona activa en Internet. Dispones de un blog, una web personal, un perfil en Twitter o una cuenta en LinkedIn. La información referida a ti se encuentra muy dispersa, por ello puede resultar de gran utilidad el uso de alguna herramienta que permita a quien tenga interés en ti acceder de forma sencilla. Para ello podemos usar las tarjetas *online.*

La imagen de referencia, para que te hagas una idea de su funcionalidad, es la tarjeta de visita tradicional. Las tarjetas *online* son un espacio web donde te identificas, pones un avatar (imagen que te identifique), un breve párrafo señalando tus intereses profesionales u ocupaciones de referencia y, de especial importancia, estableces enlaces a diferentes vínculos y perfiles tuyos en Internet (web personal, blog, videocurrículum, LinkedIn, etc.). Va a ser tu primera imagen de referencia en Internet.

Hay diferentes utilidades que, de forma gratuita, te permiten crear una tarjeta de este tipo. Destacamos, en la siguiente tabla, una de ellas:

about.me
Puedes centralizar tus vínculos y perfiles en redes sociales en un solo sitio y bajo una misma URL. Es una tarjeta de visita *online* y dinámica. Te permite, de manera muy flexible, personalizar tu sitio. A través de las aplicaciones podrás vincular la información que publicas en tus blogs y redes sociales. También puedes añadir enlaces, textos, y opcionalmente mostrar las «tarjetas» de otras personas a las que sigues. Es este tipo de servicio cobra especial relevancia la fotografía. Puedes crear una tarjeta llamativa. En conjunto debe ser visualmente agradable y debe invitar a conocerte. Tu tarjeta debe procurar transmitir quién eres, qué habilidades tienes, qué has hecho y eres capaz de hacer. Es una buena ayuda para la creación de tu *personal branding* o marca personal.

14.5.4. Videocurrículum

Otra forma innovadora de presentarse y exponer los méritos y expectativas laborales propias es haciéndolos llegar a través de un videocurrículum. Como ya debes haber imaginado por el propio nombre, la idea del videocurrículum es crear un vídeo de una duración no más larga de 3 minutos en la que tienes que aprovechar para expresar todo lo posible tanto con tus palabras, con tu expresión facial y corporal o simplemente a través de tu creatividad (con imágenes y textos). Un videocurrículum es una gran manera de acercarte de una forma muy personalizada a tus futuros empleadores, mostrando un atisbo de tu carácter con tu forma de transmitir tus conocimientos, experiencia, personalidad y expectativas.

El videocurrículum es la forma más dinámica de presentarte, aprovecha muy bien los minutos de que dispones para expresar todo lo que te sea posible a través de imágenes o palabras. Realizar un videocurrículum está al alcance de cualquier persona. Si no tienes cámara de vídeo, basta con una sencilla *webcam.* Aunque no seas un profesional en ese sentido, intenta cuidar también la calidad de imagen y sonido para que la impresión al ver tu videocurrículum sea impecable también técnicamente. Es muy importante destacar que un videocurrículum no tiene que consistir únicamente en grabarte personalmente, sino que puede realizarse solo mediante imágenes y texto, sin que ni siquiera aparezcas físicamente (videocurrículum creativo). Si decides realizar un videocurrículum siendo tú quién lo expongas físicamente, deberás tener en cuenta lo siguiente:

- Aspecto: debemos mostrarnos sonrientes y vestirnos de un modo adecuado para el posible empleador.
- Aptitud: hay que mostrarse natural, agradable y directo, ser ordenado en la presentación y mirar directamente a la cámara

- Nos debemos expresar con un lenguaje claro y personal, evitando coletillas y excesiva familiaridad.

El videocurrículum (lo expongas personalmente o lo realices de manera creativa solo mediante textos e imágenes) debe tener una duración de entre 1 y 3 minutos aproximadamente. Si somos bilingües, es recomendable que nos expresemos en aquella lengua extranjera que dominemos durante la presentación, incluyendo pequeñas intervenciones cuando nos refiramos a nuestra formación o experiencia.

Una vez realizado, difunde tu videocurrículum a través de Internet, colgándolo en YouTube, en tus perfiles de redes sociales, en tu página web o blog, incluyendo un enlace al mismo en tu currículum 2.0 o incluso enviando dicho enlace directamente a las empresas en las que estés interesado.

Sabías que...

El nombre bitácora está basado en los «cuadernos de bitácora», cuadernos de viaje que se utilizaban en los barcos para relatar el desarrollo del viaje y que se guardaban en la bitácora.

14.6. Otras herramientas actuales para la búsqueda de empleo

El blog o la bitácora

Un blog o una bitácora es un sitio web periódicamente actualizado que recopila textos o artículos de uno o varios autores por orden cronológico (aparece primero el más reciente), en el que el autor conserva siempre la libertad de dejar publicado lo que crea pertinente.

Habitualmente, en cada artículo de un blog, los lectores pueden escribir sus comentarios y el autor darles respuesta, de forma que es posible establecer un diálogo. No obstante, es necesario precisar que esta es una opción que depende de la decisión que tome al respecto el autor del blog, pues las herramientas permiten diseñar blogs en los cuales no todos los internautas —o incluso ninguno— pueden participar agregando comentarios. Existen blogs de tipo periodístico, corporativo, tecnológico, educativo *(edublogs)*, político, personal (contenidos de todo tipo), de empleo (contenido laboral o relacionado con la búsqueda de empleo), etcétera.

Hoy en día, podemos encontrar multitud de herramientas gratuitas para la creación y el mantenimiento de blogs que adicionalmente proporcionan alojamiento gratuito asignando al usuario una dirección web (por ejemplo, en el caso de Blogger, la dirección asignada termina en «blogspot.com»), y le proveen de una interfaz, a través de la cual se puede añadir y editar contenido.

El blog, en la actualidad, surge también como un importante instrumento facilitador a la hora de encontrar trabajo. Algunas de las ventajas que aporta un blog en la búsqueda de empleo son las siguientes:

- Aporta más información que el currículum vítae. Y no solo por lo que se publica, sino por los comentarios. A través de estos es posible conocer aspectos como la capacidad crítica y de escritura, las aptitudes comunicativas y un poco más acerca de las ideas y la personalidad de quien escribe.
- Aumenta la curiosidad y el tiempo que dedica el reclutador. Como comenta un lector: «Si despiertas el interés del reclutador con un blog y empieza a leerlo para descubrir cómo eres, te dedicará mucho más tiempo que al resto de los candidatos».
- Constituye una buena forma de realizar *networking* y crear una buena red de contactos, que es la fórmula más antigua, eficaz y habitual para encontrar un empleo.

Concepto clave

Networking: es un concepto que incluye cualquier práctica, aplicación o evento que pretenda facilitar el establecimiento de relaciones, contactos y colaboraciones entre personas con diferentes objetivos, desde los más profesionales de búsqueda de empleo o emprendimiento, hasta los más personales relacionados con el ocio, la amistad y las relaciones de pareja.

Debes conocer...

En Internet, como en cualquier otro ámbito de nuestra vida, nada es intrínsecamente bueno ni tampoco malo, sencillamente hay que ser prudente y cuidar la imagen que se quiere proyectar, sin aportar datos personales sensibles y lo más importante, sin publicar en Internet fotografías que en el ámbito privado puedan resultar divertidas y fuera de contexto, ya que pueden perjudicar seriamente la imagen profesional y personal. La buena reputación en la red es algo que se consigue a través de los años, pero puede perderse en un segundo.

Las redes sociales

Hoy día, las empresas y los trabajadores disponen de un nuevo espacio de encuentro, eso sí, virtual. Las redes sociales profesionales están a la cabeza en el proceso de búsqueda de empleo.

En primer lugar, conviene distinguir entre redes **sociales** (Facebook, MySpace, etc.) y redes **profesionales.** Las primeras están orientadas principalmente a la comunicación entre amigos y familiares, mientras que las segundas (LinkedIn, Xing, etc.) están orientadas a la comunicación profesional.

Los objetivos de las redes profesionales marcan claramente la diferencia respecto de las redes sociales. Mientras los fines de las redes sociales están centrados en el ámbito privado, las plataformas de carácter profesional están orientadas a la gestión de la carrera laboral.

En las redes profesionales podremos registrarnos y crear nuestro propio perfil, que en este caso será un currículum vítae *online*. Después, nuestra red de contactos se irá ampliando en función de nuestras preferencias y competencias laborales.

No se trata de buscar la red más numerosa y con más variedad de usuarios, más vale tener pocos contactos buenos y útiles, que muchos malos e inservibles. No debemos añadir en esta red a nuestros amigos —para ello existen espacios en la web como Facebook, MySpace, Twitter, etc.—, sino a personas relacionadas con nuestro entorno laboral u objetivo profesional.

En las redes y especialmente en las profesionales la imagen es importante y también lo son los contenidos, por lo que debemos ser muy cuidadosos y prudentes tanto en aquello que publicamos y escribimos como en la forma de hacerlo. Los cazatalentos y los responsables de recursos humanos de las empresas utilizan cada vez más las redes profesionales para contratar y, cómo no, para saber quiénes son los potenciales candidatos.

Por otra parte, no basta con publicar un perfil idóneo con una foto adecuada. Es necesario participar en los grupos y foros de discusión. Muchas veces es mejor proponer preguntas inteligentes que expresar opiniones. Es fundamental ser activo y publicar y compartir contenidos con la mayor frecuencia posible.

Las reglas de oro de las redes profesionales difieren en algunos casos de las redes sociales personales:

- No mezclar contactos personales y profesionales.
- No incluir nunca datos falsos o exagerados.
- Ser proactivo: participar en grupos de discusión, recomendar a los propios contactos y solicitarles que hagan lo mismo, asistir a eventos del sector o de entidades y empresas relacionadas.

En el caso práctico inicial

Joaquín es un gran aficionado de las redes sociales, especialmente de Facebook. Precisamente, gracias a uno de sus contactos conoce las redes profesionales, que le abren una gran cantidad de posibilidades en la búsqueda de empleo. Además, Joaquín no debería descartar la utilización de otras novedosas y potentes herramientas para la búsqueda de empleo a través de Internet, como la creación de un blog de empleo, de su currículum 2.0 o creando un perfil en las redes sociales profesionales.

Las redes sociales profesionales en España

Las tres redes profesionales más importantes y extendidas dentro de nuestro país son las siguientes:

- **LinkedIn.** Actualmente es la principal red profesional en nuestro país. Su principal cualidad es a la vez su mayor inconveniente a la hora de establecer contactos, solo se puede tener contacto directo cuando hay ya una relación de confianza entre los contactos de la red. Por lo que, aunque se cuente con menos contactos en LinkedIn, estos suelen ser más fructíferos y de mayor confianza.
- **Xing.** Cuenta con más de 9 millones de usuarios, principalmente en países como, Alemania, Austria y Suiza.
- **Viadeo.** Supone un espacio único para identificar clientes, colaboradores y oportunidades; tener una identidad *online* multilingüe; conseguir contactos directamente o por colaboración; intercambiar experiencias profesionales en los grupos de usuarios; conocer la trayectoria e intereses de sus interlocutores, etcétera.

Actividad propuesta

14.5. Mario es un gran aficionado a las redes sociales. Tiene abierto un perfil en Facebook en el que aprovecha para intercambiar opiniones y charlas con su «red de amigos». Desde que terminó sus estudios de técnico superior en Administración de Sistemas Informáticos en Red está buscando trabajo sin descanso. Precisamente, para conseguir dicho objetivo, hace poco que ha abierto un perfil en LinkedIn, una de las redes profesionales para la búsqueda de empleo más popular en España. Poco a poco ha ido aumentando sus contactos, algo nada fácil en esta red, gracias a los conocidos de la empresa donde realizó la FCT.

Para aumentar con mayor rapidez su red de contactos ha decidido añadir contactos personales de su red de Facebook. Además, cree que exagerar algo sus datos profesionales mejorará sus posibilidades. Últimamente, participa muy activamente en grupos de discusión para mejorar su imagen personal y profesional que pueda facilitarle nuevos contactos.

Esta semana se ha organizado un evento en LinkedIn de empresas relacionadas con su sector, pero Mario considera que es demasiado aburrido, por lo que no participará.

¿Es correcta la forma de actuar de Mario en la red profesional LinkedIn con respecto a la búsqueda activa de empleo? Justifica la respuesta.

14.7. La selección de personal

Cuando una empresa necesita contratar trabajadores para un puesto vacante, pone en marcha un proceso de selección. Si la empresa es pequeña, habitualmente es el mismo empresario quien realiza la selección del candidato; si la empresa tiene un tamaño mediano o grande, generalmente, suele existir un departamento de recursos humanos que asume esta función. También se recurre en ocasiones a consultoras especializadas, que se encargan de todo el proceso de selección, excepto de la última decisión: la selección definitiva de los candidatos finales, que siempre la tomará el empresario.

Todo proceso de selección se desarrolla a través de las siguientes fases:

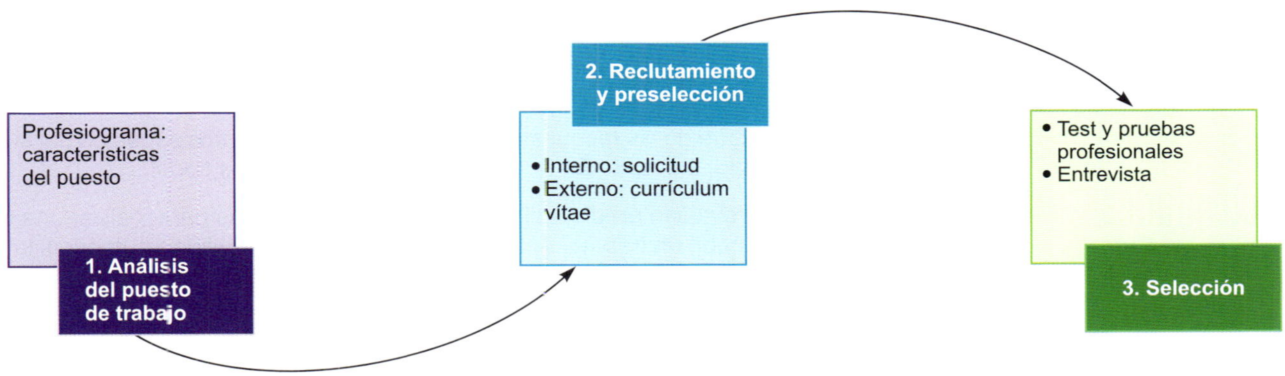

1. **Análisis del puesto de trabajo:** consiste en la elaboración del perfil profesional o profesiograma, en el que se especifican el conjunto de competencias y los factores que se necesitan para desempeñar de forma óptima las funciones propias del puesto de trabajo vacante.
2. **Reclutamiento y preselección:** se trata de buscar al candidato más idóneo para el puesto. Puede ser elegido dentro o fuera de la empresa.
   - **Reclutamiento interno:** la oferta de empleo se hace pública a través de los medios habituales de comunicación entre empleados dentro de la empresa. Los candidatos deben cumplimentar una solicitud que contiene aspectos como la formación, la experiencia profesional, la disponibilidad para viajar, la motivación para cambiar de puesto, etc., y todo aquello que la empresa considere relevante. No se aporta currículo.
   - **Reclutamiento externo:** se buscan los candidatos fuera de la empresa; estos deben proporcionar información sobre ellos mismos a través de documentos como la carta de presentación y el currículum vítae. La empresa efectúa un primer análisis de los documentos recibidos, y decide si quiere que el candidato continúe con el proceso de selección o si lo descarta. Por lo tanto, pueden considerarse documentos de preselección. Los criterios que se suelen aplicar son los que vemos en la siguiente tabla.

Concepto clave

Profesiograma: es la descripción de un puesto de trabajo basada en la observación y el estudio de los elementos que lo componen como las responsabilidades, las capacidades, los requisitos psicofísicos, los riesgos que comporta y las condiciones ambientales en las que se realiza.

Sabías que...

Las aptitudes que se valoran varían según el puesto de trabajo. Por ejemplo:

- Administrativo: aptitudes numéricas y de organización.
- Técnico: aptitud espacial y/o numérica.
- Informático: razonamiento lógico, verbal, numérico y perceptivo o de atención.
- Comercial: razonamiento lógico, verbal y dotes de organización.

Para los puestos de operarios de taller y subalterno, se evalúa la atención, la aptitud mecánica, la aptitud espacial y la comprensión de órdenes.

Reflexiona

«Hay cuatro cosas que nunca vuelven: una bala disparada, una palabra hablada, un tiempo pasado y una ocasión desaprovechada».

Proverbio árabe

Actividades propuestas

14.6. María ha cursado el ciclo superior de Técnico de Laboratorio y Diagnóstico Clínico. Señala qué pruebas de selección crees que son las más adecuadas para este perfil profesional, sabiendo que deberá manejar productos tóxicos y contaminantes.

14.7. La mejor forma de superar los test es practicando. En los siguientes enlaces encontrarás diferentes test de personalidad, psicotécnicos, etc., que puedes realizar.

http://www.psicoactiva.com/tests.htm

http://www.psicotecnicostest.com/

▶ PRESELECCIÓN DE CURRÍCULUM VÍTAE
• Se desestiman los que no cumplan con los requisitos mínimos exigidos para el puesto. La empresa no suele comunicarlo a los aspirantes descartados.
• Se reservan los currículos que ofrecen dudas. • Se vuelven a valorar más adelante, si no hay candidatos más idóneos.
• Se incluyen en el proceso de selección los que cumplen con los requisitos del puesto. • Se avisa a los candidatos y se les cita para un día determinado.

3. **Selección:** la empresa ya tiene varios candidatos potencialmente aptos para el trabajo, y comienza la selección propiamente dicha. Existen diferentes pruebas de selección que se utilizarán en esta fase, que varían según las características del puesto de trabajo. Son las siguientes y se suelen aplicar siguiendo este orden:

   1. Los test.
   2. Las pruebas profesionales, para trabajos de perfil técnico fundamentalmente, en las que el candidato debe resolver situaciones habituales relacionadas con el desarrollo del trabajo.
   3. El examen físico, para puestos de trabajo que necesiten una determinada forma física o que se desarrollen en ambientes tóxicos o nocivos. Puede ser un reconocimiento médico o una prueba física.
   4. La entrevista.

14.7.1. Los test

Los test son pruebas que realizan los candidatos a un puesto de trabajo, con cuyos resultados el seleccionador puede establecer las características personales de este y su posible conducta futura en el empleo.

El seleccionador extrae de las respuestas información sobre distintos aspectos del sujeto como la personalidad, las aptitudes y los intereses. Existen varios tipos:

1. **Test de aptitud:** evalúan predisposiciones innatas o adquiridas para realizar una operación o llevar a cabo un trabajo. Analizan factores como la habilidad numérica, la percepción, la capacidad verbal y el razonamiento abstracto.
2. **Test de personalidad:** analizan rasgos de personalidad como la extroversión-introversión, el pesimismo-optimismo, la iniciativa, etcétera. En este tipo de pruebas no hay respuestas buenas o malas; lo importante es contestar con sinceridad, pues todos contienen ítems que evalúan la sinceridad en las respuestas.
3. **Test de cultura general:** evalúan los conocimientos del candidato y están concebidos para trabajos que suponen trato directo con el público.
4. **Pruebas profesionales:** examinan las capacidades y destrezas del candidato en relación con el puesto de trabajo. Se pueden hacer en forma de exámenes, cuestionarios técnicos, ejercicios de simulación, etcétera.

La técnica para realizar un test se domina cuantos más test se hayan realizado.

14.7.2. La entrevista

Suele ser el último paso y el más importante dentro de un proceso de selección.

Durante la entrevista, no solo es importante lo que decimos; también importa cómo lo decimos. El entrevistador puede profundizar en la información ofrecida en el currículo, comprobar si el estilo personal del candidato es idóneo para el puesto y valorar si este le interesa.

Puede desarrollarse siguiendo una determinada estructura como la siguiente:

Introducción			
Recepción	Saludo y presentaciones	Conversación introductoria	Aclaraciones respecto a la entrevista
Desarrollo. Preguntas sobre			
La formación y los estudios	La experiencia profesional	Las cuestiones personales	Las condiciones laborales deseadas
Cierre			
Aclaración de dudas		Despedida	

Debes conocer...

En la web del Servicio Público de Empleo Estatal encontrarás información sobre pruebas de selección e interesantes consejos sobre cómo preparar una entrevista. Podrás consultarla en la dirección:

https://www.sepe.es

Entra en Personas > Encontrar trabajo > Te ayudamos a buscar empleo > Entrevista.

Preparar una entrevista implica varias fases:

▶ FASES PARA UNA ENTREVISTA

Fase previa

- Informarnos sobre la empresa y su sector: consultar la página web de la empresa, los catálogos, los folletos publicitarios, preguntar a los empleados, etcétera.
- Repasar bien el currículum vítae y la carta de presentación, porque son los documentos que servirán de base para las preguntas.
- Preparar la forma de explicar la trayectoria formativa y profesional (estudios, titulaciones, tareas profesionales, etc.) de manera coherente.
- Preparar las respuestas a preguntas personales. Es importante conocer las competencias del puesto.
- Cuidar la apariencia física: para determinados puestos es preciso un vestuario sobrio y formal.

La entrevista

- Ser muy puntual o llegar con 5 o 10 minutos de antelación, saludar al entrevistador con un firme apretón de manos, citar nuestro nombre, después agradecerle el habernos recibido y tomar asiento cuando nos invite a hacerlo.
- Ser natural, mostrarse como uno es personal y profesionalmente.
- Las cuatro preguntas más importantes a las que se reduce toda la entrevista son:
  1. ¿Por qué está usted aquí?
  2. ¿Qué puede usted hacer por nosotros?
  3. ¿Cómo es usted?
  4. ¿Por qué es mejor que el resto de candidatos?

Despedida

- Suele ser a iniciativa del entrevistador. Aprovecharemos ese momento para agradecer la atención prestada y preguntar cuándo volveremos a tener noticias, o cómo continuará el proceso de selección.
- Analizaremos los resultados de la entrevista. Anotaremos aquellas preguntas que nos resultaron más incómodas de responder o que no esperábamos. Puede servirnos para futuras entrevistas.

En la comunicación verbal, debemos:

- Evitar utilizar monosílabos, el vocabulario excesivamente coloquial y también el demasiado rebuscado; no debemos tutear al entrevistador.
- Realizar comentarios positivos de nuestros intereses, nuestras metas y nuestras aficiones.
- Evitar hablar mal de anteriores trabajos, compañeros o jefes.
- Utilizar expresiones de seguridad, por ejemplo: «estaré a la altura de...», «sabré responder...», etcétera.
- Evitar dar información que pueda perjudicarnos.

La comunicación no verbal también es un factor fundamental durante el desarrollo de una entrevista. Por ello, debemos:

Debes conocer...

Hay preguntas que no es bueno que planteemos en una primera entrevista, como las referentes al salario, el horario, las vacaciones o el tipo de espacio donde se desarrollará el trabajo.

Reservaremos estas preguntas para una segunda entrevista, cuando la empresa ya haya manifestado algún tipo de interés en nuestra candidatura.

Reflexiona

«Somos esclavos de lo que decimos y señores de nuestros silencios».

Anónimo

Reflexiona

«El éxito no se logra solo con cualidades especiales. Es, sobre todo, un trabajo de constancia, de método y de organización».

J. P. Sergent

- Mantener una expresión del rostro acorde con el mensaje que se dice.
- Mostrar una sonrisa en determinados momentos; es importante, ya que significa la apertura de los canales de comunicación.
- Mirar al entrevistador a los ojos: denota sinceridad.
- Sentarnos correctamente con la espalda recta.
- Evitar gesticular mucho con las manos.
- Evitar manías o tics como rascarse la nariz, tocarse el pelo, repicar con los dedos sobre la mesa, etcétera. Estos movimientos denotan nerviosismo e inseguridad y falta de control.
- No comer chicle en la entrevista.
- Apagar el móvil antes de entrar para evitar interrupciones inoportunas.

En el caso práctico inicial

Joaquín llega tarde a la entrevista, se muestra nervioso y olvida apagar el móvil. La próxima vez debería salir con la suficiente antelación y así poder utilizar rutas alternativas en caso de atasco. Podría aprender de la experiencia preguntando al entrevistador qué aspectos de la entrevista debería mejorar.

Actividad resuelta

14.1. Señala si las siguientes afirmaciones son adecuadas o inadecuadas respecto a una entrevista de trabajo y explica por qué:

a) No necesito informarme de la empresa para enviarles mi currículo.
b) Cuando voy a una entrevista suelo llegar 30 minutos antes para demostrar mucho interés.
c) Antes de entrar a una entrevista suelo apagar el móvil.
d) Cuando hablo con el entrevistador me resulta imposible mirarle a los ojos porque me pone nerviosa.
e) Es bueno sonreír durante la entrevista.
f) Es importante repasar el propio currículo antes de acudir a la entrevista.
g) Si te preguntan por tu anterior trabajo, hay que ser sinceros y decir que nadie trabajaba excepto tú.

Solución:

a) Inadecuado. Hay que informarse de la empresa consultando su página web, catálogos, etcétera.
b) Inadecuado. Lo correcto es llegar 5 o 10 minutos antes.
c) Adecuado. Porque puede interrumpir la entrevista.
d) Inadecuado. Es importante mirar al entrevistador a los ojos, denota sinceridad.
e) Adecuado. La sonrisa en determinados momentos es importante; significa la apertura de los canales de comunicación.
f) Adecuado. Repasar bien el currículo y la carta de presentación, porque son los documentos que servirán de base para las preguntas.
g) Inadecuado. Hay que evitar hablar mal de compañeros o jefes anteriores.

Actividad propuesta

14.8. En el siguiente enlace encontrarás un artículo sobre las claves para realizar una entrevista:
http://www.laboris.net/static/em_reclutar_claves-entrevista.aspx

a) Trabajo individual: lee atentamente el artículo y selecciona 10 preguntas sobre diferentes aspectos: estudios, experiencia laboral, etcétera.
b) Asume el papel de entrevistador y realiza la entrevista a tu compañero. Anota las respuestas verbales y el comportamiento no verbal durante la entrevista (15-20 minutos).
c) Sé ahora tú el entrevistado y contesta a las preguntas que tu compañero ha seleccionado (15-20 minutos).
d) De las preguntas que te ha realizado, señala las dos con las que te has sentido más incómodo y que no te gustaría que te realizaran en una entrevista de trabajo. ¿Por qué?
e) Indica también, las dos preguntas que más te ha gustado responder y que te gustaría que te plantearan en la entrevista. ¿Por qué?
f) Para terminar, realizad entre ambos un análisis de las respuestas emitidas y elaborad un listado indicando lo que cada uno ha hecho bien y lo que debe mejorar.

1. El proceso de búsqueda de empleo

14.1. Lee detenidamente el siguiente anuncio de empleo publicado en un periódico digital y responde a las siguientes cuestiones:

a) Determina las partes del anuncio publicado.

b) Elabora la carta de presentación, en relación con el anuncio publicado, con tus datos personales y sin incluir los datos de la empresa.

Empresa en expansión del sector de las telecomunicaciones precisa incorporar a sus oficinas de Madrid un:

Auxiliar administrativo contable

Funciones: se realizarán tareas administrativas y contables.

- Seguimiento de activaciones, consumos y recargas de los clientes OMV.
- Administrar los inventarios y su rotación en la cadena de distribución.
- Optimizar el uso de la numeración asignada.
- Analizar patrones de uso, generar estadísticas y detectar posibles casos de fraude.
- Redactar correspondencia de trámite, preparándola para su firma y salida.
- Tareas de apoyo y soporte al oficial administrativo en tareas de menor complejidad.

Requisitos:

- Estudios mínimos: CFGS Administración y Finanzas.
- Experiencia mínima de al menos 1 año.
- Residencia en la provincia del puesto vacante.

Requisitos mínimos:

- Conocimientos de ofimática: procesadores de texto, hojas de cálculo, bases de datos e Internet.
- Manejo del paquete Office a nivel usuario.
- Experiencia de 1 año en funciones similares.

Se valorará:

- Conocimiento de inglés.
- Haber trabajado en tareas similares en el último año.

Se ofrece:

- Contrato indefinido a jornada completa.

Salario bruto de 18.000 € anuales.

Enviar currículum vítae a recursoshumanos@gmail.com con la referencia del puesto AC.

14.2. Carmen lleva mucho tiempo buscando empleo y se encuentra algo desesperada. De pronto, ha encontrado en el periódico dominical que compra asiduamente un anuncio de trabajo muy atractivo. Pero hay algo que no acaba de convencerle y le hace desconfiar.

¡URGENTE!

Se necesita personal de cualquier nacionalidad para trabajar en plataformas petrolíferas. Gana más de 6.000 €.

Necesario realizar curso de preparación.

Llámanos: 902342123/667890092.

Analiza el anuncio de empleo y establece qué elementos puede generar la desconfianza de Carmen y si es posible que esconda prácticas engañosas.

14.3. Buscar trabajo a través de los contactos personales consiste en divulgar entre amigos, conocidos y familiares, que has terminado tus estudios y que estás buscando empleo. Suele dar buenos resultados, sobre todo en localidades pequeñas y para pequeñas empresas. Te proponemos que reflexiones sobre cuáles de tus contactos personales podrían facilitarte la búsqueda de empleo y elabores una lista con las personas a las que les dirías que estás buscando trabajo. Deberás incluir al menos a ocho personas, de cada una de las cuales incluirás el nombre, el teléfono, la empresa en la que trabaja y el tipo de relación que te une (amigo, conocido, familiar, pariente, etcétera).

2. Herramientas para la búsqueda de empleo

14.4. Blanca está en pleno proceso de búsqueda activa de empleo después de finalizar su último contrato hace un año. Para ello, lleva tiempo indagando en distintos portales de empleo. En **www.empleoahora.com** ha visto una oferta muy atractiva con fecha 6 de abril, de la empresa BAOBAB, SL relacionada con su sector profesional. Para poder inscribirse en la oferta necesita incluir en el portal su currículum vítae junto con una carta de presentación.

Ayuda a Blanca a realizar su currículo y su carta de presentación. Para ello conocemos la siguiente información:

Datos de Blanca	
Nombre y apellidos	Blanca Romero Díaz
DNI	28796543D
Fecha y lugar de nacimiento	21/08/1982, Toledo
Domicilio	C/ Formentera, 12. C. P.: 45003 Toledo
Teléfono de contacto	667879221
Correo electrónico	blancard@hotmail.com

Blanca cuenta con la siguiente formación académica y complementaria:

- Técnico superior en Educación Infantil en el IES Julio Verne de Talavera de la Reina, desde septiembre de 2009 a junio de 2011.
- Curso de Informática en el aula de Educación Infantil, desde julio de 2011 a diciembre de 2011, impartido por la Asociación Mundial de Educadores Infantiles, de 50 horas de duración.
- Curso «La psicomotricidad en Educación Infantil», desde marzo de 2012 a junio de 2012, impartido por

la Asociación Mundial de Educadores Infantiles, de 40 horas de duración.

- Curso «La salud y la nutrición en la infancia temprana», desde enero de 2013 a mayo de 2013, impartido por la Asociación Mundial de Educadores Infantiles, de 40 horas de duración.
- Curso «La educación musical en la infancia», desde febrero de 2013 a junio de 2013, impartido por la Asociación Mundial de Educadores Infantiles, de 50 horas de duración.

La experiencia laboral de Blanca es la siguiente:

- Trabajó en la escuela infantil CHIQUILÍN, SL como educadora infantil y tutora de un grupo de niños de 0-1 años, cuidando del orden, la seguridad, el entretenimiento, la alimentación y el aseo personal de los bebés, desde septiembre de 2011 a diciembre de 2012.
- Realizó sus prácticas de FCT en el centro de ocio infantil PARTY, SL como educadora, realizando un taller de animación (manualidades, cuentacuentos, juegos, etc.) para niños de 3 a 6 años, desde enero de 2011 hasta junio de 2011.

Datos de la empresa BAOBAB, SL	
Persona a la que se dirige la carta	Francisco López Campillo
Cargo de la persona a la que se dirige la carta	Director de recursos humanos
Domicilio social	C/ Bambú, 8, C. P.: 45600, Talavera de la Reina

a) Con los datos facilitados elige el tipo de currículo que creas más adecuado al perfil de Blanca. Justifica tu respuesta.

b) Realiza la carta de presentación y el currículum de Blanca para responder a la oferta de BAOBAB, SL.

3. Trabajar en Europa

14.5. Completa el currículum vítae Europass. Para ello, deberás acceder a la página web de Europass: **https://europass.cedefop.europa.eu/es**. Una vez te encuentres en la página, podrás realizar el currículo Europass rellenándolo *online* a través de sencillas plantillas (pinchando en «Cree su CV en pantalla») o descargando el fichero para rellenarlo directamente con un procesador de texto. Podrás también descargar un ejemplo de currículum vítae Europass (pinchando en «Ejemplos») o actualizarlo si lo hubieses realizado con anterioridad y guardarlo (pinchando en «Actualizar su CV en pantalla»).

4. La búsqueda de empleo a través de la red

14.6. Deberéis realizar en pequeños grupos de cuatro alumnos una actividad consistente en el análisis de un portal de empleo. Cada grupo investigará a través de Internet sobre uno de los siguientes portales: **www.infojobs.net**, **www.infoempleo.com**, **www.monster.es y www.trabajos.com**.

Elaborad un pequeño informe que deberéis entregar por escrito y exponerlo al grupo-clase, que deberá responder, al menos, a las siguientes cuestiones:

- ¿Ofrece gran número de ofertas actualizadas y verificadas?
- ¿Tiene un apartado de ofertas más recientes?
- ¿Garantiza la confidencialidad de los datos personales?
- ¿Envían al correo electrónico aquellas ofertas que se ajustan al perfil de los candidatos?
- ¿Ofrece un potente buscador de empleo con diferentes categorías de búsqueda?
- ¿Ofrece información complementaria sobre orientación laboral: cómo realizar el currículum vítae, la carta de presentación, cómo preparar una entrevista, etcétera?
- ¿Ofrece la posibilidad de búsqueda y realización de cursos de formación?

14.7. Dirígete a la página web del Ministerio de Empleo y Seguridad Social **https://empleate.gob.es/** y crea tu cuenta. El proceso te llevará apenas 2 minutos y te permitirá acceder a todos los servicios que ofrece el portal. No debes olvidar que lo interesante de este portal es que agrupa no solo sus propias ofertas, sino las ofertas de empleo de muchos portales de empleo. Una vez registrado, introduce tu currículum vítae.

5. La selección de personal

14.8. Busca información sobre los errores más usuales que se cometen en las entrevistas de trabajo.

14.9. Las entrevistas de trabajo son normalmente individuales, pero a veces pueden ser realizadas en grupo. El objetivo es observar el comportamiento y la capacidad de relación del candidato dentro del grupo. Busca información sobre cómo debes prepararte para una entrevista de trabajo grupal.

14.10. Las preguntas más incómodas que un entrevistador puede plantear en una entrevista necesitan respuestas adecuadas. Busca información en Internet y elabora un decálogo con las 10 preguntas que consideres más incómodas y sus posibles respuestas. Elabora con tus compañeros de clase una puesta en común y, entre todos, elegid las 10 preguntas más incómodas.

14.11. Busca información en Internet sobre las 10 preguntas más frecuentes en una entrevista de trabajo.

14.12. Entra en el siguiente enlace: **https://www.youtube.com/watch?v=7xUXZrUuPP4**

Se trata de un corto sobre el sexismo en las entrevistas de trabajo. Sintetiza en una frase la lección que has aprendido con su visionado.

REPASANDO...

La búsqueda de empleo

Patricia y Laura acaban de terminar el ciclo superior de Administración y Finanzas y quieren buscar un trabajo relacionado con sus estudios.

Laura tenía claro que quería ejercer por su cuenta como asesora fiscal, pero Patricia la ha convencido para que busque trabajo en una asesoría y así acumule experiencia.

Deciden buscar ofertas de trabajo y entran en distintos portales de empleo. Lo cierto es que con la crisis no encuentran muchas ofertas, por lo que deciden enviar el currículum vítae a todas aquellas que han encontrado de su sector y otras que no tienen mucho que ver con su perfil. También han visitado varias ETT y han enviado sus currículum vítae a tres ofertas publicadas en el periódico semanal.

a) ¿Qué otros canales pueden utilizar Patricia y Laura para la búsqueda de empleo?

Después de dos meses sin obtener respuesta, reciben una llamada de una asesoría y son citadas para participar en un proceso de selección con otros dos candidatos. En el proceso se realizará un test de aptitud, una prueba profesional y una entrevista de trabajo.

Laura llega a la entrevista con unos vaqueros muy gastados y unos botines; Patricia en cambio va correctamente vestida, aunque está un poco nerviosa porque no sabía qué ponerse y no se encuentra muy a gusto con lo que lleva. Laura le dice que no se preocupe, que el aspecto físico no cuenta.

b) ¿Estás de acuerdo con Patricia en que el aspecto no es nada importante en una entrevista de trabajo?

Laura no ha preparado nada, ni siquiera recuerda el nombre de la empresa. Patricia sobre la marcha le explica algo sobre la empresa.

—¿Te has repasado el currículo? —pregunta Patricia.

—¿Para qué? Me lo sé de memoria, es el mismo que he enviado a todas las empresas. — responde Laura.

c) ¿Es correcto enviar el mismo currículum vítae a todas las empresas?

Patricia está muy preocupada por la prueba profesional. Laura le comenta que espera que no sea en inglés, pues había puesto en su currículum vítae que era bilingüe.

d) ¿Es adecuado mentir en el currículo para conseguir una entrevista? ¿Por qué?

Cuando comienzan las pruebas, Laura no presta mucha atención a las instrucciones que proporciona el psicólogo, lo responde todo y termina la primera. En la entrevista, el entrevistador invita a Laura a sentarse en un perfecto inglés, Laura no lo ha entendido y sigue de pie hasta que él se sienta.

La entrevista continúa en español; Laura, muy tímida, contesta con monosílabos; procura no mirar al entrevistador. Cuando este le pregunta por qué quiere trabajar en la empresa, Laura contesta que su amiga la ha convencido, ya que ella realmente lo que quiere es montar la suya propia.

e) ¿Han cometido Laura y Patricia errores en la preparación de la entrevista? ¿Cuáles?

f) ¿Qué les aconsejarías que hicieran en la próxima entrevista?

SALA DE PRENSA

Escribe «Blabla» en su carta de presentación de trabajo y consigue un contrato

Un joven francés de 24 años, Julien Chorier, tomó la inesperada y aparentemente errada decisión de presentarse a su primer puesto de trabajo haciendo lo que nadie recomendaría: dejó el formalismo de lado y en su carta de presentación decidió escribir «blablabla» en todas las partes del texto que le parecieron intrascendentes y superficiales.

«Estaba harto de escribir siempre lo mismo, de quedarme en el modelo tan formateado de carta de presentación», dijo el chico al diario The Huffington Post en su versión francesa.

«Un día comentaba con un amigo que todo eso no era más que 'blabla' y que las empresas seguramente no tenían tiempo ni de leerlo. **Volví a pensar en ello y decidí sustituir lo que no era esencial en mi carta por blabla**», explicó.

«Hay que intentar destacar»

Chorier comenzó a presentarse por correo electrónico y como nadie respondía decidió cambiar la estrategia: envió las cartas por correo postal y tuvo suerte. Le contestaron. Pero jamás le concedieron una entrevista.

Fue en ese momento cuando tomó la «**extrema**» decisión de llenar sus cartas de contenidos sin sentido con la expresión «blablabla».

La empresa **AlumnForce** (red social profesional privada) quedó tan impresionada que decidió darle una oportunidad. «Quisieron saber qué se escondía tras todo ese blablabla», señaló Julien.

«Es verdad que la comunicación permite ir un poco más lejos, pero siempre hay que intentar destacar, diferenciarse», concluyó.

El francés confesó que la primera candidatura a la que se inscribió usando esta carta no le funcionó, pero «a la segunda fue la vencida», lo que le valió el puesto de «encargado de comunicaciones y 'marketing' en AlumnForce, tal y como anunció a través de su cuenta en Twitter y figura en su cuenta en LinkedIn.

Fuente: *www.abc.es*

a) ¿Cuáles son las herramientas tradicionales y actuales de búsqueda de empleo? ¿Cuál consideras que es la más eficaz para encontrar empleo?

b) ¿Piensas que puede ser útil utilizar la creatividad en las herramientas de búsqueda de empleo? ¿Por qué?

c) Intenta pensar un ejemplo en el que aplicar la creatividad para intentar llamar la atención o diferenciar tu candidatura utilizando alguna herramienta tradicional o actual para la búsqueda de empleo.